KB050597

CRIMINOLOGY

범죄학개론

———

박철현(동의대, 1장)

곽대훈(충남대, 2장)

황의갑(경기대, 3장)

윤일홍(조선대, 4장)

박정선(경찰대, 5장)

신동준(국민대, 6장)

윤우석(계명대, 7장)

김중곤(계명대, 8장)

이성식(숭실대, 9장)

윤옥경(경기대, 10장)

노성훈(경찰대, 11장)

장현석(경기대, 12장)

박미랑(한남대, 13장)

이동원(원광대, 13장)

조윤오(동국대, 13장)

박성훈(한국형사법무정책연구원, 14장)

강지현(울산대, 15장)

박영사

머 리 말

　　범죄는 인간들이 집단을 이루어 함께 생활하기 시작한 이래 끊임없이 발생하는 문제행동이라고 한다. 하지만 이러한 범죄를 학문의 대상으로 본격적으로 연구한 것은 불과 수세기 전이고, 한국사회에 범죄학이 소개된 것은 수십 년 전의 일이다. 그동안 이 분야에서 학문적인 업적들이 쌓여 왔지만, 제대로 정리를 하지 못한 아쉬움이 항상 관련학자들의 마음속에 자리를 잡고 있었다. 그러다가 2020년에 대한범죄학회의 회장으로 취임한 후에 범죄학 교과서를 출판하겠다는 염원을 세워, 2년간의 준비와 노력 끝에 이제 결과물을 세상에 내놓게 되었으니 그저 감격스러울 따름이다.

　　물론 이미 시중에는 여러 종류의 범죄학 관련 서적들이 있기는 하지만, 많은 경우가 외국 학자들이 저술한 범죄학 교과서를 번역하거나, 국내의 범죄 관련 현상들에 대한 단편적인 설명들을 추가한 것이다. 이러한 책들에는 한국 사회에서 연구되고 논의된 성과들이 포함되지 않았고, 한국의 범죄현상을 정확하게 설명하는 데에 한계가 있었다. 또한, 최근에 범죄학이 경찰채용시험의 정식과목으로 선정됨에 따라 새로운 범죄학 교재가 출판되어야 한다는 사회적 수요와 필요성이 제기되었다.

　　이러한 여러 상황들을 고려하여 현재 대한범죄학회에서 성실하게 활동하고 있고 범죄학 관련 세부분야를 열심히 연구하고 있는 범죄학자들의 공동 작업으로 범죄학 교과서를 만드는 것이 그동안 국내외의 연구 성과들을 종합적으로 정리하고 최근의 새로운 연구결과들을 소개하는 의미가 있는 작업이라고 판단했다, 또한, 이 책이 범죄학을 공부하는 학부와 대학원생들에게 뿐만 아니라 이 분야의 실무자들과 수험생들에게 지침을 제공할 수 있을 것이라는 기대를 가지게 되었다.

결국, 학회 임원회의에서 집필추진위원장으로 동의대학교 박철현 교수를 추대하여 작업이 시작되었다.

하지만, 여러 학자들이 함께 주제와 수준을 정해 집필 작업을 진행해서 최종적으로 마무리를 한다는 것이 결코 쉬운 일은 아니었고, 여러 번의 난관들과 어려움을 경험하기도 하였다. 그럼에도 불구하고 한국 사회에서 범죄의 원인과 실태 및 대책을 종합적으로 설명하는 범죄학 교과서를 반드시 마무리를 해야 한다는 책임감과 사명감으로 서로를 격려하고 도움을 주고받으면서 최종 교정 작업까지를 마치게 된 것이다.

이처럼 새롭게 저술된 범죄학 교과서에서는 범죄의 원인론에서부터 범죄 예방분야 그리고 형사사법체계까지를 다루고자 시도를 하였다. 이 책은 크게 세 부분으로 나눌 수 있다. 첫 번째 부분은 범죄와 범죄학에 대한 개요(1장)와 범죄유형론(2장)에 대한 설명이다. 그리고 두 번째 부분에서는 범죄학의 다양한 이론들을 소개하였다. 그 내용들을 간략하게 살펴보면, 고전주의 범죄학과 합리적 선택이론(3장), 생물사회학적 범죄학이론(4장), 사회해체이론(5장), 아노미-긴장이론(6장), 사회학습이론(7장), 낙인이론(8장), 사회통제이론/자기통제이론(9장), 비판범죄학과 여성주의 범죄학(10장), 통합이론/발달범죄학(11장)으로 이루어져 있다. 세 번째 부분에서는 형사사법기관과 범죄예방 그리고 피해자와 범죄예방에 대한 설명을 제시하였다. 장의 제목들을 살펴보면, 경찰과 범죄예방(12장), 법원과 교정과 범죄예방(13장), 소년사법과 범죄예방(14장), 그리고 피해자와 범죄예방(15장)으로 구성되어져 있다.

참고로 참여한 필자들이 집필한 부분들을 정리하면 다음과 같다. 박철현 교수가 1장을, 곽대훈 교수가 2장을, 황의갑 교수가 3장을, 윤일홍 교수가 4장을, 박정선 교수가 5장을, 신동준 교수가 6장을, 윤우석 교수가 7장을, 김중곤 교수가 8장을, 이성식 교수가 9장을, 윤옥경 교수가 10장을, 노성훈 교수가 11장을, 장현석 교수가 12장을 박미랑·이동원·조윤오 교수가 13장을, 박성훈 박사가 14장을, 강지현 교수가 15장을 각각 담당하였다. 그리고 책의 전체적인 내용에 대한 감수 작업을 이순래·노성호·곽대경 교수가 맡았다.

이 자리를 빌어 학계와 실무계 그리고 수험생들에게 도움이 될 수 있는 좋은 책을 만들기 위해 최선을 다하신 열일곱 분의 집필진들에게 진심으로 수고했다는 말씀을 드린다. 또한, 세 분의 감수자들에게 그동안의 고생에 대한 감사의 말씀을 올린다. 물론 작업이 진행되는 동안 집필진들을 지속적으로 독려하고 여러 번의 교정 작업과 최종원고 수정 작업을 거쳤지만, 여전히 아쉽고 부족한 부분들이 있을 수밖에 없을 것이다. 부디 독자들의 애정어린 지적과 조언을 조심스럽게 기다리며, 향후 개정판에서 더 나은 내용으로 수정하고 보완함으로써 성원에 보답하려고 한다.

　마지막으로 여러 가지로 어려운 여건 속에서도 이 책의 출판을 위해 수고를 아끼지 않고 노력하신 박영사 안상준 대표님 이하 직원 여러분에게 고마움을 표하며, 아울러 교정 작업을 위해 수고한 동국대학교 경찰사법대학의 대학원생인 김동현과 정소연에게도 감사하다는 말을 전한다.

대한범죄학회 회장
곽대경

차   례

제 1 장 범죄와 범죄학

제 2 장 범죄유형론

제 3 장 고전주의 범죄학과 합리적 선택이론

제 4 장 생물사회학적 범죄학 이론

제 5 장 사회해체이론

제 6 장 아노미-긴장이론

제 7 장 사회학습이론

제 8 장 낙인이론

제 9 장 사회통제이론/자기통제이론

제10장 비판범죄학과 여성주의 범죄학

제11장 통합이론/발달범죄학

제12장 경찰과 범죄예방

제13장 법원, 교정과 범죄예방

제14장 소년사법과 범죄예방

제15장 피해자와 범죄예방

제 1 장
범죄와 범죄학

제 1 장   범죄와 범죄학

　　범죄와 범죄학에 대한 개괄적인 기초가 될 이 장에는 범죄, 범죄학, 범죄연구
방법, 범죄에 대한 대응, 그리고 범죄학에서의 연구윤리와 같은 것들을 논의한다.
이들은 이 범죄학개론 교과서에서 앞으로 다루게 될 범죄유형, 범죄학이론, 범죄
대책을 이해하기 위한 기초지식이라고 할 수 있다. 우리는 범죄에 대한 정의부터
살펴본다.

제 1 절 범죄란 무엇인가?

　　범죄를 어떻게 정의할 것인가? 우리는 일상생활에서 범죄에 대한 보도를 많
이 접하고 살지만, 정작 범죄를 어떻게 정의할 수 있는지에 대해서는 잘 생각해
보지 않는다. 그래서 범죄가 무엇이냐고 질문하면, 통일된 하나의 대답으로 나타
나지 않는다. 어떤 사람은 다른 사람에 해악을 끼치는 행위라고 답변하는 반면, 어
떤 사람은 도덕규범을 위반하는 행위라고 말한다. 또 다른 어떤 사람은 형사법령
을 위반하는 행위라고 정의하며, 심지어 다른 어떤 사람들은 지배계급이 마음에
들지 않아서 금지한 행위라고 말한다. 이처럼 범죄를 단일한 하나의 기준으로 정
의하는 것은 쉽지 않다.

　　만약 시대변화에 관계없이 항상 금지되어온 행위를 범죄라고 정의해야 한다
는 정의에 따르면(자연적 의미의 범죄), 수많은 새롭게 나타나는 범죄를 포괄할 수

없다는 문제에 빠진다. 그래서 좀 더 보편적인 기준으로 사용되는 것인 '사회규범을 위반하는 행위'를 범죄로 규정한다면(실질적 의미의 범죄), 우리는 이 정의에 너무나 많은 행위들이 포함된다는 문제에 빠진다. 예를 들어, 자식은 늙은 부모를 부양해야 된다는 도덕규범이나, 혼인한 배우자와만 성관계를 해야 한다는 사회규범을 위반한 행위들이 과연 범죄인지에 대해 의문이 생긴다. 그래서 우리는 보통 '형사법령을 위반한 행위'라는 법규범에 의한 정의를 많이 사용한다(형식적 의미의 범죄). 이 정의는 국가에 따라서, 지역에 따라서, 시대에 따라서 범죄의 정의가 달라지더라도 사용하는데 큰 혼란이 없다는 점에서 그 유용성이 있다.

우리나라의 경우, 이 형식적 정의에서 말하는 형사법령이란 단순히 형법만을 의미하지는 않고, <폭력행위 등의 처벌에 관한 법률>, <특정 범죄 가중처벌법> 등의 특별형법은 물론, 심지어는 예를 들어, <국가유공자 등의 예우 및 지원에 관한 법률> 또한 형사법령에 해당한다. 왜냐하면 이 법의 일부 조항을 위반한 경우에 처벌하는 조항이 있기 때문이다. 예를 들면, 이 법 85조에는 "거짓이나 그 밖의 부정한 방법으로 이 법에 따른 보상을 받거나 보상을 받게 한 사람"에 대해서는 5년 이하의 징역이나 5천만원 이하의 벌금에 처한다고 규정되어 있다. 따라서 이런 행위를 한 사람은 범죄자가 되는 것이다. 이처럼 우리나라에서 처벌조항이 있는 형사법령의 범위는 매우 넓다.

그럼 이 책에서 설명하는 많은 범죄학이론들은 어떤 범죄를 설명하는가? 실제로 많은 범죄학이론들은 형식적 의미의 범죄를 설명한다. 예를 들어 갈등이론이나 낙인이론 등은 국가기관에 의한 범죄의 정의에 주목하므로, 이러한 형식적 의미의 범죄를 설명하는 경향이 있다. 그러나 다른 많은 범죄학이론들은 범죄뿐만 아니라 범죄와 유사한 행동들 또한 같은 이론으로 설명할 수 있다. 예를 들어 자기통제이론은 범죄를 설명하는 이론이지만, 범죄로 규정되지 않는 충동적이거나 위험을 무릅쓰는 행동 등도 함께 설명한다. 그 외 많은 다른 이론들도 형식적 의미에서는 범죄로 규정되지 않는 청소년의 가출, 성인의 간통, 폭음 등의 행위를 설명한다. 따라서 이 책 전반의 범죄학이론들이 설명하는 행위는 실질적 의미의 범죄라고 할 수 있다. 다시 말해서 여러 범죄학이론들은 협의의 범죄개념인 형식적 의미의 범죄를 넘어 형식적 범죄정의에 포함되지 않는 다양한 유사행위들을 모두 설명한다.

[그림 1-1] 범죄와 유사개념

그럼 범죄를 협의의 형식적 정의로 받아들인다면, 범죄와 유사한 행위는 어떤 것들이 있을까? 이런 것으로는 패륜, 독직, 비리, 부정 등의 다양한 개념들이 있지만, 이들은 범죄학이론에서 다루는 것이라고는 할 수 없다. 일반적으로 범죄학이론에서 다루는 개념에는 반사회적 행동, 일탈행동, 비행, 범죄와 같은 개념들이 있다. 이 중 범죄(crime)는 협의의 의미에서 사용되면, '형사법령을 위반한 행위'가 된다.[1] 이 정의는 모든 국가에 적용될 수 있는 명확한 정의이므로 그 유용성이 있다. 죄형법정주의에 의해 범죄와 형벌은 모두 법률에 규정되어 있어야 하므로, 이러한 범죄에 대해서는 형사사법기관이 개입하여 처벌을 하게 된다. 그런데 형사법령에 규정되어 있지 않은 행위에 대해서도 형사사법기관이 개입하기도 한다. 예를 들어, 비행(delinquency)은 형사법령에 금지된 행위가 아니지만 형사사법기관이 개입한다. 일반적으로 비행은 거의 전적으로 청소년비행(juvenile delinquency)을 지칭하는데, 예를 들어 청소년들이 성인영화를 감상하는 것은 거의 모든 사회에서 문제행동으로 여겨진다. 또한, 당연히 청소년들이 절도를 하는 것 또한 문제행동으로 여겨진다. 이 둘의 차이는 절도행위의 경우, 성인이나 청소년 모두 이것을 하게 되면 문제가 되지만, 성인영화를 감상하는 것은 성인에게는 문제가 되지는 않는

---

1) 2장의 범죄유형론에는 이 형식적 의미의 범죄정의가 사용된다.

다. 이처럼 청소년이란 지위에 의해 비행으로 여겨지는 것을 지위비행(status offense)이라고 한다. 결과적으로 비행에는 (형식적 의미의) 범죄가 포함되지만, 범죄가 아닌 행동들도 존재한다. 이런 비행보다 더 넓은 개념으로 일탈행동이 있다. 이 일탈행동(deviant behavior)은 다양한 사회규범을 위반하는 행위로서, 범죄나 비행을 포함하여 불효, 불성실, 배반, 새벽시간 귀가 등의 다양한 행위를 포괄한다. 예를 들어 자식이 부모님께 효도해야 한다는 것이 한 사회의 도덕규범이라면, 불효는 일탈행동이 된다. 대부분의 범죄학이론들은 주로 좀 더 넓은 의미인 일탈행동을 설명한다. 이 일탈행동이 넓은 개념이지만, 이보다 더 넓은 반사회적 행동(antisocial behavior)이라는 개념도 존재한다. 예를 들어, 아동이 주의력이 산만하고 과잉활동적인 행동을 하는 것은 범죄, 비행, 일탈의 개념 속에는 잘 포함되지 않지만, 이 반사회적 행동에는 포함될 수 있다. 실제로 많은 심리학적 이론들은 이 반사회적 행동을 설명하는 이론들이다. 예를 들어 11장에 등장하는 모핏(Moffit, 1993)의 이론은 이런 반사회적 행동을 설명하는 이론이다.

제 2 절 범죄학이란 무엇인가?

범죄학(criminology)이란 범죄에 대한 모든 지식체계라고 할 수 있다. 일찍이 범죄학 교과서를 냈던 서덜랜드와 크레시(Sutherland and Cressey, 1960)에 따르면, 이러한 지식에는 (1) 법을 만들고, (2) 법을 위반하고, 그리고 (3) 이러한 법위반에 대해 대응하는 과정이 모두 포함된다. 범죄학의 목적은 이러한 법의 제정, 법의 위반, 법의 집행에 대해 이해하려는 것이다. 이처럼 범죄학은 법이 어떤 과정을 통해서 만들어지며, 결과적으로 어떤 행동이 어떤 과정을 통해서 범죄로 규정되게 되는지를 연구한다. 또한, 범죄학은 어떤 사람이 왜 범죄를 하게 되는지에 대해 설명한다. 실제로 많은 범죄학이론들은 이러한 범죄의 원인에 대해 설명하는 이론들이다. 그리고 범죄학은 법을 위반한 사람들에 대해 어떻게 대응하며, 범죄를 줄이기 위해 어떤 조치를 취해야 하는지에 대해 연구한다.

이러한 과정은 매우 광범위하고 복잡한 과정이며, 이것을 이해하기 위해서는 여러 학문분야의 기여가 필요하다. 그래서 본질적으로 범죄학은 학제적인 과학

(interdisciplinary science)이라고 할 수 있다. 미국에서도 주류는 사회학에서 훈련된 학자들이지만, 심리학, 법학, 형사사법학, 정치학, 경제학 그리고 심지어 생물학과 같은 자연과학을 배경으로 하는 학자들도 있다(Siegel, 2004:4). 이 중 형사사법학 (criminal justice)은 범죄학을 배경으로 하여 경찰, 교정, 법원과 같은 형사사법기관의 활동을 설명하는 데 좀 더 초점을 맞춘 학문분야이다. 국내에서도 사회학, 경찰(행정)학, 심리학, 법학, 형사사법학 등의 다양한 배경을 가진 학자들이 범죄를 설명하는 데에 함께 참여하고 있다.

앞서 언급한 바와 같이, 범죄학은 크게 세 가지의 분야(과정)를 설명하는 과학이다. 그래서 범죄학이 설명하는 분야는 생각보다 넓다. 예를 들어 범죄가 어떻게 규정되는지를 알기 위해 범죄의 유형과 형법이 만들어지는 과정을 연구하는 것은 범죄학의 세 가지 분야 중 첫 번째 영역에 속한다. 그리고 어떤 청소년이 어떤 과정을 거쳐서 범죄자의 길로 들어서게 되는지를 설명하는 것은 세 가지 중에 두 번째 영역에 속한다. 그런데 이 두 영역이 명확히 구분되지는 않는다. 예를 들어 갈등이론에 따르면, 지배계급이 자신의 이익실현에 방해가 되는 행동을 범죄로 규정하고, 피지배계급의 구성원은 자신이 피지배계급에 속했다는 이유로 범죄자로 규정될 가능성이 높아지게 된다. 따라서 이 경우, 범죄자가 되는 원인은 자신이 피지배계급에 속하게 된 것이라고 할 수 있다. 이 때문에 두 번째 영역에서 주로 설명하는 범죄의 원인이 첫 번째 영역에서도 설명할 수 있게 된다. 결과적으로 꼭 이 두 영역이 명확히 구분될 수 있는 것은 아니다. 그런데 이 두 영역 외에도, 세 번째 영역에서 범죄학은 범죄가 발생했을 때, 또는 범죄가 발생할 가능성이 높을 때, 이러한 가능성을 줄이기 위해 다양한 대책을 연구한다. 예를 들어 약물범죄가 문제시될 때, 약물범죄에 대한 형량을 높이거나, 반대로 약물범죄를 비범죄화하거나, 또는 약물범죄자에 대한 다양한 재활프로그램을 개발하여 참여하게 하는 등의 다양한 대책이 제시될 수 있다. 이것 또한 범죄학의 중요한 한 영역이라고 할 수 있다.

이처럼 범죄학에 대한 광의의 정의는 이 세 가지 영역을 모두 포괄하는 것으로 범죄학을 정의하는 것이다. 반면에 협의의 범죄학은 보통 앞의 두 영역을 포함하는 범죄원인론이라고 할 수 있다. 범죄학을 광의로 정의하면, 범죄원인론부터 시작하여 범죄대책과 관련된 교정학, 경찰학, 경호학, 피해자학, 형사정책 등의 다양한 하위학문들을 모두 포괄한다. 반면 사회학이나 심리학, 생물학 등은 범죄학의 상위학문이라고 할 수 있으며, 이들은 각각 자신의 분야에서 범죄학의 다양한 분야에 기여하고 있다. 예를 들어, 사회학은 사회구조가 어떻게 범죄발생에 영향을 미치는지를 설명하며, 대책 부분에서도 재소자사회에서 어떤 문화가 발생하고 수형자들의 태도에 영향을 미치는지를 설명한다. 반면 심리학은 개인이 사회화과정에서 형성된 특별한 성격이 범죄에 어떻게 영향을 미치고, 대책 부분에서도 범죄자들의 재활을 위해 어떤 프로그램이 필요한지에 대해 제시한다. 이처럼 범죄학은 여러 상위학문과 하위학문들이 결합된 하나의 학제적인 과학이라고 할 수 있다.

제 3 절 범죄학이론

1. 가설, 명제, 이론

범죄학이론은 범죄학 중에서도 범죄를 설명하는 이론이다. 가장 일반적인 범죄학이론은 어떤 사람이 왜 범죄에 개입하게 되는지를 설명하는 이론이라고 할 수 있다. 협의의 의미에서 범죄학은 보통 이 범죄학이론, 다시 말해서 범죄의 원인을 설명하는 이론을 지칭한다. 그러나 꼭 범죄의 원인을 설명하는 이론만이 범죄학이론인 것은 아니다. 예를 들어, 범죄피해를 당한 사람이 왜 자신의 범죄피해를 신고하는지를 설명하는 이론은 피해자학의 한 이론이면서도 이것이 속한 (광의의) 범죄학의 이론이기도 하다. 이처럼 범죄학이론은 범죄원인을 설명하는 이론이 아닌 이론도 존재하지만, 일반적으로 범죄학이론이라고 하면 보통 범죄의 원인을 설명하는 이론들을 지칭한다.

그럼 이론이란 무엇인가? 우리는 이것을 이해하기 위해서는 범죄학이 사회과학의 한 하위분야라는 것을 알아야 한다. 옛날에는 범죄의 원인을 내세적인 힘이 작용했기 때문이라고 생각하는 초자연적 설명(spiriueal explanations)에 의존했다. 예를 들어, 범죄를 한 사람은 사탄의 유혹에 빠졌기 때문에 범죄를 한 것이었다. 그러나 점점 시간이 흐르고, 종교의 힘이 약화되자 범죄라는 사회현상을 사회 내에서 존재하는 관찰가능한 다른 현상에 의해 설명하는 자연적 설명(natural explanations)의 경향이 강해졌다(Bernard et al., 2019: 18–21). 예를 들어, 범죄의 원인은 처벌이 엄격하지 않기 때문이다. 이처럼 범죄라는 사회현상을 사회 내에서 관찰가능한 처벌의 강도로 설명하는 것은 사회과학의 설명방식이다.

사회과학은 자연과학에서 쓰이던 과학적 방법을 사회현상에도 적용한 한 과학이다. 예를 들어 정치학, 사회학, 행정학, 심리학 등은 대표적인 사회과학의 한 분야이다. 보통 이런 사회과학의 소위 표준과학관은 자연과학에서 쓰이던 과학적 방법을 사용하여 사회현상을 연구한다. 사회과학의 표준과학관은 보통 연역적인 방법으로서, 어떤 한 이론에서 가설을 세우고, 자료를 수집하며, 이 자료를 분석하여 가설의 참 또는 거짓을 밝혀내어 다시 이론을 확증하거나, 수정하거나, 또는 폐기하는 과정을 거친다.

그럼 가설은 무엇인가? 가설(hypothesis)이란 어떤 (사회과학적) 현상의 있음직한 일을 진술한 것을 말한다. 예를 들어 "여름철에 성범죄율이 높을 것이다"라는 진술은 충분히 있음직한 일을 진술한 것이고 우리는 이것을 '현상의 제일성'을 진술한 가설이라고 한다. 그러나 이런 가설은 그리 수준이 높은 가설이라고는 할 수가 없다. 따라서 좀 더 의미 있는 가설이 되기 위해서는 변수와 변수 간의 관계에 대한 진술이 되어야 한다. 가장 일반적인 가설은 이렇게 두 변수 사이의 관계를 진술한 것이다. 예를 들면 "평균기온이 높을수록 성범죄율을 높을 것이다"라는 가설은 과학적 방법에서 바람직한 가설의 한 형태라고 할 수 있다. 이런 가설은 하나의 인과관계를 가정하는 것이다. 인과관계란 원인과 결과의 관계라고 할 수 있는데, 앞의 가설에서 평균기온은 성범죄율의 원인이라는 가정이 숨겨져 있다.

앞에서 우리는 가설이 참으로 밝혀져 이론을 확증하는 과정이 가능하다는 것을 살펴보았다. 이처럼 반복적으로 유사한 조건에서 가설이 참으로 입증되어 '있음직한' 수준이 아닌 '확실한' 수준이 되었을 때, 우리는 이 가설을 (참인) 명제(proposition)라고 부른다. 예를 들어 이 책의 9장에 등장하는 갓프레드슨과 허쉬(Gottfredson and Hirschi, 1990)의 자기통제이론에 따르면, "한 개인의 자기통제력은 6~7세 정도의 어린 나이에 형성된다." 이런 명제는 대부분의 심리학 이론뿐만 아니라 사회학적인 이론들도 여기에 동의하는 편이다. 따라서 매우 어린 나이에 자기통제력이 형성된다는 것은 하나의 명제라고 할 수 있다. 그런데 자기통제이론에는 이 명제만이 있는 것은 아니다. 예를 들어, "한번 형성된 자기통제력은 일생을 통해 안정적인 수준으로 유지된다"는 명제와 "자기통제력이 범죄를 설명하는 유일한 원인이다"는 명제 또한 이 이론의 핵심명제들이라고 할 수 있다.

그럼 다시 원래의 질문으로 돌아와서, 이론은 무엇인가? 이론(theory)이란 유기적으로 얽힌 명제들을 이용한 어떤 현상에 대한 설명이라고 할 수 있다. 범죄학 이론들은 자신들의 다양한 명제들을 이용하여 범죄현상을 더 잘 설명하기 위한 경쟁 속에서 생겨난 것이다. 이 이론들이 이용하는 명제들은 이론에 따라서는 중복되기도 하고, 모순되기도 한다. 예를 들어 이 책의 6장에서 등장하는 머튼(Merton, 1938)의 아노미이론과 코헨(Cohen, 1955)의 하위문화이론은 빈곤이 범죄의 원인이라고 동일하게 주장한다. 그러나 왜 빈곤이 범죄의 원인이 되는지에 대해, 머튼은 빈곤층에게 허용되어진 부자가 되는 합법적인 방법이 매우 제한되어 있기 때문이라고 설명하는데 반해서, 코헨은 빈곤층 청소년들 사이에 공유되는 범죄를 유발하는 하위문화가 범죄를 발생시킨다고 주장한다. 이처럼 두 이론에서 "빈곤층일수록 범죄를 많이 한다"는 명제는 중복되지만, 여기에 엮이어 있는 명제들의 차이로 인해 다른 설명이 제시되는 것이다.

한편으로 범죄학이론들이 가진 명제는 서로 모순되기도 한다. 예를 들어, 서덜랜드(Sutherland, 1947)의 차별접촉이론(7장)은 "(비행친구가 많아서) 비행에 대한 정의를 많이 학습할수록 비행을 더 많이 한다"는 핵심명제를 가지고 있다. 반면에, 허쉬(Hirschi, 1969)의 사회유대이론(9장)은 "(비행친구일지라도) 친구와의 애착이 강할수록 비행을 적게 한다"는 명제를 갖고 있다. 이 명제들의 함의는 서로 모순된다고 할 수 있고, 실제로 힌데랑(Hindelang)은 이 모순되는 두 명제 중에서 어떤 것이 맞는지에 대해 검증한 바 있다.

이처럼 많은 범죄학이론들은 서로 모순되는 명제들을 갖는 경우도 있지만, 반대로 동일하거나 유사한 명제들을 주장하는 경우도 많다. 그러면 기존 이론과 중복되는 명제들을 가진 새로운 이론들은 얼마나 독창성을 갖는 것일까? 실제로 많은 범죄학이론들은 서로 중복되는 경향이 강하다. 그럼에도 불구하고 하나의 이론으로서 높은 평가를 받는 이면에는, 이 새로운 이론들이 보통 새로운 핵심명제를 가지기 때문이다. 예를 들어 이 책의 6장에서 등장하는 메스너와 로젠펠드(Messner and Rosenfeld, 2007)의 제도적 아노미이론은 머튼의 아노미이론과 많은 부분에서 명제들이 겹친다. 그럼에도 불구하고 이들이 높은 평가를 받는 것은, 뒤르켐(Durkheim,

1951)이나 머튼의 아노미 개념과는 다른 '권력의 제도적 불균형'이라는 새로운 아노미 개념을 제시하였고, 이 "제도적 불균형이 심할수록 범죄율이 높다"라는 새롭고 독창적인 핵심명제를 제시하고 있기 때문이다.

요약하면, 범죄학이론은 가설에서 출발하여 명제를 만들고, 이 명제들이 유기적으로 얽혀서 만들어진 것이다. 보통 범죄학이론들은 범죄의 원인이 무엇인지를 설명하는 이론들인데, 이들은 서로 중복되기도 하지만 모순되기도 한다. 이 모순되는 부분에 대해서는 많은 경험적 연구들이 쌓이게 되며, 결과적으로 기존의 이론들이 더 강한 지지를 받거나, 아니면 수정을 요하게 되거나, 아니면 폐지되게 된다. 이처럼 범죄학이론들은 서로 경쟁하는 다양한 설명들의 각축장이며, 그 결과로 다양한 새로운 이론들이 만들어지고 다시 검증되는 살아있는 생명체와 같다.

2. 범죄학이론의 유형

범죄학이라는 이름은 1885년 가로팔로(R. Garofalo)가 자신의 책 이름을 범죄학(criminologia)이라고 명명한 데서 기원한다. 그러나 정작 범죄학에 대한 공헌은 같은 이탈리아인이었던 베카리아(Beccaria)와 롬브로조(Lombroso), 페리(Ferri) 등에 비해서 그리 높다고 할 수는 없다. 이들의 공헌은 결국 범죄학이론의 네 유형 -고전주의 이론, 실증주의 이론, 형법작용의 이론, 통합/생애과정 이론- 중의 앞의 두 가지 유형의 출발이 되었다.

첫째, 이 책 3장에서 다루는 고전주의 이론은 베카리아의 저서에서 주장한 여러 합리적인 제안 중에서, 현대의 억제이론의 출발이 된 세 가지의 처벌의 원칙(엄격성, 확실성, 신속성)에서 기원한다. 처벌이 강할수록, 확실할수록, 신속할수록 범죄를 하지 않을 것이라는 명제는 결국 자유의지를 가지고 매우 합리적으로 행동하는 인간상을 가정한다. 이 고전주의의 가정은 인간이 범죄를 하지 않는 이유는 처벌이나 범죄로 인해 잃을 것으로 예상되는 손실을 두려워하기 때문이라는 것이다. 이것을 거꾸로 뒤집어 보면, 결국 고전주의의 인간 본성에 대한 가정은, 인간은 가만히 놓아두면 결국 자신의 쾌락을 최대화하기 위하여 타인의 불편에도 개의치 않고 범죄를 하게 될 것이라는 것이다. 왜냐하면 인간의 본성은 기본적으로 악하고, 따라서 타인의 불편에도 불구하고 자신의 이익을 최대화하려 하기 때문이다. 그럼에도 불구하고, 인간이 범죄를 하지 않는 주된 이유는, 고전주의 범죄학인 억제이론에 따르면, 국가에서 처벌을 통해 위협하기 때문이다.

결과적으로 고전주의 범죄학은 범죄를 하는 이유가 아니라 범죄를 하지 않는 이유를 설명한다. 범죄를 하는 이유와 범죄를 하지 않는 이유는 동전의 양면과 같아서 둘다 범죄를 설명할 수 있다. 범죄학의 역사에서 이 고전주의 범죄학은 베카리아 이후에도 꾸준히 그 명백을 이어왔다. 그것은 특히 1960년대 이후 억제이론의 부활과 사회통제이론(9장), 그리고 70년대 말에서 80년대의 합리적 선택이론 및 일상활동이론(3장) 등으로 나타났다. 이러한 이론들은 모두 고전주의의 가정을 갖고, 주로 범죄를 하지 않는 이유를 설명한다. 예를 들어, 허쉬의 사회유대이론은 청소년들이 비행을 하지 않는 이유를 전통사회에 청소년들을 묶어놓는 사회유대가 비행을 하지 못하도록 만들기 때문이라고 설명한다.

둘째, 실증주의 범죄학은 반대로 범죄를 하게 만드는 원인을 찾는다. 이 실증주의 범죄학의 인간에 대한 기본가정은 인간이 선하게 태어났는데 다양한 이유로 범죄를 하게 된다는 것이다. 그리고 이런 개인을 둘러싸고 있는 다양한 환경이 자유의지가 없거나 거의 없는 인간을 범죄로 몰아간다는 것이다. 예를 들어, 이 책의 4장에서 논의되는 실증주의 범죄학의 아버지라고 불리는 롬브로조(Lombroso)는 범죄를 하게 만드는 원인으로 열등한 유전자를 들고, 이런 열등한 유전자가 범죄자를 만들어 내게 된다고 한다.

현대의 범죄학에서 이런 실증주의 범죄학은 고전주의 범죄학을 능가할 정도로 큰 영향력을 가져왔다. 실증주의 범죄학에 속하는 이론들로는 생물학적 이론(4장), 사회해체이론(5장), 아노미/긴장이론(6장), 사회학습이론(7장), 낙인이론(8장)을 들 수 있으며, 이들은 각각 범죄를 하는 원인으로 생물학적 요인, 지역해체, 아노미/긴장, 비행에 대한 학습, 공식기관에 의한 낙인을 제시한다.

범죄학이론의 세 번째 유형은 형법작용의 이론이다. 이것은 서덜랜드가 분류한 범죄학의 세 분야 중에 첫 번째 분야를 연구하는 이론으로서, 주로 범죄의 정의가 어떻게 만들어지고 이것이 어떻게 집행되는지를 설명한다. 이 이론은 결과적으로 범죄를 정의하는 형법이 어떤 과정을 통해서 만들어지고, 이 형법을 위반할 가능성이 어떤 요인에 따라서 달라지는지를 보여준다. 이 책의 10장에서 논의되는 갈등이론에 따르면, 형법이 주로 지배집단의 이해관계를 보호하기 위하여 만들어지고, 결과적으로 피지배집단은 자신들의 행위규범이 지배집단과 맞지 않을 가능성이 높으므로 범죄자가 될 가능성이 높아진다.

네 번째 범죄학이론의 유형은 이 책의 11장에서 살펴보는 통합 및 생애과정 이론이다. 이 이론들은 기본적으로 실증주의에서 강조하는 원인과 고전주의에서 강조하는 원인 모두를 포섭하므로, 이 둘 중의 어느 하나에 넣기 어렵다. 이 이론들은 다양한 요인들을 통합하여 범죄 또는 생애과정 상의 범죄를 설명한다. 예를 들어 손베리(Thornberry, 1987)의 상호작용이론(11장)은 어린 시기에는 부모와의 애착과 같은 유대(고전주의)가 비행을 하지 않게 만들지만, 학교에 다니게 되면 비행 친구와의 접촉과 같은 학습(실증주의)이 비행을 하게 만들고, 다시 성인기 초기에는 유대(고전주의)가 범죄를 하지 않게 만든다고 설명한다.

3. 범죄학이론을 평가하는 기준

범죄학은 사실 이론의 각축장이며, 많은 이론들이 흥망성쇠를 거듭하여 왔고, 그 결과로 이론의 수가 줄어들기보다는 오히려 더 많아지는 현상이 반복되어 왔다. 이렇게 많은 이론들에 대한 지지나 이론의 중요성에 대한 평가는 모든 이론이 동일하지 않다. 다시 말해서 좋은 이론과 덜 좋은 이론은 구분할 수가 있다. 일반적으로 이론을 평가하는 기준은 크게 다음의 네 가지이다(Akers et al., 2017).

첫째, 논리적 일관성(logical consistency)이다. 어떤 이론의 설명은 논리적으로 일관적이어야 한다. 예를 들어 범죄자가 생물학적 결함이 있는 사람이라고 하면서, 가정에서의 사회화가 범죄의 근본원인이라고 설명해서는 안된다. 이와 같이 이론의 설명체계에서 각 하위부분이 서로 모순되는 부분들이 존재한다면 좋은 이론이라고 할 수 없다.

둘째, 검증가능성(testability or verifiability)이다. 범죄학이 사회과학의 한 하위분야이기 때문에, 반복가능한 연구에 의해 검증가능하여야 한다. 과학적 방법을 사용하는 범죄학에서 같은 가설을 다른 사람이 동일한 방법으로 검증하여 그 결과가 일치하는지를 알 수 있어야 한다. 그러나 일부의 이론 중에는 선험적인 명제를 가진 경우도 있으며, 동어반복적인 이론은 검증이 불가능하다. 예를 들어 프로이드의 이론에 따르면, 인간의 자아는 이드(id), 에고(ego), 슈퍼에고(super−ego)로 구성되어 있으며, 이들의 상호작용에 의해 자아가 형성된다. 그러나 이것은 선험적인 가정이기 때문에 검증이 불가능하다. 따라서 좋은 이론이 될 수 없다. 또 하나의 예를 들면, 이 책의 9장에서 등장하는 허쉬와 갓프레드슨의 자기통제이론(self-control theory)은 낮은 수준의 자기통제력을 가진 사람이 범죄를 한다고 주장한다. 그러나 이 이론을 비판하는 사람들은 '낮은 수준의 자기통제력'은 개인의 '범죄성향'과 다르지 않고, 결과적으로 "범죄성향이 높은 사람이 범죄를 많이 한다"고 말하는 것은 동어반복에 지나지 않는다는 것이다. 다시 말해서 범죄성향이 높은 사람이 범죄를 많이 한다는 것은 굳이 검증할 필요가 없는 당연히 참인 명제인 것이다.

셋째, 경험적 타당성(empirical validity)이다. 어떤 이론을 막론하고 경험적 증거에 의해 지지되지 않는다면 그것은 좋은 이론이라고 할 수 없다. 다시 말해서 어떤 이론이 주장하는 명제나 가설을 경험 속에서 찾을 수 있는 자료, 즉 설문조사나 실험, 관찰 등을 통해서 수집할 수 있는 자료를 통해서 지지된다면, 경험적 타당성이 높다고 할 수 있고, 이것은 좋은 이론이라고 할 수 있다. 현재의 범죄학 학문세계에서 이 기준이 가장 중요한 기준이라는 데 대다수의 학자들은 동의한다.

넷째, 정책적 함의(policy implication)가 풍부하여 유용성이 있어야 한다. 좋은 범죄학이론은 바로 정책에 적용할 수 있는 다양한 정책함의를 가진다. 예를 들어 초기의 생물학적 이론들은 열등한 유전자의 유전에 주목하였고, 정책대안으로 우생학을 제안하였지만, 이것은 윤리적으로 시행가능하지 않은 정책이었고, 큰 비판을 받았다. 따라서 이런 이론은 좋은 이론이라고 할 수 없다. 또 하나의 예를 들면, 이 책의 8장에서 등장하는 낙인이론은 그 경험적 타당성이 의심받기도 하지만, 이 이론은 범죄의 원인이 바로 처벌이라고 주장하기 때문에, 형사사법기관의 처벌과 관련한 매우 다양하고 풍부한 정책을 제안할 수 있다.

이와 같이 좋은 이론은 논리적으로 일관된 설명을 하며, 경험적인 자료를 수집하여 직접적으로 검증이 가능하고, 그 검증의 결과가 대부분 이론을 지지하며, 이론의 정책적 함의가 풍부하여 다양하고도 많은 정책들을 제안할 수 있는 이론이다. 이 중에서 논리적 일관성 또한 이론을 평가하는 중요한 기준이지만, 그보다도 더 중요한 기준은 경험적 타당성이라고 할 수 있을 것이다.

제 4 절 범죄를 어떻게 연구할 것인가?

1. 범죄의 측정

범죄나 비행을 측정하는 것은 범죄현상을 연구하고, 나아가 범죄에 대해 설명을 하며, 범죄이론을 구축하는데 기초가 된다. 일반적으로 범죄를 측정하는 방식은 크게 범죄통계, 자기보고식 조사, 그리고 범죄피해조사의 세 가지로 나눌 수 있다.

첫째, 범죄통계는 범죄현상을 파악하는 가장 오래되고 기본적인 방법이다. 범죄통계는 보통 범죄가 발생한 시점에서 1건이 기록된다. 미 연방경찰(FBI)에서 발행하는 UCR(Uniform Crime Report)이 전형적인 발생통계인데, 이 통계는 단일한 형식으로 연방 및 각 주의 경찰들이 입력한 범죄통계를 모은 것이다. 이 통계는 타입 I (Type 1) 범죄와 타입 II (Type 2) 범죄로 나누어서 범죄를 집계한다. 이 중 타입 I 범죄의 경우 지표범죄(index crime)라고도 하며, 미국에서 중하다고 여겨지는 8가지 범죄유형(살인, 강간, 강도, 중폭행, 침입절도, 절도, 자동차절도, 방화)을 집계하고, 발생 및 체포에 관한 자료를 입력한다. 반면 타입 II 범죄의 경우, 덜 심각한 범죄유형이 여기에 해당하고, 체포에 관한 자료만을 간략히 작성한다.

한국의 경우 두 가지 기본통계가 있는데, 하나는 경찰청에서 이전의 양식을 개편하여 2011년부터 새롭게 집계하고 있는「범죄통계」이며, 이것은 각 지역경찰서에서 입력한 범죄발생 사항을 집계한 전형적인 발생통계이다. 다른 하나는 1964년부터 발간해온 대검찰청의「범죄분석」이다. 이것은 경찰청의「범죄통계」에 다시 검찰이 인지한 사건을 더한 것으로 이것 역시 발생통계라고 할 수 있다. 경찰청의 통계는 검찰 인지사건이 누락됨으로써, 실제의 전체 범죄발생 건수보다 건수가 약간 부족하다는 단점이 있는 반면, 대검찰청의 통계에 비해 형사사법기관을 거치면서 범죄현상이 왜곡되는 것이 덜하다는 장점이 있다.

이 한국의 범죄통계들은 범죄현상을 파악하는데 기본이 되는 통계로서, 특히 중한 범죄의 발생상황을 비교적 정확하게 파악할 수 있는 범죄이다. 그러나 범죄통계는 공식적으로 집계되는 범죄가 빙산의 일각에 불과하다는 치명적인 문제가

[그림 1-2] 우리나라의 두 기본 범죄통계

있다. 다시 말해서 실제로 발생하는 전체 범죄 중에서 범죄통계에 수록되는 범죄 건수는 극히 일부분에 불과하다는 것이다. 그 이유는 범죄통계에 집계되지 않는 범죄인 범죄의 암수(dark figure) 또는 숨은 범죄(hidden crime)가 너무나 많기 때문이다. 이렇게 숨은 범죄가 발생하는 이유는 많은 피해자나 목격자들이 범죄피해에 대해 신고하지 않기 때문이다. 예를 들어 도서관에서 전자사전을 도난당한 경우, 남자친구로부터 여관에서 강간을 당한 경우, 친구와 약물을 남용한 경우, 탈세를 한 경우 등의 경우 대부분의 피해자나 범죄자는 이 사건을 경찰에 잘 신고하지 않는다. 결국, 이러한 범죄들은 대거 범죄의 암수로 남는다. 따라서 범죄통계에 집계되는 범죄는 전체 범죄의 단지 일부분에 불과하다. 그럼에도 불구하고 중한 범죄의 경우 대부분 범죄통계에 기록되므로, 이들을 파악하는 데는 범죄통계가 유용하다.

보통 범죄통계는 범죄율, 검거율 등의 지표를 통하여 해석하게 된다. 이 중 범죄율은 일정기간(보통 1년) 동안 어떤 지역에서 인구 10만 명당 몇 건의 범죄가 발생했는지를 나타내며, 다음과 같이 계산된다.

$$범죄율 = \frac{범죄건수}{인구} * 100,000$$

그 외 검거율은 다음과 같이 경찰이 한 해 동안 범인을 검거한 사건에서 한 해 동안 인지한 사건 수를 나누어서 백분율로 계산하는데, 주의할 점은 한 해에 일어난 사건의 범인이 한참 후에 검거되는 경우도 다반사이므로, 우리가 일반적으로 생각하는 "한 해 발생한 사건 중에서 범인이 검거된 비율"을 나타내는 것이 아니라는 점이다. 결과적으로 검거율은 100%가 넘는 경우도 자주 발생한다.

$$검거율 = \frac{한 \ 해 \ 동안 \ 범인이 \ 검거된 \ 사건수}{한 \ 해 \ 동안 \ 발생한 \ 사건수} * 100$$

둘째, 범죄통계의 가장 큰 한계인 숨은 범죄 문제를 극복하기 위해 개발된 범죄측정 방법으로 자기보고식 조사가 있다. 자기보고식 조사(self-report survey)는 설문조사를 통하여 보통 지난 1년 동안 각 유형별로 몇 건의 범죄나 비행을 했는지를 질문하는 방식이다. 이 방식은 아무리 무기명 설문조사라고 할지라도, 자신이 저지른 범죄를 고백하는 것이 쉽지 않다는 치명적인 문제점을 가진다. 결과적으로 살인, 강간, 강도 등의 중한 범죄를 이 방식으로 측정하는 것은 거의 불가능에 가깝다. 따라서 이 자기보고식 조사는 청소년비행이나 경미한 성인범죄(직장 내 성희롱, 성매매 등)를 측정하는데 주로 이용된다. 특히 거의 신고가 되지 않아 범죄통계로는 알 수가 없는 청소년 약물남용을 측정하는데 유용하고, 국내에서 이것은 정기적으로 조사가 행해진다.

셋째, 숨은 범죄를 극복하는 또 다른 방법은 범죄피해조사(crime victimization survey)이다. 이것은 보통 설문조사를 통해 지난 1년 동안 자신이 당한 범죄피해건수를 유형별로 진술하는 방식을 이용한다. 이 방식을 범죄를 측정하는 세 가지 방식 중에서 가장 정확하다고 할 수 있으나, 대규모 표본이 필요하고(비용이 많이 필요), 살인이나 피해자 없는 범죄(victimless crime)[2]는 측정할 수 없다는 단점이 있다. 그러나 대부분의 범죄유형을 비교적 정확히 측정할 수가 있으므로, 국내에서

---

2) 약물남용, 성매매, 단순음주운전 등 피해자가 없는 범죄.

도 한국형사정책연구원에서 2년 정도를 주기로 전국범죄피해조사를 수행하고 있다. 다음은 이 조사의 설문지 일부분이다.

문 13 (**문 11~12** 에서 언급한 사건과 동일시점 또는 동일 가해자에 의한 경우는 제외하고)

작년(2008년) 한 해 동안, 누군가가 고의로 당신과 가족의 재산이나 물품을 손상하거나 파손하려고 시도한 적이 있었습니까? (예: 누군가가 귀댁의 창문 또는 집밖에 놓아둔 물건이나 자동차에 손상을 입히거나 입히려고 한 적이 있다)

1. 있다 ──────▶ 몇 번이나 있었습니까? 약 _____ 건
2. 없다

[그림 1-3] 형사정책연구원 전국범죄피해조사의 손괴피해를 묻는 질문

이상에서 살펴본 바와 같이, 지구상에서 가장 부실한 공식통계라는 범죄통계의 숨은 범죄 문제를 극복하기 위하여 자기보고식 조사와 범죄피해조사를 보완의 목적으로 활발히 이용하고 있다. 이 중 특히 범죄피해조사는 범죄학이론의 검증, 범죄에 대한 대응책의 마련, 공식범죄통계에 누락되는 암수규모의 추정, 범죄의 두려움이나 범죄피해의 신고 등에 대한 유용한 정보를 제공해 주고 있어, 더욱 그 가치가 높다.

2. 범죄의 다양한 연구방법

앞서 설명한 범죄를 측정하는 대표적인 세 가지 방법은 범죄학에서 가장 널리 사용되는 방식들이다. 이들 중에 첫째, 공식통계를 이용한 연구는 오래 전부터 범죄를 연구하는 방법으로서 사용되어 왔다. 예를 들어 뒤르켐(E. Durkheim)이 프랑스에서 자살률의 차이가 어떤 요인과 관련이 있는지를 연구할 때, 그는 프랑스의 자살통계와 종교분포, 경기변동 등의 다양한 통계를 이용하여 자살이 주로 사회통제와 관련이 있음을 밝혀내었다. 이렇게 공식통계를 이용하는 방법은 현대의 범죄학 연구에서도 자주 이용되는 방법이다. 예를 들어 "사형의 범죄예방효과"를

연구할 때, 널리 알려진 사형집행 이후 살인범죄율이나 강도범죄율이 어떻게 변동하는지를 살펴보거나, 미국에서 사형을 집행하는 주와 사형을 집행하지 않는 주의 살인범죄율을 살펴보는 것은 사형연구의 가장 일반적인 방법들이다. 또한 어떤 범죄에 대한 처벌을 강화하였을 때, 해당 범죄율이 어떻게 달라지는지를 살펴보는 것 또한 매우 일반적인 연구방식 중의 하나이다. 예를 들어 음주운전에 대한 처벌이 강화되었을 때, 그 직후 심야시간대의 교통사고사망률이 어떻게 달라지는지를 살펴보는 것은 전통적인 음주운전에 대한 연구방식이다.

그러나 이런 범죄통계를 이용하는 연구방법은 두 변수 사이의 2차원 관계 수준의 연구를 넘어서기 어렵다는 한계가 있다. 따라서 현대의 연구자들은 주로 설문조사를 통한 연구방법을 사용한다. 앞서 살펴본 자기보고식 조사나 범죄피해조사도 설문지를 활용한 연구방법이라고 할 수 있다. 이 설문조사를 통한 연구방법은 청소년비행과 같이 공식통계로 파악하기 어려운 주제에 적합하며, 무엇보다도 큰 장점은 두 변수 사이의 관계를 넘어서는 다변량관계를 연구할 수 있다는 점이다. 예를 들어 뒤르켐이 연구한 자살이라는 사회현상이 사회통제의 정도에 많은 영향을 받지만, 현실적으로는 개인의 우울증의 정도, 가정폭력, 빈곤 등의 다양한 사회현상에 의해 영향을 받는다는 사실을 감안할 때, 이런 다변량분석은 사회현상의 분석에 매우 적합한 방식이 된다. 따라서 현대의 범죄학에서 설문조사를 통한 설문조사연구방법은 가장 일반적인 연구방법이 되었다.

세 번째 연구방법은 질적인 면접을 통한 연구방법이다. 보통 심층면접이라고 지칭되는 이 방법은 어떤 연역적인 전제나 가설을 만들지 않고, 자료를 해석하여 거기서 어떤 법칙을 발견하고 이것을 이론화하는 귀납적인 연구방법의 하나라고 할 수 있다. 이 방법은 앞의 설문조사연구방법에 비해 자주 사용되지는 않지만, 매우 오래 전부터 중요한 연구방법의 하나로 이용되어 왔다. 특히 이 책의 5장에서 등장하는 사회해체이론에 속하는 여러 학자들은 이러한 연구방법을 즐겨 사용한 것으로 알려져 있다. 예를 들어 소매치기범이 성장한 자연사를 연구한다든지, 은퇴한 침입절도범을 심층면접하는 것은 이들이 해체된 지역사회로 더 가깝게 다가서는 매우 중요한 방식 중의 하나였다. 이런 질적 연구의 단점은 대부분 사례연구이거나 매우 소수의 표본을 대상으로 한 연구이기 때문에, 연구결과를 일반화하기 어렵다는 것이다. 그러나 한편으로 이런 연구는 대규모의 양적인 연구를 하기 어

려운 상황에서 접근하기 어려운 대상에 대한 소중한 자료를 얻을 수 있다는 장점
이 있다.

　　네 번째 연구방법은 관찰을 통한 연구이다. 자주 사용되지는 않지만, 전통적
으로 범죄학에서는, 범죄자 집단에 참여관찰을 통해서 이들이 범죄에 개입하는 과
정을 연구해 온 많은 사람들이 있다. 최근에는 무질서에 대한 관심이 증가하면서,
이런 무질서를 관찰을 통하여 측정하는 연구도 나타나고 있다. 예를 들어 구글 스
트릿뷰를 통한 지역의 무질서 정도를 측정하는 것은 관찰을 중요한 연구방법의 하
나로 채택한 한 예라고 할 수 있다.

제 5 절 범죄학이론과 범죄대책

　　여기에서는 앞서 언급한 범죄학의 세 번째 영역인 범죄에 대한 대응에 대해
논의한다. 그런데 범죄를 줄이고 범죄를 예방하는 정책을 제시하는 것은 지금까지
논의한 범죄학이론과 별개의 문제가 아니다. 범죄학이론은 범죄의 원인을 파악함
으로써, 그 원인을 개선하는 적절한 정책대안을 제시할 수 있다. 따라서 범죄대책
은 범죄학이론의 개수보다 훨씬 더 많다. 왜냐하면 한 이론에서 제시하는 범죄의
원인이 되는 현상을 개선하는 방법의 수는 거의 무한대라고 할 수 있기 때문이다.
따라서 여기에서는 이러한 무한한 정책들을 나열하기보다는, 범죄학이론을 크게
세 가지의 관점으로 나누고, 이들 관점에 따라서 범죄에 대한 대응책이 어떻게 달
라질 수 있는지에 대해 살펴본 뒤, 이후 최근의 증거기반정책의 발전에 대해 살펴
본다.

1. 범죄학이론의 세 가지 관점과 정책함의

　　"사회질서는 어떻게 가능한가?"라는 사회학의 근본 질문에 대한 답을 찾기 위
해 역사적으로 많은 학자들이 노력해왔다. 다시 말해서 약육강식의 동물세계와는
달리, 질서 있게 돌아가는 인간사회는 어떻게 가능한 것인가에 대한 호기심은 결
국 사회질서와 범죄를 설명하는 다음과 같은 세 가지의 뚜렷하게 구분되는 시각을

낳았다.

첫째, 합의의 관점으로, 이것은 사회질서가 성원들 간의 합의에 의해서 유지된다고 가정한다. 다시 말해서 사회의 구성원들이 특정의 몇몇 행동들에 대해 하지 말자고 합의를 함으로써 사회가 질서 있게 유지된다는 것이다. 따라서 범죄는 사회구성원 대다수에게 바람직하지 않은 행동으로 여겨진다. 이 시각에서 형법은 사회구성원 대다수의 의견을 반영하고, 계급이나 집단에 관계없이 구성원 모두에게 평등하게 적용된다. 따라서 범죄를 저지르는 것은 사회구성원 대다수의 합의를 깨뜨린 것이고, 따라서 비난의 대상이 된다. 이 합의의 관점에는 사회학습이론, 사회통제이론 등의 범죄학이론의 대부분이 포함되며, 주로 이런 이론들의 정책적 함의는 범죄자 개인이나 가족과 같은 인접한 환경을 수정하는 것들이다.

둘째, 갈등의 관점으로, 사회는 희소자원을 둘러싼 경쟁에서 서로 충돌하는 둘 이상의 집단이 존재하고, 사회질서는 힘있는 집단이 힘없는 집단을 강제함으로써 유지된다. 이 시각에서 형법은 힘있는 지배집단이 자신들의 이익을 보호하기 위해서 만든 행동의 목록이며, 이 형법을 통해서 자신들의 이익을 침해하는 행위는 금지되게 된다. 따라서 범죄는 사회구성원 다수가 동의한 것이 아닌, 힘있는 집단이 만든 하나의 정의에 불과하다. 만약 어떤 사람이 피지배집단의 구성원이라면, 그 사람은 지배집단의 행동규범을 법으로 표현한 형법에 의해 범죄자로 정의될 가능성이 높아진다.

이 갈등의 시각을 가진 범죄학자들은 특히 횡령, 뇌물, 사기, 탈세, 기업범죄 등의 화이트칼라범죄가 거리범죄(street crimes)[3]에 비해 훨씬 더 많은 해악을 끼치는 경우가 많음에도 불구하고, 지배집단의 이익을 보호하기 위해 마련된 형법은 거리범죄에 대해 더 가혹한 형벌을 규정한다고 지적한다. 이처럼 갈등의 관점에서 형법이나 법집행은 계급이나 집단에 따라서 공정하지 않으며, 지배집단의 이익을 위해 기능한다. 갈등론자들은 '진정한 범죄(real crime)'는 거리범죄가 아니라 위험한 작업환경에서 일을 시키거나, 가격담합, 환경오염, 폭력적 경찰활동 등이며, 범죄대책은 이러한 진정한 범죄를 줄이거나 근절하는 것이 되어야 한다고 주장한다.

셋째, 상호작용의 관점으로, 사회질서는 상징을 교환하며 형성되는 사회적 기

---

3) 주로 거리에서 벌어지는 살인, 폭행, 강간, 강도, 절도 등의 전통적인 범죄.

대를 내면화하여 사회적 기대를 저버리지 않는 자아의 형성을 통해 유지된다. 그러나 이 관점은 합의의 관점과 같이 사회구성원 대다수의 합의가 존재하는 것이 아니라, 소수의 리더인 종교지도자나 형사사법기관의 수장과 같은 도덕십자군 (moral crusaders)들의 판단에 의해 사회문제나 범죄가 만들어진다고 주장한다. 따라서 범죄자는 이런 도덕십자군들에 의해 범죄자라는 낙인이 성공적으로 씌워진 사람들이다. 이런 점에서 범죄는 그 자체로 악하거나 반도덕적인 행동이 아니라, 사회가 그렇게 규정한 행동이다(Becker, 1963).

따라서 상호작용의 시각에서 범죄를 줄이기 위해서는 이런 낙인을 덜 부여하는 것이다. 구체적으로 상호작용의 시각에서 범죄대책은 범죄의 목록을 줄이고(비범죄화), 더 적은 사람들이 형사사법기관을 거치게 하고, 지역사회에서 더 많은 범죄자들을 처우(다이버전, 탈시설화)하는 것이다.

지금까지 살펴본 범죄학이론의 세 가지 관점들은 범죄에 대해 어떻게 대응할 것인지를 결정하는 중요한 요인이다. 이처럼 정책은 이론과 별개의 것이 될 수 없다. 이 책의 각각의 장에서 등장하는 이론들은 모두 다양한 정책적 함의를 갖고 있다. 우리는 이러한 정책들이 어떻게 논리적으로 이론에서 도출되었는지에 대해 이해를 가져야 한다.

2. 범죄대책의 경험적 타당성

그러면 논리적으로 도출된 정책은 좋은 정책인가? 일반적으로 논리적으로 이론에서 도출된 정책들은 좋은 정책으로 여겨진다. 그러나 모든 논리적으로 도출된, 즉 논리적 일관성을 갖춘 모든 정책들이 좋은 정책인 것은 아니다. 앞서 우리는 범죄학이론을 평가하는 기준 네 가지에 대해 논의한 바 있다. 이 기준 중에서 논리적 일관성보다 더 중요한 기준으로 이론의 경험적 타당성에 대해 지적한 바 있다. 그러면 정책의 경험적 타당성은 중요한가? 다시 말해서 정책이 목표한 효과를 잘 거두고 있는지는 얼마나 중요한 것인가?

과거에 정책의 경험적 타당성에 대해서는 사람들은 별로 관심을 두지 않았다. 학자들은 정책의 효과에 대해서는 별로 연구를 하지 않았으며, 여기에는 이런 연구에 자료를 제공하는 형사사법기관 공무원들의 폐쇄적인 태도가 한 몫을 했다.

과거의 형사사법기관들은 폐쇄성을 그 특징으로 했다. 감옥은 절대 외부에 공개되어서는 안되었다. 감옥에 갇힌 범죄자들이 어떤 처우를 받는지, 어떤 건강상태에 있는지, 그리고 어떤 인권상태에 있는지는 잘 공개되지 않았다. 과거 감옥에서 범죄자들의 처우는 외부에 공개할 수 있을 만한 수준에 미치지 못했으며, 재소자들에 대해 무관심한 시민들이 감옥 안의 사정에 대해 무관심한 점은 이러한 폐쇄주의를 부채질했다. 또 공무원 사회의 관료주의와 무사안일주의는 자료를 연구자들에게 제공하지 않는데 일조를 했다.

그러나 최근에 들어서 많은 정책에 대한 효과를 평가하는 연구들이 쏟아지고 있다. 이렇게 많이 증가한 정책 프로그램에 대한 평가연구들은 이제 단순히 고립된 사례연구의 수준을 넘어서 이 연구결과들을 요약하여 평균적인 효과를 계산하는 수준으로 발전하고 있다. 이러한 최근의 새로운 움직임은 증거기반형사정책(evidence-based criminal policy)으로 불리는 최근의 새로운 이니셔티브 속에서 나타난 것이다. 과거의 전통적인 의견기반(opinion-based) 정책결정과정은 법무부장관이나 내무부장관, 검찰총장, 교정국장 등의 고위 정책결정권자들의 의견에 기초하여 정책이 결정되었지만, 최근의 증거기반 정책결정과정은 국내외의 기존의 정책(프로그램)에 대한 평가연구의 결과를 통하여 이 정책을 계속할 것인지, 확대할 것인지, 아니면 중단할 것인지를 결정한다(박철현, 2014: 125-126).

형사사법 분야에서의 증거기반정책

최근 형사사법 분야에서 증거기반정책의 획기적인 발전은 캠벨협력재단(Campbell Corraboration)이 증거기반정책을 위한 체계적 리뷰를 생산하는 분야로서, 교육, 사회복지와 함께 형사사법 분야를 선정한 데서 기인한다. 이 재단은 지금도 형사사법 분야의 다양한 프로그램(ex, 방범용 CCTV)의 효과를 리뷰하여, 이들의 평균적인 효과를 보고하고 있다. 또한 영국, 미국과 같은 여러 선진국 정부들은 "효과 있는 것"에 지원을 하기 위하여 함께 노력하고 있다. 특히 캠벨협력재단의 형사사법 분야 사무국이 자리잡고 있는 미국에서는 1993년 정부집행과 리뷰법(Government Performance and Review Act)을 만들어, 연방기관들이 명확하고 측정가능한 목표를 제시하고 이것을 달성하는 책임을 명시했다(Petrosino et al., 2001: 16). 따라서 정부기관들은 재정지원을 통해서 증거기반정책을 독려하였다.

이제 점점 경험적 타당성이 없는, 즉 목표한 효과가 없는 프로그램들이 설 자리를 잃어가고 있다. 셔먼과 그의 동료들(Sherman et al., 1997; 1998)은 미국 에서 시행되고 있었던 500개 이상의 범죄예방프로그램들의 효과를 리뷰한 보고 서(1997)를 의회에 제출한 바 있다. 범죄예방프로그램의 목적에는 재범 등의 범 죄를 줄이려는 것 외에도 태도의 변화 등의 다른 지표도 해당될 수 있겠으나, 미 의회는 프로그램의 목적을 범죄로 한정하였고, 따라서 그들은 프로그램들이 범 죄를 감소시키는데 어떤 효과가 있는지에 관한 다양한 평가연구들을 리뷰하였 다. 방법론적인 질에 대한 평가를 통해 개별 평가연구들은 4가지 수준의 효과유 형으로 분류되었고, 그 결과 평가연구들은 효과 있음(What work), 효과 없음 (What doesn't work), 유망함(What's promising), 평가불가(What's unknown) 로 분류되었고, 이 결과는 500여 개의 프로그램의 효과에 대한 평가로 나타났다. 이제 경험적 타당성이 없는 정책은 예산을 배정하여 지속하기가 어려워지고 있다.

제 6 절 범죄학에서의 연구윤리

연구윤리는 어느 학문 분야에서나 중요하게 고려되어야 한다. 그러나 범죄학 은 특히 다른 학문 분야와는 달리 연구결과에 따라서 많은 사람들에게 치명적인 영향을 미치기 쉽다. 예를 들어 생물학적으로 열등한 유전자를 받은 것이 범죄의 원인이라면, 필연적으로 우생학과 같은 비윤리적인 대책이 나타날 수 있다. 또 하 나의 예를 들면, 미국의 레이건 행정부 이후 계속되어온 범죄에 대한 강경대응정 책은 더 많은 흑인들을 교도소에 장기간 가두는 결과를 가져왔다. 또한 약물에 대 한 전쟁은 더 많은 여성들을 교도소에 수용하도록 만들었다. 범죄를 줄여야 한다 는 당연하고도 바람직한 목적에서 출발한 강경대응정책이지만, 이것이 소수집단들 을 더 많이 교도소에 가두는 결과를 가져온 것은 도덕적으로 바람직한 것인가? 반대로 한국의 민주화 이후 계속되어온 범죄자에 대한 관대한 정책은 보호감 호제도를 폐지하고, 상습범의 인권을 보호할 수 있었지만, 이들로부터 고통을 받 는 시민들의 피해는 도덕적으로 바람직한 것인가? 이처럼 범죄학에서의 연구는 다 양한 생각지 못한 피해를 가져올 수 있다. 따라서 다른 어떤 분야에 비해서도 더 높은 도덕성이 요구된다. 이러한 연구윤리 문제는 전문적인 범죄학자들에게만 한 정된 문제라기보다는, 대학에서 리포트나 기말논문을 제출하는 학생들에게도 매우 중요시되어야 하는 것이다.

범죄학에서 고려해야 하는 연구윤리 문제는 다음의 몇 가지로 요약할 수 있다(Maxfield and Babbie, 2009: 67 - 77; Siegel, 2004: 21).

첫째, 연구주제를 편향적으로 선택하거나 연구의도와 부합하는 사실만 보고할 가능성이다. 보통 연구자들은 자신의 관심, 사회적 필요성, 자료의 이용가능성, 또는 연구비의 수혜가능성 등을 판단하여 연구주제를 선정한다. 다른 분야와는 달리, 특히 범죄학 분야의 연구비는 대부분 정부기관이나 준정부기관에서 지원한다. 만약에 정부기관에서 자신의 정책을 홍보할 수 있거나 자신 있는 (좋은 평가를 받을 수밖에 없는) 분야에 대한 연구비를 지원할 때 이런 연구주제를 선택하는 것은 윤리적인가? 이런 주제로 연구비를 받아서 연구할 때, 연구결과의 서술은 과연 연구비를 준 기관으로부터 자유로울 수 있는가? 연구비는 연구의 결과에 영향을 주지 않을 것인가? 연구비를 제공하는 정부기관은 공무원의 수뢰나 부패에 대한 연구에 연구비를 제공하지 않는다. 또한 리포트나 기말논문을 제출하는 학생들은 낮은 학점이 예상되는 교수가 싫어하는 연구결과를 제출하지 말아야 할 것인가? 연구자들이 주제를 선택할 때 얼마나 이런 외부의 영향으로부터 자유로울 수 있는가? 특히 주로 연구비가 정부기관이나 준정부기관으로부터 나오는 범죄학 연구에서 이것은 심각한 문제일 수 있다.

둘째, 연구대상에 피해를 줄 가능성이다. 범죄학 연구가 매우 객관적이고 과학적인 방법을 통해서 문제없이 이루어졌다고 하더라도, 특정의 집단에 속한 사람들에게 치명적인 피해를 줄 가능성은 항상 존재한다. 따라서 범죄학자들은 자신의 연구결과가 가져올 예기치 못할 위험에 대해 항상 미리 생각해 두어야 한다. 범죄학자들은 종종 중산계급이 화이트칼라범죄를 저지를 수 있을 가능성에 대해서는 무시하면서, 소수집단과 빈곤층의 범죄에 대해 관심을 기울인다. 예를 들어 범죄자들은 일반인에 비해 지능지수가 낮고, 따라서 소수집단 사람들이 지능이 낮아서 범죄를 많이 저지른다고 결론 내린다. 이런 결론을 내리는 사람들에게 백인집단의 범죄는 그들의 안중에 없다. 이것은 과연 윤리적인가?

셋째, 편향적인 연구방법을 사용할 가능성이다. 범죄학자들은 자신들이 보통 객관적인 연구방법을 통해서 연구를 수행한다고 생각하지만, 그들이 사용하는 연구의 도구가 편향적일 가능성에 대해서는 잘 생각하지 않는다. 앞서 언급한 지능과 범죄율의 관계에 대한 연구에 대해 비판하는 사람들은 지능검사의 계급편향성에 대해 비판한다. 그들은 지능검사가 중산계급의 가치가 반영된 것이며, 백인 중산계급의 자녀들에게 유리한 결과를 가져온다고 주장한다. 예를 들어 흑인 청소년들은 일반적으로 백인 청소년들에 비해 지능지수가 낮지만, 만약 지능검사를 자신이 혼자 자신의 신발끈을 묶을 수 있는 능력으로 측정한다면, 흑인 청소년들의 지능은 백인 청소년들에 비해 훨씬 높을 것이다. 왜냐하면 흑인 부모는 자녀들의 신발끈을 묶어줄 생활의 여유가 없고, 따라서 흑인 자녀들은 자신의 신발끈을 스스로 묶어 왔기 때문이다.

넷째, 익명성과 개인정보에 대한 침해가능성이다. 범죄학 연구에서 가장 빈번히 사용하는 설문조사는 보통 무기명으로 작성되며, 개인정보가 보호된다고 명시하지만, 이 개인정보를 보호하지 않는 경우가 종종 발생한다. 또한 불가피하게 기명과 개인정보를 알아야 하는 조사도 있다. 예를 들어 장기간의 패널조사는 조사대상자의 인적사항과 연락처를 필수적으로 필요로 한다. 이런 경우에는 조사대상자에 대해 이런 내용에 대한 충분한 정보제공과 동의를 받아야 한다. 최근 한국대학에서는 대부분 연구윤리위원회가 구성되어 있고, IRB(Institutional Review Board) 승인을 취득하도록 하고 있으며, 학회에서는 논문을 게재할 때 해당 조사가 이 IRB 승인을 받았는지를 확인하고 있다.

다섯째, 연구대상을 기만할 가능성이다. 연구대상의 개인정보를 침해하지는 않지만, 연구대상을 기만할 가능성 또한 존재한다. 범죄학적 연구가 매우 민감한 개인정보, 예를 들어 비행이나 범죄행위의 자기보고를 요구하므로, 보다 정확한 응답을 유도하기 위해 종종 연구대상을 속이는 경우가 발생한다. 이러한 경우에 정확한 응답을 얻기 위한 선의의 거짓말은 윤리적으로 문제가 없는가?

마지막으로, 연구과정에서 법을 위반할 가능성이다. 이런 가능성은 많지는 않지만, 간혹 형사사법 분야의 연구에서 발생한다. 예를 들어 갱집단에 신원을 숨기고 참여관찰을 수행하는 연구자는 새로운 범죄에 대한 모의에 참여할 수 있고, 최소한 범죄를 방조했다는 혐의를 받을 수 있다. 또한 형사사법 분야의 대부분의 자기보고식 설문조사의 종속변수는 범죄이므로, 설문조사를 통해서 알게 된 범죄행위에 대해 신고해야 할 의무가 있을 수 있다. 무기명으로 진행된 설문조사이기 때문에 누가 범죄를 저질렀는지를 알 수 없다는 것은 이유가 될 수 없다. 왜냐하면

많은 범죄신고는 그것을 저지른 사람이 누군지 모르는 상태에서 행해지기 때문이다. 따라서 연구자가 범죄가 발생했다는 사실을 인지한 것은 사실이므로 신고의 의무를 다해야 하는 것이 아닌지는 쟁점이 된다.

참고문헌

박철현. (2014). 증거에 기반한 형사정책의 발전과 국내 적용방향. 형사정책연구(25): 2.

Akers, R. L., Sellers, C. S., & Jennings, W. G. (2017). Criminological theories: introduction, evaluation, and application, New York: Oxford University Press.

Becker Howard, S. (1963). Outsiders. New York: Free Press.

Bernard, Thomas J., Jeffrey B. Snipes, and Alexander L. Gerould(이순래 외 역). 2019. Vold의 이론범죄학. 7th Edition. 그린.

Cohen, A. K. 1955. Delinquent Boys: The Culture of the Gang. NY: Free Press.

Durkheim, E. 1951[1897]. Suicide. trans. by J. A. Spaulding and G. Simpson. New York: Free Press.

Gottfredson, Michael, and Travis Hirschi. 1990. A General Theory of Crime. Stanford, California: Stanford University Press.

Hirschi. T. (1969). Causes of Delinquency. Berkeley: University of California Press.

Maxfield, M. G. and E. Babbie(박정선 외 역). (2009). 범죄학 연구방법론. 센게이지 러닝.

Merton, R. K. (1938). "Social Structure and Anomie." American Sociological Review 3: 672−682.

Messner, Steven F. and Richard Rosenfeld. (2007). Crime and The American Dream, 4th edition. Belmont, CA: Thomson Wadsworth.

Moffitt, Terrie E. (1993), "Adolescence−Limited and Life−Course−Persistent Antisocial Behavior: A Developmental Taxonomy", Psychological Review 100.

Petrosino, Anthony, Robert Boruch, Haluk Soydan, Lorna Duggan, and Julio Sanchez−Meca. (2001). "Meeting the Challenges of Evidence−Based Policy: The Campbell Collaboration." ANNALS of the American Academy of Political and Social Science(578).

Sherman, L. W., Denise C. Gottfredson, Doris L. Mckenzie, John Eck, Peter Reuter, and Shawn D. Bushway. (1997). Preventing Crime: What Works, What Doesn't, What's Promising. A Report to United States Congress.

Sherman, L. W., Denise C. Gottfredson, Doris L. Mckenzie, John Eck, Peter Reuter, and Shawn D. Bushway. (1998). "Preventing Crime: What Works, What Doesn't, What's Promising." Research in Brief. NIJ.

Siegel, J. Larry. (2004). Criminology: Theories, Patterns, & Typologies. 8th. Edition. Wadsworth: Canada.

Sutherland, E. H. and D. Cressey. (1960). Principles of Criminology. 6th Ed. Chicargo: Lippincott.

Sutherland, E. H. (1947). Principles of criminology, Philadelphia: Lippincott.

Thornberry, Terence P. (1987). "Toward an Interactional Theory of Delinquency." Criminology. Vol. 25. No. 4.

제 2 장
범죄유형론

제 2 장   범죄유형론

제 1 절 개 관

범죄유형론(criminal typology)은 같은 유형의 범죄 행동을 법적 정의, 범죄자 특성, 피해자 특성, 범죄 행동 특성 등에 따라 분류하고 군집화하여 동일한 특성을 지닌 집단으로 유형화하는 범죄학의 한 분야이다. 즉, 범죄유형론은 발생 양태와 특성이 상이한 범죄를 분류하여 개별 범죄유형에 따른 원인과 특성 및 그에 상응한 예방대책을 모색하려는 학술적 노력이라고 할 수 있다. 모든 범죄유형에 일률적으로 적용되는 유형 분류의 대원칙은 존재하지 않으나 범행동기, 범행 수법, 범행대상, 행위 태양 등에 따라 범죄를 분류하는 것이 일반적이다. 대표적인 범죄유형으로는 형법상 범죄 구성요건에 따른 법률 기반 유형, 범죄행위 주체와 특성에 따른 가해자 기반 유형, 피해 정도 및 특성에 따른 피해자 기반 유형 등이 있다 (Meithe & McCorkle, 2001).

법률 기반 유형은 법적 정의 및 특성에 따라 범죄를 구분하는 방법으로 가장 널리 활용되는 범죄유형이다. 예를 들어, 형법상 살인의 경우 같은 살인이라 하더라도 범행대상, 동기, 수법 등에 따라 사람을 살해한 살인, 자기 또는 배우자의 직계존속을 살해한 존속살해, 강도가 사람을 살해한 강도살인 등 다양한 방식으로 분류할 수 있다. 형법전 상 제시된 구성요건을 충족한 형법범죄는 재산범죄, 강력범죄(흉악), 강력범죄(폭력), 위조범죄, 공무원범죄, 풍속범죄, 과실범죄, 기타범죄로 구분되고 이는 대검찰청에서 매년 발표하는「범죄분석」의 형법범죄 분류체계라 칭한다(대검찰청, 2020).[1] 반면에, 경찰청「범죄통계」상 범죄유형은 대검찰청의 범죄유형보다 세분화되어 있으며, 강력범죄, 절도, 폭력범죄, 지능범죄, 풍속범죄, 특별경제범죄, 마약범죄, 보건범죄, 환경범죄, 교통범죄, 노동범죄, 안보범죄, 선거범죄, 병역범죄, 기타범죄 등을 포함한다(경찰청, 2020). 경찰청에서는 이 중 살인, 강도, 강간·강제추행의 강력범죄와 절도, 폭력범죄, 지능범죄 중 사기를 주요 지표범죄로 관리하고 있다. 미국의 경우, 범죄의 심각성에 따라 범죄의 유형을 크게 1년 이상 징역형에 해당하는 중범죄와 그 외의 경미한 범죄를 의미하는 경범죄[2]로 구분하고, 범죄 피해대상에 따라 대인범죄, 재산범죄, 공공질서위반 범죄로 구분한다. 특히, 미국 연방수사국(FBI)의 종합범죄보고서(UCR)는 범죄의 유형을 크게 1군 범죄와 2군 범죄로 구분하며 1군 범죄는 지표범죄(index crimes)로 살인·과실치사, 강간, 강도, 가중폭행, 침입절도, 단순절도, 차량절도, 방화를 포함한다(Brown, Esbensen, & Geis, 2010). 이외에도 유엔마약범죄사무국(UNODC)의 국제범죄분류(ICCS)[3] 등과 같이 국제기구에서 범죄통계 작성을 위해 범죄유형을 분류한 경우 또한 법률 기반 범죄유형의 대표적인 예이다.

가해자 기반 유형은 연령, 성별, 성격, 사회적 지위 등을 포함한 범죄자의 특성에 따라 범죄를 구분하는 방법을 의미하며, 롬브로조(Lombroso), 가로팔로(Garofalo), 페리(Ferri) 등의 초기 범죄생물학자들에 의해 활발하게 논의되었다. 예컨대, 롬브로조는 범죄자의 신체적 특징에 따라 범죄자를 생래적 범죄인(born criminals), 잠재적 범죄인(criminaloids), 정신이상 범죄인, 격정 범죄인, 우발 범죄인 등 크게 다섯 가지 유형으로 분류하였고, 이 중 태어나면서부터 범죄를 저지를 수밖에 없는 운명을 타고난 생래적 범죄인을 가장 전형적인 범죄자로 보았다. 가해자의 신체적

1) 형법범죄 분류체계와 더불어「가정폭력범죄의 처벌 등에 관한 특례법」,「개인정보보호법」등을 포함한 114개의 특별법범죄 유형도 매년 발표되는「범죄분석」에 포함된다.
2) 국내의 경우, 경범죄란「경범죄처벌법」에 따라 사회공공질서에 반하는 행위로 10만원 이하의 벌금, 구류 또는 과료의 형에 해당하는 행위를 의미하며 쓰레기 투기, 노상 방뇨, 과다노출 등의 행위가 포함된다.
3) 국제범죄분류(International Classification of Crime for Statistical Purposes)는 범죄행위를 기준으로 범죄를 11개 대분류(사망에 이르게 하거나 의도한 행위, 상해를 야기했거나 의도한 행위, 성범죄, 폭력 또는 협박동반 재산 침해, 재산만 침해, 사기·기만·부패관련 행위 등)로 구분하였다(곽대훈 외, 2020).

특성과 더불어 범행동기 및 목적에 따라 범죄는 도구적 범죄(instrumental crimes)와 표출적 범죄(expressive crimes)로 구분될 수 있다. 전자는 범죄자의 개인적 욕구를 충족시키기 위해 계획적으로 범죄를 저지르는 경우를 말하고, 후자는 타인과의 갈등 상황에서 감정이 격해져 우발적으로 저지르는 범죄를 의미한다. 끝으로, 경찰청 「범죄통계」에서는 범죄자 유형을 성별, 연령, 직업, 정신상태 등을 기준으로 여성, 미성년, 학생, 공무원, 전과, 정신장애, 외국인, 고령 범죄자로 구분하고 있다.

피해자 기반 유형은 행동양식, 피해 정도, 피해 횟수, 공동책임의 정도와 같은 피해자의 특성에 따른 범죄분류 방법을 의미한다. 예를 들어, 멘델슨(Mendelsohn)은 피해자 유형을 공동책임의 수준에 따라 완전히 무고한 피해자, 경미한 책임, 가해자와 동등한 책임, 가해자보다 높은 책임, 전적인 책임, 피해를 모의한(simulating) 피해자를 포함한 여섯 가지 유형으로 구분하였고, 범죄 피해의 횟수에 따라 범죄 피해자를 일회성, 두세 번의 개별 피해, 짧은 기간 동안 반복적 피해, 만성 피해자 등으로 분류하였다(Meithe & McCorkle, 2001).

상기에서 논의된 법률 기반, 가해자 기반, 피해자 기반 유형은 범죄유형별 원인 및 예방대책을 마련하는 데 있어 효과적이라는 긍정적 평가와 더불어 유형별 한계점 또한 존재한다. 법률 기반 유형의 경우에는 범죄의 특성, 양태, 상황 및 시대적 맥락을 반영하지 못한다는 비판을 받고, 가해자와 피해자 기반 유형의 경우에는 다양한 범죄유형을 단순하게 분류하고 범죄행위의 상황적 맥락을 간과하였다는 비판을 받는다. 최근 들어 이러한 한계점을 극복하고자 범죄발생 장소 등을 포함한 범죄행위의 상황적 맥락과 가해자와 피해자의 다양한 특성을 종합적으로 고려하여 범죄를 유형화하고 있다.[4]

---

4) 가장 대표적 다중 특성 범죄유형으로는 법적 정의, 가해자의 범죄경력, 범죄에 대한 단체 지원, 사회 반응과 처벌 등을 바탕으로 한 클리나드(Clinard)와 동료들의 9가지 범죄유형을 들수 있다(Clinard et al., 1994). 9가지 다중 특성 범죄유형은 ① 개인폭력 범죄(살인, 폭행, 강간 등), ② 비상습적 재산범죄(위조, 상점절도, 차량절도, 공공기물파손 등), ③ 공공질서 범죄(성매매, 음주, 약물 등), ④ 전통적 범죄(주거침입절도, 절도, 강도 등), ⑤ 정치범죄(불법 공모, 정치적 시위 등), ⑥ 직업범죄(횡령, 배임, 뇌물, 장물거래 등), ⑦ 기업범죄(불법광고, 환경오염 등), ⑧ 조직범죄(마약밀매, 사설도박, 자금 세탁 등), ⑨ 전문범죄(위조, 사기, 소매치기 등)를 포함한다.

지금까지 분류기준에 따른 다양한 범죄유형과 유형별 장·단점을 간략하게 살펴보았다. 본 장에서는 가장 일반적인 범죄유형인 폭력, 살인, 강도, 성폭력 등을 포함한 전통적 범죄와 화이트칼라범죄, 사이버범죄 등으로 대표되는 특수범죄로 나누어 구체적으로 살펴보기로 한다.

제 2 절 전통적 범죄

1. 살인

(1) 개념 및 특성

살인이란 우리나라 형법상 사람을 살해한 행위로 규정하고 있고, 일반적으로는 타인의 생명을 의도적으로 단절시키는 행위를 의미한다. 물론, 모든 살인행위가 반드시 불법적인 것만은 아니다. 상해할 의도가 전혀 없으나 타인의 생명을 잃게 한 과실치사와 같은 용서 가능한 살인행위나 경찰관의 임무 수행 중 자기방어를 위해 부득이하게 용의자를 살해한 경우와 같은 정당화할 수 있는 살인행위 등은 같은 살인행위이긴 하나 타인을 해하려는 목적으로 타인을 살해하는 행위인 범죄적 살인행위와는 구별된다(이윤호, 2020). 이는 영미의 전통적인 보통법에 따른 구분과도 일치한다. 보통법에서는 살인행위를 하나의 포괄적 개념으로 두고 살인의 고의 유무에 따라 모살(謀殺)과 고살(故殺)로 구분한다(Horder, 2016). 모살은 살인의 고의와 사전계획·준비를 포함한 1급 모살과 살인의 고의는 인정되나 사전계획이 부재한 2급 모살로 구분된다. 고살은 다시 자발적인 고살과 비자발적 고살로 세분화된다. 전자의 경우는 행위 자체는 고의 살인의 요건을 충족하나 피의자의 정신상태나 살해 정황 등에 있어 정상참작의 감경사유가 있는 경우를 말하며, 가해자가 상해를 가할 의도로 폭력을 행사하였으나 살해할 의도는 없는 상태에서 발생하는 우발적 살인이 이에 해당된다. 후자는 부주의한 고살로 타인을 해할 의도가 전혀 없고 부주의로 인해 사망에 이르게 하는 행위를 의미한다(황성현 외, 2020). 국내 형법체계와 비교하면, 1급 모살, 2급 모살, 자발적인 고살은 고의에 의한 살인죄, 비자발적 고살은 과실치사죄에 해당된다(곽대훈 외, 2020).

(2) 유형

형법상 살인은 살해의 대상과 범죄행위의 태양 등에 따라 살인죄, 존속살해, 영아살해, 촉탁·승낙에 의한 살인, 자살교사 및 방조, 위계·위력에 의한 살인 등으로 세분된다. 예컨대, 존속살해는 자기 또는 배우자의 직계존속을 살해한 행위를 의미하고, 사람을 교사 또는 방조하여 자살하게 한 행위는 촉탁·승낙에 의한 살인에 해당한다. 일반적으로 범죄학에서는 살인의 유형을 살인의 동기, 범죄 현장의 특성, 피해자 수 등에 따라 구분하며 그 구체적 내용은 다음과 같다.

범죄자와 범죄현장의 특성에 따라 살인은 조직적 살인과 비조직적 살인으로 구분된다(Ressler, Burgess, & Douglas, 1988). 조직적 살인은 타인의 요구에 의한 청부살인이 다수이기 때문에 치밀히 계획되고 희생자와 개인적인 원한이 없으며, 살해 후에는 범죄현장에서 철저히 증거를 인멸하는 등의 특성이 있는 반면, 비조직적 살인은 개인적 원한 등의 감정적 이유로 우발적이고 충동적으로 발생하는 살인으로 주로 면식 관계에서 발생한다.

조직적 살인과 비조직적 살인을 살인의 동기에 따라 분류했을 때, 전자의 경우가 도구적 살인에 해당하고 후자는 표출적 살인에 해당한다고 볼 수 있다. 도구적 살인이란 살해하는 행위 자체가 목적이 아니라 범죄자 개인의 금전적 이익이나 성적 욕구 등을 충족하기 위한 수단으로 살인을 저지른 경우를 말하며, 표출적 살인은 범죄자가 모욕, 신체적 공격, 실패, 좌절처럼 분노를 유발하는 상황에서 주로 우발적으로 발생하는 살인을 의미한다(박지선, 2015). 이외에도 강남역 살인 사건 등과 같이 가해자의 범행동기가 명확하지 않고 불특정 다수가 희생자가 되는 살인을 동기 없는 살인으로 칭하기도 한다. 이러한 무동기 살인은 '묻지마 살인'으로도 알려져 있으며 일정한 동기나 대상 없이 무작위로 불특정 다수를 살해하기 때문에 국민의 범죄에 대한 두려움 증가 등의 심각한 사회문제를 야기하고 있다(황성현 외, 2020).

피해자 수에 따라 살인의 유형은 크게 희생자가 한 명인 개인 사이에 발생하는 일반살인과 2명 이상의 피해자가 발생하는 다중살인으로 구분되고, 다중살인은 다시 대량살인, 연속살인, 연쇄살인으로 세분된다(Siegel, 2020). 대량살인은 한 장소에서 4명 이상의 희생자가 발생하는 경우를 말하고, 한 사건이나 한 장소가 아닌 여러 장소를 이동하며 살인이 발생하는 경우는 연속살인과 연쇄살인으로 칭한다. 연속살인과 연쇄살인의 구분은 한 사건과 다음 사건 사이에 일정 기간의 심리적 냉각기[5]의 존재 여부에 따라 구분된다. 즉, 연속살인은 심리적 냉각기가 없이 여러 장소를 이동하면서 복수의 사람을 살해하는 행위를 의미하지만, 연쇄살인은 사건과 사건 사이에 심리적 냉각기를 거친 후 복수의 사람들을 살해하는 행위를 말한다(황성현 외, 2020).

홈즈와 드버거(Holmes & De Burger)의 연쇄살인범 분류

연쇄살인범은 크게 망상형, 사명형, 쾌락형, 권력형으로 구분된다. 망상형은 환청이나 환각 등의 망상증을 포함한 정신적 장애를 앓고 있는 자가 누군가를 살해해야 한다는 망상 때문에 살인을 하는 유형을 의미하고, 사명형은 정상인이 특정 집단에 대한 혐오 등의 이유로 특정한 사람들을 세상에서 제거해야 한다는 신념으로 살해하는 유형을 말하며, 쾌락형은 본인의 쾌락을 충족하기 위해 살해를 하는 유형으로 정의된다. 이 유형은 쾌락의 유형에 따라, 성적 욕구를 충족하기 위한 성욕형, 피해자의 고통을 즐기면서 쾌감을 느끼는 스릴형, 경제적 이익을 목적으로 하는 재물형으로 세분된다(허경미, 2020). 끝으로, 권력형 연쇄살인범은 피해자를 완전히 지배할 수 있다는 정복감과 힘의 우위를 통한 만족감을 얻기 위해 타인을 살해하는 유형을 의미한다.

끝으로, 우리나라 법원은 살인 범죄자를 처벌하기 위해 범행 동기에 따른 살인범죄 유형을 규정하고 유형별 양형기준을 정해 형량을 결정하고 있다(양형위원회, 2021). 살인 범죄는 살인 동기에 따라 처벌이 상대적으로 낮은 참작 동기 살인행위부터 무기징역과 같은 엄중한 처벌이 가능한 극단적 인명경시 살인행위까지 매우 넓게 규정되어 있다. 제1유형인 참작 동기 살인은 동기에 있어서 특별히 참작할 사유가 있는 살인행위로 피해자로부터 자기 또는 가족이 장기간 가정폭력, 성폭행 등 지속적으로 육체적·정신적 피해를 당한 경우와 같이 피해자에게 귀책사유가 있는 살인을 의미하고, 제2유형인 보통 동기살인은 원한 관계에 기인한 살

---

5) 일반적으로 심리적 냉각기는 만 24시간 이상을 의미한다(황성현 외, 2020).

인, 가정불화로 인한 살인, 채권·채무관계에서 비롯된 불만으로 인한 살인 등을 포함한다. 제3유형인 비난 동기 살인은 보복살인, 금전, 불륜, 조직의 이익을 목적으로 한 살인 등 동기에 있어서 특히 비난할 사유가 있는 살인행위를 의미하고, 제4유형인 중대범죄 결합 살인은 강간살인, 강제추행살인, 인질살해, 약취·유인 미성년자 살해, 강도살인 등과 같이 중대범죄와 결합된 살인행위를 의미한다. 끝으로, 제5유형인 극단적 인명경시 살인은 불특정 다수를 향한 무차별 살인으로서 2인 이상을 살해한 경우를 말한다.

2. 강도

(1) 개념 및 특성

현행법상 강도란 "폭행 또는 협박으로 타인의 재물을 강취하거나 기타 재산상의 이익을 취득하거나 또는 제3자로 하여금 이를 취득하게 함으로써 성립하는 범죄"를 말한다. 일반적으로 강도는 재물이나 재산상의 이익취득을 목적으로 하기 때문에 재산범죄의 특성을 보이며, 목적달성을 위해 타인에게 폭행 또는 협박을 한다는 점에서 폭력범죄의 특성도 동시에 지닌다고 할 수 있다(이윤호, 2020). 특히, 타인의 재물을 강탈하기 위하여 칼, 몽둥이, 총기 등과 같은 흉기를 주로 활용하는 특징이 있으며, 강도범에 있어서 흉기는 주로 피해자의 위협과 통제를 위한 범행 도구의 성격이 강하며, 필요한 때 피해자에 대한 상해 혹은 살인, 도주 목적 등의 보충적 성격도 지닌다(김창윤, 2021). 전술한 바와 같이, 강도행위의 주요 목적은 금품취득에 있으며, 강도의 대상이나 목표물은 일반적으로 강취가능한 금품의 규모, 체포의 위험성, 범행의 용이성 등을 고려하여 합리적으로 결정되며, 우발적인 강도범죄라 하더라도 범행 실행에 있어서 최소한의 합리적 의사결정과정이 존재하기 때문에 강도는 합리적 의사결정자로 간주된다(Siegel & McCormick, 2006). 다만, 면식강도는 강도행위의 주된 목적이 금전적 보상이 아니라 피해자에 대한 복수일 가능성이 커서 일반인을 대상으로 한 강도에 비해 피해자가 신체적 피해를 당할 확률이 매우 높으며, 피해자가 많은 현금을 수중에 가지고 있다는 사실을 강도범이 잘 알기 때문에 일반강도에 비해 범죄 피해액이 더 큰 것으로 보고되었다

(Felson, Baumer, & Messner, 1990).

(2) 유형

형법상 강도의 유형은 행위 태양에 따라 특수강도, 준강도, 인질강도, 해상강도, 상습강도 등으로 구분된다. 특수강도는 야간에 사람의 주거, 관리하는 건조물 등에 침입하거나 흉기를 휴대하거나 2인 이상이 합동하여 범죄를 저지르는 경우를 말하고, 준강도는 누군가의 물건을 훔친 후에 다시 상대방이 되찾아가는 것을 막기 위해 항거하거나 체포를 면할 목적으로 폭행이나 협박을 쓰는 강도행위를 의미한다. 인질강도는 사람을 체포, 감금, 약취 또는 유인하여 이를 인질로 삼아 재물 또는 재산상의 이익을 취득하는 행위를 의미하고, 해상강도는 다중의 위력으로 해상에서 선박을 강취하거나 선박 내에 침입하여 타인의 재물을 강취하는 행위를 말하며, 강도, 준강도, 인질강도, 해상강도 등의 강도행위를 상습적으로 저지르는 행위를 상습강도라 칭한다. 끝으로, 강도는 범행수법에 따라 침입강도, 노상강도, 인질강도, 준강도 등으로 구분될 수 있고, 일반적으로 침입강도, 노상강도 순으로 많이 발생하는 것으로 조사되었다(대검찰청, 2020).

미국의 경우, 50주의 형법에 따라 강도의 유형은 상이하나, 강도범죄를 크게 일반강도, 무장강도, 주거침입강도, 차량탈취강도로 구분한다(Gardner & Anderson, 2000). 이 중 무장강도는 범행 시 무기를 소지하거나 사용한 경우를 말하고, 주거침입강도는 주택, 아파트와 같은 주거공간에서 일어나는 강도행위를 의미하며, 차량탈취강도는 총기로 위협하여 차량을 탈취하는 행위를 말한다. 이 중 무장강도, 주거침입강도는 우리 형법의 특수강도와 유사한 개념으로 볼 수 있다. 또한, 강도행위는 강도범죄 피해대상 및 발생장소에 따라, 보석상, 은행, 사무실 등에서 금전이나 상품을 담당하고 있는 사람에 대한 강도, 개방된 장소에서 발생하는 노상강도, 침입강도에 해당되는 사유지에서 발생하는 강도, 파티와 술집과 같은 장소에서 짧은 시간 접촉 후 발생하는 강도, 피해자와 가해자 간에 얼마간 교류가 있은 후에 발생하는 강도, 차량강도 등으로 구분되기도 한다(Siegel, 2020).

3. 성폭력[6]

(1) 개념 및 특성

성폭력은 성적 만족을 얻기 위해 물리적 폭력이나 협박 등을 행사하고 상대방의 동의 없이 강제적으로 행해지는 다양한 성적 행위를 모두 포괄하는 개념으로 상대방의 성적 자기 의사결정에 반하는 일체의 행위를 의미한다(박지선, 2015; 허경미, 2020). 성범죄는 보호법익에 따라 크게 성폭력 범죄와 성풍속 범죄로 구분할 수 있으며 「형법」, 「성폭력범죄의 처벌 등에 관한 특례법」, 「아동·청소년의 성보호에 관한 법률」 등의 법률에 규정되어 있다. 성폭력 범죄는 강간, 강제추행, 성희롱 등을 포함한 성적 자기결정권이라는 개인적 법익의 침해행위를 의미하는 반면, 성풍속범죄는 건전한 성문화 조성이라는 사회적 법익 침해행위를 말한다(황성현 외, 2020).

「형법」에서의 성풍속에 관한 죄는 음행매개, 음화반포, 음화제조, 공연음란을 포함하고, 강간과 강제추행의 죄에는 강간, 유사강간, 강제추행, 준강간, 준강제추행, 강간상해·치상, 강간살인·치사, 미성년자 간음, 업무상 위력에 의한 간음, 강제추행 등을 포함한다. 이 중 강간죄는 상대방의 동의 없이 폭력 또는 협박 등의 부당한 방법을 사용하여 부적절한 성적 접촉 및 성관계를 맺는 범죄를 의미하고, 강제추행죄는 폭행 또는 협박을 수단으로 하여 상대방의 항거를 곤란하게 한 후 추행하는 범죄를 말한다. 강제추행죄의 경우, 과거에는 먼저 피해자에 대하여 폭행 또는 협박을 가하고 추행을 하는 유형만을 강제추행으로 인정하였으나, 최근에는 폭행 또는 협박 없이 기습적으로 이루어지는 추행이나 예고 없이 신체에 접촉하는 행위가 피해자의 성적 자유를 침해할 때도 강제추행죄가 성립될 수 있다(김창윤, 2021).

「성폭력범죄의 처벌 등에 관한 특례법」 상 강간죄는 흉기 또는 위험물질을 사용하거나 2명 이상이 합동하여 강간하는 특수강간, 친족관계 강간, 장애인이나 13세 미만의 미성년자를 대상으로 강간을 하는 장애인 또는 미성년자 강간 등을

---

6) 대검찰청 형법범죄 분류체계상 강간, 강제추행, 간음 등을 포함한 개념으로 '성폭력'이란 용어를 사용하고 있는 반면에, 경찰청 죄명 분류체계에서는 '강간·강제추행'이란 용어를 사용한다.

포함한다. 또한, 업무나 고용 등의 관계로 인하여 자기의 보호·감독을 받는 사람에 대하여 위계 또는 위력으로 추행하는 업무상 위력에 의한 추행, 대중교통수단, 공연·집회 장소 등을 포함한 공중이 밀집하는 장소에서 사람을 추행하는 공중밀집 장소에서의 추행, 카메라 등을 이용하여 상대방의 신체를 허락 없이 촬영하는 카메라를 이용한 촬영 등을 포함한다. 일반적으로 강간의 경우, 행위가 노출되지 않는 숙박업소나 아파트, 단독주택 등과 같은 사적 주거공간에서 주로 발생하고 있어 피해자가 신고하지 않는 이상 용의자 검거 및 증거확보가 어려운 특징이 있고, 강제추행은 사적 공간보다는 노상이나 유흥접객업소 등 타인과의 접촉 빈도가 높은 공적 공간에서 주로 발생하는 특성이 있다(치안정책연구소, 2021).

(2) 유형

성폭력의 대표적 유형으로는 상대방의 동의 없는 성교행위를 지칭하는 강간이 있고, 범행동기에 따른 강간범은 크게 권력 재확인형, 권력 독단형, 분노 보복형, 분노 흥분형으로 구분된다(Groth, Burgess, & Holmstrom, 1977; 박지선, 2015). 권력 재확인형은 성적 무능력에 대한 불안을 해소하고 자신의 남성성을 확인하고 싶어 하는 유형의 강간범으로 통상 피해자에 대해 높은 배려심을 보여준다. 권력 독단형은 강간을 자신의 남성다움과 힘을 과시하기 위한 수단으로 범행을 저지르며, 피해자의 안위는 전혀 관심 없이 여성을 자신의 성적 만족을 위한 도구로 간주한다. 분노 보복형은 강간을 통해 자신의 분노를 해소하고 여성을 처벌하고 모욕하려는 유형을 말하며 대개 충동적이고 폭력적인 성향을 보인다. 분노 흥분형은 가학형으로도 알려져 있으며, 피해자의 육체적·정신적 고통을 즐기고, 피해자가 극도로 두려워하거나 완전히 복종했을 때 성적으로 흥분되는 경향이 있다.

평소 알고 지내는 사람에게 강간을 당하는 면식 강간의 경우, 강간 피해의 대상에 따라 연인 사이에서 발생하는 데이트강간, 피해자가 미성년자인 미성년자 강간, 합법적으로 결혼한 부부 사이에도 배우자의 반항을 불가능하게 하거나 현저히 곤란하게 할 정도의 폭행이나 협박을 가해 간음한 경우를 의미하는 부부강간 등이 있다(Siegel, 2020). 이러한 강간범죄는 다른 범죄와 동일하게 학습되고, 학습의 효과는 강간장면을 직접 목격하거나 대중매체를 통한 간접경험이 많을수록, 개인의 성적 취향과 폭력의 연관성이 높을수록, 강간 신화[7]의 수용도가 높을수록, 성폭력에 대한 고통, 두려움 등의 부정적 감정에 무감각할수록 증가하는 것으로 보고되었다(Brown et al., 2010).

4. 폭력8)

(1) 개념 및 특성

폭력(violence)이란 자신, 타인, 단체 또는 공동체에 대해 상해, 사망, 심리적 위해 등을 야기하거나 야기할 가능성이 높은 물리력(physical force) 또는 힘의 의도적 사용을 의미한다(WHO, 2021). 우리나라 형법전에서는 폭력이라는 용어를 직접적으로 사용하지 않고 살인, 강도, 상해, 폭행 등 유형별로 구분하여 규정하고 있으나, 「성폭력범죄의 처벌 등에 관한 특례법」, 「폭력행위 등 처벌에 관한 법률」, 「학교폭력예방 및 대책에 관한 법률」 등 특별법에서는 폭력이란 용어를 직접 사용하고 있다(연성진·오정한, 2012). 폭력은 폭행, 상해 등의 용어와 혼용되며 법률적인 개념으로 표현되는 반면, 폭행은 신체에 대한 일체의 불법적인 유형력 행사를 말하고, 상해는 신체의 생리적 기능에 장애를 일으키는 것을 의미한다. 즉, 폭행은 위험만 있어도 성립하지만, 상해는 직접적인 침해가 있어야 성립되고 처벌이 폭행보다 중하다. 경찰청 「범죄통계」에서는 폭력범죄를 크게 상해, 폭행, 체포·감금, 협박, 약취·유인, 폭력행위, 공갈, 손괴로 구분하고, 대검찰청 형법범죄 분류체계에서는 강력범죄(폭력)로 칭하며 포함된 죄명은 경찰청의 폭력범죄와 동일하다. 끝으로, 가정폭력이란 가정구성원 사이에 발생한 폭력행위를 의미하며, 「가정폭력범죄의 처벌 등에 관한 특례법」에서는 가정구성원9) 사이의 신체적, 정신적 또는 재

---

7) "여성의 No는 Yes" "정숙한 여자는 강간당하지 않는다", "여성들도 비밀스럽게 강간당하길 원한다" 등의 강간에 대한 잘못된 인식 및 편견을 의미한다(박지선, 2015).

8) 본 장에서는 현행 「형법」 제25장에서 규정하고 있는 상해와 폭행의 죄(상해, 중상해, 존속중상해, 특수상해, 상해치사, 폭행, 존속폭행, 특수폭행, 폭행치사상)와 가정폭력에 한정해서 논의를 진행하도록 한다.

9) 「가정폭력처벌법」 상 가정구성원이란 배우자(사실상 혼인관계에 있는 사람 포함) 또는 배우자였던 사람, 자기 또는 배우자와 직계존비속관계(사실상의 양친자관계를 포함)에 있거나 있었던 사람, 계부모와 자녀의 관계 또는 적모(嫡母)와 서자(庶子)의 관계에 있거나 있었던 사람, 동거하는 친족을 의미한다.

산상 피해를 수반하는 행위로 규정하고 있다.

(2) 유형

폭력의 유형은 분류기준에 따라 다양하게 구분될 수 있는데, 모이어(Moyer, 1987)는 대상과 방법에 따라 정서적 폭력, 도구적 폭력, 무작위 폭력, 집단적 폭력, 테러리즘 등으로 구분하였다. 이와 유사하게, 세계보건기구(WHO)는 폭력의 유형을 신체적, 성적, 정신적 폭력과 박탈로 구분하고 가해자와 피해자의 관계에 따라, 자살, 자기학대와 같은 가해자와 피해자가 동일한 자기 주도적 폭력, 정치적 이념을 달리하는 집단에 대한 테러행위 등을 포함한 집단적 폭력, 개인 간의 폭력을 의미하는 대인 폭력으로 구분하였다. 대인 폭력은 가정폭력과 지역사회 폭력으로 구분되며, 지역사회 폭력은 다시 지인폭력과 타인폭력으로 세분된다. 일반적으로 가정폭력에는 아동학대, 노인학대, 가정폭력 등이 포함되고 지역사회 폭력에는 직장 내 폭력, 청소년 폭력, 재산범죄 관련 폭력 등이 포함된다(WHO, 2021).

현행법상 폭행은 대상과 행위 태양에 따라, 최광의, 광의, 협의, 최협의의 폭행 등으로 정의될 수 있다. 최광의의 폭행은 대상에 무관하게 일체의 유형력을 행사하는 경우를 말하고 현행법상 내란죄나 소요죄가 이에 해당된다. 광의의 폭행은 사람에 대한 직·간접의 유형력 행사를 의미하고 공무집행방해죄, 특수도주죄 등이 포함되며, 유형력의 행사가 직접적으로 사람의 신체에 대하여 가해질 필요는 없고 물건에 대한 유형력의 행사가 간접적으로 사람의 신체에 대하여 작용하는 간접폭행의 경우도 해당된다. 협의의 폭행은 사람의 신체에 대한 직접적인 유형력의 행사를 의미하기 때문에 간접폭행은 포함되지 않는다. 최협의의 폭행이라 함은 상대방의 반항을 불가능하게 하거나 현저히 곤란하게 할 정도의 불법한 유형력의 행사를 말하고 강간죄와 강도죄의 폭행이 이에 해당된다(허경미, 2020).

이와 마찬가지로 가정폭력도 폭력의 대상에 따라 신체적 폭력, 정신적 폭력, 성폭력, 방임 등으로 구분된다. 이 중 방임은 아동학대와 노인학대에서 주로 많이 나타나는 가정폭력의 유형의 하나로 경제적 자립 능력이 부족하거나 일상생활에 도움이 필요한 아동과 노인을 방치하는 행위를 말한다. 아동학대는 아동의 정상적 발달을 저해할 수 있는 신체적, 정신적, 성적 폭력과 아동을 유기하거나 방임하는 행위를 의미하고,「아동복지법」상 아동학대는 보호자를 포함한 성인에 의해 자행되는 폭력행위와 아동의 보호자에 의해 이루어지는 유기와 방임으로 한정하고 있다.

5. 절도

(1) 개념 및 특성

절도란 타인의 재물을 불법적으로 취득하는 일련의 행위를 의미한다. 우리나라 「형법」에서 절도죄는 타인의 재물을 그 의사에 반하여 절취함으로써 성립하는 범죄로 절도, 야간주거침입절도, 특수절도, 자동차 등 불법 사용으로 구분된다. 이 중 야간주거침입절도는 야간에 사람의 주거 또는 점유하는 장소에 침입하여 타인의 재물을 절취하는 행위를 말하고, 특수절도는 야간에 문호 또는 장벽 기타 건조물의 일부를 손괴하고 전조의 장소에 침입하여 타인의 재물을 절취하거나, 흉기 휴대 또는 2인 이상 합동하여 절도한 경우를 의미한다. 끝으로, 자동차 등 불법 사용죄는 권리자의 동의 없이 타인의 자동차, 원동기장치 자전거 등을 일시 사용한 행위로 규정하고 있다.

절도범의 특성은 절도범죄행위의 지속성에 따라 크게 비상습적 절도범과 전문 절도범 두 가지 관점에서 살펴볼 수 있다(Siegel, 2020). 매년 발생하는 수십만 건의 절도 범죄 중 상당수는 비상습적 절도범에 의해 우발적으로 저질러지는 것으로 조사되었고, 범죄를 저지를 기회나 상황적 유인이 있을 때 주로 발생하는 것으로 알려져 있다. 이러한 비상습적 절도범의 경우 일반적으로 기술이 서툴고 충동적이고 무계획적으로 범행을 저지르는 경우가 다수이다. 반면에, 전문 절도범[10]은 범죄에서 얻을 수 있는 이익이 의사결정과정에서 매우 중요한 요인 중 하나이다. 즉, 전문 절도범은 우발적 범행이 아닌 경찰에 체포될 가능성을 최소화하면서 금전적 이익을 극대화하는 방법을 강구하고 고도의 기술을 활용하여 매우 치밀하게

---

10) 서덜랜드(Sutherland)는 그의 저서 The Professional Thief 에서 전문 절도범을 소매치기, 신용사기와 관련된 절도범, 위조범, 불법 활동을 하는 사람을 착취하는 범죄자, 호인임을 이용하는 신용사기꾼, 호텔 등에서 물건을 훔치는 절도범, 가짜 보석을 진짜 보석과 바꿔치기 하는 보석절도범, 좀도둑, 상점, 은행, 사무실을 범행대상으로 하는 좀도둑 등 9가지 유형으로 분류하였다(Siegel, 2020).

준비하여 실행에 옮기는 특성이 있다. 전자의 경우, 동기화된 범죄자(motivated offenders), 적절한 범행대상(suitable targets), 범죄를 억제할 수 있는 보호 및 감시의 부재(absence of capable guardians)라는 세 가지 요소가 시·공간에서 수렴되는 경우 범죄의 발생가능성이 커진다고 주장하는 일상활동이론적 측면에서 이해할 수 있으며, 후자의 경우에는 절도 범죄자들은 자신의 자유의지에 따라 절도범죄로 인한 경제적 혜택과 비용의 합리적 계산을 통해 범행대상을 선정하고, 이익이 비용보다 클 경우 절도범죄의 확률이 높아진다는 합리적 선택이론의 관점으로 설명이 가능하다(Cohen & Felson, 1979; Cornish & Clark, 1986).

(2) 유형

절도범죄의 유형은 분류기준에 따라 매우 다양하다. 예를 들어, 범행장소를 기준으로 주택절도, 상점절도, 업소절도, 지하철절도, 노상절도, 공장절도, 학교절도 등으로 구분 가능하고, 범행 대상에 따라 현금절도, 귀금속절도, 차량절도, 자전거절도, 음식물절도 등으로 분류되며, 범행수법에 따라 침입절도, 속임수절도, 치기절도, 차량이용절도 등으로 구분된다(황성현 외, 2020). 대표적인 침입절도 방법으로는 야간 또는 주간에 침입이 용이한 곳을 통하거나 잠금장치를 파괴하고 건물 등에 침입하는 방법, 방문객 등을 가장하여 침입하는 방법, 그 밖에 거짓으로 거주자를 외출시키고 침입하는 방법 등이 있다. 치기절도의 경우에는 범행수법에 따라 사람의 왕래가 잦은 공공장소에서 타인의 소지품을 몰래 훔치는 행위인 소매치기, 주의를 소란스럽게 하여 시선을 집중시킨 후 감시가 소홀한 틈을 타 몰래 타인의 물건을 들고 가는 수법을 의미하는 들치기, 건널목, 정류장 등 혼잡한 장소에서 오토바이 등을 타고 뒤따라 핸드백 등을 낚아채는 수법인 날치기로 분류된다. 미국의 경우, 범행대상 및 수법에 따라 절도범죄를 크게 주거침입절도, 단순절도, 차량절도로 구분한다. 이 중 주거침입절도와 단순절도의 차이점은 타인의 재물을 절취하기 위해 주거를 위한 건축물을 불법적으로 침입했는지 여부가 중요하며 침입을 위해 반드시 무력을 사용할 필요는 없다(FBI, 2021).

6. 사기

(1) 개념 및 특성

사기범죄는 대표적인 지능범죄의 하나로서 우리나라 형법전에서는 사람을 기망하여 재물을 교부받거나 또는 재산상 이익을 취득하는 것으로 규정하고 있고, 일반사기, 컴퓨터 등 사용사기, 준사기, 편의시설부정이용, 부당이득 등의 범죄행위를 포함한다. 이 중 컴퓨터 등 사용사기는 컴퓨터를 포함한 정보처리장치에 허위정보 또는 부정한 명령을 입력하거나 권한 없이 정보를 변경하여 재산상의 이익을 취득하는 범죄행위를 의미하고, 준사기는 미성년자의 사리분별력 부족 또는 사람의 심신장애를 이용하여 재산상의 이익을 취득하는 행위를 의미한다. 편의시설부정이용은 부정한 방법으로 대가를 지급하지 않고 자동판매기 등 유료자동설비를 이용하여 재산상의 이익을 취득하는 행위를 말하고, 부당이득이란 사람의 곤궁하고 절박한 상태를 이용하여 현저하게 부당한 이익을 취득하는 행위를 의미한다. 경찰청 범죄분류에서는 사기, 컴퓨터 등 사용사기, 준사기, 편의시설부정이용, 부당이득을 지능범죄의 한 유형인 사기로 분류하고 대검찰청의 형법범죄 분류체계에서는 재산범죄의 하위유형으로 분류하고 있다(경찰청, 2020; 대검찰청, 2020).

사기범죄에 있어 가장 중요한 구성요소는 기망이며, 이는 재산상 거래 관계에서 신의성실의 의무를 위배하여 상대방을 착오에 빠지게 하는 행위를 의미한다. 사기범죄가 성공적으로 이루어지기 위해 사기범죄자들은 인간의 상상력이 고안할 수 있는 모든 다양한 수단과 신기술을 동원해서 피해자를 속이고 재물을 취득하기 때문에 급변하는 사회 상황에 따라 새로운 사기수법이 지속적으로 개발된다는 특성을 지닌다(사기방지연구회, 2020). 예컨대, 최근에는 코로나19 팬데믹을 악용하여 어려운 가계와 소상공인을 대상으로 한 재난지원금, 정부지원대출 관련 신종 사기가 성행하고 있다(치안정책연구소, 2021).

(2) 유형

사기범죄의 유형은 범죄자의 고의와 계획성에 따라, 연성사기, 경성사기, 악성사기로 구분된다(사기방지연구회, 2020). 연성사기는 처음부터 사기를 계획하지 않앉지만 사업의 실패, 과다한 채무발생, 불의의 사고 등으로 인해 중간에 변제능력이 없어져 발생하는 사기범죄를 의미하고 대표적으로 차용사기가 이에 해당된다. 경성사기는 처음부터 피해자를 기망하여 재산상 이익을 취득하는 사기행위를 말한다. 예를 들어, 피해자와 신뢰를 형성할 목적으로 일정기간 동안 정상거래를 한 후, 외상으로 물건을 대량 주문한 다음 물건만 받고 도주하는 경우 등이 경성사기에 해당된다. 마지막으로 악성사기는 최근 유행하는 보이스피싱이나 다단계 투자사기와 같이 2인 이상이 공모한 계획적 사기행위를 의미한다.

피해자의 유형에 따라 사기범죄를 구분하면, 피해자가 국가인 국가사기, 피해자가 회사(조직)인 조직사기, 피해자가 불특정 다수인 다중사기, 피해자가 개인인 개인사기 등으로 유형화할 수 있다. 국가사기에는 국고 보조금 사기, 세금 부정환급 사기 등이 포함되고, 조직사기에는 업무상 횡령·배임 등이 포함된다. 또한, 다중사기의 대표적 유형으로는 보이스피싱, 스미싱 등을 포함한 사이버금융사기가 있고, 투자사기는 개인사기의 대표적 유형 중 하나이다(사기방지연구회, 2020). 끝으로, 사기범죄는 컴퓨터, 인터넷 등 사이버 수단의 활용 여부에 따라 전통적 사기와 사이버 사기로 구분된다. 아날로그적 수법의 전통적 사기는 차용사기, 선불금사기 등과 같이 사람을 직접 만나서 기망하고 재물을 취득하는 행위를 말하고, 사이버 사기는 정보통신망 또는 컴퓨터시스템을 통하여 이용자들에게 물품이나 용역을 제공할 것처럼 기망하여 피해자로부터 금품을 편취하는 행위를 의미하며 직거래 사기, 쇼핑몰 사기, 게임 사기 등이 이에 해당된다.

제3절 특수범죄

1. 화이트칼라범죄

(1) 개념 및 특성

화이트칼라범죄(white-collar crimes)라는 용어는 상류계층의 사람이나 권력이 있는 사람들이 자신의 직업활동과정에서 자신의 지위를 이용하여 저지르는 범죄를 의미하며, 1939년 서덜랜드(Sutherland)에 의해 처음 사용되었다. 서덜랜드는 사

회제도와 조직에 그다지 큰 영향을 미치지 않는 전통적 범죄와는 달리 화이트칼라
범죄는 사회구성원 간의 신뢰를 파괴하고 불신을 초래하며, 더 나아가 사회 전반
에 도덕성 해이라는 큰 문제를 야기한다고 주장하였다(이윤호, 2020). 예컨대, 대부
분의 범죄자가 가치를 중화시키는 기술을 배워 비합법적 행위와 관습적 행위 사이
를 표류한다고 주장하는 중화이론(Matza & Sykes, 1957)에 따르면, 기업의 임직원이
담당 공무원에게 뇌물을 주고 특정 계약을 수주하는 것은 불법행위로 형사책임을
받아야 마땅하지만, 자신이 속한 기업의 입장에서는 기업의 이익을 위한 행동이었
기 때문에 문제될 것이 없다고 인식될 수 있다. 더 나아가 기업을 운영하는데 있
어 어느 정도의 불법행위는 용인될 수 있다는 잘못된 생각으로 인해 사회 전반에
걸쳐 법과 원칙이 무력해지고 비리와 부패가 만연될 수 있다는 것이다.

　　우리 현행법상 업무상 횡령과 배임, 공무원 뇌물수수 행위 등이 화이트칼라범
죄에 속한다고 볼 수 있다. 단, 상류계층에 의해 발생된 범죄라도 살인, 폭력, 성
폭력 등과 같이 범죄행위가 직업적 절차나 과정의 일부로 보기 힘든 경우에는 화
이트칼라범죄로 분류하지 않는다. 마찬가지로, 재산이 많은 범죄조직의 보스에 의
한 범죄도 그들의 사회적 지위가 높거나 사회적 추앙을 받는 사람이 아니므로 화
이트칼라범죄의 범주에 포함되지 않는다(이윤호, 2020). 화이트칼라범죄는 주로 전
문적인 지식을 가진 사람에 의하여 일상적인 직업활동과정에서 합법성을 가장하
여 발생하고, 범행의 발각이 어렵고, 발각되더라도 행위의 위법과 적법의 한계가
모호하므로 형사소추에 이르지 못하고 행정처벌로 종결될 가능성이 크며, 피해가
직접적이지 않고 간접적이고 장기간에 걸쳐 나타나는 경우가 많아 피해자의 피해
의식이나 저항감이 낮다는 특징이 있다(허경미, 2020).

(2) 유형

　　화이트칼라범죄의 유형은 범죄동기, 행위주체 등에 따라 다양하게 분류될 수
있다. 일반적으로 범행동기에 따라 화이트칼라범죄는 조직적 범죄와 직업적 범죄
로 구분될 수 있다. 조직적 범죄는 사기기만형, 시장통제형, 뇌물매수형, 기본권
침해형 등으로 세분되고, 직업적 범죄는 범죄자의 신분에 따라 기업범죄, 정부범
죄, 전문가범죄 등으로 분류된다(Gottschalk, 2017; 허경미, 2020). 조직적 범죄 중 사
기기만형 범죄에는 사기, 부당광고, 탈세 등의 범죄가 포함되고 시장통제적 범죄

에는 불공정거래 행위나 가격담합 행위 등이 포함된다. 뇌물매수형 범죄는 상업적 뇌물과 정치적 뇌물로 구분되고, 상업적 뇌물은 행정조치를 묵인하는 대가로 재산상의 이익과 향응을 제공받는 행위를 의미하며, 정치적 뇌물은 정치인에게 불법 정치자금을 제공하는 행위를 말한다. 기본권 침해형 범죄는 권력을 이용하여 인간의 기본적 권리를 침해하는 행위를 말한다. 현행법상 정부관련 직업범죄로는 공무원에 의한 직무유기, 직권남용, 수뢰, 증뢰 등을 포함한 공무원범죄가 대표적이다.

무어(Moore)는 화이트칼라범죄를 범행수법에 따라 신용사기(stings/swindles), 사취(chiseling), 조직 내의 권한의 사적 이용, 횡령, 고객사기, 정보판매와 뇌물, 고의적으로 규정을 위반하는 행위 등 7가지 유형으로 구분하였다(Moore, 1980). 신용사기란 상품의 방문판매에서 어음 사기에 이르기까지 다양한 사기를 포함하고, 사취는 계량기를 조작하거나 부당한 요금 청구 등 규칙적으로 소비자나 고객을 기망하는 행위를 말하며, 조직 내의 권한의 사적 이용이란 자신의 조직 내의 권한을 활용하여 개인적 이익을 취한 경우를 말한다. 횡령은 조직 내 자신의 지위를 이용하여 조직의 재물을 자신이 불법으로 소유하는 행위를 의미하고, 고객사기에는 보험사기, 신용카드사기, 의료사기 등이 포함된다. 정보판매와 뇌물은 기관의 중요 기밀, 정보 등을 불법적으로 판매하거나 전달하는 행위 등을 의미하고, 마지막 유형인 기업 범죄는 기업이 경제, 정치, 정부기관의 규정을 고의적으로 위반하는 행위를 포함한다(이윤호, 2020).

2. 사이버범죄

(1) 개념 및 특성

사이버범죄에 대한 명확한 정의는 정립되지 않았으나 일반적으로 컴퓨터를 포함한 사이버공간에서 행해지는 모든 범죄행위를 포괄적으로 지칭하며, 현행법상으로는 정보통신망에서 일어나는 범죄로 정의된다. 즉, 사이버범죄란 사이버공간을 범행의 수단, 표적, 그리고 범죄발생 장소로 삼는 모든 범죄행위를 의미한다(이윤호, 2020). 이러한 사이버범죄가 전통적인 범죄와 구별되는 특징으로는 익명성, 용이성, 탈규범성(놀이성), 전문성, 암수성 등을 들 수 있다(이성식, 2017). 특히, 익명성과 탈규범성은 사이버범죄와 전통적 범죄를 구분하는 중요한 특성 중의 하나이다. 사이버공간에서는 자신의 신분이 잘 노출되지 않기 때문에 타인의 시선을 신경쓸 필요가 없어 오프라인보다 훨씬 수월하게 범죄를 저지를 수 있게 되고, 사이버범죄를 일종의 놀이나 게임으로 인식하여 재미 삼아 호기심에 범죄를 저지르는 경우도 점차 증가하고 있다.

(2) 유형

사이버범죄의 유형은 다양한 기준에 따라 구분되는데, 경찰청 사이버안전국(2021)의 사이버범죄 유형은 크게 정보통신망 침해범죄, 정보통신망 이용범죄, 불법콘텐츠 범죄로 구분된다([표 3-1] 참조).

[표 3-1] 사이버범죄 유형(경찰청, 2021)

	유형	세부유형
사이버 범죄	정보통신망 침해 범죄	해킹
		서비스거부공격(DDoS등)
		악성프로그램
		기타 정보통신망 침해형 범죄
	정보통신망 이용 범죄	사이버 사기
		사이버 금융범죄(피싱, 파밍, 스미싱, 메모리해킹, 몸캠피싱 등)
		개인·위치정보 침해
		사이버 저작권 침해
		사이버 스팸메일
		기타 정보통신망 이용형 범죄
	불법 컨텐츠 범죄	사이버 성폭력
		사이버 도박
		사이버 명예훼손·모욕, 사이버 스토킹
		기타 불법콘텐츠 범죄
		사이버 스팸메일

정보통신망 침해범죄는 컴퓨터 및 정보통신망 자체에 대한 공격행위를 수반하는 범죄를 말하고 대표적 유형으로는 해킹, 서비스거부공격(DDoS), 악성프로그램 전달·유포 등이 있다. 이 중 해킹은 정당한 접근권한 없이 또는 허용된 접근권한을 초과하여 정보통신망에 침입하는 행위로 계정도용, 단순침입, 자료유출, 자료훼손 등을 포함하는 개념이고, DDoS는 정보통신망에 대량의 신호, 데이터를 보내거나 부정한 명령을 처리하도록 하여 사용불능, 성능저하와 같은 정보통신망에 장애를 야기하는 행위를 말한다.

정보통신망 이용범죄는 인터넷 사용자 간의 범죄로 사기 등의 전통적인 범죄를 행하기 위하여 정보통신망 또는 컴퓨터시스템이 활용되는 범죄를 의미한다. 정보통신망 이용 범죄는 크게 사이버 사기, 사이버 금융범죄, 개인·위치정보 침해, 사이버 저작권 침해, 사이버 스팸메일 등으로 구분된다. 사이버 사기는 직거래 사기, 쇼핑몰 사기, 게임 사기와 같이 정보통신망을 통하여, 이용자에게 물품이나 용역을 제공할 것처럼 기망하여 피해자로부터 금품을 편취하는 범죄행위를 의미한다. 사이버 금융범죄는 정보통신망을 이용하여 피해자의 계좌로부터 자금을 이체받거나, 소액결제가 되게 하는 신종 범죄로 피해자 금융정보 탈취수단에 따라 금융기관을 가장한 이메일을 활용할 경우에는 피싱(phishing), 악성코드에 감염된 피해자 개인 컴퓨터(PC)를 이용할 때에는 파밍(pharming), '무료쿠폰 제공' 등의 문자메시지를 활용할 경우에는 스미싱(smishing)이라고 한다. 메모리해킹은 피해자 PC 메모리에 상주한 악성코드를 활용하여 자금을 이체하고, 몸캠피싱은 음란화상채팅 후, 영상을 유포하겠다고 협박하여 금전을 갈취하는 행위를 말한다.

끝으로, 불법콘텐츠 범죄라 함은 정보통신망을 통하여, 법률에서 금지하는 재화, 서비스 또는 정보를 배포, 판매, 임대, 전시하는 행위를 뜻하며 사이버 성폭력, 사이버 도박, 사이버 명예훼손·모욕, 사이버 스토킹 등을 포함한다. 이 중 사이버 성폭력은 불법 성영상물, 아동 성착취물, 불법촬영물을 유포하는 범죄행위를 의미하고, 사이버 도박은 정보통신망을 통하여 도박사이트를 개설하거나 도박 또는 사행 행위를 한 경우를 말한다. 사이버 성폭력과 사이버 도박은 「정보통신망 이용촉진 및 정보보호 등에 관한 법률」상 금지 규정만 있고 처벌 규정이 없으나, 심각한 사회적 문제로 대두되는 현실을 고려하여 사이버범죄로 포함되었다.

경찰청 사이버범죄 유형과 유사하게 이성식(2017)은 사이버범죄를 크게 사이버폭력형, 불법콘텐츠형, 정보통신망이용재산형, 신종침해형 등 4가지 유형으로 구분하였다. 사이버폭력형 범죄는 사이버폭력, 사이버 성희롱, 사이버 스토킹을 포함하고, 불법콘텐츠 범죄는 인터넷 음란물과 인터넷 성매매, 인터넷 도박 등을 포함한다. 정보통신망이용재산형 범죄는 재산상의 이득을 주목적으로 하는 범죄로 인터넷 사기와 저작권 침해 등이 해당되며, 신종침해형 범죄는 해킹과 악성코드를 포함한다.

3. 약물범죄

(1) 개념 및 특성

약물범죄는 대표적인 피해자 없는 범죄(victimless crimes)[11]의 하나로 불법약물의 사용, 제조, 판매, 유통하는 행위를 통칭한다. 이는 금지약물의 불법적 사용행위와 해당 약물의 불법적인 제조, 배포, 판매 등의 약물공급 행위를 모두 포함하는 개념으로 이해할 수 있다. 약물범죄는 약물남용, 약물중독 등의 용어와 혼용되어 사용되고 있다. 우리나라는 마약, 향정신성의약품 및 대마를 모두 포괄하여 마약류라 정의하고 법률로서 엄격히 관리하고 있다. 「마약류 관리에 관한 법률」상 마약이란 양귀비, 아편, 코카 잎(엽)과 이들에게서 추출되는 모든 알카로이드 및 화학적 합성품을 의미하고, 오남용 시 인체에 심각한 위해를 초래할 수 있는 중추신경계 작용약물은 향정신성의약품으로 대통령령으로 지정하여 관리한다. 또한 「형법」에 따라 아편, 몰핀, 또는 그 화합물을 제조, 수입, 판매 또는 판매할 목적으로 소지하거나 약물을 흡입·주사한 자를 엄격히 처벌하고 있다.

약물범죄자들의 보편적 특징 중 하나는 이들이 처음부터 아편과 코카인 등과 같은 마약으로 시작하는 것이 아니라, 처음에는 술에서 시작하고, 그 다음 마리화나로 이어지고 보다 강력한 환각상태를 경험하기 위해 더 심각한 약물로 서서히 진행되는 점이다(Siegel, 2020). 또한, 범죄와 관련하여 약물남용자가 범죄행위에 가담하고 지속할 확률이 정상인에 비해 높다는 특징이 있다. 이처럼 약물범죄자가

---

11) 전통적 범죄가 통상 가해자와 피해자가 분명히 존재하는 반면, 피해자 없는 범죄는 전통적 범죄와 달리 피해자와 가해자의 관계가 명확하지 않고, 피해자와 가해자가 동일하거나 피해자가 불특정다수라 특정하기 힘든 경우 등을 의미한다(이윤호, 2020).

범죄를 지속하는 것은 대부분의 경우 마약을 구할 자금을 마련하기 위한 것으로 알려져 있다(이윤호, 2020).

(2) 유형

약물은 생산방식에 따라 천연약물, 합성약물, 대용약물로 구분되고, 천연약물은 아편계통, 코카계통, 대마계통으로 세분화되며 합성약물에는 메스암페타민, LSD, 엑스터시 등이 있다. 대용약물은 남용의 목적으로 제조되지 않았으나 다양한 방법으로 남용되는 약물을 칭하며 본드, 아교, 스프레이, 각성제, 진정제 등을 포함한다(황성현 외, 2020). 약물범죄자의 유형은 주로 마약의 종류, 역할(제조, 판매, 운반, 소비), 전과 경력 등 다양한 요인으로 구분이 가능하다. 예를 들어, 마약의 종류, 알코올 중독 여부, 동종 및 이종 전과 경력에 따라 마약범죄자는 크게 술꾼(boozers), 판촉원(solicitors), 전환자(converter), 폭력적 알코올 중독자, 조력자 등 5가지 유형으로 분류된다(Yacoubian, 1999). 유형별 특징만 간단하게 살펴보면, 술꾼은 중추신경계 약물의 사용빈도가 가장 높고, 동종 전과가 있는 것으로 조사되었고, 판촉원은 마약을 구입하기 위해 성매매를 하고 성범죄 전과가 다수인 것으로 나타났다. 전환자는 주로 젊은 남성이며 일반적으로 쉽게 구할 수 있는 중추신경계 약물을 선호하고 마약 구입자금 마련을 위해 강도와 재산범죄를 많이 저지르고, 폭력적인 알코올 중독자는 매우 폭력적이고 알코올 중독 증상을 보이며, 조력자는 약물중독의 정도가 높지 않고 다른 범죄를 저지르기 위해 마약을 사용하는 것으로 조사되었다.

4. 기타 범죄

(1) 증오범죄

증오범죄(hate crimes)라 함은 가해자가 특정 사회집단 또는 인종을 별다른 이유 없이 표적으로 삼아 범행을 저지르는 범죄의 유형을 말한다. 특정 대상을 표적으로 삼아 범행을 실행하기 때문에 표적범죄(target crimes)의 한 유형으로 본다(이윤호, 2020). 미국 FBI의 증오범죄 정의를 살펴보면, 증오범죄란 인종, 종교, 장애,

성적 지향, 성별 또는 성정체성에 대한 범죄자의 편견이 범행의 전체 또는 일부 동기가 되어 발생한 범죄를 의미한다(FBI, 2021).

증오범죄는 범죄자의 범행동기에 따라 스릴형, 방어형, 복수형, 사명형으로 구분된다(McDevitt, Levin, & Bennett, 2002). 스릴형은 개인의 즐거움과 스릴을 추구할 목적으로 범죄를 저지르고, 방어형은 자신의 구역과 집단을 지키기 위해 범죄를 행하는 유형을 말한다. 복수형은 말 그대로 복수를 할 목적으로 상대 집단이나 개인을 공격하는 유형을 말하며, 사명형은 집단의 이익을 위해 사탄이나 마귀로 여겨지는 개인이나 집단에게 무력을 행사하는 유형을 의미한다.

(2) 스토킹

스토킹이란 개인 또는 집단이 원치 않는 타인을 반복적으로 따라다니거나 감시하는 행위를 말하며, 괴롭힘, 협박과 밀접한 관련이 있다. 허경미(2020)는 스토킹을 특정한 사람이 원하지 않는데도 불구하고 방문하거나, 물건을 전달하거나, 협박하는 등의 행위를 2회 이상 반복적으로 행함으로써 해당인에게 공포감을 주는 모든 일체의 행위로 정의하였다(p. 313). 2021년 4월 제정된 「스토킹범죄의 처벌 등에 관한 법률」은 스토킹범죄와 스토킹 행위를 보다 구체적으로 규정하고 있다. 법률상 스토킹 행위라 함은 상대방의 의사에 반하여 정당한 이유 없이 상대방 또는 그의 동거인, 가족에 대하여 접근하거나 따라다니거나 진로를 막아서는 행위, 일상적으로 생활하는 장소 또는 그 부근에서 기다리거나 지켜보는 행위, 생활장소 또는 그 부근에 물건을 두거나 놓여 있는 물건을 훼손하는 행위 등을 포함하며, 이러한 스토킹 행위를 지속적 또는 반복적으로 행하는 것을 스토킹범죄로 규정하고 있다.

스토킹범죄자(스토커)는 범행동기에 따라 친밀감 추구자, 거부된 스토커, 화난 스토커, 약탈적 스토커, 무능한 구혼자(incompetent suitors) 등 5가지 유형으로 구분된다(Pathe, Mullen, & Purcell, 2000). 친밀감 추구자는 사랑하는 사람을 따라다니는 유형이고, 거부된 스토커는 전처 또는 전 여자 친구를 스토킹하는 유형이며, 화난 스토커는 피해자에 대한 보복을 추구하는 유형이다. 약탈적 스토커는 힘으로 스토킹 대상을 제압하려고 공격을 계획하는 유형을 의미하고, 무능한 구혼자는 관계 형성을 위한 적절한 사회성이 부족한 스토커 유형을 말한다.

(3) 환경범죄

환경범죄는 사람의 건강에 위해를 주거나 환경을 저해하는 환경오염행위와 환경훼손행위 등을 포함한 환경침해를 통칭하는 개념으로서 관련법에 의해 처벌되는 범죄행위를 의미한다(이윤호, 2020). 우리나라 현행법은 환경보전 대상에 따라 대기, 토양, 수질, 야생생물, 산림, 폐기물, 해양 등을 보호하고 관리·보전하기 위해서 각각의 내용을 별도의 법률로 규정하고 있다. 예를 들어, 「대기환경보전법」은 대기오염으로 인한 국민건강과 환경에 대한 위해를 예방하고 대기환경을 적정하고 지속가능하게 관리·보전하는 것을 목적으로 제정되었고, 모든 국민이 건강하고 쾌적한 환경에서 생활할 수 있도록 하는 것을 법의 궁극적인 목적으로 명시하고 있다. 또한, 환경보전에 관한 국민의 의무와 국가의 책무를 명확히 하고 환경정책의 기본 사항을 정하여 환경오염과 환경훼손을 예방하고 환경을 관리 및 보전할 목적으로 「환경정책기본법」을 두고 있다.

환경범죄는 환경이라는 매개체를 통해 인간의 신체에 피해를 가하는 범죄이기 때문에 피해가 간접적이고, 가해과정에서 다른 요인들과 복합적으로 상호작용하는 경우가 일반적이기 때문에 환경침해의 인과관계를 파악하기 어렵다는 특징을 지닌다. 또한, 환경범죄는 피해자 없는 범죄로서 가해자를 특정하기 어렵고 피해자가 불특정 다수인 경우가 많다. 범죄수법에 따라 환경범죄는 크게 불법처분, 불법운송, 불법저장, 부적절한 조치 및 처리로 구분된다(이윤호, 2020). 불법처분은 유독성 폐기물, 병원 폐기물 등 각종 폐기물을 불법적으로 처리한 경우를 의미하고, 불법운송 및 저장은 폐기물을 적법절차에 맞지 않게 부적절하게 운송하거나 저장한 경우를 말하며, 끝으로 부적절한 조치 및 처리는 폐기물을 적법절차에 따라 처리하지 않고 적절한 조치를 하지 않은 경우를 의미한다. 예컨대, 공장에서 생산 비용 절감을 위해 폐수처리시설을 작동하지 않은 채 폐수를 방류한 경우를 가정해 보면, 폐수를 처리과정 없이 무단으로 방류한 것은 불법처분에 해당하고 폐수처리시설이 설치되어 있음에도 불구하고 처리시설을 작동하지 않은 것은 부적절한 조치 및 처리로 볼 수 있다.

(4) 조직범죄

조직이란 불법 활동을 수행할 목적으로 설립된 고도로 중앙 집중화된 그룹을 의미하고, 이러한 조직이 불법적 재화와 서비스 판매를 통해 이윤을 달성할 수 있도록 행하는 일련의 활동 또는 범죄행위를 조직범죄라 한다(Siegel, 2020; 이윤호, 2020). 이들의 주요 활동은 조직의 이윤 창출을 위해 마약, 성매매, 고리대금, 도박과 같이 대중의 수요가 지속되는 상품이나 서비스를 불법적으로 공급하고, 영업과정에서 조직의 이익을 위해서라면 살인, 강도, 납치 등의 다양한 범죄에 적극 관여하는 것이 일반적이다.

조직범죄의 주요 목적은 경제적 이득이며, 이윤은 마약, 도박, 성매매를 포함한 불법적 재화와 서비스를 독점적으로 공급함으로써 극대화되고, 조직범죄의 활동은 불법적인 서비스를 제공하는 것만으로 제한되지 않고 합법적 비즈니스를 통한 불법 돈세탁 등의 활동도 병행하는 특성이 있다. 또한 조직범죄는 협박, 폭력, 매수 등 약탈 전술을 사용하고 경험, 관습, 관행에 의해 조직구성원, 관련자, 피해자 등에 대한 훈육과 통제가 매우 즉각적이고 효과적인 특성을 지닌다(Siegel, 2020).

조직범죄는 조직형태와 구조에 따라 정치사회적 조직범죄, 집단 조직범죄, 집단 내부지향적 조직범죄, 신디케이트범죄(syndicate crime)로 구분된다(Albini, 1971). 정치사회적 조직범죄는 정치사회적 목적을 달성하기 위해 테러나 급진적 사회운동을 펼치는 유형을 의미하고, 집단 조직범죄는 전통적 갱(gang)과 같이 금전적 이익을 극대화하기 위해 약탈적인 행동을 일삼는 유형을 말한다. 집단 내부지향적 조직범죄는 활동의 주된 목적이 구성원들의 심리적 만족에 있으며 폭음을 내면서 무리를 지어 질주하는 폭주족이 대표적 예이다. 마지막으로, 신디케이트범죄는 무력이나 위협을 기반으로 불법행위에 적극적으로 가담하여 대중의 수요가 많은 불법서비스를 제공하고 정치세력을 활용하여 책임을 회피하는 유형의 조직범죄이다.

(5) 정치범죄

정치범죄는 범행의 동기가 정치적이거나 정치적 권한을 이용하여 정부 또는 정치권력에 저항하거나 도전하는 행위라고 볼 수 있고, 이는 크게 정부에 대한 범죄행위와 정부에 의한 범죄행위로 구분될 수 있다(이윤호, 2020). 전자는 개인적 목적이 아닌 정치적 이유로 법이나 공공의 안녕을 침해하는 행위로 특정 정부나 정치 체제를 공격의 주요 대상으로 한다. 즉, 전자에서의 정치범은 자신의 정치적 신념에 따라 사회구조를 공격하여 체제를 재편하는 불법행위를 저지른 개인으로 정의될 수 있으며, 정치범죄는 정부에 대한 저항운동이나 테러행위[12]등을 포함한 정부 또는 정치 체제의 이익을 침해하는 명백한 범죄행위를 의미한다. 우리나라 형법전은 정부에 저항하거나 도전하는 폭력행위를 내란죄로 규정하고 있으며, 내란죄는 대한민국 영토의 전부 또는 일부에서 국가권력을 배제하거나 국헌을 어지럽게 할 목적으로 폭동을 하는 행위로 규정되어 있다.

　　정부에 의한 범죄는 정치적 부패 또는 개인적 이득을 위한 공직자의 정치범죄가 대표적 유형이다. 이러한 유형의 정치범죄는 뇌물수수 등 재정적 이익을 취할 목적과 정치적 반대집단에 대한 도전으로부터 정권을 유지하기 위한 목적으로 행해지며, 이에 속하는 대표적 정부에 의한 범죄로는 선거법 위반, 불법 정치자금 모금, 선거자금 불법 사용 등이 있다. 끝으로, 권력남용과 같이 정부나 공무원이 자신의 지위와 권한을 과시할 목적으로 시민을 억압하고 군림하는 행위 또한 민주주의의 근간을 심각히 훼손하는 정치범죄의 한 유형이다.

---

12) 「국민보호와 공공안전을 위한 테러방지법」상 테러란 국가·지방자치단체 또는 외국 정부의 권한행사를 방해하거나 의무 없는 일을 하게 할 목적 또는 공중을 협박할 목적으로 하는 살인, 상해, 체포·감금·약취·유인하거나 인질로 삼는 행위, 운항중인 항공기, 선박 등을 추락시키거나 전복·파괴하는 행위 등을 포함한다.

참고문헌

곽대훈 외 7인. (2020). 한국범죄분류 개발 4차년도 연구. 최종보고서, 통계청.

김창윤. (2021). 범죄학과 형사사법체계론. 박영사.

경찰청. (2020). 2019 경찰통계연보 & 범죄통계.

대검찰청. (2020). 2020 범죄분석.

이윤호. (2020). 범죄학(증보판). 박영사.

이성식. (2017). 사이버범죄학(2판). 도서출판 그린.

연성진·오정한. (2012). 우리나라 폭력수준 실태와 개선 방안. 최종보고서, 경찰청.

박지선. (2015). 범죄심리학(개정판). 도서출판 그린.

법무연수원. (2020). 2019 범죄백서.

사기방지연구회. (2020). 사기의 세계. 박영사.

치안정책연구소. (2021). 치안전망 2021.

황성현 외 4인. (2020). 한국범죄심리학(2판). 피앤씨미디어.

허경미. (2020). 범죄학(7판). 범죄학. 박영사.

Albini, J. (1971). The American Mafia: Genesis of a Legend, New York: Appleton−Century−Crofts.

Brown, S. E., Esbensen, F., & Geis, G. (2010). Criminology: Explaining Crime and Its Context (7th Ed). New Providence: Anderson Publishing.

Clinard, M. B., R. Quinney, R., & Wilderman, J. (1994). Criminal Behavior Systems: A Typology (3rd Ed.). New Providence: Anderson Publishing.

Cohen, L. E., & Felson, M. (1979). Social change and cirme rate trends: A routine activity approach, American Sociological Review, 44(4): 588−608.

Cornish, D. B. & Clark, R. V. (1986). The reasoning criminal: Rational choice perspectives on offending. NY: Springer−Verlag.

Felson, R. B., Baumer, E. P., & Messner, S. F. (1990). Acquaintance Robbery. Journal of Research in Crime and Delinquency, 37(3): 284−305.

Gardner, T. J. & Anderson, T. M. (2000). Criminal law(7th Ed). Belmont:

Wadsworth/Thomson Learning.

Gottschalk, P. (2017). Convenience in white−collar crime: Introducing a core concept. Deviant Behavior, 38(5): 605−619.

Groth, A. N., Burgess, A., & Holmstrom, L. (1977). Rape: Power, anger and sexuality. American Journal of Psychiatry, 134: 1239−1243.

Holmes, R. M. & De Burger, J. (1988). Serial Murder: Studies in Crime, Law, and Justice. Vol. 2. Beverly Hills: Sage Publications.

Horder, J. (2016). Ashworth's Principles of Criminal Law (8th Ed). U.K.: Oxford University Press.

Lombroso, C. (1889). The Criminal Man(4th Ed). Cited in T. D. Meithe. & R. C. McCorkle, Crime Profiles(2nd Ed). LA: Roxbury Publishing Company.

McDevitt, J., Levin, J., & Bennett, S. (2002). Hate crime offenders: An expanded typology. Journal of Social Issues, 58(2): 303−317.

Meithe, T. D. & McCorkle, R. C. (2001). Crime Profiles(2nd Ed). LA: Roxbury Publishing Company.

Mendelsohn, B. (1956). The Victimology. Cited in S. Schafer, The Victim and His Criminal: A Study of Functional Responsibility. New York: Random House.

Moore, M. (1980). Notes toward a National Strategy to deal with White−collar crime, in H. Edelhertz & C. Rogovin(Eds), A National Strategy for Containing White−collar crime, Lexington, MA: Lexington Books.

Moyer, K. E. (1987). Violence and aggression: A physiological perspective. Paragon House Publishers.

Pathé, M. T., Mullen, P. E., & Purcell, R. (2000). Same−gender stalking. Journal of the American Academy of Psychiatry and the Law, 28(2), 191-197.

Ressler, R. K., Burgess, A. W., & Douglas, J. E. (1988). Sexual Homicide: Patterns and Motives. New York: Free Press.

Siegel, L. J. (2020). Criminology: Theories, Patterns, and Typologies(13th Ed). Belmont, CA: Wadsworth.

Siegel, L. J. & McCormick, C. (2006). Criminology in Canada: Theories, Patterns, and Typologies (3rd ed.). Toronto: Thompson, Nelson.

Sykes, G., & Matza, D. (1957). Techniques of neutralization: A theory of delinquency, American Sociological Review, 22: 664−670.

Sutherland, E. H. (1947). Principles of Criminology (4th Ed). Philadelphia: J. B. Lippincott.

Yacoubian, G S. (1999). "A Drug Use Typology for Treatment Intervention." Western Criminology Review 1 (2).

[인터넷자료]

국가법령정보센터. 가정폭력범죄의 처벌 등에 관한 특례법. 경범죄처벌법, 아동복지법, 국민보호와 공공안전을 위한 테러방지법, 형법 등
    https://www.law.go.kr/법령 에서 2021년 6월 30일 검색

경찰청 사이버범죄시스템
    https://ecrm.cyber.go.kr/minwon/crs/quick/cyber1 에서 2021년 6월 30일 검색

양형위원회
    https://sc.scourt.go.kr/sc/krsc/criterion/criterion_01/murder_01.jsp 에서 2021년 6월 30일 검색

FBI, Criminal Justice Information Services. UCR.
    https://www.fbi.gov/services/cjis/ucr 에서 2021년 1월30일 검색

World Health Organization(WHO). Definition and Typology of Violence.
    https://www.who.int/violenceprevention/approach/definition/en 에서 2021년 1월 30일 검색

제 3 장

고전주의 범죄학과 합리적 선택이론

제 3 장   고전주의 범죄학과 합리적 선택이론

제 1 절   고전주의 범죄학과 억제이론

1. 고전주의 범죄학

(1) 등장배경

서구유럽에서 중세시대에 마녀사냥의 희생양이 10만 명을 넘었다는 기록은 18세기 이전 범죄에 대한 원인을 악령이나 사탄과 같은 초자연적인 측면에서 찾고자 하였음을 잘 보여주고 있다. 17세기에 이르기까지 악령에 홀려 범행하였다고 여겨지는 사람들은 말뚝에 묶어 화형에 처해지곤 하였다. 또한 폭력, 절도, 살인 범죄자들은 채찍을 사용한 태형, 낙인, 사지절단, 사형 등의 가혹한 처벌을 받았으며(Siegel, 2020), 고문을 가하여 자백을 받아내는 것이 주요한 수사기법이었다. 이와 같이 엄격한 법집행의 명목으로 대다수의 흉악범들이 사형을 당했으며, 죄의 경중에 따른 처벌의 수위에 대한 고민은 깊이 있게 이뤄지지 않았다. 당시의 유럽 사회에서는 일부 법률(예를 들자면, 1670년대 프랑스의 형사법령, Criminal Ordinance)이 형성되어 있었고 법관의 지나친 재량을 제한하는 규정도 있었다. 하지만 양형에 대한 엄격한 규정의 미비로 법관의 자의적인 결정이 범죄에 대한 처벌에 지대한 영향을 미치며 참수, 태형, 낙인, 화형 등 가혹한 신체형 위주의 처벌이 관행처럼 행해졌다(Beccaria, 2000). 또한 불안전한 사회상황은 교회와 국가 권력에 원님재판과 유사한 규문주의[1]의 권한을 주게 되었고 고문에 기초한 규문주의적 고문과 사형 등의 처벌이 중세를 거쳐 유럽 대부분의 국가에 확산되었다. 특히 사형은 유럽에서 주요한 처벌방식의 하나였으며 17세기 영국에서는 모든 중죄에 대한 처벌로 확대되는 등 규문주의적인 가혹한 처벌은 17세기와 18시기에 걸쳐 그 정점에 이르렀다(김동복, 2020). 이러한 중세유럽의 형사사법의 자의적 집행과 잔혹한 처벌은 고전주의 범죄학이 등장하는 비판적 토대가 되었다.

고전주의 범죄학은 르네상스와 계몽주의의 영향을 받아 중세의 비인간적이고 자의적인 형사사법에 대한 반성을 토대로 태동하였다. 계몽주의(the Enlightenment)는 종교의 속박에서 벗어나 합리적인 사유와 이성의 계몽을 추구함과 더불어 절대왕정을 중심으로 하는 권위주의로부터도 탈피한 시민사회와 민주주의 발전을 추구하였다. 계몽주의 사상가들로서, 몽테스키외(Charles De Montesquieu, 1689-1755)는 1748년 「법의 정신」을 출간하여 당시 왕권 중심의 정치·사회 시스템과 다른 삼권분립의 원칙을 설명하였다. 또한 루소(Jean Jacques Rousseau, 1712-1778)는 1762년 출간한 「사회계약론」에서 홉스가 주장한 절대군주와 국민 간의 수직적 사회계약에서 한발 더 나아가 인간의 선한 본성이라 할 수 있는 '일반의지'에 의한 '사회계약'을 강조하며 주권이 국민에게 있음과 정부가 국민의 대행자로서 국민의 이익을 위해 노력할 의무가 있다는 민주주의 원리를 제시하여 절대왕정에 반하는 철학적 논리를 제시하였다(Akademiya Nauk SSSR, 2010). 결과적으로, 계몽주의는 교권과 왕권으로부터 벗어나 이성중심의 철학을 형성하며 사회의 모든 분야에 영향을 주었다. 범죄학 분야에서는 이성적으로 판단하는 인간상을 전제로 범죄원인을 설명하고자 한 접근이 고전주의 범죄학이론으로 구체화되었다. 이렇듯 고전주의

---

[1] 법원이 스스로 절차를 개시하여 심리(審理)·재판하는 주의를 말한다. 이는 심리개시와 재판의 권한이 법관에게 집중되어 있다는 점에 특색이 있다. 근세 초기의 절대주의국가(絶對主義國家)에 있어서 전형적으로 형성되었지만 「프랑스」혁명 후는 국가소추에 의한 탄핵주의로 대치되었다. 규문주의(糾問主義)는 법원이 소추권(訴追權)·증거수집권(證據蒐集權)·심판권(審判權)을 갖기 때문에 소송활동이 민활(敏活)·신속한 점에 장점이 있으나 수사(搜査)와 심리개시(審理開始) 및 재판의 권한이 법관에게 집중되어 법관에게 지나친 부담을 주며 법관은 공평한 재판을 하기보다 소추기관(訴追機關)으로 활동하게 되고, 심사와 심리의 객체에 지나지 않는 피고인은 충분한 방어를 할 수 없다는 폐단이 있다(이병태, 2016)

범죄학은 계몽주의라는 시대사조 속에서 중세 형사사법 시스템을 비판하면서 태동하였으며 근대 형사사법 개혁의 근간이 되는 이론적 토대를 제공하였다.

> **Box 홉스의 리바이어던과 사회계약론**
>
> 영국의 대표적인 정치사상가인 홉스(Thomas Hobbes, 1588-1679)는 근대적인 합리주의와 경험주의를 바탕으로 '리바이어던(Leviathan or The Matter, Forme and Power of a Commonwealth Ecclesiasticall and Civil, 1651)'에서 당시 유럽사회에 일반화되어 있던 왕권신수설과 교회의 절대권위에 대립하는 사회계약설을 주장하여 근대국가의 정부, 특히 형사사법체계 구성의 철학적 원리를 제시하였고 근대 시민사회의 토대를 마련하였다(김용환, 1999). 그는 인간의 본성이 본래 악하다는 성악설을 가정하여 인간의 세상을 '만인에 대한 만인의 투쟁'의 악한 상황으로 설명하면서 이러한 비참한 상태를 극복할 수 있는 방법으로 근대국가가 탄생하였다고 보았다(김동복, 2020). 통치자와 국민 간의 계약에 의해 근대국가가 성립되고 운영된 것이며, 이 계약에 따르면 통치자는 국민에게 안전을 제공하고, 국민들은 통치자에게 복종해야할 쌍방의 의무가 있다고 보았다(김용환, 1999). 홉스는 구약성경에 등장하는 괴물로 막강한 힘을 가진 '리바이어던'을 강한 권한을 가진 통치자에 비유하여 이러한 힘이 세상에 안전과 질서를 보장할 수 있다고 하였다(김용환, 1999). '리바이어던'이 출판된 1651년, 즉 17세기 당시에는 '왕권신수설'이 팽배해 있던 시절이었기에 통치자와 국민 간 사회계약으로 국가가 성립되고 운영된다는 홉스의 설명은 당시로서는 획기적인 주장이었다. 이러한 홉스의 '리바이어던'은 국민의 안전을 담보하기 위한 역할을 직접적으로 수행하는 형사사법체계를 포함한 근대국가의 정부구성을 사회계약이라는 이론적 틀 위에서 설명하였다는데 의미가 크다. 당시에는 금기시되던 교권과 왕권에 도전하는 내용을 담아 금서였던 '리바이어던'은 근대 형사사법체계 등 정부구성의 철학적 근거를 제공하였으며 이후 몽테스키외, 루소 등 많은 계몽주의 사상가들에게 영향을 미치고 고전주의 범죄학의 발전과 형사사법 개혁에 영감을 주었다(김동복, 2020).

(2) 개요

고전주의 범죄학은 범죄를 초자연적 현상으로 이해하려는 기존의 종교적 접근과 상이하게, 범죄를 설명함에 있어 인간은 '자유의지(Free Will)에 입각한 합리적 존재'라는 기본가정을 바탕으로 한다. 18세기 계몽운동 시기를 거치며 베카리아(Cesare Beccaria, 1738-1794), 벤담(Jeremy Benthan, 1748-1833) 등의 고전주의 범죄학자들은 인간의 행동이 이성적인 사고의 결과라는 논리를 바탕으로 '공리주의적' 접근을 하였다. 즉, 인간은 비용과 이익의 손익계산을 통해 쾌락을 증가시키고 고통을 감소시키는 방향으로의 의사결정을 하게 된다고 설명하였다(Siegel, 2020). 따라서 형사사법의 목적은 공리주의적 인간관에 기초하여 사회전체 최대다수의 최대행복을 위해 범죄를 적절하게 억제하는데 있다고 보았다. 합리적인 형사사법제도를 통해 범죄자의 형벌로 인한 고통이 범죄로 인한 이익보다 크도록 하였을 때 범죄행위들이 억제될 수 있게 된다(Akers & Sellers, 2011; Beccaria, 2000). 이처럼 사회계약에 따른 형사사법제도에 의한 범죄억제는 고전주의 범죄학의 핵심개념에 해당한다.

(3) 고전주의 범죄학자

1) 베카리아

고전주의 범죄학은 계몽주의시대의 위대한 사상가였던 베카리아(Cesare Beccaria, 1738-1794)에 의해 발전되었다. 베카리아는 유명한 저서 「범죄와 처벌」(On Crime and Punishment, 1764)을 통해 무차별적인 고문과 사형 등 당시의 형사사법 관행을 비판하고 사형 및 고문제도의 폐지를 주장하였으며, 죄형법정주의를 강조하면서 고전주의 범죄학의 근간이 되는 이론적 토대를 마련하였다(Beccaria, 2000). 전통적 형법체계를 비판하면서 '법률이 없으면 범죄도 없다'는 죄형법정주의를 주장하였고 형법의 제정과 재판의 분권의 원리를 설명하였다(Beccaria, 1764). 베카리아는 형벌은 법률에 의해 규정되어야 하며 범죄에 비례하여 최소한도로 부과되어야 한다고 주장하였다. 범죄와 처벌 사이의 비례는 '형사정의'의 차원에서도 중요하지만 적절하지 않은 형벌은 오히려 더 심각한 범죄를 유발할 수도 있다는 것이다. 예를 들어, 경미한 범죄가 중한 범죄와 동일하게 처벌받는다면 범죄자 입장에서는 더 많은 이익을 위해 더 심각한 범죄를 선택할 수 있다고 설명하였다. 또한 당시의 법해석의 남용이라든가 재판과정에서의 비일관성을 통한 자의적인 처벌에 대해 비판하면서 판사는 입법자가 아니기 때문에 법을 해석할 권한이 없고 다만 법 규정에 따라 형벌을 부과해야 한다며 판사의 양형재량에 반대하는 주장을 하였다.

베카리아는 범죄의 본질을 '사회적 해악'으로 보면서 법이 인간의 모든 악행을 처벌하는 도구라기보다는 사회적 해악을 통제하는 정도로 사용되어야 하며, 형벌은 지나치게 강력하기보다는 초래된 해악에 비례하는 정도일 때 정당화될 수 있다고 주장하였다. 즉, '범죄를 처벌하기보다 범죄를 예방하는 것이 더 나을 것이다'(Beccaria, 1764, p.63; Brown et al, 2013 재인용)는 관점이 그의 고전학파적 사상의 핵심이라 할 수 있다. 범죄예방은 억제기제(deterrence)를 통해 얻어질 수 있는데, 이는 인간의 행위 및 인식에 영향을 미치는 처벌(형벌)의 위협을 통해서 가능하다고 보았다. 베카리아는 인간에 대한 기본 전제를 설명함에 있어서 인간이 합리적이고 쾌락을 추구하며 그들의 행동이 자유의지에 의해 선택되는데, 쾌락을 극대화하고 고통을 최소화하는 방향으로 의사결정이 이루어진다는 것을 기본 전제로 형사사법의 원리를 설명하였다. 베카리아는 지나친 처벌은 정의롭지 못하며 죄의 무게를 약간 상회하는 정도의 처벌이 적정하다고 하면서 범죄를 예방하기 위하여 형벌과 범죄의 비례성을 강조하였다. 베카리아의 이러한 철학은 근대 형법과 범죄학의 근간이 되었다.

2) 벤담

계몽주의 사상가인 벤담(Jeremy Bentham, 1748–1832)은 베카리아의 '범죄와 처벌'을 옹호하고 발전시켰다. 베카리아에 이어 당시 형사사법의 임의성과 일관적이지 않은 법집행 및 처벌의 가혹성에 대해 비판하였다. 공리주의를 주장한 벤담은 최대다수의 최대행복의 원리를 바탕으로 범죄를 설명하면서 처벌의 비례성과 형벌의 일반예방을 통해 성취될 수 있는 최대다수의 행복을 강조하였다(Bentham, 2011). 베카리아와 마찬가지로 범죄를 공동체에 대한 해악으로 간주하고 형벌은 응보의 목적 보다는 예방을 목적으로 행사되어야 한다는 입장이었다. 그는 최대행복원칙(greatest happiness principle)을 토대로 한 공리주의적 형벌철학을 주장하였는데, 범죄는 공동체의 행복을 저해함으로 반드시 예방되어야 하며, 인간이 자유의지를 가지고 행위에 대한 비용과 이익을 이성적으로 계산할 수 있기에 범죄 또한 예방될 수 있다고 보았다(Bentham, 2011). '자연은 인간이 두 개의 주요 요인, "고통과 즐거움"의 지배를 받게 하였으며, 이는 우리가 무엇을 해야 하는가 뿐만 아니라 무엇을 할 수 있는가를 결정하는데 영향을 미친다'(Bentham, 1789:66 ; Brown et al, 2013 재인용)는 것이다. 벤담의 주장에 의하면 개인은 쾌락과 고통을 저울질 하기 때문에 형사사법체계가 처벌의 고통을 조절함으로써 범죄로 인한 쾌락을 감 소시킬 수 있고, 나아가 범죄를 억제하는 역할을 할 수 있다고 하였다. 벤담은 최 소비용으로 최대의 효과를 얻을 수 있는 교도소의 형태로 패놉티콘(panopticon)을 제안하기도 하였는데 중간에 어두운 음영의 감시공간이 있고 수용자의 방이 밝게 유지되며 둘러싸고 있는 원형 탑 형태로 수용자에 대한 감시의 효과성을 높인 구 조로 근대 여러 국가에서 교도소의 모델이 되기도 하였다(Geis, 1972; 한인섭, 1989).

2. 억제이론

억제의 개념은 고전주의 범죄학자인 베카리아와 벤담의 주장에 근거한다. 고 전주의 범죄학의 기본전제는 인간이 자유의지를 가지고 합리적인 판단에 의해 행 동한다는 것이다. 이를 기반으로 한 억제이론은 처벌의 확실성, 신속성, 엄격성에 의해 계량된 처벌의 고통과 범죄로 인한 이익 사이의 함수관계로 범죄를 이해하였 다. 고전주의 범죄학자들은 이러한 개념을 모든 인간과 모든 범죄에 적용될 수 있 는 범죄에 대한 일반이론으로 설명하였으며 처벌이 강화되면 범죄가 감소되는 것 으로 보았다. 고전주의 범죄학자인 벤담과 베카리아에 의하면 범죄에 대한 형벌은 사회에 끼친 해악을 약간 상회하는 정도의 처벌이 바람직하다(Beccaria, 1764; Bentham, 2011). 부족한 처벌은 범죄억제 효과를 기대하기 어렵고 너무 과한 처벌은 정의롭 지 못하다고 보았다. 앞서 언급하였듯 고전주의 범죄학은 모든 사람에게 있어서 범죄로 인한 이익이나 쾌락의 양이 동일하다는 전제를 바탕으로 설명되었기 때문 에 범죄에 대한 일반이론적 접근으로 이해된다. 따라서 범죄유형별로 형법에 기재 된 형벌이 엄격하게 적용되어야 한다는 것인데, 이에 따르자면 처벌이 법 위반자 의 환경이나 특성 등의 개별적 상황에 따라 달라져서는 안 되는 것이다. 고전주의 범죄학의 이러한 일반화에 대한 오류가 실증주의 범죄학의 등장을 촉진하였지만, 억제이론 옹호론자들과 반대론자들 모두 억제이론의 관점이 적절한 처벌을 통한 범죄예방이라는 사회적 정의를 추구한 측면에서는 의미가 크다고 본다.

억제이론에 따르면, 범죄자는 범죄행위로 인해 얻어지는 쾌락과 처벌의 고통 을 합리적으로 계산하여 법 위반이나 준수 여부를 결정하기에, 범죄로부터 얻어지는 이익보다 처벌로부터 발생하는 고통이 크다고 생각하면 법을 위반하지 않게 된다. 처벌의 확실성, 신속성, 엄격성 등의 기본원리를 인식함에 있어서 잠재적인 범죄자들은 과거의 처벌경험이라든가, 관련된 범죄자들의 처벌사례, 법에 규정된 처벌내용 등을 다각도로 고려하여 의사결정을 하게 된다(Akers & Sellers, 2011; Brown et al, 2013). 근대 형법과 형사사법기관의 주요한 목적은 이러한 억제원리를 바탕으로 범죄를 억제하고 예방하는데 있었다.

(1) 처벌의 확실성, 신속성, 엄격성

현대 억제이론의 핵심적인 내용은 처벌의 확실성, 신속성, 엄격성, 특별억제와 일반억제 등에서 찾을 수 있다(Siegel, 2020). 억제이론은 모든 것이 동일하다면 처벌에 대한 엄격성이 증가할 때 범죄행위는 감소할 것이라고 설명한다. 인간이 자유의지로 합리적 판단을 통해 행동을 결정한다는 고전주의 범죄학의 기본전제는 범죄로 인한 잠재적 쾌락과 처벌로 인한 고통 사이의 저울질이 개인의 법 준수와 위반을 결정하는데 중요한 역할을 한다고 주장한다. 또한, 처벌로 인한 고통의 무게는 체포될 가능성과 처벌되는 형량의 엄격성을 기본으로 한다(Akers & Sellers, 2011). 중세시대처럼 자의적이고 일관적이지 않은 형사사법체계에는 인간의 합리적 판단을 전제로 하지 않았기에 형벌을 통해 범죄를 억제하는 정책을 기대하기 어려웠던 반면에 억제이론이 주장하는 인간의 합리성을 가정한 일관적인 형벌체계는 시민들이 법을 준수하고 범죄를 예방하는데 효과적이었을 것이다. 따라서 무엇이 불법인가에 대한 명확한 정의를 포함하고 범죄의 이익을 상회하는 정도의 형벌이 규정된 법률이 범죄억제에 바람직하다. 고전주의 범죄학에서는 유죄냐 무죄냐에 대한 판단으로 법에 규정된 형벌을 집행하여야 한다고 보았으며, 이에 따라 법관들의 양형 재량을 인정하지 않았다(Brown et al., 2015). 범죄가 사회에 미치는 해악의 정도에 비례하여 처벌의 엄격성이 결정되는데 이러한 비례성은 고전주의 범죄학에서는 입법자가 개인특성을 고려함 없이 범죄의 경중에 따라 처벌의 경중을 규정해야 한다는 것이었으나, 비례성의 개념은 이후에 개인의 연령이라든가 정신적인 상태가 합리적인 사고에 의한 행동의 결정에 영향을 줄 수 있음을 인정하게 되었다(Akers & Sellers, 2011 재인용).

처벌의 확실성은 범죄자가 범행 후 체포되어 처벌받을 가능성에 대한 것으로 초기의 고전주의 범죄학자들이 억제의 핵심요소 세 가지 중에서 가장 강조한 것이다. 베카리아와 벤담에 의하면 범죄를 억제하는데 있어서 처벌의 확실성이 처벌의 엄격성보다 효과적이지만 처벌이 엄격할수록 확실성의 적용가능성은 낮아지는 반면에, 처벌의 확실성이 낮을수록 억제를 위한 처벌의 엄격성은 더 높아진다(Akers & Sellers, 2011; Siegel, 2020). 처벌의 신속성은 체포 및 처벌이 범죄행위 이후에 얼마나 신속하게 진행되는가에 대한 문제이다. 베카리아(Beccaria, 1972: 18~19)에 의하면 "범행 후에 처벌이 즉시 가해질수록 유용할 것이며 즉각적 처벌은 더욱 그러하다. 범행과 처벌 사이의 시간적 간격이 짧을수록 범죄행위와 처벌 두 관념의 결합은 더 긴밀하고 지속적일 것이다"(Akers & Sellers, 2011 재인용).

(2) 특별억제, 일반억제, 절대적 억제, 한계적 억제

베카리아(Beccaria, 1972: 18~19)에 의하면 억제는 크게 특별억제와 일반억제로 분류된다(Akers & Sellers, 2011 재인용). 첫 번째는 범죄자 개인에 대한 억제로서 범죄자가 확실하게 체포되어 엄격하게 처벌을 받는다면 그 범죄자는 처벌의 경험으로 인해 다시는 범죄를 범하지 않는 판단을 하게 될 것인데, 이를 특별억제(Specific Deterrence)라고 한다. 그러므로 특별억제는 범죄를 이미 범한 사람들을 대상으로 한 재범방지를 의미하게 된다. 두 번째는 형사사법기관에 의한 처벌의 확실성, 엄격성, 신속성 등이 일반인들에게 본보기로 작동하여 처벌로 인한 고통을 간접적으로 경험한다는 것이다. 사람들은 본인들이 직접 범죄와 처벌을 경험하지 않았더라도 다른 사람들이 처벌받는 것을 지켜보면서 범죄를 범하면 발생하게 될 처벌의 고통을 인식하고 범죄를 범하지 않는 결정을 하게 된다. 이를 일반억제(General Deterrence)라고 한다.

아울러 절대적 억제와 한계적 억제의 개념도 중요하다. 한 개인이 순전히 법적 제재의 두려움 때문에 범행을 하지 않기도 하는데, 이렇게 범행을 처벌하는 체제(system)의 존재 그 자체만으로도 범죄가 어느 정도 억제될 수 있을 것이다. 이렇게 처벌체제가 존재하지 않는 것에 대비한 법적 제재의 존재 자체가 갖는 순전한 억제효과를 절대적 억제(Absolute Deterrence)라고 한다. 그런데 사람들은 법적 제재의 존재보다는 교육과 사회화를 통해 살인이나 강도가 나쁘다고 생각하는 인식을 갖기도 한다. 이러한 도덕적 가치 때문에 범행을 하지 않는 측면을 비공식적 억제 또는 비공식통제(Informal Control)라고 한다(Akers & Sellers, 2011). 현실에 있어서 법적 제재에 의해 범행이 완전히 억제되는 것을 기대하기는 어렵다. 한계적 억제(Marginal Deterrence)란 법적 제재에 의해 범죄자에 의한 범행이 절대적으로 억제된다기보다는 범죄자가 범행을 하더라도 더 경미한 범행을 선택하도록 하는 것을 의미한다. 50km 속도제한이 있는 도로에서 운전자들은 과속카메라나 경찰관이 있음을 알면서도 속도를 조금만 낮추어 53~56km 정도로 운전하는 경우가 있는데 이는 여전히 법 위반에 해당하지만 제재의 존재가 그 위반의 정도를 감소시키는 역할을 한 것이다. 환경오염물질 처리에 있어서 하수에 무단방류하는 방법과 땅속에 파묻는 방법 중에서 무단방류하는 것에 대한 법적 처벌이 훨씬 중하다면 사람들은 땅속에 무단매립하는 것을 고려할 수 있다. 이러한 경우에 있어서 두 가지 선택지 사이의 처벌의 차이(margin)가 사람들로 하여금 더 가벼운 처벌의 범죄를 선택하게 하는 것이다. 이렇게 법적 제재가 범행을 완전히 차단하기보다는 처벌의 정도가 낮은 범행을 선택하게 함으로써 더 중한 범죄에 대한 억제를 보이는 측면을 한계적 억제라 한다(Beccaria, 1972).

(3) 경험적 타당성

억제이론의 긴 역사와 형사사법체제에 있어서의 괄목할만한 역할에도 불구하고 억제이론에 대한 경험적 연구들은 처벌에 대한 철학적 함의를 중심으로 한 담론 형태의 선행연구에 머무르는 정도였고, 억제이론에 대한 실증적 검증은 1970년대에 들어서야 본격화되었다. 기존 연구들에서 사용된 억제와 관련된 변인(variable)들을 살펴보면, 처벌의 확실성은 공식범죄통계 등과 같은 객관적인 자료를 활용하여 체포율, 기소율, 유죄판결률 등으로 제시되었으며, 처벌의 엄격성은 형법상 규정된 최고형량, 교도소 수감비율 등이 활용되었다. 선행연구에서는 이러한 지표들이 높으면 범죄발생률이 낮아진다는 가설을 검증하고자 하였다. 아울러 개인이 갖는 처벌의 엄격성과 확실성에 대한 주관적 인식을 측정하여 접근한 연구들 또한 다수인데, 연구자들은 엄격성 인식과 관련하여 형벌의 경중에 대한 인식, 그리고 확실성과 관련하여 처벌받을 가능성에 대한 인식이 높으면 범행가능성이 낮다는 방식으로 변인을 측정하여 접근하였다(Akers & Sellers, 2011). 선행연구에서는 처벌의 신속성에 대해서 보다는 처벌의 엄격성과 확실성에 대한 연구가 적극적으로 진행된 것으로 보인다.

처벌의 엄격성의 효과를 살펴본 초창기 연구들에서는, 미국에서 일급살인에 대한 사형규정이 있는 주와 그렇지 않은 주 사이에 살인율에 차이가 있는가에 대한 연구가 주요한 관심사였다. 사형집행의 억제효과에 대한 적극적인 옹호자였던 에르리히(Ehrlich, 1977; Lab, 2011 재인용)는 한 건의 사형집행이 20건 이상의 살인을 감소시키는 것은 물론 구금의 길이도 살인범죄를 줄인다고 주장하였다. 하지만 해당 연구에서 주들 사이에 존재하는 사형제도 이외의 살인에 영향을 주는 제3의 요인을 통제하지 않았고, 하나의 주가 웬만한 나라 규모에 해당하는 미국에서 한 주 안에서도 지역 간 여러 차이가 있을 수 있다는 점을 간과하였으며, 한 주의 경계 지역에 거주하는 사람들에게 인근 주의 사형제도가 영향을 줄 수 있다는 확산효과의 가능성을 고려하지 않았다는 점 등에서 많은 학자들로부터 비판을 받았다. 보다 정교한 후속연구를 통해 연구자들은 사형을 법으로 규정하는지 여부가 살인율에 유의미한 영향을 주지는 않는다는 분석결과를 제시하며 에르리히의 연구결과를 반박하였다(Archer et al., 1983; Bailey, 1998; Kats et al., 2003; Lab, 2011; Bedau, 1964; Akers & Sellers, 2011). 베일리(Bailey, 1998)는 68주에 달하는 장기간에 걸쳐서 미국의 오클라호마주에서 첫 번째 사형집행이 살인율에 미치는 영향을 연구하였으며, 캣츠와 동료들(Kats et al., 2003)은 1950년부터 1990년까지 미국의 주 단위의 연간자료를 바탕으로 연구를 진행하였는데, 이러한 연구에서 모두 사형집행이 살인에 억제효과를 보인다는 증거를 발견하지 못하였다. 깁스(Gibbs, 1968), 티틀(Tittle, 1969), 치리코스와 왈도(Chiricos & Waldo, 1971)의 연구에서는 사형의 억제효과를 넘어 여러 범죄와 비행의 처벌에 있어서의 확실성과 엄격성까지 검증하여 여러 후속연구를 견인하였다. 그러나 처벌의 엄격성이 범죄억제 효과가 있는지에 대해 뚜렷한 실증적 근거를 찾기는 쉽지 않았던 것으로 보인다. 스폰과 훌러란(Spohn & Hooleran, 2002)은 중죄를 범한 세 집단을 대상으로 징역형과 보호관찰의 효과에 대한 연구를 진행하여 징역형을 받은 경우가 오히려 보호관찰을 받은 사람들에 비해 재범의 빈도가 높고 재범의 시기가 짧다는 분석결과를 내놓으며 오히려 처벌의 엄격성의 기대효과에 반하는 근거를 제시하기도 하였다.

고전주의 범죄학자들이 처벌의 세 가지 요소 중에서 처벌의 확실성을 더 강조한 것과 일관되게도 억제이론에 대한 현대적인 연구의 상당부분은 처벌의 확실성에 집중되어 있는데, 처벌에 대한 확실성이 높을수록 범죄발생이 낮아진다는 실증분석 결과가 자주 보고되었다. 포스트(Forst, 1977)는 유죄판결률(conviction rate)이 높을수록 살인범죄율이 낮아진다는 분석결과를 내놓았으며, 기르큰과 고브(Geerken & Gove, 1977)은 재산범죄에 있어서도 계획과 판단을 중심으로 행해지는 특성으로 인해 검거해결률(arrest clearance rate)이 높을수록 발생률이 낮아지는 억제효과가 있다는 결과를 제시하였다. 반면에 이 연구에서는 우발적으로 발생하는 특성이 강한 대인범죄는 검거해결률의 영향을 받지 않는다는 결과도 보고되었다. 처벌의 엄격성과 확실성을 동시에 살펴본 연구들도 있는데, 파셀(Passell, 1975)은 미국의 주들 간 처벌의 엄격성에 해당하는 구금비율과 처벌의 확실성에 해당하는 유죄판결률이 모두 살인범죄 감소에 도움이 된다는 분석결과를 확인하였고, 샘슨(Sampson, 1986)은 미국의 171개 도시들에서 처벌의 엄격성에 해당하는 구금비율과 처벌의 확실성에 해당하는 검거율 모두 강도범죄를 낮추는 효과를 확인하였다. 그러나 샘슨의 연구에서 이러한 지표들이 살인범죄에는 유의미한 영향을 미치지는 않았다(Sampson, 1986).

최근의 연구에서는 처벌의 확실성이나 엄격성의 범죄억제 효과가 일관적이지 않은 것이 개인적 또는 상황적 특성에 따라 억제효과가 달리 나타나기 때문이라고 주장한다(Augustyn & Ward, 2015). 예를 들자면, 개인적 특성에 있어서는 전과관계나 처벌에 대한 사전지식이 범죄억제 효과에 영향을 주는 것으로 나타났다(Pogarsky, 2007). 처벌과정이 생각보다 견딜만하다고 느끼는 전과가 있는 사람들에게는 처벌의 재범억제 효과가 낮다는 것이다. 상황적 특성에 있어서는 사람들이 형사사법기관의 법집행을 공정하고 정당하다고 인식하는 정도와 관련된 절차적 정당성(procedural justice)이 처벌의 엄격성이나 확설성의 범죄억제 효과에 영향을 주는 것으로 나타났다(Augustyn & Ward, 2015). 정당성에 대한 인식이 높을수록 억제효과 또한 높았다. 이러한 측면은 처벌의 확실성 또는 엄격성 그 자체의 효과에만 주목하기보다는 개인적 특성 및 상황적 특성과의 상호작용 효과를 고려해야 함을 의미하는 것이다.

그렇다면 결론적으로 형사제재는 억제효과가 있는가? 형사사법기관으로 대변되는 법에 의한 공식처벌체계는 현대국가에서 사회질서를 유지하기 위한 중요한 역할을 한다. 처벌의 억제효과에 대한 연구결과를 종합적으로 요약하자면, 검거나 처벌의 확실성이 범죄에 효과가 있다는 연구결과가 다수인 반면에, 처벌의 엄격성이 범죄를 낮춘다는 가설에 대한 분석결과는 초창기의 야심찬 몇몇의 긍정적 연구결과와 달리 효과가 없다는 연구결과 또한 다수여서 실증연구결과가 일관적이지 않다. 처벌의 엄격성과 확실성이 대인범죄나 재산범죄에 따라 그 효과가 달리나온다는 분석결과를 보고한 몇몇 연구에 대해서도 주목해야 하겠다.

Box 억제이론의 확장과 이론적 평가

억제의 개념을 법적 또는 공식적 제재에 해당하는 형법에 의한 처벌을 넘어 비공식적 억제의 개념으로 확장한 학자들이 있는데, 비공식적 억제는 인간의 양심이라든가 도덕적 의무, 가족이나 지인들의 비난가능성 등이 범죄를 억제하는 역할을 하는 것을 의미한다(Paternoster, 1985). 억제이론에 대한 여러 연구와 메타분석 결과에 의하면 이러한 비공식적 제재가 처벌의 확실성이나 엄격성으로부터 기인한 억제보다 훨씬 더 효과적인 범죄억제의 역할을 하는 것으로 보인다(Akers & Sellers, 2011 재인용; Pratt et al., 2006). 윌리엄스와 호킨스(Williams & Hawkins, 1989)는 사람들이 체포와 처벌의 두려움뿐만 아니라 체포될 경우 가족이나 지인들의 반응이 두렵다거나 수치스러워 범행을 삼간다는 측면을 설명하였다. 그들은 비공식 제재에 의한 억제효과가 공식적 제재에 의해 촉발되는 것으로, 즉 비공식 제재를 공식 제재의 확대개념으로 설명하였으나, 네긴과 패터노스터(Nagin & Paternoster, 1991)는 비공식 제재에 대비해서 공식 제재가 갖는 미미한 억제효과에 대한 연구결과를 바탕으로 양 제재의 개념을 분리하여 별도의 개념으로 보아야 한다고 주장하였다. 에이커스와 셀러스(Akers & Sellers, 2011)는 억제이론이 형사법적 처벌을 넘어서 비공식 제재라든가 다른 사회요인들을 아우르는 것으로 확대될수록 법적 처벌의 위협이 얼마나 범죄를 억제할 수 있는가라는 억제이론의 핵심내용이 희석되고 다른 이론들과 유사하게 되는 것을 경계하며 그러한 움직임에 반대하는 입장을 보였다. 예를 들어 비공식 제재에 포함된 부모애착 등 사회유대 변인들이 범죄억제에 보이는 효과는 억제이론이 아닌 사회통제이론의 차원에서 살펴보아야 한다는 것이다.

억제이론은 '왜 사람들이 범죄를 저지르는가?'라는 범죄자의 특성에 대한 전통적인 범죄학이론의 질문에 대한 답을 주기보다는 사람들의 합리성을 가정하여 특정 상황에서의 범죄행동의 원인을 설명하고자 하였다(Brown et al., 2011; 신동준, 2009). 이러한 측면이 억제이론의 단점이라기보다는 전통적인 범죄학이론들이 범죄자의 개인특성에 주목한 반면에, 억제이론과 이의 연장선상에서 이해되는 신고전주의 이론들은 상황에 따른 개인의 행동선택의 설명이라는 점에서 상호 보완적으로 범죄를 이해하는데 도움이 된다(Brown et al., 2011; 신동준, 2009). 무엇보다도 합리적으로 계산하여 범죄행동을 결정한다는 억제이론의 설명원리는 범죄예방에 있어서 매우 유용하다.

4) 형사정책적 함의와 한국사회에의 적용

학자들은 억제이론을 형사정책에의 직접적인 함의를 시사하는 좋은 사례로 설명한다(Akers & Sellers, 2011; Gibbs, 1975). 범죄자에 대한 경찰단계의 수사, 검찰단계의 기소, 그리고 법원의 판결과 교정기관의 구금 등 형사사법기관의 활동은 기본적으로 처벌을 통해 범죄가 억제될 수 있다는 논리에 근거하고 있다(Akers & Sellers, 2011). 경찰, 검찰, 법원, 교정 단계로 연결되는 형사사법기관의 효율적인 운용을 통한 범죄에 대한 신속하고 엄격하고 확실한 처벌과 이를 뒷받침하는 법적인 규정들은 억제이론에서 말하는 범죄자에 대한 특별억제와 대중들에 대한 일반억제를 통해 범죄를 감소시킬 수 있다. 이 중에서도 형사사법 정책결정자들은 처벌의 엄격성에 가장 많은 관심을 보여왔다(Akers & Sellers, 2011). 사형제도 활성화, 소년범 처벌강화, 특정범죄에 대한 양형강화, 소년범과 초범에 대한 단기 충격구금 등에 대한 논의는 모두 처벌의 엄격성을 높이고자 하는 정책적 흐름과 관련이 있다. 그러나 이러한 엄격한 처벌이 범죄를 억제하였는지를 평가한 연구들은 실증분석 결과는 정책가들의 포부와는 달리 일관적인 효과를 제시하지는 못하고 있다. 예를 들자면, 충격구금 모형의 하나로 미국에서 1980년대에 유행하였던 군대식 단기구금교육 시설인 신병캠프(boot camp)는 구금상태에서의 규율적인 행동이 긍정적으로 평가되었으나 출소 이후의 재범을 감소시키지는 못한 것은 물론 비교집단 대비 범행이나 체포가 더 많다는 부정적인 연구결과가 그 정책의 실효성을 의심케 하였다(Akers & Sellers, 2011 재인용; Peter et al., 1997).

한국 사회에서 음주운전으로 인한 사망사고가 증가함에 따라 도로교통법을 개정하여 2019년 중순부터 음주운전 단속 기준을 기존의 혈중 알코올 농도 0.05퍼센트에서 0.03퍼센트로 낮추고 음주운전 시 처벌 기준도 최고 징역 3년 또는 벌금 1천만원에서 최고 징역 5년 또는 벌금 2천만 원으로 높이는 법적인 강화규정을 만들었다. 이에 발맞추어 대검찰청은 개정법령 시행 시점에 맞춰 음주운전 단속과 처벌 기준을 크게 강화한 '교통범죄 사건처리기준'을 전국 검찰청에 배포하고 음주운전 중 사람을 치어 사망하게 하거나 중상해를 입힌 경우 최대 무기징역까지 구형하겠다고 언론을 통해 경고하는 등의 조치를 한 바 있다(권보원, 2020). 이러한 정책의 입안과 집행은 처벌의 엄격성 강화를 통해 억제효과를 증가시키고, 결과적으로 음주운전을 감소시키고자 하는 형사사법정책에 해당한다. 에이커스와 셀러스(Akers & Sellers, 2011 재인용)에 의하면, 일반적으로 형사사법기관에 의한 범죄단속이 효과를 내지 못한 경우가 많은 반면에(Sherman et al., 1998), 음주운전 단속은 단기간의 억제효과를 보인다(Ross, 1982). 그러나 한국형사정책연구원의 서울시민 설문조사 자료를 분석한 연구는 이와 다른 결과를 보이고 있다(기광도, 2010). 서울시민들에게 있어서 경찰의 음주운전 단속 및 처벌이 인지된 억제효과를 주지 못하는 것으로 나타났으며, 음주운전 처벌경험이 있는 시민들에게는 음주운전 단속과 처벌이 오히려 인지된 억제력을 약화시켜 장래의 음주운전을 지속시키는 것으로 나타났다. 이러한 결과는 억제이론에서 제시된 처벌의 억제효과 가설보다는 처벌경험의 대담효과 가설을 지지한 것으로 볼 수 있다.

아울러 청소년문제에 있어서 한국사회의 중학생 집단폭행이나 노인폭행 등 강력범죄에 연루된 저 연령 소년범의 사례가 언론을 통해 알려지면서 소년법 개정을 둘러싼 논란의 중심에도 형사미성년자 연령을 만14세에서 만13세로 낮추는 방안이라든가 청소년 범죄에 대한 엄격한 처벌을 주문하는 경우가 많은데, 이는 처벌의 엄격성을 통한 범죄억제에 대한 기대 때문이라 할 수 있다. 그러나 처벌을 강화하는 것이 소년범들에게 경각심을 불러일으키기보다는 오히려 낙인효과로 인해 사회에 대한 반항심과 부정적 감정을 일으키게 만드는 요인으로 작용하여 이후에 더 큰 범죄로 이어지는 경우도 있으므로 신중할 필요가 있다는 주장이 강하다(한영선, 2018). 다양한 범죄이론이 제시하는 바를 중심으로 청소년 범죄의 원인을 이해하고 처벌만이 아닌 교화와 더불어 교육과 지원이 동시에 진행되는 것이 중요하겠다.

Box 억제이론과 소년범죄

　그동안에도 소년범죄의 흉포화와 저연령화에 대응한다는 명목으로 소년법은 소년 연령을 20세 미만에서 19세 미만으로 낮추고 소년원 송치 하한 연령을 12세에서 10세로 낮추는 등 변화가 있었다.[2] 현행법에서는 만 19세 미만인 자를 소년이라고 규정하며, 이들이 범죄를 저지르면 소년범으로 처분을 받게 된다. 그러나 만 14세 이후의 소년은 형사책임능력자로 간주되어 형벌을 받게 되지만, 10세 미만은 처벌을 받지 않으며, 만 10세 이상에서 만 14세 미만의 형사 미성년자인 '촉법 소년'은 형사책임능력이 없어 형벌이 아닌 보호처분을 받게 된다. 최근 10여 년의 대검찰청 범죄분석 자료를 살펴보면 전체 소년범죄 가운데 만 14세 미만 소년범의 비율은 대부분의 기간 동안 1퍼센트 이하로 나타났으며, 전체 소년 범죄 중 약 10퍼센트 가량만이 흉악 범죄에 해당하고 대부분의 소년범죄는 생계형 범죄인 것으로 집계되었다(박형민, 2019; 이승주, 2000; 한영선, 2018). 촉법소년의 연령 하향을 위한 소년법 개정이라든가 처벌위주의 정책이 바람직하지 않을 수 있음을 보여주는 통계내용이다.

제 2 절 신고전주의 범죄학

1. 신고전주의 범죄학의 등장배경

　1970년대 중반부터 미국을 중심으로 고전주의 범죄학이 다시 주목받기 시작하였다. 고전주의 범죄학 이후 등장한 실증주의 범죄학이 범죄의 원인을 생물학적, 심리학적, 사회학적 요인에 기반하여 설명하고, 이를 바탕으로 범죄자 교화와 치료에 집중하면서 범죄선택으로 인한 개인의 책임에 대한 설명이 소외되었다는 비판이 고개를 든 것이다(Siegel, 2020). 예를 들어 미국 대공황 이후 1930년대부터

---

2) "형사처분에 관한 특별조치를 함으로써 소년이 건전하게 성장하도록 돕는 것을 목적으로 하는 소년법의 적용 상한연령을 현행 20세 미만에서 19세 미만으로 낮추고, 형벌법령에 저촉되는 행위를 하였지만 형사책임능력이 없어 보호처분만 가능한 촉법(觸法)소년의 하한 연령을 현행 12세 이상에서 10세 이상으로 낮추는 내용을 주로 하는 소년법 개정안이 2007. 12. 21. 공포되었다. 2008. 6. 22. 시행하는 개정 소년법(법률 제8722호)은 범죄를 저질러도 아무런 법적조치를 받지 않았던 만 10세와 만 11세의 소년에 대하여 보호관찰이나 1개월 이내의 소년원 송치(쇼크구금) 등 보호처분을 할 수 있는 근거를 마련하였다"(노청한, 2008: 262).

주류를 이루었던 사회학적 실증주의 범죄학은 범죄의 원인을 빈곤 등 사회적 요인에서 찾았고 경제적 기회와 사회복지에 집중하는 다수의 범죄예방정책을 펼쳤다. 그럼에도 불구하고 이 시기에 범죄율은 지속적으로 증가하는 결과를 보였기에 교화나 사회보장 정책에 의존한 프로그램보다는 처벌강화 프로그램에 대한 향수가 생겨난 것이다. 1960년대 미국에서 범죄율이 급격하게 증가하자 언론에서는 범죄자들을 위험하고 가치 없는 사람들로 묘사하는 것이 일상이었고, 범죄학자들 사이에서는 빈곤 등 사회여건 개선을 위한 세금낭비보다는 엄정한 처벌을 통한 범죄억제 정책을 주장하는 사례가 늘어났다. 예를 들자면, 윌슨(Wilson, 1975)은 그의 유명한 저서 「범죄에 대한 소고」(thinking about crime)를 통해 새로운 모습의 고전주의 범죄학이 부활하는 계기를 열었는데, 잠재적 범죄자를 억제하고 범죄자에 대한 감금을 통해 범죄기회를 줄여야 한다고 주장하였으며 빈곤 등 사회요인에 의한 범죄원인론에 근거한 정부의 사회정책으로 범죄를 해결할 수 있다는 사회학적 실증주의 범죄이론을 비판하였다. 윌슨(Wilson, 1975; Siegel, 2020 재인용)은 잠재적인 범죄자들이 범행으로 인한 처벌이 엄중하다는 것을 인지한다면 범죄가 억제될 수 있을 것인 반면에 강하게 대응하지 않으면 죄를 범하고도 대가를 치르지 않아도 될 것으로 생각하고 기회만 노릴 것이라고 주장하였다.

이렇게 실증주의 범죄학에 대한 비판과 고전주의 범죄학에 대한 향수로 인해 신고전주의 범죄학이 등장한 배경에는 1970년대 후반부에 미국과 영국을 중심으로 한 신자유주의적인 패러다임 변화가 있었다. 19세기 생물학적 범죄학을 필두로 한 실증주의 범죄학이 다윈의 종의기원을 기점으로 한 자연과학에 대한 유럽사회의 관심에서 시작되었고, 1930년대 케인즈의 보호주의 경제정책이 범죄학에서 일종의 보호주의적인 접근이라 할 수 있는 사회학적 실증주의를 발전시켰듯이, 1970년대 중반부터 시작된 신고전주의 범죄학은 신자유주의라는 사회경제적 환경변화의 영향을 받은 것이다(Brown et al., 2015). 미국을 중심으로 1960년대까지 적극적으로 시행되었던 사회보장정책이 오히려 실업급여 등으로 마약을 사거나 직업 없이 '기생'하는 사람들을 양산하고 있다는 중산층들의 불만이 높아지면서 건전한 경쟁을 통한 자본주의 발전을 강조하는 사회분위기가 형성되었다. 신자유주의 경제학은 1970년대 말과 1980년대 초에 등장한 영국의 대처수상과 미국의 레이건 대통령의 적극적인 후원을 등에 업고 신고전학파 경제학의 흐름을 이어받아 개방화,

자유화, 민영화 등을 통해 자유로운 시장과 사회원리를 경제에서 문화 및 사회적 차원으로 확대하였다. 자유경쟁으로 강대국이 이익을 얻고 대기업과 부자들에게 유리한 환경을 조성했다는 비판을 받기도 하였지만 자유시장에서의 경쟁원리에 의한 발전이라는 자본주의의 근본철학을 되살렸다는 호평을 받기도 하였다(Brown et al., 2015; Siegel, 2020). 자유, 경쟁, 책임을 강조하는 신자유주의적 경제·사회 패러다임은 개인의 선택과 책임에 초점을 맞춘 신고전주의 범죄학의 발전을 견인한 것이다. 합리적 선택이론, 일상활동이론, 그리고 범죄패턴이론3) 등이 이러한 맥락의 범죄학이론에 해당된다.

2. 합리적 선택이론

(1) 개요 및 원리

합리적 선택이론(rational choice theory)은 범죄에 대한 결정이 즉흥적이거나 충동적이지 않고 합리적이라는 전제를 바탕으로 기대효용(expected utility)이라는 경제학 원리를 그 기반으로 한다. 경제활동에 있어서 이윤을 극대화하고 손실을 최소화하는 방향으로 합리적 결정을 하는 것을 경제학에서는 기대효용원리라고 한다(Akers & Sellers, 2011). 억제이론이 범죄학에서 재발견된 직후에 경제학자들이 본격적으로 범죄분석을 시도하였으며, 이에 따라 합리적 선택이론이 범죄학에 도입되었다(Gibbs, 1975). 합리적 선택이론에 따르면 범죄를 위한 결정이나 중단은 처벌가능성과 처벌의 강도는 물론 일체의 범죄비용을 고려한 기대효과와 보상을 바

---

3) 범죄패턴이론은 이 장에서 상세히 다루어지지 않았다. 간략하게 설명하자면, 일상활동이론의 연장선상에서 브랜팅햄과 브랜팅햄(Brantingham & Brantingham, 2008)은 법, 범죄자의 동기, 피해자와 대상물의 특성과 환경적인 배경이 맞물린 범죄사건의 복잡성에 의해 범죄패턴이 형성된다고 설명하면서 범죄패턴이론을 제안하였다. 범죄패턴이론은 범죄를 복잡한 현상으로 설명하면서 구체적이고 일반적인 수준의 분석을 통해 범죄사건과 범죄자의 패턴을 설명할 수 있는 원리를 찾을 수 있다고 보았다. 범죄는 패턴이 있고, 범죄를 저지르는 결정에도 패턴이 있으며, 범행과정에도 패턴이 있다는 것이다. 범죄는 시간, 공간, 지역사회를 아우르며 무작위로 발생하거나 균등하게 발생하지 않으며, 범죄 다발지역이 있고 상습범죄자들이나 반복피해자들이 있다는 것이다. 이러한 범죄패턴의 원리는 8개로 정리될 수 있다(Brantingham & Brantingham, 2008: 80-88). 이 장에서 상세히 다루어지지 않은 이론으로 생활양식이론, 구조적선택이론 등도 신고전주의 범죄학의 범주에서 이해될 수 있다.

탕으로 의사결정이 이루어진다(Cornish & Clarke, 1986). 이러한 의사결정은 범행으로 인한 비용과 보상 사이의 저울질이라는 고전주의 범죄학의 원리에서 확장된 것이라 할 수 있다. 범행결정은 돈의 필요, 스릴, 복수 등의 개인적 요인 및 범행대상의 보호수준과 경찰활동 등의 상황적 요인을 모두 고려하며(Siegel, 2018), 사회적 관계라든가 개인특성과 능력 및 환경요인의 영향을 받는다. 코니시와 클락(Cornish & Clarke, 1987)은 범죄 상황과 관련된 범행특정범죄(offense specific crime)와 범죄자의 상황과 관련된 범죄자특정범죄(offender specific crime)를 구분하였다. 범행특정범죄는 범죄자가 범죄의 특성을 고려하여 의사결정을 하는 것으로, 예를 들자면 주거침입절도의 경우 범행대상이 돈을 얼마나 가지고 있는가?, 무인경비가 있는가?, 경찰의 순찰이 효과적으로 진행되고 있는가?, 도주 시 차량이용이 가능한가?, 훔친 물건을 처분할 수 있는가?, 거주자가 집에 있는가?, 범행 시 이웃에게 발각될 것인가?, 집을 지키는 개가 있는가?, 도주로가 있는가?, 입구와 출구는 어느 쪽인가? 등을 고려하여 의사결정을 하게 된다. 범죄자특정범죄는 잠재적 범죄자가 본인의 범죄기술, 범행동기, 체포나 처벌의 두려움 등을 고려하여 범죄를 결정하는 것을 의미한다. 예를 들자면, 범죄에 적합한 기술이 있는가?, 돈이나 다른 가치에 대한 욕구가 얼마나 큰가?, 범죄가 아닌 합법적인 대안이 있는가?, 이 범죄가 아닌 가능한 다른 대안적 범죄가 있는가?, 체포와 처벌의 두려움은 얼마나 되는가?, 민첩함 등의 능력이 있는가? 등을 고려하여 범죄를 결정하는 것이다(Siegel, 2020). 범죄자들이 범죄를 결정하는 과정에는 보호자의 보호능력, 흥분과 스릴, 경제적 기회, 학습과 경험, 범죄기술에 대한 지식 등이 다양하게 동원되며, 범죄유형의 선정, 범행 시간과 장소의 선정, 범행 대상의 선정 등도 다양한 선택사항을 고려하여 의사결정이 이루어진다(Siegel, 2020). 이러한 합리적 선택이론은 6개의 핵심개념을 내재하고 있다(Cornish & Clarke, 2008: 24).

Box 합리적 선택이론의 6개 핵심개념

- 범죄행동에는 목적이 있다.
- 범죄행동은 합리적이다.
- 범행 의사결정은 범죄별로 서로 다른 방식으로 구체화된다.

> • 범죄에 대한 선택은 참여(involvement)와 사건(event)이라는 두 개의 넓은 범주로 나누어진다.
> • 참여(involvement)에는 여러 단계들이 있다.
> • 범죄사건(criminal events)은 여러 단계와 결정들로 이루어진 절차에 따라 진행된다.

합리적 선택이론의 첫 번째 개념에 따르면(Cornish & Clarke, 2008: 25),

"사람들은 필요와 욕망, 그리고 어떻게 이것들을 충족시킬지에 대한 생각이 있으며, 이러한 생각에 이끌려 특정 목적을 이루기 위해 행동한다. 미디어에서는 흉악범죄를 비합리적이고 이성을 잃었거나 사이코패스적인 것으로 묘사하지만 이러한 감정적 접근은 대중의 공포심과 분노를 자극할 뿐, 범죄를 이해하고 예방하는데 아무런 도움이 되지 않는다는 한계가 있다. 범죄는 목적에 기반하는 신중한 행동으로 범죄자의 이익을 취하기 위해 행해진다. 이러한 목적을 위한 이익은 인간의 다양한 동기와 관련된 것으로 성적 만족감, 흥분, 존경, 복수, 통제, 긴장해소, 재화 등 매우 다양하다."

합리적 선택이론의 두 번째 개념에 따르면(Cornish & Clarke, 2008: 25),

"사람들의 행동이 합리적이듯이 범죄행동 또한 그러하다. 이는 행동과학의 궁극적인 원리이기도 하다. 그러나 여기에서의 합리성에 대한 가정은 완전한 합리성이라기보다는 제한적이고 한계가 있는 합리성을 의미한다. 이 부분이 합리적 선택이론이 현대 경제학의 합리적 선택 모형과 다른 점이라 할 수 있다. 범죄는 위험성을 수반하고 있으며 가능한 대가와 이익을 미리 추정하기가 쉽지 않은데, 시간제약과 범죄자마다 주어진 정보를 다루는 기술과 경험의 차이가 있어서 현실에서는 불완전한 상황에서 의사결정이 이루어진다. 완전하지 않은 이러한 조건으로 인해 아무리 범죄자가 노력한다 하여도 의사결정의 결과는 최적이라기보다는 만족스럽거나 충분한 정도에 그치는 것이다. "범죄에 대한 의사결정은 수행 시의 제약요건으로 인해 본질적으로 오류의 가능성이 있는 것이다. 이러한 한계에도 불구하고 범죄행동은 합리성에 근거하여 이루어진다.

합리적 선택이론의 세 번째 개념에 따르면(Cornish & Clarke, 2008: 26),

"범죄자들은 일반적인 범죄를 저지른다기보다는 각기 다른 동기, 목적, 이익을 수반하는 특정한 범죄를 수행하는 것이다. 범죄는 다양한 일련의 행동이 아니라 하나의 동일한 현상으로 취급되는 경향이 있다. 그러나 강간은 성적 필요와 우월성, 통제, 모욕주기 등의 욕구를 만족시키며, 주거침입절도는 현금과 재물의 필요뿐만 아니라 은밀한 스릴에 대한 욕구를 충족시키는 것에서 알 수 있듯이 범죄마다의 특성이 있는 것이다. 그럼에도 불구하고 범죄별 접근의 필요성에 대한 주장을 함에 있어서는 한 개인이 다양한 범죄를 저지르는 범죄의 일반화를 추구하는 범죄자들이 있다는 것 또한 기억해야 한다. 그렇다 하더라도 이들이 범한 다양한 범죄에서도 각 범죄마다 목적과 수법은 다르다."

　합리적 선택이론의 네 번째 개념에 따르면(Cornish & Clarke, 2008: 27),

　"범죄자와 잠재적 범죄자의 의사결정은 참여에 대한 결정(involvement decision)과 사건에 대한 결정(event decision)으로 크게 구분된다. 사건결정(event decision)은 범죄수행 중심으로 이해할 수 있는 것으로, 특정 유형의 범죄를 준비하고, 진행하고, 완수하는 단계마다의 선택과 결정을 의미하는 것으로 범죄마다 다르다. 반면에 참여결정(involvement decision)은 범죄자의 범죄경력과 관련된 것으로 최초의 참여(초범), 계속 참여(상습범), 범죄중단(desistance)에 대한 의사결정을 포함한다. 이 또한 범죄마다 다르기에 범죄별로 분리해서 살펴봐야 한다. 지하철 테러공격에 가담할 것인가와 세금연말정산을 조작할 것인가를 생각하는 것은 수반된 위험성, 필요한 기술, 발각 시의 대가 등에서 현격하게 차이가 있다."

　합리적 선택이론의 다섯 번째 개념에 따르면(Cornish & Clarke, 2008: 28),

　"범죄자의 참여(involvement)를 최초의 참여(initiation, 초범), 계속 참여(habituation, 상습범), 범죄중단(desistance) 등 세 단계로 분리하는 것은 각 단계별로 다른 일련의 변인들이 범죄자의 결정에 영향을 주는 측면을 설명하는데 있어서 유용하다. 처음으로 특정 범죄에 참여할 것인가를 결정하는 데에는 다른 유형의 범죄에 대한 전과, 성격, 가정교육, 개인의 생활방식에 따른 욕구는 물론 현재 환경 등 기회와 유발요인의 영향을 받을 것이다. 반면에 특정 범죄를 계속해서 저지를 것인가 또는 중단할 것인가에 대한 결정은 선택된 범죄를 계속해서 수행해오면서 성공 또는 실패한 경험의 영향을 가장 강하게 받을 것이고 범죄자의 생활에 미치는 효과 또한 고려될 것이다."

합리적 선택이론의 다섯 번째 개념에 따르면(Cornish & Clarke, 2008: 28), "여러 단계와 결정들로 이루어진 절차에 따라 진행되는 범죄사건(criminal events) 이라 함은 그동안 범죄의 수행단계에 대한 의사결정에 집중되어진 범죄수법 식별방식의 관행이 범행의 시작과 완수단계에서의 의사결정에도 주목해야 함을 의미한다. 범죄사건을 밝혀내는 다이내믹한 측면을 이해하기 위해서는 시작－진행－종료로 개념화하는 것은 너무나 단순한 접근이기에 단계별 여러 결정의 내용에 주목할 필요가 있다. 주거침입절도에서 기회를 찾는 단계에서 범죄자가 지역의 범죄지식 네트워크를 사용한 사실에 주목하는 것이라든가(Walsh, 1980), 연쇄살인범을 대상으로 범죄사건의 단계별로 장소선택이 성공적인 범죄를 위해 얼마나 복잡한가를 살펴보는데 주목하는 것(Rossmo, 2000)" 등이 이와 같은 분석사례에 해당한다.

(2) 경험적 타당성

합리적 선택이론에서는 잠재적인 범죄자들이 범행을 결정하는데 있어 범죄로 인한 이익과 범죄에 소요되는 노력, 그리고 비용을 저울질하여 신중하게 선택한다고 가정하면서, 범죄의 실행을 위한 의사결정이 여러 투입요소들에 의해 이루어진다고 설명한다. 클락과 코니쉬(Clarke & Cornish, 1985)는 얼마나 노력을 해야하는지?, 얻을 수 있는 잠재적 이익은 얼마나 되는지?, 체포나 처벌의 위험은 어느 정도인지?, 그리고 절실한 욕망은 어느 정도인지? 등을 예로 들어 설명하였다. 선행연구에서는 합리적 선택이론의 가정과 일관되는 연구결과들이 다수 보고되었다. 상습 재산범죄자들을 대상으로 한 연구에서는 범죄자들이 범죄로부터 이익을 얻을 수 있고 체포되지 않거나 체포되어봐야 복역기간이 길지 않을 것으로 생각하여 범행을 하는 것으로 나타났다(Tunnell, 1990). 노상강도들을 대상으로 한 연구에서도 돈을 얻을 수 있다는 생각 때문에 강도를 하는 것으로 분석되었다(De Haan & Vos, 2003). 아울러, 항공기 납치사건에 있어서는 체포의 확실성과 처벌의 엄격성이 항공기 납치를 줄이는 것으로 보고되었다(Dugan, et al., 2005).

하지만, 에이커스와 셀러스(Akers & Sellers, 2011)는 준법시민과 범법자들 어느쪽에서든 행동 직전의 완전한 합리성을 찾아보기는 어려운 것이 현실에 가깝다며 합리적 선택이론이 완전한 합리성을 가정으로 한다면 경험적 타당성을 담보하지 못할 것이라고 지적하였다. 이러한 측면은 직업 범죄자들조차도 온전히 합리적 의사결정을 통해 행동하지는 않는다는 사실을 통해서도 알 수 있다고 한다. 실제로

위에 언급된 상습 재산범죄자, 노상강도, 항공기 납치범 대상 연구에서 합리적 의사결정에 대한 부분이 강조되었지만 범죄자들이 완전한 합리성으로 의사결정을 하지는 않는다는 점도 동시에 설명되었다. 재산범죄자들의 체포위험에 대한 평가와 행동에 있어서 처벌에 대한 법규정의 내용도 알지 못하는 등 지극히 합리적이라고만 할 수는 없었음은 물론 범죄를 미리 구색에 맞추어 계획하는 것도 아니었으며(Tunnell, 1990), 노상강도에 있어서도 합리적 의사결정의 요소라고 보기 어려운 충동성, 자포자기, 긴장의 완화 등의 감정적인 요소들이 의사결정의 근거로 작용하기도 하였다(De Haan & Vos, 2003). 항공기 납치범의 의사결정에 있어서도 그 과정이 얼마나 합리적인지에 대한 추정이 변인측정과 방법론상의 문제로 명확하게 확인하기 쉽지 않았다(Dugan et al., 2005).

이러한 이유로 인해 합리적 선택이론만으로는 범죄를 설명하는데 제한이 있다고 생각하는 연구자들 사이에서 합리적 선택이론을 확장하거나 다른 이론적 관점과 통합하여 접근하려는 시도가 있었다. 마쓰에다와 동료 등(Matsueda et al., 2006)이 경험을 통한 학습과 합리적 선택을 통합하여 청소년들의 절도와 폭력을 연구한 것이라든가, 패터노스터(Paternoster, 1989)가 공식적 법적체제에 대한 인지라는 합리적 선택요소와 애정결핍, 사회해체, 도덕적 신념 등의 변수를 통합하여 접근한 사례 등 합리적 선택이론에 대한 연구는 다양한 사회심리학적 변수와 상황적 변수를 동시에 고려하려는 하나의 흐름이 있었다. 그러나 이러한 경향에 대해 에이커스와 셀러스(Akers & Sellers, 2011)는 다른 이론적 관점으로 이해될 수 있는 변인들이 추가되는 합리적 선택이론의 확장이나 통합 등의 변형은 다른 이론적인 설명으로 접근해야지 이를 합리적 선택이론의 연장선상에서 보는 것은 바람직하지 않다고 지적하였다.

3. 일상활동이론

(1) 일상활동이론의 개요 및 원리

일상활동이론(routine activity theory)은 1970년대 미국의 범죄증가율을 설명하기 위하여 코헨과 펠슨(Cohen & Felson, 1979)이 제안하였다. 일상활동이론은 억제이론과 합리적 선택이론의 요소들을 근간으로 한다. 일상활동이론은 범죄율을 설명함에 있어서 미시적이고도 거시적인 접근을 시도한다. 미시적인 차원에서 코헨과 펠슨(Cohen & Felson, 1979)은 시간, 공간, 대상물, 사람을 기본요소로 범죄에 대한 일상활동이론을 발전시켰으며, 일상활동이론의 핵심은 범죄삼각형(crime triangle)이라는 세 가지 요소를 전제로 한다. 동기화된 범죄자(motivated offender), 범행에 적합한 대상(suitable target), 그리고 사람이나 재산에 대한 감시의 부재(absence of capable guardian)가 동일한 시간과 공간에서 만나면 범죄발생의 가능성이 높아진다는 것이다. 그런데 용어의 이해에 있어서 펠슨(Felson, 2008)은 유용한 감시인(또는 보호자)의 부재(absence of capable guardian)라는 용어에 대한 직역 형태의 이해가 바람직하지 않다고 설명한다. 여기에서의 감시인 또는 보호자(guardian)는 경찰이나 민간경비원 등의 공식 감시인을 의미하는 것이 아니라는 것이다. 정확하게는 그 존재나 근접성 자체가 범죄를 좌절시킬 수 있는 사람들을 의미하는 것으로, 의도하지 않더라도 사람들이 친지나 친구 또는 모르는 사람들로부터 보호받게 되는 측면을 의미한다고 설명하였다. 펠슨(Felson, 2008)은 일상활동이론에서의 감시인 또는 보호자(guardian)는 경비원과 연결되는 의미가 아니기에 감시 또는 관리감독(supervision)이라는 용어로 보다 더 정확하게 접근하는 것이 좋겠다고 설명한 바 있다. 이러한 설명과 일관되게 에이커스와 셀러스(Akers & Sellers, 2011)는 세 번째 요소를 '사람이나 재산에 대한 감시가능성'으로 명명하였다. 즉, 일상활동이론은 비공식적 통제체계에서의 자연스러운 범죄예방과 억제를 중요시하는 것이다. 일반적으로 우리는 경찰이나 경비원을 감시나 보호의 주체로 생각하는 경향이 있지만 친구, 가족, 그리고 지나가는 일반시민들이 범죄예방을 위한 감시자의 역할을 잘할 수 있다는 것이다. 그렇지만 일상활동이론의 타당성은 범죄에 대한 공식적 통제체계와 비공식적 통제체계 중 어느 것이 범죄예방에 더 영향을 미치는가에 있다기보다는 이론이 제시하는 세 가지 핵심요소의 효과가 경험적으로 얼마나 지지되는가에 달려 있다고 봐야한다(Akers & Sellers, 2011).

거시적인 차원에서의 일상활동이론은 거대 사회와 지역사회의 어떠한 특징이 미시적 차원에서 세 가지 핵심요소의 결합을 통한 범죄발생을 더 용이하게 한다고 설명한다. 일상활동이론은 미국의 범죄율 상승의 원인을 상품과 서비스에서의 테크놀로지의 변화는 물론 사람들의 활동범주가 가족과 가정을 벗어나 확대되는 사회분위기에서 찾고자 하였다(Felson, 2008). 코헨과 펠슨(Cohen & Felson, 1979)은 제 2차 세계대전 이후 직업이나 여가에서의 일상활동의 변화로 사람들이 특정한 장소와 시간에 모이는 상황이 조성되었고 이러한 일상활동의 변화가 범죄대상이 될 가능성을 증가시키고 재산을 감시할 능력을 감소시켰다고 설명하였다. 예를 들자면, 제2차 세계대전 이후에 주거침입절도와 자동차절도가 급증한 것은 전쟁 이후 경제활동의 활성화를 위해 맞벌이 부부가 늘어나면서 비어있는 집과 출퇴근용 자동차의 증가가 불가피했던 당시의 사회상황과 맞물려 이해할 수 있겠다. 거대사회와 지역사회의 변화가 범죄기회를 양산하여 특정 범죄를 증가시킨 것으로 설명될 수 있는 것이다. 스마트폰과 개인용 컴퓨터의 일반화가 보이스피싱이나 사이버범죄를 증가시킨 것도 이러한 맥락에서 이해될 수 있겠다.

일상활동이론의 범죄삼각형은 범죄가 발생하는 세 가지 요소를 구체화 하였는데, 이후 이러한 세 가지 요건에 영향을 줄 수 있는 통제인의 개념이 추가되면서 범죄통제 메커니즘에 도움이 되는 시사점이 제시되었다. "부모는 아이들의 행동에 좋은 영향을 줄 수 있지만 떨어져 있을 때는 이러한 역할을 효과적으로 수행할 수 없다. 이러한 측면에서 부모와 같은 통제인(handler)의 개념이 일상활동이론의 네 번째 요소로 추가되었다"(Felson, 2008). 초창기의 일상활동이론은 통제이론 관련 요소는 전혀 고려하지 않았지만 이론이 발전해옴에 따라 통제(control)를 일상활동이론 자체의 요소로 수용하게 되었다. 그렇지만 "통제"의 개념이 일상활동이론에 내재된 것이라기보다는 사람들을 감시할 누군가의 존재나 부존재 여부를 강조하고자 추가된 것이다. 엑(Eck, 2003)은 동기화된 범죄자, 범행에 적합한 대상, 그리고 사람이나 재산에 대한 감시의 부재라는 3요소에 통제인(handler)이 추가된 네 가지 요소를 기반으로 범죄삼각형(crime triangle) 또는 문제삼각형(problem triangle)을 고안하였다.

범죄삼각형은 두 개의 삼각형으로 구성되었다. 안쪽의 삼각형은 일반적으로 발생하는 범죄의 세 요소인 잠재적인 범죄자, 범죄의 대상물과 피해자, 그리고 범행에 용이한 장소로 구성되어 있다(Eck, 2003). 동기화된 범죄자가 범행을 수행하기 위해서는 적합한 상황에서 범죄대상을 찾아야 가능한 것이다. 바깥쪽 삼각형은 "통제인"으로 추가된 세 감시주체들로서 통제인(handler), 감시인(guardian), 관리인(manager)으로 구체화 되었다. 통제인은 잠재적 범죄자에게 영향력을 행사하고 통제할 수 있는, 예를 들자면 청소년의 경우 부모형제나 선생님이 해당할 수 있겠다. 감시인은 대상물이나 피해자를 감시하고 보호할 수 있는, 예를 들자면 이웃이나 지나가는 사람들이 될 수 있다. 관리인은 장소를 관리하는 역할을 할 수 있는, 예를 들자면 편의점의 경우 편의점 주인이나 종업원이 될 수 있다. 이 감시주체들이 무능하거나 없는 상황에서 범행의 발생이 용이하게 되는데, 범죄자가 통제자의 영향력에서 벗어나 감시인이 없는 피해자나 대상물을 관리인의 눈길이 없는 장소에서 만나게 되면 범죄가 발생하는 것이다. 이러한 엑(Eck, 2008) 및 클락과 엑(Clarke & Eck, 2005) 등 학자들의 노력으로 일상활동이론은 초창기의 모습보다 발전된 모형을 갖게 되었다(Felson, 2008).

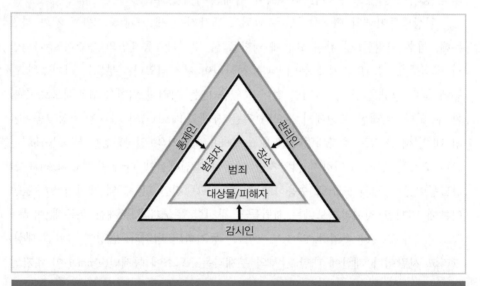

[그림 3-1] 일상활동이론에 따른 범죄삼각형(Clarke & Eck, 2005; Eck, 2003)

(2) 경험적 타당성

에이커스와 셀러스(Akers & Sellers, 2011)는 일상활동이론의 핵심 세 요소 중 어느 하나를 통해 범죄율에 영향을 줄 수 있지만 세 요소 모두가 작동할 때 범죄예방에 미치는 영향력이 지대하다는 일상활동이론가들의 주장을 소개하면서, 이론에서의 세 요소에 대한 고른 강조점에도 불구하고 초기부터의 연구가 두 번째 요소인 범행에 적합한 피해자와 대상물 그리고 세 번째 요소인 대상물이나 피해자에 대한 감시 및 관리 가능성에 집중하고 있다고 우려하였다. 따라서 이러한 요소들이 폭력범죄율과 재산범죄율에 영향을 미친다는 여러 분석결과를 보고한 반면에 (예를 들자면, Cohen & Felson, 1979), 이런 연구들이 이론상의 요소들을 개념에 맞게 직접적으로 측정한 경우는 찾아보기 어렵고 동기화된 범죄자라는 첫 번째 요소에 대해서는 초창기부터 현재까지의 일상활동이론 검증을 위한 연구를 찾아보기 어렵다는 한계가 있다. 셔먼과 동료들(Sherman et al., 1989)은 미국의 미니애폴리스 경찰의 범죄신고 전화자료를 통해 범죄신고가 도시의 3% 이내 지역에서만 걸려오고 그 안에서도 범죄신고가 집중된 범죄다발지역(hot spot)이 있다는 것을 발견하고 그 지역을 자세히 살펴본 후 감시자 부재의 환경요인을 주요 요인으로 지목하였다. 범죄피해조사 자료를 통한 검증에서도 밤 시간대에 집 밖에서의 일상활동의 정도가 보호능력의 하락으로 이어져 재산범죄와 폭력범죄 피해를 높이는 것으로 나타났다(Kennedy & Forde, 1990). 그러나 젠슨과 브라운필드(Jensen & Brownfield) 는 데이트나 쇼핑 등의 비일탈적 또는 규범적 일상활동이 아닌 일탈적 외출이나 일상활동이 청소년의 범죄피해에 영향을 준다는 것을 발견하고 일상활동이론에 대한 실증적 연구에 있어서 범죄피해의 취약성을 증가시키는 일상활동이 일탈적인 것인지 비일탈적인 것인지에 대한 구분이 없이 진행된 연구가 많은 것은 문제가 있다고 지적하였다. 에이커스와 셀러스(Akers & Sellers, 2011)는 일상활동이론이 사람들이 왜 범죄를 범하는가라는 질문에 대해서는 설명하지 못하고 동기화된 범죄자가 잠재적 피해자를 범행기회가 있는 시간과 장소에서 만났을 때 범죄가 발생한다고 설명하고 있어서, 일상활동이론이 범죄원인론이라기 보다는 본질적으로 범죄피해이론에 가깝다고 주장하였다. 공식적·비공식적 감시자가 존재하지 않고 예방능력 차원에서 취약하다면 범죄피해를 당한다는 것을 설명할 뿐이라는 것이다. 집에 거주하는 시간이 많고 외출시간이 적다면 주거침입절도와 노상강도 가능성이 낮아지는 일상적이고도 상식적인 예방조치가 가능한 것이다. 펠슨(Felson, 2008) 및 클락과 엑(Clarke & Eck, 2005) 등의 학자들은 단지 시간과 공간의 특성에 따라 범죄피해가 달라지는 점을 이론적 논리로 만들어 환경특성의 변화가 범죄에 미치는 영향을 이해할 수 있고 정책적 함의를 동시에 도출할 수 있는 일상활동이론으로 제시하였을 뿐이라는 것이다(Akers & Sellers, 2011).

앞서 언급한 이론의 논리성 및 정책적 가능성은 물론 몇몇 고무적인 경험적 연구 결과에도 불구하고 일상활동이론의 세 가지 요소를 중심으로 한 연구에 대한 경험적 타당성을 한 방향으로 결론짓기에는 어려움이 있는데, 적합한 대상물은 물론 감시자가 없는 장소를 직접적으로 측정하여 변인으로 제시하기가 쉽지 않고 동기화된 범죄자의 경우 더욱이 경험적 분석을 위한 측정이 쉽지 않기 때문이다. 에이커스와 셀러스(Akers & Sellers, 2011)는 피해자의 취약한 일상활동을 밤에 외출하는 정도 등으로 직접적으로 측정하는 것 이외에 인종구성으로 동기화된 범죄자를 측정한다거나 상점의 수로 적절한 대상물을 측정하는 간접적인 방식(Smith et al., 2000), 그리고 피해자의 사회적 특성으로 감시가능성을 측정하는 간접적인 방식(Kennedy & Forde, 1990) 등 일상활동 요인을 인구사회학적 변수들로 대체하여 제시하면서 검증하는 측정의 한계가 곧 일상활동이론의 한계이기도 하다며 핵심개념에 대한 직접적인 측정을 통한 실증연구가 필요하다는 점을 촉구하였다. 요컨대, 일상활동이론에 대한 경험적 타당성은 전술한 바와 같은 이유로 잘 정립되지 않았다. 일부 연구자들이 이론에 부합한 결과를 내놓기도 했지만, 직접적인 변인측정이 어려운 요인들이 있어서 간접적인 변인측정을 통한 이론검증의 사례는 있을지언정, 이론의 전체모형을 직접적인 변인측정을 통해 검증한 사례는 찾아보기 쉽지 않다는 것이 일상활동이론의 한계라 할 것이다(Akers & Sellers, 2011). 범죄의 근본적 원인보다 범죄상황과 기회에 집중하는 것도 이론적 명확성을 추구하는 학자들 사이에서는 일상활동이론을 포함한 신고전주의 범죄학이론에 대한 오랜 논쟁거리이다.

4. 신고전주의 범죄학의 형사정책적 함의와 한국사회에의 적용

신고전주의 범죄학자들은 전통적인 범죄학과의 차별성을 내세우기 위해 "범죄과학"이라 불리기를 주장할 정도로 어떻게 범죄가 발생하는지에 대한 과학적인 설명을 강조한다. 합리적 선택이론, 일상활동이론 등 이러한 범죄과학의 정책적 함의는 주거지를 안전한 지역에 갖는다거나 우범지역 등 위험한 장소를 피해 다닌다거나 문단속이나 경보기를 설치하는 등의 조치를 포함한 일상적인 예방조치를 통해 범죄를 예방할 수 있다는 정책적 함의를 기본개념 속에서 제시하고 있다

(Akers & Sellers, 2011 재인용; Felson & Clarke, 1995). 이러한 이론들은 합리적으로 판단하여 결정하는 인간을 전제로 하고 있기에 과학적인 설계를 통해 범죄를 예방할 수 있다는 정책적 함의가 강하다. 예를 들자면, 제프리(Jeffery, 1971)는 환경의 적절한 설계와 효과적인 사용이 범죄에 대한 두려움과 발생범위를 줄이고 삶의 질을 증대시킨다는 개념의 셉테드(Crime Prevention Through Environmental Design: CPTED)를 주장하였다. 셉테드는 범죄자, 피해자, 취약한 공간구조의 세 가지 조건이 갖추어질 때 범죄가 발생한다는 일상활동이론의 기본요소와 이의 근간이 되는 합리적 선택이론을 토대로 범죄기회요인을 감소시키는 전략에 집중한다. 아파트 문화가 일반화된 우리 사회에서도 신축아파트 설계단계에서의 디자인인증과 준공단계에서의 시설인증을 통해 범죄예방환경설계 기준을 점검하여 안전한 아파트 단지 조성으로 범죄를 예방하는 정책을 적극적으로 추진하고 있다(한국셉테드학회편찬위원회, 2015).

Box 환경설계를 통한 범죄예방(CPTED)

환경설계를 통한 범죄예방(Crime Prevention Through Environmental Design: CPTED)은 신고전주의 범죄학이론에 근거한 대표적인 범죄예방정책으로 건축학자 뉴먼(Newman, 1972)의 방어공간이론을 환경범죄학적 견지에서 발전시킨 범죄학자 제프리(Jeffery, 1971)에 의해서 CPTED로 개념화 되었으며, 미국과 영국에서 지난 30여 년 간 크게 활성화된 후 10여 년 전부터 한국사회에 도입되어 우리 사회 범죄대책의 대표적인 역할을 하고 있다. 접근통제, 감시, 공동체강화(활동지원과 동기강화 등)를 기본목표로 다양한 범죄예방 기법을 제시하는 셉테드는 어느 파출소 소장이 빈집절도가 빈번한 아파트 출입구 부근에 평상 하나를 갖다 놓았더니 주민들이 모여서 대화하는 공간이 되면서 빈집절도가 근절되더라는 사례를 통해서 알 수 있듯 접근통제, 감시, 활동지원, 동기강화가 자연스럽게 이루어지는 환경을 설계하여 잠재적인 범죄자가 범행을 포기하는 결정을 하도록 합리적이고 과학적으로 유도하는 것을 목표로 한다(Lab, 2011). 물리적 환경에 집중하던 제1세대 셉테드에서 사회적 환경적 요소를 중시하는 제2세대 셉테드 그리고 테크놀로지와 녹색 지속가능성으로 설명되는 제3세대 셉테드의 개념까지 확대되고 있다.

미국에서 물리적 환경설계에 대한 관심으로 시작된 셉테드는 영국 내무성의 범죄예방활동에 기원을 두며 보다 통합적인 환경조성에 관심을 둔 상황적 범죄예방(Situational Crime Prevention)으로 발전하였다. 상황적 범죄예방은 매우 구체적인 범죄를 대상으로 체계적이고 장기적으로 직접적인 환경을 관리·조정하며 범죄기회를 감소시키고 잠재적 범죄자로 하여금 범행이 위험할 수 있음을 인지하도록 하는데 목표를 두고 있다. 코니쉬와 클락(Cornish & Clarke, 2003)은 노력의 증가, 위험의 증가, 보상의 감소, 자극의 감소, 변명의 제거라는 상황적 범죄예방의 5가지 목표와 25가지 구체적인 기법을 제시하였다. 상황적 범죄예방은 자극의 감소라는 사회심리적인 범주까지 포괄하며 확장되었는데, 이로인해 범죄예방에 대한 폭넓은 원리를 제시하였다는 긍정적인 평가와 더불어 개념의 지나친 확장으로 논리적 일관성의 원리에서 벗어났다는 비판 또한 받고 있다(Lab, 2011). 그럼에도 불구하고 셉테드에 비해 통합적인 범죄예방의 원리를 제공하며 영국과 미국 등 서구 국가의 법집행기관들에 의해 널리 채택되어 활용되고 있기에(Clarke, 1983), 한국의 범죄예방 전문가들과 정책집행자들도 상황적 범죄예방의 활용가치를 보다 깊이 있게 들여다볼 필요가 있겠다.

[표 3-2] 상황적 범죄예방의 5가지 목표와 25가지 기법(Cornish & Clarke, 2003)

노력의 증가	1. 대상물 강화 • 운전대 잠금장치 • 강도방지 차단막	2. 시설접근통제 • 전자카드출입 • 소지품 검색	3. 출구검색 • 출구통과 티켓 • 전자상품인식표	4. 잠재적 범죄자 분산 • 분리된 여자화장실 • 술집 분산	5. 도구/무기 통제 • 스마트 건 • 도난휴대폰 작동 불능화
위험의 증가	6. 보호기능 확장 • 일상적 경계대책(야 간외출 시 집단으 로 다니기 등) • 이웃감시 프로그램	7. 자연적 감시 • 가로등 개선 • 방어적 공간설계	8. 익명성 감소 • 택시운전기사 ID 의무화 • 학교교복착용	9. 장소감독자 활용 • 편의점 2인 점원 두기 • 신고보상	10. 공식적 감시 강화 • 침입절도경보기 • 민간 경비원
보상의 감소	11. 대상물 감추기 • 식별 안 되는 전화 번호부 • 표식없는 금고운송 트럭	12. 대상물 제거 • 탈부착 가능한 차량라디오 • 여성 피난시설	13. 소유자 표시 • 재물표식 • 자동차고유번호·차 대번호	14. 장물시장 교란 • 전당포 감시감독 • 노점상 인가제도	15. 이익 불허 • 상품 잉크 도난 방지택 • 스피드광 과속 방지턱
자극의 감소	16. 좌절감과 스트 레스 감소 • 효율적인 줄서기· 서비스 • 마음을 진정시키는 부드러운 음악과 조명	17. 논쟁 피하기 • 라이벌 축구팬들을 분리시킨 관람석 • 택시요금 정찰제	18. 감정적 자극 감소 • 폭력적 포르노물 통제 • 인종적 비하언어 금지	19. 친구압력 중화 • 음주운전은 바보짓 이다 • 교내 문제아들 분 리조치	20. 모방 좌절시키기 • 상세한 범죄수법노 출방지 • TV 폭력물 제어칩 설치

변명의 제거	21. 규칙 명확화 • 괴롭힘 방지규정 • 주택임대규정	22. 지침의 게시 • 주차금지 • 사유지	23. 양심에 호소 • 도로옆의 속도알림 표시판 • 세관신고서 작성"	24. 준법행동 보조 • 간편한 도서관 체크아웃 • 공중화장실, 쓰레기통	25. 약물과 알코올 통제 • 술집에 음주측정기 비치 • 알코올 없는 행사 진행

참고문헌

권보원. (2020). 음주운전 처벌법이 사회규범으로 작동하기 위한 조건: 통계와 행동경
    제학이 주는 교훈. 법경제학연구, 17(1). 55−136.

기광도. (2010). 경찰의 음주운전 단속효과에 관한 분석. 한국경찰연구, 9(4). 27−50.

김동복. (2020). 홉스의 리바이어던 자연법사상과 자경주의에 관한 법철학적 고찰. 법
    학논총, 27(3). 3−24.

김용환. (1999). 홉스의 사회·정치철학:『리바이어던』읽기. 서울: 철학과현실사.

노청한. (2008). 해외법창(海外法窓): 외국의 소년사법정책에 있어서 보호자교육의 입
    법화 추세 및 사회 내 처우로서의 활용현황 개관. 법조, 57(6). 262−284.

박형민. (2019). 한국의 범죄현상과 형사정책. 서울: 한국형사·법무정책연구원.

박홍규. (2009). 인간시대 르네상스. 서울: 필맥.

이병태. (2016). 법률용어사건. 서울: 법문북스.

이승주. (2000). 소년범, 처벌강화가 과연 최선일까? "https://blog.naver.com/baramyess/
    221936925895"(2021년 11월 10일 접속).

신동준. (2009). 처벌의 효과: 억제이론에 대한 비판적 검토. 형사정책, 21(2). 191−
    216.

한국셉테드학회편찬위원회. (2015). 셉테드의 원리와 운영관. 서울: 한국셉테드학회.

한영선. (2018). 한국의 소년범 처리실태와 개선방안: 보호처분을 중심으로. 청소년학
    연구, 25. 215−243.

한인섭. (1989). 감옥개혁론과 사회통제. 판례월보 (4월호). 16−17.

Akademiya Nauk SSSR (2010). 세계철학사(이을호 역). 서울: 중원문화.

Akers, R. L., & Sellers, C. S. (2011). 범죄학 이론(민수홍·박기석·박강우·기광도·전
    영실·최병각 역). 파주: 나남. (원저 2009 출판).

Archer, D., Gartner, R., & Beittel, M. (1983). Homicide and the death penalty: a
    cross−sectional test of a deterrence hypothesis. Journal of Criminal Law and
    Criminology, 74. 991−1013.

Augustyn, M. B., & Ward, J. T. (2015). Exploring the sanction−crime relationship through a lens of procedural justice. Journal of Criminal Justice, 43(6), 470 − 479.

Bailey, W. C. (1998). Deterrence, brutalization, and the death penaltyL Another examination of Oklahoma's return to capital punishment. Criminology, 36, 711 − 734.

Beccaria, C. (1764/1963). On Crimes and Punishments, trans. H. Paolucci. Indianapolis, IN: Bobbs − Merrill.

Beccaria, C. (2000). 범죄와 형벌(이수성 · 한인섭 역). 서울: 지산. (원저 1764 출판).

Bedau, H. (1964). The Death Penalty in America. New York: Anchor.

Bentham, J. (1789). Political Thought. New York, NY: Barnes and Nobles.

Benthan, J. (2011). 도덕과 입법의 원리 서설(고정식 역). 파주: 나남. (원저 1789 출판).

Brantingham, P., & Brantingham, P. (2008). Crime pattern theory. In R. Wortley & L. Mazerolle (Eds.), Environmental criminology and Crime Analysis(pp.21 − 47). Devon, UK: Willan Publishing.

Brown, S., Esbensen, F., & Geis, G. (2015). 범죄학: 범죄원인론 · 형사정책 · 범죄발생의 최근경향(황의갑 · 기광도 · 김용근 · 류준혁 · 박지선 · 윤우석 · 이봉한 · 이상문 · 이창한 · 이창훈 · 정덕영 · 정진성 · 조윤오 역). (원저 2013 출판).

Chiricos, T. G., & Waldo, G. P. (1970). Punishment and crime: an examination of some empirical evidence. Social Problems, 18. 200 − 217.

Clarke, R. V. (1983). Situational Crime Prevention: Its theoretical basis and practical scope. In M. Tonry & N. Morris(Eds.) Crime and Justice, 4. Chicago, IL: University of Chicago Press.

Clarke, R. V., & Cornish, D. B. (1985). Modeling offenders' decisions: A framework for research and policy. In M. Tonry and N. Morris(Eds.) Crime and Justice: An Annual Review of Research, 6. Chicago, IL: University of Chicago Press.

Clarke, R. V., & Eck, J. E. (2005). Crime analysis for problem solvers in 60 small steps. Washington, DC: Office of Community Oriented Policing Services, U.S. Department of Justice.

Cohen, L. E., & Felson, M. (1979). Social change and crime rate trends: A routine activities approach. American Sociological Review, 44. 588 − 608.

Cornish, D. B., & Clarke, R. V. (Eds.). (1986). The Reasoning Criminal: Rational

Choice Perspectives on Offending. New York: Springer.

Cornish, D. B., & Clarke, R. V. (2003). Opportunities, precipitators and criminal decisions: A reply to Wortley's critique of situational crime prevention. In M.J. Smith and D. B. Cornish(Eds.). Theory for Practice in Situational Crime Prevention. Monsey, NY: Criminal Justice Press.

Cornish, D. B., & Clarke, R. V. (2008). The rational choice perspective. In R. Wortley & L. Mazerolle (Eds.), Environmental criminology and Crime Analysis(pp.21－47). Devon, UK: Willan Publishing.

De Haan, W., & Vos, J. (2003). A crying shame: The over－rationalized conception of man in the rational choice perspective. Theoretical Criminology, 7. 29－54.

Dugan, L., LaFree, G., & Piquero, A. R. (2005). Testing a rational choice model of airline hijackings. Criminology, 43. 1031－1066.

Eck , J. E. (2003). Police problems: The complexity of problem theory, research and evaluation. In J. Knutsson (Ed.) Problem－Oriented Policing: From Innovation to Mainstream. Monsey, NY: Criminal Justice Press.

Ehrlich, I. (1977). Capital punishment and deterrence: some further thoughts and additional evidence. Journal of Political Economy, 85. 741－788.

Felson, M. (2008). Routine activity approach. In R. Wortley & L. Mazerolle (Eds.), Environmental criminology and Crime Analysis(pp.21－47). Devon, UK: Willan Publishing.

Forst, B. E. (1977). The deterrent effect of capital punishment: a cross－state analysis of the 1960s. Minnesota Law Review, 61. 743－767.

Grasmick, H. G., & Bursik, R. J. (1990). Conscience, significant others, and rational choices: Extending the detterence model. Law and Society Review, 24. 837－862.

Gay, P. (1998). 계몽주의의 기원(주명철 역). 서울: 민음사. (원저 2007 출판).

Geis, G. (1972). Jeremy Bentham in H. Mannheim(ed.) Pioneers in Criminology, Montclair, NJL Patterson Smith.

Gibbs, J. P. (1968). Crime, punishment, and deterrence. Southwestern Social Science Quarterly, 48. 515－530.

Gibbs, J. P. (1975). Crime, punishment, and deterrence. New York, NY: Elsevier.

Geerken, M., & Gove, W. R. (1977). Deterrence, Overload and Incapacitation: An

Empirical Evaluation, Social Forces, 56. 424−427.

Jeffery, C. R. (1971). Crime Prevention Through Environmental Design. Beverly Hills, CA: SAGE Publications.

Jensen, G. F., & Brownfield, D. (1986). Gender, lifestyle, and victimization: Beyond routine activity. Violence and Victims, 2. 85−99.

Katz, L., Levitt, S. D., & Shustorovich, W. (2003). Prison conditions, capital punishment, and deterrence. American Law and Economics Review, 5. 318−343.

Keane, C., Gillis, A. R., & Hagan, J. (1989). Deterrence and application of juvenile delinquency by police contact. British Journal of Criminology, 29. 336−352.

Kennedy, L. W., & Forde, D. R. (1990). Routine activities and crime: An analysis of victimization in Canada. Criminology, 28. 137−152.

Lab, S. P. (2011). 범죄예방론(이순래·박철현·김상원 역). 서울: 도서출판 그린. (원저 2010 출판).

Matsueda, R. L., Kreager, D. A., & Huizinga, D. (2006). Deterring delinquents: a rational choice model of theft and violence. American Sociological Review, 71. 95−122.

Nagin, D. S., & Paternoster, R. (1991). Preventive effects of the perceived risk of arrest: Testing an expanded conception of deterrence. Criminology, 29. 561−585.

Newman, O. (1972). Defensible Space. New York, NY: Macmillan.

Passell, P. (1975). The deterrent effect of the death penalty: a statistical test. Stanford Law Review, 28. 61−80.

Paternoster, R. (1985). Assessments of risk and bahavioral experience: An explanatory study of change. Criminology, 23. 417−436.

Paternoster, R. (1989. Decisions to participate in and desist from four types of common delinquency: Deterrence and the rational choice perspective. Law and Society Review, 23. 7−40.

Paternoster, R., Saltzman, L. E., & Waldo, G. P., & Chricos, T. G. (1983). Perceived risk and social control: Do sanctions really deter? Law and Society Review, 17. 457−480.

Peter, M., Thomas, D., & Zamberian, C. (1997). Boot Camps for Juvenile Offenders:

Program Summary. Washington, DC: U.S. Department of Justice, Office of Juvenile Justice and Delinquency Prevention.

Piquero, A. R., & Pogarsky, G. (2002). Beyond Stafford and Warr's reconceptualization of deterrence: Personal and vicarious experiences, impulsivity, and offending behavior. Journal of Rsearch in Crime and Delinquency, 39. 153－186.

Pogarsky, G. (2007). Deterrence and individual differences among convicted offenders. Journal of Quantitative Criminology, 23, 59-74.

Pratt, T. C., Cullen, F. T., Blevins, K. R., Daigle, L. E., & Madensen, T. D. (2006). The empirical status of deterrence theory: A meta－analysis. In F.T. Cullen, J.P. Wright, & K.R. Blevins (eds.). Taking Stock: The Status of Criminological Theory.: Advances in Criminological Theory (15). New Brunswick, NJ: Transaction Publishers.

Ross, L. H. (1982). Detering the Drinking Driver: Legal Policy and Social Control. Lexington, MA: Lexington Books.

Rossmo, D. K. (2000). Geographic Profiling. Boca Raton, FL: CRC Press.

Sampson, R. J. (1986). Crime in cities: the effect of formal and informal social control. In A.J. Reiss & M. Tonry(eds.), Communities and Crime. Crime and Justice, (8). Chicago, IL: University of Chicago Press.

Sherman, L. W., Gottfredson, D. C., Mackenzie, D. L., Eck, J., Retuer, P., & Bushway, S. D. (1998). Preventing Crime: What Works, What Doesn't, What's Promising.: Research in Brief. Washington, DC: National Institute of Justice.

Sherman, L. W., Gartin, P. R., Buerger, M. D. (1989). Hot spots of predatory crime: Routine activities and the criminology of place. Criminology, 27. 27－56.

Siegel, L. J. (2020). 범죄학: 이론과 유형(이민식·김상원·박미랑·박정선·신동준·윤옥경·이창배·황성현 역). 서울: 센게이지러닝코리아. (원저 2018 출판).

Smith, W. R., Frazee, S. G., & Davison, E. L. (2000). Furthering the integration of routine activity and social disorganization theories: Small units of analysis and the study of street robbery as a diffusion process. Criminology, 38. 489－524.

Spohn, C., & Holleran, D. (2002). The effect of imprisonment on recidivism rates of felony offenders: A focus on drug offenders. Criminology, 40(2). 329－358.

Stigler, G. J. (1970). The Optimum Enforcement of Laws. Journal of Political Economy, 78(3). 526－536.

Tittle, C. R. (1969). Crime rates and legal sanctions. Social Problems, 16. 409－422.

Walsh, D. P. (1980). Break－Ins: Burglary from Private Houses. London: Constable.

Tunnell, K. D. (1990). Choosing crime: Close your eyes and take your chances. Justice Quarterly, 7. 673－690.

Williams, K. R., Hawkins, R. (1989). The meaning of arrest for wife assault. Criminology, 27. 163－181.

Wilson, J. Q. (1975). Thinking about Crime. New York: Basic Books.

제 4 장

생물사회학적 범죄학 이론

제 4 장   생물사회학적 범죄학 이론

제 1 절 생물학적 범죄학 이론의 역사

범죄학에서 생물학적 이론은 다소 굴곡진 역사를 거쳐 왔다. 다윈의 진화론이 소개된 19세기 이후부터 제2차 세계대전 전까지 생물학적 이론은 빈약한 과학적 근거에도 불구하고 일종의 전성기를 구가하였다. 그러나 히틀러가 인종 간 생물학적 차이와 우생학을 정치적으로 이용하여 제2차 세계대전과 홀로코스트의 비극을 일으킨 후, 범죄학계에서 범죄원인으로 생물학적 또는 유전학적 차이를 거론하는 것이 일체 금기시되었으며, 이에 따라 생물학적 범죄학의 암흑기가 도래했다. 그 대신 사람의 성향과 행동이 순전히 환경적 요인에 의해 결정됨을 강조하는 사회학적 범죄학이 대세를 이뤘다. 그러나 21세기가 시작됨과 동시에 인간게놈의 염기배열 해독이 완료됨에 따라 유전학 연구는 급속도로 발전해왔고 유전학자들은 유전 및 생물학적 요인이 범죄에 미치는 영향에 대해 괄목할 만한 연구결과들을 내놓기 시작했다.

1990년대에 접어들서는 뇌의 구조를 촬영하는 컴퓨터 단층촬영(CT)과 자기공명영상(MRI) 장치뿐 아니라 뇌의 기능과 반응성을 측정하는 양전자방출 단층촬영(PET), 뇌 단일광자방출 전산화 단층촬영(SPECT), 기능적 자기공명영상(fMRI) 장치가 뇌연구에 활발하게 사용됨에 따라 뇌과학의 획기적 발전의 계기가 됐고, 이에 따라 범죄와 뇌 구조 및 기능의 관계에 대한 연구 또한 폭발적인 성장을 하게 되었다. 그러나 범죄학은 이런 유전학과 뇌과학의 연구성과를 적극적으로 도입하는 데에 다소 소극적이었다. 그 이유로는 범죄학의 뿌리가 본래 사회학에 바탕을 두고 있다는 점과 더불어 나치의 악행으로 인한 생물학에 대한 범죄학자들의 반사적 거부감을 들 수 있다. 그러나 지난 20여 년 동안 서구의 일부 범죄학자들을 중심으로 유전학과 뇌과학적 연구결과를 적극적으로 범죄학에 도입하여 범죄현상을 설명하고자 하는 시도가 활발히 진행되었다.

인간은 사회적 동물로서 환경의 영향을 받는 사회적 존재이기도 하지만 뇌와 육체를 지닌 생물학적 존재이다. 따라서 사람의 행동인 범죄는 환경적 영향에 의해 발현되기도 하지만, 우리 몸을 구성하고 있는 유전자, 신경전달물질, 뇌의 영향도 받는다. 이런 이유로 범죄원인론을 환경적 요인과 생물학적 요인의 공동작용의 결과로 이해하는 생물사회학적 패러다임은 기존 생물학적 범죄학이나 사회학적 범죄학에 비해 융합적 패러다임으로써 21세기 범죄학이 지향해야 할 방향이라는 점에 대해서 대부분의 범죄학자들이 공감하고 있다(Walsh, 2002). 그러나 사회학적 이론과 방법론에 익숙한 국내 범죄학자들에게 유전학과 뇌과학의 방법론과 개념들은 다소 낯설고 새로운 영역이다.

이번 장에서는 과학성이 빈약한 과거의 생물학적 이론은 간단히 소개하고, 최근의 생물사회학적 이론의 설명에 집중하고자 한다. 특히 행동유전학과 분자유전학적 원리와 방법론이 범죄현상을 설명하는데 어떻게 활용되는지에 대해 자세히 설명할 것이다. 더불어 뇌와 범죄의 관계에 대해서는 뇌 발달과정과 스트레스 반응 시스템의 원리를 중심축으로 삼고 범죄와의 관계에 대해 설명을 이어가고자 한다.

1. 롬브로조의 생래적 범죄인설

초기 생물학적 범죄학자들은 다윈의 진화론의 영향을 많이 받은 관계로 범죄인은 일반인에 비해 생물학적으로 열등한 존재이기 때문에 범죄를 저지른다고 믿었다. 이탈리아 군대의 외과의사이던 세자르 롬브로조(Cesare Lombroso, 1835 – 1909)는 당시의 이런 주장을 확장하여 범죄자의 징표는 얼굴이나 두개골 외에도 신체전반에 걸쳐 나타난다고 주장하였다. 롬브로조는 한 남부 이탈리아 출신 도둑의

시체를 해부하던 중 우연히 뇌의 후두부의 한 지점이 일반인에 비해 훨씬 움푹 파인 것을 발견했다. 보통 설치류(齧齒類)나 열등한 동물의 경우에는 이 부위가 움푹 파이지만, 인간과 같은 고등 생명체에서는 발견하기 힘든 현상이었다. 이를 보고 롬브로조는 범죄자들은 마치 다시 원시상태로 되돌아간 것처럼 진화가 덜된 상태로 태어났기 때문에 범죄를 저지르는 것이라고 추정했다.

롬브로조는 많은 범죄자들과 일반인들에 대해 해부 및 신체검사를 한 결과, 범죄자들은 인간보다 더 열등한 원숭이나 침팬지의 신체적 특징들을 지니며 그런 특징들로는 큰 턱, 돌출된 광대뼈, 두터운 입술, 긴 팔, 비대칭 얼굴 등이 있다고 주장하며 자신의 검사결과를 「범죄인」(The Criminal Man)이라는 책으로 발표하였다. 그러나 영국의 의사 고링(Charles Goring, 1870－1919)은 3,000명의 전과자들을 대상으로 96가지의 신체적 특징에 대해 세밀한 조사를 마친 후, 롬브로조가 말한 범죄자의 신체적 특징을 전혀 발견할 수 없었다고 반박하였다. 그 후 점차 생래적 범죄인설은 범죄학계에서 자취를 감추게 되었다. 범죄자는 생물학적으로 열등하며 원시상태로 회귀한 존재라는 롬브로조의 주장은 일종의 유사과학으로서 현대 과학의 입장에서는 받아들여질 수 없는 근거 없는 개인적 주장에 불과하다. 단, 그가 측정도구를 활용하여 직접 범죄자들의 신체적 특징을 측정하는 등 범죄학 연구에 있어 경험적 방법을 동원하였기에 그를 실증주의 범죄학의 창시자라고 부르기도 한다.

2. 쉘던의 체형(體型)이론

미국의 심리학자 쉘던(William Sheldon, 1898－1977)의 체형이론 또한 유사과학에 해당하는 초기 생물학적 이론이다. 그는 인간의 배아(胚芽)가 내배엽, 중배엽, 외배엽의 3개 배엽으로 구성되어 있고 내배엽은 내장기관으로, 중배엽은 근육과 뼈로, 외배엽은 피부와 신경계로 발달한다는 개체발생론적 지식에 근거하여 사람의 체형에 따라 성격이 다르다는 주장을 하였다. 그에 따르면 내배엽형 인간은 배가 나오고 둥그스름한 체형에 살이 찌기 쉬운 체질이고 성격적으로는 느긋하며 외향적이라고 주장했다. 중배엽형은 가슴과 어깨근육이 발달한 근육형 인간으로 활동적이고 공격적인 성향을 띠며, 외배엽형은 길고 연약한 체형에 예민하고 알레르기나 피부 트러블이 많은 사람들이라고 했다. 그러나 그는 과학적 이론에 기반을 두지 않고 순전히 자신의 개인적 추정에 따라 체형과 성격을 연관 지었고, 연구방법 또한 현대의 과학적 기준에 미치지 못했기에 체형이론은 더 이상 범죄학계에서 지지를 받지 못하고 있다.

3. 가계(家系)연구

가계연구는 일명 나쁜 종자이론(bad seed theory)에 근거한 둔 연구이다. 나쁜 종자이론은 범죄, 정신박약, 낮은 지능 등의 열등형질은 가계를 따라 대대로 후세에 유전되며 타고난 천성이 양육에 우선하므로 나쁜 종자는 결코 교육 등으로 개량할 수 없다는 생물학적 결정론에 근거한다. 가계계연구의 대표적 연구로는 가더드(Henry Goddard)의 칼리카크 가계에 대한 연구와 더그데일(Richard Dugdale)의 쥬크 가계에 대한 연구가 있다. 가더드는 미국 독립전쟁 당시 생존했던 마틴 칼리카크(가명)라는 남자와 그의 후손들에 대한 가계조사를 했다(1912). 마틴은 건전한 기독교 집안에서 자란 청년으로 미국 독립전쟁에 참전 후 귀가하던 도중 하룻밤 묵게 된 여관에서 정신지체 여자 종업원과 육체관계를 맺었다. 그 후 자신의 고향에 돌아와 기독교인 여성과 결혼한 후 건실한 가정을 꾸리고 살았다. 가더드는 이 두 여자들로부터 태어난 마틴의 4대째 후손들까지를 조사하였던 바, 기독교인 여자에게서 태어난 후손들 중에는 법률가, 성직자, 의사 등 사회적으로 성공한 사람들이 많았고 범죄자는 단 한명도 없었다. 그에 비해 정신지체 여성으로부터 태어난 후손들은 그 절반 이상이 정신박약자나 범죄자들이었다.

더그데일은 1700년대 중반에 미국에 살았던 에이다 쥬크(가명)라는 여자 범죄자의 후손들을 조사하였다(1877). 75년에 걸쳐 여러 세대의 후손들을 조사한 결과 상당수가 전과자, 포주, 창녀, 또는 극빈자였다는 사실을 밝혀냈다. 더그데일은 이 후손들이 범죄 등의 행위를 통해 정부와 사회에 막대한 손해를 끼쳤다고 주장하며 그 손해액을 추산해 본 결과, 현재 금액으로 2천만 달러 이상에 해당한다고 주장하였다. 가계연구 학자들은 만약 여관의 정신지체 종업원이나 범죄자인 에이다 쥬크가 자신들의 나쁜 종자를 후세에 남길 수 없었다면 정부와 사회가 부담해야 할 막대한 손해를 미리 예방할 수 있었을 것이라고 주장했다. 이러한 20세기 초반 미국의 우생학자들은 더그데일과 가더드의 연구를 근거로 범죄자나 정신박약자 등에 대한 강제적 불임수술을 추진하였고 실제 1900년대 초반부터 1960년대까지 수만 명의 사람들이 강제적 불임수술을 당했다(Largent, 2011).

4. 쌍생아 및 입양아 연구

전술한 가계연구들은 부모의 외모와 성격이 자식에게 유전되는 일반적 현상을 범죄성향으로 확장하여, 부모의 범죄성향 또한 전적으로 유전에 의해 자식에게 대물림된다고 주장했다. 이런 주장은 일견 그럴듯해 보이지만, 자식이 부모의 범죄성향을 닮은 이유가 순전히 유전에 의한 것인지 아니면 부모가 자식에게 제공한 환경의 영향 때문인지에 대해서는 명확한 해답을 제시할 수 없다. 가계연구만으로는 유전의 영향과 환경의 영향을 분리할 수 없기 때문이다.

이런 단점을 극복하고자 쌍생아 연구가 시작되었다. 일란성 쌍생아는 1개의 수정란이 2개로 분리된 후 각각 독립된 개체로 발달하기 때문에 유전적으로 100% 동일하다. 이에 비해 이란성 쌍생아는 2개의 수정란이 자궁 내에서 독립적으로 성장한 것에 불과하기 때문에 유전적으로 일반 형제자매 사이와 동일하므로 50%의 유전자만을 공유한다. 쌍생아 연구는 이러한 유전적 사실에 근거하여 쌍생아 중 1명이 범죄자일 때 다른 1명도 범죄자일 확률, 즉 일치율을 조사한다. 다른 모든 조건이 동일한 상황에서 일란성 쌍생아의 일치율이 이란성 쌍생아의 일치율보다 높다면 범죄는 유전의 영향을 강하게 받는 것이고 두 쌍생아 집단의 일치율에 전혀 차이가 없다면 범죄는 환경의 영향에 따른 것이라고 결론지을 수 있다.

크리스챤슨(Christiansen, 1968)은 1881년부터 1910년 사이에 덴마크에서 태어난 모든 쌍생아들의 범죄 일치율을 조사했다. 그 결과 남자 일란성 쌍생아와 이란성 쌍생아의 일치율은 각 35.8%와 12.5%였고, 여자의 경우는 각 21.4%와 4.3%였다. 이 연구에서는 일란성 쌍생아 집단의 일치율이 높았기 때문에 유전이 범죄에 미치는 영향이 존재함을 입증했다. 그러나 만약 범죄발생이 환경과는 무관하게 오로지 유전에 의한 것이라면 일란성 쌍생아의 일치율은 100%에 해당해야 한다. 그러나 남녀집단 공히 일치율이 50%에도 미치지 못한 점을 토대로 판단해보면, 범죄에 미치는 환경의 영향 또한 강하다는 사실을 확인할 수 있다. 더불어 비록 일란성 쌍생아의 일치율이 이란성 쌍생아의 일치율보다 더 높은 것으로 드러났지만 이 결과가 유전적 영향을 방증하는 것이라고 단정 지을 수도 없다. 왜냐하면 일란성 쌍생아는 외모나 성향이 더 유사하므로 부모나 주위 사람들로부터 이란성 쌍생아에 비해 더 유사한 대접이나 처우를 받을 수 있고, 그들의 높은 일치율이 사실은 유사한 환경적 경험 때문일 수도 있기 때문이다.

일란성 쌍생아가 이란성 쌍생아보다 더 유사한 환경을 경험한다는 사실을 통제할 수 있는 연구방법으로는 태어나자마자 분리되어 서로 다른 환경에서 자란 일란성 쌍생아들의 일치율을 조사하는 방법이 있다. 그로브(Grove)와 동료들(1990)은 그런 식으로 따로 떨어져서 자란 32쌍의 일란성 쌍생아들을 조사한 결과, 여전히 유의미한 일치율이 나타남에 따라 유전이 범죄에 미치는 영향이 실재함을 확인했다.

범죄에 대한 유전의 영향을 확인할 수 있는 방법은 쌍생아 연구 외에도 입양아 연구가 있다. 만약 입양아의 범죄성향이 입양 부모보다 생물학적 부모의 범죄성향을 더 닮는다면 범죄에 대한 유전적 영향이 더 강하다고 볼 수 있고, 반대로 입양부모의 범죄성향을 더 닮는다면 환경적 영향이 더 강하다고 볼 수 있다. 입양아 연구의 대표적 사례는 덴마크 입양아 표본을 사용한 메드닉(Mednick)과 동료들의 연구이다(1984). 그들은 14,427명의 생물학적 부모, 입양부모, 그리고 입양아들의 범죄경력을 조사했다. 그 결과 생물학적 부모와 입양부모 모두 범죄경력이 없을 때는 입양아의 13.5%가 범죄경력이 있었고, 입양부모만 범죄경력이 있을 때는 입양아의 14.7%가, 생물학적 부모만 범죄경력이 있을 경우는 입양아의 20%가 범죄경력을 지닌 것으로 나타났다. 입양부모와 생물학적 부모 모두 범죄경력이 있는 경우에는 입양아의 범죄경력이 25%로 가장 높았다.

이 입양아 연구결과는 생물학적 부모에 의한 유전의 영향(20%)이 입양부모에 의한 환경의 영향(14.7%)보다 더 크다는 사실을 밝혔고 더불어 생물학적 부모와 입양부모가 모두 범죄경력이 있을 때, 즉 유전과 환경의 영향이 중첩될 때 범죄성향이 가장 증가(25%)한다는 사실도 보여 주었다. 입양아 연구는 쌍생아 연구를 보충하여 범죄에 대한 유전의 영향을 조사할 수 있는 유용한 연구방법이긴 하나, 입양부모가 최소 중산층 이상이 되어야 입양심사를 통과하기 때문에 입양부모들이 제공하는 환경이 전체 모집단의 환경을 대표한다고 볼 수 없기 때문에 그 연구결과를 모집단에 일반화하기 어려운 단점이 있다.

제2절 행동유전학 원리와 범죄학 연구

유전학에서는 개체의 유전적 특성을 유전형(genotype)이라고 하고 유전형이 신체적 또는 행동적 특성으로 발현된 것을 표현형(phenotype)이라고 한다. 행동유전학에서 자주 사용되는 개념인 표현형의 분산(variation)은 외부로 드러난 특정 표현형의 분포가 그 평균값으로부터 흩어진 정도를 의미한다. 행동유전학 연구는 특정 표현형의 분산에 대해 유전과 환경의 영향이 각 어느 정도인지를 조사하는 것을 그 목표로 한다.[1]

통상의 범죄학 연구는 일반인을 그 표본으로 하지만 행동유전학 연구에서는 유전력을 계산하기 위해서는 쌍생아 표본이 필요하다. 일란성 쌍생아(monozygotic twin, MZ)는 대략 100% 유전적으로 동일하고 이란성 쌍생아(dizygotic twin, DZ)는 50% 동일하므로 일란성 쌍생아가 이란성 쌍생아에 비해 유전적으로 2배 더 동일한 셈이다. 만약 어떤 표현형이 주로 유전적 영향에 의해 결정된다면 일란성 쌍생아의 일치율이 이란성 쌍생아의 일치율보다 유의하게 높을 것이다. 반대로 유전적 영향보다 환경적 영향에 의해 주로 결정된다면 유전분산과 공유환경 분산은 일란성 쌍생아와 이란성 쌍생아의 일치율 차이에 영향을 미치지 못하고 비공유환경의 영향이 크게 나타날 것이다.

---

[1] 일반적으로 표현형의 전체 분산은 유전적 영향에 의한 유전분산과 환경적 영향에 의한 환경분산으로 나누어 표시되는 바, 이때 환경은 표현형의 분산에 영향을 미치는 유전을 제외한 다른 모든 요인들을 포함하는 개념이다. 다시 환경분산은 공유환경분산과 비공유환경분산으로 나뉜다. 공유환경은 한 집안 내의 형제가 공유하는 환경으로 형제의 표현형을 유사하게 만드는 환경을 말한다. 예를 들어 부모의 사회경제적 지위나 주거환경은 형제들이 동일하게 노출되어있는 공유환경이다. 반대로 비공유환경은 형제 간을 서로 다르게 만드는 환경으로 같은 형제일지라도 각각 서로 다른 선생과 다른 친구들이 있고, 같은 부모로부터 다른 방식에 의해 양육되는 경우가 비공유환경에 해당한다. 전체 표현형의 분산 중 유전의 영향에 의해 설명되어지는 분산의 정도를 특히 유전력(heritability)이라고 하는 바, 유전력은 다음 공식과 같이 표현된다.

유전력 = 유전분산 / 표현형분산 = 유전분산 / (유전분산 + 공유환경분산 + 비공유환경분산)

행동유전학상의 계산방식에 의거, 행동유전학 연구는 인간의 특성과 행동이 어느 정도 유전적 영향에 의하고 어느 정도 환경의 영향에 의한 것인지를 추정해 낼 수 있다. 사실 인간의 몸과 뇌가 모두 유전자로 구성되어 있으므로 모든 인간의 성향, 특질 및 행동의 분산은 유전의 영향을 받을 수밖에 없다. 연구되는 특질에 따라 구체적 수치는 다르지만 연구결과를 모두 종합해 보면 인간의 모든 성향과 행동은 약 50% 유전의 영향과 약 50% 환경의 영향을 받는 것으로 판명된다(Rhee & Waldman, 2002; Rutter, 2007). 같은 맥락에서 범죄성과 깊은 관련이 있는 충동성, 품행장애, 공감성, 자극추구성향, 마약중독 등의 유전력도 약 50%에 해당한다(Rutter, 2007; Verweij et al., 2010). 범죄학 연구의 종속변수인 범죄 및 비행행위를 포함한 반사회적 행위의 유전력에 대한 다수의 메타분석 연구도 40%~50%의 유전력을 나타낸다(Mason & Frick, 1994; Rhee & Waldman, 2002; Waldman & Rhee, 2006). 범죄행위의 전체 분산의 40%에서 50%가 유전에 의한다는 사실은 범죄학 이론이 유전적 요인을 제외하고 오직 사회·환경적 요인만으로 범죄현상을 설명한다면 결코 충분한 설명이 될 수 없음을 방증한다. 행동유전학 연구와 관련하여 특이한 점은 대부분의 연구에서 표현형에 미치는 공유환경의 영향력이 낮게 나타난다는 것이다. Rhee와 Waldman(2002)은 51건의 쌍생아 연구에 대한 메타분석 결과 범죄의 유전율은 41%, 비공유환경 분산은 43%였으나, 공유환경 분산은 오직 16%에 그친다는 다는 사실을 밝혀냈다.

지난 수십 년 동안 축적된 행동유전학적 연구는 범죄와 범죄관련 요인들의 상당부분이 유전의 영향을 받는다는 사실을 드러냄으로써 기존 사회학적 범죄원인론을 보충해주는 역할을 한다. 그러나 행동유전학은 유전이 범죄에 영향을 미친다는 사실은 밝히지만, 과연 어떤 경로를 통해서 영향을 미치는가에 대해서는 구체적인 해답을 제시하지 못한다. 또한 행동유전학은 수많은 유전자들 중에서 구체적으로 어떤 유전자가 어떤 종류의 범죄에 영향을 미치는 지도 특정할 수 없다. 범죄와 관련된 유전자를 특정하기 위해서는 분자유전학적 연구가 필요하다.

제 3 절 분자유전학과 범죄

1. 분자유전학 기초지식

분자유전학은 유전자 분석을 통해 특정 유전자의 구조와 기능을 분석하는 학문이다. 1990년도에 시작한 인간게놈프로젝트의 목적은 인간의 DNA에 존재하는 모든 염기서열과 유전자를 밝혀내는 것이었다. 이 프로젝트는 2003년에 완성되었고, 그 결과 총 2만 5천 개 정도의 유전자와 30억 개의 염기쌍이 해독되었다. 21세기 가장 의미 있는 과학적 성과로 여겨지는 게놈의 해독으로 인해 각종 신체적, 정신적 장애나 범죄성향의 유전적 연결고리가 밝혀지게 되었다.

인간의 세포 핵 안에는 촘촘히 뭉쳐진 실타래 모양의 염색체가 있고 이 염색체를 구성하는 성분은 DNA(deoxyribonucleic acid)이다. DNA는 모든 생명체의 형성과 발달에 필요한 유전적 정보를 함유한 화학적 구조물 또는 코드(code)의 집합물이다. DNA는 이중 나선형으로 꼬여 있는 사다리 모양을 하고 있다. 이 사다리의 난간은 당과 인산으로 구성되어 있고, 계단은 염기(鹽基, neucleotide)로 구성되어 있다. 각 계단은 2개의 염기가 결합된 염기쌍(base pair)으로 이루어져 있는 바, 염기는 모두 4종으로 A(아데닌), C(사이토신), G(구아닌), T(티민)이다. [그림 4−1]에서 보듯이 아데닌은 항상 티민과, 구아닌은 항상 사이토신과 결합한다. 인간이 다른 생명체들과 다른 이유는 바로 이 염기쌍들의 배열이 다르기 때문이다. 이 염기쌍들의 배열과 길이가 조금만 달라도 표현형이 달라진다. 예를 들어, 침팬지와 인간의 DNA는 약 96% 동일하다. 그러나 나머지 4%의 차이로 인해 인간은 침팬지로서는 불가능한 언어사용, 고차원적 사고, 추상적 정보의 이해 등이 가능하다(The Chimpanzee Sequencing and Analysis Consortium, 2005). 사람들 사이에서도 염기쌍 배열의 차이가 외모, 성격, 행동, 능력 등의 차이를 만들어낸다. 모든 인간의 DNA는 약 99.9% 동일하다. 따라서 전체 DNA상의 염기배열 중 오직 0.01%의 차이가 개인 간 다양한 차이를 만들어내는 셈이다.

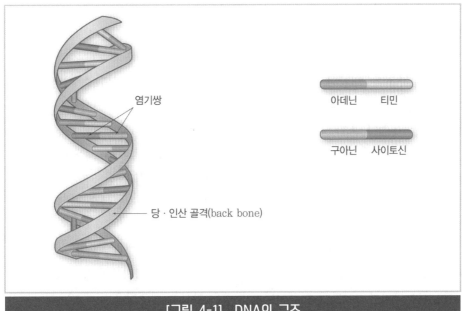

염기쌍

아데닌   티민

구아닌   사이토신

당 · 인산 골격(back bone)

[그림 4-1] DNA의 구조

　　DNA상에는 인접해있는 일련의 염기쌍들은 협동해서 특정 아미노산을 생산하는 역할을 한다. 이 경우 공동으로 아미노산을 생성하는 일련의 염기쌍들의 배열을 유전자라고 부른다. 예를 들어 TACTGGATTAG라는 염기배열이 있다고 하자. 이 중 굵은 글씨체로 구성된 TGGATT의 조합이 공동으로 하나의 아미노산을 만들어내는 경우 이 조합이 하나의 유전자가 되는 셈이다. 통상적으로 1개의 유전자는 보통 1,000개 이상의 염기쌍의 조합으로 구성된다. 유전자가 생산하는 아미노산은 단백질의 구성요소가 되므로 궁극적으로 유전자가 담당하는 기능은 단백질을 합성하는 것이다

　　단백질은 인간을 구성하는 기본요소로서 살, 뼈, 장기, 조직 등을 형성하는 단백질은 구조적 단백질이라고 부르고, 인간의 정신과 신체가 정상적으로 작동할 수 있도록 복잡하고 다양한 기능을 담당하는 단백질은 기능적 단백질이라고 일컫는다. 예를 들어 신체의 각 부위에 산소를 공급하는 헤모글로빈, 신진대사와 수많은 화학작용과 반응을 수행하고 제어하는 각종의 효소나 신경전달물질, 또는 수용체들은 기능적 단백질에 해당한다. 단백질의 구성요소는 아미노산이다. 사람마다

염기쌍의 배열이 다른 경우 각각 다른 아미노산을 만들어내고, 다른 조합의 아미노산은 결국 서로 다른 단백질을 만들어 낸다. 이 다른 종류의 단백질들이 종국적으로 사람들 사이의 성향, 성격, 행동 등의 차이를 만들어낸다.

모든 인간은 23쌍의 염색체를 소유하는 바, 각 쌍의 염색체 중 하나는 부계(父系), 다른 하나는 모계(母系)로부터 유전된다. 유전자는 염색체 상에 위치하기 때문에 모든 유전자 또한 2개의 복사본을 지니고 그 중 하나는 부계, 다른 하나는 모계로부터 유전된다. 이 각각의 유전자 복사본을 대립유전자(allele)라 부르며 2개의 대립유전자가 한 쌍으로 1개의 유전자를 형성한다. 특정 유전자가 다양한 종류의 대립유전자 형태로 존재하는 경우, 그 대립유전자별로 사람들은 각기 다른 형질을 띠게 된다.

인간을 구성하는 대부분의 유전자는 오직 한 종류의 대립유전자만이 존재한다. 이런 경우 모든 사람 간에 표현형은 동일하다. 모든 사람들이 눈이 2개, 코는 1개, 팔과 다리가 2개씩인 이유이다. 이 경우 부모로 물려받은 한 쌍의 대립유전자 또한 동일하다. 그러나 소수의 유전자의 경우, 2종류 이상의 서로 다른 대립유전자가 존재한다. 유전자가 2종류 이상의 서로 다른 대립유전자의 형태로 존재하는 경우를 일컬어 유전적 다형성(genentic polymorphism)이라고 부른다.

사람의 키에 영향을 미치는 유전자에 긴 대립유전자와 짧은 대립유전자 2개가 존재한다고 가정할 경우, 어떤 사람은 부모부터 모두 짧은 대립유전자를, 어떤 사람은 모두 긴 대립유전자를, 또 어떤 사람은 부모 일방으로부터는 짧은, 다른 일방으로부터는 긴 대립유전자를 물려받을 수 있다. 이 경우 사람의 키의 분산은 서로 다른 대립유전자들의 조합에 의해 결정된다. 마찬가지로 사람의 성향이나 행동의 분산 또한 서로 다른 대립유전자의 조합으로 설명될 수 있다. 따라서 범죄의 분산 또한 대립유전자들의 조합으로 설명될 수 있는 것이다. 단, 유의할 점은 대립유전자들의 조합이 범죄행위의 직접원인은 아니라는 사실이다. 유전자는 오직 특정 단백질을 만들어낼 뿐이고, 이 단백질들은 범죄나 반사회적 기질의 형성에 어느 정도 기여하지만, 이러한 기질 또한 환경적 요인과의 상호작용을 통해 생성되기 때문이다.

유전적다형성의 종류

가. 단일염기다형성

전술한대로 특정 단백질을 공동으로 만들어내는 염기들의 조합이 유전자이고 모든 유전자는 2개의 대립유전자로 구성된다. 아래는 가상의 유전자의 염기배열을 나열한 것이다.

부계 대립유전자: ACTTACTAGGAGAGTTA
모계 대립유전자: ACTTACTAGGAGAGTTA

위의 경우는 각 부모로부터 동일한 대립유전자를 물려받은 경우다. 그러나 아래의 예에서와 같이 부계와 모계 대립유전자의 염기배열 중 오직 한 개의 염기만이 서로 다른 경우, 이를 단일염기다형성(single nucleotide polymorphism, SNP)이라고 부른다.

부계 대립유전자: ACTTACTAGGAGAGTTA
모계 대립유전자: ACTTACTAAGAGAGTTA

위 부계 대립유전자의 염기인 GGA는 아르기닌이라는 아미노산을 만들고, 모계 대립유전자의 AGA는 글리신이라는 아미노산을 만든다. 이러한 단일염기다형성이 유전적 다형성의 가장 일반적 원인으로 전체 다형성의 약 90% 정도를 차지한다. 대부분의 단일염기다형성 유전자가 사람의 기능에 중대한 영향을 미치는 경우는 드물다. 그러나 일부는 심각한 질병(예, 치매)의 원인이 되기도 하고 일부(예, COMT 대립유전자)는 사람으로 하여금 자살시도 또는 공격성향을 띠게 하기도 한다(Rujesco et al., 2003).

나. 단일연쇄반복다형성

단일염기다형성에 의한 유전적 다형성은 대립유전자들이 서로 다른 한 개의 염기를 지니기 때문에 발생한다. 유전적 다형성은 그 외에도 대립유전자의 염기들의 반복 횟수가 달라서 염기배열의 길이가 달라지기 때문에 발생하기도 한다. 다음의 예는 3개의 염기인 TTA가 각각 다른 횟수동안 반복됨으로써 유전적 다형성이 발생하는 경우다.

부계 대립유전자: TAGGAATTATTATTATTATTA
모계 대립유전자: TAGGAATTATTATTA

이 경우 3개의 인접한 염기 TTA가 부계 대립유전자의 경우 5회 반복되었고, 모계 대립유전자의 경우 3회 반복되었다. 이와 같이 대립유전자 간 소수의 염기들의 반복 횟수가 다르기 때문에 발생하는 유전적 다형성을 단일연쇄반복(short tandem repeat: STR)이라고 한다. 사람의 뇌세포가 사멸하는 헌팅턴병은 단일연쇄반복에 의한 유전질환이다. 최근 양(Yang)과 동료들(2017)의 연구가 Y염색체상의 일부 STR 유전자들이 남자의 충동적 공격성과 관련이 있음을 시사하였다.

다. 가변수직렬반복

단일연쇄반복에서는 2개에서 10개 사이의 염기들이 수회 반복된다. 10개보다 더 많은 숫자의 염기들이 각각 서로 다른 횟수동안 반복되는 경우, 이를 가변수직렬반복(variable number of tandem repeat: VNTR)이라고 한다. 일례로 ADHD, 공격성, 도박, 약물중독과 밀접한 관련이 있는 도파민 수용체 유전자인 DRD4는 총 48개의 염기가 수회 반복되는 가변수직렬반복에 해당한다. 단일연쇄반복과 가변수직렬반복은 대립유전자간 반복되는 염기의 숫자가 많고 적음에 따라 구별되는 바, 인간의 유전자는 단일연쇄반복보다 가변수직렬반복에 의한 유전적 다형성을 더 많이 포함한다.

2. 유전자와 환경의 관계

인간게놈 프로젝트를 통해 게놈 해독이 완료된 후, 정신, 성격, 행동태양 등 대부분의 복잡표현형이 1개 또는 소수의 유전자에 의해 직접적으로 결정되지 않는다는 사실이 드러났다. 대신 이런 복잡표현형은 많은 수의 유전자가 관여하는 다유전형질이면서 동시에 다양하고 복잡한 환경적 요소들과 공동으로 작용하여 그 발현여부가 정해진다는 사실이 밝혀졌다.

과거 한 때 본성과 양육 또는 유전과 환경의 영향 중 무엇이 더 중요한가에 대해 학계에 치열한 논란(nature–nurture debate)이 지속된 적이 있었다. 그러나 20세기 후반에 들어와서 대부분의 표현형은 유전자 또는 환경의 일방적 영향이 아닌 둘의 공동작용에 의한 것임이 속속 밝혀짐에 따라 이러한 논란은 종식되었다 (Rutter, 2007; Scarr & McCartney, 1983). 유전자와 환경의 공동작용으로 범죄적 표현형이 발현되는 기제는 크게 두 가지로 나눌 수 있는 바, 이는 유전자–환경 상호작용과 유전자–환경 상관관계이다.

유전자와 환경의 관계에 대한 최근의 연구결과들

가. 유전자-환경 상호작용

유전자-환경 상호작용(gene environment interaction: GxE)이란 개인의 유전형질에 따라 환경적 요인에 대한 반응성 또는 예민성이 달라지는 현상을 지칭한다(Plomin, 1990). 예를 들어, 동일한 스트레스 요인에 대해 어떤 사람은 기질적으로 예민하게 반응하고 어떤 사람은 태연하게 반응하는 경우가 이에 해당한다. 통계학상 상호작용이란 두 가지 요인이 공존하는 경우 시너지 효과가 발생하는 것을 지칭한다. 마찬가지로 유전자-환경 상호작용은 범죄유발 환경요인과 그 요인에 대한 반응성이 강한 위험 대립유전자가 동시에 존재하는 경우 해당 표현형이 특히 강하게 발현된다는 사실을 의미한다. 반대로 범죄유발 환경이 존재하더라도 위험 대립유전자가 존재하지 않거나, 위험 대립유전자가 존재하더라도 범죄유발 환경이 존재하지 않는 경우에는 해당 표현형이 발현되지 않거나 오직 미약하게 발현될 뿐이다.

근래에 들어서 분자유전학 기법을 활용하여 구체적으로 어떤 유전자가 어떤 환경적 위험요인과의 상호작용을 통해 범죄행위를 유발시키는가를 조사하는 분자유전학 연구가 활발하다. 뉴질랜드에서 태어난 1,037명의 표본을 활용한 Caspi(2002) 등의 연구가 대표적인 분자유전학적 연구이다. 이 연구에서 부모로부터 학대(환경적 위험요인)를 당한 아이들이 동시에 모노아민 산화효소 A(MAOA) 유전자 중 위험 대립유전자인 낮은 활동형 유전자를 지닌 경우 비교그룹에 비해 범죄성향이 훨씬 증가한다는 사실을 밝혀냈다. 이 연구는 분자유전학적 단계에서 유전자-환경 상호작용을 처음으로 입증한 연구라고 할 수 있다. 이 연구 이후 다수의 유사한 연구가 뒤따랐다. 미국 청소년을 표본으로 하여 그들의 친교 네트워크(friendship network) 자료와 유전적 다형성 자료를 분석한 Yun, Cheong, 그리고 Walsh(2011)의 연구는 도파민 수송체 DAT1 위험 대립유전자를 지닌 청소년들이 비행친구들과 교제하는 성향이 유의미하게 높다는 사실을 밝혀냈다. 또한 이러한 성향은 위험 대립유전자를 지닌 청소년들 중에서도 엄마와의 애착이 약한 경우에만 발현되었고 엄마와의 애착이 강한 경우에는 비행친구들과 교제하는 성향이 발견되지 않았다. 위 연구는 유전적 요인이 비행친구와의 교제 가능성에 영향을 주지만 유전적 취약성에도 불구하고 긍정적 환경(엄마와의 강한 애착)이 그 유전자의 발현을 억제할 수 있다는 사실을 밝힌 유전자-환경 상호작용에 대한 연구이다.

나. 유전자-환경 상관관계

유전자-환경 상호작용의 개념은 동일한 범죄유발환경(예, 부모의 학대나 슬럼가 거주)이 개인의 유전적 성향에 따라 각기 다른 결과로 노정됨을 보여준다. 이에 비해 유전자-환경 상관관계(gene environment correlation: rGE)는 개인이 처하거나 경험하게 되는 범죄유발환경 자체가 그 개인의 유전적 성향과 관련성이 있음을 나타내는 개념이다. 유전자와 환경 간에 상관관계가 존재하게 되는 이유는 사람들이 자신들의 유전적 성향에 따라 자신의 환경을 선택하고, 변화시키며, 또 만들어 낸다는 사실에 기인한다. 3종류의 유전자-환경 상관관계가 존재한다(Scarr & McCartney, 1983).

1) 수동적 유전자-환경 상관관계

수동적 유전자-환경 상관관계는 부모가 자녀에게 제공해준 가정환경과 자녀들의 유전적 성향 사이에 상관관계가 있음을 의미한다. 어떤 사람이 부모의 학대와 폭력 등으로 점철된 불우한 환경 속에서 자랐다면 그 사람 또한 폭력성과 관련된 유전적 소인을 지닐 가능성이 높다. 그 이유는 부모가 제공한 폭력적 가정환경이 부모의 유전적 성향에 의해 형성되었고, 그런 부모의 유전적 성향이 또한 자식에게 유전되기 때문이다. 이 경우 개인은 부모가 물려주는 가정환경 및 유전적 성향에 대해 거부할 권한이 없어 수동적으로 물려받을 수밖에 없기 때문에 수동적 유전자-환경 상관관계라고 칭한다.

부정적 양육환경에서 자란 자녀가 비행과 범죄를 저지를 가능성이 높다는 것은 범죄학에서는 주지의 사실이다. 사회학적 범죄학 이론들은 이 경우 부모의 부정적 양육이 자녀의 비행과 범죄행위의 주요 원인이라고 간주한다. 그러나 자녀의 비행행위는 사실 부모의 부정적 양육과 부모로부터 수동적으로 물려받은 유전적 성향이 공동으로 작용하여 나타난 결과이다. 그러나 기존의 사회학적 범죄학 연구방법으로는 환경과 유전이 범죄에 미치는 영향을 따로 분리해낼 수 없기 때문에 유전이 범죄에 미치는 영향을 논하는 것이 불가능하다.

이에 비해 유전적 요인과 환경적 요인을 동시에 고려할 수 있는 행동유전학적 연구에 따르면, 범죄원인으로 지목되는 부모행동, 부모의 양육방식, 비행친구와의 교제, 스트레스 유발 경험 등 많은 환경적 요인들이 모두 어느 정도 유전과 관련됨이 드러났다. 55개의 행동유전학적 연구에 대한 메타분석에서 켄들러와 베이커(Kendler & Baker, 2007)는 이러한 환경적 요인들의 분산 중 15%에서 35%가 유전분산으로 설명됨을 밝히고 있다.

2) 촉발적(evocative) 유전자-환경 상관관계

촉발적 유전자-환경 상관관계는 사람들이 각각의 유전적 성향에 따라 주위 환경으로부터 각기 다른 반응을 유도해낸다는 사실과 관계된다. 예를 들어, 유전적 영향에 의해 수려한 외모를 지닌 사람들은 주위 사람들의 관심과 호감을 유발한다. 마찬가지로 충동적이거나 포악한 사람들은 유순한 사람들에 비해 주위 사람들의 분노와 공격성을 촉발시킬 가능성이 높다. 동일 부모가 자녀들에게 대하는 양육방식이 각기 다른 이유도 촉발적 유전자-환경 상관관계에 해당한다. 비버(Beaver)와 동료들은 쌍생아 구조방정식 모델기법을 이용해 반사회적 성향을 지닌 아이들이 부모로부터 거칠고 폭력적인 양육방식을 유도해내는 현상을 밝혀냈다(Beaver, Barnes, May, & Schwart, 2011). 즉, 부모의 양육방식이 자녀의 유전적 성향에 따라 변하게 되는 일명 자녀효과(child effect)가 존재함을 입증한 것이다. 기존의 사회학적 범죄학 이론은 부모의 양육방식이 자녀의 범죄성향에 일방적인 영향을 미치는 것으로 이해한다. 그러나 촉발적 유전자-환경 상관관계의 개념은 자녀의 유전적 성향이 역으로 부모의 양육방식에 영향을 미칠 수 있음을 시사한다.

3) 능동적(active) 유전자-환경 상관관계

능동적 유전자-환경 상관관계는 사람들이 자신의 유전적 성향에 부합하는 환경을 능동적으로 선택하거나 만들어내는 현상을 의미한다. 개인들이 자신의 유전적 기질에 부합하는 환경을 능동적으로 선택하고 창조하기 때문에 이러한 현상이 발생하고 유전학에서는 이를 "적소찾기(niche-picking)"라고 부른다 (Scarr & McCartney, 1983). 물론 유전자가 스스로 적소찾기를 하는 것은 아니다. 특정 대립유전자는 개인에게 특정 성향과 적성을 지니게끔 유도하고 개인들은 자신의 성향과 적성에 맞는 환경을 선택하거나 만들어내는 것이다. 범죄의 경우에도 유전자들이 직접적으로 범죄행위를 발생시키는 것이 아니라 범죄행위를 용이하게 저지를 수 있는 특정 기질이나 성향(충동성, 공격성, 자극추구성향, 공감능력 결핍 등)을 유도해내고 이런 기질과 성향으로 인해 범죄발생 가능성이 높아지는 것이다.

Cleveland, Wiebe와 Rowe(2005)는 미국의 쌍생아 자료를 활용하여 비행친구와의 교제에 대한 행동유전학적 연구를 하였다. 그 결과 비행친구와의 교제에 미치는 영향은 64%의 유전률과 36%의 비공유환경이었고, 공유환경의 영향은 존재하지 않았다. 분자유전학적 연구로는 Beaver, Wright, & DeLesi(2008)와 Yun 등(2011)이 DAT1 위험 대립유전자가 청소년들의 비행친구와의 교제에 영향을 미친다는 사실을 밝혀냈다.

3. 분자유전학과 범죄학의 미래

유전자는 복잡하고 역동적인 과정을 거쳐 범죄에 영향을 미친다. 인간의 유전체에 대한 해독이 완성된 후, 유전학자들은 연일 유전과 범죄에 관해 의미 있는 중요한 내용의 연구를 발표하고 있다. 그럼에도 불구하고 아직도 유전자와 범죄의 관계에 대해서는 밝혀진 내용보다 밝혀지지 않은 내용이 훨씬 많은 것이 현실이다. 이런 배경 하에 향후 범죄학 발전에 가장 큰 영향을 미칠 유전학 분야로 후성유전학(後成遺傳學, epigenetics)을 들 수 있다. 후성유전학은 양육, 가난, 학대, 스트레스 등 전통적 범죄학에서 주로 다뤄지는 환경적 요인들이 사람의 DNA의 염기서열은 변화시키지 않은 채 유전자의 발현과 기능에 영향을 미치는 복잡한 기제를 연구하는 학문분야이다. 후성유전학은 다양한 환경적 요인들이 DNA 메틸화(methylation)를 통해 유전자의 발현을 억제하기도 하고 염색체를 구성하는 히스톤 단백질의 아세틸화(acetylation)를 통해 유전자를 활성화 시키는 기제에 대한 연구를 한다.

DNA 메틸화와 히스톤 아세틸화가 발생하는 이유는 주로 환경적 요인과 개인의 경험 때문이다. 100% 동일한 유전자를 지닌 일란성 쌍둥이도 어떤 음식을 먹고 어떻게 건강관리를 했느냐에 따라 건강과 수명이 달라진다. 유전적으로는 동일한 쌍둥이가 성장과정 중 학습자극 여부에 따라 지능이 상이하게 되는 것도 후성유전적 변형의 예다. 또한 전술한 유전자─환경 상호작용을 발생시키는 근본 메커니즘이 바로 후성유전적 변형이다. 유전자─환경 상호작용을 분석한 Yun 등(2011)의 연구에서 DAT1 위험 대립유전자 소지자들이 엄마와 애착이 강한 경우에는 비행청소년들과의 교제빈도가 약한 것으로 드러났던 사실을 기억해 보라! 엄마와의 애착이라는 환경적, 경험적 요인이 후성유전학적 매개를 통해 위험 대립유전자의 유전적 잠재성(비행친구와의 교제)이 발현되지 않고 억제되었기 때문이다.

기존 사회학적 범죄학에서 주요 독립변수로 간주되는 아동학대, 비행친구와의 교제, 스트레스, 경제적 궁핍 등도 후성유전학적 변형을 불러일으키는 중요한 요인들이다. 후성유전학은 유전자의 억제와 발현 여부가 환경적 영향에 좌우된다는 사실을 명백하게 시사한다. 따라서 후성유전학적 발견은 연성 과학(soft science, 軟性科學)인 기존 사회학적 범죄학에서 다루던 환경적 요인들의 중요성을 유전의 관점에서 재차 확인해줄 뿐 아니라 그러한 환경요인들이 유전자와 분자 단계에서 구체적으로 어떤 과정을 통해 범죄로 연결되는지에 대해 경성 과학적(hard science, 硬性科學) 지식을 제공해준다(Walsh & Yun, 2014). 더불어 유전자의 발현 여부를 환경이 좌우한다는 후성유전학적 진리는 '범죄 유전자'나 '살인 유전자', 그리고 유전자결정론은 근거 없는 미신에 불과하다는 점을 명백하게 시사한다.

제 4 절 뇌신경과학

1. 뉴런과 시냅스

인간의 뇌는 약 1,000억 개의 뉴런 또는 신경세포들로 구성되어있고, 뉴런은 수상돌기(dendrite)와 축삭(axon)으로 이루어져 있다(그림 참조). 1개의 뉴런은 무려 약 1만개 정도의 수상돌기를 지니고 이를 통해 다른 뉴런들로부터 유입되는 정보를 받아 축삭을 통해 활동전위(action potential)라고 불리는 전기신호의 형태로 축

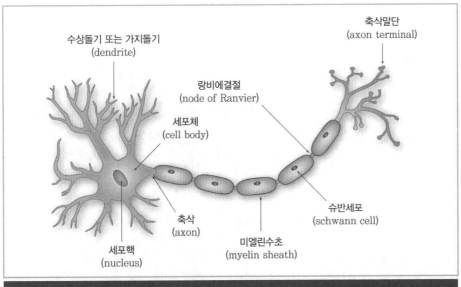

[그림 4-2] 뉴런(신경세포의 구조)

삭말단으로 보낸다. 축삭말단은 다른 뉴런들의 수상돌기와 맞닿아 해당 활동전위를 전달하게 되는데 이 맞닿은 지점을 시냅스(synapse)라고 하고, 여기에는 다소 벌어진 틈(synaptic cleft)이 존재한다. 두 뉴런 사이에 틈이 존재하기 때문에 시냅스 상에서의 정보전달은 전기적 신호가 아닌 화학적 신호를 통해 이뤄진다. 축삭말단에는 시냅스 소포(小胞, vesicle)들이 존재하고 그 안에는 화학적 신호전달자 역할을 하는 다수의 신경전달물질(neurotransmitter)이 존재한다. 소포 안의 신경전달물질들은 활동전위의 자극에 의해 시냅스 틈으로 방출된다. 방출된 신경전달물질은 시냅스 틈을 가로질러 시냅스 후 뉴런의 수상돌기에 위치한 신경전달물질 수용체와 결합함으로써 뉴런들 사이의 정보전달이 가능해진다. 시냅스로 방출되는 신경전달물질의 종류에 따라 시냅스 후 뉴런이 흥분되기도 하고 억제되기도 한다. 흥분 또는 억제된 뉴런은 위와 동일한 방법으로 인접한 다른 뉴런들에게 정보를 전달하게 되는 바, 이러한 독특한 정보전달 방식을 통해 사람은 보고, 듣고, 생각하고, 느끼며, 특정 성향을 띠고 또 특정 행동을 할 수 있게 된다. 즉, 인간이 경험하고 행동하는 모든 것들(범죄성향과 범죄행위 포함)이 이러한 기제에 따라 가능해지기 때문에 범죄학도들 역시 뉴런과 신경전달물질의 기본적 작용기전에 대해 충분한 이해가 있어야 한다.

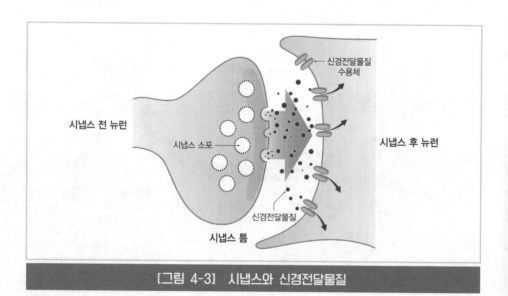

[그림 4-3] 시냅스와 신경전달물질

사람의 범죄성향과 관련된 중요한 뇌신경과학적 기제는 신경전달물질이 수용체와 결합 후에 발생한다. 시냅스 후 뉴런에 정보를 전달한 신경전달물질 분자는 수용체와 분리된 후 2가지 방법을 통해 시냅스 틈에서 제거된다. 첫 번째 방법은 시냅스 전 뉴런에서 단백질의 일종인 해당 신경전달물질의 수송체(trasnporter)를 방출해 시냅스 틈에 존재하는 신경전달물질들을 소포로 재흡수하는 방법이다. 이 재흡수과정이 원만하면 신경전달물질의 순환이 원활해져 신경전달(neurotransmission)이 효율적으로 이뤄진다. 효율적 신경전달은 곧 대뇌에서의 효율적 정보전달을 의미하므로 기능적·정상적인 감정, 정서, 사고, 인지, 행동에 기여한다.

그러나 수송체의 신경전달물질 재흡수 기능이 효율적이지 못한 경우 대뇌 안의 정보전달이 원만하지 않기 때문에 사람의 몸과 뇌는 정상적인 기능을 할 수 없게 되어 다양한 신체적, 정신적, 행동적 문제가 야기된다. 일례로 정상적이지 않은 신경전달은 우울, 불안, 충동, 주의력결핍 과잉행동장애(ADHD), 약물중독, 자살, 폭력, 공격성 등 다양한 반사회적 행위를 초래하는 원인으로 작용한다(Raine, 2002; Sapolsky, 2017).

시냅스 틈에서 신경전달물질을 제거하는 두 번째 방법은 각종의 효소를 사용하여 시냅스 틈에 존재하는 불필요한 신경전달물질들을 분해하여 비활성화시키는 방법이다. 이 효소의 하나인 카테콜-O-메틸트랜스퍼라제를 합성하는 COMT 대립유전자가 효소생성에 기능적이지 못할 경우 자살, 폭력, 공격성 등의 성향을 띠게 된다(Thapar, 2005; Yang et al., 2017).

신경전달물질은 크게 흥분성과 억제성 신경전달물질로 구분된다. 공포감, 공격성, 또는 행복감을 유도하는 신경전달물질들도 별도로 존재한다. 아드레날린과 유사한 반응을 초래하는 신경전달물질 노르에피네프린은 위험상황에서 투쟁-도피 반응을 하게 한다. 신경전달물질 중에서 범죄와 가장 긴밀한 연관이 있는 것은 도파민과 세로토닌이다. 대뇌 안에 적절한 양의 도파민과 세로토닌이 유지되고 이들의 신경전달이 효율적일 경우 정상적 감정, 사고, 행동이 가능하며 범죄나 공격성의 억제와 적절한 조절이 가능해진다. 그러나 효율적이지 못한 도파민과 세로토닌의 신경전달은 다양한 심리 및 행동이상을 초래하는 바, 우울증, ADHD, 행동장애, 반사회적 성향, 중독, 공격성 등을 그 예로 들 수 있다(Collins, 2004; Dowling, 1998; Raine, 1993).

2. 신경전달물질과 유전적 다형성

사람마다 도파민과 세로토닌의 양이 다른 이유는 근본적으로는 이들의 생산, 수송, 분해를 담당하는 유전자들이 유전적 다형성을 지니기 때문이다. 범죄와 관련하여서 도파민의 경우, 1개의 도파민 수송체 유전자와 2개의 도파민 수용체 유전자가 유전적 다형성을 지닌다. 세로토닌의 경우 세로토닌의 재흡수를 담당하는 세로토닌 수송체 유전자가 다형성을 띤다. 모노아민 산화효소A(monoamine oxidase A, MAOA)는 시냅스 틈에서 여분의 세로토닌과 도파민을 분해하여 비활성화시키는 효소이다. 이 효소를 생산하는 유전자인 모노아민 산화효소 A 유전자 또한 다형성을 지니고 있다.

(1) 도파민 관련 유전적 다형성

신경전달물질 도파민은 운동능력, 집중력, 문제해결능력을 매개한다. 특히 뇌에 존재하는 도파민시스템은 보상과 쾌락을 담당하는 역할을 한다. 특정 행위나 자극이 도파민을 증가시키는 경우 즉각적인 만족과 쾌감을 느끼게 되므로 사람들은 관련 행위나 자극을 지속적으로 추구하게 된다. 이런 이유로 도파민 시스템을 흔히 자동차의 가속페달에 비유한다. 도파민이 제대로 합성되지 않거나 도파민 시스템이 정상적으로 작동하지 않은 경우 우리 몸과 뇌 또한 정상 기능을 수행할 수 없다. 도파민은 흥분성 신경전달물질이다. 따라서 비정상적 도파민 신경전달은 충동적 행위 및 폭력범죄와 깊은 연관성을 지닌다(Niehoff, 1999; Raine, 2014).

도파민의 합성, 수송, 분해에 영향을 미치는 다형성 유전자로는 먼저 도파민 수송체 유전자 DAT1을 들 수 있다. DAT1은 40개의 인접한 염기들이 지속적으로 반복되는 가변수직렬반복(VNTR)에 의한 다형성 유전자로, 도파민을 시냅스 전 뉴런으로 재흡수하는 도파민 수송체를 합성하는 유전자이다. DAT1 유전자 중 40개의 염기들이 10회 반복하는 경우가 위험 대립유전자에 해당한다(Swanson et al., 2000). 그 이유는 이 대립유전자에 의해 합성된 도파민 수송체가 시냅스에 존재하는 도파민을 과도하게 재흡수하여 도파민 양을 비정상적으로 줄이기 때문이다. 분자유전학적 선행연구에 따르면 DAT1 유전자는 ADHD, 알코올 중독, 자극추구행위, 도박중독, 폭력범죄 및 반사회적 행위와 관련된 것으로 나타난다(Beaver, 2006;

Kirley et al., 2002; Sapolsky, 2017; Swanson et al., 2000).

DRD2 도파민 수용체 유전자는 도파민 D2 수용체의 합성에 필요한 유전자이다. DRD2 유전자는 단일염기다형성(SNP)에 의한 유전적 다형성을 띠며 A1과 A2 대립유전자로 나뉘는 바, 그 중 A1 대립유전자가 소수의 D2 도파민 수용체를 생산하여 대뇌 도파민 관련 활동을 위축시키기 때문에 위험 대립유전자로 간주된다 (Berman & Noble, 1997). 특히 이 유전자는 보상결핍증후군의 주원인으로 지목되고 있다(Blum, Cull, Braverman & Comings, 1996). 보상결핍증후군은 도파민 수용체의 장애 또는 결핍으로 인해 일반인에 비해 더 높은 수준의 자극이나 각성을 필요로 하는 증상을 말한다. 이 증후군을 겪는 사람은 일반인에 비해 술, 담배, 약물, 도박 또는 섹스에 탐닉하는 성향이 더 강하다. 기존 연구에 따르면 A1 유전자가 알코올중독, 코카인 및 아편중독, 도박중독, 자극추구성향 및 반사회적 성향과 관련이 있는 것으로 나타난다(Bau, Almeida & Hutz, 2000; Beaver, 2006).

DRD4 도파민 수용체 유전자는 D4 도파민수용체를 합성하는 유전자로 감정표현, 주의력, 동기부여 및 탐색행동을 매개한다(Schmidt et al., 2001). DRD4 유전자는 총 48개의 염기가 반복되는 가변수직렬반복(VNTR)에 해당하고 가능한 반복횟수는 2회에서 11회까지 다양하다. 그 중 7회 반복 대립유전자가 활동성이 약한 도파민 수용체를 합성하기 때문에 위험 대립유전자로 간주된다. DRD4 위험 대립유전자는 ADHD, 자극추구성향, 도박중독 등 다양한 사회심리적 문제들과 관련이 있는 것으로 확인된다(Comings et al., 2001; Faraone et al., 2001; Schmidt et al., 2001).

(2) 세로토닌 관련 유전적 다형성

세로토닌 시스템은 사람의 충동성이나 욕구를 조절하고 억제하는 역할을 담당하기 때문에 자동차의 제동장치에 비유된다. 세로토닌 시스템이 정상적으로 작동할 때 사람은 원시적인 욕구나 충동 또는 감정을 억제할 수 있게 되고 폭력 및 공격행위를 할 가능성은 줄어든다. 반대로 세로토닌 시스템이 정상적으로 작동하지 않을 경우, 충동성이나 욕구조절이 되지 않기 때문에 폭력을 포함한 다양한 행동 및 심리적 장애가 발생한다(Niehoff, 1999; Raine, 2014; Sapolsky, 2017). 세로토닌이 너무 적은 경우, 충동성, 욕구, 분노 등이 제대로 통제되지 않아 폭력, 자살, 알코올중독 등이 유발되기도 한다(Dowling, 1998; Niehoff, 1999; Raine, 2014). 특히 다른 종류의 신경전달물질과 비교했을 때, 세로토닌이 보다 일관되게 비행과 범죄행위를 예측한다(Moore, Scarpa & Raine, 2002).

세로토닌이 사람의 충동성과 행동을 통제하는 역할을 하므로 유전학자들은 세로토닌의 생성, 수송 및 분해에 영향을 미치는 유전적 다형성과 관련해 많은 연구를 축적해 왔다. 그 중 세로토닌 수송체 유전자(5-HTT)는 시냅스 상의 세로토닌을 재흡수하는 세로토닌 수송체 단백질을 합성하는 유전자로서 44개의 염기가 반복되는 가변수직렬반복(VNTR)에 의한 다형성을 지니며 염기배열의 길이가 긴 L 대립유전자와 짧은 S 대립유전자로 대별된다. 그 중 S 대립유전자가 세로토닌을 비정상적으로 재흡수하는 경향이 있으므로 위험 대립유전자로 간주된다. S 대립유전자는 특히 우울증과 행동 및 기분장애 등의 정신의학적 질환과 관련이 있다(Niehoff, 1999). S 대립유전자는 또한 충동성, 공격성, 반항장애, 품행장애와 관련이 높은 것으로 보고된다(Comings et al., 2000; Raine, 2014).

(3) 모노아민 산화효소 A 유전자

전술한 바와 같이 시냅스 상에 적절한 양의 신경전달물질을 유지하는 방법은 신경전달물질을 수송체로 재흡수하는 방법과 효소를 이용하여 분해하여 비활성화하는 방법이 있다. 모노아민 산화효소 A(monoamine oxidase A: MAOA) 유전자는 두 번째 방법에 활용되는 효소의 하나인 모노아민 산화효소를 합성하는 유전자이다. 모노아민 산화효소는 도파민, 세로토닌, 노르에피네프린의 분해를 담당하는 효소로 이 효소의 합성과 활동성이 비정상적이라면 시냅스 상의 신경전달물질들이 적절히 제거되지 않기 때문에 다양한 행동 및 정신병리적 증상들이 야기된다. 특히 이 효소가 과활성화되면 신경전달물질의 양이 급격히 감소하게 되고, 저활성화되면 신경전달물질의 양이 급격히 증가하게 된다. 이런 이유로 MAOA 효소의 활동성에 영향을 미치는 MAOA 유전자는 범죄 및 폭력과 깊은 관계가 있다.

MAOA 유전자와 범죄의 관계가 처음 알려진 것은 브러너(Brunner)와 동료들이 자신들이 연구결과를 1993년 학술지 사이언스에 발표하면서 부터이다(Brunner et al., 1993). 이 연구에서는 네덜란드의 한 가문의 남자들이 여러 세대에 걸쳐 강한 충동성과 공격성을 띠며 폭력, 방화, 강간 등의 범죄를 일삼아 온 점에 착안하여 이들의 유전자를 분석한 결과 모두 활동성이 약한 MAOA 대립유전자를 지니고 있음을 밝혔다. 이 대립유전자로 인해 생산된 MAOA 효소는 신경전달물질을 분해하는 기능이 약화되어 적절한 신경전달물질의 양을 유지할 수 없기 때문에 폭력행동 등이 발현된 것이다. MAOA 유전자는 성염색체인 X염색체에 위치하며 30개의 염기쌍이 반복되는 가변수직렬반복(VNTR)에 의한 다형성을 지닌다. 그 중 3회 반복 대립유전자가 활동성이 약한 MAOA 효소를 합성하므로 위험 대립유전자로 간주된다. 위 브러너 등의 연구 후 많은 연구가 MAOA 위험 대립유전자가 폭력성, 공격성, 기타 반사회적 성향 및 범죄행위와 연관이 있음을 밝혀냈다(Caspi et al., 2002; Foley et al., 2004; Haberstick et al., 2005).

(4) COMT 유전자

MAOA와 더불어 신경전달물질을 분해하는 또 다른 대표적 효소는 COMT (Catechol－O－Methyltransferase, 카테콜－O－메틸트랜스퍼라제) 효소이다. 이 효소는 세로토닌의 분해에는 관여하지 않고 도파민과 노르에피네프린의 분해만을 담당한다. 특히 전두엽 상의 도파민 분해를 전담하므로 전두엽의 정상기능 여부에 중대한 영향을 미친다. COMT 유전자는 COMT 효소의 합성에 관여하는 유전자로 Val 대립유전자와 Met 대립유전자를 지니는 바, Val 대립유전자가 도파민 분해능력이 저활성화된 효소를 합성하므로 위험 대립유전자로 간주된다. 기존 연구는 COMT 대립유전자가 ADHD, 공격성, 반사회적 행동 및 특히 Moffitt(1993)이 지칭한 생애 지속형 범죄 성향과 유의한 연관성이 있음을 시사한다(Caspi et al., 2008; Thapar, 2005).

제5절 뇌 구조 및 기능과 범죄와의 관계

1. 뇌 발달과정과 애착형성의 범죄학적 의미

뇌는 인간의 유전적 성향과 환경적 경험이 통합되는 최고 중추기관으로, 인간 유전자의 약 60%가 뇌를 구성하는데 사용된다. 뇌의 무게는 체중의 2%에 불과하나 신체가 사용하는 전체 포도당의 20% 이상을 활용하는 고에너지 소모기관이다.

우리의 인지, 감정, 정서 및 행위와 관련된 모든 정보의 수용, 연산처리, 출력, 전송기능을 담당하는 곳이 바로 뇌다. 사람이 하는 모든 생각, 언어, 행동은 결국 종합정보처리기관인 뇌를 통해 형성되므로 범죄행위 또한 뇌의 결과물임이 당연하다.

시냅스 가소성과 뇌발달

　　사람의 뇌는 출생 후 외부로부터 유입되는 시각, 촉각, 청각, 미각 등 모든 감각자극에 반응하며 빠른 속도로 시냅스와 신경회로들을 만들어 낸다. 시냅스는 두 뉴런의 수상돌기와 축삭이 연결된 것을 말하며 신경회로란 많은 수의 뉴런들이 동일한 신경전달물질을 활용하여 동일 정보를 협동하여 전달하는 회로 또는 통로로 이해할 수 있다. 시냅스는 서로 연결된 뉴런들 간에 충분한 신호 자극이 발생하지 않은 경우 저절로 소멸되는데, 이를 시냅스 가지치기(synaptic pruning)라 한다. 생후 2~3년 동안에는 생성되는 시냅스 숫자가 가지치기되는 숫자보다 월등히 많고, 그 후 사춘기 까지는 생성과 소멸의 양이 거의 비슷하다. 사춘기 이후에는 소멸되는 시냅스가 생성되는 것보다 많아진다. 결국 성인기에는 생후 2~3세에 지녔던 시냅스의 절반 정도만을 보유하게 된다. 즉, 인간의 뇌는 시냅스를 과잉 생산하도록 프로그램되어졌지만 개인이 접한 사회환경 속에서 빈번히 자극을 받아 활용되는 시냅스와 신경회로는 유지, 강화되고 활용되지 않는 것들은 가지치기되어 소멸된다(Perry, 2002).

　　이와 같은 사용-의존(use-dependent) 방식을 통해 시냅스와 신경회로가 강화 또는 감소하기 때문에 개개 시냅스와 신경회로의 정보전달의 효율성이 지속적으로 변화하며 뇌의 구조와 기능을 변화시키는 바, 이를 뇌의 가소성(plasticity)이라고 한다. 이 가소성은 환경과 경험에 따라 인간의 뇌 성장이 이뤄진다는 점과 뇌 발달에서 있어서 환경과 경험의 역할이 극히 중요함을 시사한다.

　　뇌는 크게 뇌간, 변연계, 그리고 대뇌피질의 3층 구조로 구성되어있다. 척추 위에 위치한 뇌간은 호흡, 순환, 생식 등 기초적인 생존관련 기능을 담당하고, 뇌의 가운데 부분에 위치한 변연계에는 편도체, 시상하부, 해마 등이 존재하며 주로 본능적 욕구, 충동, 감정을 담당한다. 그 중 편도체는 공포와 분노기능을 담당하기 때문에 범죄와 직접적 관련성이 높다. 뇌의 바깥쪽에 위치한 대뇌피질은 기억, 언어, 집중, 의식 등 고차원적 사고 기능을 담당하고 그 중 특히 전두엽은 변연계에서 대뇌피질 방향으로 투사(project)된 욕구, 충동, 감정 관련 신경정보를 억제하거나 사회적 맥락에 맞게 조절, 제어, 표출하게 하는 소위 집행기능을 수행한다(Perry, 2002).

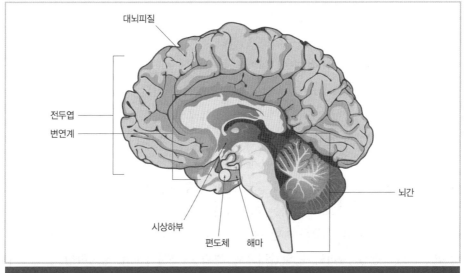

[그림 4-4] 뇌 구조도

뇌는 순차적으로 발달하는 바, 출생 시 뇌간은 이미 성장을 마친 상태이나, 변연계와 대뇌피질은 아이가 성장함에 따라 점차 발달해간다. 가장 늦게 성장하는 것은 대뇌피질로 집행기능의 핵심역할을 담당하는 전전두엽은 20대 초, 중반이 되어야 성장을 완료한다(Perry, 2002). 또한 뇌는 위계적 발달을 하는 바, 뇌간이 정상적 성장을 완료해야 이에 기초하여 변연계가 정상적으로 성장하고, 정상적인 변연계에 바탕을 둔 후에야 대뇌피질 또한 정상적인 발달을 마칠 수 있다.

뇌의 특정 부위의 구조나 기능이 정상적으로 발달하기 위해서는 해당 발달 시기(결정적 시기, critical period)에 환경으로부터 그 발달에 필요한 관련 자극을 받는 것이 필수적이다. 예를 들어, 고양이의 시신경이 발달하기 위해서는 생후 3개월 동안 빛, 색깔, 형체 등의 시각자극에 노출되어야 한다. 태어난 고양이의 눈을 3개월 동안 봉합하여 시각적 자극을 차단 한 경우 그 후에 봉합을 해제하더라도 고양이는 영구적으로 앞을 볼 수 없게 된다(Hubel & Wiesel, 1970). 뇌의 각 부위와 구조와 기능의 발달시기는 개체발생학적으로 이미 정해져 있고 각 관련 부위는 발달시기에 유입되는 외부 자극에 대단히 민감하게 반응함으로써 필요한 시냅스와 신경회로의 생성을 도모한다. 모든 개체(organism)의 뇌는 출생 후 특정 시기에 특정 자극을 경험할 것을 미리 예정하고 있고 해당 자극이 적절하게 주어져야만 관련 부위가 정상적으로 발달하게 되는 바, 이런 뇌 발달 원리를 경험-기대기전(experience-expected mechanism)이라고 한다.

뇌 발달이 경험-기대기전의 원리를 따른다는 사실은 범죄와 관련하여 중요한 함의를 지닌다. 생후 2~3년 동안에는 변연계와 관련된 시냅스와 신경회로들이 폭발적으로 증가하는 바, 이 시기에 개체발생학적으로 예측되는 자극을 적절히 받지 못하거나 비정상적 자극에 노출되는 경우, 변연계상의 시냅스와 신경회로는 정상적인 발달을 할 수 없다. 뇌는 위계적 발달을 하기 때문에 비정상적 변연계는 다시 대뇌피질 기능의 비정상화를 초래한다. 그렇다면 인간의 뇌가 생후 2~3년간 당연히 경험할 것으로 예상하는 자극들은 어떤 것들일까? 인간의 뇌는 현생인류가 탄생한 수렵채집 생활을 하던 구석기 시대(구체적으로 홍적세, Pleistocene)에 완성되었으므로 당시 아기들이 일반적으로 경험했던 자극들을 경험하면 변연계가 정상적으로 발달할 수 있도록 프로그램되어 있다. 그러한 자극의 예로는 엄마와 아기간의 지속적 신체접촉과 안아주기, 수유, 마주보고 웃기, 장난쳐 주기, 정서적 교감, 아기가 필요한 것을 즉시 해결해주기, 아기 혼자 방치하지 않기 등으로 흔히 엄마와 아기 간에 애착이 형성되었을 때 발생하는 아주 흔한 일상적 경험들이다(Perry, 2002).

이러한 일상적 경험들을 통해 변연계가 발달하기 때문에 변연계의 정상발달을 위해서 엄마 또는 주양육자와의 애착형성이 반드시 필요하다. 그러나 이런 애착 자극들이 주어지지 않는 학대나 방임, 유기의 경우, 변연계가 정상적으로 발달할 수 없다. 보다 구체적으로 설명하면, 유아기 시절의 뇌신경시스템은 각 뉴런들이 담당할 기능이 아직 구체화되어있지 않는 미분화 상태로 존재한다. 이때 개체발생학적으로 필요한 애착자극을 받지 못한 경우 뉴런의 이동, 생성, 분화에 이상이 발생하여 변연계의 구조와 기능의 정상발달에 심각한 문제가 초래된다. 비정상적인 변연계는 흔히 과도하게 활성화된 본능적 욕구, 충동, 감정 신호를 전두엽으로 투사하게 된다. 그러나 위계적 발달이 제대로 이뤄지지 않아 변연계에서 투사되는 신경신호에 대한 통제, 조절을 담당하는 전두엽의 기능마저 감소하게 된다. 대부분의 폭력 범죄자들의 뇌는 비정상적인 충동과 욕구를 생성하는 과활성화된 변연계와 그러한 충동에 대한 조절기능이 저활성화된 전두엽으로 구성된다(Raine, 2014). 따라서 반사회적 폭력성과 공격성은 결정적 시기에 당연히 경험할 것으로 예상되는 애착자극을 받지 못하거나 전혀 예견되지 못한 자극(학대, 폭력 등)으로 인해 변연계와 전두엽이 정상적으로 발달하지 못한 사실과 깊은 관련이 있다고 볼 수 있다.

이를 뒷받침하는 연구로 루마니아 고아들에 대한 연구들이 있다. 루마니아는 과거 독재정치와 가난으로 인해 출생 직후 부모로부터 버려진 많은 고아들이 애착, 인지, 정서 자극이 극도로 결핍된 채로 국영 고아원에서 지내다가 차후 서구 선진국으로 대거 입양된 사례가 있었다. 이 고아들에 대한 뇌 기능 검사결과 전두엽과 편도체의 물질대사(metabolism)가 심각히 저하되어 있었고 인지, 감정, 행동적 결핍이 두드러지며 반사회적 성향 또한 높았다(Chugani et al., 2001). 루마니아 고아들의 경우에도 출생 후 서구의 좋은 환경으로 조기에 입양될수록 뇌 회복 발달속도가 빨라 일반인과 유사한 수준의 뇌 기능을 지닐 수 있었으나, 입양시기가 늦어질수록 정상적 회복은 불가능하였다(Nelson et al., 2007). 이런 연구결과들은 뇌 발달이 활발히 진행되는 유아기와 어린 시절의 경험이 뇌 구조와 기능을 결정한다는 사실을 강하게 시사한다. 예를 들어 12살에 어린이가 겪은 애착 결핍은 단지 부정적인 기억으로 남을 수 있으나 한 살짜리 영아가 겪은 애착결핍은 뇌 발달에 치명적인 영향을 미친다. 마찬가지로 성인이 된 후 경험한 폭력행위는 뇌에 하나의 기억의 형태로 남는데 그치지만, 한 살 때 경험한 폭력은 뇌 구조에 영구적 변화를 가져온다.

같은 이유로 시냅스와 신경회로가 폭발적으로 증가하는 태아기와 출산 무렵인 주산기(周産期, perinatal period)에 외부에서 주입되는 기형유발물질(teratogen)은 태아의 뇌신경 발달에 심각한 손상을 가하게 된다. 태아기에 산모가 과도한 음주를 한 경우 태아 알코올 증후군(fetal alcohol syndrome)이 발생하여 태아의 뉴런의 정상적 이동과 분화를 방해한다. 그 결과 전두엽, 편도체, 해마, 시상하부 및 세로토닌계에 이상이 초래되어 낮은 지능, 과잉행동장애, 충동성, 감정 및 도덕성 결핍, 범죄행위를 유발한다. 미국의 경우 출생아의 1%가 이 증후군에 걸리지만 흑인들이 가장 높은 비율을 차지하며 동양인의 비율은 낮다(Sokol, Delaney – Black & Nordstrom, 2003). 임신 중 산모가 흡연을 한 경우에는 뉴런 생성을 보조하는 뇌유래 신경영양인자(brain – derived neurotrophic factor, BDNF)의 후성유전학적 메틸화가 심해져 뉴런 생성이 방해된다. 임신 중 흡연한 산모에게서 태어난 아기가 성장한 후 범죄를 저지를 가능성은 정상인에 비해 1.5배에서 4배 높은 것으로 조사되었다 (Wakschlag, Pickett, Cook, Benowitz & Leventhal, 2002). 납에 노출된 어린이들도 뇌신경발달의 장애를 경험한다. 납은 특히 지능을 떨어뜨리는 역할을 하는 바, 혈액 1 dL(데시리터)당 1μg(마이크로그램)의 납은 평균 0.5점의 지능을 낮추는 효과가 있다. 그 외에도 대뇌에 축적된 납은 도파민, 세로토닌, MAOA 효소의 작용을 방해하며 전두엽의 집행기능을 크게 훼손하는 것으로 보고된다(Wright et al., 2008).

뇌가 순차적·위계적으로 발달한다는 사실에 의거하여 나이와 범죄율의 관계를 설명할 수 있다. 일반적으로 비행과 반사회적 행위의 빈도는 사춘기에 접어들면서 증가하고 20대 중반부터 점차 감소하는 추세를 보인다(Hirschi & Gottfredson, 1983). 남자의 경우 사춘기에 변연계는 이미 성장하여 강한 활동성을 보이기에 본능적인 충동성, 보상 및 자극 추구행위가 증가한다. 그러나 이러한 욕구를 적절히 통제할 전두엽은 아직 충분히 발달하지 못했기 때문에 충동적이거나 반사회적 행위가 증가할 수밖에 없다. 20대에 들어서면 전두엽이 성장하여 충분히 활성화되기 때문에 변연계에서 발화되는 신경자극을 적절하게 통제 및 조절할 수 있어 점차 비행이 감소하게 된다. 이 과정에 개입하는 또 하나의 기제는 수초화(meylinization)이다. 수초(myelin sheath)는 뉴런의 축삭을 둘러싼 흰색의 지방조직으로 뉴런들 간에 전달되는 전기신호를 빠르고 효율적으로 전달하는 역할을 한다. 마치 전선을 둘러싼 피복으로 인해 전기가 소멸되거나 분산되지 않고 빠른 속도로 전달되는 이치와 유사하다. 수초화 역시 순차적으로 뇌간과 변연계가 먼저 진행되고, 다음으로 사춘기부터 20대 중반까지에 걸쳐 전두엽에서 진행된다(Parry, 2002). 따라서 나이가 들수록 전두엽의 수초화를 통해 뉴런들 간의 신호전달속도가 빨라지므로 감정, 욕구, 충동의 억제가 보다 손쉽게 이루어지기 때문에 비행이나 반사회적 행위 또한 줄어들게 된다.

2. 스트레스 반응시스템과 범죄

범죄의 발생은 우리 몸의 스트레스 반응시스템과 관련이 깊다. 인간을 포함한 모든 동물은 스트레스를 겪을 때 신경생리적 각성 상태에 돌입하고 당면한 스트레스 요인을 해결 또는 극복하고자 다양한 시도를 하게 된다. 스트레스 상황이 해결되고 나면 각성상태는 해제되고 원래의 평온한 상태로 돌아오게 된다. 즉, 생명체는 원래의 평형상태(equlibrium)로 돌아가 항상성(homeostasis)을 유지하고자 하는 성질을 지니고, 이러한 항상성을 유지하는 주요 기제가 스트레스 반응시스템이다. 인간은 크게 두 종류의 스트레스 반응시스템을 갖는 바, 자율신경계와 시상하부–뇌하수체–부신축(hypothalamic–pituitary–adrenal axis, 이하 HPA축)이 바로 그것이다.

우리 몸의 항상성은 변화된 신경생리적 지표들(혈압, 심장박동, 호르몬 등)을 다시 원래의 일정한 균형점에 맞추는 방식으로 유지된다. 그러나 스트레스가 장기화되고 이를 해결할 수 없는 상황이 지속되는 경우, 우리 몸은 애초의 균형점을 맞추는 것이 어렵기 때문에 아예 균형점을 올리거나 낮춤으로써 재조정된 균형점에 맞춰 항상성을 유지하게 되는 바, 이 현상을 알로스테시스(allostasis, 또는 신항상성)라 부른다. 알로스테시스는 스트레스 반응 시스템이 우리 몸을 외부 환경의 변화에 유연하게 적응할 수 있게 해주는 장점을 지닌다. 그러나 스트레스가 너무 강렬하거나 오랜 기간 지속되는 경우에는 반복적으로 활성화되는 교감신경계와 HPA축으로 인해 알로스테시스 부하(allostatic load)가 발생하고, 원래 지표들의 균형점을 점점 일탈하게 되어 결국 정상적 스트레스 반응 기능을 아예 상실하게 된다. 그 결과 DNA 메틸화, 신경전달물질 이상, 뉴런 손상 및 시냅스 가지치기가 심하게 발생하고, 인지능력 결핍, 정신장애, 마약중독, 범죄행위 등 다양한 신경심리행동 장애가 유발된다(Walsh & Yun, 2014).

알로스테시스 부하는 개인 간의 성(gender), 유전, 환경 및 경험의 차이에 따라 각기 상이한 양상으로 발현된다. 먼저 HPA축의 과활성화로 인해 과코티졸화(hypercortisolism) 현상이 유지되게 되면 스트레스 요인 발생 시 극도의 공포와 불안을 겪고 불안장애나 우울장애의 양상을 띠게 된다. 주로 학대받는 여자아이나 장기간 가정폭력에 시달리는 여성에게서 과코티졸화 현상이 발견된다. 알로스테시스 부하가 코티졸 분비를 감소시키는 저코티졸화(hypocortisolism)로 발현되는 경우에는 반대로 HPA축이 저활성화되어 불안과 두려움이 오히려 감소하게 된다. 저코티졸화는 학대가정이나 슬럼가와 같은 범죄유발환경에서 성장한 남자아이의 경우 자주 목격된다. 저코티졸화는 스트레스 반응 시스템의 마모를 예방할 수 있고 스트레스 요인에 대해 능동적으로 대처할 수 있어 과코티졸화에 비해 보다 기능적이다. 그러나 정상적인 사람이라면 당연히 불안과 두려움을 느끼는 상황(예, 싸움, 범죄행위, 처벌)에서도 HPA축의 저활성화로 인해 불안이나 두려움을 거의 느끼지 않기 때문에 폭력행위나 범죄의 수행이 정상인보다 더 용이하다는 특징이 있다. 과코티졸화에 비해 저코티졸화가 반사회적 행위 및 범죄와 강한 연관성을 지니고 이는 냉담 – 무정서(callous – unemotional)기질로 대표되는 싸이코패스의 대표적 특징이 되기도 한다(Chialant, Edersheim & Price, 2016). 어린 나이에 반사회적 행위를 시작하여 일생동안 범죄를 저지르는 생애지속형 범죄자들도 저코티졸화 성향을 띤다(McBurnett, Lahey, Rathouz & Loeber, 2000).

자율신경계의 경우에도 알로스테시스 부하는 과활성화 또는 저활성화 양상으로 발현된다. 과활성화의 경우에는 과코티졸화와 마찬가지로 스트레스 요인에 대해 과민하게 반응하여 불안, 공포 증상 등이 증가하는 반면, 저활성화의 경우에는 오히려 불안과 두려움이 감소하게 되어 반사회적 행위의 가능성이 증가한다. 싸이코패스 또한 정상인에 비해 하향조절된 자율신경계를 지닌다(Blair, 2008). 자율신경 과활성화는 범죄예방요인으로 작용한다. 학대가정이나 범죄유발환경에서 성장한 사람들 중 범죄행위를 전혀 저지르지 않는 사람들 중에 자율신경 과활성 반응을 보이는 경우가 많다. 범죄유발환경에서 성장한 과활성화된 자율신경계를 지닌 사람들과 양호한 환경에서 성장한 저활성화된 자율신경계를 지닌 사람들을 비교할 경우, 범죄행위를 더 많이 저지르는 것은 후자이다(Brennan et al., 1997).

HPA축과 자율신경계 반응은 양심과 도덕성의 발달과 깊은 관련이 있다. 흔히 사람들은 도덕성이나 양심이 순전히 추상적 인지나 사고의 산물인 것으로 생각하기 쉽지만 감정과 생리적 반응이 결정적 역할을 담당한다. 양심이나 도덕성이 발달하는 과정은 어릴 때 잘못된 행위로 인해 꾸중이나 처벌을 받을 경우 HPA축과 자율신경계가 활성화되어 불안과 두려움을 겪는 현상과 깊은 관련이 있다. 이러한 과정이 반복되면 나중에는 단순히 잘못된 행동을 계획하거나 생각만 해도 예상되는 처벌로 인해 저절로 부정적 정서를 경험하게 되어 결국 잘못된 행위를 할수 없게 된다. 이러한 생리신경적 반응이 양심과 도덕성을 형성하는 주요 기제이다(Walsh, 2002). 정상적인 환경에서 성장한 대부분의 사람들이 살인이나 사기 등의 흉악범죄를 저지르지 않는 것은 고전적 범죄이론에서 주장하듯 오롯이 이익과손해의 계산에 의한 인지적 결정에 따른 것이라기보다는 HPA축과 자율신경계의정상적 신경생리학적 반응의 결과이기도 하다. 학대를 받고 자란 아이들의 경우, 알로스테시스 부하로 인해 HPA축과 자율신경계가 저활성화 될 경향이 짙다. 이경우 잘못된 행위에 부과될 수 있는 처벌에 대한 두려움이 약하거나 아예 없기 때문에 공포조건화(fear conditioning)가 이뤄지지 않아 양심이나 도덕성 발달이 어렵게 되어 범죄자의 길을 걷게 될 가능성이 높아진다.

3. 결어

지금까지 뇌신경과학과 범죄의 관계에 관한 기초적 내용을 소개하였다. 실제인간의 뇌에는 헤아릴 수 없을 정도의 많은 부위가 존재하고 각 부위 또한 여러개의 하위부위로 나뉘어져 있으며 이들이 범죄와 관련하여 미치는 영향 또한 차이가 난다. 이곳에서는 범죄학도에게 필요한 최소한도의 지식을 뇌 발달 원리를 중심축으로 하여 소개하였고 의도적으로 복잡한 뇌부위나 하위부위의 기능과 범죄에 대한 설명은 생략하였다. 또한 공격성은 충동적·표출적 공격성과 도구적·약탈적 공격성으로 대별되는 바, 이 두 가지 공격성을 불러일으키는 신경기질(subtrates)과 신경 네트워크가 상이하지만 이에 대한 자세한 설명도 생략하였다. 간단하게줄여서 설명하자면, 이 두 가지 공격성 모두 변연계의 결핍과 관련되지만 전자는저하된 기능성을 지닌 전두엽에 의해, 후자는 일반인과 비슷하거나 오히려 상향된기능의 전두엽에 의해 발현된다고 할 수 있다.

복잡한 뇌 구조나 기능 그리고 알로스테시스 부하와 같은 개념은 기존 사회학적 범죄학도에게는 상당히 낯선 개념들이다. 그러나 뇌는 유전적 잠재력과 환경적 경험을 통합하여 우리의 모든 생각과 성향 및 행동을 창조해내는 곳이다. 범죄행위를 하게 하는 직접적 주범은 가난이나 사회구조 또는 비행친구라기 보다는 바로 우리의 뇌이다. 휘두른 칼이나 방아쇠를 당긴 손가락이 살인을 저지르는 것이 아니라 그 칼과 손가락을 움직이게 만든 뇌가 살인을 저지르게 하는 것이다. 따라서 뇌의 작용과 기능에 대한 이해가 없는 범죄학적 지식은 불충분한 지식일 수밖에 없다. 현재 뇌신경과학의 발전 속도는 가히 대단하다. 인간의 거의 모든 질병, 성향, 행위와 뇌의 관계가 속속 들어나고 있다. 뇌와 범죄의 관계에 대한 연구도 빠른 속도로 진행되고 있다.

뇌과학과 신경생물학이 범죄학에 접목될수록 범죄학의 수준 또한 진일보할 것임은 명백하다. 그러나 뇌과학 연구결과들을 접할 때 저지르기 쉬운 오류가 있다. 특정 뇌 부위와 기능의 결손이 특정 범죄와 관련이 있다는 내용의 논문을 접할 때, 일반인들이나 범죄학도가 그러한 뇌 결손이 마치 타고난 것이며 범죄자는 생래적으로 일반인과 다른 뇌를 지니고 있다고 오해할 수 있다는 것이다. 그러나 뇌의 이상과 결함의 대부분은 후천적으로 환경과 경험의 영향에 의해 발생한다는 사실을 명심해야만 한다. 뇌 발달의 결정적 시기에 당연히 경험할 것으로 진화상 예견된 애착경험의 결핍 또는 극히 비정상적 경험을 할 경우 뇌 기능과 구조에 극심한 손상이 가해지며 그로 인해 뇌 구조와 기능 자체가 비정상적인 상태로 발달한다. 그러한 과정에 개입되는 구체적 뇌신경 기제로는 시냅스 가지치기, 신경전달물질 비정상화, 스트레스 반응시스템 이상 등을 들 수 있다. 보다 더 근본적으로는 환경적 영향에 따른 DNA 메틸화나 히스톤 아세틸레이션에 의해 뇌 발달에 필수적인 기능을 담당해야 할 유전자들의 발현이 억제되거나 비정상적으로 발현되는 후성유전학적 기제에 의한 것이다.

뇌 발달에 환경의 영향이 중추적 역할을 한다는 후성유전학적 사실은 타고난 유전자의 염기배열을 변화시킬 수는 없으나 환경과 경험의 변화를 도모하여 정상적인 뇌를 만들어 낼 수 있는 가능성을 시사한다. 출생 직후의 뇌 발달은 주로 유전에 의해 결정되지만 그 후부터는 환경과 경험의 영향이 더 크게 작용한다(Perry, 2002). 결국 뇌과학적 지식이 우리 사회의 구성원들과 형사사법 시스템에 제시하는 함의는 뇌 발달이 가장 왕성하게 이뤄지는 영아기, 유아기 및 어린 시절에 애착형성 및 좋은 양육환경의 제공을 통해 아이들이 건강한 뇌를 갖게 하는 것이 우리 사회의 범죄를 줄일 수 있는 가장 효과적인 방법이라는 사실이다.

참고문헌

Bau, C. H., Almeida, S., & Hutz, M. H. (2000). The TaqI A1 allele of the dopamine D2 receptor gene and alcoholism in Brazil: association and interaction with stress and harm avoidance on severity prediction. American Journal of Medical Genetics, 96(3), 302−306.

Beaver, K. M. (2006). The intersection of genes, the environment, and crime and delinquency: A longitudinal study of offending (Doctoral dissertation, University of Cincinnati).

Berman, S. M. and E. P. Noble. (1997). The D2 dopamine receptor (DRD2) gene and family stress; Interactive effects on cognitive functions in children. Behavior Genetics, 27, 33−43.

Blair, R. (2008). The amygdala and ventromedial prefrontal cortex: Functional contributions and dysfunctions in psychopathy. Philosophical Transactions of the Royal Society: Biological Sciences, 363, 2557−2565.

Blum, K., Cull, J. G., Braverman, E. R., & Comings, D. E. (1996). Reward deficiency syndrome. American Scientist, 84(2), 132−145.

Brennan, P., Raine, A., Schulsinger, F., Kirkegaard−Sorenen, L., Knop, J., Hutchings, B., ... Mednick, S. (1997). Psychophysiological protective factors for male subjects at high risk for criminal behavior. American Journal of Psychiatry, 154, 853−855.

Brunner, H. G., M. Nelen, X. O. Breakefield, H. H. Ropers, and B. A. van Oost. (1993a). Abnormal behavior associated with a point mutation in the structural gene for monoamine oxidase A. Science, 262, 578−580.

Caspi, A., Langley, K., Milne, B., Moffitt, T. E., O'Donovan, M., Owen, M. J., ... & Thapar, A. (2008). A replicated molecular genetic basis for subtyping antisocial behavior in children with attention−deficit/hyperactivity disorder. Archives of General Psychiatry, 65(2), 203−210.

Caspi, A., J. McClay, T. E. Moffitt, J. Mill, J. Martin, I. W. Craig, A. Taylor, and R. Poulton. (2002). Role of genotype in the cycle of violence in maltreated children. Science, 297, 851−854.

Chialant, D., Edersheim, J., & Price, B. H. (2016). The dialectic between empathy and violence: An opportunity for intervention?. The Journal of Neuropsychiatry and Clinical Neurosciences, 28(4), 273−285.

Christiansen, K. O.(1968). Threshold of tolerance in various population groups illustrated by results from Danish criminological twin study. In A. V S. de Reuck& R. Porter (Eds.), Ciba Foundation Symposium on the Mentally Abnormal Offender (pp. 107−116). London: Churchill.

Chugani, H. T., Behen, M.E., Muzik, O., Juhasz, C., Nagy, F., and Chugani, D. C., 2001: Local brain functional activity following early deprivation: A study of post−institutionalized Romanian orphans, Neuroimage 14, 1290-1301.

Cleveland, H. H., R. P. Wiebe, D. C. Rowe. (2005). Sources of exposure to smoking and drinking friends among adolescents: A behavioral−genetic evaluation. The Journal of Genetic Psychology, 166, 153−169.

Collins, R. E. (2004). Onset and desistance in criminal careers: Neurobiology and the age−crime relationship. Journal of Offender Rehabilitation, 39, 1−19.

Comings, D. E., R. Gade−Andavolu, N. Gonzalez, S. Wu, D. Muhleman, H. Blake, F. Chiu, E. Wang, K. Farwell, S. Darakjy, R. Baker, G. Dietz, G. Saucier, and J. P. MacMurray. (2000). Multivariate analysis of associations of 42 genes in ADHD, ODD, and conduct disorder. Clinical Genetics, 58, 31−40.

Dowling, J. E. (1998). Creating Mind: How the Brain Works. New York: W. W. Norton and Company.

Dugdale, R. L. (1877). " The Jukes": A Study in Crime, Pauperism, Diseases, and Heredity; Also, Further Studies of Criminals. GP Putnam's sons.

Faraone, S. V., A. E. Doyle, E. Mick, and J. Biederman. (2001). Meta−analysis of the association between the 7−repeat allele of the dopamine D4 receptor gene and attention deficit hyperactivity disorder. American Journal of Psychiatry, 158, 1052−1057.

Foley, D. L., L. J. Eaves, B. Wormley, J. L. Silberg, H. H. Maes, J. Kuhn, and B. Riley. (2004). Childhood adversity, monoamine oxidase A genotype, and risk for conduct disorder. Archives of General Psychiatry, 21, 738−744.

Haberstick, B. C., J. M. Lessem, C. J. Hopfer, A. Smolen, M. A. Ehringer, D.

Timberlake, and J. K. Hewitt. (2005). Monoamine oxidase A (MAOA) and antisocial behaviors in the presence of childhood and adolescent maltreatment. American Journal of Medical Genetics, 135B, 59−64.

Goddard, H. H. (1912). The Kallikak family: A study in the heredity of feeble−mindedness. Macmillan.

Grove, W. M., Eckert, E. D., Heston, L., Bouchard Jr, T. J., Segal, N., & Lykken, D. T. (1990). Heritability of substance abuse and antisocial behavior: A study of monozygotic twins reared apart. Biological Psychiatry, 27(12), 1293−1304.

Hirschi, T., & Gottfredson, M. (1983). Age and the explanation of crime. American Journal of Sociology, 89(3), 552−584.

Hubel, D. H., & Wiesel, T. N. (1970), "The period of susceptibility to the physiological effects of unilateral eye closure in kittens". The Journal of Physiology, 206(2), 419−436.

Kirley, A., Z. Hawi, M. Phil, G. Daly, M. McCarron, C. Mullins, N. Millar, I. Waldman, M. Fitzgerald, and M. Gill. (2002). Dopaminergic system genes in ADHD: Toward a biological hypothesis. Neuropsychopharmacology, 27, 607−619.

Largent, M. A. (2011). Breeding contempt: The history of coerced sterilization in the United States. Rutgers University Press.

Mason, D. A., & Frick, P. J. (1994). The heritability of antisocial behavior: A meta−analysis of twin and adoption studies. Journal of Psychopathology and Behavioral Assessment, 16(4), 301−323.

McBurnett, K., Lahey, B., Rathouz, P., & Loeber, R. (2000). Low salivary cortisol and persistent aggression in boys referred for disruptive behavior. Archives of General Psychiatry, 57, 38−43.)

Mednick, S. A., Gabrielli, W. F., & Hutchings, B. (1984). Genetic influences in criminal convictions: Evidence from an adoption cohort. Science, 224(4651), 891−894.

Moffitt, T. E. (1993). Adolescence−limited and life−course persistent antisocial behavior: A developmental taxonomy. Psychological Review, 100, 674−701.

Moore, T. M., A. Scarpa, and A. Raine. (2002). A meta−analysis of serotonin metabolite 5−HIAA and antisocial behavior. Aggressive Behavior, 28, 299−316.

Nelson, C. A., Zeanah, C. H., Fox, N. A., Marshall, P. J., Smyke, A. T., & Guthrie, D. (2007). Cognitive recovery in socially deprived young children: The Bucharest Early Intervention Project. Science, 318(5858), 1937−1940.

Perry, B. D. (2002). Childhood experience and the expression of genetic potential: What childhood neglect tells us about nature and nurture. Brain and Mind, 3(1), 79−100.

Plomin, R. (1990). Nature and nurture: An introduction to human behavioral genetics. Pacific Grove, CA: Brooks/Cole.

Raine, A. (1993). The Psychopathology of crime: Criminal behavior as a clinical disorder. San Diego, CA: Academic Press.

Raine, A. (2002). Biosocial studies of antisocial and violent behavior in children and adults: A review. Journal of Abnormal Child Psychology, 30, 311−326.

Raine, A. (2014). The anatomy of violence: The biological roots of crime. Vintage.

Rhee, S. H., & Waldman, I. D. (2002). Genetic and environmental influences on antisocial behavior: A meta−analysis of twin and adoption studies. Psychological Bulletin, 128, 490-529.

Rujesco, D., I. Giegling, A. Gietl, A. M. Hartmann, and H−J. Möller. (2003). A functional single nucleotide in the COMT gene is associated with aggressive personality traits. Biological Psychiatry, 54, 34−39.

Rutter, M. (2007). Gene-environment interdependence. Developmental Science, 10(1), 12−18.

Sapolsky, R. M. (2017). Behave: The biology of humans at our best and worst. Chicago: Penguin.

Scarr, S. and K. McCartney. (1983). How people make their own environments: A theory of genotype → environment effects. Child Development, 54, 424−435.

Sheldon, W. H., Stevens, S. S., Tucker, W. B. (1940). The varieties of human physique. New York, NY: Harper & Brothers.

Sokol, R., Delaney−Black, V., & Nordstrom, B. (2003). Fetal alcohol spectrum disorder. Journal of the American Medical Association, 290, 2996−2999.

Swanson, J. M., P. Flodman, J. Kennedy, M. A. Spence, R. Moyzis, S. Schuck, M. Murias, J. Moriarity, C. Barr, M. Smith, and M. Posner. (2000). Dopamine genes and ADHD. Neuroscience and Biobehavioral Reviews, 24, 21−25.

Thapar, A., Langley, K., Fowler, T., Rice, F., Turic, D., Whittinger, N., ... & O'Donovan, M. (2005). Catechol O−methyltransferase gene variant and birth weight predict early−onset antisocial behavior in children with attention− deficit/hyperactivity disorder. Archives of General Psychiatry, 62(11), 1275− 1278.

The Chimpanzee Sequencing and Analysis Consortium. (2005). Initial sequence of the chimpanzee genome and comparison with the human genome. Nature, 437, 69−87.

Verweij, K. J. H., Zietsch, B. P., Lynskey, M. T., Medland, S. E., Neale, M. C., Martin, N. G., ... Vink, J. M. (2010). Genetic and environmental influences on cannabis use initiation and problematic use: A meta−analysis of twin studies. Addiction, 105(3), 417-430.

Wakschlag, L., Pickett, K., Cook, E., Benowitz, N., & Leventhal, B. (2002). Maternal smoking during pregnancy and severe antisocial behavior in offspring: A review. American Journal of Public Health, 92, 966-974.

Waldman, I. D., & Rhee, S. H. (2006). Genetic and environmental influences on psychopathy and antisocial behavior. In C. J. Patrick (Ed.), Handbook of Psychopathy (pp. 205-228). New York, NY: Guilford.

Walsh, A. (2002). Biosocial criminology: Introduction and integration. Cincinnati, OH: Anderson.

Walsh, A., & Yun, I. (2014). Epigenetics and allostasis: Implications for criminology. Criminal Justice Review, 39(4), 411−431.

Wright, J., Dietrich, K., Ris, M., Hornung, R., Wessel, S., & Lanphear, B. (2008). Association of prenatal and childhood blood lead concentrations with criminal arrests in early childhood. PLoS Medicine, 5, 732−740

Yang, C., Ba, H., Cao, Y., Dong, G., Zhang, S., Gao, Z., ... & Zhou, X. (2017). Linking Y-chromosomal short tandem repeat loci to human male impulsive aggression. Brain and behavior, 7(11), e00855.

Yun, I., Cheong, J., & Walsh, A. (2011). Genetic and environmental influences in delinquent peer affiliation: From the peer network approach. Youth Violence and Juvenile Justice, 9(3), 241−258.

제 5 장

사회해체이론

제 5 장 사회해체이론

제 1 절 사회해체이론의 등장 배경

19세기 말 사회학계의 원로 격인 뒤르켐(Durkheim)이 당시 사회의 진단 및 학계에 미친 영향은 매우 컸다. 그는 프랑스 사회의 급격한 사회변동을 아노미 (anomie)로 진단하고 사회병리적 상태에서 벗어나기 위한 대안을 제시하였다. 분석의 단위는 다르지만, 뒤르켕과 유사한 시각에서 급격한 사회변동을 진단한 사람들이 시카고학파의 학자들이다. 특히 1920년대 시카고대학 사회학과의 구성원들은 사회통제의 붕괴에 관심을 가지고 범죄와 관련한 환경적 요인을 분석하고 그 관계를 정리하는 데 집중하였다. 다만 뒤르켐이 사회 전체의 급격한 변화에 초점을 맞추었던 것에 비해 시카고의 학자들은 근린(neighborhood)에서의 급격한 변화에 초점을 맞추었다는 차이가 있다.

시카고의 학자들이 후대에 이르기까지 많은 관심과 주목을 받는 이유는 근린과 관련한 많은 양의 자료를 수집하고 체계화하였다는 점인데 특히 범죄와 관련한 다양한 자료들을 다양한 방법을 통해 관찰하고 체계적으로 정리하였다는 점에서 의의가 있다.

제2절 초기의 시카고 학자들

1. 토마스의 상황 정의

토마스는 소위 상황 정의(situational definition)라는 용어를 통해 사회와 문화의 인지적 경험의 중요성을 강조하였다. 경험적 인지란 현실이나 실재(사물과 현상)에 대한 사회적 규정을 의미한다. 다시 말해 사물과 현상을 개인이 어떻게 경험적으로 인지하는지를 이해하려면 그가 사물과 현상에게 부여한 개별적 속성과 주변의 환경을 객관적으로 규정하고 인식하게 되는 일련의 과정을 이해해야 한다. 따라서 사회적 사실(social fact)이란 개인의 인지작용과 무관하게 독립적으로 주어진 것이 아니라, 개인이 살아가고 있는 사회와 경험하고 있는 문화의 틀 안에서 그 사실을 어떻게 인지하느냐에 따라 다양하게 정의되고 규정될 뿐 아니라 나아가 그 사실이 가지는 의미 역시 다양하게 해석될 수 있다.

세상에 대한 경험적 인지는 경험할 수 있는 세계와 경험할 수 없는 세계로 구분되는데 우리는 전자를 현실이라고 부르고 후자를 믿음이라고 부른다(김경동, 2007: 42). 이 경험적 세계와 비경험적 세계는 사회적 수준에서 항상 동일하지 않으며 개인적 수준에서도 항상 같은 의미를 갖지 않는다. 다시 말해 시대와 배경에 따라 동일한 현상에 대한 가치와 믿음이 변화한다는 말이다. 배비(Babbie, 1977: 81)가 말하는 소위 화물숭배(cargo cult)가 이를 잘 대변한다. 과거 제2차 세계대전 시절에 미국이 폴리네시안 군도를 군수물자 조달의 장으로 활용하던 시절에 군수물자의 이동을 위해 군도 내의 여러 섬에 비행장을 건설하고 그곳에 거주하는 다수의 원주민에게 수많은 물자를 제공하였다. 전쟁이 끝난 이후 미군이 다 떠난 자리에 인류학자들은 원주민들의 행동과 관련한 재미있는 사실을 관찰하게 된다. 즉, 수많은 원주민이 스스로 전쟁 시 관찰했던 것처럼 커다란 새가 수많은 물자를 가져다줄 것이라는 믿음을 가지고 미군이 떠난 공터에 계속해서 비행장을 짓고 있는 장면을 목격한 것이다. 이처럼 화물이 올 것을 기대하는 믿음은 하나의 종교처럼 자리하여 그 시대를 살아가는 사람들의 믿음으로 남게 되고 그 믿음은 원주민의 건설행동으로 이어진다. 개인의 믿음과 그 믿음을 개인들의 인지구조를 거쳐 행동으로 연결해주는 기제를 잘 파악하는 것이 경험적 인지의 기초작업이라 하겠다.

이와 같은 인지적 경험은 직접 관찰하고 경험할 수 있는 현실적 대상에만 국한되지 않는다. 비록 관찰할 수 없고 직접 경험하지 못한 사건이라 하더라도 우리는 다양한 상징과 기호를 통해 비 경험적 세계에 대한 믿음을 형성하고 마치 그 믿음이 사회적 실재처럼 받아들이며 그 믿음에 따라 우리의 행동을 조정해간다. 따라서 사회적 현실과 사회적 질서란 실재적 세상과 동떨어져 독립적으로 주어진 것이 아니라 수많은 사람이 서로 소통하고 대화하며 상호작용하는 과정에서 사회적 사실로서 받아들이고 동의하는 과정을 통해 형성되는 것이다. 이 같은 맥락에서 토마스(Thomas)의 상황 정의를 이해할 수 있다.

토마스는 소위 상황 정의(situational definition)라는 개념을 통해 인지적 경험의 중요성을 강조한다. 즉, 사람들이 실재를 무엇이라고 규정하느냐에 따라 그것이 객관적으로 사실인지 아닌지에 관계없이 그것을 규정한 사람들에게는 그대로 현실이 되고 그들의 행동 역시 그 현실에 맞게 이루어진다. 예를 들어 에릭슨(Erickson, 1966)은 「방탕한 청교도」(Wayward Puritans)라는 책을 통해 영국 식민지 시절 미국 매사추세스만에서 발생한 범죄증가(crime wave)를 설명하였다. 당시 미국에 이주한 청교도들은 3차에 걸쳐 발생한 급작스러운 범죄증가의 이유가 다름 아닌 악마의 농간이라고 보았다. 1762년에 발생한 세 번째 범죄증가는 가장 심각해서 당시 사람들은 마녀(witch)로부터 삶의 터전이 침략당했다고 믿었다. 물론 마녀의 침략은 실제가 아니었으나 다수의 사람이 사실로 믿는 사회적 현실이 되었고 그에 따라 적지 않은 여성 독거노인들이 마녀의 낙인을 받고 화형을 당하거나 자맥질 의자(ducking stool)의 희생자가 되었다. 이처럼 상황 정의는 사람들의 삶과 믿음에 커다란 영향을 행사하며 때론 문화적 수준에서 때론 개인적 수준에서 그들의 태도와 행위를 좌우한다. 이처럼 범죄에 대한 상황 정의는, 토마스가 제안하고 에릭슨이 확인한 바와 같이, 비록 범죄에 대한 처벌수준이 실제 범죄율의 증감과 관계없이 안정적인 수준을 유지한다고 하여도 일반인들의 범죄 인식 및 대응에 큰 영향을 미친다.

2. 워스와 파크의 도시 연구

한편 루이스 워스(Louis Wirth, 1938)는 "삶의 방식으로서의 도시성(urbanism as a way of life)"이라는 논문에서 인간의 복잡한 삶의 방식을 논의하였다. 인간은 도시생활이 가지는 익명성, 추상성, 일시성, 다양성 및 특수성 등의 복잡한 상황 속에서 분절화되고 이질화된 다양한 조직의 구성원으로 살아간다. 금전적 결합이 인간적 관계를 대체하고 제도적 기능도 개인보다는 대중적 필요에 부응한다. 따라서 개인은 개인으로서가 아니라 조직화된 집단 속에서만 효과적으로 삶을 영위한다. 도시성이라는 복잡한 현상은 다양한 사회이론에 기초한 사회학적 분석이 이루어질 때 비로소 통일성과 응집력을 추구할 수 있다. 이 연구가 성공적이려면 생태학, 조직론, 도시적 삶의 사회심리학 등에 관한 경험적 증거가 쌓여갈 필요가 있다. 이처럼 워스에게 도시의 삶은 농촌의 삶과 대비되는 문제를 지니지만 바로 그 도시성이 당대 사람들의 삶과 일상을 지배하는 하나의 문화적 현상이자 중요한 삶의 지표이다. 이러한 워스의 생각은 훗날 파크와 버제스가 「도시」(The City)라는 저서에서 적나라하게 기술한 도시의 일상을 통해 보다 생생하게 드러난다.

19세기 말에서 20세기 초까지 10년마다 인구가 배로 늘어나던 시카고에서 25년간 기자 생활을 하던 파크(Park)는 1914년 시카고대학의 교수로 임명되면서 자신만의 인간생태학(human ecology) 연구를 개척하였다. 파크는 워밍(Eugen Warming)의 식물생태학적 개념을 차용하여 인간공동체를 생태학적으로 설명하였다. 때론 자유방임적 경제로 때론 규제적 경제로 제한되는 인간공동체는 워밍이 규정한 식물공동체와 본질적으로 다르지 않다. 개별 유기체는 상호 연관되고 상호의존적이며 각자의 삶을 위해 끊임없이 투쟁한다.

파크의 인간생태학 이론은 '공생'과 '침입-지배-계승'이라는 두 핵심 용어로 대변된다. 먼저 공생(symbiosis)이란 생태학적으로 규정된 장소에서 유기체들이 서로 어울려 살아가는 것을 말한다. 생태학은 동식물이 각자의 자연적 서식지에서 서로 어떤 관계를 맺고 살아가는가를 연구하는 생물학의 한 분과이다. 덴마크의 생태학자 워밍(Warming)은 특정 지역에 사는 일군의 식물들을 관찰한 후, 개별 수준의 식물유기체에서 발견되는 수많은 특징이 집단 수준의 식물군에서도 발견된다는 사실을 알아냈다. 이 일군의 식물들은 식물공동체로서 자신들만의 경제활동¹⁾을 영위하면서 다른 식물들과는 차별화된 번식(繁殖)결과를 보여준다. 만약 공동체의 개별 유기체들이 독립적 삶을 추구하면서 각자의 생존을 도모했다면 가혹하고 매서운 환경으로 인해 살아남기 힘들 것이다. 반면 공동체적 삶은 독립적 삶에 비해 개별 유기체들이 생명을 유지, 연장 및 재생산하는 데 있어 유리한 환경을 제공한다. 남극의 황제펭귄들이 혹독한 겨울을 나기 위해 허들링(huddling)을 하는 것과 같은 이치이다.

공생(symbiosis)은 동종의 생존에만 이로운 것이 아니다. 서로 다른 종일지라도 상생하는 가운데 더욱 번창한다. 비록 개별 유기체들이 동종 혹은 이종으로 이루어진 군집을 이뤄 살아가지만, 상호 간의 균형과 교류가 원만히 이루어지면 결국 거대 유기체인 자연지역(natural area)에서의 삶은 성공적으로 이루어진다. 인간들의 삶도 마찬가지이다. 다양한 인종이 서로 교류하며 성장, 발전해가면 결국 이들이 서로 어우러지는 자연지역이 형성된다. 이처럼 도시는 인간 유기체들의 상생을 위한 하나의 생태학적 장(場)이 된다.

자연지역은 지역주민 간의 공생적 상호관계로부터 유기적 통일성(organic unity)²⁾을 형성한다. 다양한 주민들은 서로 이질적이지만 상호 의존적일 수밖에 없기에 같은 운명을 받아들이고 동질감을 느낀다. 도시라는 초거대 유기체 안에서 이질적 사람들이 동질적 삶을 추구하는 다수의 자연지역이 형성된다. 자연지역은 차이나타운이나 리틀이태리 혹은 블랙벨트처럼 인종 혹은 민족적 동질성을 띠기도 하고, 계층, 직업, 산업 등으로 구분되는 경제적 동질성을 형성하기도 하며, 강이나 개천, 건물이나 도로와 같은 자연적 혹은 인위적 구조물로 구분되는 경계적 동질성을 띠기도 한다. 공생적 관계는 자연지역을 공유하는 사람들 사이에서만 형성되는 것이 아니라 자연지역 사이에서도 이루어진다. 마치 푸줏간과 제빵점이 서로의 필요에 따라 상품을 주고받듯이 상업지구와 주거지구 간에도 공생적 관계가 형성된다.

두 번째 개념인 침입-지배-계승은 특정 지역에서의 자연적 균형이 무너지

---

1) 식물들의 삶을 비용 효율적으로 만들기 위한 일련의 활동들을 말한다. 예를 들어, 특정 지역에 서식하는 식물은 유사한 조건의 다른 서식지에 사는 동종의 식물보다 생장, 번식, 수정 등의 일련의 과정에서 비용적으로 효율적일 수 있다.

2) 플라톤의 문학론에서 처음 제기된 후 아리스토텔레스가 발전시킨 개념으로서 사물은 상호의존적인 부분들의 합으로 이루어졌음을 의미한다.

고 변화하는 과정을 기술한다. 특정 지역에서 한 종(種)이 다른 종이 소유한 구역을 침입하여 그곳을 지배한 후 토착세력을 몰아낼 수도 있다. 마치 식물생태계에서 갈대밭이 뽕나무의 확산을 거쳐 울창한 소나무 숲으로 변화되듯이 인간의 세계에서도 유럽인을 비롯한 다양한 인종들이 인디언이라는 토착세력의 영역에 침입, 지배, 계승의 과정을 거치면서 인종구성이 변화하였다. 미국 도시의 인종 변화를 살펴보면, 백인들이 수적으로 지배적 우위를 차지하던 동네가 흑인들의 침입으로 백인들의 도심 탈출이 시작되고 결국에는 백인이 아닌 흑인들이 다수가 된다. 과거에는 주거를 목적으로 하던 거주지역이 상업이나 유흥을 목적으로 하는 상업지역으로 탈바꿈하기도 하고 낡은 공장지대가 새로운 주거지역으로 재개발되기도 한다. 이처럼 워스와 파크는 도시의 변화과정을 살펴봄으로써 사회변동의 근원을 파헤치고 사회문제를 파악하며 그 해결책을 제시하고자 하였다.

3. 버제스의 동심원 이론

침입, 지배, 계승의 과정을 보다 구체적으로 적용한 사람은 버제스(Burgess)이다. 그는 동심원 모델이라는 이론적 틀로 시카고의 확장 및 발전을 설명한다. 동심원모델이란 마치 중심은 같지만 지름이 다른 다수의 원이 중심에서 외곽으로 확장해가듯 도시가 성장해가는 모습을 이론화한 것이다. 버제스는 도시를 지대(地帶, zone)라는 용어를 사용해 5개로 구분하였다.

제1지대는 소위 중심상업지구(CBD: Central Business District)로 그 주변을 둘러싼 제2지대에 포위되어 있다. 제2지대는 가장 오래된 영역으로 제1지대의 상업 및 공업이 확장됨에 따라 점진적으로 침입, 지배, 계승의 과정을 밟는다. 이곳에 속한 주택들은 이미 철거되었거나 앞으로 철거되게 되는데 상업 및 산업시설로 대체될 예정이기 때문이다. 제3지대는 거주에 가장 부적합한 곳으로 통상 최근에 이주한 사람들을 포함해 가장 빈곤한 사람들로 구성된다. 이곳은 중산층 수준의 거주지로 구성되어 있고 제2지대에서 탈출한 노동자와 가족들이 살아간다. 도시를 구성하는 최후 구역은 제4지대로 단독주택과 조금 더 비싼 아파트로 이루어졌다. 도시라고 할 수 없는 교외지역과 위성도시 지역으로 구성된 곳이 제5지대인데 통근지대라고도 한다. 이들 다섯 지대는 도시가 성장해가면서 겪게 되는 침입, 지배, 계승의 과정을 통해 확장해간다.

5개 지대는 각기 자신만의 자연지역을 갖게 되며 때로는 다른 구역의 자연지역과도 연계된다. 특히 버제스는 유대인 이주자가 초기에 정착한 시카고의 제2지대에 주목했다. 소위 전이(轉移) 혹은 점이(漸移) 지대라고 불리는 이곳은 빈곤한 사람들, 소수민족구성원들 그리고 사회적 일탈자들이 주로 거주함으로써 범죄와 비행에 가장 취약한 지역으로 그려진다. 사회의 현상을 분석하기 위한 지리적 접근은 이후 시카고 출신의 학자들이 지역과 범죄의 관계를 설정하는 이론적 토대가 된다.

제3절 시카고학파의 발전기

1. 발전기의 학자들: 쇼와 맥케이, 조보와 코트렐

범죄 혹은 청소년비행의 성격이 도시의 공간적 특성에 의해 형성된다는 생각은 쇼와 맥케이(Shaw & McKay)의 연구를 통해 보다 명료해진다. 특히 카리스마를 지닌 개혁가로 알려진 쇼(1895–1957)는 비록 농촌의 기독교적 가문에서 태어났지만 교회의 비이성적이고도 감성적 영향력에서 벗어나 객관적이고 과학적인 방법으로 사회학을 공부하기 위해 시카고로 향한다. 1918년에 시카고대학을 졸업한 후 지속적인 청소년 연구에 관심은 있었지만 박사과정을 밟는 대신 일리노이주 쿡카운티(Cook county, Illinois)의 청소년 보호관찰 실무자로 활발히 활동하였고, 그 업적을 인정받아 1939년 동 대학에서 명예박사학위를 받는다. 그가 보호관찰관으로 성공할 수 있었던 배경에는 연구예산 확보에 탁월한 능력을 발휘했기 때문이라는 평가도 있다. 보호관찰관으로서의 실무경험을 통해 쇼는 비행청소년들이 겪게 되는 열악한 환경에 대해 이해하고 공감하게 되었고 이러한 열정을 바탕으로 소년법원(youth court)에서만 열람할 수 있는 자료를 활용하여 청소년비행과 관련한 많은 업적을 남기게 된다.

한편 냉철한 연구자로 평가받는 헨리 맥케이(1899–1971)는 지도 위에 소년들의 주소를 명기하고 범죄율을 계산하는 등 공간 자료(spatial data)의 체계적 수량화

작업을 담당하였다. 스코틀랜드 이민자의 후손이었던 그는 이민의 영향력이 청소년비행의 유형에 미치는 영향력에 대해 특별히 관심을 가지고 쇼는 함께 연구에 참여한다.

이렇게 함께 하게 된 쇼와 맥케이는 파크와 버제스(1925)의 도시 연구를 계승, 발전시켰고 특히 동심원 이론을 경험적으로 검증한 선두주자가 된다. 그들이 사용한 자료는 비행청소년들의 거주지 주소로서 청소년비행에 대한 시각적 통계자료를 통해 비행에 미치는 지역의 영향력을 밝혀냈다. 사실 그들이 활동하던 20세기 초는 컴퓨터나 통계적 작업이 원활하지 않던 시기였기에 많은 양의 자료를 양적인 방법으로 연구하기가 여간 힘들지 않았다. 따라서 거주지 자료를 통해 청소년비행을 공간적으로 분석하고 이론적으로 재해석한다는 것이 지극히 기초적인 수준에 머무를 수밖에 없었지만, 훗날 지리적 범죄분석의 발전에 큰 자극이 되었음은 부인할 수 없다(Hardyns and Pauwels, 2018).

쇼와 맥케이는 청소년비행의 지리적 집중현상이 중심상업지역으로부터 외곽으로 벗어날수록 약화된다고 지적하면서 도심집중현상이 가장 극심한 곳은 버제스의 동심원 모델에서 제시된 전이지대(zone in transition)라고 주장하였다. 전이지대의 두드러진 특성은 잦은 주거지 이동과 범죄의 집중인데 특히 무단결석한 학생들, 청소년 비행자들, 범죄자 및 상습범들의 주소지들은 놀랍게도 서로 가까운 곳에 집중되어 있었다. 그들이 연구를 진행하는 수년 동안 지리적 특성과 범죄와의 관계가 상당한 정도의 통계적 안정성을 보여주었다는 점은 대단히 주목할 만한 사항이다.

쇼와 맥케이 이외에도 조보(Zorbaugh)는 파크의 지도하에 박사논문을 완성한 후 그를 발전시켜 「황금해안과 슬럼」(gold coast and slum, 1929)이라는 책을 발간한다. 그는 문화적 독특성에 따라 자연적으로 발생하는 문화지역(cultural areas)들이 도시의 성장과 발전과정에 따른 무계획적이고 자연적인 산물이라는 점에서 자연지역(natural areas)이라고 규정하였다. 할렘, 리틀이태리, 차이나타운, 코리아타운 등은 자연 지역으로서의 문화지역인 셈이다. 그는 또한 도시 사람들을 문화적으로 분리된 작은 지역들로 배분하여 이주시키는 것은 토지시장(land market)이라는 주장도 하였다. 그 밖에 코트렐(Cotrell)은 파크(Park), 버제스(Burgess), 미드(Mead) 등의 영향을 받았고 특히 통계적 자료분석에 강점을 보인 덕분에 훗날 스토우퍼

(Stouffer)의 「미국군인」(*American Soldiers*) 집필에 있어 군인의 사기 고양 조사를 통한 양적 자료를 보완하는 기여를 하였다.

이처럼 양적 접근에 강한 시카고의 학자들은 롬브로조와 그의 추종자들의 주장을 경험적 자료를 통해 반박하였다. 즉 사람들이 범죄를 저지르는 근본적인 원인은 그들의 유전적 구성물이 아니라 그들이 거주하는 지역의 지리적, 사회적 환경과 밀접히 연계되어 있다고 주장하면서 그러한 가정을 경험적으로 지지할 수 있는 자료를 제시하였다. 이러한 시카고학파의 주장이 주목을 받은 이유는 소위 생물학적, 심리학적 실증주의가 전성기를 구가하던 시대에 사회환경적 원인론을 주장하였기 때문이며 이를 통해 사회학적 범죄학의 기초가 다져졌다는 점에서 그 의의를 찾을 수 있다.

2. 쇼와 맥케이의 초기 연구 및 서덜랜드의 영향

다양한 자료들에 근거해 쇼와 맥케이는 지역사회의 특성과 청소년비행율 사이에 강한 생태학적 상관관계가 있음을 경험적으로 검증하였다. 특히 지역사회의 역할에 주의를 기울이면서 세 가지 유형의 근린 특성에 주목하였다. 첫째는 경제적 박탈 혹은 불이익과 관련된 것으로 싼 월세자 비율, 낮은 소득자 비율, 높은 실업률, 정부보조를 받는 높은 기초수급자 비율 등이 높은 청소년비행률과 상관관계가 높았다. 둘째는 소수자집단의 지리적 집중에 관련된 것으로 다양한 이민자집단이 존재할수록 청소년비행률과 높은 상관관계를 보였으며, 마지막으로 셋째는 인구전환이나 이주 혹은 주거 안전성의 결여와 관련된 것으로 이주율이 높은 집단일수록 높은 청소년비행률을 보였다.

이러한 근린 특성과 청소년비행률과의 관계는 비단 시카고에 국한된 것이 아니라 다른 도시에까지 적용되었다. 그러나 1950년 로빈슨(Robinson)의 생태학적 오류에 대한 지적이 있은 후 연구의 일반화에 제동이 걸렸으며 1960년대에 이르러서는 다른 도시에서의 연구들에서 쇼와 맥케이의 주장과는 다른 결과들이 속속 발견되었다. 또한 시카고학파의 이론적 접근과 같은 거시적 시각이 잠시 멈칫하였을 때 사회통제이론이나 사회학습이론과 같은 미시적 시각의 이론들이 다시 고개를 들기도 하였다. 하지만 1970년대 말에 이르러 시카고학파의 거시적 접근이 다시 부활하기 시작한다.

　쇼와 맥케이의 사회해체이론이 초창기에 주목한 것은 지역사회 및 근린의 변화과정이다. 그들이 보기에 특정 지역사회는 경제발전에 따른 산업화의 과정을 거치면서 점차 거주지로서의 특성을 잃어가고 상업 및 경제적 활동에 적합한 모습으로 변화하는데 이는 사회통제력의 약화를 의미한다. 즉 지역사회를 지탱하고 보호하던 공동체적 전통이 사라지고 인습적 가치가 약화되며 이를 틈타 비행과 범죄가 늘어난다.

　전통적 가치가 사라진 지역을 차지한 사람들은 주로 유럽에서 온 이민자집단이거나 남부에서 올라온 흑인집단이다. 이민자 혹은 흑인 출신의 청소년집단은 비행과 범죄의 대표적이자 실질적인 수행자이다. 이들은 서로 다른 다양한 역사적 배경과 문화적 가치를 바탕으로 통합과 화합을 이루기보다는 갈등과 반목의 양태를 보인다. 다양한 출신의 청소년들이 저지른 비행과 범죄는 통제되고 처벌되기보다는 용인되고 묵인된다. 과거 이 지역을 지배하고 통합하던 전통적 구가치는 사라지고 점차 이기적이고 소집단 중심적인 배타적 신가치가 자리 잡는다. 새로운 질서와 가치의 정립을 위한 사회적 움직임을 기대하기 어려운 상태가 지속되면서 통합적 가치보다는 분열적 가치가 지배적인 지역사회의 해체화 과정이 진행된다. 결과적으로 통합적 사회에서 전승되는 문화와 가치관이 버려지고 다양한 형태의 비행적, 범죄적 가치와 문화가 발생하고 유지되며 전승된다.

　쇼와 맥케이의 관심은 자기규제의 약화와 범죄/비행의 전승으로 요약된다. 우선, 지역사회를 지탱하는 중심적 기제는 구성원들의 자기규제(self-regulation)인데 점진적 변화를 경험하는 지역에서는 이러한 자기규제가 약화되는 모습을 보인다. 다음으로, 전통적 가치의 약화와 새로운 가치의 부상에 따른 비행과 범죄의 유행은 한 세대에 머무르지 않고 시간적으로 연속되어 전승되는 모습을 보인다.

　이러한 쇼와 맥케이의 두 가지 관심은 서덜랜드(Sutherland, 1883-1950)[3]와의 교류에서 비롯되었다. 서덜랜드의 차별교제이론은 범죄학의 역사상 가장 큰 유산

---

3) 범죄사회학의 아버지로 일컬어지는 서덜랜드(1883-1950)는 차별교제이론과 차별적 사회조직이론의 주창자(Hardyns and Pauwels, 2018: 12)로서 쇼와 맥케이의 시카고대학 선배이다. 차별교제이론과 차별적 사회조직이론은 그의 주 저서인 *the principles of criminology*에서 상세히 설명되어 있듯이 범죄에 대한 우호적, 비우호적 정의를 집단과 개인의 차원에서 구별하여 적용한 것이다.

중의 하나이다. 사회집단 내에서의 상호작용을 통해 범죄행위를 학습하게 되는 사회심리학적 과정이 개인의 범죄성을 설명한다는 것이 이 이론의 핵심주장이다. 차별교제의 과정에서 범죄자는 법위반에 우호적인 정의(favorable definition to law violation)를 법위반에 비우호적인 정의보다 더 많이 학습하게 될 때 법을 위반하고 범죄를 저지르게 된다. 차별교제이론에 비해 덜 알려진 차별적 사회조직 이론을 통해 서덜랜드는 개인적 수준에서의 정의(definition)를 집단적 수준에서의 조직화(organization)로 승화한다(Matsueda, 2006). 다시 말해 한 집단에서의 범죄율은 그 집단이 범죄에 대해 우호적으로 조직화되었는지 아니면 적대적으로 조직화되었는지에 따라 결정된다. 개인적 수준에서의 범죄행위가 개인의 범죄에 대한 우호적 혹은 비우호적 정의에 따라 달라지는 것과 마찬가지로 집단적 수준에서의 범죄율은 범죄에 대해 그 사회가 우호적인지 적대적인지에 따라, 즉 차별적 사회조직에 따라 달라진다. 초창기 이론적 개발과정에서 서덜랜드는 집단수준보다 개인수준의 이론 정교화에 더 많은 투자를 한 결과 차별적 사회조직이론의 성과가 차별교제이론의 명성에 비해 상대적으로 부진했지만, 그의 주장에는 최소한 두 가지의 요소가 함축되어 있음을 알아야 한다. 첫째는 정적인 측면에서 사회구조나 집단조직이 집단별 범죄율 차이를 설명한다는 점이고, 둘째는 동적인 측면에서 집단 내에서 이루어지는 과정에 따라 범죄율이 변화한다는 점이다(Matsueda, 2006).[4]

이렇듯 쇼와 맥케이는 서덜랜드와의 교류를 통해 그들의 이론을 정교화하였는데, 사회해체는 이웃에서의 자기 규제가 붕괴된 결과 초래되는 일시적 과정임과 동시에 문화적 전승에 의해 강화되고 변화하는 영속적 과정이기도 하다.

3. 쇼와 맥케이의 핵심주장

쇼의 이론은 시간이 지나면서 보다 정교화하는데 '비행지역(Delinquent Areas)' 과 맥케이와의 공저인 후속작 「도시 지역의 청소년 비행」(Juvenile Delinquency in Urban Areas)의 1942년 초판에는 당시 상징적 상호작용이론이 유행하였던 시카고의 학풍 및 서덜랜드의 영향력이 고스란히 반영된다. 1969년에 발간된 증보판에서

---

4) 보다 자세한 내용은 Matsueda(2006)을 참조.

는 근린의 맥락적 특성과 가족의 사회통제가 갖는 역할이 보다 강조되는데, 해체된 근린에서 비행적 신념체계가 청소년들의 행위에 강력한 맥락적 조건을 형성하는 상황에서 관습적인 사회적 기준에 미치지 못하는 가족은 정상적 사회화의 핵심기관 역할을 제대로 수행하지 못한다. 이처럼 쇼와 맥케이는 청소년들에 대한 사회통제 결여 및 해체지역의 문제해결능력 결여에 주목하면서 지역사회에 초점을 맞춘 거시적 주장을 하게 된다.

지역사회에 대한 쇼와 맥케이의 첫 번째 주장은 물리적 환경에 관한 것이다. 높은 범죄율을 보이는 근린은 상업이나 공업이 발달한 지역에 가까이 위치하여 건물의 노화 및 인구의 감소와 같은 특성을 보인다. 도심에 가까운 지역은 공업과 상업적 특성을 가진 지역으로 변모하면서 거주지적 특성을 가진 건물이 감소하고 결국 주거지역으로의 역할을 제대로 수행하지 못하여 다수의 인구이동을 초래하게 된다. 즉, 주거안정성이 확보되지 못하는 물리적 환경은 높은 범죄율과 연관된다.

두 번째 주장은 경제적 환경에 관한 것이다. 높은 범죄율을 보이는 근린은 기초생활수급자 비율, 임대료 중위값, 자가소유율 등 경제적 기준에서 불리한 위치에 놓인 사람들이 다수를 차지한다. 경제적 불이익은 높은 영아사망율, 결핵보균율, 낮은 위생환경, 의료건강상의 불이익으로 이어진다. 쇼와 맥케이는 이러한 경제적 불이익이 그 자체로 범죄와 비행을 가져오기보다는 의료건강상의 불이익 등 다양한 측면에서 권력으로부터 소외를 당하는 것과 연관되어 있다고 본다. 즉, 지역의 빈곤율이 높은 범죄율과 연관된다.

마지막 주장은 인구구성에 관한 것이다. 당시 높은 범죄율을 보이는 근린은 가족의 가장이 외국 태생이거나 흑인인 경우가 집중적으로 발견된다. 청소년비행의 원인이 다양하고 이질적인 인종 혹은 민족적 요인에 있음을 경험적 자료로 파악한 쇼와 맥케이는 전이지대 안에 있는 특정 도심지역의 범죄율이 상대적으로 높다는 사실을 알아챈다. 즉, 이질적인 인구구성이 높은 범죄율과 관련이 있다.

이러한 주장들을 종합하면 전이지역은 가난하고 이질적인 구성원들의 잦은 이동으로 인하여 높은 범죄율을 보인다. 거주민의 교체율이 높음에도 불구하고, 즉 사람이 바뀌어도 범죄율은 여전히 높은 것이다. 또한 전이지대에서 이사해 나온 사람들이 구성한 지역은 오히려 여전히 낮은 범죄율을 보인다. 범죄율이 높은 지역에서 온 사람들이 구성한 지역인데도 범죄율은 여전히 낮다. 결과적으로 쇼와 맥케이는 높은 범죄율의 원인이 특정 인종이나 민족과 같은 개인적 특성과 관련된 것이 아니라 지역적 특성과 관련되어 있다고 보았다.

제 4 절 사회해체이론의 쇠퇴 및 부활

1. 사회해체이론의 쇠퇴

1950년대에 이르러 생태학적 오류로 알려진 로빈슨(Robinson, 1950)의 비판이 제기된 이후 한동안 시카고학파는 정체기를 맞는다. 로빈슨은 개인적 상관관계와 생태학적 상관관계를 구분하면서 생태학적 오류의 문제점을 지적한다. 개인적 상관관계에서 사용되는 변수는 사람의 키나 수입, 눈의 색이나 인종과 같이 기술적인(descriptive) 속성을 가진 변수이지 평균이나 백분율과 같은 기술통계적 상수가 아니다. 반면 생태학적 상관관계에서는 통계분석의 대상이 개인이 아니라 집단 혹은 복수의 사람들이다. 따라서 생태학적 상관관계에서 사용되는 변수는 평균이나 백분율과 같이 개인의 특성을 기술하는 것이 아니라 집단 혹은 복수의 사람들의 특성을 기술하는 것이다. 그럼에도 불구하고, 쇼와 맥케이를 포함한 다수의 학자들이 개인의 특성에 대해 파악하고자 하는 목적을 가지고 있었음에도 개인적 상관관계에 근거하지 않고 오히려 생태학적 상관관계에 근거해 자신들의 주장을 펼쳤다는 것이 로빈슨의 비판이다.

굿만(Goodman)은 사회학자들이 생태학적 변수를 사용하는 이유를 통해 로빈슨의 비판을 보다 명확하게 했다는 평가를 받는다. 예를 들어, 사회학자들은 지역의 문맹자 비율과 흑인 비율 간의 관계를 알아보기 위해 센서스국의 자료를 활용해 회귀분석을 하는데 사실 이들의 목적은 집단수준에서의 비율 관계를 파악하는 것이 아니라 개인 수준에서의 변수 관계를 알아보는 것이다. 다시 말해 인종이라는 변수와 문맹 여부라는 변수의 관계를 밝히고 싶은 것이다. 그러나 집단수준에서 두 변수 간의 관계가 높은 상관관계를 보였다고 해서 개인 수준에서도 같은 결과가 나오리라는 보장은 없다. 집단수준의 상관계수가 .946으로 나와 흑인이 많은 지역에서 문맹률이 높다 하더라도 흑인이 많은 지역의 문맹률이 백인이 많은 지역의 문맹률보다 낮을 수도 있는 것이다. 따라서 생태학적 상관관계를 알고 있다고 해서 그것이 개인의 행동과 관련된 추정을 하는데 있어서의 일반적 근거로 사용할 수는 없다는 것이다. 이러한 생태학적 오류로 인해 그동안 시카고학파의 학자들이 연구해온 방법론은 많은 비판에 직면하였고, 그 결과 시카고학파가 취한 집단을 변수로 하는 생태학적 연구는 상대적 위축을 경험할 수밖에 없었다.

2. 카사다와 재노위쯔(체계모델과 부활의 서막)

카사다와 재노위쯔(Karsarda and Janowitz, 1974)의 체계이론이 등장하면서 시카고학파 부활의 조짐이 나타난다. 공동체 애착 모델(community attachment model) 혹은 체계모델(systemic model)이라고도 불리는 그들의 이론은 앞서 워스가 도시공동체의 운명을 매우 비관적으로 바라보았던 것과 대비된다. 체계모델의 주창자들은 지역사회의 사회적 영역에 관심을 보이면서 공동체 연구가 활성화되기를 기대하였는데 공동체를 향한 태도와 행위에 가장 큰 영향을 주는 외적 요인으로 거주기간(length of residence)을 꼽았다. 자신들의 체계모델을 경험적으로 검증하기 위해 카사다와 재노위쯔는 영국의 전국 표본을 기초로 한 서베이자료를 사용하였다. 자료의 분석결과, 도시화, 밀도, 및 다른 요인들이 통제된 상태에서 거주기간은 개인들의 우정, 공동체 의식 및 지역 이슈 참여와 정적인 관계를 보였다.

체계모델은 농촌의 끈끈하고 돈독한 이웃 관계가 도시에서는 찾아볼 수 없다는 도농 간 생태학적 단순 비교가 아니라 사회학에 방점을 찍은 일반적 접근을 채택한다. 여러 주제 중 체계모델이 주목한 것은 사회적 응집(social cohesion)인데, 이는 미시적 수준의 개인뿐 아니라 거시적 수준의 공동체가 구성하는 사회적 연결망(social network) 속에서 발견된다. 다수의 사회적 주체인 행위자들과 이들의 상호작용을 유도하는 사회적 연결망은 그 밀도(density)를 통해 응집의 정도를 측정할 수 있다. 연결망의 밀도는 연결망 안에서 행위자들이 서로 연결된 정도를 말하는데, 예를 들어 세 사람으로 이루어진 집단에서 둘씩 서로 아는 관계가 세 개 존재한다면 밀도는 3으로 높지만 서로 아는 관계가 하나도 없다면 밀도는 0으로 아주 낮다. 도시에서는 농촌에 비해 연결망 밀도가 낮아지는데, 이는 거주지 안정성이 주요 원인이다.

이처럼 체계이론은 거주지 안정성을 중요한 요소로 꼽았다는 점에서 쇼와 맥케이의 이론과 유사하지만, 빈곤과 민족이질성을 배제하였다는 점에서 차이가 있다. 이들의 이론은 훗날 그라노베타 및 윌슨의 이론에 영향을 주기도 한다(Hardyns and Pauwels, 2018: 14)

3. 콘하우저의 사회해체적 관점

한동안 쇠퇴기를 겪었던 시카고학파에 활기를 불어넣은 사람으로 콘하우저(Kornhauser, 1978)를 빼놓을 수 없다. 그녀는 비행의 사회적 근원을 파헤친 자신의 책에서 쇼와 맥케이의 주장이 크게 사회해체적 관점과 하위문화적 관점 두 가지로 구성되어 있다고 파악한다. 사회해체적 관점은 청소년비행이 동네 또는 근린의 특성을 반영한다고 주장하는데, 그 이유는 근린에서의 주민관계 및 제도적 기능이 붕괴되면 효과적인 사회통제가 이루어지지 못하기 때문이다. 하위문화적 관점은 청소년들의 비행행위가 세월이 흐르면서 주민들 사이에 공유되는 가치와 규범에 반영되어 전승된다고 주장한다. 그녀의 판단에 따르면 쇼와 맥케이는 두 가지 관점 가운데 후자, 즉 하위문화적 관점을 더 중요시하였고 따라서 그들은 비행 하위문화가 청소년비행을 더 잘 설명한다고 보았다.

그러나 콘하우저는 이러한 쇼와 맥케이의 결론이 비논리적이라고 주장한다. 그녀가 보기엔 비행 하위문화란 저절로 형성되는 것이 아니다. 오히려 지역사회의 사회통제가 작동하지 않는 사회해체가 먼저 진행되고, 그로 인해 비행이 발생하며 비행 하위문화는 이러한 비행행위에 대한 사회적 지지를 제공하기 위해 형성되는 것이다. 따라서 사회해체가 어느 정도 진행된 동네에서는 비행 하위문화의 형성 여부와 관계없이 비행행위가 발생하지만, 사회해체가 진행되지 않은 동네에서는 비행이 발생하지 않기 때문에 비행을 지지하는 하위문화의 존재 자체가 가능하지 않다고 보았다. 따라서 이론적 차원에서 보면 비행의 발생에 중요한 역할을 하는 것은 사회해체이지 비행 하위문화가 아니다.

콘하우저는 쇼와 맥케이의 이론에서 '공동체 통제' 모델을 추출하여 사회해체를 설명한다. 가난한 사람이 많이 거주하고, 인종이나 민족이 다양하며, 주거 안정성이 낮아 이곳저곳으로 이주하는 사람이 많은 동네는 동네 주민들이 일상적으로 갈망하는 공동선이나 목표를 정상적으로 달성하는데 필요한 사회적 관계와 제도를 형성, 유지, 발전시키는 데에 문제가 있다. 따라서 빈곤, 민족 다양성, 주거 불안정성 등의 세 가지 특성을 갖는 근린에서는 높은 범죄율 및 비행률을 보인다. 콘하우저는 수많은 실증적 연구를 통해 자신의 주장을 뒷받침하였다.

4. 버식과 웹 및 스타크 - 거주지의 계승

1982년 버식과 웹(Bursik & Webb)도 콘하우저와 마찬가지로 시카고 근린의 사회해체가 그 지역의 청소년비행률을 결정짓는 핵심 요소라고 주장한다. 그들은 거주지의 특성이 거주자의 특성과 관계없이 세대를 이어 전승된다는 점에 주목하였다. 이를 거주지 계승(residential succession)이라고 한다. 쇼와 맥케이처럼 버식과 웹도 특정 지역은 거주자들의 교체에도 불구하고 여전히 높은 범죄 및 비행률을 유지한다는 점에 주목했고 이것이 의미하는 것은 사람이 아닌 지역이 문제라는 것이다.

다만 버식과 웹은 이러한 쇼와 맥케이의 주장이 1940년에서 1950년 사이에는 지지되었지만, 그 후 다른 양상을 띠었다고 보았다. 1950년대 이후 인구전환은 민족(ethnicity)이 아닌 인종(race)에 근거하였고 따라서 그 이전의 범죄율과 관계없이 인종적 인구전환을 경험한 거의 모든 근린에서 높은 범죄율이 발생하였다. 버식과 웹은 이를 공동체 안정성(community stability)이라는 면에서 바라보았다. 과거 쇼와 맥케이의 전이지역은 거주자들이 교외지역으로 점차 이동해 나가는 자연적 성장양식(natural growth pattern)을 보였지만 아프리카계 미국인들이 유럽계 미국인들을 대체하면서 이전의 자연적 성장양식도 훼손되어 아프리카계 미국인들은 도심지역을 벗어나 교외로 이주할 수 없게 되었다. 유럽계 미국인들은 아프리카계 미국인들의 유입을 반대하면서 그들의 이주를 막았고 그것이 실패하자 그들을 피해 도심을 떠나는 소위 '백인 도주'(white flight)가 일어나 도심은 아프리카계 미국인들로만 채워지게 되었다. 근린을 유지했던 사회적 제도도 완전히 없어지거나 일부분만 남아 제 기능을 하지 못했고 새로운 거주자들의 유입도 막아버렸다. 결국, 이 지역은 극도의 사회해체를 통해 높은 범죄율을 기록하게 된다.

스타크(Stark, 1987)도 거주지 계승에 관심을 가졌다. 그는 범죄율이 높은 지역의 특성을 찾아내기 위해 거주자와는 유리된 별개의 요인들을 살펴보았다. 그가 제시한 30여 개의 근린 관련 명제들은 크게 5가지의 구조적인 측면들과 관련되어 있다. 1) 많은 사람이 좁은 지역에 몰려 사는 밀도, 2) 가난한 사람들이 많이 사는 빈곤, 3) 거주지, 산업단지 및 상업지역이 몰려 있는 혼합된 토지 사용, 4) 거주민들이 근린지역을 중심으로 빈번하게 이사 가고 이사 오는 거주지 이동, 그리고 마지막으로 5) 건물 자체가 허물어지는 황폐화 등이 그것이다. 이러한 5가지 구조적 특성으로 인하여 지역사회 거주민들은 도덕적 냉소주의에 빠지게 되고, 더 많은 범죄와 비행의 기회가 제공됨으로 인해 범죄의 동기가 부여되며, 범죄를 통제할 비공식적 감시가 줄어드는 것을 깨닫게 된다. 스타크는 이로 인해 결국 범죄성향의 거주민은 남고 준법성향의 거주민은 떠나게 되는 결과를 가져온다고 보았다. 이로 인해 도심의 특정 지역은 전체 주민이 바뀌어도 여전히 높은 범죄율을 유지하는 것이다.

제 5 절 집합효율성 이론

1. 콜만의 사회자본

시카고대학의 경제학자이자 사회학자인 콜만(Coleman, 1988)은 사회학자 부르디외처럼 다양한 유형의 자본에 관심을 가졌다. 한 사회에서 권력이 전승되고 계급이 유지되는 방식을 설명하기 위해 마르크스는 경제적 자본, 부르디외는 문화적 자본이라는 개념을 발전시켰듯 콜만은 사회적 자본에 천착하였다. 자신의 경제학적 배경을 반영하듯 콜만에게 있어서 사회적 자본은 합리적 행동의 원리를 찾고자 하는 데에서 시작한다. 그는 시카고학파의 주요 관심인 사회조직(organization) 또는 사회해체(disorganization)의 개념을 염두에 두고 개인의 사회적 행동을 경제학의 합리적 선택이라는 개념과 연결한다. 사회학적 기능주의와 경제학적 합리주의가 결합한 개념이 탄생한 것이다. 전자의 관점에서 개인의 행동은 사회구조에 의해 조건화되는 사회적 행동이라는 기능주의적 관점을 발전시켰고, 후자의 관점에서 개인행동의 목표는 이기심이나 사리사욕의 추구 및 효용의 극대화라는 합리성 이론을 도입하였다. 콜만이 보기에 개인은 이기심의 발로에서 행동하는 독립적 존재이지만, 동시에 사회적으로 제약을 받는 합리적 존재이다.

콜만의 사회적 자본은 이처럼 합리적이자 사회적인 구성원들 사이의 구조적 관계에서 비롯된다. 사회적 자본의 불평등한 배분으로 인한 갈등을 우려한 부르디외(Bourdieu, 1986)와는 달리 콜만은 사회적 자본이 집단의 집합적 자산이며 권력과 지위의 불평등한 배분을 낳을 소지가 없다고 보았다. 특정 개인의 소유가 되지 않고 오히려 집단이 공유함으로써 불평등과 불균형을 낳기보다는 집단 구성원들에게 유익이 되는 공동의 자산인 셈이다.

콜만은 사회적 상호작용, 관계와 네트워크 등을 통해 구성원 개개인에게 지속적인 편익이 제공된다고 보았다. 합리적 사회구성원인 개인은 편익이 발생하는 한 사회적 관계를 지속할 것이다. 이러한 관계적 설명을 통해 사회적 맥락이 형성되고, 이는 개인의 행위뿐만 아니라 사회조직의 발전도 설명할 수 있다. 이러한 점에서 사회적 자본은 집단의 형성에 기여하든 안 하든 관계없이 집단 구성원 모두에게 도움이 되는 사익이자 공익이다. 특정 지역에 자경단이 조직되어 그 지역의 범죄율이 낮아졌다고 하면 자경활동에 한 번도 참여하지 않았다 하더라도 그 지역 구성원들은 모두 자경단의 혜택을 받게 된다. 이처럼 개별 구성원의 직접적인 공헌은 구성원 개개인뿐만 아니라 구성원 전체에게 도움이 되는 것이다. 가족이나 공동체가 강한 응집력과 단합력을 보이면 결국 그 가족과 공동체는 점진적인 이득의 결과물을 공유하게 된다.

콜만(1988)은 뉴욕의 다이아몬드 도매상의 예를 통해 이를 설명한다. 도매상은 감정사에게 다이아몬드 감정을 의뢰하면서 아무런 공식적 계약서나 보험을 들지 않은 채 다이아몬드 가방을 넘기면 감정이 끝나 돌아온 다이아몬드는 위조품이거나 품질이 낮은 다이아몬드로 바뀌어있을 위험이 있다. 비록 이런 사기의 기회가 드물지 않음에도 불구하고, 실제 이런 일이 일어나는 경우는 거의 없다. 유럽의 한 동네에서 음악회에 초청된 많은 노인이 아무런 교환권 없이 자신의 외투를 공공 옷걸이에 걸어놓고 음악감상을 한 후 되돌아 왔을 때 자신의 외투를 잃어버리는 경우가 거의 발생하지 않는 것도 같은 맥락이다. 이처럼 사회자본은 사람들의 정직한 결정에 도움을 주는데 부정직은 결국 자신의 미래 행위에 대한 사회적 평판을 위태롭게 만들고 사회의 존속에도 도움이 되지 않기 때문이다. 따라서 사회자본은 특정 행위를 용이하게 하는 사람들 간의 관계의 변화를 통해 일어난다.

2. 깨진유리창이론

1982년 윌슨과 켈링(Wilson & Kelling)은 깨진 유리창을 소재로 삼아 논문을 발표한다. 깨진 유리창이 상징하는 것은 지역사회의 무질서이다. 그들은 공동체 내의 무질서와 비시민성이 종국적으로는 심각한 범죄로 이어지는 것을 경계하였다. 깨진유리창이론처럼 다양한 무질서와 비시민성을 소재로 한 이론들이 등장하기 전에, 학자들과 실무자들의 관심은 살인과 강도와 같은 중범죄에 국한되었었다. 중범죄는 피해자들에게만 심각한 상처와 손실을 남기는 것이 아니라 지역사회에도 커다란 후유증을 남기기 때문이다. 하지만 윌슨과 켈링은 범죄에 이르는 연속된 사건들의 긴 사슬이 밝혀지지 않으면 완성된 모습의 범죄연구가 불가능하다고 판단하였다. 따라서 특정한 지역사회에서 살인과 강도와 같은 범죄가 발생하는 이유를 밝혀내기 위해서는 연쇄적 사건의 시초에 해당하는 무질서와 비시민성에 주목할 필요가 있으며 무질서와 비시민성을 제거하면 범죄 발생이 억제될 수 있다고 주장하였다. 깨진유리창이론은 또한 특정 지역사회에 무질서가 확산하게 되면 지역주민들은 그 지역이 안전하지 않다는 불안감을 느끼게 되고, 이는 범죄에 대한 두려움으로 이어진다고 주장한다. 두려움을 느끼는 주민들은 잠재적 범죄자의 출현에 소극적으로 대응할 수밖에 없고, 이는 지역사회 내 사회통제의 약화를 초래한다.

무질서는 크게 물리적 무질서와 사회적 무질서로 양분된다. 물리적 무질서란 빈 건물이나 깨진 유리창, 버려진 차량과 쓰레기로 가득 찬 공터와 같이 물리적 환경에서 나타나는 무질서를 일컫는다. 반면 사회적 무질서란 걸인이나 부랑자, 무단횡단자나 불량청소년집단처럼 대체로 사회질서를 어지럽히는 무리가 초래하는 무질서를 일컫는다. 물론 매춘이나 마약거래 등과 같이 무질서인지 범죄인지의 구분이 애매한 경우도 있지만 이들 역시 시민들의 범죄에 대한 두려움을 증가시키는 원인이 된다. 깨진유리창이론은 다른 이론들과는 달리 거시적 사회정책이 아니라 미시적 형사정책의 차원에서 대응책을 모색할 수 있다는 장점이 있다. 즉, 앞서 제시된 사회이론이나 경제이론에 근거한 정책들이 효과적인 결과를 얻기까지 장기간에 걸쳐 막대한 비용을 필요로 하는 것에 비해 깨진유리창이론에 근거한 정책은 빠른 기간 내에 적은 비용으로 효과를 기대할 수 있다. 빈곤이나 낮은 교육수준을 해결하는 것보다 거리 정비나 시민 계도 등이 훨씬 단순하고 용이한 접근이라 할 수 있다.

깨친 유리창 이론은 단순한 만큼 비판에도 취약하다. 가장 주목할 만한 비판은 과연 무질서가 범죄를 초래하느냐는 것이다. 이 이론이 완전한 모습을 갖추기 위해서는 무질서가 두려움을 초래하고 그것이 사회통제의 붕괴로 이어지며 결국 범죄가 발생하는 논리적 연쇄작용이 이루어져야 하지만, 이를 경험적으로 뒷받침하는 연구는 상대적으로 미약하다고 볼 수 있다. 스코건(Skogan, 1992)의 연구가 무질서와 범죄와의 연관성을 일부 지지하기는 했지만 훗날 같은 데이터를 가지고 하커트(Harcourt, 1998)가 재분석을 시도했을 때는 반대의 결과가 나오기도 했다. 즉, 빈곤, 지역사회 안정성 및 인종을 통계적으로 통제했을 때 지역사회 무질서와 다양한 범죄 예를 들면 소매치기, 폭행, 강간, 침입절도 등과의 연계는 사라지는 것으로 나타났다. 다시 말해, 무질서와 범죄 간에 관계가 없다는 것이다. 이와 같은 결론은 훗날 테일러(Taylor, 1995)의 연구에 의해서도 뒷받침되었다. 결국, 무질서와 범죄와의 관계에 대한 결론은 경험적으로 타당도가 입증되지 않았다. 따라서 양자의 관계에 대한 논의는 추가적 이론이 필요한 상태이다. 특히, 무질서가 거주민의 범죄에 대한 두려움을 증가시키고 이로 인해 다수의 중산층 주민은 지역사회를 떠나게 되고 더 빈곤한 주민들은 남을 수밖에 없는 상황이 연출된다면 그 지역사회는 불가피하게 경제적 불이익 및 범죄로 이어질 수 있음을 이해할 필요가 있다.

3. 샘슨의 집합효율성

샘슨(Sampson)은 근린의 구조와 문화가 어떻게 범죄율의 차이를 가져오는지 알기 위해 근린과 범죄 간의 관계에 관해 연구하였다. 샘슨은 빈곤이 그 자체로는 범죄와 관련이 없지만, 거주지 안정성이 낮은 곳의 빈곤은 폭력범죄율과 높은 상관관계가 있음을 발견하였다. 흑인의 비율이 높은 지역에서 범죄율이 높게 나타났지만, 이는 인종의 영향력이라기보다는 가족해체 및 빈곤이 가져온 허위 관계적 결과였다. 다시 말해 인종이 범죄에 미치는 통계적 효과는 가족해체와 빈곤이 통제될 때 사라져버렸다. 이외에도 높은 인구밀도와 아파트 지역 및 가족적 상황과 무관한 사람들의 집중은 높은 폭력범죄율을 보였다.

샘슨은 위의 설명처럼 지역사회가 자체의 공동가치를 실현할 수 있는 능력을 상실한 상태가 바로 사회해체라고 정의했다. 예를 들어, 지역사회 주민들은 약물 남용에 반대하지만 인근 골목이나 주택을 장악한 마약상을 제거하지 못한다면 그 지역은 해체된 사회나 다름없다. 사회해체를 경험한 근린은 콜만(Coleman)이 '사회자본', 즉 공동 행동(common actions)을 용이하게 하고 공동 목표(common goals)의 성취를 가능하게 하는 사람들 간의 관계망을 결여하게 된다. 샘슨은 지역사회 주민들 간에 존재하는 수많은 사회적 관계가 있을 때, 범죄는 줄어든다고 주장한다.

샘슨은 빈곤, 가족해체 및 잦은 거주지 이동은 익명성, 이웃주민들 간의 사회적 관계의 결여, 지역사회 조직 및 활동의 낮은 참여 등이 이러한 지역사회의 특성이라고 보았다. 사회자본이 적은 근린지역은 거리나 공원과 같은 공동지역을 효과적으로 통제하지 못하고 부랑자나 폭력배들에게 빼앗기게 된다. 지역에 거주하는 청소년 범죄자들도 근린지역의 익명성으로 인해 지역의 성인 구성원들의 통제를 받지 못하게 된다. 지역 어른들은 비행과 폭력을 일삼는 청소년들이 누구인지 알 수 없기 때문에 통제가 불가능하다. 적은 사회자본으로 인한 익명성이 근린지역의 범죄와 폭력을 증가시키는 것이다. 오히려 준법정신이 투철한 사람들은 범죄의 증가에 따라 타 지역으로 이주하게 되고 결국 범죄와 폭력으로 만연한 근린은 지역사회의 와해가 더욱 촉진된다.

샘슨은 흑인 지역에서 범죄가 집중적으로 발생하는 것은 가난한 흑인들이 집중적으로 살고 있는 특성에 기인한다고 보았다. 가난한 흑인의 40% 정도가 빈곤한 근린에 사는 반면, 가난한 백인의 경우는 단 7%만이 빈곤한 근린에 모여 산다는 것은 두 집단의 차이를 극명하게 보여준다. 또한 가난한 흑인의 단 16%만이 빈곤하지 않은 근린에 살고 있는 반면, 가난한 백인의 70%가 빈곤하지 않은 근린에서 살았다. 이처럼 가난한 백인들은 흩어져 살지만, 가난한 흑인들은 빈곤한 지역에 집중되어 살아간다. 더구나 백인이 거주하는 '최악의' 근린조차도 가족해체라는 측면에서 가난한 흑인이 살고 있는 근린보다 훨씬 나은 환경을 가지고 있다. 이러한 가난한 사람들의 집중은 두 집단의 범죄율에 획기적인 차이를 가져온다.

샘슨은 백인과 흑인 근린의 차이가 주민들의 지역사회 조직 및 활동 참여율과 관련될 뿐만 아니라 주민들 간의 전반적인 사회적 관계와 관련되어 있다고 주장하였다. 특히, 주민들의 사회적 참여는 비공식적 사회통제와 밀접하게 관련되어 있고 이로 인해 거리와 공원과 같은 근린 내 공동지역의 활동이 주민들의 영향력에서 멀어질 수 있음을 지적하였다.

샘슨과 그로브스(Sampson & Groves, 1989)는 영국의 자료를 이용하여 감시받지 않는 청소년의 동년배 집단이 지역사회의 거리에 나타나면 청소년들 간의 개인적 폭력행위뿐만 아니라, 그 지역의 일반적 범죄율에도 큰 영향을 주게 된다는 사실을 밝혀냈다. 즉, 청소년에 대한 근린의 사회적 통제가 없어지면 범죄율은 그 영향을 받는다. 또 다른 연구에서 샘슨은 공공지역에서의 청소년들에 대한 비공식적 사회통제를 측정하기 위해 80개 지역에서 추출된 거주자들에게 학생들의 무단결석, 건물낙서, 어른들에게 불경한 태도 등이 발생할 때의 대응방식을 묻는다. 근린지역의 사회통제에 대한 이 세 가지 항목이 지역사회 능력치의 지표인데 범죄와의 관계의 상당량을 설명할 정도로 중요한 요인으로 나타났다.

그 후 샘슨과 동료들은 집합효율성(collective efficacy)이라는 용어를 통해 범죄를 설명하고자 했는데, 집합효율성이란 '거리, 보도, 공원 등과 같은 공공장소에서 질서를 유지할 수 있는 능력'으로 정의된다. 집합효율성은 근린지역의 거주민들이 당국에 불만을 토로하거나 지역 감시 프로그램을 조직하는 것과 같이 질서유지를 위한 명확한 행동이 선택될 때 나타난다. 주민들은 근린의 '결속과 상호신뢰'가 '근린의 사회통제를 위해 개입하려는 주민들의 공유된 기대'와 연계될 때에만 범죄를 줄이기 위한 행동을 한다.

4. 실증적 연구들

샘슨과 동료들은 집합효율성 이론의 검증을 위해 시카고 196개 지역 약 12,000개의 블록구역상의 도로를 서행하는 차량에 달린 비디오테이프로 녹화하여 통계적 분석을 하였다. 이를 통해 공공장소의 물리적 무질서(버려진 건물이나 차량, 낙서, 쓰레기 등)가 측정되었고, 그 후 근린 거주자 3,800여 명을 대상으로 사회적 무질서(마약 판매, 매춘행위, 음주나 싸움)를 측정하였다. 이들을 대상으로 집합효율성의 측정을 위해 몇 가지 구체적 상황에 따른 대응행동의사도 물어보았다. '결속과 상호신뢰'의 측정은 근린지역이 긴밀하게 맺어진 곳인지 및 거주자들이 동일한 가치를 공유하는지 등을 물었다. 그 외에 경찰의 범죄통계, 빈곤 집중도, 인구이동, 주거안정성, 토지사용 및 인구밀도 등의 1990년도 센서스자료도 활용되었다.

샘슨과 로덴부시(Sampson & Raudenbush, 1999)는 물리적 무질서와 사회적 물질서 모두 빈곤의 집중 및 혼합된 토지사용과 관련되어 있는데, 사회적 결집력이 강할수록 그리고 근린의 문제해결을 위한 개입에 대해 공유된 기대가 많을수록 그 지역의 범죄는 적게 발생하였음을 발견하였다. 그래서 샘슨과 로덴부쉬는 범죄가 구조적인 불이익이 강하고 집합효율성이 약화될 때 활성화된다고 결론지었다. 모레노프, 샘슨, 로덴부쉬(Morenoff, Sampson & Raudenbush, 2001)의 3자 연구에서도 집합효율성의 역할이 증명되었는데 특히 집합효율성은 경범죄뿐만 아니라 살인범죄와 같은 중범죄에서도 여전히 중요하다는 점이 검증되었다.

한국에서의 사회해체이론 연구

범죄학에서의 사회해체이론은 비단 미국에서만 각광을 받은 것이 아니라 한국에서도 많은 관심의 대상이 되었다. 이에 따라 일련의 학자들이 지역사회와 공동체의 역할에 주목하면서 사회해체이론을 적용하여 한국의 범죄와 청소년비행을 연구하고자 하였다.

박정선(2003)은 다수준접근을 활용하여 학교의 지역적 특성이 청소년비행에 미치는 영향을 검토하였다. 특히, 이 연구는 거시와 미시라는 수준을 구분하여 거시적 특성과 미시적 특성이 각각 개인적 행위인 범죄와 비행에 미치는 영향력을 분석하고자 하였다. 그 결과 학교의 거시적 특성이 개인의 미시적 특성을 매개해서 청소년비행에 영향을 주는 것으로 나타났다.

이성식, 박정선, 이정환(2012)의 연구는 집합효율성의 역할에 중점을 두었다. 근린의 사회적 무질서와 집합효율성이 범죄두려움에 미치는 영향력을 살펴보기 위해 구조방정식을 이용하여 각각의 독립변인이 다른 독립변인을 매개하여 종속변인에 미치는 개별 영향력을 살펴보았고, 더 나아가 두 독립변인 간의 상호작용효과에 대해서도 살펴보았다. 여러 모델 가운데 집합효율성이 사회적 무질서에 영향을 주고 무질서가 다시 범죄두려움에 영향을 주는 두 번째 모델만이 경험적으로 검증되었다. 이 연구가 시사하는 바는 지역무질서가 집합효율성에 직접적인 영향력을 행사하지 않으며 아울러 집합효율성도 범죄두려움에 직접적인 효과를 가지지 않는다는 점이다.

황의갑(2015)의 연구 역시 집합효율성과 범죄두려움 간의 관계에 주목하면서 지역사회거시환경모형, 범죄피해모형, 사회통제모형, 무질서모형, 취약성모형 등의 다양한 모형을 제시하고 이를 센서스자료와 설문조사자료를 통합하여 검증하였다. 이론적 가설은 연구모형별 독립변인들이 집합효율성을 매개로 범죄두려움에 영향을 준다는 것이었다. 분석결과, 집합효율성에 대한 인식이 높을수록 시민들의 범죄에 대한 두려움이 낮아짐으로써 집합효율성이 범죄두려움을 설명하는 매개요인으로 역할을 한다는 것을 보여주었다. 모든 모형에서 집합효율성의 영향력이 기대한대로 나온 것은 아니었지만, 집합효율성이 범죄두려움에 때론 매개적 요인으로, 때론 상호작용적 요인으로 유의미한 영향력을 행사하고 있음을 확인하였다. 이는 범죄두려움을 설명하기 위해 집합효율성을 매개변수로 활용할 수 있음을 보여주었을 뿐만 아니라 범죄두려움에 대한 여러 설명 모형들에 있어 집합효율성의 역할이 중요하게 부상하고 있음을 보여주었다.

윤우석(2012)의 연구도 집합효율성의 역할에 주목하였는데, 다만 종속변수가 범죄두려움이 아니라 범죄피해경험이라는 차이가 있다. 구체적으로 살펴보면, 구조적인 특성인 사회경제적 지위와 주거 불안정성이 지역사회에 거주하는 주민들의 사회적 교류를 결정지으며 사회적 교류는 지역의 질서유지에 필수적인 집합적 효율성에 영향을 주어 그 지역 범죄의 발생 및 피해를 결정한다는 가설을 검증하였다. 대구광역시 8개 구, 36개 동에서 각 20명씩 약 700명의 자료와 센서스자료를 분석한 결과 지역사회의 집합효율성은 주민들의 범죄피해를 통계적으로 유의미하게 예측하였으며 집합효율성이 강할수록 범죄피해가 감소하는 것으로 나타났다. 또한 지역사회의 구조적 특성과 지역주민들의 사회적 교류 변인들 역시 집합효율성 매개로 범죄피해에 영향을 미치는 것으로 나타났다.

이성식과 황지영(2008)의 연구는 사이버공간의 익명성이나 개인특성 요인 이외에 사이버공간에서의 집합효율성에 주목하여 그 영향력을 검증하였다. 서울의 남녀중학생 576명을 대상으로 한 연구에서 인터넷 집합효율성(구성원들 간의 신뢰나 언어폭력에 대한 비공식적 통제)이 사이버언어폭력을 크게 줄여주는 효과를 보인다는 사실을 검증하였다. 이 연구는 인터넷이라는 사이버 공간에서도 구성원들의 응집과 신뢰 및 그에 바탕한 비공식적 제재가 사이버언어폭력보다 더 나아가 제재 가능한 사이버범죄나 일탈에 대한 효과적 대응방안이 될 수 있음을 보여주었다.

이와 유사하게 이성식(2019)은 SNS상의 범죄피해 및 두려움에 미치는 집합효율적 특성을 살펴보았다. 서울시 대학생을 대상으로 진행된 연구에서 범죄피해경험은 범죄두려움에 영향을 주지만 사이버상의 집합효율성은 범죄두려움에 직접적 영향을 주지는 않았다. 다만 집합효율성의 두 구성요인인 신뢰와 비공식 통제를 따로 구분하여 각각의 요인이 범죄피해경험과 상호작용하여 두려움에 미치는 영향력을 살펴본 결과는 차이가 있었다. 즉, 신뢰와 범죄피해경험의 상호작용효과는 통계적 유의성이 떨어졌지만 비공식통제와 범죄피해경험과의 상호작용효과는 통계적으로 유의미해 양자의 조합에 따라 범죄두려움의 정도가 차이가 난다는 사실을 밝혀냈다. 특히, 집합효율성의 요인 중 비공식통제는 단독으로 범죄두려움에 영향을 주지 않지만 범죄피해경험과 상호작용하여 피해의 영향력을 완충하는 효과가 있다는 사실을 알아냈다는 점은 주목할 만하다.

보다 최근에 손다래와 박철현(2019)의 연구도 범죄두려움에 미치는 집합효율성과 무질서의 효과를 살펴보기 위해 청소년패널자료를 사용하였다. 분석결과, 무질서가 범죄두려움을 초래하고 이로 인해 집합효율성이 낮아진다는 깨진유리창이론은 자료에 부합하지 않았고 오히려 집합효율성이 무질서를 낮추고, 이것이 범죄의 두려움을 낮춘다는 집합효율성 모델이 자료에 적합함을 발견하였다. 특히 사회적 무질서보다는 물리적 무질서의 매개효과에 주목했다는 특징도 아울러 발견된다.

제 6 절 평가와 전망

20세기 초 발흥하여 쇠퇴와 부흥을 거듭해온 사회해체이론은 1980년대 이후 다시 주목을 받는다. 그러나 그 어떤 사회이론도 모든 사회현상을 다 설명할 수는 없다. 사회해체이론도 마찬가지이다. 버식(1988: 526)은 쇼와 맥케이의 이론을 설명하면서 사회해체이론이 가지고 있는 개념화 및 조작화의 문제를 지적한 바 있다. 사회해체의 개념이 사회해체의 결과인 범죄 및 비행의 증가와 뚜렷이 구분되지 않는 문제였다. 물론 이 문제는 사회해체의 개념을 구체적으로 정의하고 그것을 범죄와 연결하는 사회통제의 부재를 실증적으로 측정함으로써 해결되기는 했지만, 측정의 문제는 항상 학자들의 관심과 우려의 주제가 아닐 수 없다. 정교하고 치밀한 사고에 근거해 이론을 정립하고 개념을 측정하는 방법에 대해 많은 고민이 필요하다.

근린(neighborhood)과 공동체(community)의 개념 정의도 마찬가지이다. 핵심 용어들을 어떻게 개념화하고 조작화하여 측정하느냐는 사회과학자들의 지상과제이다. 특히 근린의 경우, 블록, 블록집단, 센서스트랙, 경찰관할구역 등으로 거주민의 주거경계를 다양하게 설정하고 있어 구역의 공적 영역 혹은 사적 영역 가운데 무엇을 적용하는 것이 타당한지에 대한 불확실성이 해소되지 않고 있다.

또한, 사회해체이론과 같은 거시적 이론들을 검증하기 위해서는 다양한 형식의 공식 자료가 필요한 실정인데 범죄나 경찰 활동 및 시민 활동에 관한 공식통계로의 접근성이 지나치게 제한적이다. 더구나 공식통계에 따른 분석이 타당성과 신뢰성을 얻기 위해서는 그 통계를 산출하기까지의 과정의 투명성과 공정성이 담보되어야 하는데 이 역시 불안정하며 이는 거시적 연구의 제약으로 다가온다. 이를 보완하기 위한 장치로 공식통계사용의 활성화 방안이 절실히 요구되며 아울러 공식통계를 보완하기 위한 통계들(예를 들어, 설문조사 자료와 참여관찰 자료 등)의 수집이 활성화될 필요가 있다. 즉, 공식통계뿐만 아니라 자기보고식 조사 자료 및 피해자조사 자료 등 다양한 자료의 확보가 필요하다.

이상의 문제를 해결하는 것이 사회해체이론에 기초한 범죄학 연구의 앞날을 밝혀주기 위한 선결 과제일 것이며, 추가로 연구자들의 이론구성 및 통계적 분석 능력이 향상될 필요가 있다. 특히 사회통제, 집합효율성, 사회자본 등 다양한 핵심 개념들의 매개효과 혹은 조절효과 등을 어떻게 이론적으로 구성하고 통계적으로 분석할 것인지에 관한 고민이 선행되어야 어렵게 수집한 자료가 유용하게 쓰여질 것이다.

참고문헌

박정선. (2003). "다수준적 접근의 범죄학적 활용에 대한 연구" 형사정책연구. 한국형사정책연구원. 14(4): 281－314.

박철현. (2005). "범죄피해경험, 이웃통합 그리고 범죄의 두려움: 대학생에 대한 심층면접결과를 중심으로". 피해자학연구. 13 (1): 51－77.

윤우석. (2012). "지역사회의 집합적 효율성과 범죄피해의 관계검증 : 대구지역을 중심으로" 형사정책연구. 한국형사정책연구원. 23(1): 319－354

이성식·황지영. (2008). "인터넷사이트 집합적 효율성과 사이버언어폭력" 형사정책연구. 한국형사정책연구원. 19(1): 167－189

이성식·박정선·이정환. (2012). "지역무질서, 집합효율성, 범죄두려움의 관계: 세 모델의 검증". 피해자학연구. 20: 487－509.

정진성. (2009). "학교폭력의 원인에 대한 연구: 지역사회의 영향을 중심으로". 한국공안행정학회보. 35: 365－394.

황의갑. (2015). "지역사회의 거시환경, 무질서, 범죄피해, 사회통제가 범죄에 대한 두려움에 미치는 영향: 집합효율성의 매개효과". 한국경찰연구. 14(1): 271－294

Akers, R. L., & C. S. Sellers. (2011). 범죄학 이론(민수홍·박기석·박강우·기광도·전영실·최병각 역). 파주: 나남. (원저 2009 출판).

Bourdieu, Pierre. (1986). "The forms of capital." In Handbook of theory and research for the sociology of education, edited by Richardson J. G., 241－260. New York: Greenwood.

Bursik, Robert J. Jr. and Harold G. Grasmic. (1993). Neighborhoods and Crime: the Dimensions of Effective Community Control. New York: Lexington Books.

Bursik, Robert J. Jr., "Social Disorganization and Theories of Crime and Delinquency: Problems and Prospects," Criminology 1988 (26), 519.551.

Bursik, Robert J., and Jim Webb. (1982). "Community Change and Patterns of Delinquency." American Journal of Sociology, 88: 24－42.

Bursik, Robert. 1984. "Urban Dynamics and Ecological Studies of Delinquency." Social Forces 63: 393－413.

Bursik, Robert. (1988). "Social Disorganization and Theories of Crime and Delinquency: Problems and Prospects." Criminology, 26: 519－551.

Coleman, James S. (1988) "Social Capital in the Creation of Human Capital," American Journal of Sociology, (94), S95－S120.

Kasarda, John D. and Morris Janowitz, "Community Attachment in Mass Society," American Sociological Review 1974 (39), 328.339.ames S., Foundations of Social Theory (Cambridge, MA: Harvard University Press, 1990).

Durkheim, Emile. (1933). The division of labor in society. New York: Macmillan.

Garofalo, James. (1981). "The fear of crime: Causes and consequences". Journal of Criminal Law and Criminology. 72(2): 839－857.

Goodman, Leo. A. (1953). "Ecological Regressions and Behavior of Individuals" American Sociological Review 18(6): 663－664.

Harcourt, Bernard E. (1998). Reflecting on the Subject: A Critique of the Social Influence Conception of Deterrence, the Broken Windows Theory, and Order－Maintenance Policing New York Style. Michigan Law Review, 97(2): 291－389 The Michigan Law Review Association.

Hardyns and Pauwels. (2018). The Chicago School and Criminology, book chapter in Triplett, Ruth (2018), The Handbook of the History and Philosophy of Criminology, Wiley Blackwell.

Kasarda, John D. and Morris Janowitz, (1974). "Community Attachment in Mass Society." American Sociological Review, 39 (3), 328－339.

Matsueda, Ross L. (2015). Social Structure, Culture, and Crime: Assessing Kornhauser's Challenge to Criminology, book chapter in Cullen et al.(2015). Challenging Criminological Theory: the legacy of Ruth Rosner Kornhauser. New Brunswick, Transaction Publishers.

Morenoff, John. D., Sampson, Robert. J. and Raudenbush, Stephen. W. (2001). "Neighborhood Inequality. Collective Efficacy and The Spatial Dynamics of Urban Violence". Criminology. 39(3): 517－560.

Park, Robert E. (1929 [1921]). Introduction To The Science Of Sociology. Chicago: University of Chicago Press.

Park, Robert E., Burgess, Ernest W., and McKenzie, Roderick D. (1967) [1925]. The City: Suggestions for Investigation of Human Behavior in the Urban Environment. Chicago: University of Chicago Press.

Robinson, William. S. (1950). "Ecological Correlations and the Behavior of Individuals." American Sociological Review 15(3): 351−357.

Sampson, Robert. J., Raudenbush, Stephen. W., and Felton Earls. (1997). "Neighborhoods and Violent Crime: A Multilevel Study of Collective Efficacy". Science. 277: 918−924.

Sampson, Robert J. (1986). Crime in cities: the effect of formal and informal social control. In A. J. Reiss & M. Tonry(eds.), Communities and Crime. Crime and Justice, (8). Chicago, IL: University of Chicago Press.

Shaw, Clifford. R. and Henry. D. McKay (1942). Juvenile Delinquency and Urban Areas. Chicago University of Chicago Press.

Shaw, C. R., Zorbaugh, F. M., Mckay; H. D. And Cotrell, L. S. (1929). Delinquency Areas, A Study Of The Geopraphic Distribution Of School Truants, Juvenile Delinquents, And Adult Offenders In Chicago. Chicago: University Of Chicago Press.

Short, James F. Jr., (1998). "The Level of Explanation Problem Revisited: The American Society of Criminology Presidential Address," Criminology (326), 3−36.

Siegel, L. J. (2020). 범죄학: 이론과 유형(이민식·김상원·박미랑·박정선·신동준·윤옥경·이창배·황성현 역). 서울: 센게이지러닝코리아. (원저 2018 출판).

Skogan, W. G. (1992). Disorder and decline: Crime and the spiral of decay in American neighborhoods. Berkeley: University of California Press.

Stark, R. (1987). "Deviant Places: A Theory Of The Ecology Of Crime." Criminology 25: 893−909.

Taylor, R. B. (1995). "The Impact of Crime on Communities." The Annals of the American Academy of Political and Social Science 539: 28−45.

Toby, Jackson. (1957). "Social Disorganization and a Stake in Conformity," Journal of Criminal Law, Criminology, and Police Science (48: May−June), 12−17.

Thomas, W. I. (1923). The Unadjusted girl : with cases and standpoint for behavior analysis. Boston, Little, Brown and Company.

Zorbaugh, H. W. (1929). Gold coast and slum : a sociological study of Chicago's Near North side. Chicago, Ill., The University of Chicago Press.

https://www.asanet.org/about/governance－and－leadership/council/presidents/leonard－s－cottrell－jr

제 6 장

아노미-긴장이론

제 6 장　아노미-긴장이론

제1절　아노미와 긴장

'아노미–긴장'이론은 범죄행동의 '동기'를 설명하는 대표적인 이론이다. 이장의 제목을 '아노미–긴장이론'이라고 했지만, 사실 이 이론은 '긴장'이론(strain theory)이나 '아노미'이론(anomie theory)으로 불린다. 왜 같은 이론을 두 개의 이름으로 다르게 부르는지는 아래에서 설명되겠지만, 간단히 말하자면 이론의 미시적 측면을 보는 입장에서는 보통 '긴장'이론이라고 부르고, 이론의 거시적 측면을 보는 입장에서는 '아노미'이론이라는 이름을 선호하는 것 같다. 따라서 이 이론은 거시적 측면과 미시적 측면을 함께 담고 있음을 알 수 있다.

이론의 유래

'아노미–긴장' 이론은 거시적 이론으로 출발했다고 볼 수 있다. 먼저 그 시초는 저명한 프랑스의 고전사회학자인 에밀 뒤르켐(Emile Durkheim)으로 거슬러 올라간다. 뒤르켐은 1893년 「사회분업론」에서 규범이 제대로 작동하지 않거나 규범의 효력이 사회구성원들에게 제대로 미치지 못하는 '사회적' 상태를 '아노미'라고 칭했다(Durkheim 1933). 그리고 1897년 「자살론」에서 아노미 상태에 있을 때 그 사회의 자살율은 증가한다고 주장하였다(Durkheim 1951). 따라서 아노미는 사회의 특성에 대한 거시적 개념임을 알 수 있다.

이후에 역시 저명한 사회학자인 머튼(Robert K. Merton)은 뒤르켐의 개념과 주장을 계승하여 현대사회의 범죄 원인에 대한 자신의 이론을 제시하였는데, 이것이 대표적인 범죄학 이론 중 하나인 아노미이론이다(Merton, 1938). 머튼은 뒤르켐의 아노미 개념을 새롭게 해석하여 사회의 문화와 구조의 불일치로 설명하였다. 따라서 머튼의 이론도 거시 이론으로 봐야 한다. 그런데 이 이론이 다른 학자들에 의해 수용되는 과정에서 긴장이론이라고도 불리게 된다. 아래에서 자세히 설명되겠지만, 머튼은 아노미 상태에서 개인들은 '긴장'을 겪게 되고, 그래서 일탈을 저지르게 된다는 식으로 그 미시적 과정을 설명했는데, 미시적 관점을 가진 범죄학자들이 여기에 초점을 맞추게 된다. 그래서 머튼의 이론을 '긴장'이론이라고 이름을 붙이게 된 것으로 보인다.

이 장에서는 먼저 머튼의 이론의 토양이 된 뒤르켐(Emile Durkheim)의 아노미 개념과 관련 이론을 살펴보고, 머튼(Robert K. Merton)의 이론을 거시적 측면과 미시적 측면을 나누어 설명하겠다. 그리고 머튼의 이론에 영향을 크게 받은 하위문화이론들을 간략히 다룰 것이다. 그 다음 머튼의 이론을 미시적으로 계승한 일반 긴장이론과 거시적으로 계승한 제도적 아노미이론을 차례대로 소개할 것이다. 끝으로 이 이론들에 대한 평가를 정리해보고 정책적 함의를 생각해 보면서 이 장을 마무리하려 한다.

제 2 절 뒤르켐의 아노미

뒤르켐(Emile Durkheim)은 사회의 부분들 사이의 관계가 규제되지 않는 비정상적인 상황을 의미하는 '아노미' 개념을 제시하였다(Durkheim, 1933: 353–373). 그에 따르면 사회의 부분들이 서로 경쟁하고 갈등하면서도 각자의 기능과 서로의 관계를 조율하며 사회는 균형을 이룬 평형상태에 도달하게 된다. 사회는 이렇게 집합적 질서를 유지하면서 사회의 부분들과 구성원들을 규제할 수 있게 된다. 사회변동의 과정에서 일시적으로 평형상태가 흔들리면서 사회는 일정 기간 혼란을 겪을 수도 있다. 하지만 보통 사회는 이러한 혼란을 극복하고 빠르게 평형상태를 회복하며 규제력을 유지한다.

그런데 근대에 들어 전례 없는 규모와 속도로 사회구조의 근본적인 변화가 일어나면서 평형상태가 붕괴하게 되었고, 사회는 집합적 질서를 쉽게 회복하지 못하고 규제력을 상실하게 되었다. 이처럼 과거의 질서는 무너졌지만 새로운 질서는 아직 자리 잡지 못하여, 사회의 규제력이 부분들과 구성원들에게 제대로 미치지 못하는 상황을 뒤르켐은 '아노미'라고 칭하였다.

이후 뒤르켐은 아노미를 대표적인 일탈 유형인 자살의 주요한 원인 중 하나로 지목하였다(Durkheim, 1951). 그는 자살의 사회적 원인을 통합의 결여와 규제의 결여로 보았는데, 통합의 결여로 일어나는 자살은 '이기적 자살'이고, 규제의 결여로 일어나는 자살이 '아노미적 자살'이다. 사회가 구성원들을 충분히 통제할 수 있을 정도로 통합되어 있지 않을 때 이기적 자살이 발생한다. 한편 아노미적 자살은 사회가 개인을 규제하는 데 실패했을 때 발생하는데, 규제의 실패는 집합적 질서 및 평형상태를 흔드는 사회적 사건들에서 기인한다. 바로 아노미가 자살의 원인이 되는 것이다.

사회는 규범체계를 통해 개인들이 어떻게 살아야 할지를 규정하고 그들의 행동을 규제한다. 그런데 아노미 상황에서 사회의 이러한 규제력은 약화되어 규범의 효력이 개인들에게 제대로 미치지 못하게 된다. 그러한 사회의 개인들은 어떻게 살아야 할지 혼란스러워하고 삶의 방향 상실에 괴로워하게 되며, 그 결과가 자살의 증가로 이어진다는 것이다.

뒤르켐의 생각을 정리해 보자면, 아노미는 급격한 사회변동으로 사회질서와 평형상태가 흔들려서 사회의 규제력이 크게 약화되거나 상실되는 상태이다. 기존의 사회질서와 규범체계가 무너지고 새로운 사회질서와 규범체계는 아직 확립되지 않은, 마치 '무규범'과 같은 상황인 것이다. 이때 개인들은 어떤 규범을 따라야 할지 모르기 때문에 규범의 효력이 사회구성원들에게 제대로 미치지 못하게 된다. 사회가 더 이상은 개인들을 적절히 규제하지 못하게 되는 것이다. 사회의 규제에서 풀려나면 자유로울 것 같지만, 오히려 개인들은 삶의 방향성을 잃고 고통스러워한다. 그리고 그 사회적 결과는 자살의 증가이다.

제3절 머튼의 아노미이론

아노미와 사회변화

뒤르켐은 아노미를 급격하고 근본적인 사회변동의 결과로 나타나는 과도기
적 현상으로 보았다. 뒤르켐은 현대사회에서 '유기적 연대'가 확립되면 새로운 사
회질서가 나타나 아노미는 사라질 것으로 예측하였다(Durkheim, 1933). 하지만
아노미는 현대사회의 만성적인 현상일 수 있다는 반론도 있다(Lukes, 1972:
218). 머튼 역시 어떤 사회에서는 아노미가 무규범 상태가 아니라 마치 규범처럼
지속될 수 있다고 보았다. 그는 이러한 입장에서 1938년에 "사회구조와 아노미"
라는 논문을 발표하여 범죄에 대한 아노미이론을 제시하였다. 머튼은 범죄학자
가 아니라 사회학자였지만, 이후 이 이론은 아노미이론 혹은 긴장이론이라고 불
리면서, 범죄학에 큰 영향력을 행사하였다.

뒤르켐의 아노미 개념과 이론은 머튼에 의해 재해석되었고, 머튼의 이론은
'아노미이론' 혹은 '긴장이론'이라는 대표적인 범죄학이론이 되었다(Merton, 1938).
머튼은 아노미 개념을 활용하여 1930년대 당시의 미국 사회를 비판적으로 분석하
면서, 아노미를 낳는 문화와 사회구조의 특징이 무엇인지 그리고 아노미가 어떻게
개인들로 하여금 일탈과 범죄를 저지르게 하는지 설명하였다.

1. 거시적 요인: 아노미

그의 이론은 처음 제시한 논문 "사회구조와 아노미"에서 머튼은 사회·문화적
요인으로 일탈 행위의 원인을 설명하고 사회구성원들이 순응적 행위가 아닌 비순
응적 행위를 하도록 사회가 어떻게 압력을 가하는지 알아내는 것이 목적이라고 밝
히고 있다(Merton, 1938: 672). 즉 그의 이론은 일탈의 원인을 개인이 아닌 사회의
특성에서 찾는 거시 이론이라는 것이다.

문화와 사회구조

머튼은 아노미의 사회적 조건을 문화의 측면과 사회구조의 측면으로 구분하여 제시하였다. 문화는 우리가 무엇에 가치를 두고 어떤 목표를 추구해야 할지, 그리고 그 목표를 어떻게 추구하며 살아야 할지를 규정해준다. 사회구조는 그러한 목표를 달성하기 위해 필요한 수단을 제공하거나 제한한다. 머튼은 그의 이론에서 문화적 목표를 합법적으로 추구할 사회적으로 승인된 기회에 대한 차별적 접근과 관련된 계급구조로 사회구조를 구체화했다. 머튼이 볼 때 인간의 행위와 관련하여 중요한 문화와 사회구조의 구체적인 측면은 '문화적 목표'와 그 목표를 달성하기 위한 '제도적 수단'이다. 문화적 목표와 제도적 수단이 균형을 이룸으로써 사회는 그 구성원들을 적절히 규제할 수 있다. 목표를 사회적으로 인정되는 수단으로 추구하라는 규범적 명령이 사회구성원들에게 효력을 잘 발휘할 수 있게 되는 것이다. 반면 "문화적으로 정의된 열망과 사회적으로 구조화된 수단 사이의 분리"는 아노미를 발생시킴으로써 일탈을 낳는 사회적 조건이 된다(Merton, 1938: 674).

머튼에 따르면 목표에 대한 열망과 이를 성취하기 위한 수단 사이의 '분리' 혹은 불일치가 아노미를 낳게 되고, 이는 일탈의 원인이 된다. 그리고 이러한 목표와 수단의 분리는 한 사회의 문화와 사회구조가 갖는 특징에서 기인한다. 먼저 머튼은 경제적 성공 목표를 모든 사회구성원에게 지나치게 강조하는 문화를 지목하였다. 사회구조는 경직된 계급구조 혹은 심한 불평등구조가 중요하다고 보았다. 이러한 문화적 강조와 사회구조적 특징이 '결합'함으로써 '목표와 수단 사이의 괴리'가 발생하고 이는 일탈로의 강한 사회적 압력을 낳는다(Merton, 1957: 162). 그러한 문화적·사회구조적 특징을 갖는 사회에서 개인들은 문화의 영향으로 경제적 성공을 열망하지만 이 열망의 실현에 있어서 사회적으로 구조화된 장애에 직면하게 되고, 이러한 문화와 사회구조의 '불균형', 혹은 목표와 수단 사이의 '괴리'는 일탈행동을 낳는 압력으로 작용한다는 것이다(Merton, 1957: 174).

이러한 불균형과 분리 상황에서 제도적 수단을 강조하는 규범은 개인들에게 제대로 효력을 발휘하지 못한다. 경제적 성공목표에 대한 열망을 강하게 불어넣으면서 목표 달성의 가능성은 구조적으로 제한할 때 제도적 수단의 매력은 크게 떨어지기 때문이다. 바로 문화와 사회구조의 잘못된 결합으로 규범의 붕괴 혹은 무규범으로의 긴장(strain)이 발생하게 되는 것이다(Merton, 1957: 163). 규범의 효력이 제대로 작용하지 않아 사회가 규제력을 상실하는 아노미 현상으로 규범을 어기는 행위인 일탈과 범죄가 증가한다는 것이 머튼의 주장이다. 따라서 그의 이론에 따르면 문화적 목표와 제도적 수단 사이의 조화 여부에 따라 한 사회의 일탈 정도가 예측된다.

2. 미시적 요인: 긴장

머튼은 문화와 사회구조의 불균형이라는 거시적 조건이 구체적으로 목표와 수단 사이의 분리 혹은 불일치로서 그 사회구성원들에게 어떻게 일탈로의 압력을 가하는지 그 미시적 과정과 결과를 설명하였다. 경제적 성공을 지나치게 강조하는 문화와 심한 불평등구조의 영향 하에서 개인은 어떤 선택을 할 수 있을까? 머튼은 다음 표와 같이 다섯 가지 논리적으로 가능한 적응 양식 내지는 대응 방식을 제시하였다(Merton, 1938: 676).

	문화적 목표	제도적 수단
순응 conformity	+	+
혁신 innovation	+	-
의례 ritualism	-	+
도피 retreatism	-	-
반역 rebellion	∓	∓

* + = 수용; − = 거부.

먼저 '순응'의 적응 양식을 택한 개인은 문화적으로 설정된 목표와 이를 달성하기 위한 제도적 수단 모두를 받아들인다. 사회의 문화적 요구와 기존 사회구조에 순응하는 것이다. 모든 사회에서 순응은 가장 일반적이고 보편적인 적응 양식이다. 사회구성원들이 대부분 이처럼 순응하기 때문에 사회가 안정적으로 유지되는 것이지, 만약 그렇지 않다면 사회는 존립할 수 없을 것이다(Merton, 1938: 677).

반면 '도피'는 가장 드물게 나타나는 적응 양식으로 순응과는 정반대로 개인이 문화적 목표와 제도적 수단 모두를 거부하는 선택을 하는 경우이다. 정신이상자, 부랑자, 약물 중독자 등이 그 예가 된다. 제도적 수단으로 문화적 목표를 달성할 수 없음을 반복적으로 경험하게 될 때, 이들은 제도적 수단을 거부할 뿐만 아니라 문화적 목표마저 포기해 버리고 사회의 영향력 밖으로 물러나 버린다.

'혁신'은 머튼의 이론이 가장 주목하는 적응 양식으로 문화적 목표는 받아들이지만 제도적 수단은 거부하는 경우이다. 문화적 목표를 강하게 내면화하여 경제적 성공에의 강한 열망을 갖지만, 구조적 여건상 제도적 수단으로는 목표를 도저히 달성할 수 없을 때, 제도적 수단을 거부하고 대신 불법적 수단으로 목표를 달성하려고 하는 경우이다. 목표 달성을 위해 기존의 수단을 버리고 새로운 수단을 택한다는 의미에서 '혁신'이며, 그 새로운 수단이 사회적으로 금지하는 비제도적 수단이기 때문에 이는 범죄적 행위 유형으로 분류될 수 있다.

'의례'는 문화적 목표를 받아들이지 않으면서도 이를 달성하기 위한 제도적 수단은 수용하는 적응 양식이다. 제도적 수단에 대한 규범적 명령에 따르며 살아가지만 정작 수단의 목적인 목표에 대해서는 관심이 없는 경우로, 무사안일주의 내지는 관료주의가 그 예이다.

마지막으로 '반역'은 가장 극단적인 대응 방식으로, 기존의 문화적 목표와 제도적 수단을 모두 거부하고 새로운 목표와 수단을 설정하는 적응 양식이다. 목표 달성이 좌절되는 구조적 상황에서 주변인의 시각으로 기존의 사회질서를 거부하고 새로운 사회 질서를 세우려고 시도하는 것으로, 혁명이 그 예가 될 것이다.

범죄학적으로 중요한 적응 양식은 '혁신'과 '도피'이다. 혁신은 범죄행동과, 도피는 일탈행동과 연결된다고 할 수 있다. 아노미이론은 다섯 가지 적응 양식 중 이 두 가지 선택을 하도록 개인에게 압력을 가하는 사회적 요인을 찾는 것을 그 목적으로 한다(Merton, 1938: 677). 문화 가치체계가 '경제적 부'라는 성공의 상징을 사회구성원 모두에게 강조할 때, 개인들은 경제적 성공 열망을 강하게 품게 된다. 현대사회의 평등주의 이데올로기는 모든 사회집단과 개인이 성공할 수 있고, 따라서 열심히 노력하여 성공해야 한다고 명령한다. 그리고 모든 이들을 이 명령으로부터 자유롭지 못하게 한다.

이처럼 모든 사회구성원은 계급의 구분을 초월하여 가해지는 경제적 성공으로의 강력한 문화적 압력 하에 있게 된다. 그런데 정작 불평등구조는 성공 목표를 달성하기 위한 제도적 수단에 모든 집단과 개인이 평등하게 접근하도록 허락하지 않는다. 모든 계급이 경제적 성공을 열망하지만 그 목표에 대한 접근 기회는 계급별로 차별화되어 있기 때문에, 이러한 구조적 상황에서 많은 사람은 '긴장'을 겪게 된다.

제도적 수단을 통해서는 경제적 성공 목표 달성이 불가능한 긴장 상황에서 사회구성원 대다수는 그럼에도 불구하고 '순응'을 한다. 하지만 일부 사람들은 어떻게든 해서라도 경제적 성공 목표를 달성하려고 할 수 있다. 그런데 제도적 수단으로는 불가능해 보이기 때문에 비제도적 수단, 즉 불법적 수단으로라도 목표를 달성하려는 '혁신'을 도모한다. 머튼은 이러한 일탈로의 압력에 하층이 가장 취약하다고 보았다(Merton, 1957: 144). 교육과 경제적 자원 등 제도적 수단으로의 접근 기회에서 가장 불리한 구조적 위치에 있는 집단이기 때문이다. 그들은 합법적이지만 어렵고 효과가 의심스러운 방법보다 불법적이지만 쉽고 효과적인 편법을 택할 가능성이 상대적으로 크다.

한편 동일한 문화적 압력과 구조적 여건 밑에 있음에서 불구하고 불법적 수단에 대한 규범적 금지를 강하게 내면화한 일부 개인들은 차마 불법적 수단을 택하지 못할 수 있다(Merton, 1938: 678). 합법적 수단으로 문화적 목표를 달성하는 것은 불가능한데 불법적 수단을 쓸 수도 없는 딜레마 상황에서 이 개인들은 문화적 목표와 제도적 수단 둘다를 거부하는 '도피'의 적응 양식을 택하게 된다. 반면 문화적 목표를 달성하지 못함에도 불구하고 제도적 수단을 고집하는 '의례'의 적응 양식을 택할 수도 있다. 머튼은 중하층에서 이 적응 양식이 발견될 가능성이 높다고 보았는데, 성공의 가능성은 제한적이지만 사회의 도덕적 의무와 관습을 강하게 사회화하기 때문이다(Merton, 1957: 150-151).

머튼의 아노미이론에서 핵심은 어떻게 사회적인 요인이 개인으로 하여금 '혁신'과 같은 반사회적 행위를 선택하게 하는지에 대한 설명이라고 할 수 있다. 머튼은 당시 미국 사회의 심각한 범죄 문제가 문화적·사회구조적 문제로부터 기인함을 아노미 개념으로 분석하였다. 열린 계급이동이라는 이데올로기로 모든 개인이 경제적 성공을 달성할 것을 문화적으로 강요하면서도, 실제로는 심한 불평등으로 인해 특히 하층의 경우 성공 수단에 대한 접근 기회가 사회구조적으로 제한되어 있는 딜레마 상황을 범죄 문제의 원인으로 지목한 것이다. 머튼은 이러한 문화적·사회구조적 특징을 보이는 사회에서 일탈로의 압력은 하층에게 가장 크게 작용한다고 분석하였다(Merton, 1957: 144). 하층의 범죄율이 상대적으로 높은 이유는 이렇게 아노미이론으로 설명된다.

아노미이론에 따르면 경제적 성공 목표를 지나치게 강조하는 문화와 심한 불평등 구조가 공존하는 사회에서 범죄 문제는 상대적으로 다른 사회에 비해 심각할 것으로 예측된다. 이러한 사회에서는 제도적 수단에 대한 규범의 효력이 제대로 미치지 못한다. 목표 달성을 지나치게 강조할 때 수단에 대한 의무는 경시되기 마련이다(Merton, 1957: 169). 제도적 수단으로의 접근을 막는 심한 불평등은 특히 하층에게 큰 긴장 상황으로 다가오며 이들에게 제도적 수단에 대한 규범이 제대로 효력을 발휘하기는 어려워진다. 이와 같은 문화와 사회구조의 불일치로 인한 목표와 수단의 부조화는 아노미를 낳게 된다고 머튼은 역설한다(Merton, 1938: 682). 많은 사회구성원을 긴장 상황에 처하게 하는 문화와 사회구조의 불일치는 사회의 규제력 약화, 즉 아노미를 낳고, 결과적으로 일탈과 범죄를 증가시킨다는 것이다.

3. 비판과 평가

머튼의 이론에 대한 경험적 검증은 미시적 수준에서 이루어졌다. 대표적으로 허쉬(Hirshci, 1969)는 청소년 설문조사 자료를 통해 머튼의 '긴장'이론을 검증하였다. 그가 긴장이론으로부터 도출한 미시 수준의 가설은 목표에 대한 '열망'이 높을수록, 특히 목표 달성의 '열망'과 현실적 '기대' 간의 격차가 클수록 긴장을 더 크게 경험하고, 결과적으로 비행 가능성이 높다는 것이다. 자료를 분석한 결과, 교육적 열망, 즉 최종 목표 학력이 높은 청소년일수록 오히려 비행을 덜 저지르며, 열망하는 목표 수준과 현실적으로 기대되는 수준 사이의 격차가 큰 청소년의 비행 가능성이 상대적으로 높지 않음을 발견하였다(Hirschi, 1969: 170-184). 오히려 열망과 기대의 수준이 모두 낮은 청소년들이 비행을 더 저지르는 것으로 나타났다. 교육적 열망과 기대 대신 직업적 열망과 기대로 측정하였을 때도 결과는 마찬가지였다.[1]

한편 판워스와 라이버(Farnworth and Leiber, 1989)는 긴장을 교육적·직업적 열망과 기대 사이의 차이로 측정하는 방식이 적절하지 못하다고 비판하며, 머튼의 논리를 제대로 반영하기 위해서는 경제적 목표에 대한 열망으로 측정해야 한다고 주장하였다. 분석결과 경제적 열망 그 자체로는 비행과 관련성이 없지만, 경제적 목표에 대한 열망과 교육적 기대 사이의 격차는 교육적 열망과 기대 사이의 격차보다 비행 가능성을 더 잘 설명하는 것으로 나타났다.

미시 수준에서 도출된 가설에 대한 과거의 경험적 검증결과는 대체로 긴장이론을 지지하지 않는 것으로 나타났다. 그런데 머튼의 아노미이론은 애초에 거시 수준의 이론이며, '혁신'과 같은 개인의 적응 양식에 대한 미시적 설명은 부차적인 내용이라고 할 수 있다(신동준, 2004). 머튼은 자신의 이론이 사회의 일탈행동'률'에서 나타나는 변이에 대한 설명이라는 점을 강조하였다(Merton, 1957: 132). 따라서 머튼의 이론은 청소년 개인의 사소한 비행이 아닌 전체 사회의 범죄율에 대한 이론으로 봐야 할 것이다. 그렇다면 전체 범죄율에 대한 거시적 이론을 청소년비행에 대한 미시적 가설로 검증하는 것이 과연 타당한지 의문을 제기할 수 있다.

아노미이론이 재산범죄 등 경제적 동기의 비행이나 범죄에 대한 설명에 한정된다는 비판도 있었다. 경제적 성공 목표와 이를 성취하기 위한 제도적 수단 사이의 분리를 일탈의 원인으로 강조했기 때문에 경제적 이득을 목적으로 하지 않는 대부분의 일탈에 대해서는 제대로 설명하지 못한다는 것이다. 이러한 비판에 대해 머튼은 그의 이론이 '합리적 계산에 의한 실리주의적' 일탈행동에 한정되는 것은 아니라고 반박하였다(Merton, 1957: 178). 목표와 수단 사이의 불일치로 인한 극심한 압력에 처한 개인은 큰 좌절을 겪게 된다는 점이 이론의 핵심이며, '파괴성'은 심리학적으로 지속적인 좌절에 대한 반응 중 하나이기 때문에 개인은 얼마든지 비합리적 행동을 할 수도 있다고 언급하였다.

실제로 머튼은 그의 이론을 처음 제시한 논문에서 문화적 목표와 제도적 수단 간의 불일치는 "정신병리적 성격, 반사회적 행동, 혁명적 행위" 등을 낳으며 (Merton, 1938: 679), "불안, 적개심, 신경증" 등을 초래한다고 밝혔다(Merton, 1938: 680). 따라서 머튼의 이론은 경제적 동기로 범하는 범죄뿐만 아니라, 긴장과 좌절로 인한 각종 일탈과 폭력 범죄 등도 설명이 가능한 이론으로 봐야 할 것이다.

---

1) 허쉬는 이 결과를 사회 유대의 요소 중 하나인 '관여'의 효과로 볼 수 있으며, 따라서 사회통제이론을 지지하는 결과라고 주장하였다. 사회통제이론에 대해서는 이 책의 9장을 참조할 것.

머튼의 아노미이론은 하층의 범죄에 대한 이론으로 그 범주가 제한된다는 평가도 있다. 개인의 적응 양식을 설명하면서 하층계급이 '혁신'으로의 압력을 가장 크게 받을 것이며, 그래서 하층의 범죄율이 높은 것이라고 설명했기 때문이다. 하지만 머튼은 "아메리칸 드림에 종착점은 없으며, '금전적 성공'의 척도는 불확정적이고 상대적"이라는 점을 명확히 했다(Merton, 1957: 136). 그래서 화이트칼라 범죄와 같은 상층의 범죄에도 아노미이론을 충분히 적용할 수 있다고 보는 학자들도 적지 않다.

아노미-긴장이론과 상층의 범죄

목표와 수단은 상대적인 것이다. 상층은 그들의 성공을 서로 비교하며 상대적 박탈감과 더 큰 성공으로의 압력을 느낄 것이다(Passas, 1995; 1997). 기존에 갖고 있고 누리고 있는 것을 잃지 않거나 경쟁에서 뒤처지지 않는 것이 중요한 목표가 될 수 있다(Weisburd, Wheeler, Waring and Bode, 1991). '경쟁의 문화'가 지배하는 자본주의 사회에서는 실패의 두려움으로부터 누구도 자유로울 수 없다(Coleman, 1987: 414－420; 2002: 189). 따라서 불평등이 심하고 경쟁이 치열한 사회에서 오히려 상층일수록 혁신의 동기는 더욱 클 것으로 예측하기도 한다(Benson and Simpson, 2009: 71－72).

제 4 절 하위문화이론

일찍이 사회해체이론은 특정 지역에서 비행 하위문화가 세대를 거쳐 전승되기 때문에 그 지역의 청소년비행률이 높게 유지된다고 보았다(Shaw and McKay, 1942). 비행과 범죄의 원인을 연구하는 많은 학자는 이러한 반규범적이고 범죄적인 하위문화를 최소한 암묵적으로 전제한다. 하위문화이론은 이러한 비행 하위문화가 구체적으로 어떤 성격을 갖고 있으며, 어떻게 생겨나고 유지되는지에 대한 이론적 설명을 제시한다. 머튼의 이론이 이러한 설명에 활용되었기 때문에, 하위문화이론을 아노미－긴장이론으로 분류하기도 한다.

여기에서는 대표적인 하위문화이론인 코헨(Albert K. Cohen)과 클라워드와 올린(Richard Cloward and Lloyd Ohlin)의 이론을 소개하겠다. 더불어 아노미이론과 직접 관련은 없지만 주요 하위문화이론 중 하나인 밀러(Walter K. Miller)의 이론도 간략히 다루려고 한다. 이들은 공통적으로 비행 하위문화의 소재를 대도시 하층이 모여 사는 동네의 남자 청소년집단, 즉 갱(gang)에서 찾는다. 그리고 이러한 하위문화의 중요한 특징과 성격이 무엇인지, 어떻게 이처럼 특이한 문화가 나타나게 되었는지 설명한다.

1. 코헨의 이론

코헨(Albert K. Cohen)은 노동계급의 남자 청소년들에게서 발견되는 비행적인 하위문화의 형성과정을 아노미이론의 틀을 빌려서 설명한다(Cohen, 1955). 갱을 거점으로 하층계급의 비행청소년들이 공유하고 있는 하위문화는 사회의 규범적 상식으로 이해하기 어려운 특징들을 보이는데, 왜 그리고 어떻게 이처럼 특이한 문화 형태가 노동계급의 하층 청소년들 사이에서 나타나게 되었는지를 아노미이론으로 이해할 수 있다는 것이다. 코헨은 우선 계급구조에서 그들의 위치에 주목하였다. 코헨에 따르면 계급적 위치에 따라 청소년들이 겪는 문제와 그 문제에 대한 해결방안에서 큰 차이가 있다는 점이 중요하다.

코헨이 본 비행하위문화의 특징

코헨에 따르면 하층 비행청소년들의 비행 하위문화는 '비실리적(non-utilitarian), 악의적(malicious), 부정적(negativistic)'이라는 특성을 보인다(Cohen, 1955: 25). 그들은 필요에 의해서 비행을 저지르는 것도 아니고 그렇다고 뚜렷한 비행 동기가 있는 것도 아니라는 점에서 '비실리적' 특성을 보인다. 그들이 저지르는 대부분의 절도는 그 물건이 갖고 싶거나 팔려는 목적이 아니다. 스릴과 재미를 위해서라면 건전한 스포츠나 오락 등으로도 충분히 가능하다. 집단 내의 지위와 인정이 동기라 해도 왜 유독 비행이 그 수단이 되어야 하는지 설명이 필요하다. 이들은 이처럼 특별한 이유 없이 남들에게 피해를 주는 비행을 저지른다는 면에서 그들의 하위문화는 '악의적'이라고 할 수 있다. 그리고 그들은 기성세대의 규범과 갈등하는 문화적 코드를 공유하며 규범적 요구에 반항한다는 점에서 '부정적'이다.

코헨에 따르면 인간은 집단에 소속되고 그 집단으로부터 인정받으려는 근본적인 욕구가 있다. 만약 이러한 욕구가 제대로 충족되지 못하면 '지위문제'를 겪게되고, 사람들은 이 문제를 어떻게든 해결하려는 압력 아래 놓이게 된다. 코헨은 하층 청소년들이 공통적으로 '지위문제'를 겪는다고 본다. 하층의 아이들은 어릴 때하층의 거주 지역에 모여 살기 때문에 지위문제를 겪지 않지만, 학교에서 중간계급의 아이들과 섞이게 되면서 지위문제에 부딪히게 된다. 이러한 지위문제로 인해 '학교에서의 실패'를 경험하게 되는 것이다.

사회에서 중심이 되는 집단은 중간계급이고, 그들의 문화가 지배문화이다. 따라서 하층의 아이들도 중간계급 아이들의 집단에 속하고 싶어 한다. 그런데 이를위해서는 중간계급의 문화를 체화해야 하는데, 코헨에 따르면 이 지점에서 하층의아이들은 구조적으로 불리한 위치에 있다. 계급적 위치상 하층의 아이들은 가정에서 중간계급의 규범과 가치를 사회화하기 어렵기 때문이다(Cohen, 1955: 73-102). 계급적 위치에 따른 이러한 문화적 차이로 하층의 아이들은 중간계급 아이들의 집단에 속하지 못하는 지위문제를 겪게 되는 것이다.

하층의 아이들은 선생님으로부터 인정을 받는 것에도 실패한다. 학교는 중간계급의 문화, 즉 지배문화를 학생들에게 사회화시키려는 명확한 목적이 있고, 선생님은 전형적인 중간계급이다. 그런데 중간계급의 문화를 체화하지 못한 하층의아이들은 학교에 제대로 적응하지 못하고 선생님과 원만한 관계를 형성하지도 못한다. 이렇게 학교에서 주변적인 위치로 밀려나면서 하층의 아이들은 지위 달성에실패하고 적응의 문제를 겪게 된다.

코헨에 따르면 이와 같은 지위 좌절을 겪는 하층의 청소년들은 그들의 지위문제를 해결하기 위해 나름대로 해결책을 강구한다. 동일한 적응의 문제를 겪는하층 청소년들은 서로 상호작용하면서 그들만의 새로운 문화를 형성함으로써, 그들의 집단을 통해 지위문제를 해결한다는 것이다(Cohen, 1955: 121-137). 코헨은이를 '문화적 혁신'이라고 표현하였다(Cohen, 1955: 59). 지위 달성이라는 공통의 목표 달성에 실패하는 상황에서 중간계급의 문화 대신 새로운 그들만의 하위문화를형성하고 그들의 집단, 즉 갱(gang)을 준거집단으로 상정하여 지위문제를 해결하는 것이다. 이것이 그들의 공통 문제에 대한 집합적 해결책이다.

코헨은 이렇게 비행 하위문화가 일종의 '반동 형성'으로 나타나기 때문에 그

독특한 성격을 띄게 된다고 보았다(Cohen, 1955: 133–137). 하층 청소년들은 그들을 거부한 중간계급의 문화에 적대적인 태도를 취함으로써 지배문화의 영향력으로부터 벗어나려고 한다. 그래서 중간계급의 가치와 규범에 대해서 비합리적으로 반대하고 심지어 경멸을 표시한다. 이것이 비행 하위문화가 상식적으로 이해가 어려운 반규범적인 특성을 갖게 되는 이유이다.

이처럼 하층 청소년들은 그들만의 집단과 비행 하위문화를 형성하는 집합적 해결책을 통해 지위문제를 해결한다. 그런데 그 결과 그들은 지배문화와 더욱 괴리된다는 점을 코헨은 지적한다. 그들의 집단 내에서 지위 달성은 하지만, 그들의 집단 밖인 전체 사회에서의 지위는 오히려 더욱 낮아진다. 이러한 상황에서 그들의 당파적인 연대감은 갱 안에서 강화되고, 지배문화에 대한 노골적인 반대와 비행을 지속한다. 이러한 악순환으로 중간계급과는 더욱 분리되고 지배문화와의 괴리도 더욱 심화되면서 비행 하위문화는 공고화된다.

결국 코헨이 이야기하고자 하는 바는 하층의 청소년들이 그들이 처한 구조적 상황에서 지위문제에 대해 나름대로 해결책을 강구한 결과가 비행집단이고 비행 하위문화라는 것이다. 코헨의 이론은 사회의 계급구조에 주목하여 하층이 목표 달성을 위한 대안적 수단을 찾는 과정을 묘사하고 있다는 점에서 머튼의 이론적 영향을 찾을 수 있다. 하지만 경제적 성공 목표가 아닌 보다 본질적인 차원의 지위문제 해결을 목표로 설정하였다는 점, 그리고 개인의 적응이나 대응 방식이 아닌 공통된 긴장 상황에서의 집합적 해결책을 강조했다는 점에서 중요한 차이가 있다.

2. 클라워드와 올린의 차별기회이론

클라워드와 올린 역시 머튼의 아노미이론으로 대도시 하층 거주 지역에서 하위문화가 형성되는 과정을 설명하였다(Cloward and Ohlin, 1960). 이들은 머튼의 아노미이론과 서덜랜드의 차별접촉이론으로 하위문화 형성을 설명하였고, 이 책에서 제시된 그들의 이론은 '차별기회이론'이라고도 불린다. 클라워드와 올린에 따르면 비행 하위문화는 세 유형으로 구분된다. 먼저 '범죄 하위문화'(criminal subculture)는 경제적 수입을 보장하는 범죄를 중심으로 조직화된 갱에서 특징적으로 나타나는 유형이다. 반면 '갈등 하위문화'(conflict subculture)는 지위 획득을 위한 방법으로 폭력이 만연하는 갱에서, '도피 하위문화'(retreatist subculture)는 마약 소비 행태가 두드러지게 나타나는 갱에서 주로 발견되는 유형이다.

클라워드와 올린도 기본적으로 하층의 청소년들이 자신들이 처한 열악한 사회구조적 환경에 적응하며 겪는 문제와 이에 대한 나름의 해결책으로서 비행적인 하위문화가 형성된다고 본다. 코헨보다 머튼의 이론에 더 충실하면서도 코헨과 마찬가지로 '집합적 해결책'이라는 점에 주목하여 비행 하위문화가 형성되는 과정을 설명한다. 코헨과의 결정적인 차이점은 앞서 언급한 대로 하위문화의 세 유형을 구분한 점이다. 클라워드와 올린은 이러한 하위문화의 차이를 하층 청소년들이 거주하는 공동체의 구조적 특징에서 보이는 차이에서 찾는다. 여기서 그들은 서덜랜드의 차별접촉이론을 적극적으로 활용하면서,[2] 머튼의 이론으로부터 도출한 '기회구조' 개념을 확장하여 적용하였다.

클라워드와 올린은 하층계급이 겪는 긴장 상황으로 머튼이 묘사한 내용을 하층의 청소년들에게도 그대로 적용한다. 제도적 성공 기회로의 접근 가능성이 구조적으로 희박한 하층 청소년들은 성공에 대한 열망과 합법적 수단 사이의 괴리로 긴장을 경험하며, 이는 경제적 성공을 위한 불법적 대안을 모색하게 하는 극심한 압력으로 작용한다(Cloward and Ohlin, 1960: 105). 클라워드와 올린은 하층의 청소년들이 코헨이 묘사한 것처럼 중간계급에 속하기를 원하는 것이 아니라 단지 경제적 위치의 상승만을 원한다고 보았다(Cloward and Ohlin, 1960: 95-96). 이들에게 중간계급의 생활방식은 관심 밖이고, 오직 그들의 문화적 환경 내에서 경제적 성공만을 목표로 한다는 것이다. 클라워드와 올린은 그렇기 때문에 하층 청소년들이 그들의 하위문화에 헌신할 수 있는 것이라고 보았다.

목표 달성에 실패한, 혹은 실패가 예상되는 공통의 문제 상황에서 집합적으로 해결책을 찾는 과정에 대한 설명은 코헨의 이론과 거의 같다. 사회적으로 인정되는 제도적 수단으로 경제적 성공 목표를 달성하려는 시도는 실패할 것이 뻔하게 예상되는 상황에서 하층 청소년들은 심한 소외를 경험한다. 그들은 함께 상호작용하면서 이러한 공통의 문제를 공유하고, 기존 체제와 규범에 대한 지지를 철회하게 된다. 자신이 경험하는 부당한 박탈과 차별이 나만의 문제가 아님을 깨달았을

---

2) 차별접촉이론에 대해서는 이 책의 7장을 참고할 것.

때, 그들은 실패의 원인을 부도덕하고 불공정한 사회 시스템의 문제로 돌리게 된다(Cloward and Ohlin, 1960: 111-113).

클라워드와 올린은 이처럼 실패의 원인을 외부로 돌릴 때 문제 상황에 대해 개인적으로 해결하려 하지 않고 집합적 해결책을 추구할 가능성이 커진다 주장한다(Cloward and Ohlin, 1960: 125). 그 과정에 대해서는 코헨의 설명과 유사하다. 하층의 청소년들은 자신들의 처지에 대해 서로 소통하고 상호작용하면서 막연하게 갖고 있던 생각과 믿음을 함께 재확인하게 된다. 이는 서로에게 강력한 집합적 지지로 작용하면서 지배 규범을 거부하고 불법적 수단을 정당화하는 안정적인 비행의 문화적 기반이 되는 것이다(Cloward and Ohlin, 1960: 131-132). 이렇게 그들의 하위문화와 그 문화를 공유하는 동년배 집단인 갱을 통해 하층 청소년들은 비행으로 인한 도덕적 긴장과 죄책감으로부터 심리적으로 자유로워진다.

그런데 이렇게 나타나는 하위문화는 앞서 언급했듯이 그들이 거주하는 지역의 구조적 여건에 따라 세 가지 유형으로 구별된다. 클라워드와 올린은 '불법적 수단에 대한 차별적 접근'이라는 개념으로 비행 하위문화가 세 가지 다른 유형으로 나타나게 되는 과정을 설명한다(Cloward and Ohlin, 1960: 145-148). 머튼은 성공 목표 달성을 위한 제도적 수단에 대한 접근이 계급에 따라 차별적으로 주어진다는 점만을 고려했다. 불법적 수단에는 누구나 접근할 수 있는 것처럼 가정한 것이다. 클라워드와 올린은 이 지점을 비판하며 성공을 위한 불법적 수단에 대한 접근 역시 모두에게 동등하게 주어지는 것은 아니라는 통찰력을 이론에 불어넣었다. 즉 '차별 기회'를 합법적 수단뿐만 아니라 불법적 수단에 대해서도 고려해야 한다는 것이다(Cloward and Ohlin, 1960: 150).

하층 청소년들은 그들이 거주하는 동네에서 선배 범죄자와의 접촉을 통해 범죄적 가치와 기술 등을 전수받는 등의 일종의 후견 과정을 거쳐 불법적 수단에 대한 접근 기회를 확보할 수 있다. 그리고 하층 청소년들이 거주하는 동네가 일탈적 가치로 조직화된 정도가 중요한 요인이 된다. 즉 지역 공동체의 연령집단 간 통합 정도와 일탈적 가치의 조직화 정도에 따라 그 지역의 갱이 갖는 주된 특징이 세 유형으로 구분된다.

먼저 '범죄 하위문화'가 나타나기 위해서는 범죄가 생계유지 수단이 될뿐만 아니라 더 나아가서 경제적 성공 목표를 이룰 수 있는 가능성이 있어야 한다. 이를 위해서는 비행청소년에게 적절한 역할 모형과 인맥을 제공하는 성인 범죄자와의 연결이 중요하다고 보았다(Cloward and Ohlin, 1960: 23). 연령집단 간의 통합이 이루어져 있는 공동체에서는 비행청소년과 성인 범죄자 사이의 연결망이 존재하고, 이는 범죄 하위문화가 나타날 수 있는 구조적 조건이 된다. 또한 범죄적 가치를 갖고 있는 사람들과 관습적 가치를 갖고 있는 사람들 간에 유대와 통합이 형성되어 있는 지역 공동체에서 범죄 하위문화가 나타날 가능성이 크다(Cloward and Ohlin, 1960: 161–171). 이는 그 동네에서 하층 청소년과 성인 범죄자 간의 유대가 형성될 수 있는 문화적 조건이 되기 때문이다.

그래서 이러한 지역 공동체에서는 범죄 조직을 중심으로 나름의 사회통제가 이루어진다. 전문 범죄자로 나아가기 위한 자질을 중심으로 통제가 이루어지기 때문이다. 따라서 범죄 하위문화는 경제적 성공을 가능하게 하는 중요한 가치체계가 될 뿐만 아니라, 그 동네에서 어느 정도의 사회통제가 가능하게 하는 문화적 요인이 되기 때문에, 세대를 거쳐 안정적으로 지속되며 좀처럼 사라지지 않는 특성을 보인다.

한편 연령집단 간의 통합과 범죄적 가치의 조직화라는 구조적·문화적 조건이 결여된 지역 공동체의 하층 청소년들에게는 불법적 기회에 대한 접근 기회마저 여의치 않다. 클라워드와 올린은 이러한 동네에서는 '갈등 하위문화'나 '도피 하위문화'가 특징적으로 발견된다고 보았다. 먼저 갈등 하위문화가 지배적인 공동체에서는 최소한의 통제도 이루어지지 않는 사회해체속에서 비조직적이고 개별적이면서 사소한 범죄들이 주로 발생한다(Cloward and Ohlin, 1960: 173). 불법적 수단에 대한 접근 기회마저 주어지지 않는 상황에서 이곳의 하층 청소년들은 극심한 좌절에 빠지고 이들에 대한 사회통제는 매우 어렵다. 갈등 하위문화가 지배적인 갱에서는 폭력이 특징적으로 나타난다. 분노와 좌절을 폭력으로 분출할 수 있고, 폭력적 수단에 대한 접근에는 장애가 없으므로 경제적 성공 대신 폭력을 통한 지위 성취를 목표로 하는 경향이 나타나기 때문이다.

성공을 위한 합법적 수단에 대한 접근 기회뿐만 아니라 폭력을 포함한 모든 불법적 수단에 대한 접근 기회마저도 주어지지 않는, '이중의 실패'(double failure)를 겪는 청소년들은 '도피 하위문화'를 선택할 가능성이 크다(Cloward and Ohlin, 1960: 181). 폭력 능력마저 없는 청소년들은 폭력을 통한 지위 경쟁에서도 밀려나기 때문에, 모든 수단과 목표를 포기해 버리고 '도피'하는 것이다. 클로워드와 올린은 도피 하위문화에서는 세상으로부터 얼마나 초연해 있는가가 중요한 지위의 척도가 된다고 하였다. 쾌락을 추구하면서 빈둥거리는 것에 삶의 목표를 두며 약물 중독에 빠지게 되는 것이다(Cloward and Ohlin, 1960: 25 – 27).

3. 비판과 평가

사회의 지배적인 문화와 규범을 무력화할만큼 청소년들에게 강력한 영향력을 행사하는 하위문화가 과연 실질적으로 존재하는지는 논란의 여지가 있다(Kornhauser, 1978). 하위문화이론은 규범과 가치에서 계층 간에 큰 차이가 있으며, 그래서 사회적으로 단절되어 있다고 가정한다. 이러한 상황에서 하층의 아이들이 성공 기회의 박탈을 명확하게 경험한다고 본다. 이러한 가정에 부합하는 미국 대도시의 슬럼이라는 사회적 맥락에서는 하위문화이론의 타당성을 어느 정도 인정할 수 있겠다. 하지만 우리나라처럼 계층간 분리가 심하지 않고 비교적 동질적인 사회에서도 이 이론이 잘 적용될지는 아직 의심스럽다. 예를 들어 김준호와 이성식(1987)의 연구에서 비행 하위문화적 가치 지향과 태도가 우리나라 청소년의 비행에 미치는 영향을 일부 발견했지만, 이러한 가치 지향과 태도가 계층에 따라 차이를 보이지는 않는 것으로 나타났다. 하지만 앞으로 우리나라에서도 양극화와 불평등이 심해지고, 계층간 주거지역 분리 현상까지 두드러지게 된다면 하위문화이론의 타당성은 다시 평가받게 될 수도 있을 것이다.

하위문화이론은 문제를 겪고 있거나 좌절 상황에 있는 청소년들에게 비행집단이 나름 중요한 기능을 할 수도 있음을 보여준다. 아노미이론과 직접적인 관련성은 없지만 밀러의 하층계급 문화에 대한 이론도 이 지점에서는 일치한다(Miller, 1958). 밀러도 하층계급의 청소년들 사이의 독특한 문화에 주목한다. 그러나 밀러는 그들의 문화가 중간계급의 주류 문화와 갈등하며 지배규범을 의도적으로 위반하려는 '비행 하위문화'가 아니라, 오래전부터 내려온 하층계급 고유의 문화로부터 자연스럽게 나온 것이라고 주장한다. 예를 들어 하층계급 문화는 말썽(trouble), 거칠고 강인함(toughness), 약삭빠름(smartness), 흥분과 짜릿함(excitement) 등을 중시하는 특징을 보이는데, 하층 청소년들은 이러한 가치들에 충실히 순응하면서 그들의 집단 안에서 자연스럽게 비행을 저지르게 된다.

밀러는 하층 청소년들의 공통된 가족구조의 특성이 아버지의 물리적·심리적 부재라는 점에 주목한다. 가족이 제대로 기능하지 못하는 상황에서 하층 청소년들에게 그들끼리의 집단, 즉 갱과 같은 비행집단은 가족의 필수적인 기능을 대신해 주는 매우 중요한 존재이다. 그래서 이들은 갱의 가치와 규범에 열심히 따르며 그 집단에 안정적으로 소속되고 지위를 확보하려고 한다는 것이다. 그래서 밀러가 보기에 하층 청소년들의 비행과 하위문화는 지배 규범과 문화에 반대하려는 것이라기보다, 주어진 열악한 환경에 나름대로 적응하며 살아가려는 긍정적인 노력의 불행한 결과이다.

제 5 절 일반긴장이론

1. 머튼 이론의 수정

앞서 살펴보았듯이 머튼의 이론을 미시적으로 해석하고 검증한 학자들은 '긴장이론'이 경험적으로 지지되지 않는다고 비판하였다. 애그뉴(Robert Agnew)는 이러한 비판에 대해 '긴장이론'의 수정이 필요하다는 점을 지적하고 '수정된' 긴장이론을 제시하였는데(Agnew, 1985), 이것이 이후에 '일반'긴장이론(general strain theory)으로 발전했다. 따라서 일반긴장이론은 머튼의 이론을 수정하고 미시적으로 계승한 이론이라 할 수 있다.

머튼의 이론을 검증하려고 한 연구들은 청소년 비행을 대상으로 하였다. 애그뉴는 청소년 입장에서 실제 그들이 중요시하는 목표와 현실적인 긴장이 무엇인지에 주목하였다. 그가 볼 때는 청소년들은 경제적 성공과 같은 장기적 목표에는 별로 관심이 없고, 친구관계, 가정생활, 학교생활, 여가활동 등과 관련하여 그들의 당장의 삶에서 중요한 매우 다양한 목표들을 추구하면서 살아간다. 그리고 고통스럽거나 불쾌한 상황도 중요한 긴장 요인이 된다는 점에 주목해야 한다고 주장했다. 애그뉴에 따르면 청소년의 긴장의 원인을 '당장의 다양한 목표 추구에 대한 장애'에서 찾아야 하며, 그뿐만 아니라 '고통스러운 상황을 회피하려는 시도에 대한 장애'에서도 찾아야 한다는 것이다.

애그뉴는 또한 긴장과 감정의 관련성에 주목하였다. 목표 달성에 실패하는 좌절 상황과 불쾌하고 고통스러운 자극으로 인한 긴장은 분노와 같은 부정적 감정을 유발하고, 이러한 부정적 감정에 의해 비행을 저지르게 된다는 것이다. 긴장과 비행 사이에 분노와 같은 부정적 감정이 매개하는 과정을 보완함으로써 긴장이론을 추가적으로 수정한 것이다.

2. 긴장의 출처와 결과

애그뉴는 이후 스트레스에 대한 심리학 연구들을 폭넓게 참고하면서 그의 '수정된' 긴장이론을 '일반'긴장이론으로 발전시켰다(Agnew, 1992). 일반긴장이론에서 '긴장'은 스트레스와 같은 의미로 보아도 무방하다. 애그뉴는 긴장의 출처, 즉 스트레스를 주는 상황을 세 가지로 파악했다. 먼저 '긍정적 가치를 갖는 목표 달성의 실패'이다. 이는 기존의 긴장이론이 지목하는 요인이지만, 앞서 언급했듯이 경제적 목표나 지위달성의 목표에 한정하는 것이 아니라 당장의 다양한 목표들을 포함한다는 중요한 차이점이 있다. 그리고 애그뉴는 열망과 기대 간의 격차뿐만 아니라, 열망과 실제 성취 간의 격차, 특히 기대와 실제 성취 간의 격차가 오히려 더 중요한 긴장의 출처가 될 수 있다고 보았다. 그뿐만 아니라 공정한 결과와 실제 결과 간의 격차도 큰 긴장을 불러일으킬 수 있다고 덧붙였다.

다음으로 애그뉴가 꼽은 긴장의 출처는 '긍정적 가치를 갖는 자극의 제거'이다. 사람은 자신에게 긍정적인 가치를 갖는 무엇인가를 상실했을 때, 혹은 그럴 것이라고 예상될 때 긴장을 겪는다. 소중한 사람을 잃는 경우가 그 예가 될 것이다. 마지막으로 '부정적이거나 해로운 자극의 존재'도 중요한 긴장의 출처가 된다. 사람은 자신에게 괴로움과 고통을 주는 자극이 주어지거나, 주어질 것으로 예상될 때, 그리고 이를 피할 수가 없을 때, 역시 긴장을 겪는다. 예를 들어 학대나 괴롭힘을 당하는 경우이다. 애그뉴는 이 두 가지 긴장의 출처가 근본적으로 타인과의 부정적 관계에서 비롯된다고 지적하며, 타인과의 긍정적 관계에만 주목하는 기존이론들의 한계를 극복한 이론이라고 설명했다. 이렇게 다양한 유형의 긴장을 고려한다는 의미에서 '일반'긴장이론이라는 이름이 붙여졌다고 이해하면 될 것이다.[3]

애그뉴는 긴장이 분노, 우울, 공포와 같은 부정적 감정을 낳는다고 주장하면서, 긴장과 비행·범죄 사이를 매개하는 요인으로 중요하게 다루었다(Agnew, 1992: 59–61). 부정적 감정 중에서 '분노'는 특히 중요한 감정적 반응으로 간주된다. 분노는 문제의 원인을 남에게 돌리고, 자신이 겪은 피해와 고통을 과장하며, 피해를 준 대상에 대한 자신의 보복 능력을 과대평가하고, 범죄행동으로 인한 손해에 무감각해지며, 그러한 행동에 대한 통제력을 약화시키는 특징이 있다(Agnew, 1992: 60; 2006: 33). 따라서 분노는 특히 공격적인 비행과 범죄로 이어질 가능성이 크다.

한편 우울과 공포의 경우에는 분노보다 비행이나 범죄로 나아갈 가능성이 상대적으로 낮지만, 다른 유형의 일탈을 할 가능성은 높인다(Agnew, 2006: 34–35). 애그뉴는 우울의 경우 약물중독과 같은 소극적 일탈을 낳을 가능성이 크고, 공포는 약물중독 외에도 가출이나 무단결석과 같은 도피적 일탈과 더 관련성이 크다고 보았다.

일반긴장이론의 설명모형을 정리해 보면, 목표 달성의 실패, 긍정적 자극의 제거나 상실, 부정적 자극의 존재나 발생과 같은 다양한 상황이나 사건들이 긴장을 유발하고, 이러한 긴장은 부정적 감정을 낳게 되며, 결과적으로 범죄나 비행을 저지를 가능성을 높인다는 것이다. 특히 만성적이고 반복적인 긴장은 범죄 성향을 강화한다고 주장한다(Agnew, 2006: 38–48). 애그뉴는 비행과 범죄가 긴장과 부정적 감정을 해소하거나 긴장 요소를 해결하는 방법이 될 수 있으며, 특히 분노와 같은 부정적 감정은 그러한 선택을 할 가능성을 높인다고 보았다.

3. 조건 요인

하지만 긴장을 겪고 부정적 감정을 갖는 사람들이 모두 범죄나 비행을 저지르는 것은 아니기 때문에, 애그뉴는 이에 대한 추가 설명이 이론에 필요함을 인정했다(Agnew, 1992: 70). 먼저 애그뉴는 긴장에 대처하는 인지적·행동적·감정적 차원의 대응전략들이 다양하게 존재할 수 있고 여기에서 개인 차이가 존재한다고 보

---

3) 나중에 애그뉴는 긴장의 주된 유형을 자신이 중요하게 생각하는 것을 잃는 것, 타인이 혐오스럽고 부정적인 방식으로 자신을 대하는 것, 원하는 목표를 달성하지 못하는 것, 이렇게 세 가지로 정리하였다(Agnew, 2006: 4).

았다(Agnew, 1992: 66-70). 예를 들어 객관적으로 같은 긴장 유발 상황에서도 인지전략에 따라 실제 느끼는 주관적 긴장 정도에 큰 차이가 있을 수 있다(Agnew, 2006: 9-10). 긴장에 대처하는 행동과 감정처리 방식에서도 개인에 따른 편차는 매우 클 수 있다. 이러한 대응전략에서의 차이로 인해 긴장을 겪을 때 범죄나 비행으로 나아가는 사람들이 있는 반면, 그렇지 않은 사람들도 있는 것이다. 그렇다면 이러한 차이를 만드는 조건 요인이 무엇인지가 이론적으로 중요하다.

애그뉴는 긴장과 부정적 감정이 비행이나 범죄에 미치는 효과에 영향을 미치는 요인을 크게 세 가지 측면에서 찾는다(Agnew, 2006: 17-19). 먼저 규범적이고 합법적인 방식으로 긴장에 대처할 수 있는 능력을 그러한 요인으로 꼽는다. 그리고 범죄적 대처로 인해 자신이 감수해야 할 손해에 대한 판단도 중요하다고 본다. 또 하나는 범죄적으로 긴장을 대처하려는 성향이다.

애그뉴는 이러한 요인들과 관련될 수 있는 다양한 심리학적·사회학적 특성들을 구체적으로 제시한다(Agnew, 1992: 70-74; 2006: 87-104). 심리학적 특성들로는 자기효능감, 문제해결 능력, 사회적 기술, 자제력 등을, 사회학적 특성들로는 사회적 지지, 사회통제, 차별접촉 등을 들었으며, 대처 능력과 관련되는 사회경제적 지위, 그리고 비행이나 범죄를 저지를 좋은 기회가 주어지는 상황도 추가로 언급한다. 따라서 일반긴장이론은 다른 주요 범죄학이론들을 인과 설명모형 안에 통합한 이론으로도 볼 수 있다. 또한 애그뉴는 긴장이 사회통제를 감소시키고 범죄에 대한 사회학습을 조장함으로써 범죄를 저지를 가능성을 높인다고도 설명하면서(Agnew, 2006: 36-48), 경쟁 관계에 있을 수 있는 다른 주요 범죄학이론들을 적극적으로 그의 이론 안으로 포용한다.

4. 범죄를 유발하는 긴장의 유형

일반긴장이론은 기존 긴장이론이 제시한 긴장의 원인에 더해서 부정적인 사회 관계나 환경과 관련된 긴장을 포함하여 '일반'긴장으로 개념 범주를 크게 확장하였다. 이를 통해 기존의 긴장이론보다 설명력을 크게 향상시켰지만, 이론의 간결성은 떨어졌다. 사실상 긴장, 즉 스트레스를 일으킬 수 있는 거의 모든 부정적 사건이나 조건, 그리고 경험들이 비행과 범죄의 원인으로 포함되는 것이다. 애그뉴는 이론의 이러한 지나친 포괄성으로 인해 경험적 반증이 어렵다는 문제를 인정하고(Agnew, 2001: 320), 다양한 긴장들 중 특히 비행과 범죄에 영향을 미치는 유형들을 특정함으로써 이론을 보완하려고 했다(Agnew, 2001; 2006: 51-85).

애그뉴는 특히 비행이나 범죄로 나아갈 수 있는 긴장 유형의 4가지 특성을 제시한다. 첫째는 '크고 심하다고 느끼는 긴장'이다. 정도가 심하고, 오래 지속되거나 자주 발생하고, 최근에 발생했고, 개인에게 중요한 목표나 욕구, 가치 등 중심적 요소를 위협하는 긴장을 겪을 때 비행이나 범죄를 저지를 가능성이 높아진다는 것이다. 둘째는 '부당하다고 생각되는 긴장'이다. 부당함은 분노같이 범죄 친화적인 감정을 불러일으킬 가능성이 크다. 셋째는 '낮은 사회통제와 관련된 긴장'으로, 변덕스러운 훈육, 부모의 학대와 방임, 실업, 열악하고 불안정한 일자리, 노숙 등이 이에 해당한다고 제시하였다.4) 부모의 감시·감독이나 업무 관련 긴장 같은 경우는 높은 사회통제와 관련된 긴장이기 때문에 비행이나 범죄로 나아가지 않는다. 마지막으로 '범죄적 대처를 조장하는 긴장'이다. 비행이나 범죄로 쉽게 해결될 수 있는 긴장의 경우에는 비행이나 범죄의 압력 내지는 동기로 작용한다. 또한 범죄나 비행에 대한 모방, 강화, 긍정적 정의 등의 출처가 되는 사람에 노출됨으로써 겪는 긴장 역시 비행이나 범죄의 압력 내지는 동기로 작용할 수 있다.5)

5. 비판과 평가

애그뉴도 인정하듯이 긴장을 겪는다고 해도 사람들은 대부분 비행이나 범죄를 저지르지 않는다(Agnew, 2006: 87). 그렇다면 앞서 조건 요인으로 제시한 심리학적·사회학적 특성들이 원인론적으로 오히려 더 중요할 수 있다. 그리고 그러한 주요 특성들은 사회통제이론과 차별접촉이론, 그리고 범죄기회이론 등 다른 범죄학 이론들이 제시하는 요인들이다. 그렇다면 비행과 범죄를 설명하는 데 일반긴장이론이 기여하는 부분이 과연 얼마나 되는지 모호해지는 문제를 지적할 수 있을 것 같다.

일반긴장이론은 긴장의 범주를 일반화함으로써 기존 긴장이론에 비해 설명력

---

4) 이는 사회통제이론과 관련된 내용으로 이 책의 9장을 참고할 것.
5) 이는 사회학습이론과 관련된 내용으로 이 책의 7장을 참고할 것.

과 일반성에서 향상됐다고 평가할 수 있다. 그런데 삶에서 비행이나 범죄와 관련될 수 있는 사실상 거의 모든 사건과 상황들이 긴장과 관련될 수 있다는 점에서 이론의 간결성에 약점을 보인다. 애그뉴는 비행과 범죄를 유발할 가능성이 특별히 큰 긴장 유형을 구체화함으로써 이러한 문제를 극복하려 했다. 그런데 더 나아가서 애그뉴는 비행이나 범죄와 무관한 긴장도 있고, 심지어 비행이나 범죄 가능성을 낮추는 긴장도 있다고 주장한다(Agnew, 2006: 75-78). 긴장 유형을 그 효과에 따라 세분화하는 작업은 물론 이론적으로 의미가 있지만, '일반'긴장이론이라고 부르기는 좀 어색해지는 것 같다.

경험 연구들은 대체로 일반긴장이론을 지지하는 것으로 보인다. 하지만 '긴장' 개념이 지나치게 포괄적이어서 거의 모든 관련 요인들이 포함되므로 당연히 경험적으로 지지될 수밖에 없다는 비판도 있다(Bernard et al., 2012: 245-246). 청소년 비행의 원인으로 특히 중요한 긴장 요인인 부모와의 관계, 친구 관계, 학교에서의 문제 등의 변인들은 그 효과를 사회통제이론으로도 충분히 해석이 가능하기 때문에 과연 어떤 이론을 지지하는 결과인지 구분이 어렵다는 비판도 있다(이성식, 1999: 192).

제 6 절 제도적 아노미이론

머튼의 이론은 미시 수준에서 일반긴장이론으로 계승되었다고 할 수 있다. 하지만 사회심리적 과정에 초점을 두는 일반긴장이론에서는 애초에 머튼이 강조했던 거시적 요인에 관한 부분들은 찾아볼 수가 없으며, 시각에 따라서는 머튼의 이론과는 전혀 다른 별개의 이론으로 보이기도 한다. 반면 메스너와 로젠펠드는 머튼의 아노미이론이 본래 갖고 있던 거시적 관심을 그대로 계승하여 발전시킨 이론적 논의를 전개하였다(Messner and Rosenfeld, 1994; 2007).[6] 이 책에서 제시된 이론적 논의는 이후 '제도적 아노미이론'(institutional-anomie theory)이라고 불리게 된다

---

6) 메스너와 로젠펠드가 그들의 이론을 제시한 『범죄와 아메리칸 드림』*Crime and The American Dream*은 1994년에 1판이 출간되었다. 이후 개정판이 계속 나오고 있는데, 여기에서는 2007년에 출간된 4판을 인용한다.

(Chamlin and Cochran 1995).

머튼과 같은 입장에서 메스너와 로젠펠드도 '사회학적 지식과 원칙의 체계적 적용'을 통해 '범죄의 국가 간 변이'에 대한 거시적 설명을 추구한다(Messner and Rosenfeld, 2007: ix). 그들 역시 미국 사회의 문화와 사회구조에 주목하여 범죄현상에서 보이는 "미국 예외주의"를 사회학적으로 설명하였다(Messner and Rosenfeld, 2008: 127). 문화적 측면은 기본적으로 머튼의 생각과 유사하다. 반면 사회구조적 측면에서는 머튼의 이론과 많은 차이를 보인다.

1. 문화: 아메리칸 드림

메스너와 로젠펠드도 경제적 성공을 모든 사회구성원에게 유일한 목표로서 지나치게 강조하는 문화가 아노미를 초래함으로써 미국 사회의 심각한 범죄 문제를 낳는다는 머튼의 진단에 전적으로 동의한다. 그들은 여기에서 한걸음 더 나아가서 '아메리칸 드림'을 이러한 문화적 경향의 핵심으로 지목하고, 머튼이 자세히 설명하지 않은 구체적인 문화적 요소와 문제점들을 자세히 파헤쳤다.

메스너와 로젠펠드는 아메리칸 드림을 "개인들의 열린 경쟁이라는 조건하에서 사회의 모든 이들이 추구해야 할 물질적 성공이라는 목표에 대한 헌신을 낳는 문화 사조"로 정의하고(Messner and Rosenfeld, 2007: 6), 그 저변에는 성취지향, 개인주의, 보편주의, 물신주의, 이렇게 네 가지의 주요 가치가 전제되어 있다고 분석한다(Messner and Rosenfeld, 2007: 68-71). 메스너와 로젠펠드는 이러한 아메리칸 드림이 미국의 번영에 크게 기여한 것이 사실이지만 그 이면에는 심각한 사회문제의 근본 원인이 되기도 하는 '양날의 칼'이라고 보았다.

먼저 아메리칸 드림에는 성공 여부가 사람의 가치에 대한 궁극적인 척도가 되는 강력한 '성취지향' 경향이 있다고 지적한다. 이는 성공 목표에 대한 지나친 강조와 관련된다. '개인주의'는 개인의 권리와 자율성을 존중하는 경향으로 그 자체는 현대사회에서 긍정적인 요소이다. 그런데 미국 사회에서는 그 정도가 지나쳐서 개인의 권리와 자율성에 과도하게 집착하는 경향이 있다고 메스너와 로젠펠드는 비판한다. 이처럼 지나친 개인주의는 역시 지나친 성취지향 경향과 결합하여 각자 개인의 성공만을 추구하고 나머지 사회구성원들을 싸워 이겨야 할 경쟁자로 보는 경향을 낳는다. 성공 목표를 향한 치열한 경쟁에 뛰어든 개인들은 수단에 대한 규범적 제약을 무시하라는 압력에 처하게 된다.

'보편주의'는 누구에게나 기회는 열려있다는 '기회의 평등' 개념과 연결되는 미국 민주주의의 중요한 가치이다. 그러나 이는 성공 목표를 달성하라는 문화적 의무로부터 그 누구도 자유롭지 못하게 한다. 사회경제적 불평등이라는 공고한 장애물 앞에서 좌절하게 됨에도 불구하고 수많은 사람이 성공을 열망하는 이유가 바로 이 보편주의 때문이라고 메스너와 로젠펠드는 진단한다. '물신주의'는 아메리칸 드림의 가장 핵심적인 요소로서, 성공이란 결국 물질적 성공을 의미한다는 믿음이다. 돈이 성공의 척도가 될 때 목표 달성에 끝이라는 것은 없다. 결코 달성할 수 없는 목표를 향한 무한 경쟁에 사회구성원 모두가 내몰리는 상황이 되는 것이다.

메스너와 로젠펠드는 아노미적 경향이 바로 아메리칸 드림의 이러한 근본적인 가치 지향에서 기인한다고 주장한다. 아메리칸 드림이 결과적으로 미국 국민들에게 수단과 방법을 가리지 말고 물질적 성공을 추구하라는 강력한 문화적 압력으로 작용한다는 것이다. 그런데 메스너와 로젠펠드는 아메리칸 드림과 범죄와의 관계를 완전히 이해하기 위해서는 다른 사회제도들과의 총체적 관련성을 고려해야 한다고 제안한다. 아메리칸 드림이라는 문화 사조가 사회제도들의 짜임새(institutional arrangement)에 영향을 미치고, 이러한 사회구조적 특성이 범죄 문제와 밀접하게 연관된다는 것이다.

2. 사회구조: 제도적 힘의 불균형

머튼의 아노미이론에서 주목하는 사회구조는 계급구조 혹은 불평등구조이다. 사회구조는 "사람 간의 그리고 집단 간의 패턴화된 관계로 구성"되며 이러한 관계는 "사회제도를 통해 정의되고 조직된다"는 입장에서(Messner and Rosenfeld, 2007: 49), 메스너와 로젠펠드는 '사회제도들의 짜임새'(institutional arrangement)로 사회구조를 개념화한다(Messner and Rosenfeld, 2007: 71-74).

경제제도, 정치제도, 종교제도, 가족제도, 교육제도 등의 사회제도들은 각기 고유한 기능을 수행하면서도 상호 의존한다. 사회가 안정적으로 작동하기 위해서는 이 제도들 간의 조화와 협조가 필수적이다. 그런데 아메리칸 드림이라는 문화

사조는 경제제도가 다른 사회제도들을 지배하는, '제도적 힘의 불균형' 상태를 초래했다는 것이 메스너와 로젠펠드의 주장이다. 경제제도의 지배는 평가절하(devaluation), 적응(accommodation), 침투(penetration)라는 세 가지 상호 연관된 방식으로 나타난다(Messner and Rosenfeld, 2007: 76-84).

'평가절하'란 경제와 무관한 목표나 활동들은 그 가치를 인정받지 못하는 상황을 의미한다. 경제제도가 아닌 다른 사회제도들의 고유 기능과 목표는 경시되는 것이다. 교육제도, 가족제도, 정치제도 등의 가장 기본적이고 중요한 활동이나 결정들에 경제적 잣대를 들이대서 경제적 이득이 없거나 손해라고 판단되면 그 가치를 인정하지 않는 경향이 만연하게 된다. '적응'은 사회제도들 스스로 이와 같은 경제적 기준에 맞춰 작동하는 경향을 나타낸다. 사회제도들이 경제제도의 논리에 충실히 적응하게 된다는 것이다. 이처럼 경제의 논리와 규범이 여타 사회제도들에 깊숙이 '침투'함으로써 거의 완전한 경제제도의 지배가 자연스럽게 이루어진다.

메스너와 로젠펠드는 사회제도의 본질적 기능이 사회구성원들을 조직화하는 것이라고 본다. 개인들은 사회제도들 안에서의 사회관계로 규제되기 때문에, 제도의 본질적인 역할은 사회구성원의 통제라고 할 수 있다(Messner and Rosenfled, 2007: 86). 그런데 경제제도는 효율성을 목표로 하는 기본적 속성상 개인을 통제하는 기능에서 가장 취약한 제도이다. 이러한 경제제도가 다른 사회제도를 지배하게 되면 사회제도들의 통제력이 약화될 수밖에 없다. 이것이 바로 아메리칸 드림이라는 미국 자본주의의 문화 사조가 낳는 사회구조적 특성인 제도적 아노미인 것이다.

메스너와 로젠펠드는 경쟁, 효율성, 이윤 추구, 금전적 보상 등을 강조하는 자본주의의 특징이 특히 미국 사회에서 극단적인 형태로 나타난다고 지적한다. 아메리칸 드림으로 표현되는 이러한 문화적 메시지로 인해 기술적으로 가장 효율적인 수단만을 추구하고 비경제적인 신념, 가치, 헌신 등은 무시하는 경향이 사회를 지배한다(Messner and Rosenfeld, 2007: 84-85). 이처럼 사회 규범의 규제력이 약화되는 아노미 상황은 경제제도가 지배하는 제도적 힘의 불균형 상태와 밀접한 관련이 있으며, 이는 사회구성원에 대한 사회제도들의 통제력 약화로 이어지는 것이다(Messner and Rosenfeld, 2007: 87).

3. 문화와 사회구조의 상승작용

메스너와 로젠펠드는 아메리칸 드림이라는 문화적 측면과 제도적 힘의 불균형이라는 사회구조적 측면이 상호의존적임을 강조한다(Messner and Rosenfeld, 2007: 84-87). 아메리칸 드림은 물질적 성공을 지나치게 강조하는 풍조를 조장함으로써 경제제도에 큰 힘을 실어준다. 결국 아메리칸 드림과 같은 문화 사조가 제도적 힘의 불균형을 낳게 되는 것이다. 반대로 다른 사회제도들에 대한 경제제도의 지배는 아메리칸 드림의 문화적 정당성을 더욱 강화시킬 것이다. 이처럼 아메리칸 드림과 경제제도의 지배는 서로 되먹임(feedback)하면서 상승작용을 일으킴으로써 미국의 심각한 범죄 문제를 불가피하게 만드는 것이라고 메스너와 로젠펠드는 주장한다.

4. 비판과 평가

제도적 아노미이론은 거시적 함의가 오랫동안 무시되어 왔던 머튼의 아노미이론을 창조적으로 되살린 이론이라고 할 수 있다. 미시 연구가 지배하는 범죄학계에서 제도적 아노미이론의 가치는 매우 크다. 머튼의 아노미이론과 마찬가지로 제도적 아노미이론도 미국 사회에 대한 비판적 분석이지만, 그 이론적 적용 가능성은 미국 사회에만 국한되지 않는다. 오히려 제도적 아노미이론을 검증하기 위해서는 국가 간 비교 연구가 요구된다. 제도적 아노미이론이 묘사하고 있는 미국 사회의 특징은 전 세계에 보편적인 자본주의의 특징으로 볼 수 있기 때문이다.

그러한 연구를 위해서는 거시적 수준에서 아메리칸 드림과 같은 문화적 특성, 경제제도의 힘, 다른 사회제도들의 힘 등을 측정하여 그 효과를 분석해야 할 것이다. 메스너와 로젠펠드는 '탈상품화'(decommodification) 개념으로 경제제도에 대한 정치제도의 힘을 간접적으로 측정하여 국제비교 연구를 통해 그 효과를 분석하였다(Messner and Rosenfeld, 1997). 분석결과 탈상품화 지수가 높은 국가일수록 살인율이 낮은 것으로 나타났다. 이는 제도적 아노미이론의 예측대로 정치제도의 힘이 경제제도의 힘을 상쇄할 수 있다면 범죄 문제를 개선할 수 있음을 간접적으로 보여주는 결과라고 할 수 있다.

　　제도적 아노미이론을 제대로 검증하기 위해서는 거시 수준에서 문화적 특성과 사회제도들의 특성을 측정하고 각각의 독립적 효과와 상호작용 효과를 분석하는 국제비교 연구가 수행되어야 할 것으로 보이는데, 지금까지의 경험 연구들은 이런 부분에서 아쉬움이 있다. 제도적 아노미이론의 검증은 방법론적으로 쉽지 않은 면이 분명히 있지만, 향후 경험 연구들이 축적되면 제도적 아노미 이론이 다른 사회에도 타당하게 적용될 수 있을지에 대한 검토가 가능할 것이다.

제 7 절　평가와 정책적 함의

　　뒤르켐의 아노미에서 착안한 머튼의 아노미이론은 어떤 문화적·사회구조적 조건이 사회구성원들을 범죄자로 만드는지, 그 사회적 압력에 대해 설명해 주었다. 이러한 전통을 계승한 하위문화이론, 일반긴장이론, 제도적 아노미이론은 비행과 범죄를 저지르게 하는 사회적 요인들에 대해 미시적 수준과 거시적 수준 모두에서 매우 중요한 이론적 통찰력을 제공해 준다. 그리고 이 이론들은 범죄 문제의 해결을 위해서는 매우 근본적인 정책적 접근이 필요함을 보여준다.

　　먼저 머튼의 이론과 하위문화이론들은 불평등의 개선과 기회균등이 중요한 정책적 목표가 되어야 함을 시사한다. 더 근본적으로는 경제적 성공 목표를 과도하게 강조하는 문화 풍조를 개선할 수 있는 전방위적인 정책이 필요함을 머튼의 이론과 제도적 아노미이론을 통해 생각해 볼 수 있다. 그러한 정책의 한 방향으로 제도적 아노미이론은 경제제도의 힘을 제어할 수 있는 다른 사회제도들, 즉 가족제도, 교육제도, 정치제도, 종교제도 등의 고유한 역할과 기능의 강화를 제안한다 (Messner and Rosenfeld, 2007: 112).

　　미시적 수준에서 일반긴장이론은 좀 더 구체적이고 풍부한 정책 함의를 담고 있다. 먼저 일반적으로는 사회구성원이 부당하다고 느끼는 심한 긴장에 오래 노출되지 않도록 제반 사회 여건들을 살펴봐야 할 것이다. 구체적으로는 청소년, 여성, 노인, 빈곤층 등 사회경제적 약자들이 처한 현실에서 긴장의 원천이 될 수 있는 지점들에 각별한 관심을 기울여 그들의 상황에 맞는 맞춤형 정책들이 개발되어야 할 것이다.

마지막으로 하위문화이론과 관련해서, 지금은 아닐지 모르지만 앞으로 하층 청소년들 사이에 비행 하위문화가 나타날 가능성을 완전히 배제할 수는 없다. 아직 우리 사회는 동질적인 특성이 두드러지지만, 앞으로 다문화 사회로의 이행이 순조롭게 이루어지지 않고 양극화와 가족해체가 심화되면서, 계층 간 거주지 분리가 뚜렷하게 나타날 수도 있다. 그때 우리 사회에서도 특정 지역 공동체에 비행 하위문화가 나타날 사회구조적 여건이 조성될 수도 있다. 심각한 범죄 문제를 미연에 방지하기 위해서는 이러한 여건이 조성되지 않도록 하는 선제적이고 실질적인 정책들이 요구된다.

참고문헌

김준호·이성식. (1987). "청소년비행의 원인에 대한 고찰: 하위문화이론을 중심으로." 형사정책 2: 117−146.

신동준. (2004). "살인과 자살의 문화적 사회구조적 원인: 머튼의 아노미이론 검증을 위한 국가간 비교 연구." 한국사회학 38(4): 33−71.

이성식. (1999). "청소년범죄에 있어 긴장과 통제: 확대된 두 이론의 검증." 한국공안행정학회보 8: 191−214.

Agnew, Robert. (1985). "A Revised Strain Theory of Delinquency." Social Forces 64(1): 151−167.

Agnew, Robert. (1992). "Foundation for a General Strain Theory of Crime and Delinquency." Criminology 30(1): 47−87.

Agnew, R. (2001). "Building on The Foundation of General Strain Theory: Specifying the Types of Strain Most Likely to Lead to Crime and Delinquency." Journal of Research in Crime and Delinquency 38(4): 319−361.

Agnew, Robert. (2006). Pressured into Crime: An Overview of General Strain Theory. New York: Oxford University Press.

Bernard, T. J., J. B. Snipes, and A. L. Gerould. (2010). Vold's Theoretical Criminology. New York: Oxford University Press. (이순래·이성식·박성선·김성언·박철현·김상원·박성민·류준혁 역. 2012. Vold의 이론범죄학, 도서출판 그린).

Benson, Michael L. and Sally S. Simpson. (2009). White−Collar Crime: An Opportunity Perspective. New York: Routledge.

Chamlin, Mitchell. B. and John K. Cochran. (1995). "Assessing Messner and Rosenfeld's Institutional Anomie Theory: A Partial Test." Criminology 33: 411−29.

Cloward, R. A. and L. E. Ohlin. (1960). Delinquency and Opportunity: A Theory of Delinquent Gangs. NY: Free Press.

Cohen, A. K. (1955). Delinquent Boys: The Culture of the Gang. NY: Free Press.

Coleman, James William (1987). "Toward an Integrated Theory of White－Collar Crime," American Journal of Sociology 93권 2호, pp. 406－439.

Coleman, James William. (2002). The Criminal Elite: Understanding White－Collar Crime, 5th edition. New York: Worth Publishers.

Durkheim, E. (1933)[1893]. The Division of Labor in Society. trans. by G. Simpson. New York: Free Press.

Durkheim, E. (1951)[1897]. Suicide. trans. by J. A. Spaulding and G. Simpson. New York: Free Press.

Farnworth, M. and M. J. Leiber. (1989). "Strain Theory Revisited: Economic Goals, Educational Means, and Delinquency." American Sociological Review 54(2): 263－274.

Hirschi, Travis. (1969). Causes of Delinquency. Berkeley. Causes of Delinquency. Berkeley: University of California Press.

Kornhauser, Ruth R. (1978). Social Sources of Delinquency: An Appraisal of Analytic Models. Chicago: University of Chicago Press.

Lukes, S. (1972). Emile Durkheim: His Life and Work, A Historical and Critical Study. New York: Harper & Row.

Merton, R. K. (1938). "Social Structure and Anomie." American Sociological Review 3: 672－682.

Merton, R. K. (1957). Social Theory and Social Structure. Free Press.

Messner, Steven F. and Richard Rosenfeld. (1994). Crime and The American Dream. Belmont, CA: Wadsworth.

Messner, Steven F. and Richard Rosenfeld. (1997). "Political Restraint of the Market and Levels of Criminal Homicide: A Cross－National Application of Institutional－Anomie Theory." Social Forces 75: 1393－1416.

Messner, Steven F. and Richard Rosenfeld. (2007). Crime and The American Dream, 4th edition. Belmont, CA: Thomson Wadsworth.

Messner, Steven F. and Richard Rosenfeld. (2008). "The Present and Future of Institutional－Anomie Theory." pp. 127－148 in Taking Stock: The Status of Criminological Theory: Advances in Criminological Theory 15. edited by Francis T. Cullen, John Paul Wright, and Kristie R. Blevins. New Brunswick, NJ: Transaction Publishers.

Miller, Walter B. (1958). "Lower Class Culture as a Generating Milieu of Gang Delinquency." Journal of Social Issues 14(3): 5−19.

Passas, Nikos (1995). "Continuities in The Anomie Tradition," Freda Adler/William S. Laufer (엮음), The Legacy of Anomie Theory. (New Brunswick: Transaction Publishers, pp. 91−112.)

Shaw, Clifford R. and Henry D. McKay. (1942). Juvenile Delinquency and Urban Areas. Chicago: University of Chicago Press.

Weisburd, David, Stanton Wheeler, Elin Waring, and Nancy Bode. (1991). Crime of the Middle Classes: White−Collar Offenders in the Federal Courts. New Haven: Yale University Press.

제 7 장

사회학습이론

제 7 장 사회학습이론

제 1 절 사회학습이론

1. 개관

범죄학에서 사회학습이론(Social Learning Theory)은 서덜랜드(Edwin H. Sutherland) 의 차별접촉이론(Differential Association Theory), 버제스(Robert L. Burgess)와 에이커 스(Ronald L. Akers)의 차별접촉강화이론(Differential Association Reinforcement Theory), 그리고 에이커스의 사회학습이론(Social Learning Theory)이 대표적이다. 에이커스 (Akers, 1977; 1998)는 차별접촉이론과 차별접촉강화이론을 수정 발전시켜 현재의 사회학습이론에 이르게 하였다. 사회학습이론은 일탈과 범죄를 모두 설명할 수 있는 일반이론(General Theory)[1]으로 많은 범죄학자들의 지지를 받고 있다(Akers, Seller, and Jennings, 2017; Akers and Jennings, 2007; Pratt et al., 2010).

범죄학의 사회학습이론은 행동주의 학습이론(Behavioral Learning Theory)으로

---

1) 범죄학이론은 범죄의 원인을 설명하는 이론이다. 범죄학이론들은 절도, 강도, 살인, 방화, 폭행 등 특정 범죄(Criminological Theory for Specific Crime)를 설명하기 위해 고안된 이론과 모든 유형의 범죄를 설명할 수 있는 일반이론(General Theory of Crime)으로 구분할 수 있다. 대표적인 범죄학의 일반이론으로 갓프레드슨과 허쉬(Gottfredson & Hirschi)의 자기통제 이론(Self-Control Theory), 에그뉴(Agnew)의 일반긴장이론(General Strain Theory), 허쉬 (Hirschi)의 사회유대이론(Social Bonding Theory) 그리고 에이커스의 사회학습이론(Social Learning Theory)이 있다.

불리는 심리학 이론에 영향을 많이 받았다(Burgess and Akers, 1966; Akers, 1998). 행동주의 학습이론은 인간의 행동이 무의식의 반응이라는 정신분석학의 주장을 거부하고, 행동은 자극(Stimulus)에 대한 반응이라고 주장한다. 특히 다른 심리학적 범죄학 이론가들이 범죄자의 정신적, 인지적, 혹은 성격적 문제가 범죄행위를 유발한다는 결정론에 기초하는 것과 달리 행동주의 학습이론가들은 범죄자의 행위는 다른 사람들의 반응 혹은 자극에 의해 변화(학습)한다고 주장한다는 점에서 차이를 가진다. 즉, 행동주의 학습이론가들은 범죄행위는 어떤 행위에 대한 보상 혹은 처벌의 경험에 따라서 범죄가 학습되는 것이지 비정상적이거나 도덕적으로 미성숙한 심리상태로 인해 범죄행위에 가담하는 것이 아니라고 주장한다.

행동주의 학습이론가 중 파블로프(Ivan Pavolv)는 고전적 조건형성실험(Classical Conditioning Experiment)을 통해 조건자극(메트로놈 소리)이 무조건 자극(먹이) 없이도 개의 행동반응(침 흘리기)을 유발할 수 있음을 증명함으로써 자극과 반응을 통한 학습의 원리를 처음으로 제시하였다. 이후 스키너(Burrhus F. Skinner)는 조작적 조건형성 실험(Operant Conditioning Experiment)을 통해 피실험체(생쥐)가 우연한 기회(지렛대 누르기)에 긍정적인 보상(먹이)이 주어지는 것을 경험하고 지렛대 누르기를 반복하게 되는 행동의 강화(Reinforcement)가 일어남을 증명하였다. 즉, 학습은 단순한 자극에 의한 수동적 반응이 아닌 능동적 행동에 따른 보상의 경험으로도 획득될 수 있다는 것이다.

보상을 통한 학습의 강화는 범죄학의 사회학습이론에서 특히 강조된다. 에이커스는 버제스와 함께 스키너의 강화개념을 적용하여 서덜랜드가 차별접촉이론에서 제시한 9가지 원리를 7가지로 수정하여 차별접촉강화이론을 제시하였다(Burgess and Akers, 1966). 이후 에이커스는 차별접촉강화이론에 모방의 개념을 포함시켜 현재의 사회학습이론을 제시하게 된다(Akers, 1985; 1998). 또한 사회학습이론은 보보인형실험(Bobo Doll Experiment)을 통해 관찰과 모방을 통한 학습의 원리를 증명한 반두라(Albert Bandura)의 인지학습이론의 영향을 받았다. 반두라의 인지학습이론은 직접적인 자극이나 상호작용 없이도 미디어 등을 통해 간접적으로 범죄학습이 이루어질 수 있다는 이론적 근거를 제공하였다.

사회학습이론은 기본적으로 개인의 일탈과 범죄행위를 설명하는 미시이론으로 이해된다. 하지만 서덜랜드는 차별접촉이론에서 차별적 사회조직(Differential

Social Organization)과 문화갈등(Cultural Conflict)이라는 개념을 제시함으로써 초기에는 거시이론2)으로 이해되었다.

그럼에도 불구하고 서덜랜드는 차별적 사회조직에 대한 연구보다는 개인의 일탈과 범죄행동에 차별적 접촉(Differential Association)의 영향을 보다 더 연구하였다는 측면에서 미시이론으로도 받아들여지고 있다(Akers et al., 2017). 한편 에이커스의 사회학습이론 역시 사회구조가 사회학습에 미치는 영향을 사회구조와 사회학습이론(Social Structure and Social Learning Theory: SSSL)에서 제시함으로써 거시와 미시의 연계를 강조하고 있다(Akers, 1998). 다만, 에이커스의 사회학습이론 역시 사회구조가 개인의 사회학습과정을 통해 일탈과 범죄행동에 영향을 미친다는 설명을 하고 있어 미시이론으로 받아들이는 것이 적합할 것이다.

Box 파블로프의 고전적 조건형성실험(Classical Conditioning Experiment)

고전적 조건형성실험을 고안한 러시아 생리학자 파블로프(Ivan Pavlov, 1849년~1936년)는 개를 대상으로 소화에 관한 연구를 하던 중 우연히 행동심리학의 기초를 만든 중요한 고전적 조건형성이론을 제안하게 되었다. 스키너의 조작적 조건형성실험 이후 고전적 조건형성이론으로 불리게 되었다. 고전적 조건형성이론은 특정 무조건 자극(개에게 먹이를 줌)과 함께 반응(침을 흘림)과 관계없는 자극(조건자극: 메트로놈/종소리)을 동시에 제공하면 "무조건 자극(먹이)이 없을지라도" 조건자극(메트로놈/종소리)에 반응(침을 흘림)을 일으키게 되며 이를 반복하면 조건자극만으로도 침샘에 자극을 주어 침을 흘리게 된다는 것이다. 즉, 자극/반응이라는 행동주의 학습이론의 기초를 세우게 된 실험이었다. 중립자극인 메트로놈 소리가 무조건 자극과 동시에 반복적으로 제공되자 무조건 자극

---

2) 서덜랜드의 차별접촉이론은 차별적 사회조직과 문화갈등이라는 개념을 제시함으로써 문화일탈이론(Cultural Deviance Theory)으로 분류되기도 한다. 하지만 에이커스는 이 같은 분류는 차별접촉이론을 잘못 이해한 것에 기인한 것이라고 반박하였다(Akers, 1996). 그럼에도 불구하고 서덜랜드의 차별접촉이론은 사회에는 규범적 문화와 비규범적 문화가 존재한다고 함으로써 범죄자는 비규범적 문화를 보다 더 접촉하게 되어 법위반에 선호적인 정의(Favorable Definition of Crime)를 견지하게 되어 범죄자가 된다고 설명하고 있다. 즉, 사회에는 복수의 문화가 존재할 수 있다는 것이다. 한편 9장에서 소개될 허쉬(Hirschi)의 사회유대이론은 우리 사회에는 오직 관습적 사회(Conventional Society)만이 존재하며 범죄자는 관습적 사회에 적응 혹은 유대를 형성하지 못한 사람들이라고 설명함으로써 서덜랜드의 주장과 상이한 주장을 펼치고 있다.

인 먹이 없이도 메트로놈 소리만으로 침 분비를 유발시켜 중립자극이 조건자극
이 될 수 있음을 증명할 수 있었다. 유사하게도 레몬과 바닐라 향을 조합하여 개
에게 20번을 제공하자 바닐라 향만으로도 침 분비가 이루어지는 것으로 나타나
다양한 조건화가 가능함을 보여주었다. 이 실험을 통해 우리는 왜 사람들이 특정
상황에서 공포를 느끼고 성적흥분을 느끼며 불쾌해 하는지 등의 다양한 반응의
원인을 설명할 수 있게 되었다.

Box 스키너의 조작적 조건형성실험(Operant Conditioning Experiment)

미국 심리학자 스키너의 조작적 조건형성실험이 제시되면서 파블로프의 조
건형성실험은 고전적 조건형성실험으로 불리게 된다. 스키너는 학습과정의 조작
적 조건화 도식을 제시한다. 그는 어떤 특정 상황에서 행동을 취하게 되면 그것
에 따른 결과물이 제공되며 이 결과가 보상으로 인식될 때 강화가 이루어지고
행동을 반복하게 되는 강화학습이 이루어진다고 설명한다. 조건적 조건형성실험
은 지렛대를 누르면 먹이가 나오도록 설계된 실험용 박스에 생쥐를 넣고 우연히
생쥐가 지렛대를 눌러 먹이가 나오게 되면 같은 행동을 반복하는 횟수가 증가한
다는 사실을 보여줌으로써 행동의 강화를 파악할 수 있게 하였다. 스키너의 조작
적 조건형성실험을 통해 행동강화의 원리를 이해 할 수 있게 되었다. 강화물
(Reinforcement)은 행동의 빈도를 증가시키는 역할을 하는 모든 자극물을 의미
한다. 강화물은 음식, 공기, 물 등 일차적 강화물과 사회적 인정, 칭찬, 지위 등의
이차적 강화물로 구분된다. 강화는 정적 강화(Positive Reinforcement)와 부적강
화(Negative Reinforcement)로 구성된다. 정적강화는 행동의 지속성을 강화시키
는 것으로써 특정 행동에 대해 보상이 주어질 때 그 행동을 지속할 가능성이 높
아진다. 부적강화는 정적강화의 반대로 특정 행동을 멈추거나 감소시키기 위해
특정 보상을 제거하거나 혐오자극을 제공하는 것이다.

Box 반두라의 보보인형실험(Bobo Doll Experiment)

심리학자 알버트 반두라는 캐나다 앨버타(Alberta)주 출신으로 1949년 영국
컬럼비아대학에서 심리학을 전공하고 미국 아이오와(Iowa)대학에서 심리학 석/
박사를 취득하였다. 그는 당시 학습심리학이 행동주의에 치중되어 있다는 생각
을 가지고 인지와 행동의 관계를 연구하였다. 그는 아동의 공격적인 행동이 모방
학습을 통해 이루어질 수 있다는 증거를 보여줌으로써 단순히 보상과 처벌에 의
해 행동이 학습된다는 기존 자극-행동주의 학습이론을 비판하였다. 특히 그는

보보인형실험(Bobo Doll Experiment, 1961; 1965)을 통해 TV 등 미디어를 통한 공격성 학습원리를 증명하였다. 보보인형실험은 실험참가 아동 72명(평균 4세 남자아이 36명, 여자아이 36명) 중 24명을 통제집단, 나머지 48명을 8개 실험집단(남자/여자/동일성별 모델/비동일성별 모델/폭력모델/비폭력모델)에 할당하여 실험을 진행하였다. 폭력집단에서는 나무 망치로 보보인형을 때리고 고함을 치는 등의 행동을 보여주었으며 비폭력 집단에서는 보보인형을 완전히 무시하고 손가락 인형을 가지고 조용히 10분간 성인모델이 노는 모습을 보여주었다. 실험이 끝난 후 실험에 참여한 아이들의 공격적인 행동을 관찰하였고 그 결과를 비교하였다. 또한 실험에서 보보인형을 공격하고 상을 받거나 혹은 벌을 받는 조건에서도 상을 받는 상황을 관찰한 실험집단에서 보다 더 공격적인 행동을 보여 관찰을 통한 대리강화(Vicarious Reinforcement)가 발생하는 것으로 나타났다. 보보인형 실험은 폭력과 같은 행동이 관찰자에게 제공되는 어떠한 강화자극이 없더라도 관찰과 모방을 통해 학습될 수 있음을 증명하였다는 의의를 가진다. 특히 이 실험의 결과로 미디어와 범죄의 관계에 대한 역사적 논쟁이 시작되었다.

사회학습이론의 인간 본성(Human Nature)[3]에 대한 가정은 논쟁의 여지가 있다. 일반적으로 사회통제이론(Social Control Theory)과 고전주의 범죄학이론(Classical Criminology)은 인간을 누구나 범죄를 저지를 수 있는 존재로 본다. 왜냐하면 인간은 본성에 따라 쾌락을 추구하는 존재로 이해하기 때문이다. 결국 인간은 노동 등의 힘든 노력이 따르는 행위 보다는 즉시에 본능적 욕구를 충족시켜줄 수 있는 범죄행위를 더 선호하게 된다. 따라서 인간은 범죄를 통한 이익이 공식적인 처벌 등의 고통보다 크다면 범죄행위를 저지를 가능성이 높아지게 된다. 한편 머튼(Merton)의 긴장이론(Strain Theory)은 사회하층민들은 합법적으로 경제적 부의 성취라는 문화적 목표 달성이 어려워 긴장을 느끼게 되고 이중에서도 불법적인 수단을 통해 목표 달성을 추구하는 사람들이 범죄자가 된다고 주장한다. 즉, 인간의 본성은 선(Goodness)하지만 사회구조적인 제약이 야기한 긴장으로 인해 범죄로 나아가게 된

3) 인간의 본성에 대한 논의는 동양의 고전 철학에서도 중요한 이슈였다. 고대 중국 유학자 맹자는 인간의 본성을 선하게 보는 '성선설'을, 순자는 '성악설'을 주장하였다. 범죄학에서도 인간의 본성은 모든 이론의 기초를 이룬다. 고전주의 범죄학은 인간은 쾌락을 추구하므로 근본적으로 악한 행위, 즉 범죄행위에 가담할 가능성이 있고 이를 억제하기 위해서는 경찰 등 공식적인 처벌이 필요하다고 인식한다. 한편, 일반긴장이론은 인간은 선한 존재임에도 불구하고 일상적 생활사건들로 인해 긴장이 야기되고 이는 부정적 감정(분노, 화, 우울, 스트레스 등)을 유발하여 이를 해소하기 위한 방편으로 범죄행위에 가담하게 된다고 본다.

다는 것이다.

기존 인간 본성에 대한 논쟁과는 달리 사회학습이론의 논의는 보다 복잡하다. 우선 사회학습이론은 차별접촉(Differential Association), 차별강화(Differential Reinforcement), 모방(imitation)을 통해 범죄행위를 학습하고 범죄행위에 대한 우호적인 정의(Favorable Definition of Committing Crime)를 견지하게 될 경우 범죄에 가담할 가능성이 높다고 주장한다. 이 같은 논리대로라면 인간은 학습의 과정 없이 범죄행위에 가담할 가능성이 낮을 것이므로 인간 본성을 선하게 인식하는 것이 타당해 보일 수 있다. 하지만 학습은 범죄행위에만 해당하는 것이 아니므로 선한 존재이든 악한 존재이든 범죄행위를 학습하게 되면 범죄자가 될 가능성이 높아지며 반대로 규범적 사회(Normative Society)에 사회화가 잘되면 악(Badness)하게 태어났을지라도 범죄행위를 하지 않을 것이다. 결국 인간의 본성을 중립적으로 이해하는 것이 사회학습이론의 논리에 보다 적합하다 할 것이다.

제 2 절 서덜랜드(Sutherland)의 차별접촉이론

1. 차별접촉이론의 태동

1939년 미국 사회학회(American Sociological Association)의 회장을 역임한 서덜랜드는 미드(Mead)의 상징적 상호작용학파(Symbolic Interactionist School)의 사상을 받아들여 범죄는 개인적 특성이나 사회경제적 특성에 비롯된다는 전통적인 시각을 부정하고 전문절도범과 화이트칼라 범죄를 체계적으로 연구하고자 하였다. 특히 그는 기존 사회구조이론들이 사람들의 계층이나 문화가 범죄의 원인이라는 주장을 반박하며 사람들이 속해있는 집단/문화 환경 안에서 발생되는 차별적 학습의 결과가 범죄의 원인이라 보았다. 이에 서덜랜드는 차별접촉이론(Differential Association Theory)을 1939년 그의 저서 「범죄학의 원리」(Principles of Criminology)에서 제시하였다. 서덜랜드는 그의 저서를 1947년 최종판(4판)을 출간하였으나 1950년에 사망하였고 그의 제자였던 크레시(Donald Cressey)가 공저하여 5판에서 10판까지 재출간하였다.

서덜랜드는 1933년 마이클(Jerome Michael)과 아들레(Mortimer J. Adler)가 범죄학이 비과학적이라고 비판한 것(Michael and Adler, 1933)에 맞서 다양한 범죄원인을 탐구하고자 하였다. 하지만 그는 인종, 성별, 사회경제적 지위 등 다양한 특성에 기인한 범죄원인 연구는 일반화가 어렵고 과학적인 범죄학 연구에 적합하지 않다고 결론 내렸다. 이에 범죄와 비행을 설명할 수 있는 일반이론의 개발이 요구된다며 차별접촉이론을 제시하게 되었다(Matsueda, 2001). 서덜랜드의 차별접촉이론은 동시대의 학문적 업적들(버제스(Burgess)의 동심원 이론, 쇼(Shaw)와 멕케이(McKay)의 사회해체이론, 미드(Mead)의 상징적 상호작용론)에 영향을 받은 것으로 파악된다(Matsueda, 2001). 서덜랜드는 쇼와 맥케이가 사회해체이론에서 범죄집중화 현상의 원인으로 지목한 사회해체(Social Disorganization)와 문화적 전승(Cultural Transition)을 차별적 사회조직(Differential Social Organization)과 문화적 갈등(Culture Conflict)으로 설명하였다. 하지만 서덜랜드 사후 크레시는 문화적 갈등이라는 용어보다는 규범적 갈등(Normative Conflict)이라는 용어가 차별접촉이론의 설명에 더 적합하다고 주장하며 수정하였다(Cressey, 1968).

2. 차별접촉의 원리(Principle of Differential Association)

서덜랜드가 비록 차별적 사회조직이라는 개념을 통해 범죄학습의 거시적인 틀을 제공하였음에도 불구하고 차별접촉이론의 핵심은 그가 제시한 개인수준의 학습을 설명하는 9가지 차별접촉의 원리에 있다. 에이커스는 차별접촉의 원리는 전형적으로 개인의 범죄행위 학습을 설명하는 원리라고 평가한다. 차별접촉의 원리 9가지를 간략하게 살펴보자.

첫째, 범죄행위는 학습된다.

서덜랜드는 범죄행위를 학습의 결과물로 이해하였다. 서덜랜드는 범죄행위를 지속적인 교육과 훈련이 필요한 것으로 이해하고 범죄행위는 학습되는 것이지 타고나는 것이 아니라고 하였다. 즉, 범죄행위는 학습되어지거나(Learned) 혹은 학습하는(Learning) 것이다. 서덜랜드는 공학을 배우지 못한 사람이 공학적 발명을 할 수 없는 것과 마찬가지로 범죄행위를 훈련하지 않은 사람은 범죄행위를 할 수 없다고 주장하였다(Sutherland, 1947, pp.5~6).

둘째, 범죄행위는 의사소통과정에 있는 다른 사람들과의 상호작용에서 학습된다.

범죄행위가 학습되기 위해서는 학습과정이 필요하다. 서덜랜드는 차별접촉의 원리 2에서 범죄행위의 학습은 사람들과의 의사소통과정에서 이루어진다고 설명한다. 즉, 범죄학습의 방법은 사람들과의 의사소통인 것이다. 여기서 의사소통은 대화를 통한 학습이 기본원칙이지만 의사소통에 사용되는 제스처(Gestures)를 통해서도 학습된다고 설명한다(Sutherland, 1947). 서덜랜드에게 있어 범죄행위 학습에 영향을 끼치는 의사소통이란 개인과 개인 간의 언어, 몸짓 등 직접적인 의사소통을 의미하는 것으로 이해된다. 따라서 단순히 눈으로 보는 사진이나 영상 혹은 문자로 구성된 신문이나 책자를 통한 학습은 범죄행위 학습에 상대적으로 덜 중요하게 인식되었을 것이다(Sutherland, 1947). 사람들은 범죄행위에 대해 주변인들이 어떻게 말하고 상징화하는지에 따라 그 행위에 대한 자신들의 가치판단과 선호도가 달라진다. 술이 해롭다고 자주 말하는 부모 밑에서 자란 사람들은 술에 대해 부정적인 인식과 태도를 견지할 가능성이 높고 이는 결국 술을 덜 마시게 된다. 서덜랜드의 차별접촉이론은 의사소통과정에서의 상호작용을 강조한다는 측면에서 미드(Mead)의 상징적 상호작용론(Symbolic Interactional Theory)에 많은 영향을 받은 것으로 이해된다. 미드(Mead)는 사물에 대한 의미에 따라 행동이 결정되며 그 의미가 영속되는 것이 정의(Definition)라고 설명했다(이순래 외 7인, 2019: 260). 주변 사람들과의 의사소통을 통한 상호작용과정에서 특정 상황과 사물에 대한 의미를 부여받게 되고 이 의미가 하나의 패턴을 형성하여 학습에 영향을 미치는 것이다.

셋째, 범죄행위 학습의 주요 부분(Principal Part)은 친밀한 집단(Intimate Personal Group) 내에서 이루어진다.

범죄행위 학습은 의사소통과정에서 이루어지므로 빈번하게 의사소통을 나누는 대상이 중요하다. 서덜랜드는 차별접촉의 원리 3에서 그 대상이 친밀한 집단(Intimate Personal Group)이라 규정하였다. 친밀한 집단은 일상적인 삶을 함께하는 부모, 형제자매, 친구, 친척, 지역주민 등 자주 접하는 사람들을 의미한다. 특히 개인의 범죄행위 학습에 있어 1차적인 접촉 대상은 가족일 것이다. 부모, 형제, 자매 등 매일 함께 생활하는 가족 간의 의사소통은 가장 기본적인 사회화의 조건이기 때문이다. 학교를 다니는 학생이라면 매일 어울리는 친구집단 역시 중요한 의사소통의 대상이 될 것이다. 결국, 범죄행위 학습은 일상적으로 가까이 지내고 있는 사람들과의 의사소통을 통해 학습되는 것이다.

넷째, 범죄행위가 학습될 때, 학습은 1) 때로는 매우 복잡하고 때로는 매우 단순
한 범행 기술, 2) 구체적인 동기, 충동, 합리화 그리고 태도를 포함한다.

서덜랜드는 차별접촉이론에서 범죄행위 학습의 내용을 나열하였다. 범죄행위
학습은 단순히 범행의 기술(Skills)에 국한하는 것이 아니라 보다 포괄적으로 범죄
행위에 대한 동기, 충동, 합리화, 태도 역시 학습된다고 한다. 범죄행위 학습은 범
죄를 성공적으로 완수하기 위한 범행기술의 습득에서부터 범죄행위의 의미와 이
행위를 외면하기 위한 변명 및 합리화 방법 그리고 그 행위에 대한 태도 학습까지
를 포함한다. 청소년 비행을 일삼는 동료친구들과의 교류는 담배피기, 술마시기,
학교폭력, 가출 등 다양한 청소년 비행 행동의 기술에서부터 합리화 방법까지 학
습하게 만든다. 범죄자는 자신의 범죄행위에 죄책감을 느끼거나 후회하기 보다는
자신이 어쩔 수 없이 범행을 저지를 수밖에 없었다는 식의 자기변명과 합리화하는
방법을 학습한다. 또한 범죄학습은 법률 위반에 대한 우호적인 태도를 견지하게
만들어 보다 더 범죄행위에 가담 할 가능성을 높이게 된다.

다섯째, 동기와 충동의 구체적인 방향은 법을 호의적이거나 비호의적으로 보는
정의로부터 학습된다.

범죄행위의 동기 그리고 충동은 범죄행위를 하는 이유와 그 행동을 하고자
하는 의욕으로 이해될 것이다. 이 같은 이유와 의욕은 범죄행위에 대한 개개인의
인식에 영향을 받을 것이다. 법위반 행위를 우호적으로 인식할수록 범죄행위 가담
의 이유와 의욕이 더 커질 가능성이 높기 때문이다. 서덜랜드는 차별접촉의 원리
5에서 법위반에 대한 우호적이거나 혹은 비우호적인 인식을 정의(Definition)라는
개념으로 설명하였다. 서덜랜드는 우리가 살고 있는 사회에는 매일같이 많은 사람
들이 법과 규범에 대해 매우 다른 반응을 나타내는데 이를 문화갈등으로 표현하였
다. 이후 문화갈등이라는 용어는 규범적 갈등(Normative Conflict)으로 변경되었다.
사람들은 자신 주변인들과의 차별접촉과정에서 법위반에 대한 다양한 정의를 학
습한다. 이 과정에서 법 준수에 순응하는 사람들과 더 많이 접촉할 수도 있고 반
대로 순응하지 않는 사람들과 더 접촉할 수도 있다. 따라서 법위반에 우호적인 정
의란 결국 범죄행위에 대한 차별접촉의 결과인 것이다.

여섯째, 법률위반에 대한 호의적인 정의가 법률위반에 대한 비호의적인 정의보
다 클 때 개인은 비행을 저지르게 된다.

차별접촉의 원리 6은 앞의 5와 연결된다. 사람들은 차별접촉의 과정에서 주
변인들의 법위반에 대한 정의를 학습하게 되는데 법위반에 보다 호의적인 정의를
견지하면 결국 범죄행위를 더 많이 할 것이다. 서덜랜드는 법위반에 대한 호의도
와 비호의도의 차이는 결국 차별접촉의 차이라고 주장하였다. 개인 주변에는 법위
반에 대한 우호적 혹은 비우호적 정의를 견지하는 사람들이 차별적으로 존재한다.
범죄자는 법위반에 호의적인 접촉을 더 많이 하였거나 혹은 법위반에 비호의적인
접촉으로부터 고립된 경우이다. 한편, 법을 준수하는 사람들은 법위반에 비우호적
인 정의를 가진 사람들과 더 많이 접촉했기 때문에 범죄자가 되지 않는 것이다.
따라서 범죄는 법위반에 대한 우호적인 정의가 비우호적인 정의보다 클 때 발생하
게 되는 것이다.

일곱째, 차별적 접촉은 빈도(Frequency), 기간(Duration), 우선성(Priority) 그리
고 강도(Intensity)에 있어 다양할 수 있다.

범죄학습은 차별접촉을 통해 이루어진다. 차별접촉은 단순히 차별접촉의 여
부에 영향을 받기보다는 차별접촉의 양상(Modalities)에 의해 영향을 받는다. 서덜
랜드는 차별접촉은 접촉의 빈도, 기간, 우선성 그리고 강도에 따라 달라진다고 보
았다. 법위반에 우호적이거나 혹은 비우호적인 정의를 가진 사람들과의 접촉은 주
로 빈도와 기간의 영향을 받는다. 보다 자주 그리고 보다 오랜기간 법위반에 우호
적인 사람들과 차별접촉을 한다면, 법위반에 우호적인 정의를 가질 가능성이 높고
범죄행위에 가담할 가능성도 높아질 것이다.

다음으로 차별접촉의 우선성이다. 서덜랜드는 접촉의 우선성은 얼마나 이른
시기에 법위반에 대한 정의를 습득하였는가에 달려 있다고 보았다(Sutherland,
1947). 즉, 범죄행위에 대한 우호적인 정의를 좀 더 어린 시절에 확립할수록 그 정
의가 미치는 영향이 보다 지속될 것이라고 본다. 어린 시절부터 차별접촉을 통해
법위반에 우호적인 정의를 학습하였다면 범죄에 조금 더 일찍 가담했을 것이며 이
후 성인이 되어서도 지속적으로 범죄행위에 가담할 가능성이 높을 것으로 판단된
다. 모피트(Moffitt, 1993; Moffitt et al., 1996; 2002)는 초기 청소년 비행 가담자들이
후기 청소년 비행 가담자들 보다 더 일찍, 그리고 더 오랫동안 범죄행위에 가담한

다는 사실을 밝혔다.

마지막으로 강도는 법 위반에 대한 정의의 학습은 접촉자(부모, 친구, 동료, 지역주민 등)와의 친밀성 혹은 중요성에 따라 달라진다는 것이다. 사람들은 자신이 중요하고 친밀하다고 생각하는 사람들(예: 부모, 친구 등)의 영향을 더 많이 받는다. 자신에게 중요한 사람이 가지고 있는 법위반에 대한 정의(우호적/비우호적)는 그렇지 않은 사람의 정의보다 더 큰 영향을 미칠 것이다.

여덟째, 범죄적 또는 비범죄적 유형과의 접촉에 의한 범죄행위의 학습과정은 다른 일반적 학습과정의 모든 기제를 포함한다.

차별접촉의 원리 8은 학습의 보편성에 관한 내용이다. 일반적으로 범죄행위의 학습은 다른 정상적인 학습(예: 외국어학습, 직업교육 등)과 무엇인가 차이가 날 것이라 생각하기 쉽지만 사실상 범죄행위 학습이나 비범죄행위 학습 모두 동일한 학습의 과정을 겪는다. 외국어를 잘하기 위해 좋은 선생님 밑에서 이른 나이에 자주 반복적으로 오랜 시간 중요성을 두고 공부한다면 원어민에 가까운 언어구사능력을 발휘 할 수 있을 것이다. 범죄 역시 동일한 학습기제와 방법으로 학습된다.

아홉째, 범죄행위가 일반적 욕구와 가치의 표출이기는 하지만 일반적 욕구와 가치에 의해 설명되지는 않는다. 왜냐하면 비범죄적 행위도 동일한 욕구와 가치의 표출이기 때문이다.

차별접촉의 원리 9는 범죄행위의 원인이 무엇인지를 명확하게 말해준다. 예를 들자면, 우리는 삶을 살아가기 위해 돈이 필수적으로 필요하다. 이에 사람들은 돈을 벌기 위해 직장을 구하기도 하고 범죄를 저지르기도 한다. 사실상 돈을 벌고자 한다는 측면에서 정상적인 직장을 다니는 일반인과 범죄행위를 저지르는 범죄자는 동일한 욕구를 각기 다른 방법으로 해소하고 있을 뿐이다. 즉, 돈을 벌고자 하는 욕구는 범죄나 비범죄행위의 차이를 유발하는 원인이 아닌 것이다. 동일한 욕구를 충족하기 위해 다른 형태의 행위만 있을 뿐이다. 쾌락을 추구하기 위해서건 사회적 지위를 얻기 위해서건 스트레스를 풀기 위해서건 이들 욕구는 범죄행위의 원인이 아니다. 서덜랜드는 범죄행위의 원인은 결국 범죄행위를 학습하였는지 아닌지에 따라 달라진다고 주장하였다(Sutherland, 1947). 범죄행위를 학습한 사람은 돈을 벌기 위해 범죄행위를 할 것이고 범죄행위를 학습하지 않은 사람은 일자리를 구할 것이기 때문이다. 이 행위의 차이를 결정짓는 것은 결국 범죄행위의 학습 여부인 것이다.

Box 차별접촉의 9가지 원리

1. 범죄행위는 학습된다.
2. 범죄행위는 의사소통과정에 있는 다른 사람들과의 상호작용에서 학습된다.
3. 범죄행위 학습의 주요 부분은 친밀한 집단 내에서 이루어진다.
4. 범죄행위가 학습될 때, 학습은 1) 때로는 매우 복잡하고 때로는 매우 단순한 범행 기술, 2) 구체적인 동기, 충동, 합리화 그리고 태도를 포함한다.
5. 동기와 충동의 구체적인 방향은 법을 호의적이거나 비호의적으로 보는 정의로부터 학습된다.
6. 법률위반에 대한 호의적인 정의가 법률위반에 대한 비호의적인 정의보다 클 때 개인은 비행을 저지르게 된다.
7. 차별적 접촉은 빈도, 기간, 우선성, 그리고 강도에 있어 다양할 수 있다.
8. 범죄적 또는 비범죄적 유형과의 접촉에 의한 범죄행위의 학습과정은 다른 일반적 학습과정의 모든 기제를 포함한다.
9. 범죄행위가 일반적 욕구와 가치의 표출이긴 하지만 일반적 욕구와 가치에 의해 설명되지는 않는다. 왜냐하면 비범죄적 행위도 동일한 욕구와 가치의 표출이기 때문이다.

3. 차별접촉이론의 의의

서덜랜드의 차별접촉이론은 범죄행동이 기본적으로 인적 교류를 통한 차별접촉의 결과물이라 가정한다. 차별접촉이론은 기존 생물학적 범죄학과 심리학적 범죄학이 강조한 개인의 범인성(정신질환, 유전적 특성, 신체적 특성, 성격적 특성 등)을 부정한다. 따라서 범죄적인 성향을 가진 아이일지라도 홀로 고립되어 범죄행동을 학습할 접촉의 과정이 일어나지 않으면 범죄자가 되지 않는다. 또한 사회구조와 계층의 영향으로 긴장을 느끼거나 사회가 해체되어 범죄가 증가한다는 주장 역시 부정한다. 오히려 기존 이론들이 설명하지 못했던 전문절도범, 소매치기, 화이트칼라 범죄 등 학습이 필수적으로 요구될 것으로 보이는 범죄를 설명하기에 적합하다.

차별접촉이론은 기존 범죄학이론으로 설명하기 어려웠던 화이트칼라 범죄를 설명하기에 적합한 이론이다. 서덜랜드는 그의 저서 "화이트칼라 범죄(White-collar Crime)에서 화이트칼라 범죄란 상당한 지위가 있는 사람이 그의 업무과정에서 저지르는 범죄라고 정의하였다(Sutherland, 1940: 9). 또한 화이트칼라 범죄자들은 빈곤하지 않고, 매우 문제가 많은 가정에서 성장하지도 않았으며, 유약하거나 정신질환을 앓고 있지도 않다고 설명한다. 그렇다면 화이트칼라 범죄자들은 어떻게 범죄자가 되는 것일까? 이 물음에 대해 서덜랜드는 화이트칼라 범죄는 그 직장에 존재하는 오랜 불법적인 관행 때문이며 그 관행을 오랜 직장생활에서 학습하게 된 결과물이라 설명한다(Sutherland, 1940: 11). 결국 부유한 사람일지라도 학습을 통해 범죄행위에 가담할 수 있다는 새로운 접근법이 시도 된 것이다.

제 3 절 에이커스(Akers)의 사회학습이론

1. 사회학습이론의 태동

서덜랜드의 차별접촉이론은 범죄학에서 학습이라는 새로운 접근법을 시도하였다는 의의를 가진다. 다만 서덜랜드의 차별접촉이론은 차별접촉의 과정에 대한 설명이 모호하고 인지위주의 관념 학습에 국한한다는 한계점을 가진다는 평가를 받는다. 이에 1966년 버제스와 에이커스(Burgess and Akers, 1966)는 차별접촉이론의 한계를 지적하며 조건형성의 학습 원리를 강조하는 차별접촉강화이론(Differential Association Reinforcement Theory)을 제시하였다(Burgess and Akers, 1966: 146).

차별접촉강화이론을 제시한 에이커스는 버제스(Robert Burgess)와 함께 차별접촉강화이론을 창안하게 되었다. 그들은 심리학의 행동주의 학습이론을 사회학에 적용하려 노력하였고 그 과정에서 서덜랜드의 차별접촉이론이 가장 적합한 이론이라 동의하였다. 서덜랜드의 상징적 상호작용론에 기초한 차별접촉의 원리를 스키너의 조작적 조건화로 변경하고자 시도하였다(Burgess and Akers, 1966). 이후 차별접촉강화이론에서는 차별접촉의 원리를 조작적 조건화로 재구성하였다. 그 내용을 간략하게 살펴보자면, 기존 9가지의 차별접촉의 원리를 7가지 조작적 조건화의 원리(Principle of Operant Conditioning)로 변경하였다. 기존 서덜랜드가 주장한 차별접촉의 원리 1번(범죄행위는 학습된다)과 8번(범죄학습과 비범죄적 학습은 학습기제가 동일하다)을 하나로 묶어 '조작적 조건의 원리에 따른 학습'으로 변경하였다. 또한 차별접촉의 원리 2번에서 7번까지의 문구에서 '차별접촉'을 '강'화(Reinforcement)라는 용어로 변경하였다. 마지막으로 기존 차별접촉의 원리 9번을 삭제하였다.

이후 에이커스는 홀로 차별접촉강화이론을 발전시켰다. 그는 반두라의 사회학습이론을 차용하여 모방과 관찰을 통한 모델링(Modeling)을 추가하여 사회학습요소로 차별접촉, 차별강화, 정의, 모방을 제시하였다. 에이커스는 차별접촉이론과 사회학습이론은 경쟁적 이론이 아니라 사회학습이론이 차별접촉이론의 모든 개념을 수용하였고 차별강화와 행동의 습득, 유지, 중단의 원리를 통합한 보다 광범위한 이론이라 주장하였다(Akers, 1985: 41). 결과적으로 에이커스는 사회학습이론의 개념정의를 명확화하고 지속적인 경험적 타당성 검증을 통해 현재의 사회학습이론으로 발전시켰다.

2. 사회학습이론의 주요 개념

사회학습이론에서 사회학습은 단순히 새로운 범죄행위의 습득에만 국한하지 않고 행동의 습득, 유지, 변형을 포괄하는 개념이다(민수홍·박강우·기광도·전영실·최병각·김혜경, 2017: 177). 또한 사회학습이론은 범죄행위를 유발하거나 억제하는 변수와, 순응을 저해하거나 촉진하는 변수를 모두 포괄하여 범죄와 일탈을 설명하는 이론이다(민수홍 외, 2017: 177). 사회학습이론은 범죄기회에 대한 고려 역시 다루고 있다. 사람들의 범죄행위 가담 여부는 주어진 시간이나 상황 안에서 개개인의 학습경험의 차이에 의해 범죄로 나아갈지 아니면 법을 준수할지의 균형에 의해 결정된다. 즉, 동일한 상황에서 누군가는 범죄행동을 하고 누군가는 정상행동을 하는데 이는 개인마다 학습경험이 다르기 때문이다. 특정 상황에서 범죄적 행위를 학습한 사람들은 보다 더 범죄행위에 가담할 가능성이 높을 것이다. 사람들이 붐비는 혼잡한 상점에서 물건을 훔치는 행동을 학습한 사람이라면 상점절도 가능성이 더 높아질 것이다. 하지만 대다수의 사람들은 혼잡한 상점에서 물건을 구경할 뿐 훔치지는 않는다. 왜냐하면 상점물건을 훔치는 행위를 비우호적으로 학습했을 가능성이 높고 주변 사람들 역시 그러한 행동을 하지 않았을 것이기 때문이다. 혹은 과거에 상점절도 행위로 처벌받았을 수도 있다. 즉, 사회학습이론은 사회구조, 상호작용, 상황의 맥락 속에서 차별적인 학습경험은 개인이 사회에 순응할지 혹은 반사회적으로 행동할지를 결정짓는 핵심적인 요인이라 가정한다(민수홍 외, 2017: 177). 사회학습이론은 차별접촉, 정의, 차별강화, 모방을 중심으로 학습과정의 핵심 개념을 발전시켰다. 학습과정의 핵심 개념인 차별접촉, 정의, 차별강화 그리고 모방을 살펴보자면 다음과 같다.

(1) 4가지 사회학습의 주요 개념

1) 차별접촉(Differential Association)

차별접촉이란 개인이 법 준수나 법 위반에 대해 우호 또는 비우호적인 규범적 정의에 노출되어 있는 과정을 말한다. 서덜랜드의 차별접촉이론이 직접적인 접촉에 기초한 상호작용을 강조하였다면 에이커스의 사회학습이론은 직접적 접촉뿐만 아니라 간접적 접촉과 준거집단에 대한 동일시를 포함하고 있다. 간접적 접촉은 IT기술 발전과 함께 증가한 휴대폰, 인터넷, 영상물 등 첨단기술에 의한 접촉과 전통적인 접촉물(TV, 신문, 잡지, 책 등)을 모두 포괄한다. 에이커스는 차별접촉이 이루어지는 사회집단은 가족, 친구와 같은 1차적 준거집단뿐만 아니라 지역주민, 교사, 경찰 등 다른 사회구성원 역시 차별접촉의 대상이 될 수 있다고 보았다. 또한 최근에는 소셜미디어 등을 통한 가상의 동료집단(Virtual Peer Groups) 역시 차별접촉의 대상이 될 수 있다고 설명함으로써 차별접촉의 대상이 확장되고 있다(민수홍 외, 2017: 177). 차별접촉을 통해 범죄에 우호적 혹은 비우호적인 정의에 노출되며 모방차별접촉은 차별접촉의 우선성, 지속성, 빈도, 강도에 따라 그 영향력의 크기가 달라진다.

2) 정의(Definition)

정의는 특정 행위에 대하여 사람들이 부여하는 의미와 태도를 말한다. 정의는 개개인의 지향성, 합리화, 상황에 대한 정의 그리고 도덕적 평가태도를 포함한다. 개인이 특정 행위(특히, 범죄, 일탈)에 대해 어떠한 정의를 가지는가에 따라 다른 행동으로 나타나게 된다. 에이커스는 차별접촉이론에서 제안된 정의의 개념을 보다 세분화하였다. 그는 정의를 일반정의(General Definition)와 특수정의(Specific Definition)로 구분하였다. 일반정의는 보편적인 도덕의 원리에 대한 지향성이다. 도덕적·인습적 가치와 규범을 얼마나 잘 수용하는가에 따라 일반정의는 달라진다. 한편 특수정의는 구체적인 행위에 대한 태도를 말한다. 일반정의와 특수정의는 반드시 동일 한 것은 아니다. 많은 사람들은 법을 준수해야 한다고 믿지만 이와 동시에 자신은 마리화나를 피우거나 도박을 하는 등 자신의 행위를 합리화하기 때문이다.

에이커스는 행위에 대한 사람들의 긍정적 혹은 부정적 태도가 행위가담 가능성을 결정한다고 보았다. 사람들은 어떤 행위를 거부하는 태도를 견지할수록 그 행위를 덜 하게 된다. 따라서 범죄나 일탈행위를 거부하는 도덕적·인습적 태도는 범죄에 대한 부정적 정의(Negative Definition)라 할 수 있다. 반대로 어떤 행위를 허용 가능하며 도덕적으로도 문제가 없다고 인식하는 태도나 정의를 긍정적 정의(Positive Definition)라 한다. 또한 긍정적 정의와 유사하게 중화정의(Neutralizing Definition) 역시 존재한다. 중화정의란 사람들은 비록 어떤 행위가 바람직하지 않다고 생각할지라도 그 행위가 특정 상황에서는 정당화될 수 있고 나쁜 것이 아니며 필요하다고 변명하려는 태도를 가질 수 있다는 것이다. 결국 범죄에 긍정적 정의나 중화정의를 더 많이 가진 사람일수록 보다 더 범죄행위에 가담할 가능성이 높아진다. 에이커스는 대부분의 경우 범죄는 범죄행위에 대한 우호적 정의가 너무 강하기 때문이 아니라 인습적 신념이 너무 약해서 절제를 못하거나 법위반에 대한 적극적 또는 중화적 태도를 견지하기 때문에 발생한다고 하였다(민수홍 외, 2017: 179).

3) 차별강화(Differential Reinforcement)

차별강화는 행위의 결과로 얻게 되는 보상과 처벌에 의해 영향을 받는다. 주변 사람들로부터 얻게 되는 인정, 돈, 음식, 칭찬 등이 빈번하고 강하며 강화가능성이 높을수록 차별강화는 더 크게 나타난다고 한다. 일반적으로 강화는 어떤 행동을 지속하게 만든다. 예를들면, 어린아이가 어떤 행위에 대하여 부모로부터 보상을 받았다면 그 행위를 지속할 가능성이 높아진다. 행위에 대해 보상이 주어지는 경우를 긍정적 강화(Positive Reinforcement)라 한다. 한편 어린아이가 어떤 행위에 대해 부모로부터 처벌을 받아야 됨에도 불구하고 처벌받지 않았다면 그 행위를 지속할 가능성이 높아진다. 처벌이 제공되지 않아 강화가 이루어지는 것을 부정적 강화(Negative Reinforcement)라 한다. 어떤 행위의 지속성을 증대시켜주는 것이 강화라면 그 반대는 처벌(Punishment)이다. 처벌은 행위에 대한 보상을 철회하거나 혹은 그 행위에 대해 처벌하는 것이다. 예를 들면 어린아이가 나쁜 짓을 했을 때 그 아이의 부모가 적절하게 훈육을 한다면 향후 그 아이는 나쁜 행동을 덜 하게 될 것이다. 이를 긍정적 처벌(Positive Punishment)이라 한다. 한편 어떤 아이가 착한 일을 했음에도 불구하고 보상이 주어지지 않는다면 향후 그 행위를 지속할 가능성이 낮아진다. 이를 부정적 처벌(Negative Punishment)이라 한다. 즉, 강화는 지속적으로 그 행위를 하게 만드는 것이고 처벌은 그 행위를 감소시키는 것이다.

　기본적으로 차별적 강화의 4가지 조건은 심리실험 상황에 사용하는 실험조건으로 '긍정적 강화'는 행동을 지속하도록 '보상'을 제공하는 실험상황이며, '부정적 강화'는 고통을 주는 자극을 '제거'함으로써 행동을 지속하도록 하는 조건(Escape)과 고통을 주는 자극을 '회피'하도록 하여 행동을 지속하게 만드는 조건(Active Avoidance)을 제공하는 실험상황을 의미한다. 한편 처벌은 행동을 감소시키는 실험상황으로서 '긍정적 처벌'은 고통을 주는 자극을 통해 행동을 감소시키는 실험상황이며 '부정적 처벌'은 보상을 제거함으로써 행동을 감소시키는 실험상황이다.

[표 7-1] 차별강화의 유형과 결과

차별강화의 유형	보상(Reward)	처벌(Punishment)	결과(Consequency)
긍정적 강화	제공(○)	-	행위 지속/증가
부정적 강화	-	제거/회피(×)	행위 지속/증가
긍정적 처벌	-	제공(○)	행위 중단/감소
부정적 처벌	제거(×)	-	행위 중단/감소

4) 모방(Imitation)

　모방이란 다른 사람의 행동을 관찰함으로써 그 행위를 따라하는 것이다. 사회학습이론은 반두라의 보보인형실험에서 증명된 관찰을 통한 행위의 모방과 관찰된 결과의 모방을 적용하였다. 반두라의 인지학습이론은 어린아이들이 성인의 행동을 모방하며 그 행동의 결과 역시 모방에 영향을 미친다는 결과를 보여주었다. 즉, 대리강화(Vicarious Reinforcement)라 불리는 간접적 체험을 통해서도 행위가 모 방될 수 있다는 것이다. 미디어를 통한 행위학습은 대리강화의 원리가 반영된 대 표적인 예이다. 범죄사건에 대한 뉴스나 영상물을 통해 모방범죄가 발생하는 것은 그 행위가 직접적인 접촉 없이도 학습될 수 있음을 시사한다. 모방은 주로 새로운 행위의 시도나 범행수법의 도입에 더 큰 영향을 미치지만 행위의 지속에도 영향을 미친다는 설명이다(Akers, 1994: 99).

(2) 사회학습의 주요 개념과 (범죄)행위 간의 관계

사회학습이론은 4가지 사회학습의 주요 개념들이 서로 상호적이고 환류효과 를 가지는 복합적 과정을 통해 사회학습이 이루어진다고 설명한다. 일반적으로 4 가지 사회학습의 주요 개념들 간의 관계는 명확하지는 않으나 차별접촉이 가장 선 행되는 것으로 이해된다. 차별접촉을 통해 모방과 강화가 발생하며 정의를 학습하 게 된다. 4가지 사회학습 개념들 중 가장 후자는 정의이다. 정의는 차별접촉을 통 해 학습되고 차별강화의 과정에서 강화와 처벌을 겪고 획득된다. 모방 역시 타인 의 행위에 대한 관찰 및 대리강화를 통한 행위모델링의 과정을 겪으므로 모방 이 후에 정의가 형성된다고 보는 것이 적합할 것이다.

다음으로 4가지 사회학습의 주요 개념들과 범죄(일탈)행위의 관계이다. 일반 적으로 모방은 범죄행위의 시작에 더 중요한 역할을 한다. 한편 차별강화는 범죄 행위의 반복 여부와 빈도에 더 영향을 미친다. 왜냐하면 범죄나 일탈행위를 저지 르고 나서 겪게 되는 경험(강화 혹은 처벌)이 행위의 지속 여부에 중요한 영향을 미 칠 것이기 때문이다. 일탈행위를 통해 긍정적인 경험을 많이 할수록 일탈행위가 더 오래 유지될 것이며 그 행위를 더 빈번하게 할 것이다(Akers, 1985). 법위반에 대한 우호적 정의는 행위 이전에 존재하는 것으로 이해되지만 실제 행위 이후에 변명이나 정당화를 통해 소급적으로 적용될 수 있다고 한다. 변명을 통해 제재나 처벌을 완화시킨 경험이 있다면 이후 법위반을 반복시킬 가능성이 높아진다. 결국 정의는 장래 행위에 선행한다는 측면에서 미래 범죄나 일탈행위에 선행한다. 차별 접촉은 전형적으로 개인의 행위에 선행하는 사회학습 변수이다. 따라서 범죄나 일 탈행위에 선행하여 차별접촉이 이루어진다. 하지만 사회학습이론은 이전의 일탈행동이나 성향은 교우관계 선택이나 또래집단의 교제에 일정부분 영향을 미칠 수 있다고도 봄으로써 명확하게 선후관계를 단정을 짓지 않고 있다(민수홍 외 5인, 2017: 183).

3. 사회구조와 사회학습(Social Structure and Social Learning: SSSL)

에이커스는 사회학습에 사회구조의 영향을 반영한 사회구조와 사회학습모델(SSSL)을 제시하였다. 사회구조적 변수가 사회학습변수에 영향을 미쳐 개인의 범죄와 일탈행위를 설명하는 모델이다. 사회구조 변수를 사용했다는 측면에서 거시와 미시적 접근을 통합한 사회학습 모델이다. SSSL모델은 처음 제안된 이후 크게 주목받지 못했으나 최근에 와서 SSSL모델의 통계적 검증이 점차 늘어나고 있다(Kim et al., 2013; Lee et al., 2004; Schaefer et al., 2015). 또한 SSSL모델과 유사하게 사회구조이론과 사회학습이론을 통합하는 연구들 역시 시도되고 있다(김창익·윤우석, 2013).

에이커스는 SSSL모델에서 4가지의 사회구조의 차원을 상정하고 사회구조가 사회학습요소(차별접촉, 차별강화, 정의, 모방, 기타 학습변수)에 영향을 미쳐 개인의 행위(범죄행위, 순응행위)로 나타난다고 설명한다. 4가지 사회구조의 차원은 1) 차별적 사회조직, 2) 사회구조에서의 차별적 위치, 3) 이론적으로 정의된 구조적 변수, 그리고 4) 집단에서의 차별적 사회위치가 있다고 설명한다. '차별적 사회조직'은 범죄율, 비행률에 영향을 미치는 사회 내의 구조적 요인을 의미하는데 지역사회의 인구수, 인구밀도, 연령구성 등으로 측정된다. 사회구조에서의 '차별적 위치'는 개인이나 사회집단이 사회구조 내에서의 위치를 나타낸다고 설명하고 인구사회학적 특성(사회경제적 지위, 성별, 인종, 민족, 혼인상태, 연령 등)으로 측정하였다. '이론적으로 정의된 구조적 변수'는 기존 사회구조이론에서 강조하는 범죄의 원인인 사회해체, 갈등, 가부장제, 아노미 등의 구조적 요인을 의미한다. 대표적으로 사회해체이론에서 구조적 변인으로 빈곤, 인구이동, 이질적 인종구성이 사용된다. 마지막으로 '집단에서의 차별적 사회위치'는 개인이 속한 집단 내의 지위와 집단과의 관계를 의미하는데 고등학생의 경우 인문계, 실업계 고등학교 등교 여부 혹은 종교단체 활동정도로 측정되기도 한다(Kim et al., 2013).

에이커스는 개인이 소속되어 있는 성별, 지역, 인종, 사회계급 등 개인의 차별적 위치와 차별적 사회조직은 개인 범죄행위에 가담 혹은 가담하지 않게 만드는 사회학습의 환경과 상황을 제공한다고 설명한다. 또한 범죄의 원인으로 파악되는 사회해체, 갈등, 아노미 등과 같은 사회구조 역시 차별접촉, 차별강화, 모방, 정의의 습득에 차이를 주어 범죄가담 가능성이 달라진다고 설명한다.

제4절 사회학습이론의 타당성과 주요 이슈들

1. 사회학습이론의 경험적 타당성

에이커스의 사회학습이론이 범죄나 일탈행위를 설명할 수 있는 적합한 이론인지를 파악하기 위해 무수히 많은 연구들이 진행되었다. 사회학습이론 단독으로 검증을 시도하기도 하고 다른 경쟁 이론들과의 상대적 우월성을 검증하기도 하였다. 사회학습이론에 대한 검증은 주로 청소년들의 비행연구에 집중되는 경향이 있었다. 사회학습이론으로 설명 가능한 범죄 및 일탈행위는 음주, 마약, 흡연, 학교부적응, 재산범죄, 폭력범죄, 성범죄, 스토킹에 이르기까지 매우 다양하며 기존 연구들의 지지를 받고 있다. 최근에서는 사이버 범죄 역시 사회학습이론으로 설명하려는 시도들이 많아지고 있다. 사회학습이론은 주로 미국 연구가 많았으나 국내에서도 많은 연구자들이 사회학습이론을 검증하려 시도하고 있다. 따라서 기존 사회학습이론의 경험적 타당성에 대한 논의를 종합적으로 분석할 필요성이 있다.

(1) 사회학습이론의 경험적 타당성

사회학습이론의 경험적 타당성은 사회학습이론의 가설이 통계적으로 얼마나 잘 입증되는가를 확인하고 다른 경쟁이론과 비교하여 범죄나 일탈행위를 얼마나 잘 설명할 수 있는가를 검증함으로써 알 수 있다. 기존 많은 국내외 연구들이 사회학습이론의 주요 사회학습변수(차별접촉, 차별강화, 정의, 모방)가 범죄나 일탈행위에 미치는 영향을 파악하였다. 사회학습이론의 가설이 지지되는지를 보기 위해 사회학습이론 단독으로 검증을 시도한 연구에서부터 경쟁이론을 포함시켜 복수의 이론을 검증하여 비교우위를 파악하려는 연구들이 진행되었다. 최근까지 진행된 연구들을 종합할 때(Akers & Jenkins, 2006; Pratt et al., 2010), 사회학습이론은 범죄나 일탈행위를 비교적 일관되게 잘 설명하는 것으로 나타났다. 특히 사회학습의 주요 4가지 개념 중 '차별접촉'과 '정의'는 '차별강화'와 '모방'에 비해 더 큰 영향을 미치는 것으로 파악되었다(Akers & Jenkins, 2004; Pratt et al., 2010). 이중에서도 비행친구와의 차별접촉은 청소년 비행을 설명함에 있어 다른 어떤 변인들 보다 더 큰 영향을 미치는 것으로 나타났다(Akers & Cochran, 1985; Akers & Lee, 1996; Ardelt & Day, 2002; Kaplan, 1996; Lauritesn, 1993; Lee et al., 2013). 또한 사회학습이론은 자기통제이론, 사회유대이론, 일반긴장이론, 그 외 이론들과의 경쟁에서 범죄나 일탈행동에 대한 설명력[4]이 상대적으로 높은 것으로 나타나고 있다(Akers & Cochran, 1985; Akers & Jenkins, 2006; Matsueda & Heimer, 1987). 국내에서도 많은 연구자들이 사회학습이론을 포함하여 연구를 진행하였고 거의 대부분의 연구들에서 사회학습이론이 지지받고 있다.

(2) 사회학습이론의 설명범위

사회학습이론이 적용 가능한 범죄는 사실상 모든 범죄이다. 에이커스는 사회학습이론이 범죄의 일반이론이라 주장한다(Akers and Jensen, 2006). 따라서 사회학습이론은 존재하는 모든 범죄와 비행행위를 설명 가능한 이론이라 할 수 이다. 기존 통계적 검증 연구들은 청소년 비행에서부터 성인범죄까지 다양하며 최근에는 사이버 범죄까지 확장되는 모습이다. 하지만 대부분의 미시 범죄학 이론들과 마찬가지로 사회학습이론에 대한 연구는 10대 청소년 대상 연구가 대부분이라는 한계점 역시 가진다. 그럼에도 불구하고 사회학습이론을 검증한 기존 연구들은 거의 대부분의 청소년 비행과 성인범죄를 사회학습이론으로 설명 가능함을 증명하였다.

가장 빈번하게 사회학습이론이 적용되는 행위는 청소년 비행이다. 비행을 다룬 연구들은 비행을 경비행(지위비행과 유사)과 중비행(일반 범죄와 유사)으로 구분하

---

4) 프랫과 컬렌(Pratt & Cullen, 2000)은 메타분석을 통해 자기통제이론의 경험적 지위를 검증하였는데 이 연구에서 자기통제이론은 사회학습이론 보다 설명력이 큰 것으로 파악되었다. 다만 사회학습 변인들이 낮은 수준의 자기통제력을 고려한 모델에서도 통계적으로 유의미한 영향을 미치는 것으로 나타나 자기통제력을 고려할 경우 모든 경쟁변수들은 유의미하지 않을 것이라는 자기통제이론의 주장을 무색하게 했다.

여 다루었다. 경비행은 주로 지위비행이라 불리며 성년이 되기 전에 허용되지 않는 행위(흡연, 음주, 성행위, 가출 등)들을 저지르는 것을 의미한다. 기존 많은 연구들은 청소년 비행에서 사회학습이론의 경험적 타당성을 증명하였다(Akers & Jensen, 2006; Pratt et al., 2010). 1979년 에이커스는 그의 동료들과 함께 사회학습이론의 주요 사회학습변수를 모두 포함시킨 최초의 경험적 연구를 시도하였다(Akers et al., 1979). 연구결과 4가지 사회학습변수(차별접촉, 차별강화, 정의, 모방)가 마리화나 이용의 68.3%, 마리화나 남용의 38.9%, 음주행위의 54.5%, 그리고 음주남용의 31.5%를 설명하는 것으로 나타나 사회학습이론을 지지하는 결과를 보여주었다.

사회학습이론가들은 사회학습이론을 통해 다양한 형태의 청소년 비행을 설명하고자 시도하였다. 대표적인 청소년 비행의 유형으로 음주, 흡연, 마리화나, 성적 비행, 시험부정, 가출, 갱가입 등 경비행과 폭력범죄, 재산범죄, 성범죄, 마약범죄 등 중비행이 있으며 최근에는 청소년의 사이버범죄[5]에까지 적용범위가 확대되고 있다. 또한 사회학습이론은 다양한 유형의 성인범죄 역시 설명 가능한 것으로 파악된다. 많은 연구들이 사회학습이론을 활용하여 성인들의 음주남용, 약물남용, 스토킹, 도박, 테러, 사이버범죄, 재산범죄, 폭력범죄, 가정폭력, 도핑, 부패행위를 설명하려 시도하였다. 1989년 에이커스는 성인의 음주행위 역시 사회학습이론으로 설명가능하다는 증거를 제시하였다(Akers et al., 1989). 연구결과 음주에 대한 태도, 음주에 대한 주변인의 규범의식과 행동, 그리고 음주에 대한 차별강화가 음주행동에 유의미한 영향을 미치는 것으로 나타나 사회학습이론을 지지하였다. 다음으로 이란 운동선수들을 대상으로 사회학습모델이 도핑에 미치는 영향을 분석한 카비리와 그의 동료들의 연구(Kabiri et al., 2018)에서 도핑의 과거, 현재, 그리고 미래 경험에 사회학습이론의 설명력이 30% 이상으로 나타났다. 또한 사회학습이론은 성인의 사이버상 저작권 침해행위 및 불법행위 역시 설명 가능한 것으로 나타났다(Gunter, 2008; Higgins & Makin, 2004; Hinduja & Ingram, 2009; Miller & Morris, 2014; Nodeland & Morris, 2020; Skinner & Fream, 1997; 이성식, 2014). 많은 연구들이 음악,

---

5) 청소년들의 사이버범죄와 사이버 일탈행위에 대한 연구는 가장 최신의 연구 주제이다. 국내에서는 이성식과 그의 동료들의 연구(이성식, 2011; 이성식·이지선, 2020; 정소희·이성식, 2019)가 가장 대표적이다. 미국에서는 10대 청소년 대상 사이버 범죄연구보다는 대학생을 대상으로 한 연구가 많이 이루어지고 있다(Gunter, 2008; Higgins & Makin, 2004; Hinduja & Ingram, 2009; Miller & Morris, 2014; Nodeland & Morris, 2020; Skinner & Fream, 1997)

영화, 문서 등 저작권침해행위가 온/오프라인 친구의 영향을 받는다고 보고하였다 (Miller & Morris, 2014; Nodeland & Morris, 2020).

2. 사회학습이론의 정책적용 및 효과성

사회학습이론의 가장 큰 장점 중 하나는 범죄예방 및 범죄자 처우 프로그램 개발이 용이하다는 점이다. 사회학습이론은 학습을 통한 변화 가능성을 인정하고 있으므로 다른 실증주의 범죄학 이론들에 비해 범인성의 수정이 쉬울 것이라 기대된다. 생물학적 범죄학이론이나 심리학적 범죄학 이론은 선천적으로 타고난 혹은 형성된 특성의 지속성을 가정한다는 측면에서 범인성의 교정이 어렵거나 불가능하다. 또한 사회구조이론 역시 막대한 재정투입(예: 빈곤과 범죄의 해결책으로 최저소득보장 등의 정책)이 요구되는 정책이 대부분이라는 한계점이 있다. 이에 사회학습이론은 광범위하게 범죄예방 및 범죄자 처우 프로그램 개발의 이론적 근거로 사용되고 있다. 기존 사회학습이론을 적용한 프로그램들은 주로 강의식 집단교육 프로그램이 많았으며 몇몇 연구들은 거주형 프로그램을 개발하여 운영하였다. 교육대상은 주로 일반 청소년에서부터 문제성 있는 청소년을 대상으로 프로그램이 개발되었고 몇몇 프로그램은 가족과 친구집단을 포함하기도 하였다. 사회학습이론을 적용한 프로그램들은 인지행동적 접근법을 활용한다.

3. 사회학습이론의 주요 이슈들

(1) 가족(Family)과 사회학습(Social Learning)

가족은 차별접촉이 1차적으로 이루어지는 집단이다. 가족 내에서 이루어지는 사회학습은 범죄나 일탈행위의 학습에 직간접적 영향을 미친다. 사회 내에서 가족의 1차적 역할은 인습적 사회화에 있다. 따라서 가족은 법위반에 대해 비우호적인 정의를 습득하는데 기여할 것으로 기대한다. 또한 가족은 인습사회에 대한 동조적 행위모델링과 강화를 통해 자녀들이 올바르게 사회화할 것이라 기대된다. 가족의 긍정적 사회화 가능성의 기대에도 불구하고 실제 가족의 구조와 양육환경은 일탈적 행위의 학습을 유발할 수도 있다.

우선 부모의 일탈적 행동은 자녀의 범죄학습을 유발하는 것으로 이해된다. 부모가 일탈적으로 행동할수록 자녀는 장래에 비행청소년이 될 가능성이 높고 성인이 되어서도 범죄행위에 더 많이 가담하는 것으로 나타났다(McCord, 1991). 이것이 자녀에 대한 범죄훈련이건 아니면 행위모델링이나 법위반에 대한 정의 습득이건 부모의 일탈적 행동을 접하게 되면 자녀의 올바른 성장에 부정적으로 작용한다는 것이다. 또한 가족구성원 중 형제자매의 행위 역시 범죄행위 학습에 영향을 미치는 것으로 나타났다. 일탈적인 행동을 하는 형제자매가 있는 청소년들은 비행을 저지를 가능성이 더 높았다(Lauritsen, 1993). 부모의 양육행동 역시 자녀의 비행행동과 직접적인 연관이 있는 것으로 나타났다. 애정 어린 자녀 양육은 자녀의 법위반 가능성을 낮춘다. 하지만 자유방임적이거나 심한 통제로 자녀를 양육하면 자녀의 일탈 가능성이 높아지는 것으로 나타났다(Simons et al., 1994). 또한 일관되지 않은 부모의 양육행동 역시 청소년 비행을 야기하는 것으로 나타났다(Capaldi et al., 1997). 자녀의 행동에 대한 부모의 일관된 보상과 처벌은 자녀를 보다 순응적으로 행동하게 한다.

다음으로 상당한 논쟁이 되는 부모의 행동 중 훈육(특히 체벌)이 있다. 기존 논의들은 부모의 자녀에 대한 신체적, 언어적, 정신적 체벌(학대)은 자녀의 비행행위에서부터 폭력행위에 이르기까지 부정적인 영향을 미친다는 연구가 많았다(Loeber & Stouthamer-Loeber, 1986; Smith & Thornberry, 1995; Widom, 1989). 비록 체벌이 자녀 행동에 대한 교정의 차원에서 긍정적 처벌의 효과를 가질 수도 있다는 반론(Cernkovich & Giordano, 1987; Wells & Rankin, 1988)에도 불구하고 학대 수준의 체벌은 자녀의 부정적 행동을 야기하는 것으로 이해된다(Simons et al., 2000). 특히 폭력행위의 학습이라는 관점에서 볼 때, 가혹한 체벌은 자녀가 폭력행위를 학습하게 만들고 폭력행동에 우호적인 정의를 습득하도록 하여 비행청소년이 될 가능성을 높인다(이성식, 2001). 다만 부모의 애정이 결부된 체벌은 일부나마 폭력비행을 감소시키는 것으로 나타나 학대 수준의 가혹한 체벌과 적절한 수준의 체벌로 구분하여 학습의 효과를 파악할 필요성이 있다(이성식, 2001).

(2) 비행친구와 비행

기존 연구에서 비행친구[6] 혹은 또래친구와의 접촉은 청소년 비행 및 범죄를 가장 일관되게 예측하는 요인으로 파악되었다(Lauritsen, 1993; Loeber & Stouthamer-Loeber, 1986; Snyder et al., 2005; Jennings et al., 2010). 청소년기에 또래집단과의 교제는 일관되게 청소년의 행동에 영향을 미치는 것이다. 특히 비행친구와의 접촉은 다른 경쟁 이론의 주요 변수들과의 경쟁에서 비교우위를 가진다(Akers & Jensen, 2006; Pratt et al., 2010). 친한 친구들 중 비행친구의 비율이 높을수록 비행에 가담할 가능성이 높았다(Haynie, 2002). 비행친구관계에서 핵심적으로 다루어지는 주제 중 하나는 갱(Gang)이다. 기존 미국 연구들에서 갱에 가입하는 청소년들은 갱친구들이 많았으며 갱가입이 범죄가담 가능성을 높이는 것으로 나타났다(Esbensen & Deschense, 1998; Esbensen & Huizinga, 1993; Winfree et al., 1994a; Winfree et al., 1994b).

다음으로 중요한 주제는 비행과 비행친구의 관계이다. 흔히들 비행친구 선행론 혹은 비행선행론이라 불리는 논쟁으로 '유유상종' 혹은 '친구따라 강남간다'의 논쟁이라 할 수 있다. 유유상종은 유사한 행동을 하는 사람들끼리 뭉친다는 의미이므로 비행행동 이후에 비행친구를 사귄다는 논리이다. 주로 사회통제이론 및 자기통제이론가들의 주장이다. 한편 친구따라 강남간다는 친구의 영향을 받는다는 의미이다. 즉, 비행친구를 사귄 뒤 비행에 가담한다는 논리이다. 사실상 사회학습이론가들은 이 둘의 선후관계가 중요하지 않다고 설명(Akers, 1998)하지만 기존 논의들은 주로 비행친구가 비행에 선행한다는 결과(Menard & Elliott, 1994)에서부터 양쪽 의견이 모두 지지 받는다는 결과(Kandel, 1996; Matsueda & Anderson, 1998)를 보여주고 있다. 국내 연구에서도 비행친구선행론과 비행선행론 양쪽을 다 지지하는 결과가 대부분 연구에서 나타났으나 비행친구 선행론이 조금 더 지지받는 것으로 이해된다(노성호, 2006; 황성현, 2016).

---

6) 비행친구(Delinquent Peers)란 비행행동을 저지르는 친구를 의미한다. 거의 대부분의 연구에서 비행을 저지르는 친한 친구의 숫자가 많을수록 비행친구의 영향을 더 많이 받을 것이라 예측한다.

제 5 절 요 약

범죄학의 사회학습이론은 서덜랜드의 차별접촉이론을 시작으로 하여 에이커스의 사회학습이론에 이르기까지 범죄행위의 학습원리와 학습과정을 잘 설명하고 있다. 특히 4가지 사회학습요소들(차별접촉, 정의, 차별강화, 모방)은 범죄행위의 학습과정을 잘 설명해주고 있다. 사회학습이론의 장점은 개개인의 범인성이 학습의 과정을 통해 수정될 수 있다는 점이다. 범죄학이론의 유효성은 범죄의 원인파악뿐만 아니라 범죄원인에 기초한 유용한 처우와 예방책의 제시에 있다. 이 같은 관점에서 사회학습이론은 인지행동적 처우를 통한 범죄자의 교정 가능성을 기대하게 해주는 이론이다. 현재까지 사회학습이론은 많은 지지자를 확보한 대표적인 범죄학이론으로 자리매김하고 있다.

⌐참고문헌

김창익·윤우석. (2013). 지역사회의 생태학적 특성이 비행친구와 비행에 미치는 영향 검증, 청소년복지연구, 15(2): 61−85.

노성호. (2006). 비행친구와 비행행동의 인과성에 대한 검증, 형사정책연구, 17(4): 297−332.

민수홍·박강우·기광도·전영실·최병각·김혜경. (2017). 범죄학 이론. 나남출판사.

이성식. (2001). 가정에서의 체벌과 청소년폭력비행. 교정연구, 12: 235−261.

_____(2011). 청소년의 온라인 저작물 불법다운로드 행위에 있어 낮은 자기통제력과 사회학습요인들의 영향 및 상호작용효과, 청소년학연구, 18(10): 123−142.

_____(2014). 사이버비행에 있어 낮은 자기통제력과 사회유대 및 차별접촉 환경요인과의 상호작용효과와 그 성별 차이, 청소년학연구, 21(2): 279−298.

이성식·이지선. (2020). 청소년의 음란물중독 설명요인에서 성과 연령별 네 집단비교 연구, 한국중독범죄학회보, 10(1): 21−40.

이순래·이성식·박정선·김성언·박철현·김상원·박성민·류준혁. (2016). Vold의 이론 범죄학. 도서출판 그림.

정소희·이성식. (2019). 청소년 사이버비행의 성과 학령별 설명요인 비교 연구, 사회과학논총, 22(2): 1−29.

황성현. (2016). 청소년비행에서 비행친구가 선행하는가, 비행이 선행하는가?, 사회과학연구, 23(2): 53−70.

Akers, R. L. (1985). Deviant behavior: a social learning approach, Belmont, CA: Wadsworth.

_____(1996). Is differential association/social learning cultural deviance theory?, Criminology, 34(2): 229−247.

_____(1998). Social learning and social structure: a general theory of crime and deviance. Boston: Northeastern University Press.

Akers, R.L. & Cochran, J. K. (1985). Adolescent marijuana use: a test of three theories of deviant behavior, Deviant Behavior, 6: 323−346.

Akers and Jensen (2007). Empirical status of social learning theory in Cullen et al(2017) Taking stock the status of criminological theory advances in criminological theory volume 15.

Akers, R. L. & Lee, G. (1996). A longitudinal test of social learning theory adolescent smoking, Journal of Drug Issues, 26(2): 317−343.

Akers, R. L., Krohn, M. D., Lanza−Kaduce, L. & Radosevich, M. (1979). Social learning and deviant behavior: a specific test of a general theory, American Sociological Review, 44(4): 636−655.

Akers, R. L., La Greca, A. J., Cochran, J. & Sellers, C. (1989) Social learning theory and alcohol behavior among the elderly, The Sociological Quarterly, 30(4): 625−638.

Akers, R. L., Sellers, C. S., & Jennings, W. G. (2017). Criminological theories: introduction, evaluation, and application, New York: Oxford University Press.

Ardelt, M. & Day, L. (2002). Parents, siblings, and peers: close social relationships and adolescent deviance Journal f Early Adolescence, 22(3):310−349. Studies in Conflict & Terrorism.

Burgess, R. L. & Akers, R. L. (1966). A differential association reinforcement theory of criminal behavior, Social Problems, 14(2): 128−147.

Capaldi, D. M., Chamberlain, P. & Patterson, G. R. (1997). Ineffective discipline and conduct problems in males: association, late adolescent outcomes and prevention, Aggression and Violent Behavior, 2(4): 343−353.

Cernkovich, S. A. & Giordano, P. C. (1987). Family relationship and delinquency, Criminology, 25: 295−319.

Cressey D. R. (1968). Culture conflict, differential association, and normative conflict, in Wolfgang M.E. (ed). Crime and Culture. New York: John Wiley, pp. 43−54.

Esbensen, F. A. & Deschenes, E. P. (1998) A multi−site examination of youth gang membership: Does Gender Matter?, Criminology, 36(4): 799−828.

Esbensen, F. A. & Huizinga, D. (1993). Gangs drugs and delinquency in a survey of urban youth, Criminology, 31(4): 565−589.

Gunter, W. D. (2008). Piracy on the high speeds a test of social learning theory on digital piracy among college students, International Journal of Criminal

Justice Sciences, 3(1): 54−68.

Higgins, G. E. & Makin, D. A. (2004). Does social learning theory condition the effects of low self control on college students software piracy, Journal of Economic Crime Management, 2(2): 1−22.

Hinduja, S. & Ingram, J. R. (2009). Social learning theory and music piracy : the differential of online and offline peer influences, Criminal Justice Studies, 22(4): 405−420.

Jennings, W. G., Higgins, G. E., Akers, R. L., Khey, D. N. & Dobrow, J. (2013). Examining the influence of delinquent peer association on the stability of self control in late childhood and early adolescence : Toward an integrated theoretical model, Deviant Behavior, 34(5): 407−422.

Kabiri, S., Cochran, J. K., Stewart, B. J., Sharepour, M., Rahmati, M.M. & Shadmanfaat, S. M. (2018). Doping among professional athletes in Iran: a test of Akers's social learning theory, International Journal of Offender Therapy and Comparative Criminology, 62(5): 1384−1410.

Kandel, D. B. (1996). The parental and peer contexts of adolescent deviance : an algebra of interpersonal influences, Journal of Drug Issues, 26(2): 289−315.

Kaplan, H. B. (1996). Empirical validation of the applicability of an integrative theory of deviant behavior to the study of drug use, Journal of Drug Issues, 26(2): 345−377.

Kim, E. Y., Akers, R. L. & Yun, M. W. (2013). A cross cultural test of social structure and social learning alcohol use among South Korean adolescents, Deviant Behavior, 34(11): 895−915.

Lauritsen, J. L. (1993). Sibling resemblance in juvenile delinquency: findings from the national youth survey, Criminology, 31(3): 387−409.

Lee, C. H., Moak, M. & Walker, J. T. (2013). Effects of self control social control and social learning on sexting behavior among south korean youths, Youth & Society, 48(2): 1−22.

Loeber, R. & Stouthamer−Loeber, M. (1986). Family factors as correlates and predictors of juvenile conduct problems and delinquency, in Crime and Justice(Tonry, M. & Morris, N.M. (eds)) Chicago: University of Chicago Press.

Matsueda, R. L. & Heimer, K. (1987). Race Family structure and delinquency: a test of differential association and social control theories, American Sociological Review, 52(6): 826−840.

Matsueda, R. L. (2001) Differential Association theory. In Bryant, C. D. (Ed.) Encyclopedia of Criminology and Deviant Behavior(Vol.1, pp.125−130). New York: Taylor and Francis.

McCord, M. (1991). Family Relationships Juvenile Delinquency and Adult Criminality, Criminology, 29(3): 397−417.

Menard, S. & Elliott, D. S. (1994). Delinquent bonding, moral beliefs and illegal behavior: a three−wave panel model, Justice Quarterly, 11(2): 173−188.

Miller, B. & Morris, R. G. (2014). Virtual peer effects in social learning theory, Crime & Delinquency, 62(12): 1−27.

Moffitt, T. E. (1993). Adolescence limited and life course persistent antisocial behavior: a developmental taxonomy, Psychological review, 100: 674−701.

Moffitt, T.e. Caspi, A., Dickson, N., Silva, P., & Stanton, W. (1996). Childhood onset antisocial conduct problems in males: natural history from ages 3 to 18, Development and Psychopathology, 8: 399−424.

Moffitt, T. E., Caspi, A., Harrington, H., & Milne, B. J. (2002). Males on the life−course−persistent and adolescence−limited antisocial pathways: follow−up at age 26 years, Development and Psychopathology, 14: 179−207.

Nodeland, B. & Morris, R. (2020). A test of social learning theory and self control on cyber offending, Deviant Behavior, 41(1): 41−56.

Pratt, T. C. & Cullen, F. T. (2000). The empirical status of Gottfredson and Hirschi General theory of crime: a meta−analysis, Criminology, 38(3):931−964.

Pratt, T. C., Cullen, F. T., Sellers, C. S., Winfree Jr, T., Madensen, T. D., Daigle, L. E., Fearn, N. E. & Gau, J. M. (2010). The empirical status of social learning theory: a meta−analysis, Justice Quarterly, 27(6): 765−802.

Schaefer, B. P., Vito, A. G., Marcum, C. D., Higgins, G. E. & Ricketts, M. L. (2015). Heroin use among adolescents: a multi−theoretical examination, 36(2): 101−112.

Simons, R. L., Wu, C. I., Conger, R.D. & Lorenz, F. O. (1994). Two routes to delinquency: differences between early and late starters in the impact of parenting and deviant peers, Criminology, 32(2): 247−276.

Simons, R. L., Wu, C., Lin, K., Gordon, L., & Conger, R. D. (2000). A cross—cultural examination of the link between corporal punishment and adolescent antisocial behavior, Criminology, 38: 47—79.

Skinner, W. F. & Fream, A. M. (1997). A social learning theory analysis of computer crime among college students, Journal of Research in Crime and Delinquency, 34(4): 495—518.

Smith, C. & Thornberry, T. P. (1995). The relationship between childhood maltreatment and adolescent involvement in delinquency, Criminology, 33: 451—477.

Snyder, J., Dishion, T. J. & Patterson, G. R. (1986). Determinants and consequences of associating with deviant peers during preadolescence and adolescence, Journal of Early Adolescence, 6(1): 29—43.

Sutherland, E. H. (1940). White collar criminality, American Sociological Review, 5: 1—12.

_____ (1947). Principles of criminology, Philadelphia: Lippincott.

Wells, L. E. & Rankin, J. H. (1988). Direct parental control and delinquency, Criminology, 26: 263—285.

Widom, C. S. (1989). Child abuse, neglect, and violent criminal behavior, Criminology, 27: 251—271.

Winfree, L. T., Mays, G. L. & Vigil, T. (1994a). Youth Gangs and Incarcerated delinquents: exploring the ties between gang membership, delinquency and social learning theory, Justice Quarterly, 11(2): 229—256.

Winfree, L. T., Vigil, T. & Mays, G. L. (1994b). Social Learning Theory Self—reported Delinquency, and Youth gangs, Youth & Society, 26(2): 147—177.

제 8 장

낙인이론

제 8 장   낙인이론

제 1 절 낙인이론 개관

1. 들어가며

낙인이론은 비행의 원인보다 비행에 대한 사회의 반응에 더욱 초점을 맞춘다. 즉, 한 개인이 왜 비행행위를 하는지 보다는 비행행위를 한 개인에 대하여 사회가 어떻게 반응하고, 그러한 반응이 초래하는 결과가 어떠한지를 살펴보는 것이 낙인이론가들의 주된 관심사라고 할 수 있다. 결국 낙인이론에서 말하는 낙인이란 범죄나 비행을 저지른 자에 대한 사회의 부정적인 반응을 의미한다.

함께 어울리며 비행행위를 저지르는 한 무리의 소년들을 생각해보자. 결정론에 입각한 많은 실증주의 범죄학이론들은 비행을 저지르는 소년들의 개인적, 사회구조적 원인을 규명하고자 한다. 예를 들어, 생물학적 이론은 소년들의 유전적, 신경생리학적 특성이 비행행위에 미치는 영향에 주목할 것이며, 통제이론은 소년들에 대한 외적, 내적 통제수준이 비행행위에 어떠한 영향을 미치는지에 초점을 맞출 것이다. 한편, 사회학습이론은 비행친구들로부터 비행에 우호적인 가치관을 학습함으로써 비행행위로 이어지는 인과관계를 제시할 것이며, 아노미/긴장이론은 사회구조적 문제가 소년들의 비행행위에 미치는 영향에 관심을 기울일 것이다.

하지만 낙인이론가은 비행의 근본적인 원인을 규명하는 작업에 큰 관심을 두지 않는다. 오히려 소년들의 비행행위는 어린 시절 누구나 저지를 수 있는 경미하고 일관되지 않은 사소한 행위로 정리해버리고, 똑같은 비행행위를 저지른 소년들 중에서 어떠한 사회적 특성을 가진 소년들이 더 가혹한 낙인을 당하는지, 낙인을 당한 소년은 이후에 어떠한 심리 및 행동 변화를 경험하게 되는지에 초점을 맞춘다. 즉, 낙인이론가의 두 가지 주요 관심사는 '(1) 비행을 저지른 소년들에 대한 사회의 차별적 반응 및 (2) 그러한 사회적 반응이 한 개인에게 미치는 영향'이라고 정리해 볼 수 있다.

낙인이론은 비행에 대한 사회적 반응을 크게 공식 낙인과 비공식 낙인의 두 가지로 나누어 제시한다. 공식 낙인은 우리 사회의 공적인 주체, 즉 형사사법기관에 의한 형사처벌을 의미하며, 비공식 낙인은 형사사법기관 관계자가 아닌 가족, 이웃, 친구 등 주위 사람들에 의한 부정적 평가를 의미한다. 낙인이론에 따르면, 똑같이 비행을 저지르더라도 사회적 약자계층에 속해 있는 사람이 더 무거운 처벌과 사회적 비난을 받는다. 또한 한 개인에게 주어지는 공식적, 비공식적 비행 낙인은 당사자로 하여금 비행자아관념을 갖도록 하여 또 다른 범죄 및 비행을 야기하는 원인이 된다고 한다. 특히 형사처벌이 향후 범죄를 유발하는 촉발요인이 된다는 낙인이론의 주장은 형사처벌이 범죄를 억제한다는 전통적 억제이론과 정면으로 배치되는 입장으로 많은 학문적, 정책적 관심을 불러일으켰다.

2. 낙인이론의 가정 및 특징: 다른 이론들과의 차이점을 중심으로

(1) 결정론에 입각한 실증주의 이론들과의 차이점

낙인이론은 다음과 같은 세 가지 측면에서 결정론에 입각한 다른 실증주의 이론들과 구별된다. 첫째, 낙인이론은 비행성이 개인의 고유한 특성이 아니라 사회의 평가에 의해 만들어지는 관념이라고 가정한다. 즉, 많은 실증주의 이론들이 사회적으로 합의된 비정상적 또는 병리적 행위가 있다는 가정 하에 이러한 행위를 하는 사람들을 범죄자로 규정짓는 반면, 낙인이론은 사회적으로 합의된 범죄행위라는 것은 없으며, 한 개인의 행위에 대하여 사회가 어떻게 평가하는지에 따라 범죄자가 될 수도 있고 되지 않을 수도 있다고 보는 것이다. 마차(Matza, 1969)는 초기 실증주의 범죄학자들의 관심은 오로지 범죄자 또는 범죄행위를 설명하기 위한 환경적 요인들을 찾아내는 데 국한되었으며, 범죄자, 범죄행위, 비행청소년 등의 의미가 국가나 사회에 의해 만들어질 수도 있다는 가능성을 간과하였다고 비판한 바 있다. 이러한 마차(Matza, 1969)의 주장과 같이, 여타 결정론적 관점의 범죄학 이론들은 범죄나 비행의 의미가 국가나 사회에 의해 만들어질 수도 있다는 가능성을 도외시하고 있다는 비판적 고려가 낙인이론에 내포되어 있다. Box에 소개된 노인 샘의 이야기는 비록 다소 극단적인 면이 있으나 샘의 다양한 행위들이 국가에 의해 어떻게 범죄로 규정되는지를 잘 보여준다.

둘째, 낙인이론은 인간을 사회적인 존재로 가정한다. 즉, 인간은 사회 속에서 타인과 어울려 살아가며 타인의 평가에 따라 자신을 변화시키고, 그에 따라 행동하는 본성을 지니고 있다는 것이다. 이러한 낙인이론의 인간 본성에 대한 기본가정은 인간을 자기중심적이고 끊임없이 욕망을 추구하는 존재라고 보는 통제이론이나, 인간을 규범적인 존재로 가정하는 긴장이론의 기본가정과 구별된다. 또한 인간을 사회적 평가라는 외부 환경적 요인에 영향을 받는 존재로 인식한다는 점에서, 자유의지를 바탕으로 자신의 이익을 극대화하려고 하는 것이 인간의 본성이라고 보는 억제이론과도 구별된다.

셋째, 낙인이론은 외부 환경적 요인뿐 아니라 내적 자아의 역할에 주목한다. 결정론에 입각한 다른 실증주의 이론들은 범죄 및 비행을 야기하는 외적 요인들이 일방향의 인과관계에 따라 한 개인의 비행행위에 영향을 미친다고 보는 반면, 낙인이론은 외적 요인인 낙인과 내적 자아 간의 상호작용과정에 초점을 맞춘다. 즉 낙인이론에 따르면, 인간은 낙인이라는 외적 영향을 무비판적으로 받아들이기만 하는 수동적인 존재가 아니라, 내적 자아의 판단에 따라 때로는 낙인을 거부하기도 하고, 때로는 낙인과 타협하기도 하는 능동적인 존재이다. 따라서 낙인을 기계적으로 개인의 행동에 영향을 미치기만 하는 외적 원인 변수로 보기보다는, 내적 자아와의 지속적인 상호작용을 통해 한 개인의 정체성을 서서히 변화시키는 하나의 촉발요인이라고 해석하는 것이 낙인이론의 본래 취지에 부합할 것이다.

Box 샘의 이야기

　　샘은 술과 마리화나를 즐기는 미국의 평범한 노인이었다. 1920년 화창한 어
느 날, 미국 정부가 제정한 금주법이 시행되었다는 사실을 모르고 있던 샘은 여
느 때와 마찬가지로 자신의 집 앞마당에서 맥주를 즐기고 있었다. 하지만 이를
본 동네 주민은 금주법의 시행사실을 알고 있었고, 신고를 받고 출동한 경찰은
샘을 금주법 위반 혐의로 체포하였다. 결국 교도소 신세를 지게 된 샘은 교도관
에게 금주법을 몰랐다며 항의하다가 교도관을 폭행하게 되고 공무원 폭행 혐의
가 더해져 1938년에서야 석방이 되었다. 석방 직후 샘은 금주법이 폐지되었다는
소식을 듣고 기쁜 마음에 맥주를 사서 마시며, 교도소에 들어오기 전 주머니에
넣어두었던 오래된 마리화나를 꺼내 물었다. 하지만 샘은 1937년 마리화나 복용
이 새롭게 불법행위로 규정되었다는 사실을 모르고 있었다. 결국 샘은 순찰을 돌
던 경찰관에게 그 즉시 마리화나 복용혐의로 체포되어 다시 교도소로 갈 수밖에
없었다.

출처: Kubrin, Stucky, & Krohn, 2007, p. 198.

(2) 고전적 억제이론과의 차이점

　　공식 낙인, 즉 형사처벌의 효과에 대한 시각에 있어 낙인이론과 고전적 억제
이론은 극명한 차이를 나타낸다. 고전적 억제이론은 범죄자에 대한 형사처벌이 특
별예방효과에 의해 향후 범죄를 억제한다고 본다. 반면 낙인이론은 형사처벌이 공
식적 낙인으로 작용하여 또 다른 범죄를 유발하는 촉발요인이 된다고 본다. 이렇
듯 고전적 억제이론과 낙인이론은 형사처벌이 향후 범죄에 미치는 영향에 대하여
완전히 상반된 입장을 취하고 있다. 이러한 두 이론 간의 극명한 차이는 다음의
두 가지 이유에서 기인한다고 볼 수 있다.

　　첫째, 인간의 본성에 대한 두 이론의 기본적인 가정이 다르다. 고전적 억제이
론에 따르면, 인간은 자유의지에 따라 이익을 극대화하는 방향으로 행동하는 존재
이다. 이러한 입장에서 볼 때 형사처벌은 자신의 이익을 침해하는 것이자 행위에
대한 일종의 대가 또는 비용으로서, 한 번 형사처벌의 고통을 경험한 개인은 형사
처벌을 피하기 위해서라도 사회규범을 준수하려고 할 것이다. 반면 낙인이론은 사
회와 상호작용하면서 스스로를 만들어나가는 사회적 존재로서의 인간을 가정한다.

이러한 낙인이론의 기본 가정 아래에서는 형사처벌이 한 개인에 대한 사회적 평가로 작용하며, 그러한 사회적 평가를 경험한 개인은 이를 내면화하는 과정을 거쳐 또 다른 범죄를 저지를 수 있다고 보는 것이다.

둘째, 형사처벌과 재범 간의 관계를 설명하는 매개변수가 다르다.[1] 달리 표현하자면, 형사처벌이 어떠한 원리로 재범과 연결되는지에 대한 두 이론의 시각에 차이가 존재한다. 고전적 억제이론은 형사처벌이 그 개인의 이익과 손해에 대한 합리적 평가과정에 영향을 미쳐 범죄를 억제한다고 본다. 즉, 고전적 억제이론에서 형사처벌과 재범억제 간의 관계를 설명하는 매개변수는 개인이 합리적으로 평가한 '위험에 대한 인식'이다. 형사처벌을 한 번 경험한 개인은 다시 범죄를 저지를 경우 처벌로 인한 고통을 경험하게 될 위험이 높아진다고 인식하기 때문에 범죄를 저지르지 않게 된다는 것이다. 반면 낙인이론은 형사처벌이 개인의 자아관념을 바꾸고, 사회적 기회를 박탈하며, 비행 하위문화와의 접촉 수준을 높이는 등의 매개과정을 거쳐 재범을 유발한다고 본다. 따라서 낙인이론에서 형사처벌과 재범을 잇는 매개변수는 '자아관념의 변화, 사회적 기회박탈, 비행 하위문화와의 접촉' 등이라고 볼 수 있다. 이렇듯 두 이론은 형사처벌의 효과에 있어 상반되는 입장을 취하고 있으며, 이러한 차이는 각각의 이론이 가정하는 인간의 본성 및 매개 변수의 차이에서 기인한다고 볼 수 있다.

3. 낙인이론의 기원

(1) 갈등주의 관점

갈등주의 관점은 낙인이론의 형성에 큰 영향을 미쳤다. 이러한 사실은 비행낙인 및 범죄의 정의에서부터 드러난다. 낙인이론가들은 비행 낙인과 범죄를 집단 간 갈등의 측면에서 정의한다. 즉, 힘 있는 계층이 자신들의 우월적 지위를 공고히 하기 위해 약자 계층에 부여하는 것을 비행 낙인이라고 보며(Becker, 1963; Lofland, 1969), 비행은 사회계층 간 "갈등 경쟁"의 산물이라고 정의한다(Lofland, 1969: 14).

---

[1] 매개변수란 두 변수 간의 관계를 설명하는 변수를 의미한다. 즉, 형사처벌과 재범이라는 두 변수를 이어주는 다리의 역할을 하는 변수이다.

계층 간 갈등은 법 제정과정에서부터 나타나는데, 사회적으로 힘이 있는 계층은 사회적 약자계층이 일상적으로 행하는 평범한 행위들을 범죄로 규정함으로써 사회적 약자계층을 탄압하고 자신들의 힘과 헤게모니를 유지·강화하고자 한다(Becker, 1963).

낙인이론가들은 또한 사회적 약자계층이 중산층 또는 지배계층에 비해 낙인의 대상이 될 가능성이 더 높다고 주장한다(Schur, 1971). 즉, 똑같은 잘못을 해도 사회적 힘이 부족한 집단에 속한 이들이 형사처벌 및 사회적 낙인의 대상이 될 가능성이 더 높다는 것이다. 또한 처벌을 받더라도 사회적 힘이 부족한 집단이 더 무거운 처벌을 받게 된다고 주장한다. 이렇듯 낙인이론은 낙인, 비행, 범죄 등의 개념을 힘 있는 자와 그렇지 않은 자 간의 갈등구조 속에서 바라보는데, 이러한 시각은 여러 사회현상을 집단들 간의 권력 다툼의 측면에서 이해하고자 했던 갈등주의 관점의 영향을 받은 것이라 할 수 있다.

(2) 상징적 상호작용이론

낙인이론의 또 다른 기원은 상징적 상호작용이론에서 찾아볼 수 있다. 상징적 상호작용이론은 미드(Mead), 듀이(Dewey), 토마스(Thomas), 쿨리(Cooley) 등 일련의 학자들에 의해 연구된 인간의 삶과 행위에 관한 접근법이다. 상징적 상호작용이론에 따르면, 세상 모든 존재는 고유의 의미(meaning)를 가지고 있는데, 이러한 의미는 그 존재가 갖는 내재적 특성이 아니라 사람들이 언어와 몸짓을 통해 상호 소통하는 과정에서 부여된 것일 뿐이다. 상징적 상호작용이론은 이러한 의미에 대한 개념정의를 바탕으로, 개인의 정체성 또는 자아관념 역시 타인과의 상호작용을 통해 형성된 것일 뿐이며, 개인이 내재적으로 가지고 있는 고유의 특성이 아니라고 주장한다(Blumer, 1969). 쿨리(Cooley, 1902)가 제시한 거울 자아라는 용어는 자아란 한 개인의 내재적이고 절대적인 특성이 아니며, 타인의 자신에 대한 인식의 반영일 뿐이라는 상징적 상호작용이론의 관점을 요약적으로 잘 보여준다. 즉, 타인이 나를 어떻게 바라보느냐 또는 나에 대하여 어떠한 의미를 부여하느냐에 따라서 나라는 사람의 정체성이 형성된다는 것이다. 낙인이론이 사회적 상호작용의 한 유형인 낙인과 그 결과로 형성되는 비행 자아로서의 정체성에 초점을 맞추고 있다는 점을 고려해볼 때, 상징적 상호작용이론 역시 낙인이론에 큰 영향을 미친 사상적 기원이라고 할 수 있다.

4. 낙인이론의 역사

(1) 낙인이론의 태동 및 발전

낙인이론은 어느 한 명의 학자에 의해 확립된 이론이 아니며, 여러 학자들에 의한 집합적인 노력의 산물이다. 특히 탄넨바움(Tannenbaum, 1938), 레머트(Lemert, 1951), 베커(Becker, 1963) 등은 범죄 및 비행을 낙인과 연결지어 설명하기 시작한 초기 낙인이론가들이라고 할 수 있다. 탄넨바움(Tannenbaum, 1938)은 「범죄와 지역공동체」(Crime and the Community)라는 자신의 저서에서 지역사회의 개인에 대한 낙인 과정을 다음과 같이 묘사하였다(Tannenbaum, 1938: 17-18). 먼저 청소년들과 지역사회 구성원들 간 몇몇 행위들에 대한 가치판단의 차이가 존재한다. 예를 들어 청소년들은 남의 집 창문을 깨는 행위, 담을 뛰어 넘는 행위, 지붕 위를 오르는 행위, 무단으로 결석하는 행위 등을 단순한 모험이나 놀이 정도로 여기지만, 지역사회 구성원들은 이러한 행위들을 일종의 일탈행위로 인식하고 부정적인 시각으로 바라본다. 따라서 청소년들에 의한 이러한 행위들이 반복되면 지역사회 구성원들은 점점 해당 청소년들에 대한 부정적인 인식을 키워나가게 되고 결국 이들을 나쁘고 치유할 수 없는 존재들로 규정짓게 된다. 이러한 규정짓기는 공식 낙인(형사처벌) 또는 비공식 낙인의 형태로 이루어진다. 결국 해당 청소년들은 자신들을 바라보는 지역사회의 시선, 즉, 자신들에 대한 지역사회의 낙인을 인식하게 되고 비행청소년으로서의 자아관념을 갖게 된다. 탄넨바움(Tannenbaum, 1938: 17-18)은 이러한 낙인의 과정을 "비행청소년은 나쁘다고 규정되기 때문에 나쁜 존재가 된다"라고 표현하였다.

레머트(Lemert, 1951)는 일차적 일탈과 이차적 일탈이라는 개념을 제시하였다. 일차적 일탈이란 낙인을 받기 전에 행하는 비행행위들로, 조직적이지 않고, 일관성이 없으며, 자주 일어나지 않는 사소한 일탈행위들을 말한다. 한편, 이차적 일탈은 일차적 일탈에 대한 사회적 반응, 즉 비행 낙인이 있은 후에 발생하는 일탈 및 심각한 범죄행위들을 말한다. 레머트(Lemert, 1951)에 따르면, 낙인은 낙인을 받은

개인의 자아관념에 큰 변화를 가져와 스스로를 일탈행위자, 범죄자로 여기게 한
다. 결국 이러한 일탈행위자로서의 자아관념은 향후 그 개인의 영구적 지위에 중
대한 영향을 미치는 이차적 일탈로 이어지게 된다.

탄넨바움(Tannenbaum)과 레머트(Lemert)가 낙인이론의 토대를 수립하였다면,
베커(Becker)는 1963년 발표한 「아웃사이더」라는 저서를 통해 낙인이론을 범죄학
주요 이론의 반열에 올려놓았다는 평가를 받는다(Akers & Sellers, 2012). 낙인이론의
발전에 대한 베커(Becker, 1963)의 공헌은 다음의 세 가지로 나누어 살펴볼 수 있다
(Paternoster & Bachman, 2001: 226). 첫째, 베커(Becker, 1963)는 '일탈'의 개념을 낙인
이론의 관점에서 새롭게 정의하였다. 이를 통하여 일탈, 비행, 또는 범죄를 바라보
는 낙인이론의 기본적인 관점을 명확히 제시하였다. 베커(Becker, 1963: 9)의 정의
에 따르면 "일탈이란 한 사람이 행한 행위의 질이 아니며, 그 행위에 규칙을 적용
한 결과"이다. 즉, 일탈을 규정한 법이나 규칙의 완전무결함을 전제로 하는 여타
실증주의 이론들과는 달리, 일탈에 대한 베커(Becker, 1963)의 이러한 정의는 이 사
회의 법과 규칙이 사회적 합의의 산물에 불과하며, 범죄나 비행의 개념을 특정 계
층의 의도에 맞게 규정함으로써 개인의 진정한 가치나 지위를 왜곡할 수도 있다는
낙인이론의 관점을 잘 반영하고 있다.

둘째, 베커(Becker, 1963)는 법제정 단계를 낙인의 과정에 포함함으로써 낙인
이론의 범위를 확장하였다. 베커(Becker, 1963)는 법집행기관이 한 개인을 일탈자로
낙인찍는 시점이 아닌, 법을 제정하는 단계에서부터 낙인이 시작된다고 하였다.
베커(Becker, 1963)에 따르면, 특정 행위를 비도덕적이라고 규정하고 이를 금지 및
처벌하는 법률을 제정하도록 촉구하는 사람들은 상류계층이며, 이렇게 제정된 법
률은 상류계층의 관심과 이익을 반영할 수밖에 없다. 결국 상류계층의 기준이나
이익에 부합하지 않는 부류의 사람들만이 이러한 법률에 의해 형사처벌, 즉, 공식
낙인의 대상이 되는 것이다.

셋째, 베커(Becker, 1963)는 마리화나사용이 불법화되는 과정을 낙인이론의 관
점에서 묘사하는 등 낙인이론을 역사적 맥락에서 바라보고자 하였다. 베커(Becker,
1963)에 따르면, 미국의 연방 마약 단속국은 마리화나 사용의 부정적인 측면을 의
도적으로 과장하고 대중매체를 통해 이를 지속적으로 홍보함으로써 마리화나사용
을 범죄화하는 법을 제정하기 위한 여론을 형성하였고, 이러한 여론에 힘입어 제

정된 마리화나 금지법은 연방 마약단속국의 권력과 재정을 확대하는 데 사용되었다고 한다.

낙인이론은 이렇듯 여러 학자들의 개별적 노력이 합쳐져 하나의 범죄학 이론으로 자리 잡게 되었으며, 1960년대 중반 이후 다양한 이론적 해석 및 실증연구가 이루어지면서 큰 주목을 받게 된다.

(2) 낙인이론의 쇠퇴와 부활

1960년대 중반 이후 큰 관심을 받았던 낙인이론은 1970년대에 접어들면서 여러 가지 비판에 직면하게 된다. 초기 낙인이론에 대한 비판은 크게 두 가지 측면으로 나누어 볼 수 있다(Paternoster & Iovanni, 1989). 첫째, 낙인이론은 하나의 사회과학 이론이라고 보기에 다소 애매모호하다(Gibbs, 1972; Wellford, 1975). 즉, 낙인, 비행자아관념 등 초기 낙인이론가들의 주장에서 도출할 수 있는 여러 가지 개념들이 명확히 정의되지 않았고, 그러한 개념들 간의 관계 역시 명확하게 제시되지 않았으며, 특정 개념이 다른 개념에 어떻게 연결되는지를 설명해주는 매개변수들 역시 구체적으로 제시되지 않았다는 것이다.

둘째, 이렇듯 초기 낙인이론이 다소 애매모호했음에도 불구하고 일부 연구자들은 나름의 가설을 도출해내고 이를 실증적으로 검증해보고자 시도하였는데, 이러한 시도들 역시 낙인이론의 주장에 부합하는 결과를 도출하지 못하였다(Tittle, 1975; Wellford, 1975). 달리 말해 실제 데이터를 이용하여 낙인이론을 실증적으로 검증해 보았을 때, 그 결과들이 낙인이론으로부터 도출한 가설들을 지지하지 않았다는 것이었다. 이렇듯 하나의 이론으로 보기에는 그 주요 개념들이 명확하지 않고, 개념들 간의 관계 역시 구체적이지 않으며, 실증연구의 지지가 충분하지 않다는 비판들이 이어지면서, 낙인이론은 1970년 후반부터 점차 쇠퇴의 길을 걷게 되고, 1980년대 중반에 이르러서는 학계로부터 거의 주목을 받지 못하는 정도에 이르고 만다.

하지만, 1980년대 후반에 접어들면서 낙인이론을 새로운 시각으로 해석하고자 하는 시도가 이루어지고, 정밀한 가설수립을 통해 낙인이론을 지지하는 실증연구 결과들이 속속 등장하면서(예: Bernburg & Krohn, 2003; Bernburg et al., 2006 등), 낙인이론은 다시 범죄학의 주요 이론으로 부상하게 된다. 특히 패터노스터와 이오반니(Paternoster & Iovanni, 1989)의 연구는 초기 낙인이론에 대한 비판들의 부당함을 지적하고, 모호했던 낙인이론의 개념 및 주요 가설을 명확히 함으로써 낙인이론의 부활에 크게 기여한 것으로 평가받는다.

Box 낙인이론의 부활에 큰 공헌을 한 패터노스터와 이오반니의 연구(1989)

낙인이론을 명확히 이해하기 위해서는 낙인이론이 부활하는 데 결정적인 공헌을 한 패터노스터와 이오반니의 연구를 상세히 살펴볼 필요가 있다. 이들은 낙인이론의 초기 연구들에 대한 분석을 바탕으로 낙인이론의 두 가지 핵심 가설을 제시하였다. 첫째, 어떠한 사람들이 낙인을 당하는가에 관한 지위 특성 가설로 다음과 같다. 범죄가 발생했을 때, 형사사법기관이 그 범죄자를 처벌할지 여부 및 처벌의 경중에 대한 의사결정은 가해자와 피해자의 사회적 특성(인종, 사회계층 등)에 영향을 받을 것이다. 둘째, 이차적 일탈 가설이다. 이차적 일탈 가설은 낙인을 경험한 개인이 이차적 일탈을 저지르게 되는 인과과정을 가설화한 것으로 다음과 같다. 낙인을 경험한 개인은 정체성의 변화를 겪고, 삶의 기회로부터 차단되어 결국 더 많은 비행행위에 가담하게 될 것이다.

패터노스터와 이오반니는 이와 같이 낙인이론으로부터 도출할 수 있는 가설들을 명확히 한 후, 낙인이론에 대한 초기 비판들을 반박하였다. 먼저 지위 특성 가설이 실증연구의 지지를 받지 못한다는 티틀(Tittle, 1980)의 비판에 대하여, 티틀이 지위 특성 가설을 지나치게 엄격하게 해석하였기 때문이라고 반박하였다. 즉, 티틀의 해석에 따른 지위 특성 가설은 '가해자 또는 피해자의 사회적 특성이 낙인 여부를 결정하는 가장 중요한 요소일 것이다'인데, 그 어떤 낙인이론가도 이들의 사회적 특성이 낙인 여부를 결정짓는 '가장 중요한' 요소라고 한 적이 없으며, 단지 이러한 사회적 특성이 '어느 정도' 영향을 미칠 것이라고 주장하였을 뿐이라는 것이다. 또한 다른 범죄학이론들에 관한 실증연구도 각각의 이론에서 주장하는 변수들이 범죄 및 비행에 '어느 정도' 영향이 있음을 검증하고 있을 뿐이지, '가장 중요한' 변수임을 검증하고 있지는 않다. 즉, 티틀이 이해한 엄격한 방식으로 지위 특성 가설을 수립하면, 이를 지지하는 실증연구가 많지 않은 것은 당연하다는 것이다.

한편, 사회적 특성이 낙인 여부를 결정짓는 데 '어느 정도' 영향이 있다는 것이 낙인이론의 입장이라면 이는 전혀 과학적이지 않다는 티틀의 주장에 대하여, 다른 변수들의 효과를 통제하고 사회적 특성이 낙인에 미치는 영향을 통계적으로 분석하였을 때 그 효과가 유의하다면 이는 충분히 과학적인 것이며, '어느 정도'라는 표현에만 초점을 맞추어 과학적이지 않다고 비난할 이유는 없다고 하였다.

패터노스터와 이오반니는 이차 비행 가설에 대한 실증연구 결과들이 낙인이론을 지지하지 못한다는 비판에 대해서도 초창기 실증연구들은 방법론적으로 다음과 같은 문제가 있음을 지적하였다. 첫째, 낙인이라는 개념을 정확하게 측정하지 못하였다. 예를 들어 일부 연구들은 소년법정에의 출석, 보호관찰, 수감 등을 낙인변수로 사용하였는데, 이러한 단계에 있는 개인들은 형사절차의 마지막에 다다른 사람들이다. 따라서 그 전에 이미 낙인효과를 경험하였을 것이고 추가적인 낙인효과를 기대하기 어려움에도, 이러한 변수들을 낙인변수로 사용하여 분석한 후 낙인효과가 없다고 하는 것은 타당하지 않다는 것이다. 패터노스터와 이오반니는 차라리 형사절차의 초기단계인 경찰과의 접촉을 낙인이라고 개념화하는 것이 합리적일 것이라고 주장하였다.

둘째, 일부 연구들은 절대적 낙인효과를 검증하지 않고 상대적 낙인효과를 검증하는 데 그쳤다. 절대적 낙인효과는 낙인을 받은 사람과 낙인을 받지 않은 사람간의 차이를 의미하고, 상대적 낙인효과는 서로 다른 종류의 낙인들 또는 정도가 다른 같은 종류의 낙인들 간 효과 차이를 의미한다. 초창기 몇몇 연구자들은 같은 종류의 낙인이라도 그 정도가 더 강할 경우 낙인효과가 더 강할 것이라는 전제하에 낙인효과를 검증하였는데, 그보다는 낙인을 받지 않은 사람과 낙인을 받은 사람 간의 비교를 통하여 낙인효과를 검증하는 것이 보다 적절하다는 것이다.

셋째, 초창기 연구들은 매개효과나 조절효과를 고려하지 않은 지나치게 단순한 모형을 사용하였다. 낙인이론은 기본적으로 낙인이 자아정체성의 변화, 삶의 기회 차단, 비행친구와의 교제 등과 같은 매개변수들을 통하여 이차 비행으로 이어진다고 설명한다. 그럼에도 불구하고 이러한 매개변수들을 분석에 포함시키지 않는다면, 낙인이론을 온전히 검증한 것이라고 볼 수 없다. 예를 들어, 한 개인이 형사처벌을 받더라도 그 사실이 다른 사람들에게 널리 알려지지 않는다면, 낙인을 받기 이전의 정상적인 일상에서 이탈하지 않을 가능성이 높다. 즉, 낙인이론을 정확히 검증하기 위해서는 이러한 매개변수들을 분석에 포함하는 것이 필수적임에도 단지 낙인이 이차 비행에 미치는 영향에 대한 분석결과가 만족스럽지 않다고 하여 낙인이론을 배척하는 것은 적절하지 않다는 것이다.

또한 어떠한 조건에서 낙인효과가 발생하고, 어떠한 조건에서 발생하지 않는지, 즉 조절변수에 대한 고려 역시 초창기 연구들에서는 찾아보기 어려웠다. 앞서 살펴본 바와 같이 낙인이론과 억제이론은 모두 형사처벌의 효과에 관한 이론이지만, 낙인이론은 형사처벌이 이차 비행의 원인이 될 것이라고 주장하는 반면, 억제이론은 형사처벌이 향후 비행을 억제할 것이라고 주장한다. 그렇다면 어떠한 조건하에서 비행촉진의 결과가 발생하고, 어떠한 조건하에서 비행억제의 결과가 발생하는지 낙인과 비행 간의 관계를 조절하는 변수에 대한 실증적 고려가 있어야 함에도 초기 연구들에서는 이러한 분석모형을 찾아보기 어려웠다. 이와 같이 패터노스터와 이오반니의 연구는 낙인이론의 기원, 낙인이론의 이론적 주장, 낙인이론에 대한 비판의 반박, 초창기 실증연구들의 문제점을 체계적으로 정리하고 향후 연구들이 나아가야 할 방향을 제시함으로써 낙인이론이 다시 범죄학의 주요 이론으로 자리매김하는데 크게 기여한 것으로 평가받는다.

패터노스터와 이오반니의 노력 이후, 낙인이론을 보다 엄밀하게 검증한 실증연구들이 등장하였는데, 대부분의 연구들이 지위 특성 가설보다는 이차 비행 가설에 초점을 맞추었다. 특히, 이전에는 잘 다루어지지 않았던 낙인과 이차 비행 간의 매개효과에 대한 검증(Bernburg & Krohn, 2003; Bernburg et al., 2006; Heimer & Matsueda, 1994; Matsueda, 1992; Restivo & Lanier, 2015; Triplett & Jarjoura, 1994) 및 조절효과에 대한 검증(Adams, Johnson, & Evans, 1998; Berburg & Krohn, 2003; Chiricos et al., 2007; Dong & Krohn, 2017; Heimer & Matsueda, 1994)이 활발하게 이루어졌다. 또한 낙인의 효과가 어떠한 조건하에 이차 비행을 유발하고, 어떠한 조건하에 범죄의 억제로 이어지는지를 설명하기 위한 이론적 시도(Braithwaite, 1989)와 이를 기반으로 한 형사정책적 시도들이 등장하면서 낙인이론은 다시 한 번 부흥기를 맞이하게 된다.

제 2 절 낙인이론의 주요 내용 및 경험적 타당성

1. 낙인이론의 주요 내용

여러 학자들에 의해 제시된 낙인이론의 내용은 크게 두 가지로 측면으로 나누어 살펴볼 수 있다. 첫 번째는 가해자 또는 피해자의 어떠한 비법률적 요소[2]들이 낙인에 영향을 미치는가, 즉 낙인의 선행요인에 관한 문제이다. 앞서 살펴본 바와 같이 낙인이론은 갈등주의의 영향을 받아 저소득층, 유색인종 등 상대적으로 사회적 약자계층에 속한 개인들이 그렇지 않은 계층에 속한 개인들보다 형사처벌을 당할 가능성이 더 높고, 동일한 행위의 대가로 더 가혹한 형사처벌을 받는다고 본다.

---

[2] 비법률적 요소란 특정행위를 법률적으로 평가하는 데 필요한 요소들 외의 요소들을 의미하는 것으로, 개인의 인종, 소득, 사회계층 등이 해당된다.

두 번째는 낙인을 경험한 개인에게 어떠한 결과가 발생하는가, 즉, 낙인의 이차 비행에 대한 효과에 관한 것이다. 학자들의 논의를 종합해보면, 특정 개인에 대한 사회적 낙인은 비행자아관념의 형성, 긍정적 기회의 차단, 비행 하위문화에의 관여와 같은 매개변수들을 통해 이차 비행으로 이어지게 되며, 매개변수들 역시 서로가 서로에게 영향을 미쳐 이차 비행을 더욱 촉진하게 된다(Kubrin et al., 2009). 이상의 두 가지 내용을 도식화하면 [그림 8-1]과 같다.[3] 구체적인 내용 및 경험적 타당성은 아래에서 보다 상세히 살펴보기로 한다.

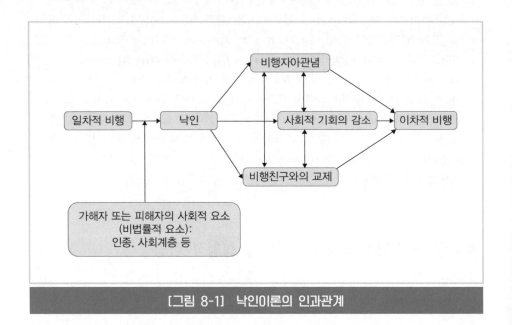

[그림 8-1] 낙인이론의 인과관계

(1) 낙인의 선행요인에 관한 낙인이론의 주장

낙인이론에 따르면, 똑같이 비행을 저지르더라도 사회적 약자계층에 속한 사람들은 그렇지 않은 사람들보다 낙인을 경험할 가능성 및 낙인의 정도가 더 높다. 이러한 주장은 주로 공식낙인의 측면에서 부각되어 왔다. 즉, 똑같은 비행을 저지

---

3) 낙인이론은 여타 결정론적 관점과는 달리, 앞선 변수가 뒤의 변수에 일방적으로 영향을 미치는 단순한 인과관계를 거부한다(Paternoster & Iovanni, 1989). 즉, 낙인이론은 외부적 영향뿐 아니라 이를 경험한 개인의 반응 및 그 개인의 내면에서 일어나는 내면화과정을 중요시한다. 따라서 이 도식은 낙인이론을 지나치게 단순화한 측면이 있음을 유념하기 바란다.

르더라도 사회적 약자계층에 속한 사람들은 상대적으로 체포, 구속, 기소될 확률
이 더 높고, 형집행 단계에서도 더 무거운 형을 받게 된다는 것이다. 한 개인이 사
회적 약자계층에 속하는지 여부는 주로 인종, 소득, 사회적 지위 등 인구통계학적
요인들을 중심으로 논의되어 왔다. 즉, 한 국가에서 소수인종 또는 저소득층에 속
하거나 사회적 지위가 낮을수록 더 가혹한 낙인을 경험하게 된다는 것이다.

Box 낙인의 선행요인에 관한 경험적 타당성

낙인의 선행요인에 관한 초기 실증연구들의 결과는 일관되지 않다. 낙인을
'경찰의 체포'로 측정한 연구들을 살펴보면, 일부는 낙인이론을 지지하는 결과를
도출하였으나(Ferdinand & Luchterhand, 1970; Lundman, Sykes & Clark,
1978), 일부는 낙인이론에 부합하는 결과를 확인하지 못하였다(Teilmann &
Landry, 1981; Weiner & Willie, 1971). 즉, 사회적 약자계층에 속할수록 경찰에
체포될 가능성이 높다는 사실을 확인한 연구들도 있는 반면, 사회적 지위와 경찰
체포 가능성 간에 유의미한 관계를 확인하지 못한 연구들도 존재하였다는 것이
다. 낙인을 '기소 여부' 및 '구금 여부' 등으로 측정한 연구들(Cohen & Kluegel,
1979; Philips & Dinitz, 1982) 역시 혼재된 결과를 보여주었다.

국내 연구로는 민수홍(2006)이 국내 6개 교도소에 수감된 413명의 자료를
이용하여 수형자의 사회적 지위와 교도소 내 징계가 어떠한 관계가 있는지 분석
한 바 있다. 그 결과, 성별, 교육수준, 가구총수입액과 같은 인구통계학적 변수들
은 모두 교도소 내 징계경험에 유의한 효과를 미치지 못하였다. 즉, 성별, 교육수
준, 가구총수입 등으로 측정한 수형자의 사회적 지위는 낙인이론이 주장하는 바
와 같이 교도소 내 징계 여부에 의미 있는 영향을 미치지 못하였다는 것이다. 반
면 박현수 등(2009)은 부모의 사회경제적 지위가 낮을수록 청소년의 비공식 낙
인 경험 가능성이 더 크다는 사실을 확인하였다.

보다 최근에 이루어진 연구들은 가해자의 사회적 지위뿐 아니라 피해자의
사회적 지위를 함께 고려하고자 하였다. 이러한 연구들의 결과 역시 혼재되어 나
타나지만, 단지 가해자의 사회적 지위만을 고려한 연구보다는 낙인이론의 주장
에 더 부합하는 결과를 도출하였다. 즉, 많은 연구들이 피해자가 백인일 경우에
가해자가 더 무거운 처벌을 받고(Paternoster & Brame, 2008; Pierce & Radelet,
2002), 흑인 가해자와 백인 피해자의 조합일 경우, 다른 조합보다 가해자에 대한
처벌이 더 가혹하다는 사실을 확인(Gross & Mauro, 1989; Paternoster & Brame,
2008)하였다.

한편 일부 연구자들은 범죄의 발생장소나 가해자의 주거지역 등 해당 범죄를 둘러싼 지역·환경적 요인과 낙인간의 관계를 실증분석 하였다(Sampson, 1986; Tittle & Curran, 1988). 예를 들어 샘슨(Sampson, 1986)은 사회경제적 수준이 낮은 지역에 거주하는 청소년들이 그렇지 않은 지역에 거주하는 청소년들보다 경찰에 더 많이 체포된다는 사실을 확인하였다. 이러한 결과는 단지 개인의 사회경제적 지위뿐 아니라, 그 개인이 거주하는 지역의 사회경제적 수준 또한 형사사법기관의 의사결정에 영향을 미친다는 사실을 말해준다.

요약하자면, 가해자 개인의 사회경제적 지위가 낙인에 유의미한 영향을 미치는지 여부는 명확하지 않으나, 가해자 개인의 사회경제적 지위가 피해자 개인의 사회경제적 지위 및 가해자 거주지역의 사회경제적 수준과 함께 고려되는 경우에는 형사사법기관의 의사결정이 달라질 수 있다는 것이 현존하는 실증연구들의 종합적인 결론이라고 할 수 있다.

(2) 낙인의 이차적 일탈에 대한 효과

낙인이론은 형사처벌이 이후 범죄행위의 원인이 된다고 보는 반면, 전통적 억제이론은 형사처벌이 이후 범죄행위를 억제하는 특별예방효과를 갖는다고 본다. 결국 두 이론을 온전히 이해하기 위해서는 형사처벌과 범죄라는 두 변수 간의 관계를 각각의 이론이 어떻게 설명하고 있는지 구분할 수 있어야 한다. 즉, 형사처벌과 범죄 간의 관계를 연결지어 설명하는 두 이론의 매개변수들이 어떻게 다른지 구분해야 한다는 것이다.

억제이론은 형사처벌이 개인의 '위험 인식'(risk perception)에 영향을 미쳐 재범을 억제한다고 본다. 즉, 형사처벌의 고통을 경험한 개인은 범죄를 저지를 경우 자신에게 또 다시 주어질 위험 또는 대가를 인식하게 되고, 결국 범죄행위를 하지 않는 쪽으로 의사결정을 하게 된다는 것이다. 반면 낙인이론은 전통적 억제이론과 구별되는 독특한 매개과정을 제시한다(Thomas & Bishop, 1984). 전술하였듯이 낙인이론은 어느 한 사람에 의해 정립된 이론이 아니다. 따라서 그 매개변수 역시 한 가지에 국한되지 않는다. 그 중 가장 자주 언급되는 세 가지 매개변수는 비행자아관념의 형성, 사회적 기회의 차단, 비행친구와의 교제라고 할 수 있다. 즉, 낙인을 경험한 개인은 비행자아관념을 갖게 되고, 사회적 기회의 차단을 경험하며, 비행친구들과 어울리게 되면서 또 다른 비행이나 범죄를 저지른다는 것이다. 이들 매개변수는 독립적으로 작용하기도 하지만, 서로가 서로에게 영향을 미치기도 하면서 낙인과 이차적 일탈을 연결하는 역할을 하게 된다.

1) 비행자아관념의 형성

낙인이론에서 낙인과 이차적 일탈 간의 관계를 설명하는 핵심 매개변수는 비행자아관념이다. 비행자아관념을 통한 매개과정은 낙인이론이 상징적 상호작용이론에 뿌리를 두고 있다는 사실을 뚜렷이 보여준다. 즉, 개인의 자아관념은 그에게 부여된 '의미'(meaning)에 의하여 형성되며, 이러한 의미는 일종의 상징일 뿐 실체가 있는 것이 아니다.

마츠웨다(Matsueda, 1992)는 낙인을 경험한 개인이 비행자아관념을 형성하고 그 결과 이차적 일탈에 이르게 되는 과정을 상세히 묘사하였다. 마츠웨다에 따르면, 타인의 반응(즉, 낙인)에 의해 자신의 충동이 제약되는 경험을 한 개인은 자신을 비행청소년으로 바라보는 타인의 관점을 인지하게 된다. 이렇듯 타인의 관점에서 자신을 바라보게 된 개인에게는 두 가지 선택권이 주어진다. 첫째, 타인이 바라보는 자신에 대한 인식을 내면화하고 그에 따라 행동한다. 둘째, 자신에 대한 타인의 평가를 부정하고 자신의 충동을 억제하는 쪽으로 행동한다. 하지만 타인의 평가를 부정하고 자신의 충동을 억제하는 쪽으로 행동하려는 시도는 외부의 부정적인 시선으로 인하여 계속해서 좌절되며, 결국 비행청소년이라는 타인의 평가를 내면화하는 쪽으로 고착화하게 된다. 결국, 타인의 낙인을 내면화하여 비행자아관념을 갖게 된 개인은 자신의 새로운 정체성과 일치하는 방향으로 행동하게 되고, 이는 결국 이차적 일탈의 형태로 나타나게 된다. 이러한 과정은 흔히 '자기충족적 예언'이라는 용어로 묘사된다(Box 참조).

마츠웨다가 제시한 비행자아관념의 형성과정에서도 드러나듯이, 낙인이론가들은 낙인이라는 외부적 요인이 주어졌을 때 한 인간의 내적 자아는 어떻게 반응하고 어떤 과정을 거쳐 외부적 요인을 내면화하게 되는지 매우 상세하게 묘사한다. 내적 자아의 역할에 초점을 맞추는 낙인이론의 특징은 범죄나 비행을 설명함에 있어 외적 변수의 일방적 영향에 초점을 맞추는 다른 결정론적 관점들과는 구별된다. 즉, 낙인이론에서 묘사하는 낙인의 과정은 단지 외부적 영향에 따라 일방향으로 진행되는 것이 아니라, 낙인을 부여한 사회와 그로 인해 규정되어진 나

(me), 그리고 그러한 자신의 모습을 바라보는 내적 자아(I) 간의 지속적인 상호작용의 결과인 것이다. 그 과정에서 내적 자아는 사회에서 주어진 낙인을 때로는 거절하기도 하고, 때로는 받아들이기도 하면서 서서히 자신의 정체성을 바꾸어 나가게 된다.

Box 낙인이론에서의 자기 충족적 예언(self-fulfilling prophecy)

머튼(Merton, 1968: 477)은 자기 충족적 예언을 "상황에 대한 잘못된 정의"로서, "새로운 행위를 유발하여 결국 그 잘못된 정의가 실현되도록 하는 것"이라고 하였다. 즉, 어떠한 상황을 잘못 정의하면 그러한 잘못된 정의에 맞는 일련의 행위들이 일어나게 되고, 그러한 행위들로 인해 결국 처음의 잘못된 정의가 실현되고 만다는 것이다.

낙인이론가들은 머튼이 제시한 자기 충족적 개념을 차용하여 낙인의 과정을 설명한다. 낙인이론에 따르면 낙인은 단순히 개인의 행위에 대한 잘못을 지적하는 것을 넘어 개인의 도덕적 정체성을 격하시켜버리는 것이다. 즉, 낙인은 일차적 일탈을 저질렀다는 이유로 한 사람을 '범죄자'로 규정짓는 절차라고 할 수 있다. 하지만 레머트(Lemert, 1951)의 저술에서도 알 수 있듯이 낙인이론가들은 일차적 일탈이 진정한 범죄성의 표출이 아니라 누구나 저지를 수 있는 사소한 비행이라고 한다. 따라서 일차적 일탈행위를 저질렀다는 이유만으로 한 사람을 '범죄자' 취급하는 것은 일종의 '잘못된 정의'라는 것이다. 하지만 낙인에 따른 이러한 잘못된 정의는 그 사람을 규정짓는 핵심지위(master status) 또는 공적 정체성이 되어 버린다. 이와 같이 범죄자로서의 공적 정체성을 갖게 된 개인은 법을 준수하며 바르게 살아가고 싶어도 자신을 범죄자로 바라보는 사회의 시선을 반복적으로 경험할 수밖에 없다. 예를 들어, 형사처벌을 받은 소년은 친구들과 어울리고 싶어도 소위 '소년원에 다녀온 나쁜 아이'라는 공적 정체성으로 인해 기피의 대상이 된다. 또한 누구나 저지르는 사소한 실수에도 '소년원에 다녀온 아이는 역시 어쩔 수 없어'와 같은 주변의 시선을 경험하게 된다. 이러한 사회적 반응이 반복되면 정상적인 사회구성원으로 살아가고자 하는 소년의 의지는 훼손될 수밖에 없다. 결국 그 소년은 사회가 규정짓는 자신의 모습을 내면화하여 비행자아로서의 새로운 정체성을 갖게 되고, 이는 결국 자신의 정체성과 일관되게 행동하려는 시도로 이어져 이차적 일탈을 유발하게 되는 것이다. 결국 한 개인에 대한 '범죄자'라는 잘못된 정의가 사회 일반의 그 개인에 대한 새로운 행위들을 유발하고, 그 개인은 이로 인해 진짜 범죄자가 되고 마는 자기충족적 예언이 일어나게 된다.

2) 사회적 기회의 차단

일부 연구자들은 사회적 기회의 차단이 낙인과 이차적 일탈을 매개하는 과정에 주목하였다. 즉, 낙인을 당한 개인은 사회적 기회의 차단을 경험하고, 이러한 사회적 기회의 차단이 또 다른 범죄행위로 이어진다는 것이다. 예를 들어, 샘슨과 라웁(Sampson & Laub, 1997)은 공식 처벌경험이 교육적 성취와 취업 등 사회적 기회를 제한함으로써 이차적 일탈을 유발하게 된다고 하였다. 만약 한 학생이 형사처벌을 받는다면, 교사 및 교직원들은 그 학생을 별로 투자할 가치가 없는 학생이라고 여겨 각종 교내활동에서 소외시킬 가능성이 높으며(Widdowson, Siennick & Hay, 2016), 이후 교칙을 위반하였을 때에도 다른 일반 학생들보다 더 무거운 징계를 내릴 것이다(Bernburg & Krohn, 2003; Widdowson et al., 2016). 이렇듯 낙인을 당한 학생은 학교 내에서 자신에게 우호적이지 못한 분위기를 경험하고, 이는 결국 학교에 대한 유대감 약화로 이어져 학업적 성취를 이루지 못하게 될 가능성이 높다. 학업적 성취에 실패할 경우, 직업 선택의 범위 역시 축소될 것이고 이는 취업실패로도 이어질 가능성이 높다(Bernburg & Krohn, 2003). 이렇듯 낙인이 학업성취의 실패를 통해 간접적으로 취업실패에 영향을 미치기도 하지만, 낙인이 직접적으로 취업실패에 영향을 미치는 과정 또한 생각해 볼 수 있다. 즉, 대부분의 고용주들이 전과자를 잘 고용하지 않으려 하므로, 공식낙인은 직접적으로 취업실패를 야기할 수 있다는 것이다. 뿐만 아니라, 낙인을 경험한 개인은 가족, 친구, 배우자, 기타 주위 사람들의 호의적이지 못한 태도에 직면하게 된다(Sampson & Laub, 1997). 이러한 전반적인 인간관계의 어려움은 교육과 취업뿐 아니라 다양한 사회적 기회의 박탈로 이어져 사회구성원으로서 평범한 삶을 영위하기 어렵게 만들고, 결국 또 다른 범죄행위를 불러일으키게 된다.

3) 비행친구와의 교제

한편, 낙인이론가들은 낙인을 통해 사회적 고립을 경험한 개인이 비행하위문화에 관여하게 되고, 그 결과 비행과 범죄를 저지르게 되는 매개모형을 제시한 바 있다(Becker, 1963; Schur, 1971; Tannenbaum, 1938). 예컨대 탄넨바움(Tannenbaum, 1938)에 따르면, 낙인으로 인하여 긍정적인 인간관계로부터 소외된 개인은 사회적

고립으로부터 탈출하여 정신적 안식처를 확보하기 위한 방편으로 비행친구들과의
교제를 추구하게 된다. 이렇게 비행집단의 일원이 된 개인은 모방과 차별적 강화
라는 사회학습이론의 원리에 따라 범죄에 우호적인 관념을 학습하게 되고, 결국
또 다른 비행과 범죄의 늪에 빠지게 된다(Bernburg et al., 2006).

Box 낙인의 효과에 관한 경험적 타당성

　　낙인이 이차적 일탈에 미치는 영향을 살펴본 연구들의 결과는 일관되지 않
다. 즉, 일부연구는 형사처벌 등 낙인 경험이 이차적 일탈에 유의한 영향을 미친
다는 사실을 확인하는데 실패한 반면(Ulmer, 2001; Fagan et al., 2003), 다른 연
구들은 체포, 기소, 구금과 같은 형사사법절차를 경험한 개인은 재범을 저지를
확률이 유의미하게 높아진다는 사실을 확인하였다(Bernburg & Krohn, 2003;
Chiricos et al., 2007). 하지만 매개변수를 포함하지 않고 단순히 낙인과 이차적
일탈 간의 관계만을 살펴보는 연구방식은 낙인이론에 대한 올바른 검증이라고
할 수 없다는 패터노스터와 이오반니(Paternoster & Iovanni, 1989)의 주장을 유
념할 필요가 있다. 즉, 낙인이론을 온전히 검증하기 위해서는 단지 낙인경험이
이차적 일탈로 이어지는지 이어지지 않는지에만 초점을 맞출 것이 아니라, 낙인
이 어떠한 과정을 거쳐 이차적 일탈로 이어지게 되는지 좀 더 정밀하게 분석할
필요가 있다는 것이다.

　　낙인이론의 부흥을 이끈 비교적 최근의 실증연구들은 이러한 주장을 수용하
여 비행자아관념, 사회적 기회의 차단, 비행친구와의 교제 등 다양한 매개변수들
을 분석에 포함하였다. 예를 들어, 레스티보와 라니어(Restivo & Lanier, 2015)
는 형사사법기관에 의한 체포경험이 비행자아관념을 통하여 이차 비행에 유의미
한 영향을 미친다는 사실을 확인하였다. 한편, Bernburg와 Krohn(2003)은 공식
낙인이 학업성취실패 및 취업실패와 같은 사회적 기회의 차단으로 이어져 이차
적 일탈을 유발한다는 사실을 확인하였으며, Bernburg 등(2006)은 낙인경험이
비행친구와의 어울림을 유발하고 그 결과 이차적 일탈로 이어지게 된다는 사실
을 확인하였다. 이상의 연구들은 낙인이 비행자아관념, 사회적 기회의 차단, 비
행친구와의 교제와 같은 매개변수를 통하여 이차적 일탈을 야기한다는 낙인이론
의 이론적 주장을 뒷받침하고 있다.

　　한편, 패터노스터와 이오반니(Paternoster & Iovanni, 1989)를 비롯한 다수
의 학자들은 낙인을 경험한 개인이 필연적으로 그 낙인을 받아들이는 것이 아니
라, 낙인을 거부하기도 하고, 낙인에 맞서 싸우기도 한다는 사실을 지적하였다.

즉, 인간은 낙인의 영향을 일방적으로 받기만 하는 수동적인 존재가 아니라 자신에게 주어진 낙인을 해석하고 그 해석에 따라 자신을 변화시키는 능동적인 존재라는 것이다. 이는 결국 한 개인이 가지고 있는 내적 자아의 모습이 어떠한지에 따라서 낙인의 효과가 달라질 수 있음을 암시한다. 즉, 낙인의 이차적 일탈에 대한 효과는 여러 가지 개인 특성 요인에 따라 달라질 수 있다는 것이다. 하지만 개인 특성변수가 낙인의 이차적 일탈에 대한 효과를 어떠한 방향으로 조절하는지에 대한 실증연구들의 결과는 일관되지 않다. 예를 들어, 여성이나 이전 비행 수준이 낮은 사람들은 향후 범죄 및 비행 가능성이 낮은 소위 저위험 집단으로 분류된다. 하지만 성별 및 이전비행 변수가 낙인과 이차 비행 사이에서 조절변수로 작용할 경우, 조절효과의 방향은 일치되어 나타나지 않는다. 일부 연구들은 남성(Ageton & Elliott, 1974) 및 이전비행 수준이 높은 집단(Morris & Piquero, 2013)이 여성 및 이전비행 수준이 낮은 집단보다 낙인의 이차적 일탈에 대한 효과가 크다는 사실을 확인한 반면, 다른 연구들은 여성(Chiricos et al., 2007; Ray & Downs, 1986) 및 이전비행 수준이 낮은 집단(Sweeten, 2006)이 오히려 낙인에 더 취약하다는 결과를 확인하였다. 결과적으로 낙인과 이차적 일탈 간의 관계를 인구통계학적 요인이 어떻게 조절하는지에 대한 이론 및 실증연구의 결과는 일관되지 않으며, 보다 정교한 고찰이 필요하다고 할 것이다.

Box 낙인효과의 남녀차이에 대한 이론적 설명

일부 연구자들은 여성의 사회적 힘이 남성보다 약하기 때문에 낙인을 경험할 경우 더 큰 타격을 받게 되며, 그 결과 여성의 이차적 일탈 가능성이 남성보다 더 높을 것이라고 본다(Ray & Downs, 1986). 반면 다른 연구자들은 낙인과 같은 부정적인 상황에 직면했을 때 여성은 예상되는 위험을 피하려고 하지만, 남성은 있는 그대로 받아들이는 경향이 높기 때문에 남성이 여성보다 더 많은 비행을 저지를 것이라고 주장한다(Keane et al., 1989). Sherman 등(1992)은 사회통제에 초점을 맞추어 상반되는 두 가지 이론적 입장을 모두 제시하였다. 즉, 여성이나 이전비행 수준이 낮은 집단은 상대적으로 더 많은 사회통제요소를 갖추고 있으므로 낙인을 경험하였을 때 이차적 일탈로 이어질 확률이 적다고 볼 수도 있고, 사회통제요소를 많이 갖추고 있는 사람일수록 잃을 것이 많아 낙인에 민감하게 반응하므로 이차적 일탈로 이어질 확률이 높다고도 볼 수 있다고 하였다. 낙인효과의 남녀차이에 대해서는 이 같은 상반되는 다양한 이론적 논의가 공존하며, 보다 더 많은 연구가 이루어질 필요가 있다.

2. 낙인이론의 확장

(1) 비공식 낙인

1) 비공식 낙인의 의의

비공식 낙인이란 "공식적인 사회통제기관에 소속되지 않은 사람들이 공식적인 사회통제 수단을 통하지 않고 사회적 맥락에서 한 사람을 특정한 유형으로 규정하려는 시도"를 말한다(Paternoster & Triplett, 1989: 6). 즉, 경찰, 검찰, 법원 등 형사사법기관이 아닌 가족, 친구, 교사 등 주위 사람들에 의하여 이루어지는 낙인을 비공식 낙인이라고 한다.

초기 이론가들(Lemert, 1972; Schur, 1971; Tannenbaum, 1938)은 공식 낙인과 비공식 낙인을 거의 동등한 비중으로 다루었으나, 낙인이론의 관심은 점차 공식 낙인에 집중되었다. 그 이유는 공식 낙인, 즉 형사처벌이 이후 범죄를 억제하지 않고 촉진한다는 낙인이론의 관점이 전통적 억제이론에 익숙하던 학계의 시각에서 볼 때 매우 신선하게 느껴졌기 때문이다.

하지만, 1990년대에 들어서면서 비공식 낙인의 이차적 일탈에 대한 효과에 주목하는 실증연구들이 증가하였다. 비공식 낙인은 부모, 친구, 이웃 등 한 개인이 쉽게 접하는 주변인들의 영향에 주목한다는 점에서 다른 실증주의 이론과 유사한 면이 있으나, 단순히 주변인들로부터 일방적인 영향을 받기보다는 주변인들의 평가를 내적으로 평가하여 거부하기도 하고, 받아들이기도 하는 내면화과정에 주목한다는 점에서 차이가 있다.

> Box   비공식 낙인의 효과에 대한 경험적 타당성
>
> 비공식 낙인의 이차적 일탈에 대한 효과를 실증적으로 살펴본 연구(Adams et al., 1998; Matsueda, 1992; Triplett & Jarjoura, 1994)는 공식 낙인에 대한 연구에 비해 상대적으로 적다. 하지만, 대부분의 연구가 낙인이론을 지지하는 결과를 도출하였다. 예를 들어, 마츠웨다(Matsueda, 1992)는 자식의 비행성에 대한 부모의 평가가 청소년의 자아평가에 영향을 미치고 이러한 자아평가가 비행으로 이어진다는 사실을 확인하였다. 우리나라의 경우, 이성식(2007)이 한국청소년패

널조사 중 2패널 1차수부터 3차수까지의 자료를 이용하여 비공식 낙인과 비행 간의 관계를 종합적으로 분석한 바 있다. 그 결과 성별, 과거비행, 자기통제능력 등을 통제한 상태에서, 1차수 비공식 낙인이 2차수 학업성적, 비행친구와의 접촉, 부정적 자아관념을 매개로 3차수 비행에 영향을 미치는 경로가 유의한 것으로 나타났다. 종합해 볼 때, 비록 연구의 수는 제한적이지만 국내 외에서 이루어진 대부분의 연구들에서 비공식 낙인이 자아관념, 비행친구와의 교제, 사회적 기회의 감소, 긍정적 상대에 대한 애착감소 등의 매개변수를 통하여 이차적 일탈을 야기한다는 낙인이론의 기본적 주장을 지지하는 결과를 확인하였다.

(2) 재통합적 수치이론

형사처벌과 이차적 일탈 간의 관계를 살펴본 실증연구들의 결론은 일관되지 않다. 즉, 형사처벌이 향후 일탈을 억제한다는 결과를 도출한 연구가 있는 반면, 형사처벌이 향후 일탈을 야기한다는 결과를 도출한 연구 또한 존재한다. 이렇듯 엇갈리는 연구결과는 형사처벌의 효과를 설명하는 두 가지 상반된 이론의 존재와 무관하지 않다. 낙인이론은 형사처벌, 즉 공식낙인이 향후 범죄 및 비행을 유발한다고 보는 반면, 전통적 억제이론은 형사처벌이 향후 범죄를 억제한다고 본다. 브레이스웨이트(Braithwaite, 1989)의 재통합적 수치이론은 이렇듯 엇갈리는 형사처벌의 효과에 대한 이론 및 실증연구의 결과들을 통합하고자 하는 시도의 일환이라고 볼 수 있다.

브레이스웨이트(Braithwaite, 1989)는 '범죄, 수치와 재통합'이라는 자신의 저서에서, 낙인이론에 대한 실증연구의 지지가 제한적인 이유는 낙인의 종류를 제대로 구분하지 못하였기 때문이라고 주장하면서, 이에 대한 대안으로 재통합적 수치이론을 제시하였다. 즉, 재통합적 수치이론은 '어떠한 유형의 낙인이 이차 비행을 유발하는가?'라는 질문에 대한 해답을 모색하는 과정에서 탄생한 이론이라고 볼 수 있다.

이 이론의 핵심개념인 '수치'란 낙인이론에서의 '낙인'에 상응하는 개념으로 볼 수 있는데, 브레이스웨이트(Braithwaite, 1989: 100)는 수치를 "불승인 표시"로서 "당사자에게 양심의 가책을 느끼게 하는 것"으로 정의하였다. 브레이스웨이트(Braithwaite, 1989)는 수치가 오명(stigmatization)과 재통합적 수치(reintegrative shaming)의 두 종류로 나뉜다고 하였다. 먼저 오명은 범죄자를 공동체의 구성원으로 받아들이려는 노력을 수반하지 않는 제재이다. 오명을 경험한 범죄자는 긍정적인 인간 관계와 사회적 기회로부터 소외되고 결국 비행자아관념을 갖게 된다. 즉, 오명은 낙인이론에서 말하는 낙인의 개념과 유사하다고 볼 수 있다. 반면에 재통합적 수 치는 제재를 가하되 범죄자라는 낙인으로부터 벗어나도록 해주기 위한 의식, 용서 의 말과 몸짓 등을 수반한다. 즉, 재통합적 수치는 일정한 제재를 통해 범죄자로 하여금 양심의 가책을 느끼도록 하되, 지역사회의 구성원으로 재통합하려는 노력 을 병행함으로써 미래 범죄의 가능성을 줄이고자하는 의도를 포함한 수치를 의미 한다. 브레이스웨이트(Braithwaite, 1989)는 상호의존적이고 공동체지향적인 사회일 수록 재통합적 수치의 효과는 더 클 것이라고 주장하였다.

Box   재통합적 수치이론에 대한 경험적 타당성

재통합적 수치이론에 대한 검증은 크게 개인수준과 공동체수준으로 나누어 생각해 볼 수 있다. 먼저 개인수준에서는, '재통합적 수치를 경험한 개인은 이후 범죄를 저지를 가능성이 낮아질 것이다'라는 가설을 수립할 수 있고, 공동체수준 에서는 '재통합적 수치절차를 시행하는 공동체는 그렇지 않은 공동체보다 낮은 범죄율을 나타낼 것이다'라는 가설을 고려해볼 수 있다.

이러한 가설들에 대한 실증연구들이 재통합적 수치이론을 완벽히 지지하고 있다고 보기는 어렵다. 일부 연구들(Makkai & Braithwaite, 1994; Murphy & Harris, 2007)은 이론을 지지하는 결과를 도출하였지만, 다른 연구들(Botchkovar & Tittle, 2005; 2008)은 그렇지 않았기 때문이다. 종합해 볼 때, 현재까지 재통 합적 수치이론에 대한 실증연구의 지지는 다소 부족하며 더 많은 연구가 필요 하다.

제 3 절   낙인이론에 대한 평가와 정책적 함의

1. 낙인이론에 대한 평가

패터노스터와 이오반니(Paternoster & Iovanni, 1989)가 초기 낙인이론에 대한 비판들을 체계적으로 반박하였음에도 여전히 낙인이론에 대한 다양한 비판들이 존재한다. 첫째, 낙인이론은 낙인의 이차적 일탈에 대한 효과에만 집중한 나머지 일차적 일탈에 영향을 미치는 요인들에 대한 심도 있는 논의가 부족하였으며, 그 결과 개인의 범죄성에 영향을 미칠 수 있는 유전적, 환경적, 신경생리학적 요인들을 고려하지 못하였다(Kubrin et al., 2009). 낙인이론에 따르면 일차적 일탈은 조직적이지 않고, 일관적이지 않으며, 이따금씩 발생하는 행위에 불과하지만 다른 주요 이론들의 주장과 실증연구들의 결과는 그렇지 않다. 예를 들어 자기통제이론(Gottfredson & Hirschi, 1990)은 8세에서 10세 이전 부모의 감독과 훈육이 평생에 걸친 자기통제능력의 수준을 결정한다고 하며, 샘슨과 라웁(Sampson & Laub, 1993)의 비공식 사회통제의 나이단계 이론 역시 어린 시절 부모와 학교에 의한 비공식 사회통제의 수준이 초기 성년기까지의 비행 수준을 결정한다고 한다. 이와 같이 어린 시절에 비행성의 수준이 어느 정도 결정된다고 보는 관점들은 낙인이론이 일차적 일탈의 원인에 대한 고찰 없이 낙인 이후의 이차적 일탈에만 과도하게 초점을 맞추고 있다고 비판한다.

둘째, 낙인의 비행자아관념에 대한 효과가 과장되었다는 비판이 있다(Gibbs, 1966). 즉, 타인에게 비행행위자로 낙인찍힌 사람들 모두가 순순히 타인의 평가를 내면화하여 비행자아관념을 갖게 되는 것은 아니며, 때로는 타인들의 평가를 부인하거나 거부할 수도 있다는 것이다(Paternoster & Iovanni, 1989). 또한 개인이 단순히 주어진 낙인을 받기만 하는 것이 아니라, 낙인을 찾아나서는 경우도 있다. 예를 들어, 앤더슨(Anderson, 2000)은 미국의 슬럼가에 거주하는 저소득층 남성들 사이에 형사처벌을 받은 사실을 일종의 훈장처럼 여기는 문화(street code)가 존재한다고 하였다. 폭력조직에 속한 사람이 형사처벌 받은 전력을 속칭 '별'로 표현하면서 일종의 통과의례로 여기는 것과 유사한 행태라고 볼 수 있다. 이러한 사람들은 낙인 이후에 비행자아관념을 가지게 되었다고 보기 어려우며, 낙인을 찾아 나섰다고 보는 것이 타당하다. 낙인이론에 관한 실증연구들 역시 한 개인이 독립적인 주체로서 낙인을 내면화하는 과정을 제대로 반영하지 못하고 있다.

셋째, 낙인이론은 낙인의 효과가 다소 영구적이라는 관점에 기반을 두고 있는데 이는 사실과 다르다는 주장이 있다. 즉, 낙인이론은 낙인을 경험한 개인이 비행자아라는 새로운 정체성을 형성하고 그 변화된 정체성에 따라 계속해서 범죄 및 비행을 저지른다고 본다. 하지만, 개인의 범죄성은 고정불변이 아니며 끊임없이 변화한다는 관점들이 실증적 지지를 받고 있다. 예를 들어, 샘슨과 라웁(Sampson & Laub, 1993)은 살아가면서 경험하는 사회통제요인의 변화에 따라 범죄성도 변화한다고 하였다. 사이크스와 마차(Skyes & Matza, 1957) 역시 표류이론을 통해 범죄자와 정상인을 이분법적으로 나누기보다는 범죄자와 정상인 사이에서 표류하는 인간상을 제시하고 있다.

마지막으로, 갈등이론가들은 사회적 모순을 바라보는 낙인이론가들의 소극적인 태도를 지적한다. 비록 낙인이론이 계층 간 갈등구조와 사회적 약자계층에 대한 차별적 낙인이 이루어지는 과정을 일부 다루기는 하지만, 소위 가진 자들이 자신들의 이익을 위해 그렇지 않은 사람들을 착취하는 구조적 불평등을 심도 있게 들여다보지는 않는다는 것이다(Taylor, Walton, & Young, 1973).

2. 형사정책적 함의

낙인이론은 경미한 범죄를 저지른 소년범에 대한 형사처벌이 이차 비행을 야기하는 원인이 된다고 본다. 따라서 낙인이론의 관점에서는 경미범죄를 저지른 소년범을 처벌하기보다 용서하고 관용을 베푸는 비범죄화가 가장 이상적인 정책의 방향이라고 할 수 있다. 이러한 비범죄화 정책은 경미한 범죄를 저지른 소년범들을 구금하는 대신 지역사회로 돌려보내자는 비시설화 정책과도 방향을 같이 한다. 하지만 형사처벌의 범죄 억제효과에 대한 주장 역시 어느 정도의 실증적 지지를 받는다는 점이나, 여전히 처벌을 응보개념으로 바라보는 사회적 시각 등을 고려할 때 소년범에 대한 형사사법기관의 개입을 완전히 배제하는 것은 어렵다.

따라서 1970년대 이후 일종의 대안으로 제시되어 온 것이 소위 소년범 다이버전 정책이다. 소년범 다이버전은 경미한 범죄를 저지른 소년범들에게 통상의 형사사법절차에 따른 형사처벌을 부과하는 대신 다른 형태로 전환(diversion)된 제재를 가한다는 의미이다. 현재 세계 각국에서 시행중인 다양한 형태의 다이버전 프로그램들은 낙인이론과 재통합적 수치이론에 기반을 두고 있다(김중곤, 2018). 즉, 다이버전 프로그램은 형사사법기관과의 접촉을 최소화함으로써 낙인효과를 방지하고, 형사사법기관과 불가피하게 접촉을 하더라도 오명을 씌우는 방식으로 제재하기보다는 재통합하기 위한 노력을 수반하는 형태로 이루어진다.

특히 소년범 다이버전은 회복적 사법과 맞물려 고려되어 왔다. 회복적 사법은 범죄 가해자를 처벌하기보다는 가해자에 의해 발생한 피해를 회복하는 데 초점을 맞추는 형사사법의 실천방식을 의미한다. 피해회복은 단순히 금전적 회복만을 의미하는 것이 아니라 가해자의 범죄행위로 인하여 혼란에 빠진 공동체적 질서의 회복까지 포함하는 개념으로, 피해자, 가해자, 지역 공동체 간 대화의 기회를 제공하는 방식 등을 통해 이루어진다. 이를 통해 피해자와 지역 공동체는 범죄로 인한 피해를 회복하고, 가해자는 지역 공동체에 다시 통합되어 살아갈 기회를 제공받는다. 많은 다이버전 프로그램이 가해자의 피해자에 대한 피해보상과 사과절차를 포함하고 있으며, 이를 통해 가해자가 피해자와 지역 사회로부터 용서받을 수 있는 기회를 부여한다. 결국 이러한 회복적 사법 절차를 통해, 가해 청소년은 해당 범죄에 대한 형사책임을 경감받게 되고 사회의 건전한 구성원으로서 살아갈 기회를 다시 한 번 부여받는다. 이렇듯 낙인이론은 단순히 하나의 이론적 담론에 머물러 있는 것이 아니라 세계 각국에서 시행중인 다양한 다이버전 프로그램 및 회복적 사법 정책들을 통해 끊임없이 재해석되고 있다.

참고문헌

김중곤. (2018). "소년범죄에 대한 경찰 다이버전의 이론 및 실제: 미국 플로리다 주의 민간소환제도", 경찰학연구, 18(3), 39−58.

민수홍. (2006). "수형자의 교도소 내 징계경험: 자기통제이론 대 낙인이론의 경합", 형사정책, 18, 229−254.

박현수·박성훈·정혜원. (2009). "청소년비행에 있어 낙인의 효과에 대한 경험적 연구: 비공식 낙인을 중심으로", 한국청소년연구, 20(1), 227−251.

이성식. (2007). "청소년비행과 비공식낙인의 영향: 청소년패널자료의 분석", 형사정책연구, 1105−1127.

조윤오. (2010). 소년범 처리기간 장기화에 따른 낙인효과 및 경찰단계 조기 선도방안에 관한 연구, 경찰청 연구보고서.

Adams, M. S., Johnson, J. D., & Evans, T. D. (1998). "Racial differences in informal labeling effects", Deviant Behavior, 19(2): 157−171.

Ageton, S. S., & Elliott, D. S. (1974). "The effects of legal processing on delinquent orientations", Social Problems, 22(1): 87−100.

Akers, R. L., & Sellers, C. S. (2012). Criminological Theories: Introduction, Evaluation, and Application. Oxford University Press.

Anderson, E. (2000). Code of the street: Decency, violence, and the moral life of the inner city. WW Norton & Company.

Becker Howard, S. (1963). Outsiders. New York: Free Press.

Bernburg, & Krohn, M. D. (2003). "Labeling, life chances, and adult crime: The direct and indirect effects of official intervention in adolescence on crime in early adulthood", Criminology, 41(4): 1287−1318.

Bernburg, Krohn, M. D., & Rivera, C. J. (2006). "Official labeling, criminal embeddedness, and subsequent delinquency: A longitudinal test of labeling theory", Journal of Research in Crime and Delinquency, 43(1): 67−88.

Blumer, H. (1969). Symbolic interactionism: perspective and method. Prentice−Hall.

Braithwaite, J. (1989). Crime, shame and reintegration. Cambridge University Press.

Botchkovar, E., & Tittle, C. R. (2005). "Crime, shame and reintegration in Russia", Theoretical Criminology, 9(4): 401−442.

Botchkovar, E., & Tittle, C. R. (2008). "Delineating the scope of Reintegrative Shaming theory: An explanation of contingencies using Russian data", Social Science Research, 37(3): 703-720.

Chiricos, T., Barrick, K., Bales, W., & Bontrager, S. (2007). "The labeling of convicted felons and its consequences for recidivism", Criminology, 45(3): 547−581.

Cooley, C. H. (1902). Human Nature and the Social Order. C. Scribner's Sons.

Cohen, Larry E. and James R. Kluegel. (1978). "Determinants of Juvenile Court Dispositions: Ascriptive and Achieved Factors in Two Metropolitan Courts", American Sociological Review 43: 162−176.

Dong, B., & Krohn, M. D. (2017). "The protective effects of family support on the relationship between official intervention and general delinquency across the life course", Journal of Developmental and Life−Course Criminology, 3(1): 39−61.

Fagan, J., Kupchik, A., & Liberman, A. (2003). "Be careful what you wish for: The comparative impacts of juvenile versus criminal court sanctions on recidivism among adolescent felony offenders", Columbia Law School: Public Law and Legal Theory Working Paper Group, 03−61.

Ferdinand, Theodore and Elmer G. Luchterhand. (1970). "Inner City Youth, the Police, the Juvenile Court and Justice", Social Problems 17: 510−527.

Gibbs, J. P. (1966). "Conceptions of deviant behavior: The old and the new", Pacific Sociological Review, 9(1): 9−14.

Gibbs, J. P. (1972). Issues in defining deviant behavior. Theoretical Perspectives on Deviance. New York: Basic Books, 39−68.

Gottfredson, M. R., & Hirschi, T. (1990). A general theory of crime. Stanford University Press.

Gross, S. R., & Mauro, R. (1989). Death & discrimination: Racial disparities in capital sentencing. Northeastern University Press Boston.

Heimer, K., & Matsueda, R. L. (1994). "Role−taking, role commitment, and delinquency: A theory of differential social control", American Sociological Review, 365－390.

Klein, M. W. (1986). "Labeling theory and delinquency policy: An experimental test", Criminal Justice and Behavior, 13(1): 47－79.

Keane, C., Gillis, A. R., & Hagan, J. (1989). "Deterrence and amplification of juvenile delinquency by police contact: The importance of gender and risk－orientation. The British Journal of Criminology", 29(4): 336－352.

Kubrin, C. E., Stucky, T. D., & Krohn, M. D. (2009). Researching theories of crime and delinquency. New York, NJ: Oxford University Press.

Lemert, Edwin M. (1951). Social pathology; A systematic approach to the theory of sociopathic behavior.

Lofland, J. (1969). Deviance and identity. Prentice Hall

Lundman, Richard J., Richard E. Sykes, and John P. Clark (1978) "Police Control of Juveniles: A Replication", Journal of Research in Crime and Delinquency 15: 74－91.

Makkai, T., & Braithwaite, J. (1994). "Reintegrative shaming and compliance with regulatory standards", Criminology, 32(3), 361－385.

Matsueda, R. L. (1992). "Reflected Appraisals, Parental Labeling, and Delinquency: Specifying a Symbolic Interactionist Theory", American Journal of Sociology, 97(6): 1577－1611.

Matza, D. (1969). Becoming deviant. Englewood Cliffs, NJ: Prentice－Hall.

Merton, R.K., 1968. Social Theory and Social Structure, third ed. Free Press, New York

Morris, R. G., & Piquero, A. R. (2013). "For whom do sanctions deter and label?", Justice Quarterly, 30(5): 837－868.

Murphy, K., & Harris, N. (2007). "Shaming, shame and recidivism: A test of reintegrative shaming theory in the white－collar crime context", The British Journal of Criminology, 47(6): 900－917.

Paternoster, R., & Bachman, R. (2001). Explaining criminals and crime. Los Angeles: Roxbury.

Paternoster, Raymond, & Brame, R. (2008). "Reassessing race disparities in Maryland capital cases", Criminology, 46(4): 971－1008.

Paternoster, R., & Triplett, R. (1989). "Perceived inclusive and exclusive reactions to delinquency: Formulating and testing a model of informal labeling", In annual meetings of the Americal Society of Criminology, Reno, NV (Vol. 276).

Phillips, Charles D. and Simon Dinitz (1982). "Labelling and Juvenile Court Dispositions: Official Response to a Cohort of Violent Juveniles", Sociological Quarterly 23: 267－79.

Pierce, G. L., & Radelet, M. L. (2002). Race, religion, and death sentencing in Illinois, 1988－1997. Or. L. Rev., 81, 39.

Ray, M. C., & Downs, W. R. (1986). "An empirical test of labeling theory using longitudinal data", Journal of Research in Crime and Delinquency, 23(2): 169－194.

Restivo, E., & Lanier, M. M. (2015). "Measuring the contextual effects and mitigating factors of labeling theory", Justice Quarterly, 32(1): 116－141.

Sampson, R. J. (1986). "Effects of socioeconomic context on official reaction to juvenile delinquency", American Sociological Review, 876-885.

Sampson, R. J., & Laub, J. H. (1993). Crime in the Making: Pathways and Turning Points Through Life. Harvard University Press.

Sampson, R. J., & Laub, J. H. (1997). "A life－course theory of cumulative disadvantage and the stability of delinquency", Developmental Theories of Crime and Delinquency, 7: 133－161.

Schur, E. M. (1971). Labeling deviant behavior: Its sociological implications. Harper & Row New York.

Sherman, L. W. (1993). "Defiance, deterrence, and irrelevance: A theory of the criminal sanction", Journal of Research in Crime and Delinquency, 30(4): 445－473.

Sweeten, G. (2006). "Who will graduate? Disruption of high school education by arrest and court involvement", Justice Quarterly, 23(4): 462－480.

Sykes, G. M., & Matza, D. (1957). "Techniques of neutralization: A theory of delinquency", American sociological review, 22(6): 664－670.

Tannenbaum, F. (1938). Crime and the Community. JSTOR.

Taylor, I., Walton, P., & Young, J. (1973) The New Criminology: For a Social Theory of Deviance, London: Routledge.

Teilmann, Kathie S. and Pierre H. Landry. (1981). "Gender Bias in Juvenile Justice", Journal of Research in Crime and Delinquency 18: 47−80.

Thomas, C. W., & Bishop, D. M. (1984). "The effect of formal and informal sanctions on delinquency: A longitudinal comparison of labeling and deterrence theories", J. Crim. L. & Criminology, 75: 1222.

Tittle, C. R. (1975). "Deterrents or labeling?" Social Forces, 53(3): 399-410.

Tittle, C. (1980). Labeling and crime: An empirical evaluation. In W. Gove (Ed.), The labelling of deviance: Evaluating a perspective (pp. 241−263). Second Edition. New York: Wiley.

Tittle, C. R., & Curran, D. A. (1988). "Contingencies for dispositional disparities in juvenile justice", Social Forces, 67(1): 23−58.

Triplett, R. A., & Jarjoura, G. R. (1994). "Theoretical and empirical specification of a model of informal labeling", Journal of Quantitative Criminology, 10(3): 241−276.

Ulmer, J. T. (2001). "Intermediate sanctions: A comparative analysis of the probability and severity of recidivism", Sociological Inquiry, 71(2): 164−193.

Weiner, Norman L. and Charles V. Willie. (1971). "Decisions by Juvenile Officers", American Journal of Sociology 77: 199−210.

Wellford, C. (1975). "Labelling theory and criminology: An assessment", Social Problems, 22(3): 332−345.

Widdowson, A. O., Siennick, S. E., & Hay, C. (2016). "The Implications of arrest for college enrollment: An analysis of long−term effects and mediating mechanisms", Criminology, 54(4): 621−652.

제 9 장
사회통제이론 / 자기통제이론

제 9 장 사회통제이론/자기통제이론

　전통적인 주요 범죄학이론들이 사회구조와 문화, 그리고 학습과정에서 범죄의 원인을 찾았던 것과는 달리 새로운 시각의 이론이 등장하였다. 사회통제이론으로 불리는 이 새로운 시각의 이론에서는 기존 이론들과는 달리 어떤 사람들이 왜 범죄를 저지르는가의 질문보다는 왜 많은 대다수의 사람들이 법을 준수하는지의 질문에 답을 하려고 했다. 사회통제이론가로는 초기의 이론가로 레이스(Reiss, 1951), 나이(Nye, 1958), 레크리스(Reckless, 1961) 등이 있지만 허쉬(Hirschi, 1969)의 사회통제이론(social control theory)이 가장 대표적 이론이라고 볼 수 있다.

　허쉬의 사회통제이론은 기존의 범죄학이론들과는 여러 가정에서 차이점을 갖는다. 기존 범죄학이론들이 일부 사람들의 범죄동기가 왜 생성되고 그것이 무엇인지에 관심을 가졌다면, 허쉬의 사회통제이론에서는 범죄동기는 누구나에게 주어지는 것이라고 가정했다. 그리고 모두가 범죄동기를 가지고 있음에도 왜 대부분의 사람들이 법과 규범을 지키는 것인지를 설명하고자 했고 그들에게는 사회통제 혹은 사회유대가 작동하기 때문이라고 보았다. 즉 사회통제이론에서 보면 범죄의 설명요인으로 범죄 여부는 범죄동기가 아니라 이러한 범죄동기를 통제해 줄 수 있는 통제기제의 여부에 달려있다고 본다. 허쉬는 사람들이 범죄동기와 성향을 갖지만 대부분 그것을 통제할 수 있는 사회와 유대를 맺고 있기 때문에 범죄를 저지르지 않고 법을 준수한다고 주장했다. 그리고 사회통제와 유대가 부족한 일부 사람들이 범죄를 저지른다고 보았다.

　그러한 사회통제이론에는 허쉬의 사회통제이론이 가장 대표적이며 그 뿐만 아니라 사이크스와 맛짜(Sykes and Matza, 1957)의 중화이론(neutralization theory)도 사회통제이론의 한 이론으로 분류되기도 한다. 그런 점에서 대표적인 범죄이론으로 간주되는 중화이론을 또한 다룰 것이다. 그리고 허쉬는 이후 1969년의 사회통제이론과 달리 1990년도에 갓프레드슨과 함께(Gottfredson and Hirschi, 1990) 자기통제이론(self-control theory)을 제시하기도 하는데 그 이론은 일반이론(general theory)으로도 불리는 매우 주목할만한 이론으로 자기통제력을 범죄의 주요 원인으로 다룬다.

초기 사회통제이론가들뿐만 아니라 허쉬의 사회통제이론, 사이크스와 맛짜의 중화이론, 갓프레드슨과 허쉬의 자기통제이론은 모두 사회통제이론의 시각의 이론으로 사회 혹은 개인 내적 통제기제의 부족이 범죄의 원인이라고 본다는 점에서 공통점을 갖는다. 즉 어떤 범죄동기나 학습기제보다는 범죄를 통제할 수 있는 기제의 여부가 범죄의 설명요인이라고 본다. 여기서는 이들 이론들을 순서대로 다룰 것이다.

제 1 절   초기의 사회통제이론가들

1951년 레이스(Reiss)는 청소년범죄자 연구에서 그 특징이 개인통제력의 부족에 있다고 보았다. 그는 보호관찰대상 청소년의 법원기록을 검토한 결과 정신과의사로부터 자기통제력이 약하다는 진단과 치료를 권고받았다는 것을 발견했다. 레이스는 청소년범죄의 원인이 청소년의 개인의 통제력에 있다고 보았고, 그것을 사회의 규범을 위반하는 욕구를 절제하는 능력이라고 보았다. 그의 주장은 후에 사회통제나 자기통제이론에 영향을 주었고 그 기틀이 되었다고 볼 수 있지만 초기의 이론으로서 그의 주장을 입증하는 데에는 연구가 부족했다.

나이(Nye, 1958)는 또 다른 초기의 통제이론가로 무엇보다 가정을 사회통제의 가장 중요한 근본임을 강조하였다. 그는 대부분의 청소년비행이 불충분한 사회통제의 결과라고 보았다. 미국 워싱턴 주 세 개 도시 남녀 고등학생 대상 설문조사의 결과 비행자들의 특성은 부모에게 거부당하거나 인정받지 못하고, 부모에 대해 좋지 않게 생각하며 부모를 호통치는 사람으로 기술하는 경향이 있다는 것을 발견했다. 그 대신 비행을 저지르지 않은 청소년은 부모의 훈육과 부모와 시간을 보내는 것에 긍정적 태도를 갖고, 부모와 많은 부분에 의견을 같이 한다는 것을 제시했다. 이처럼 그의 주장은 청소년비행에서 가정의 중요성을 강조했고 이후 연구들에 기여를 했다. 하지만 비행 항목이 무단결석, 부모에 대한 반항, 음주 등 경미한 비행을 사용했고 표본에 대도시 청소년을 포함하지 않은 점 등의 한계가 있다는 지적도 받았다.

레클리스(Reckless, 1961)는 앞서 레이스나 나이보다 좀 더 발전된 이론을 제시했다. 그는 이전까지의 이론들을 종합하면서 청소년비행의 설명요인을 내적 배출, 외적 유인과 압력요인이라고 했는데, 배출요인은 비행을 하려는 욕구와 충동, 불만과 적의감, 공격성 등이고, 외적 유인요인은 주위의 비행친구, 대중매체, 유흥업소 등 유해환경이며, 외적 압력요인은 빈곤, 실업 등 열악한 환경의 요인이라고 했다. 레클리스의 봉쇄이론(containment theory)에 따르면 이러한 요인들이 있게 되면 청소년은 비행 가능성은 매우 높지만, 그럼에도 내·외적 통제가 있다면 비행을 극복할 수 있다고 보았다. 외적 통제는 부모의 감독, 훈육과 같은 누군가에 의한 비행통제라고 한다면, 내적 통제는 자기통제력과 같은 것에 의한 통제라고 했는데, 무엇보다 내적 통제가 비행을 결정하는 가장 중요한 요소가 된다고 봄으로써 '좋은 자아개념'과 같은 청소년의 내적 요인이 비행설명에 가장 중요한 요인이 된다고 했다. 그의 이론은 '자아이론'(self theory)이라고 불리기도 하여, 즉 자신에 대해 긍정적인 생각을 갖는 청소년은 아무리 어려운 역경과 비행유발의 환경, 내적 충동에서도 쉽게 저항하여 비행을 저지르지 않는다고 하였다. 그는 실제 경험연구에서 그 이론을 지지했으나 기존의 내·외적 유인과 압력요인을 사용하지 않았고 자아개념은 교사들에게 학생들을 평가하도록 하여 연구방법상에 문제가 있었다. 이후에 이 이론에 대한 경험연구는 그다지 활발하지는 않았지만 이후 자기통제이론이나 자아관련 이론 등 이론에 기여했고 여러 요인을 포함한다는 점에서 또한 의의를 갖는다고 할 수 있다.

제 2 절 허쉬의 사회통제이론

1. 개요

사회통제이론의 가장 대표적 이론은 허쉬(Hirschi, 1969)의 사회통제이론이다. 이 이론에서는 모두가 범죄동기를 가지고 있음에도 대부분의 사람들이 법과 규범을 지키는 이유가 사람들이 사회와 맺는 사회유대(social bond) 때문이라고 주장했다. 차별접촉이론이나 사회학습이론가들이 문화규범의 갈등을 가정하고 범죄에 호의적 문화와 규범 그리고 범죄에 호의적이지 않는 문화와 규범의 존재 모두를 가정했지만 허쉬는 사회가 범죄에 호의적이지 않은 인습적(conventional) 규범만이 존재한다고 가정했다. 그래서 사회의 가정, 교육기관, 종교 등 다양한 기구와 제도들은 범죄에 부정적이고 그래서 사회통제의 기제로 작용한다고 보았다. 그리고 대다수의 많은 사람들은 이러한 인습적인 사회와 유대를 맺음으로 자신의 범죄동기를 통제할 수 있게 되어 범죄를 안 한다고 보았다. 그렇지만 그렇지 못한 일부 사회유대가 약한 사람들은 범죄동기를 통제하지 못해 범죄의 가능성이 높다고 주장한다. 결국 사회통제이론에 따르면 범죄는 범죄동기가 아니라 그것을 통제해 줄 수 있는 사회유대의 여부에 달려있다고 본다. 즉 범죄의 설명요인은 사회유대의 정도라고 했고, 사회와의 유대가 높은 사람은 범죄를 하지 않지만 사회유대가 낮은 사람들은 범죄동기를 통제하지 못하고 범죄를 저지른다고 보았다. 즉 범죄의 원인은 범죄와 정(+)적이 아니라 부(−)적으로 작용하는 요인으로 사회유대라고 주장했고, 그런점에서 그의 사회통제이론은 사회유대이론이라고도 불린다. 그의 1969년도 저서명이 「비행의 원인」(*Causes of Delinquency*)으로 주로 청소년비행을 설명하기 위해 이론을 제시했지만 이 이론은 다양한 범죄에 적용될 수 있다.

허쉬의 사회유대이론에서는 청소년들이 사회와 맺는 사회유대의 정도를 비행의 중요한 원인으로 다루었다. 그리고 허쉬는 사회유대를 네 가지로 설명했는데, 애착(attachment), 관여(commitment), 참여(involvement), 신념(belief)이 그것이며, 사회에 대한 애착, 관여, 참여가 높고, 사회의 도덕적 신념을 갖는 청소년들은 비행 가능성이 낮고 그렇지 못한 청소년이 비행 가능성이 높다고 주장한다.

　　애착은 청소년의 부모, 친구, 학교선생 등 사회의 중요한 타자와의 애정적 결속관계를 말한다. 즉 부모, 친구, 선생과의 애착이 높을수록 비행이 통제되어 비행을 안 하지만 그렇지 않은 청소년은 비행 가능성이 높다고 주장한다. 한편 부모와의 관계에서 애착 이외에 부모의 적절한 감독이 비행을 통제한다고 보아 부모의 감독을 또 다른 요인으로 강조하기도 했다.

　　관여는 사회에서의 주요 활동에 대한 관여 혹은 투자하는 정도를 말한다. 즉 관여는 비행과 범죄를 저지름으로써 잃어버릴 수도 있는 사회에서의 일의 중요도라 할 수 있다. 청소년의 경우 학업에 대한 관여도가 낮거나 성인의 경우 직장이 없는 무직자는 범죄를 쉽게 저지를 수 있는데 그들은 범죄로 잃게 될 중요한 일이 없기 때문이라고 설명된다. 그와 반대로 사회의 주요 일에 관여도가 높은 사람일수록 비행이나 범죄 가능성이 낮다고 본다.

　　참여는 그러한 인습적 사회활동에 시간적으로 얼마나 참여하고 있는가의 정도를 말한다. 가정, 학업, 과외활동 등 인습활동에 참여와 시간이 많을수록 그만큼 범죄를 저지를 시간이 없기 때문에 범죄를 하지 않는다. 그대신 사회활동에 참여하지 않을수록 통제되지 못하고 비행을 저지를 가능성이 높다.

　　마지막으로 도덕적 신념은 사회의 인습적인 가치, 규범을 얼마나 받아들이고 있는가의 정도를 말한다. 허쉬는 사회에 인습적인 도덕적 가치만이 존재한다고 가정했기 때문에 사회와 유대를 맺고 인습적 가치와 도덕적 신념을 받아들일수록 범죄를 저지르지 않게 된다고 주장했다. 하지만 그러한 사회의 도덕적 신념을 적게 받아들이고 부족한 사람은 범죄동기가 통제되지 못하여 범죄를 저지르기 쉽다고 본다.

　　허쉬의 저서에서 뿐만 아니라 이후 사회통제이론가들의 연구에서는 이 사회유대의 네 요소가 청소년비행 설명에서 얼마나 중요한 요인이 되는지를 다루고 있다. 그리고 이 이론의 또 다른 특징은 기존 범죄이론가들이 관심을 가졌던 계층과 범죄와는 관련이 없다고 본 점에 있다. 사회통제이론에서는 하층 사람이 더 범죄를 하는 것이 아니라고 보았고 계층과 상관없이 누구나 사회유대가 약하면 범죄를 한다고 보았다. 또한 사회통제이론에서는 위와 같은 사회유대의 네 요소와 같이 범죄에 부(−)적으로 작용하는 요인만을 강조했기 때문에 비행 혹은 범죄의 동기나 비행친구와의 차별접촉과 같이 비행이나 범죄에 정(+)적으로 작용하는 요인은 범죄의 원인이 될 수 없다는 것을 강조했다.

2. 경험연구

(1) 외국연구

사회통제이론은 애착, 관여, 참여, 신념의 네 요소의 영향력을 통해 그 이론이 검증되어 왔다. 청소년을 중심으로 이루어진 연구에서 애착은 청소년의 부모, 친구, 학교선생 등 사회의 중요한 타자와의 애정적 결속관계를 통해 측정되어 왔고 이때 애착은 부모와의 관계의 경우 부모가 자식에게 보내는 애착도 중요하지만 자녀인 청소년이 인습적인 부모에 대해 갖는 애착을 강조한다. 그래서 실제 경험연구에서 부모에 대한 애착의 경우 부모와의 애정관계, 상호작용 및 대화의 정도, 동일시 정도 등으로 측정되어, 부모를 좋아하고, 부모와 많은 대화를 나누고, 앞으로 부모와 같은 사람이 되고 싶은 청소년들이 비행 가능성이 낮은지를 살펴보았다. 기존의 주요 연구결과를 보면 애착 중에서는 부모와의 애착이 상대적으로 비행의 주요 요인으로 작용하는 것으로 제시된다.

> 기존 연구들에서는 부모와의 애착이 낮은 청소년들이 비행 가능성이 높다 (Wiatrowski et al., 1981; Liska and Reed, 1985; Cernkovich and Giordano, 1987). 그러나 상대적으로 학교선생과의 애착과 친구와의 애착은 비행에 대해 미약한 영향력을 가질 뿐이며, 특히 친구와의 애착은 비행과 정(+)적인 관계마저 나타낸다는 것을 제시한다. 주위 친구는 성실하고 착한 친구뿐만 아니라 그렇지 못하고 비행을 저지르는 친구도 있는데 주위 친구가 어떤 친구인지를 구분하지 못했기 때문인 결과로 볼 수 있다.

관여는 사회에서의 주요 인습적 활동에 대한 관여 혹은 투자하는 정도로, 청소년의 경우 학교공부를 얼마나 중요하게 생각하는가로 다뤄져 왔다. 즉 관여는 학업관여도로 측정되어, 앞으로의 대학진학이나 그것을 위한 공부를 얼마나 중요하게 생각하는지, 학업을 얼마나 열심히 하는지 등으로 측정되었다. 학업관여도는 비행의 주요 설명요인 중 하나이며 관여도가 높을수록 비행 가능성이 낮다고 보았다(Cernkovich and Giordano, 1992).

허쉬는 본래 미래의 직업, 교육에 대한 열망(aspiration)과 기대(expectation) 정도로 관여를 측정하였고, 긴장이론과 달리 열망이 높을수록(정확하게는 열망 은 높지만 기대는 낮을수록) 비행 가능성이 높은게 아니라 열망이 높으면 비행 가능성이 낮다고 주장했다. 어떤 일에 열망과 기대가 있다는 것은 그만큼 관여도 가 높다고 본 것이다. 하지만 관여를 그와 같이 열망과 기대로 다루었던 기존의 연 구에서는 비행과의 연관성이 다소 미약했다(Krohn and Massey, 1980; Wiatrowski et al., 1981; Agnew, 1985). 그러나 관여를 학교공부를 얼마나 열심히 하고 중 요하게 생각하는지로 사용했던 연구결과를 보면 그 관여도는 부모와의 애착과 더불어 비행에 있어 주요 설명요인으로 작용한다는 결과를 제시한다(Cernkovich and Giordano, 1992).

참여는 그러한 인습적 사회활동에 시간적으로 얼마나 참여하고 있는가의 정 도로 학업 공부시간 이외에 인습적인 여러 활동, 즉 봉사활동이나 취미 등의 활동 에 얼마나 많은 시간을 보내는지로 측정되었다. 그렇지만 그와 같은 활동에 시간 을 많이 보내는 것은 그 활동에 대한 관여도가 높다고 볼 수 있는 점에서 이후 연 구들에서는 관여와 참여를 크게 구분하지 않았고 청소년연구의 경우 학업관여도 로 포함되어 사용되었다. 이렇듯 참여는 관여와 거의 구분 없이 사용되며 흔히 관 여에 포함되어 다뤄지고 있다. 특정 사회활동에 많은 시간으로 참여하고 있다는 것은 그만큼 그 활동에 관여하고 있다는 것과 같기 때문이다(Krohn and Massey, 1980). 그러나 따로 참여를 공부시간 이외에 아르바이트나 취미, 여가활동의 시간 등으로 다루었던 연구결과들을 보면 그 영향력은 다소 애착과 관여보다는 약해 주 요 요인은 아닌 것을 제시한다.

도덕적 신념은 사회의 인습적인 가치, 규범을 얼마나 받아들이고 있는가의 정 도로, 허쉬는 법위반에 대한 태도를 통해 측정했다. 허쉬는 도덕적 신념을 명확히 규정하지 않았기 때문에 차별접촉/사회학습이론에서의 법위반에 호의적이고 그에 대한 긍정적 태도의 역으로 그동안의 연구에서는 사용하기도 했는데, 도덕적 신념 의 정도와 비행과의 관계는 상대적으로 사회통제이론가들에 의해 많이 다뤄지지 는 않았다. 사회통제이론가들은 개인의 도덕적 신념보다는 가정, 학교와 같은 제도적인 사회의 통제기제에 관심을 가졌기 때문이다. 오히려 도덕적 신념은 종교적 신념을 통해 종교활동과 믿음 정도를 통해 접근하기도 했는데 종교적 신념과 활동이 많을수록 비행을 막아주는 통제역할을 한다는 연구가 있다(Baier and Wright, 2001).

한편 사회통제이론에서는 비행친구와의 차별접촉과 같이 비행에 정(+)적으로 작용하는 요인의 작용을 부정했지만 많은 연구들이 비행친구와의 접촉과 같은 요인의 중요성을 경험연구를 통해 제시하여 왔다. 특히나 그 비판가들은 사회유대 요인들은 흡연이나 음주 등 청소년의 지위에서 허용되지 않는 지위비행과 같은 경미한 비행은 잘 설명할지 모르지만 보다 심각한 비행이나 범죄에 대한 설명은 약하고 그 설명에서는 비행친구와의 접촉과 같은 요인이 중요하다는 것을 강조했다 (Matsueda, 1982).

사회통제이론에 대한 비판은 주로 차별접촉이나 사회학습이론가들에 의해 제기된다. 사회통제이론과 차별접촉이론의 논쟁을 직접적으로 다룬 마쓰에다 (Matsueda, 1982; Matsueda and Heimer, 1987)의 연구는 사회통제이론에 따르면 애착, 관여(참여), 도덕적 신념 등의 사회유대의 요인들이 모두 비행에 직접적으로 영향을 미칠 것이지만 차별접촉이론에 따르면 비행친구와의 접촉이 중요하고 위반에 대한 태도 혹은 그것의 동전의 앞뒷면이라 할 수 있는 도덕적 신념만이 궁극적인 비행의 원인이라고 보면서 과연 어떤지 두 이론을 검증했다. 기존의 사회통제이론 연구에서 그나마 부모와의 애착과 학교공부에의 관여가 비행에 있어 중요한 요인이 되었던 것은 비행친구와의 접촉 혹은 도덕적 신념이나 위반에 대한 태도를 연구모델안에 포함시키지 않고 검증했기 때문인 경우가 많았던 것을 지적하면서, 이 연구에서는 비행친구와의 접촉이나 위반에 대한 태도를 모델안에 고려했을 때 부모애착과 관여 요인들은 위반에 대한 태도를 통해 비행에 간접적으로 영향만을 준다는 것을 제시했다. 이러한 결과는 이후의 다른 연구들에서도 제시되는데(Agnew, 1993), 이는 사회통제이론보다 차별접촉이론이 더 우위에 있음을 나타내는 결과라 할 수 있다.

(2) 국내연구

사회통제이론은 상대적으로 국내에서 어느 정도 지지를 받고 있다. 외국연구에서는 사회통제이론의 요인들은 비행친구와의 접촉 등 차별접촉이나 사회학습요인들을 함께 다루면 그 영향은 작고 또 사소한 경비행만을 설명한다고 했다. 하지만 국내 연구의 경우는 그렇지 않다. 사회유대요인들은 주요 영향력을 갖는 요인인 것으로 제시되며 이성식(1994)은 사회통제이론과 차별접촉이론의 논쟁을 다룬 연구에서 두 이론을 한국과 미국에 각각 적용하면서 미국 사회는 차별접촉이론이, 한국 사회는 사회통제이론이 더 적절할 수 있는지를 검증하였다. 또한 이성식(2006)은 청소년패널자료를 이용해 사회통제이론을 차별접촉이론 및 긴장이론 등과 견주어 그 설명력을 살펴본 결과 사회통제이론이 우위에 있다는 결과를 제시했다.

사회통제이론과 차별접촉이론의 논쟁을 다룬 국내 연구(이성식, 1994)에서는 두 이론을 한국과 미국에 각각 적용하면서 미국 사회는 차별접촉이론이, 한국 사회는 사회통제이론이 더 적절할 수 있는지를 검증하였다. 연구결과에서 미국에서는 위반에 대한 태도만이 직접적으로 비행의 원인으로 작용하여 차별접촉이론의 적용 가능성이 높은 것을 보인 반면, 한국 사회에서는 사회유대요인들, 특히 학교공부에의 관여가 비행에 직접적인 영향력을 갖는다는 것을 제시함으로써 차별접촉이론보다는 사회통제이론의 적용 가능성이 높음을 제시하였다. 그럼에도 불구하고 이 연구에서는 애착 요인들의 영향력은 미약하거나 비행친구와의 접촉이 주요 영향력을 갖는 것으로 나타나 단지 부분적으로만 사회통제이론을 검증하였다. 사회통제이론은 외국 연구들에서는 상대적으로 그 지지도가 차별접촉이나 사회학습이론에 비해 약했지만 한국 사회에 잘 적용되는듯하다. 미국과 같은 서구 사회는 여러 인종의 문화이질적 사회라서 그것을 전제로 하는 차별접촉이론이 우세하지만 우리 사회는 서구 사회보다는 상대적으로 문화동질적이라는 점에서 단일한 인습가치만을 가정하는 사회통제이론의 가정과 보다 근접하기 때문이기도 하지만, 또한 우리 사회는 개인주의보다는 주위와의 관계를 중시하는 집단 혹은 집합주의 문화가 우세하기 때문에 사회유대 등의 요인이 서구 사회에서보다는 클 수 있다고 주장하고 있다. 따라서 상대적으로 비행이나 범죄를 설명하기에 유용한 이론으로 평가받을 수 있다.

이성식(2006)은 청소년패널자료를 이용해 사회통제이론을 차별접촉이론 및 긴장이론 등과 견주어 그 설명력을 살펴본 결과에서 사회유대요인은 다른 이론들의 요인에 비해 그 직접적 영향력은 다소 낮다는 것을 제시했다. 하지만 비행친구와의 접촉과 같은 요인을 함께 고려했음에도 그 영향력은 어느 정도 직접적이어서 비행친구와의 접촉에 매개되지 않았고 더구나 총효과를 보면 학교공부에

의 관여는 비행친구와의 접촉보다도 그 영향력이 더 크다는 결과를 제시해 사회
통제이론이 차별접촉이론보다 우위에 있을 수 있음을 강조했다. 또 이 연구에서
는 패널자료를 사용했기 때문에 이전의 비행경험을 통제요인으로 사용할 수 있
었는데 그러한 이유로 비행친구의 영향력은 더 작았던 것으로 설명한다. 사실 비
행친구와 사귀거나 접촉해서 비행을 저지르는 것인지, 아니면 비행을 저지른 후
에 비행친구들과 어울리는 것이어서 비행친구와의 접촉은 비행의 원인이 아니라
결과인지 그 인과관계를 명확히 다룰 필요가 있다는 지적이 있었다. 패널자료를
사용하면 그 인과관계를 알 수 있으며 이전의 비행경험을 통제변인으로 사용하
게 되면 비행친구의 영향은 크지 않은 것으로 나타난다. 청소년패널자료를 이용
해 인과관계를 명확히 고려했던 김상원(2007)의 연구에서도 비행친구와의 접촉
과 같은 차별접촉요인을 함께 다뤘음에도 사회유대요인들이 직접적인 영향력을
갖는다는 결과를 제시함으로써 사회통제이론의 중요성을 강조했다.

3. 형사정책적 함의

사회통제이론에서는 사회유대 특히 가정에서 부모와의 유대를 강조했듯이 부
모와의 관계가 원만히 이루어질 수 있도록 하거나 또한 청소년들이 학교생활에 잘
적응할 수 있도록 하는 것이 비행예방이나 대책에서 무엇보다도 강조된다. 아울러
초기의 레클리스의 주장대로라면 긍정적 자아가 형성될 수 있도록 하는 가정 등에
서의 역할도 중요하다 할 수 있다. 또한 교정시설에 있는 비행청소년들에게 사회
유대를 형성하고 사회에 복귀할 수 있도록 학교교육과정을 이수하고 혹은 직업훈
련을 하도록 하는 것도 사회통제이론에 기반한 대책이라고 할 수 있을 것이다. 교
정기관에서 탈시설화를 진행하고 보호관찰 등의 사회내처우를 진행하는 것은 물
론 낙인의 부작용을 방지하려는 것도 있지만 사회재통합을 용이하게 하려는 사회
통제이론에 기반한 대책이라 할 수 있다. 따라서 사회통제이론대로라면 사회내처
우를 통해 부모와의 관계 개선을 더 용이하게 하고 학교나 직장 일상생활 등 사회
유대를 형성하게 하도록 하는 것이 중요하다.

4. 평가

기존 연구들에서 보면 사회유대요인들과 비행과는 어느 정도 연관성이 있어

보인다. 사실 사회통제이론은 그동안 여러 연구들에서 지지를 받아왔다. 하지만 그럼에도 사회통제이론은 극단적 가정 때문에 그리고 다른 이론들과의 논쟁에서 여러 비판을 받아왔다. 사회통제이론에 따르면 사회유대만이 범죄의 원인이 되고 범죄성향이나 동기요인, 그리고 비행친구와의 접촉 등 범죄와 정(+)적인 관계를 갖는 요인은 범죄를 설명할 수 없다고 했기 때문이다. 하지만 그동안 많은 연구들에서 긴장이론의 요인이나 특히 대표적인 범죄원인으로서 비행친구와의 접촉은 비행이나 범죄 설명에서 중요한 요인으로 제시되어 왔다. 즉 사회통제이론은 범죄에 대해 부(−)적으로만 작용하는 통제요인만을 제시하게 됨으로써 범죄를 유발하는 정(+)적 요인들을 고려하지 못하는 단점을 지닌다.

더욱이 사회통제이론에서 제시하는 사회유대요인은 단지 사소한 경비행만을 설명할 뿐 다소 심각한 범죄행위에 대한 설명력은 약하다는 것이 기존 연구들의 일반적인 견해이다. 부모와의 애착이 낮거나 학교공부에 소홀한 아이들은 음주나 흡연 등의 사소한 지위비행을 저지를 수는 있지만 그 이유로 심각한 범죄를 저지르지는 않으며 심각한 범죄자들은 비행친구와 사귀거나 하는 경우가 많다는 것이다. 즉 보다 심각한 비행이나 범죄를 설명하기 위해서는 사회통제이론만으로는 한계가 있고 차별접촉/사회학습이론 등의 보완이 필요하다는 지적이 있다.

사회통제이론은 사회를 인습적이라고 본 극단적 가정이 단점으로 평가된다. 사회에는 평범한 가정도 있지만 폭력가정도 있고, 학교환경이 유해한 곳도 있으며, 평범한 친구 이외에 비행친구도 존재하기 때문이다. 모든 사회에의 유대가 비행을 통제하지는 않으며 인습적이지 않은 사회환경에 유대를 갖게 되면 오히려 비행 가능성이 높다고 할 것이다. 사회통제이론이 그 가정을 유지하는 한에는 비행친구와의 접촉과 같은 요인이 왜 범죄에 원인으로 작용하는지를 설명하지 못한다. 실제로 친구와의 애착 논의에서 허쉬는 친구와 애착을 가지면 비행 가능성이 낮을 것이라고 했지만 이후 연구들에서는 친구와의 애착과 비행과의 관계는 낮고 인습적 친구와 애착을 가질 때에만 비행이 통제될 수 있고 비행친구와의 애착이 높은 경우는 비행 가능성이 높다고 주장했다(Warr, 2002). 물론 사회통제이론에서는 비행친구는 비행의 원인이 아니고 비행의 결과라고 주장하여 원인으로 다룰 필요가 없다고 했지만 그럼에도 기존의 많은 연구들에서 비행친구가 비행의 원인으로 작용한다는 결과를 제시하는 것을 보면 보완이 필요하다고 할 수 있다.

사회통제이론은 사회가 인습적이라고 극단적으로 가정하고 그럼으로써 비행친구와의 접촉과 같은 요인을 부정하려고 한 것은 어느 정도 극복되어야 한다. 그러한 점에서 그러한 가정이 완화될 필요가 있는데 하나의 대안으로 하이머와 마쓰에다(Heimer and Matsueda,1994)가 제시한 차별사회통제이론(theory of differential social control)이 있다. 이 이론에서 보면 그러한 극단적 가정없이 개인마다 범죄에 대한 통제 정도가 차별적이라고 보면서, 사회에는 범죄에 호의적인 문화와 호의적이지 않은 문화가 혼재한다고 보아 사람들이 상대적으로 어떠한 문화와 가치에 더 접촉하고 유대를 맺게 되는가가 범죄통제를 결정하고 그것이 범죄를 설명하게 된다고 본다. 그리하여 인습적 부모와 유대를 갖는 청소년은 범죄가 통제되지만, 비행친구와 접촉하는 사람들은 범죄가 덜 통제되어 범죄를 저지른다고 주장한다. 이러한 가정에서 보면 사회유대와 차별접촉 요인을 모두 포괄할 수 있다는 점에서 장점을 갖는다고 할 수 있다.

사회통제이론은 국내외에서 크게 지지를 받아온 대표적인 이론이긴 하지만 앞서 지적했듯이 다소 사소한 비행이나 일탈만을 잘 설명한다는 한계가 있다. 그래서 이 이론이 더욱 더 보강되려면 보다 심각한 범죄를 설명해야 할 것이고 그런 점에서 비행친구와의 접촉과 같은 범죄에 정(+)적으로 작용하는 요인을 간과할 수는 없다. 그러기 위해선 사회통제이론이 갖는 극단적인 가정이 좀 수정될 필요가 있다. 즉 사람은 누구나 범죄동기를 갖고 태어났다거나 혹은 사회는 범죄를 통제할 수 있는 인습적인 것으로만 본다면 사회에 비행친구와 같은 존재가 있고 그것이 영향력을 갖는다는 것을 설명할 수 없게 된다. 사람이 누구나 범죄동기를 갖는다고 가정하지만 누구나 사소한 일탈의 동기를 갖는다고 가정할 수 있을지는 몰라도 누구나 심각한 범죄의 동기를 갖는다고 하는 것은 지나친 가정이라 볼 수 있으며, 더구나 사회를 단지 인습적이라고 보는 것은 비행친구와의 접촉과 같은 요인의 존재를 간과하는 결과를 낳는다.

어찌되었건 그럼에도 사회통제이론은 상대적으로 우리나라에서는 더 많이 지지를 받고 있는 이론임에는 분명해 보인다. 그것은 우리나라가 그만큼 사람들과의 관계와 유대를 중시하기 때문일 수 있고, 또 사회통제이론에서 중시하는 부모와의 유대는 우리나라의 가족주의 및 정서에 가깝기 때문이라고 할 수 있다. 사회통제이론을 비롯한 모든 이론이 모든 사회에 적용될 것이라는 일반성을 주장하고 있지만 국가와 문화마다 그 적용성은 차이가 있을 수 있는데 사회통제이론은 우리 사회에 적합한 이론이다.

제 3 절   중화이론

1. 개요

또 다른 이론으로는 사회통제이론으로 분류될 수 있는 중화이론이 있다. 사이크스와 맛짜(Sykes and Matza, 1957)는 코헨(Cohen, 1955)의 하위문화이론에 대한 비판에서 논의를 시작했다. 그들에 따르면 비행자는 지배적인 문화와는 상반되는 하위문화에 속해 있는 것이 아니라 대부분의 비행소년들이 체포나 검거시 죄책감과 수치심을 보이듯 비행이 나쁘다는 인습가치를 갖고 있다는 점을 강조했다. 기존 범죄이론들은 비행소년과 일반소년의 차이를 강조했지만 중화이론에서는 대부분의 비행소년들이 일반소년들처럼 인습가치를 받아들인다고 보았다. 따라서 비행자와 일반인에는 인습가치와 태도, 도덕적 신념에서는 차이가 없다고 본다(사실 이 점이 앞서 허쉬의 사회통제이론과는 다른 점이다. 사회통제이론에서는 비행자와 일반인의 차이는 사회유대(도덕적 신념)에 있다고 보았기 때문이다). 그리고 중화이론에서는 청소년들이 완전히 인습환경에도 그렇다고 비행환경에도 완전히 구속되어 있지 않고 상대적으로 자유롭게 표류하고 있다고 보았다. 표류(drift)란 평소에는 인습적 가치를 갖고 있어 비행을 해서는 안 된다는 생각을 갖고 있으면서도 어느 순간에 인습가치에 벗어나 비행을 저지르는 것을 말한다(Matza, 1964). 그래서 평소 비행을 나쁘게 보던 청소년들도 그것을 할 수밖에 없는 일정 상황이 되면 표류하여 비행을 하게 된다고 보았다.

비행을 해서는 안된다고 생각하면서도 순간 표류하여 비행을 하게 될 때 비행 전에 자신의 비행행위를 정당화하고 중화하는 것이 비행의 원인이라고 보았다. 그런데 평소 법을 위반해서는 안된다고 생각하는 청소년들이 표류를 하고 비행을 할 수 있는 것은 사회에 잠재적 가치(subterranean value)가 있기 때문이라고 주장했다. 사회에서 인습가치가 확고하다면 청소년들이 표류하지 않을텐데 그렇지 못한 가치가 존재하면 그것은 일종의 사회통제가 약한 상황으로서 청소년들에게 비행의 빌미를 제공할 수 있다. 부모가 가끔 법을 위반한다면 자녀는 법위반 태도를 학습하기보다 법을 위반해서는 안된다고 생각하면서도 자신이 법위반의 상황이 있을 때 부모의 위반에 비추어 부모도 위반하지 하면서 순간 표류하고 자신의 행동을 정당화 또는 합리화하여 비행을 한다는 것이다. 중화이론을 사회통제이론에 분류하는 것도 이 때문인데 결국은 사회통제가 약한 것이 청소년들에게 중화하게 끔 하게 하는 것이고 이와 같은 중화란 비행시 자신의 행위를 합리화하는 것으로 비행에 있어서 비행의 원인이 된다고 보았다.

사이크스와 맛짜는 그러한 중화에 있어 다섯 가지의 중화의 기술(technique of neutralization)을 제시했다. 첫째, '책임의 부인'(denial of responsibility)은 어쩔 수 없는 환경상황에서 그럴 수밖에 없었다고 자신의 책임을 전가하는 것이고, 둘째, '피해자 부인'(denial of the victim)은 비행의 상대 피해자가 잘못을 했고 피해를 당할 만했다고 피해자를 부정하는 것이며, 셋째, '가해의 부인'(denial of injury)은 피해자의 피해가 그다지 크지는 않다고 그 손상을 부인하는 것, 넷째, '비난자의 비난'(condemnation of the condemners)은 자신들의 비행을 나무라는 어른이나 경찰들도 법을 위반하기 때문에 자신들만을 나무라는 것은 잘못되었다는 것, 그리고 다섯째, '충성심에 호소'(appeal to higher loyalties)는 어려움에 처한 친구를 위해서라면 법을 위반할 수도 있다는 것 등을 말한다. 그들은 이와 같은 중화의 기술이 비행의 원인으로 작용할 수 있다고 보았는데, 이후 연구들에서는 그것을 경험적으로 검증해 왔다.

2. 경험연구

(1) 외국연구

중화이론에서의 주요 요인으로 중화의 기술을 앞서 설명한 다섯 가지 중화의 기술로 책임의 부인은 자신의 행위가 어쩔 수 없는 환경상황 때문이었는지, 피해자 부인은 그 상황에서 상대 피해자가 피해를 당할만 했는지, 가해의 부인은 피해자의 피해가 크지는 않은지, 비난자의 비난은 부모 등 주위 어른이나 경찰들도 법을 위반한다고 생각하는지, 그리고 충성심에 호소는 어려움에 처한 친구를 위해서라면 법을 위반할 수도 있다는 것 등으로 질문하고 측정했다. 중화는 그러한 중화의 기술을 합산한 값으로도 사용되지만 각기 중화의 기술을 요인으로 하여 비행에 대한 영향력을 살펴보기도 했다.

그동안 중화의 기술은 경험연구를 통해 다양한 일탈영역에 적용되어 왔다. 청소년비행(Ball, 1966; Hindelang, 1970; Minor, 1981; Mitchell et al., 1990)에서부터 시험부정행위(Rettinger and Kramer, 2009), 상점절도(Agnew and Peters, 1986), 음주(Dodder and Hughes, 1993), 마리화나사용(Priest and McGrath, 1970), 폭력(Agnew, 1994), 아내폭력(Dutton, 1986) 그리고 화이트칼라범죄(Benson, 1985)에 이르는 다양한 유형의 일탈과 범죄에 적용되었다. 하지만 기존 연구에서는 중화의 기술의 영향력은 어느 정도 지지되기도 하였지만 그 영향력은 다소 약하다는 결과와 함께 일관되지 못한 복합된 결과를 제시해 왔다.

기존 연구가 일관되지 못한 이유 중 하나는 중화이론이 일반청소년의 간헐적이고 우연적인 비행을 잘 설명할지는 몰라도 일부 위험청소년의 비행을 설명하기엔 한계가 있기 때문이다. 실제로 중화이론은 모든 청소년들이 인습가치를 받아들이고 있다는 점을 강조하고 있으나 사실 일부 심각한 범죄자는 인습가치를 받아들이지 않기 때문에 그들에겐 중화가 불필요하다. 그러한 점에서 중화 논의는 일반층의 위반행위는 잘 설명할지 몰라도(Mitchell et al., 1990; Dodder and Hughes, 1993) 지속적이고 폭력적인 범죄자나 시설 내에 수용되어 있는 청소년을 포함하는 연구에서 중화의 설명력은 약했다(Ball, 1966; Hindelang, 1970; Minor, 1981; Agnew and Peters, 1986; Topalli, 2005). 중화이론은 지속적이고 심각한 범죄자보다는 일반층의 일탈이나 범죄를 더 잘 설명하는 것으로 보인다. 앞서 언급했듯이 기존 연구들에서 일관되지 못하고 복합된 결과를 제시해 왔던 것도 그 때문이다. 또한 중화와 비행 또는 범죄 간에는 인과관계를 잘 설정해야 한다. 중화를 하고 비행을 하는 것인지 아니면 비행을 하고 자신의 행동을 중화하는 것인지를 명확히 다루어야 한다. 중화는 행위자가 비행을 하고 난 후 할 수 있어 그러한 논란과 함께 중화와 비행의 인과관계가 명확해야 하기 때문에 횡단적 데이터로 현재의 중화와 지난 과거의 비행의 관계를 살펴보기보다는 시나리오 등의 사례를 제시하고 그 상황에서 얼마나 중화를 하는지 그리고 비행이나 법위반의 의도는 어떤지의 관계를 통해 접근하기도 했다. 기존 연구들에서는 그 인과관계를 명확히 하지 않아 일관된 연구결과를 제시하지 못한 것으로 보인다.

(2) 국내연구

국내연구는 많지 않았지만 중화이론에 대한 국내의 대표적 연구로 이성식 (2012)은 대학생들의 인터넷상의 저작권침해행위의 원인을 파악하기 위해 중화이 론를 검증하였는데 어느 정도 그 이론을 지지하고 있다. 또한 노성호와 신소라 (2019)는 중화의 기술의 영향을 온라인비행과 오프라인비행에 비교하여 적용했는 데 오프라인에서는 그 영향력이 유의미하지 않았지만 온라인비행에 유의미한 영 향력을 갖는 것을 제시했다.

이성식(2012)은 중화의 작용을 중심으로 차별접촉 및 사회통제이론에서의 여러 요인들과의 상대적 영향력을 다뤘다. 중화이론을 대학생의 인터넷저작권침 해에 적용한 이유는 대학생들은 법을 잘 준수하고 침해행위를 바람직하지 않은 행위로 생각하는 집단이면서도 그들의 인터넷 저작권침해행위는 어느 정도는 다 소 빈번하게 일어나고 있어 중화하기 쉬운 행위이기 때문이다. 이 연구는 또한 시나리오의 방법으로 중화와 침해행위 간의 인과관계를 잘 설정하였다. 이 연구 에서는 중화이론대로 중화의 기술이 인터넷 저작권침해행위에 있어 가장 중요한 설명요인임을 제시했다. 또한 중화의 기술과 도덕적 신념 간의 상호작용효과가 정(+)적으로 유의미한 영향력을 갖는 것을 제시해 도덕적 신념이 높은 대학생 이 중화를 하여 저작권침해를 한다는 결과를 제시했다. 한편 노성호와 신소라 (2019)는 중화의 기술의 영향을 온라인비행과 오프라인비행에 비교하여 적용했 는데 오프라인에서는 그 영향력이 유의미하지 않았지만 온라인비행에 유의미한 영향력을 갖는 것을 제시했고 무엇보다 여러 중화의 기술 중에서도 손상의 부인 과 피해자부인의 영향이 큰 것을 제시했다.

3. 형사정책적 함의

중화이론에서는 사회의 잠재적 가치가 존재할 때 개인이 중화 가능성이 있다 고 본 점에서 중화의 여지를 막기 위해서는 사회의 가치가 온전해야 함을 강조할 수 있을 것이다. 중화는 도덕적 태도가 높은 사람이 잠재적 가치가 있을 때 중화 를 하여 비행이나 범죄를 한다고 본 점에서 그러한 중화의 빌미를 제공하지 않는 것이 중요하다. 즉 사회의 잠재적 가치를 줄이는 방법으로 중화 여지를 막아야 할 것이다. 또한 자신의 행위에 핑계를 대거나 중화를 하지 않도록 하는 어떤 교육도 필요하다. 스스로의 행동에 책임질 줄 알아야 하고 자신의 행위를 피해자 탓으로 한다든가 가해를 부정한다든가 하는 중화를 막도록 하는 교육과 훈련이 학교교육 등에서 실시될 수 있다.

4. 평가

중화이론은 외국 연구에서는 일관되지 않은 결과가 제시되어 왔고 국내 연구에서는 그 연구가 다소 부족했다. 그렇지만 중화이론은 그 가정대로 법을 위반해서는 안된다고 생각하는 사람들의 법위반을 설명하기에는 그 활용도가 높다. 그리고 법위반 후 중화가 일어나기 쉬운 점에서 과연 중화가 법위반에 영향을 미치는지 그 인과관계 설정에 유의하고 심각한 범죄층이 아니라 일반층의 법위반을 설명하기 위함이라면 중화이론은 충분히 유용한 이론이라고 볼 수 있다.

사회통제이론뿐만 아니라 어느 정도의 인습사회를 가정하고 있는 중화이론도 상대적으로 서구에서보다는 우리 사회에 잘 적용될 것으로 본다. 우리나라에서 많은 연구가 이루어지진 않았지만 앞서 이성식의 연구(2012)에서 보듯이 중화이론의 적용 가능성도 꽤 높아 보인다. 하지만 앞서 설명했듯이 이 이론은 심각한 범죄자보다는 일반인의 일탈에 보다 잘 적용될 수 있다는 점에서 허쉬의 사회통제이론과 같은 한계를 갖는다고 볼 수 있다. 즉 중화는 그 가정대로 도덕적 신념이 높은 사람들의 위반행위를 잘 설명한다고 보는 것이 더 타당한 설명이 된다.

앞으로는 중화이론이건 사회통제이론이건 보다 심각한 범죄를 설명할 수 있는 이론으로의 보완과 발전이 필요하다. 그리고 중화논의는 일반인도 쉽게 저지를 수 있는 온라인비행에의 적용 가능성도 크다고 할 수 있다(노성호·신소라, 2019). 그리고 이 이론이 일반인들의 일탈을 잘 설명할 수만 있어도 그 의의는 충분하다고 볼 수 있다.

제 4 절 자기통제이론

1. 개요

허쉬는 1969년 사회통제이론 이후에 1990년도 갓프레드슨과 함께 자기통제이론(Gottfredson and Hirschi, 1990)을 제시했다. 이 이론은 일반이론으로 불리듯 기존의 실증주의 학파와 고전주의 학파를 통합하려 했고, 또한 문제행동에서부터 재산, 폭력범죄를 포함한 모든 유형의 범죄를 설명하며, 그리고 모든 연령층과 모든 국가, 문화권에도 적용되는 이론을 제시했다.

이 이론에서는 어릴 때 형성된 자기통제력이라는 내적 성향 요소가 어려서의 다양한 문제행동, 그리고 청소년비행뿐만 아니라 성인들의 범죄도 설명할 수 있는 유일하면서도 중요한 원인이 된다는 점을 강조했다. 그들은 고전주의로부터는 범죄의 속성을 따르면서도 실증주의로부터는 일반인과 다른 범죄자의 특성을 강조해 통합하고자 했다. 대부분의 범죄가 우연히 즉각적이면서도 우발적으로 발생한다는 점에서 고전주의 학파를 따랐지만 또한 그런 점에서 실증주의에서처럼 범죄자의 특성으로 범죄자는 그와 관련 개인의 안정된 성향으로 순간만족과 충동성을 통제, 조절할 수 있는 능력이 부족하다고 보았다. 그리고 결국 개인의 안정적 성향으로 자기통제력이 범죄의 주요 원인이라고 주장했다.

자기통제력은 순간만족과 충동을 조절할 수 있는지, 스릴과 모험을 추구하기보다는 분별력과 조심성이 있는지, 근시안적이기보다는 앞으로의 일을 생각하는지, 쉽게 흥분하는 성격인지 등을 말하는 것으로, 갓프레드슨과 허쉬는 그러한 내적 성향이 어릴 때 형성된다고 주장한다. 즉 그것은 어릴 때 부모의 양육방법에 의해 결정된다고 하면서, 부모로부터 감독이 소홀하거나 애정 결핍 속에, 무계획적 생활습관이 방치되고, 잘못된 행동에 일관적이고도 적절한 처벌이 없이 자란 아이들이 자기통제력이 낮다고 보았다.

그들에 따르면 어릴 때 형성된 자기통제력은 청소년기를 지나 성인이 되어서도 변하지 않는 안정적이고도 지속적인 성향이 된다고 했다. 따라서 자기통제력이 낮은 아이들은 어려서부터 문제행동을 보이고 청소년이 되어서도 지속적으로 비행을 저지르며 성인이 되어서도 범죄를 저지를 가능성이 높으며, 결국 어려서 형성된 자기통제력의 결핍이 지속적인 범죄의 그 주요 원인이 된다고 주장했다.

갓프레드슨과 허쉬는 자기통제력이라는 내적 성향이 범죄의 유일한 설명요인이 된다고 보았기 때문에 비행친구와의 차별접촉과 같은 요인들은 비행의 원인이 될 수 없다고 주장했다. 그들에 따르면 어려서의 자기통제력은 청소년 성장기에 있게 되는 부모와의 관계나, 학업활동, 비행친구와의 접촉 등에 영향을 주며 그러한 가정, 학교, 친구요인들 및 비행과 범죄도 모두 자기통제력의 결핍이라는 공통된 원인에서 비롯되는 결과라고 보았고 결국 범죄의 궁극적인 원인은 자기통제력의 부족이라고 주장했다.

2. 경험연구

(1) 외국연구

외국의 많은 연구들은 낮은 자기통제력을 그라스믹과 동료들(Grasmick et al., 1993)이 제시한 척도로 충동성, 위험추구성, 육체적 활동선호, 단순한 일의 선호, 이기성, 화를 잘 내는 기질 등 여섯 차원의 태도문항들을 사용했다. 그라스믹과 동료들은 여섯 차원에 각각 네 문항씩 24개 문항을 사용했고 이후 학자들은 그와 유사하게 24개 문항을 혹은 여섯 차원의 대표적인 문항을 사용하여 합산한 값을 사용하기도 했다. 혹자는 합산한 값으로 자기통제력보다는 각각의 여섯 차원을 독립변인으로 사용하는 연구도 있었다. 또한 그와 같은 개인의 안정된 성향으로보다는 행동차원의 척도를 사용하여 경미한 문제행동을 한 적이 있는지를 통해 자기통제력을 측정하기도 했다.

자기통제이론은 그동안의 연구에서 많은 지지를 받았으며 자기통제력이 낮은 사람들이 비행이나 범죄행위의 가능성이 높음이 제시되어 왔다(Grasmick et al., 1993; Gibbs and Giever, 1995). 낮은 자기통제력은 유사한 문제행동에서부터 범죄에 이르는 다양한 행동을 잘 설명하며, 또 여러 나라에서도 지지를 받고 있다. 또한 자기통제력은 어려서 부모양육으로부터 영향을 받으며(Hay, 2001) 또한 자기통제력은 비행친구와의 접촉 등 그동안의 범죄요인에도 영향을 주는 것으로 나타나고 있으며 그러한 여러 요인들과 독립적으로 비행과 범죄의 주요 원인으로 작용한다는 결과가 있어 왔다(Nagin and Paternoster, 1993; Evans et al., 1997).

낮은 자기통제력은 그동안의 메타분석 등의 연구에서 비행이나 범죄의 주요 요인인 것으로 평가된다(Pratt and Cullen, 2000). 그렇지만 자기통제이론은 어릴 때 형성된 자기통제력이라는 내적 성향이 비행의 주 설명원인이라고 보았기 때문에 청소년 성장기의 차별접촉/사회학습이론에서의 비행친구와의 접촉과 같은 요인들의 영향력에는 소홀했고 그러한 점에서 이후 논란과 비판이 제기되어 왔다. 그런 점에서 낮은 자기통제력의 사람이 사회학습환경에 더 노출되어 그러한 이유 때문에 비행이나 범죄를 저지르는 것이라는 주장과 비판이 제기되었다(Paternoster and Brame, 1997; Simons et al., 1998; Baron, 2003; Chapple, 2005).

(2) 국내연구

자기통제이론에서 개인성향으로 자기통제력은 어느 사회나 문화권에서 잘 적용될 것이라고 주장하듯이 그 영향력에서 꾸준히 국내에서 지지를 받아 왔다(민수홍, 2006; 이성식, 2007; 기광도 2013).

민수홍(2006)은 청소년패널 자료를 사용하여 자기통제력이 청소년의 지위비행 및 범죄, 그리고 사이버비행에도 유의미한 영향력을 갖는다는 것을 제시했다. 그러나 이후 연구들에서는 비행친구와의 차별접촉 요인을 함께 고려함으로써 과연 자기통제력이 직접적 영향력을 갖는지 혹은 그 영향이 비행친구와의 접촉에 의해 매개되는지에 관심을 가졌다. 이성식(2007)의 청소년패널 자료를 이용한 연구에서는 비행을 경비행과 보다 심각한 중비행으로 나누었을 때 자기통제력과 비행친구는 각기 독립적으로 경비행을 설명하지만 중비행의 경우는 자기통제력의 영향이 비행친구를 통해 매개된다는 결과를 제시해 보다 심각한 비행의 설명에서는 자기통제이론이 한계가 있음을 지적했다. 자기통제력의 영향이 사회유대나 차별접촉과 같은 요인에 의해 매개되고 간접적이라는 결과는 이후 연구에서도 지지된다(기광도, 2013; 진혜민, 배성우, 2017), 그러한 한계로 인해 이후 연구들에서는 자기통제력이외에 범죄기회요인과의 상호작용효과 그리고 차별접촉요인 등과의 상호작용효과를 제시함으로써 자기통제력만이 아니라 여러 요인들이 함께 작용한다는 주장이 제기되기도 했다(이성식, 2010; 노성호·김소라, 2015).

한편 이 이론을 제대로 평가하기 위해서는 Gottfredson과 Hirschi가 실증주의와 고전주의를 통합하려고 했듯이 낮은 자기통제력의 성향 이외에 일정한 범죄기회를 함께 고려해야 한다는 주장이 제기되었고 실제로 낮은 자기통제력과 범죄기회는 범죄 설명에서 서로 필요충분조건이 되어 상호작용효과를 갖는다는 연구결과가 있다(Longshore and Turner, 1998; LaGrange and Silverman, 1999). 즉 낮은 자기통제력의 사람은 범죄기회가 높은 상황에서 범죄를 저지를 가능성이 높다는 것이다. 이처럼 자기통제력의 영향에서 범죄기회를 함께 고려해야 한다고 주장된다. 또한 낮은 자기통제력이 범죄기회와 상호작용효과를 갖듯이 낮은 자기통제력의 개인성향이 사회학습요인들과 상호작용하여 낮은 자기통제력의 사람이 비행친구와 사귈 때 비행 가능성이 높다는 주장도 제기되기도 했다(McGloin and Shermer, 2009; Meldrum et al., 2009).

3. 형사정책적 함의

자기통제이론에서는 어려서의 부모의 양육형태가 비행을 결정하는 중요한 요인이 된다고 보았고 부모에 의해 어려서 형성된 자기통제력은 안정적이고 지속적 성향이 된다고 봄으로써 어릴 때 부모의 양육이 중요하고 그와 같은 예방만이 중요하지 청소년기의 어떠한 대책과 조치도 불필요한 것이라고 보았다. 따라서 교정기관의 노력도 불필요한 것이며 청소년비행을 막기 위해서는 어려서 조기 예방만이 필요하다고 보기도 한다. 하지만 이후 자기통제력의 사회통제이론과의 연계성을 보거나 또한 비행친구 등의 영향력을 함께 고려한 연구와 주장들을 보면 어려서의 예방도 중요하지만 그뿐만 아니라 성장기의 대책도 필요하다는 점에서 그 대책제시에 수정이 필요하다 할 수 있겠다.

4. 평가

자기통제이론에서는 자기통제력을 범죄 설명에 있어 유일한 원인라고 했지만 청소년비행이나 범죄가 성장 시기의 가정, 학교, 친구 등의 환경요인과 상관없이 어릴 때의 성향에 의해서 만으로 설명될 수 있는지에는 많은 논란과 비판이 제기되어 왔다. 실제로 낮은 자기통제력의 영향은 비행친구와의 접촉 등의 요인들에 의해 매개된다는 발전이론가들의 주장에서 보듯이 어릴 때 형성된 성향도 중요하지만 성장기의 과정도 중요하다고 볼 수 있다. 이렇듯 자기통제력이라는 개인성향만으로 범죄를 설명하기에는 한계가 있다고 볼 수 있고 사회학습요인들이 또한 범죄 설명에서 추가되는 통합적 논의가 필요하다고 볼 수 있다. 자기통제이론은 어려서 형성된 자기통제력의 성향을 강조했고 어느 문화권에서나 적용될 수 있는 이론을 제시했지만 성장기의 환경적 요인들 예컨대 비행친구와의 차별접촉 등의 요인을 간과한 데서 비판을 받았다. 하지만 자기통제력이라는 요인은 많은 연구들에서 활용되고 있으며 그것이 보완만 된다면 유용한 이론으로 발전할 수 있을 것이다.

또 다른 비판에서는 갓프레드슨과 허쉬의 이론이 모든 범죄에 적용된다는 일반성을 주장했지만 과연 화이트칼라범죄나 조직범죄와 같은 유형의 범죄를 낮은 자기통제력이 잘 설명할 수 있을지의 비판이 있었다(Simpson and Piquero, 2002). 화이트칼라범죄는 충동적이지 않고 상당히 계산적이거나 치밀하다는 것이다. 그럼에도 갓프레드슨과 허쉬는 화이트칼라범죄를 하려는 결정 그 자체가 충동적으로 이루어졌고 조직범죄도 실제로는 조직적이지 않고 안정적이지 않다고 주장하면서 조직 구성원들이 협력하지 못하는 것은 바로 개인의 낮은 자기통제력 때문이라고 보았다.

자기통제이론은 개인성향으로서 자기통제력을 유일한 범죄 원인으로 봄으로써 지나치게 심리적 요인에 주목했다는 비판을 받는다. 또 그 저서에서는 허쉬가 자신이 과거에 주장했던 사회통제이론을 비판하는 것인지가 분명히 언급되지 않아서 모호하다는 비판이 있었다.

그런 점에서 이후 허쉬는 자기통제력에 대한 새로운 개념을 제시하기도 했다(Hirschi, 2004). 예를 들어 재정의된 자기통제력은 단순히 충동성의 측면이 아니라 범죄로 발생하는 손실을 고려하는지가 포함된다. 이는 범죄로 주위 사람들과의 관계에서 올 수 있는지의 판단을 포함하는 것으로 사회통제이론의 논의를 포함하는 개념이다. 그러한 논의의 적절성은 과거의 자기통제력보다 더 설득력이 있는 것으로 평가된다(Piquero and Bouffard, 2007). 이후 수정된 허쉬의 논의에서 자기통제력이 주위 사람들과의 관계를 고려한 사회통제의 측면을 갖는 것이라면 그러한 새로운 자기통제력의 영향은 더 더욱 우리 사회의 범죄를 설명할 수 있는 주요 요인이 될 것이라고 본다.

마지막으로 허쉬의 사회통제이론이나 중화이론, 자기통제이론이 안고 있는 또 다른 한계는 그 이론이 거시적인 사회구조의 측면을 고려하지 못했다는 점이다. 그 이론은 개인적인 수준에서만 파악될 수 있는 이론으로 사회 간, 지역 간의 비행 및 범죄율의 차이를 고려하지 못하게 되며, 또한 행위자의 사회구조적 성격에 따른(예를 들면 계층, 성, 연령, 거주지역 등) 비행이나 범죄의 차이를 설명하지 못한다. 이러한 점에서 사회통제이론의 거시적 측면의 이론이라 할 수 있는 사회해체이론과의 연계를 통해 보다 확대된 논의의 전개가 필요한 것도 사실이다.

참고문헌

기광도. (2013). "자기통제력, 사회적 결과, 그리고 청소년비행간의 관계분석"『한국 경찰연구』, 12(3): 3−26.

김상원. (2007). "아동과 청소년비행의 원인비교: 허쉬의 사회유대이론을 중심으로" 『형사정책연구』, 18(2): 325−362.

노성호·김소라. (2015). "자기통제력과 범죄기회를 통한 사이버불링 분석."『한국범죄 학』, 9(3): 3−35.

노성호·신소라. (2019). "온라인과 오프라인 불법행동에서 중화효과의 비교 검증." 『한국범죄심리』, 15(3): 89−104.

민수홍. (2006). "청소년의 자기통제력이 비행과 범죄에 미치는 영향"『청소년학연 구』, 13(6): 27−47.

이성식. (1994). "구조적, 문화적 특성의 차이를 통한 청소년비행의 원인고찰"『한국 청소년연구』, 17: 43−70.

이성식 (2006). "청소년비행의 원인에 관한 주요 이론들의 검증에 관한 연구: 종단적 패널연구자료의 분석"『형사정책연구』, 17(3): 5−33.

이성식. (2007). "낮은 자기통제력과 비행친구의 청소년비행에의 영향: 청소년패널자 료의 분석"『한국청소년연구』, 18(2): 159−181.

이성식. (2010). "낮은 자기통제력과 비행기회요인들의 오프라인 및 온라인비행에의 영향 비교: 일반이론의 검증"『형사정책연구』, 21(1): 203−233.

이성식. (2012). "대학생의 인터넷 저작권침해행위에 중화의 작용과 이론들의 검증" 『한국사회학』, 46(5): 211−232.

진혜민·배성우. (2017). "청소년비행 관련 요인들에 관한 메타경로분석"『학교사회복 지』, 38: 149−172.

Agnew, R. (1985). "Social Control Theory and Delinquency: A Longitudinal Test." Criminology, 23: 47−62.

Agnew, R. (1993). "Why They do It? An Examination of the Intervening Mechanism between Social Control Variables and Delinquency." Journal of Research of

Crime and Delinquency, 28: 126−56.

Agnew, R. (1994). "The Techniques of Neutralization and Violence." Criminology, 32: 555−80.

Agnew, R. & Peters, A. R. (1986). "The Techniques of Neutralization." Criminal Justice and Behavior, 13: 81−97.

Baier, C. & Wright, B. R. (2001). "If You love Me, Keep my Commandment: A Meta Analysis of the Effect of Religion on Crime." Journal of Research of Crime and Delinquency, 38: 3−21.

Ball, R.A. (1966). "An Empirical Exploration of Neutralization Theory." Criminology, 4:22−32.

Baron, S. W. (2003). "Self−Control, Social Consequences, and Criminal Behavior: Street Youth and the General Theory of Crime." Journal of Research in Crime and Delinquency, 40: 403−425.

Cernkovich, S. A. & Giordano, P. C. (1987). "Family Relationships and Delinquency." Criminology, 25: 295−322.

Cernkovich, S. A. & Giordano, P.C. (1992). "School Bonding, Race, and Delinquency." Criminology, 30: 261−291.

Chapple. C. L. (2005). "Self−Control. Peer Relations. and Delinquency." Justice Quarterly, 22: 89−106.

Cohen, A. K. (1955). Delinquent Boys. New York: Free Press.

Dodder, R. A. & Hughes, S. P. (1993). "Neutralization of Drinking Behavior." Deviant Behavior, 14:65−79.

Dutton, D. G. (1986). "Wife Assaulter's Explanations for Assault: The Neutralization of Self−Punishment." Canadian Journal of Behavioral Science, 18:381−390.

Evans, T. D., Cullen, F. T. Burton, V. S., Dunaway, R. G. & Benson, M. L. (1997). "The Social Consequences of Self−Control: Testing the General Theory of Crime." Criminology, 35:475−501.

Gibbs, J. J. & Giever, D. (1995). "Self−control and Its Manifestations among University Students: An Empirical Test of Gottfredson and Hirschi's General Theory of Crime." Justice Quarterly, 12: 231−245.

Gottfredson, M. R & Hirschi, T. (1990). A General Theory of Crime. Stanford. CA: Stanford University Press.

Grasmick, H. G., Tittle, C. R., Burski, R. J. & Arneklev, B. K. (1993). "Testing the Core Empirical Implications of Gottfredson and Hirschi's General Theory of Crime." Journal of Research in Crime and Delinquency, 30: 5−29.

Hay, C. (2001). "Parenting, Self−Control, and Delinquency: A Test of Self−Control Theory." Criminology, 39: 707−736.

Heimer, K. & Matsueda, R. (1994). "Role−taking, Role Commitment, and Delinquency: A Theory of Differential Social Control." American Sociological Review, 59: 365−90.

Hindelang, M. J. (1970). "The Commitment of Juveniles to Their Misdeeds: Do Delinquent Drift?" Social Problems, 17: 502−509.

Hirschi. T. (1969). Causes of Delinquency. Berkeley: University of California Press.

Hirschi, T. (1986). "On the Compatibility of Rational Choice and Social Control Theories of Crime." In The Reasoning Criminals: Rational Choice Perspective on Offending. D.B. Cornish & R.V. Clarke(eds.). New York: Springer−Verlag.

Hirschi, T. (2004). "Self−Control and Crime" In R.F. Baumeister & Vohs, K.D.(eds.), Handbook of Self−Regulation: Research, Theory and Applications. New York: Guilford Press.

Krohn, M. D. & Massey, J. L. (1980). "Social Control and Delinquent Behavior." Sociological Quarterly, 21: 529−43.

Liska, A. E. & Reed, M. D. (1985). "Ties to Conventional Institutions and Delinquency." American Sociological Review, 50: 547−60.

LaGrange, T. C. & Silverman, R. A. (1999). "Low Self−Control and Opprtunity: Testing the General Theory of Crime as an Explanation for Gender Differences in Delinquency." Criminology, 37: 41−72.

Longshore, D. & Turner, S. (1998). "Self−Control and Criminal Opportunity: Cross−sectional Test of the General Theory of Crime." Criminal Justice and Behavior, 5: 281−98.

Matsueda, R. L. (1982). "Testing Control Theory and Differential Association: A Causal Modeling Approach." American Sociological Review, 47: 489−504

Matsueda, R. L. & Heimer, K. (1987). "Race, Family Structure and Delinquency: A Test of Differential Association and Social Control Theories." American Sociological Review, 52: 826−40.

Matza, D. (1964). Delinquency and Drift. New York: Wiley.

McGloin, J. M. & Shermer, L. O. (2009). "Self−control and Deviant Peer Network Structure." Journal of Research in Crime and Delinquency, 46: 35−72.

Meldrum, R., Young, J. & Weerman, F. (2009). "Reconsidering the Effect of Self−Control and Delinquent Peers." Journal of Research in Crime and Delinquency, 46(3): 353−376.

Minor, W. W. (1981). "Techniques of Neutralization: A Reconceptualization and Empirical Examination." Journal of Research in Crime and Delinquency, 18: 295−318.

Mitchell, J., Dodder, R. A, & Norris, T. D. (1990). "Neutralization and Delinquency: A Comparison by Sex and Ethnicity." Adolescence, 25: 487−497.

Nagin, D. S. & Paternoster, R. (1993). "Enduring Individual Differences and Rational Choice Theories of Crime." Law and Society Review, 3: 467−96.

Nye, F.I. (1958). Family Relationships and Delinquent Behavior. New York: Wiley.

Paternoster, R. & Brame, R. (1997). "Multiple Routes to Delinquency? A Test of Developmental and General Theories of Crime." Criminology, 35: 49−84.

Piquero, N. L. & bouffard, J. A.(2007). "Something Old, Something New: A Preliminary investigation of Hirschi's Refined Self−Control." Justice Quarterly, 24(1): 1−27.

Priest, T. B. & McGrath, J. H. (1970). "Techniques of Neutralization: Young Adult Marijuana Smokers." Criminology, 8: 185−194.

Reckless, W. (1961). "A New Theory of Delinquency and Crime." Federal Probation, 25: 42−46.

Reiss, A. J. (1951). "Delinquency as a Failure of Personal and Social Control." American Sociological Review, 16: 197−207.

Rettinger, D. & Krammer, Y. (2009). "Situational and Personal Causes of Student Cheating." Research in High Education, 50: 293−313.

Simons, R. L., Johnson, C., Conger, R. D. & Elder, G. (1998). "A Test of Latent Trait versus Life−Course Perspectives on the Atability of Adolescent Antisocial Behavior." Criminology, 36: 217−43.

Simpson, S. S. & Piquero, N. L. (2002). "Low Self−Control, Organizational Theory, and Corporate Crime." Law and Society Review, 36: 509−548.

Sykes, G. M. & Matza, D. (1957). "Technique of Neutralization: A Theory of Delinquency." American Sociological Review, 22: 664-70.

Topalli, V. (2005). "When Being Good is Bad: An Expansion of Neutralization." Criminology, 43: 797-835.

Warr, M (2002). Companions in Crime: The Social Aspects of Criminal Conducts. Cambridge, Cambridge University Press.

Wiatrowski, M. D., Griswold, D. & Roberts, M. (1981). "Social Control Theory and Delinquency." American Sociological Review, 46: 525-41.

제10장

비판범죄학과
여성주의 범죄학

제10장   비판범죄학과 여성주의 범죄학

　이 장에서 살펴볼 비판범죄학과 여성주의 범죄학은 몇 가지 점에서 공통점을 가지고 있다. 첫째, 두 이론은 사회를 갈등론적 시각에서 바라본다. 지금까지 살펴본 많은 범죄 원인론들은 기본적으로 사회적 가치에 대한 합의적 시각에 기반하고 있다. 합의적 시각에서는 한 사회 내에서는 옳고 그름에 대한 기준, 즉 구성원들이 지켜야 하는 사회규범에 대해서 사회구성원들의 동의가 존재하며 그러한 동의하에 사회가 안정적으로 지속 발전할 수 있다고 주장한다. 이와는 반대로 갈등론에서는 사회규범과 질서는 마치 구성원들의 동의에 기반하고 있는 듯 보이지만 실제로는 사회적 희소자원을 더 가진 집단과 덜 가진 집단 사이의 권력차이가 존재하며, 부, 명예, 권력이라는 희소자원을 더 가지기 위한 갈등과 대립이 사회규범과 질서의 요소라고 본다. 앞으로 살펴볼 비판범죄학과 여성주의 범죄학은 사회규범과 법을 있는 그대로 받아들이기 보다는 "왜 어떤 행위는 범죄나 일탈로 규정되는가?," "그것을 규정하는 집단이나 세력은 누구인가?," "그러한 사회규범과 법의 적용으로 인해 피해를 받는 집단은 누구인가?"와 같은 질문을 한다. 이런 점에서 비판범죄학과 여성주의 범죄학은 사회를 갈등적 관점에서 바라보는 대표적 범죄학 이론이라고 볼 수 있다.

　둘째, 비판범죄학과 여성주의 범죄학은 모두 전통적 범죄학이론의 중요한 방법론인 실증주의에 대해 비판적 태도를 취한다. 전통 범죄학에서 통계적 분석을 통해 현상 간의 인과관계를 밝히는 데 집중해온 실증주의적 연구는 많은 학문적 기여에도 불구하고 피상적 현상에만 적용 가능하다는 비판이 있다. 주류 범죄학이론들은 명시적으로는 과학의 객관성과 연구자의 가치자유(value-free)를 주장하였지만 결과적으로는 범죄억제와 예방이라는 정책적 목표에 부응하였고, 범죄행동의 원인을 밝히고 그것을 기반으로 범죄자에 대한 기술적 통제에 기여하게 되어 기존 사회구조와 체계의 안정과 질서를 옹호하고 기득권을 보호하는 의도치 않은 결과를 낳았다(안진, 1988; 심정택·김철수, 1994). 이를 극복하고 보다 근원적이고 본질적인 현상의 뿌리를 밝히기 위해서는 실증주의적 분석방법은 한계가 있을 수밖에 없으므로 대안적 방법을 통해 현상의 기저에 있는 원인을 찾아야 한다는 주장이다. 이런 맥락에서 비판범죄학은 역사주의적 방법론을, 여성주의 범죄학은 생애사 연구 등과 같은 질적 연구를 선호한다.

셋째, 비판범죄학과 여성주의 범죄학은 모두 60-70년대 유럽과 미국의 정치적 위기와 저항적 사회운동에서 학문발전의 동기를 부여받았다.[1] 비판범죄학과 여성주의 범죄학이 기존의 주류범죄학에 대해 공히 비판적 시각을 견지하는 그 바탕에는 사회적, 역사적 배경이 자리를 잡고 있다. 제2차 세계대전 이후 베이비붐과 청년층의 증가, 경제적 회복, 여성들의 경제활동 증가 등은 여성, 인종적 소수자, 사회적 약자의 권리에 대한 관심을 제고하는데 일조하였다. 또한 경제적 부유국들의 제3세계에 대한 지배, 베트남 전쟁의 정당성에 대한 회의 등은 정치사회적 변혁의 필요성을 제기하면서 국가의 역할에 대한 비판적 입장의 목소리가 나오게 되었다. 이러한 사회적 배경 위에서 범죄학자들의 관심도 법을 위반하는 사람들로부터 범죄에 대한 규정과 법을 만들고 적용하는 국가와 형사사법의 기능으로 이동하였고, 주류범죄학에 대한 비판의 단초를 제공하게 되었다(Lynch, Michalowski and Groves, 2004; 심정택·김철수, 1994; Simpson, 1989; Chesney-Lind, 2020).

일부 범죄학자들은 비판범죄학과 여성주의 범죄학의 공통점과 유사성을 강조하면서 여성주의 범죄학이 비판범죄학의 한 분파라고 주장하기도 하지만 여성주의 범죄학자들은 비판범죄학은 사회정의(social justice)의 개선에 초점을 두는 반면 가부장제나 젠더체계(gender system)에 관심을 가지고 있지 않으며, 여성범죄학자

---

1) 이 두 시각이 다른 범죄원인론과 비교할 때 기존 사회를 바꾸려는 실천적 관심을 많이 가지고 있다는 점, 그리고 기존 이론에 대한 비판적 성찰을 하고 있다는 점도 두 시각의 공통점이라고 할 수 있다. 또한 이러한 특징이 소위 주류 범죄학자들로부터 이 두 시각이 비판을 받는 이유가 되기도 한다.

들은 이와 대조적으로 자본주의 계급 불평등보다는 성 불평등과 여성의 억압의 근
절에 초점을 두고 있기 때문에 각각 독립적인 영역으로 인정받아야 한다고 주장한
다(Chesney-Lind and Morash, 2013: 288).

아래에서는 각각의 등장배경과 이론적 내용, 그리고 이론에 대한 평가와 함의
를 살펴보도록 하자.

제1절 비판범죄학

1. 비판범죄학의 등장배경과 이론적 전제

(1) 등장배경: 전통범죄학에 대한 회의

앞에서 지적한 바와 같이 기존의 주류범죄학이론들은 사회규범과 법이란 사
회구성원들의 동의에 기반하고 있다고 보기 때문에 규범과 법의 생성과정에 대해
서는 이미 주어진 것으로 보고 이미 만들어진 법규범을 누가 어기는가? 어긴 사람
들은 어떤 특성을 가지고 있는가?에 대한 설명에 집중한다. 반면에 비판범죄학에
서는 법의 제정과 적용과정을 보면 그것이 사회구성원의 동의에 기반하고 있다고
보기는 어렵다는 주장을 편다. 법이 누구에게나 공정하게 적용되는 것이 아니라
경제적으로 부유한 사람들이 가난한 사람들보다 가벼운 처벌을 받는 일이 흔하고,
국가가 저지른 범죄나 대기업이 저지른 범죄보다 사회의 하류층들이 많이 저지르
는 거리범죄(street crimes)에 국가공권력이 집중되는 것은 국가의 형사정책이 사회
불평등과 깊은 관련이 있다는 것을 말해준다고 주장한다.

이같은 시각은 사회의 존속과 유지가 집단 간의 합의에 의해 가능하다고 하
는 합의론적 시각과는 대척점에 있다. 사회는 집단 간의 갈등 속에서 강제와 통제,
그리고 타협의 다이나믹 속에서 생존한다는 것은 갈등론의 핵심이다. 갈등주의적
시각에서는 '누가 범죄를 저지르는가'보다는 어떤 행위가 국가의 형사법에 의해 범
죄로 규정이 되는가?를 살펴보아야 한다고 주장한다. 초기 갈등주의적 학자로 분
류되는 셀린(Thorsten Sellin, 1938)은 집단간의 행위규범이 다르며 지배적인 행위규

범이 법으로 제정되고 나머지 집단들의 행위규범이 법에 따라 범죄가 될 수 있다고 하는 문화갈등론을 주장하였다(박상기 외, 2001: 183-184). 이와 유사하게 볼드(George Vold, 1958)는 사회는 법을 만들어서 집행을 할 수 있는 힘을 가진 집단과 그렇지 않은 집단이 있으며 범죄란 사회에 대한 통제력을 얻기 위해 경쟁하는 세력 간의 갈등의 결과라고 보았다(Siegel, 2020: 323).

비판범죄학자들은 이 같은 시각을 확장하여 기존의 사회규범과 법을 주어진 것으로 보지 않고 어떤 행동이 법이나 규범에 의해 일탈/범죄로 규정되는 과정에 관심을 가지며 법이 제정되고 적용되고 사회구성원들에게 점차 받아들여지게 되는 과정을 탐구한다. 물론 낙인이론(labelling theory)에서도 범죄에 대한 규정의 상대성에 대한 언급이 있다. 낙인이론은 어떤 행동에 대한 사회적 반응이 범죄에 대한 규정에 중요한 역할을 한다고 주장하면서 범죄행동 자체에 범죄적인 고유한 특성이 있는 것이 아니라 사회적 청중이 어떤 행동에 대해 범죄라는 반응을 보이는 것(Becker, 1964)이 결정적이라고 봄으로써 범죄에 대한 정의에 있어서 사회통제의 중요성과 권력유무에 따른 낙인의 차이에 대해 관심을 환기시켜 경제적 불평등과 법 집행에 있어서의 편파성에 대해 주의를 환기시켰다. 그러나 비판범죄학자들은 낙인이론의 이러한 공헌에도 불구하고 사회의 불평등에 대해 자본주의 체계에 내재해 있는 본질적인 요소로 보기보다는 자유주의 이데올로기에서 벗어나지 못하였다는 비판을 하며(Taylor, Walton and Young, 1973: 170-171) 자신들의 주장을 발전시켜 나갔다.

비판범죄학은 전통적인 주류 실증주의적 범죄 원인론의 한계를 '비판'하며 등장하게 되면서 이와 같은 이름을 가지게 되었는데 마르크스주의 범죄학(Marxist criminology), 새로운 범죄학(new criminology), 급진 범죄학(radical criminology) 등으로 불리기도 한다. 이론의 이름은 다양하게 불리지만 자본주의체계의 모순과 경제적 불평등을 범죄와 범죄통제, 법 적용과정을 설명하는데 동원하고 있다는 점에서 맑시즘(marxism)에 그 이론적 기반을 두고 있다.

(2) 이론적 전제: 마르크스주의

마르크스(Marx, 1818-1883)는 초기 자본주의 사회에서 노동자들의 비참한 현실과 사회 불평등을 목도하면서 한 사회의 경제구조가 여타 사회제도와 개인들의 삶에 미치는 영향에 대해 탐구하였다. 그리고 한 사회의 유지와 존속보다는 변화와 혁신의 요인에 더 관심을 가진 학자이다. 그의 변증법적 사적 유물론은 인간의 역사를 원시공산제 사회, 고대 노예제 사회, 중세 봉건제 사회, 근대 자본주의 사회, 그리고 미래에 도래할 사회주의 사회로 나누고 각 단계의 사회가 그 다음 단계로 변화하는 그 추동력은 내부의 문제로부터 나온다는 변증법적 설명을 제시한다. 예를 들어, 봉건주의는 고대 로마의 노예제 경제체계의 쇠퇴로부터 생겨났고, 자본주의는 봉건주의의 붕괴에서 비롯된 것이라고 설명한다(Lynch, Michalowski and Groves, 2004:35). 이것은 자본주의에서도 마찬가지이며, 자본주의체계 내에서 자본주의를 종식시킬 요인이 자라난다는 주장이다. 역사의 발전이 그 사회를 받치고 있는 경제구조와 그 구조가 가지고 있는 모순에 의해 이루어진다는 것이 사적 유물론이다.

사적 유물론에서 중요한 것은 계급과 계급투쟁의 개념이다. 계급은 잉여물이 축적되기 시작하면서 생겨났으며 역사적으로 볼 때 원시공산제와 사회주의체계를 제외하고는 모든 사회가 가진 자와 가지지 못한 자로 구분되어 계급 간의 차이가 나타나고 한 계급이 다른 계급을 지배하는 형태의 사회이다. 고대 노예제 사회에서는 귀족과 노예, 봉건 사회에서는 영주와 농노, 자본주의 사회에서는 자본가(bourgeoisie)와 노동자(proletariat)계급이 존재하며 그 계급 간의 갈등은 상시 존재하고 있으며 그 갈등이 최고조에 달하게 되면 사회의 변혁이 이루어진다는 주장이다. 1848년 마르크스는 그의 후원자이자 동료인 엥겔스(Engels, 1820–1895)와 함께 「공산당선언」(The Communist Manifesto)을 발간하는데 그 책에서 그들은 "지금까지 존재한 모든 역사는 계급투쟁의 역사이다"(Marx and Engels, 1955: 9)라는 유명한 말로써 그들의 사회이론의 핵심을 표현하였다.

마르크스가 사회를 바라보는 시선의 핵심에는 그 사회의 경제체계가 있다. 그의 개념대로 하면 어느 사회에나 지배적인 생산양식(mode of production)이 있고 이 생산양식은 생산수단(means of production)과 생산관계(relations of production)를 갖게 된다. 생산수단은 말 그대로 물질적 생산을 위한 수단으로서 도구, 기계, 시설 등을 말하며 생산관계란 직접 생산활동에 임하는 사람과 생산수단을 소유하고 생산된 생산물을 통해 이익을 얻는 사람 사이의 관계를 말한다. 자본주의 사회에서는 노동자계급이 직접 생산활동에 참여하고, 자본가계급은 생산수단에 투자하고 생산물의 유통과 판매 등을 통해 이익을 얻는다. 마르크스에 의하면 자본가계급과 노동자계급은 한편으로는 서로에게 의존한다: 자본가계급은 노동자계급의 노동이 없다면 이익창출의 토대를 잃어버리게 되고, 노동자계급으로서는 자본가계급이 투자하여 설치한 공장이나 시설이 있어야 일을 하고 임금을 받을 수 있기 때문이다. 하지만 본질적으로 그 의존이란 매우 불평등한 것이다. 자본가계급이 부와 권력을 훨씬 더 많이 가지고 있으며, 노동자들은 자신의 노동에 대해 통제력을 갖지 못하며 노동자가 생산한 물품을 자본가가 전유하고 이익을 창출하기 때문에 이 관계는 매우 일방적이며 착취적이다(Giddens, 2011: 33)라고 말한다.

마르크스가 개념화한 생산양식 개념은 총체적인 개념으로서 사회의 생산양식을 이해하면 그 사회의 다른 모든 측면을 이해할 수 있다. "하부구조가 상부구조를 결정 한다"는 마르크스의 설명은 한 사회의 경제적 생산양식에 따라 법, 정치, 교육 등도 규정된다는 것이고, 생산관계 속에서 차지하고 있는 위치에 따라 그 계급에 기반하여 생각하고 행동하게 된다는 주장이다. 따라서 자본주의의체계 하에서 발생하는 경제 외적 제도들의 특징은 자본주의 경제체계와의 연관성 속에서 이해되어야 한다. 다시 말해 자본주의 사회에서의 정치, 법, 교육 등의 제도는 자본주의의 지속과 사유재산의 극대화, 자본가계급의 이익창출과 관련이 있다는 것이다.

비판범죄론자들은 이러한 맑시스트의 자본주의 사회에 대한 분석의 틀을 범죄와 범죄를 규정하는 법규범의 형성에 적용하여 설명한다.

2. 비판범죄학의 주요 내용

앞의 절에서 살펴본 바와 같이 비판 범죄학자들은 전통범죄학자들이 과학적 객관성을 중요시하면서 실증주의적 방법론에 경도되어 범죄의 근본 원인에 대한 분석을 간과하였다고 비판한다. 이같은 실증주의적 양적 연구는 의도하지는 않았을지는 모르지만 결과적으로 현존 질서를 옹호하고 가난한 사람들에 대한 억압과 통제를 확고히 하는데 도움을 주게 되었다(Siegel, 2020: 323). 사회 취약계층의 범죄의 원인을 파악하는데 집중한 전통적인 범죄학이론들은 권력이나 부를 가진 집단들의 범죄에 대해서는 무관심하였으며, 국가의 범죄를 폭로하지도 못한다.

비판범죄학에서는 범죄에 대한 정의, 범죄의 원인, 범죄자에 대한 국가의 처벌 등 범죄통제의 작동을 이해하기 위해서는 자본주의 사회의 본질적 불평등과의 관련성을 분석해야 한다는 것을 강조하고 있다. 이런 작업을 위해서는 역사적이고 해석적인 방법론을 채택해야 한다고 주장하고 있다.

비판범죄학에서 제기하는 질문은 다음과 같다(Lynch, Michalowski and Groves, 2004: 26).

첫째, 왜 어떤 행위는 범죄적이라고 규정되고 다른 행위는 그렇지 않은가?(범죄에 대한 정의)

둘째, 왜 어떤 집단은 다른 집단보다 전통적인 노상범죄(street crimes)를 저지르는 비율이 높은가?(범죄의 원인)

셋째, 왜 범죄통제와 형벌은 부유한 집단보다 가난한 소수인종에게 집중되어 있는가?(국가의 역할과 형사사법의 정치경제학)

이 질문들에 대해 비판범죄학자들은 어떤 설명을 하는지 차례대로 살펴보기로 하자.

(1) 범죄의 정의와 범죄의 원인

비판범죄학자들은 '범죄'는 하류층의 희생에 기초해서 상류층의 권력과 지위를 보호하기 위해 고안된 정치적인 개념이라고 본다. 그들은 하류층의 범죄는 그들이 자본주의 사회에서 경험하는 소외와 착취, 차별에 대응하는 행위라고 보았으며 인종차별이나 성차별, 제국주의, 환경파괴, 국가의 무력사용과 전쟁, 인권침해, 불안정한 노동조건, 부적절한 아동보호, 불량주택 등이 '진짜' 범죄(real crime)라고 주장한다(Siegel, 2020: 324 – 325).

자본주의 사회에서 무엇을 범죄로 규정할 것인가? 그리고 범죄자들을 어떻게 처리할 것인가에 대한 결정권은 경제적인 부와 정치적 권력을 가진 집단에서 가지고 있다. 따라서 부와 권력을 가진 집단에서는 자신들의 부도덕하고 착취적인 행위는 범죄로 규정하지 않고 부와 권력을 가지고 있지 않은 노동자계급의 행위를 주로 범죄로 규정하고 처벌할 수 있는 권한을 가지고 있다. 살인, 성폭력, 강도와 절도 같은 노상범죄가 무거운 처벌을 받는 것은 그 대부분이 하류층에 의해 저질러지기 때문이다. 물론 불법적인 기업활동을 제한하는 규제나 법이 존재하긴 하지만 그 적용과 처벌은 상당히 소극적으로 이루어진다. 왜냐하면 자본주의 본질이 기업활동을 확대하는 데 있기 때문이다. 형사사법이 노상범죄자들을 해악과 위험의 근원으로 초점을 맞출수록 그들의 범죄가 전부인 것처럼 인식되고 부와 권력을 가진 집단의 '진짜' 범죄행위에 대해서는 눈감게 만든다.

비판범죄학자들은 범죄에 대한 개념정의가 어떻게 경제적, 정치적 권력과 연관되어 있는가에 대해 중요하게 다룬다. 그들은 법은 힘없는 자들의 많은 행위를 범죄로 규정하는 반면 힘있는 자들의 행위는 거의 범죄로 규정하지 않거나 크게 처벌받지 않았다는 점을 지적하면서 인간의 안전에 위협을 가하는 행위에 대해서는 반드시 범죄로 규정되어야 하고, 규제하는 법이 있더라고 솜방망이 처벌에 그쳤던 기업의 위법행위와 정치적 부도덕 행위는 법적용의 대상이 되어야 한다고 주장한다.[2] 더불어서 범죄학자들은 자신들이 연구하는 학문적 연구가 힘있는 자들을 돕는 수단이 되지 않게 하기 위해서는 노상범죄에 대해서만 집중적으로 연구할 것이 아니라 있는 자들의 각종 위법행위에 대해서도 균형 있는 탐구력을 보여야 한다고 강조한다(Lynch, Michalowski and Groves, 2004: 106).

한편 비판범죄학자들은 범죄의 원인을 설명하기 위해 맑시즘을 적용한다.[3] 즉 범죄의 근본원인은 자본주의 하에서 잉여 노동력[4]의 존재와 그들의 위협가능성에서 찾는다. 스핏처(Spitzer, 1975: 638–651)는 "일탈과 범죄에 대한 마르크스적 관점(Toward a Marxian theory of crime and deviance)"이라는 유명한 논문에서 자본

---

2) 최근 우리나라에서 발생한 가습기 살균제 피해에 대한 1심 법원의 무죄판결, 그리고 중대재해 보호법 제정을 둘러싼 논란 등은 자본주의 사회에서 법 제정과 법의 적용에 대한 비판범죄학자들의 주장을 검증해볼 수 있는 좋은 경험적 사례이다.

3) 범죄를 설명하기 위해 맑시즘을 적용한 초기 학자는 봉거(Willem Bonger)이다. 그는 1916년 『범죄성과 경제적 조건』(criminality and economic conditions)이라는 책을 통해 자본주의의 탐욕스런 본질과 그것의 범죄와의 관련성을 분석하였다(Bernard, Snipes and Gerould, 2012: 377). 그 이후 맑시스트 범죄학은 상당기간 학계에서 사라졌다가 1973년 이안 타일러 등(Ian Taylor, Paul Walton, and Jock Young)이 『신범죄학』(The New Criminology)을 발간하면서 재등장하게 되었다(Siegel, 2020: 323).

4) 자본주의 기업가들은 잉여가치의 극대화를 위해 노력한다. 잉여가치란 노동자계급에 의해 생산되어 자본가에게 귀속되는 이익을 말한다. 잉여가치는 기계설비 등에 재투자되거나 자본가들의 배를 불린다. 잉여가치가 높아지면서 효율성이 더 높은 기계가 노동력을 대체하게 되고 노동자들은 생산과정에서 떨어져 나와 실업자가 되거나 불안전한 업종을 통해 생존을 이어가게 된다(Siegel, 2020: 325).

주의 사회에서 필요악인 잉여인구의 통제를 위한 방법의 하나로 범죄자를 통제한
다고 주장하였다. 스핏처는 개인적인 특성이나 사회적 관계에서의 위치, 그리고
행동 특성이 자본주의 체계의 유지에 위협이 될 수 있는 집단을 '문제 집단'(problem
population)이라고 규정하고 이 문제 집단을 다시 두 가지 집단으로 분류하였다. 그
하나는 생존을 위해 사회적 비용이 들어가지만 자본주의 질서 자체를 크게 위협하
지는 않은 집단으로 '소셜 정크'(social junk)라고 명명한 집단으로, 노인, 정신질환
자, 지체장애자, 알코올 중독자 등이 이에 포함된다고 보았다. 다른 하나는 사회의
주변부에 위치해 있는 젊은 실업자, 정치적인 세력을 규합하여 자본주의 질서를
바꾸어보려는 위협적인 집단인 '소셜 다이나마이트'(social dynamite)이다. 생산활동
에서 소외된 이들은 부유한 사람들의 물건을 탈취하거나 자본주의 이념에 도전하
는 정치적 행동을 하는 등 자본주의에 위협이 되는 일탈과 범죄행동을 하게 된다
고 보았다.5)

　　퀴니(Quinney, 1980: 135-136)는 범죄란 자본주의의 물리적 상황에 의해 어쩔
수 없이 유발된다고 주장한다. 퀴니는 자본주의사회에서 불평등에 시달리는 하
류층 노동자계급이 저지르는 범죄를 자본주의 체계에 대한 적응범죄(crimes of
accommodation)와 저항범죄로 나누어 설명한다.6) 그의 분석에 따르면 자본주의는
노동자계급의 범죄를 유발할 뿐만 아니라 지배계급도 이익의 극대화를 위해 범죄
를 저지른다. 퀴니는 이러한 지배계급의 범죄를 지배와 억압의 범죄(crimes of
domination and repression)라고 보았으며, 가격담합이나 부당거래 등의 기업범죄
(corporate crime), 지배계급의 보호에 경도된 형사사법기관의 활동을 의미하는 통
제범죄(crimes of control), 정부 관리들의 부정부패와 정경유착 등의 정부범죄(crime
of government)와 함께 성차별, 인종차별과 같은 인권침해와 사회적 해악(social

---

5) 잉여인구는 자본의 이익을 위해 반드시 존재해야 하지만 동시에 자본주의 질서에 위협이 될
　 수 있는 양면을 가지고 있다. 이러한 잉여인구를 통제하기 위해 한편으로는 형사사법을 통한
　 범죄통제전략이, 다른 한편으로는 범죄와 무질서로 자본주의가 위협에 빠지기 전 예방적인 차
　 원에서 복지와 사회서비스 정책이 시행된다(심정택·김철수, 1994: 125).
6) 자본주의 사회에서 생존에 어려움을 가진 사람들이 다른 사람의 수입과 재산을 탈취하거나
　 칙취상황에 대한 좌절로 타인을 해치는 등이 적응의 범죄에 속한다. 다른 한편 저항범죄
　 (crimes of resistence)는 자본가의 지배에 대항하는 노동자 계급의 범죄로서, 태업이나 혁명
　 등이 해당한다(박상기·손동권·이순래, 2001: 190).

injuries)이 포함된다고 보았다. 자본주의 사회에서는 노동자계급도, 자본가를 포함한 지배계급도 모두 범죄를 저지르게 되기 때문에 범죄의 원인은 자본주의 경제체계 자체라고 본다(박상기·손동권·이순래, 2001: 190; 심정책·김철수, 1994: 112−113).

(2) 자본주의 사회에서 국가와 형사사법의 역할

비판범죄학자들은 국가는 법을 제정하고 형사사법 활동을 통해 기존의 자본주의적 경제질서를 유지하는 역할을 하는 강압적 수단이라는 점에는 일반적으로 동의하지만 국가가 자본가를 포함한 지배계급의 이익을 보호하는 지배계급의 수단인가 아니면 자본주의를 유지하고 존속하기 위해 사회의 갈등을 조정하고 법을 제정하는 역할을 하는가에 대해서는 의견이 두 갈래로 나뉜다. 국가가 지배계급의 이익을 대변한다고 보는 관점을 도구주의적 이론(instumental theory)이라고 하며, 자본주의 질서의 유지를 위해서 필요하다면 지배계급을 통제할 수 있는 힘을 국가가 소유하고 행사한다는 관점을 구조주의적 이론(structural theory)이라고 한다(Siegel, 2020: 332−333).

조금 더 자세히 살펴보면, 도구주의적 관점에서 보면 자본주의 하에서 권력과 부를 가진 사람들은 자신들의 범죄적이고 불법적인 행위를 규제하는 법 제정과 법 적용을 최소화하기 위한 다양한 수단을 활용할 수 있다. 경제적 또는 정치적 힘이 있는 사람들은 법 제정을 막기 위한 로비를 한다거나 불법적인 행위도 저명한 변호사를 고용하여 빠져 나갈 수 있는 반면, 권력과 부를 가지지 못한 사람들은 법 제정을 밀어부칠 힘도, 자신들에 대한 법 적용의 불공정에 저항할 힘도 가지고 있지 않으며 좌절 속에서 현 질서에 대한 반감을 가지게 된다. 반면에 구조주의적 관점에서 보면 국가와 형사사법의 역할이 그리 간단하지 않으며 언제나 지배계급의 이익을 위해서만 움직이는 것은 아니다. 구조주의적 관점에서는 가격담합이나 분식회계, 주가조작, 불공정 거래 등에 대해 법을 제정하고 그것을 적용하는 것을 보면 국가는 특정 계급의 이익을 보호한다기 보다는 원활하게 자본주의가 발전할 수 있도록 조정하는 역할을 수행한다는 점을 강조한다.

퀴니(Quinney, 1980: 137−138)는 구조주의적 관점에서 법의 제정, 자본주의 사회에서의 범죄통제, 그리고 후기산업사회의 범죄 문제 등에 대해 분석하였다. 그는 국가는 법을 통해 자신의 이익과 자본가계급의 이익을 강력하게 보호하고 있으며 범죄통제는 현존 사회질서에 대한 위협을 억제하는 강제적 수단이라고 보았다. 그러면서도 자본주의 국가는 자신의 정당성을 유지하기 위한 방안으로 잉여인구 (실업자)를 위한 사회적 서비스(social services) −교육, 가족지원, 의료, 주거 등− 와 관련된 정부지출(state expenditure)을 늘린다. 이러한 국가의 조치는 자본주의 억압으로 지친 사람들에게 고통을 줄여주고 보상을 해주는 기능을 수행한다. 다른 한편으로 형사사법(교도소)은 국가에 의해 제공된 여러 가지 서비스에 의해서도 잠 잠해지지 않은 '위협적인' 잉여인구를 통제하기 위한 수단이다. 이와 더불어서 대 중매체, 교육, 종교 등 다양한 사회제도들이 자본주의적 질서를 정당화하는 과정 에 활용된다(Liska and Messner, 2001: 253).

이처럼 자본주의 사회에서의 국가의 역할과 형사사법 및 범죄통제는 다양한 제도들과 연관되어 움직이는 것이며, 단순히 형사사법 활동을 사회에 위협이 되는 각종 질 나쁜 범죄자들을 처벌하는 제도나 기관으로서만 해석해서는 안된다.

(3) 형벌의 정치경제학

앞에서도 언급했듯이 자본주의 사회에서 형사사법은 자본주의적 질서를 유지 하고 피지배계급의 저항을 통제하는 자본주의 국가의 수단이다. 자본가 계급이 자 신들의 이익을 극대화하는 과정에서 경제적 불평등은 불가피하며 이러한 경제적 불평등의 희생자가 될 수밖에 없는 피지배계급과 사회의 주변부로 밀려난 잉여인 구는 기존 질서에 불만을 가지고 저항을 할 수도 있다. 자본주의 사회에서 형사사 법은 이처럼 기존 질서의 유지를 위태롭게 하는 피지배계급의 행동을 통제하기 위 해 형법을 통해 범죄를 규정하고 형벌을 부과한다. 이러한 시각에 따르면 범죄통 제와 형벌은 범죄행동에 대한 당연한 대응이 아니다. 형벌 그 자체가 자본주의 사 회의 불평등과 억압을 반영하고 있으며 보다 근본적으로는 한 사회의 생산양식과 형벌은 밀접한 관계가 있다.

루쉐와 키르히하이머(Rusche and Kirchheimer, 1968)는 「형벌과 사회구조」 (*pusnishment and social structure*)라는 저서를 통해 맑시스트적 관점에서 국가의 범 죄통제와 형벌을 사회구조와 생산양식과 연관지어 분석한 학자들이며 국가 형벌 을 제대로 이해하기 위해서는 사회구조, 즉 경제적 토대가 무엇인지를 고려해야 한다고 주장하였다. 그들은 다음과 같이 형벌을 규정하고 있다.

"형벌은 범죄에 대한 단순한 대응도 범죄예방을 위한 수단도 아니다. 형벌을 제대로 이해하기 위해서는 형벌을 범죄와의 관련성 속에서만 분석하는 것을 넘어서서 하나의 사회현상으로 이해해야 한다"(Rusche and Kirchheimer, 1968: 5).

그들의 분석에 따르면 노동력이 부족하지 않았던 자본주의 이전 시기에는 사형이나 고문, 절단과 같은 육체적 고통을 주는 형벌이 자행되었던 반면에 자본주의 시대에는 자본주의의 부산물인 잉여인구의 통제를 위해 징역형이 형벌의 수단으로 자리 잡게 되었다는 것이다.[7]

이러한 그들의 분석은 후대 학자들에 의해 형벌을 범죄와의 관련성이 아니라 형벌에 영향을 주는 사회구조적 요인들을 찾아가는 연구들로 발전하게 되었다. 예를 들면 경제적 불평등이나 실업률 변화와 형벌의 엄격성과의 관계에 대한 연구들이 많이 수행되었다. 대표적으로 위협가설(threat hypothesis)에 따르면 경제적인 위기(불평등, 빈곤, 실업)는 사회 불안정을 만들어내고 기존 질서를 유지하려는 기득권 집단들은 자신들에게 위협이 될 수도 있는 주변 집단에 대한 통제를 강화하는 방향으로 움직이게 된다. 이러한 시각에서 경제적 위기와 경찰의 폭력사용의 관계(Liska and Yu, 1992), 경제적 위기와 검거율과의 관계(Chamlin and Liska, 1992), 경제적 위기와 교도소 입소율의 관계(Jacobs and Helms, 1997) 등 다양한 형사사법 활동이 범죄율을 통제한 이후에도 경제적 위기와 같은 사회구조적 요인의 영향을 받는지에 대한 경험적 검증이 이루어지고 있다. 이들 연구를 통해 경제적 위기상황에서는 범죄행위의 증가가 발생하지 않더라도 강력한 범죄통제에 대한 요구가 일어나고 검거율, 기소율, 구금율, 형량의 증가를 가져오게 된다는 설명이 그 타당성을 얻고 있다.

3. 평가와 함의

비판범죄학은 마르크스의 자본주의 분석을 범죄와 형사사법을 이해하는데 적용하였다. 비판범죄학자들은 기존의 주류 범죄학자들이 실증주의와 가치중립, 그리고 객관성의 가치에 함몰되어 범죄의 근본적 원인을 자본주의 본질과 관련시켜

---

7) 그들은 신체형의 소멸과 징역형의 도입은 인도주의적 관점에서만 이해되어서는 안되며 자본주의의 유지존속을 위한 목적을 인정해야 한다고 주장한다.

이해하지 못하였다는 점을 비판하였고 실증주의적 방법론에 의한 연구결과가 기존 사회질서의 유지를 옹호하고 변화를 이끌어내지 못한다는 점에서 주류범죄학의 보수성을 지적하였다.

또한 주류범죄학이 열중하였던 구조기능론적 패러다임에 바탕을 둔 범죄의 원인 탐구보다는 권력과 부의 불평등한 분배로 특징지을 수 있는 자본주의 사회구조와 범죄와의 관련성, 국가와 형사사법 활동의 본질적 편파성 등을 폭로하는데 더 집중하였다(심정책·김철수, 1991: 190-191).[8] 즉 국가와 형사사법체계의 범죄통제의 문제를 자본주의 사회의 계급관계와 연결시켜 설명하고 있다. 이를 통해 왜 사회의 주변계급의 범죄에 대해서는 엄벌주의적 처벌을 하면서 지배계급의 범죄에 대해서는 관대하게 처벌하는지에 대한 해답을 제시하고 있다. 나아가 비판범죄학자들의 공헌은 형벌체계의 변화를 인간진보나 인본주의의 결과로 보는 계몽주의적 관점을 극복하고 하나의 제도를 과학적으로 연구한다는 것은 그것의 공식적인 목표와는 독립적으로 설명해야 한다는 메시지를 통해 기술적, 행정적 행형학의 한계를 지적한 것에서도 찾을 수 있다(한인섭, 2006: 16-17). 궁극적으로 비판범죄학자들은 맑시즘(Marxism)의 중요한 요소인 실천을 중요시하여 범죄학의 학문의 목표가 단순히 현상의 기술이나 피상적 처방에 그쳐서는 안되며 지속적으로 실천적 비판과 정치적 투쟁으로 이어져야 한다고 주장한다(심정택·김철수, 1994: 211).

이러한 비판범죄학의 주장은 그들이 비판하는 "실증주의적 범죄학"으로부터 상당한 비판을 받았다. 그 중 몇 가지를 제시하면 다음과 같다.

첫째, 비판범죄학은 이데올로기와 과학을 혼동하고 있다는 비판이 있다(Lynch, Michalowki and Groves, 2004: 26). 사회변혁을 통해 사회주의로 나아가면 범죄는 사라질 것이라고 하는 환상에 빠져 있어 "본질 없는 주장"을 하고 있다는 것이다(Siegel, 2020: 334). 더불어서 사회주의 사회에는 계급불평등이 없는지, 그리고 범죄가 사라졌는지에 대한 탐색과 분석은 제공하지 않는 한계를 가진다. 또 같은 자본주의체계를 가지고 있는 사회도 범죄율에 상당한 차이가 나는 것을 비판범죄학은

---

8) 주류범죄학이론에서도 불평등, 빈곤이 범죄의 원인이라고 주장하는데, 비판범죄학자들에 의하면 주류범죄학은 자유주의적 이데올로기에 갇혀서 사회정책을 통해 불평등이 개선될 수 있다고 믿고 있다. 하지만 비판범죄학자들은 불평등은 자본주의의 본질이므로 그것을 완화시키기는 어렵다고 주장한다.

설명하지 못한다는 비판도 있다. 같은 선진자본주의 국가인 미국과 일본의 범죄율의 큰 차이는 어떻게 설명하겠는가?라는 질문에 비판범죄학은 해답을 주지 않고 있다.

둘째, 비판범죄학은 국가가 자본가계급의 이익을 위해 행동하는 도구주의적 역할을 하고 있다고 주장하였으나 자본주의 국가들이 체계의 문제를 수정하고 개선해 가는 노력을 간과하고 있다. 초기의 자본주의 상황에 대한 분석을 후기 자본주의 사회에 적용하는 데는 무리가 있다는 것이다. 소비자의 권리를 위한 입법, 환경보호를 위한 입법, 그리고 노동자들의 생존여건을 개선하려는 입법 등은 국가가 자본가계급의 이익만을 위해 행동하는 것은 아니라는 지적이다(Siegel, 2020: 335).[9]

셋째, 실증주의 범죄학의 관점에서 보면 비판범죄학의 주장은 과학적으로 검증하기 어렵다는 비판이 가능하다. 이념적이고 추상적인 주장을 하면서도 그것에 대한 경험적 검증은 제공하지 않고 있어 과학적 객관성과 가치중립성의 가치를 달성하지 못했다(심정택·김철수, 1994: 216-217).[10]

넷째, 비판범죄학에서 범죄자는 자본주의체계의 억압과 착취로 고통받는 희생자로 묘사되지만 대부분의 범죄자와 피해자 모두 하류계급 내에서 발생한다(Bernard, Snipes, and Gerould, 2012: 380). 이런 점에서 자본주의 사회의 형법이 자본가계급의 이익을 보호하기 위해 행사된다는 비판범죄학의 주장은 현실과의 괴리가 크다(Siegel, 2020: 334).

이 같은 한계에도 불구하고 70년대에 탄생하여 80-90년대를 지나면서 범죄학계에서 비판범죄학의 핵심 주장들에 대한 관심이 증가하였다. 특히 80년대 이후 미국 사회가 경험한 범죄율과 구금률의 변동추이에서 보듯이 범죄통제가 범죄발생과 서로 상응하지 않고 범죄의 양이 변화하지 않음에도 불구하고 기소와 구금, 그리고 형량이 엄격해지는 상황을 경험하면서 형사사법 활동이 범죄에 대응하는 것이 아니라 사회적 요인, 즉 실업률 증가와 상대적 불평등의 악화 등 경제위기와

---

9) 비판범죄학은 이러한 비판을 수용하여 구조주의적으로 국가의 역할을 설명하는 것으로 발전하였다.
10) 실증주의 범죄학이 비판범죄학의 방법론적 한계라고 비판하고 있는 바로 이점이 비판범죄학의 방법론적 강점이 될 수 있다. 양적 분석 대신에 역사적 분석, 내러티브 분석, 해체적 분석이 비판범죄학이 채용하고 있는 방법론이다(Lynch, Michalowki and Groves, 2004: 27).

의 관련성 속에서 이해할 수 있다는 것을 알게 되면서 비판범죄학자들이 관심을 기울였던 국가와 형사사법 활동의 사회구조적 요인을 찾아가는 노력이 지금도 계속되고 있다.

비판범죄학의 관심은 궁극적으로는 사회주의 혁명을 통한 범죄의 소멸이지만 현재의 자본주의의 병폐와 문제에 대해 관심을 가지도록 이끌었고 자본주의체계가 가지고 있는 범죄유발요소를 완화시키고자 하는데 정책적 근거를 제시했다고 볼 수 있다. 화이트칼라범죄에 대한 엄격한 처벌, 교도소 여건의 개혁, 마약문제 해결을 위한 보건과 교육정책의 제시를 통해 노동자계급의 사회적 소외와 경제적 주변성을 줄이려는 시도는 현재도 계속 진행되고 있다(Bernard, Snipes, and Gerould, 2012: 382).

제 2 절 여성주의 범죄학

1. 등장배경과 이론적 전제

(1) 범죄의 설명에 있어서 젠더이슈의 등장

범죄의 세계는 오랫동안 남성의 영역이었고 범죄에 대응하는 국가활동인 형사사법의 운영도 남성들이 이끌고 있다는 것은 현재도 그리 틀린 말은 아니다. 여성범죄자는 국가마다 그리고 범죄유형마다 차이가 있긴 하지만 평균적으로 30%를 넘지 않는다. 그렇기 때문에 학문적 영역에서도 여성범죄자에 대한 범죄학적 관심은 전통적으로 크지 않았다.

오랫동안 여성범죄자들은 범죄학 연구에서 배제되거나 편견을 가지고 이해되어 왔다. 그 이유는 첫째, 여성범죄자의 수가 적고, 둘째, 전통적으로 여성의 행동을 생물학적 특성 또는 심리학적 특성과 연관시키려는 경향이 강하게 남아있을 뿐 아니라, 셋째, 대부분의 범죄학자는 남성이었기 때문이다. 이러한 이유들로 인해 기존의 이론들은 생물학적, 심리학적, 사회학적 이론에 상관없이 모두 여성에 대한 지나친 일반화나 고정관념적 왜곡을 가지고 있다고 비판받았다. 특히 여성범죄를 그들의 성(sexuality)과 연결하여 해석하려는 경향이 상당기간 지속되었다.

몇 가지 예를 살펴보자. 롬브로조와 페레로(Lombroso and Ferrero, 1895)는 여성범죄자들은 여성으로서의 특징인 모성, 순종, 온순함이 부족하고 성적으로 활발하다고 주장하였다. 또 달톤(Dalton, 1961)은 여성의 생리주기와 범죄와의 관계를 밝히려는 시도를 하였다. 386명의 교정시설 입소 여성과 102명의 교도소 규율위반 여성수용자를 대상으로 생리주기와 그들의 행위 사이의 관계를 분석한 결과 높은 상관관계가 나타난 것으로 보고하였다.[11] 폴락(Pollak, 1950)은 그의 저서 「여성의 범죄성」(*the criminality of women*)에서 여성의 범죄는 대개 사적인 영역에서 발생하며 잘 들키지 않는다고 주장하였다. 즉 여성 범죄가 감추어져 있는 것이지 실제로는 남성의 범죄와 비슷한 양을 가지고 있을 것이라고 추정하였다. 이렇게 감추어지는 이유를 설명하는 데 있어서 그는 첫째, 형사사법이 여성에게 기사도적이고 관대한 처분을 내리기 때문이고, 둘째, 여성은 그들의 범죄를 잘 감추는 능력을 타고나기 때문이라고 주장하였다. 생리를 하는 것을 남들은 모르게 하는 것, 그리고 성관계시 오르가즘을 감추는 성적 수동성이 그 증거라고 주장하면서 여성은 범죄를 교사하면서 자신은 체포되지 않거나, 들키지 않는 방법으로 범죄를 행하는 특성이 있다고 주장하였다(Belknap, 2009: 45에서 재인용). 같은 선상에서 프로이트(Freud)는 남근선망(penis envy)의 개념을 가지고 여성의 일탈을 설명하고자 하였다. 범죄여성은 남성이 되기를 원하는 여성이고, 남근을 얻고자 하는 무모한 생각으로 신경증을 갖게 되고 법규범을 어기는 결과를 초래하게 된다는 것이다. 또 여성들의 임신과 출산 등으로 인한 우울증과 범죄와의 관계를 상정하는 연구도 존재한다. 앞에서 언급한 여성의 범죄에 대한 생물학적, 심리학적 설명은 모두 전통적인 여성상에 대한 고정관념을 가지고 여성의 범죄를 설명하려는 공통점을 보여주고 있다.

그렇다면 사회학적 관점에서는 여성의 범죄를 잘 설명할 수 있는가? 여성주의 학자들은 사회학적 범죄이론들도 여성범죄를 별도의 분석대상으로 삼지 않았다고 비판한다. 사회통제이론, 차별교제이론, 하위문화이론 등 사회학적 이론들도

---

11) 이후 여성의 생리주기와 범죄행위 사이의 관계에 대한 후속연구가 이루어졌으나 회고적 자기 보고의 문제, 일반화의 문제, 인과관계가 아닌 상관관계를 밝힌 것이라는 비판을 받고 있다 (김보환, 2004: 233).

이론의 검증을 위해 대부분 남성표본을 사용하였으며, 여성 표본이 포함된 경우에도 여성을 독립적으로 분석하기 보다는 '추가해서 뒤섞는(add and stir)' 것에 불과하였다는 것이다(Wattanaporn and Holtfreter, 2014: 192). 이러다보니 여성의 독특한 범죄원인을 찾아내는데 실패하였다는 비판을 받고 있다.[12]

요약하자면 1960년대 이후부터 발전되어 온 여성운동의 영향을 받은 여성주의적 시각은 많은 학문영역에서 새로운 관점으로 기존 이론들에 도전을 하였는데 범죄학도 예외일 수 없었다. 기존의 범죄학자들은 남성범죄자들에 대해서는 사회적 원인들을 밝히기 위한 노력을 한 반면에 여성범죄자에 대해서는 여전히 여성의 본질(female nature)에 대한 생물학적·심리학적 접근을 가지고 설명하였다(Simpson, 1989:605). 생리전 증후군(premenstral syndrome, PMS)이나 신경증, 우울증 등이 흔히 거론되는 여성범죄의 원인이었다. 물론 생물학적, 심리학적 특성들이 영향을 미치는 여성의 범죄들도 상당히 있지만, 사회적 요인에 의해 영향을 받는 부분은 상대적으로 간과되어 온 것이 사실이다.

또한 여성주의적 범죄학자들은 전통적인 사회학적 범죄이론들이 남성의 범죄를 설명하면서 암묵적으로 남성과 여성 모두에게 적용되는 것으로 일반화를 하고 있다는 점을 비판하고 있다.[13] 여성주의 범죄학자들은 여성이 한 사회에서 어떤 모습으로 존재하고 있는지를 탐구하여 사회적 존재로서의 여성이 어떻게 범죄적 상황과 관련되는지를 밝혀내야 한다고 주장한다. 빈곤, 차별적 기회구조뿐 아니라 성역할 고정관념이 여성범죄의 사회적 원인으로 고려되어야 한다(Pollock, 1999)는 것이다. 특히 이들은 여성성(femininity)과 성(sexuality)에 대한 규정에 관심을 가지고 여성성과 여성의 성(sexuality)에 대한 관념과 통제가 어떻게 여성들을 폭력의 희생자, 나아가 범죄자로 만들어 왔는지에 주목한다. 남성범죄자는 법규범을 어긴

---

12) 기존의 사회학적 범죄원인론에 남녀의 범죄율 차이를 설명하는 이론이 없는 것은 아니다. 대표적으로 헤이건(J. Hagan)의 권력통제이론(power−control theory)은 계급, 성별 불평등과 청소년의 성별 범죄율 차이에 대한 분석을 제공하고 있고 에이커스(Akers, 2000: 228)는 권력통제이론을 페미니스트 이론에 포함시키고 있다. 하지만 이 이론은 계급과 성별 불평등의 복잡한 영향력, 그리고 가부장제의 본질에 대한 접근에서 한계를 드러냈다는 비판을 받고 있다.

13) 데일리(Daly)와 체스니린드(Chesney−Lind)는 이러한 남성표본 위주의 연구가 가지는 문제 중 하나가 일반화 가능성의 제약(generalizability problem)이라고 지적하고 있다(Daly and Chesney−Lind, 1988).

사람이지만 남성성(masculinity)의 가치를 위반한 것은 아닌 반면, 여성범죄자는 법규범을 어겼을 뿐 아니라 순종적이고 소극적이어야 하는 '여성성'의 가치를 위반했다는 점에서 이중실패자(double failure)로 사회로부터 엄청난 부정적 낙인을 받게 된다. 여성주의 범죄학자들은 이처럼 한 사회의 공식적인 법규범과 비공식적인 전통과 관습들이 여성에게 미치는 영향력을 가지고 여성과 범죄의 관계를 설명하고자 한다.

(2) 이론적 전제: 페미니즘

전통 범죄학 연구들이 대부분 남성 범죄학자들에 의해 연구되었고 그로 인해 범죄에 대한 일반론이라고 주장되는 이론들이 남성범죄의 원인에 집중하고 있기 때문에 여성이 처해있는 삶의 맥락과 사회적 현실을 통해 여성의 범죄를 들여다보는 시도는 거의 하지 않았다. 범죄를 연구하는 여성주의 범죄학자들은 여성범죄의 특성이나 범죄에 이르는 경로가 남성의 그것과는 차이가 있다는 점을 인식하고 젠더(gender)라는 렌즈를 통해 여성의 범죄행위와 여성의 범죄피해, 그리고 처벌에 있어서의 성별 차이 등에 대해 분석이 필요하다는 것을 강조하기 시작하였다.[14] 이러한 분석작업을 위해 이들이 채택한 관점은 페미니즘 또는 여성주의적 관점이다.

페미니즘은 성별화된 사회의 기원과 그 결과를 분석하고 사회변화를 이끌어내기 위한 전략적 방안을 제시하고 있다는 점에서 매우 분석적이면서도 실천적인 관점이다. 많은 사람들은 페미니즘이 여성에 대해서만 관심을 가지는 것으로 생각하지만 페미니즘은 여성뿐만이 아니라 인간 모두가 배제되거나 소외되지 않는 방향으로 사회가 나아가야 한다는 신념을 확대하고 있다. 이러한 페미니즘은 단일한 관점이 아니다. 페미니즘은 성 불평등(gender inequality)의 원인과 해결방안 등에 대해 다양한 주장을 하는 여러 개의 관점이 공존하고 있다.

자유주의적 페미니즘은 성 불평등의 원인은 법적, 제도적 기회의 불평등으로 인한 것이므로 여성에게 기회를 동등하게 부여하고 선택의 자유를 허용한다면 성 불평등은 해결될 수 있다고 주장한다. 더 나아가 법적, 제도적 불평등은 성별 분업과 전통적 성역할 때문이며 교육의 기회, 취업의 기회, 정치적 기회 등 공적 영역

---

14) 미국 범죄학회(American society of criminology)가 창설된 것은 1957년이며, 젠더와 범죄 분과(division of gender and crime)가 생긴 것은 1984년이다.

에서 동등한 기회를 여성에게 제공한다면 불평등은 낮아질 것이라고 낙관한다. 자유주의적 페미니즘에서는 성 불평등을 구조적이고 체계적인 문제라고 보지 않으며 따라서 성차별도 사회의 정책적인 노력에 의해 해소될 수 있다고 생각한다. 남성의 특징, 여성의 특징을 함께 인정하는 "양성적 성역할(andro-gynized gender-role)"의 습득과 구습을 타파하는 노력을 해결방안으로 제시한다(Simpson, 1989: 607).

맑시스트적 페미니즘에서는 맑시즘의 핵심적 주장을 성 불평등을 설명하는데 분석틀로 사용한다. 이들은 자유주의적 페미니스트들이 자유주의적 세계관에 갇혀서 계급 불평등과 성 불평등의 구조적 본질을 간과하고 있다고 비판한다. 여성억압은 사유재산제의 도입과 함께 시작이 되었으며, 따라서 여성억압과 불평등을 해결하려면 사유재산의 불평등이 극대화된 자본주의에 대해 투쟁해야 한다고 주장한다. 계급사회가 타파되면 여성은 남성에게 더 이상 경제적으로 의존하지 않고 자유로워질 수 있다. 맑시스트 페미니즘에서는 여성의 억압이 자본주의의 정치적, 경제적, 사회적 구조 때문이라고 보았으며 임금차별은 자본주의의 속성과 관련되어 있는 것으로 분석하고 있다. 자본주의 하에서 저임금 노동과 불안정한 노동이 여성의 삶을 고통으로 내몰고 있다는 점을 강조하고 있다(Belknap, 2009: 17).

사회주의적 페미니즘에서는 맑시스트 페미니즘이 사유재산으로 인한 계급불평등을 지나치게 강조하다보니 성 불평등이 핵심적으로 부각되지 못했다는 점을 비판하면서 계급불평등과 함께 가부장제로 인한 성 불평등을 분석해야 한다고 주장한다. 다시 말해서 자본주의가 성 불평등의 필요하고 또 충분한 원인이 되는지 아니면 그렇지 않은지에 따라서 맑시스트 페미니즘과 사회주의적 페미니즘이 갈라진다. 계급 하나로만 여성의 종속을 설명할 수는 없으며 계급 불평등과 가부장제를 양대 지배체계로 진단해야 함을 강조한다(Simpson, 1989: 607; Belknap, 2009: 18).

급진적 페미니즘에서는 한걸음 더 나아가 가부장제에 의한 여성억압은 남성의 여성에 대한 공격과 여성의 성에 대한 통제로 나타난 것이라고 주장한다. 여성은 임신과 출산을 위한 기간에는 자신과 아이의 생존을 위해 남성에게 의존적일 수 밖에 없으며, 이것이 남성으로 하여금 쉽게 여성을 지배하고 통제하도록 만들었다(Simpson,1989: 608). 급진적 페미니스트들은 여성의 성(sexuality)에 대한 억압과 통제를 분석의 핵심으로 삼는다. 즉 가부장제의 형성과 강화를 통해 여성에 대

한 억압과 여성의 성에 대한 통제가 어떻게 이루어졌는지에 대한 분석이 필요하다
고 주장한다(Chesney-Lind and Morash, 2013: 290).

　여성주의 범죄학들은 자신들의 연구를 수행하면서 구체적으로 자신들이 견지
하는 관점이 어떤 유형의 페미니즘 인지에 대해서는 명확히 밝히고 있지 않다. 그
렇지만 넓게 보면 여성범죄의 원인을 여성해방이나 기회의 증가로 설명하려는 시
도는 자유주의적 페미니즘적 분석이라고 할 수 있으며, 가부장제 아래에서의 전통
적인 성 고정관념, 성(sexuality), 여성의 폭력과 학대 피해(women's victimization) 등
에 강조를 두는 연구들을 보면 사회주의적 또는 급진적 페미니즘의 렌즈를 차용하
고 있다(Simpson, 1989: 621)는 것을 알 수 있다.

2. 여성주의 범죄학의 주요 내용

(1) 여성범죄 증가에 대한 논쟁

　여성범죄 연구의 선구자로 불리는 아들러(Adler, 1975)와 사이먼(Simon, 1975)
은 사회발전과 여성지위의 변화를 여성범죄와 연관시킨다. 이들은 사회발전은 여
성의 사회경제적 역할의 변화와 사회활동의 기회를 증가시키며 이러한 역할변화
와 증가된 기회는 여성들의 범죄동기도 함께 증가시킬 것이라고 가정하면서 여성
범죄에 대해 세 가지 질문을 설정하고 있다. 첫째, 여성범죄는 증가하고 있는가?,
둘째, 여성범죄가 더 심각하고 폭력적이 되는 가?, 셋째, 어떤 요인들이 여성의 범
죄를 설명하는가?

　사이먼(Simon, 1975)은 더 많은 여성이 경제활동에 참여하게 됨으로써 절도나
사기, 횡령과 화이트칼라 범죄를 저지를 수 있는 기회를 더 많이 갖게 될 것이라
고 주장한다. 1953년에서 1972년까지 약 20년 동안의 공식통계를 통해 여성들은
그 전보다는 더 많은 재산범죄를 저질렀음을 밝히고 있다. 보다 많은 여성이 경제
활동에 참여하게 됨으로써 지금까지 남성의 영역이었던 범죄도 여성들에 의해 채
워질 것이라고 본다. 한편 아들러(Adler, 1975)는 가정 내에서의 자신의 역할에 충
실했던 여성들이 전통적인 역할을 버림에 따라 주로 남성에 의해 저질러지던 폭력
범죄나 강력범죄를 일으키는 여성들의 수도 증가할 것이라고 가정하고 1968년과

1978년 사이에 강도와 폭행 등에서의 여성범죄자의 수가 남성의 수보다 훨씬 더 빠른 속도로 증가하고 있다는 것을 자신의 가설을 지지하는 증거로 제시하였다.15) "성평등 가설(gender equality hypothesis)"16)이라고 불리는 이들 주장은 전반적인 사회발전은 여성의 지위를 향상시켜 점차 남성과 평등해지며 이 향상된 지위가 합법적인 영역에서의 남녀평등과 함께 비합법적인 영역, 즉 범죄영역에 있어서도 남녀가 범죄의 양과 질에 있어 유사해 진다고 본다(Box and Hale, 1983; Austin, 1981).

이와는 달리 여성의 범죄참여 정도가 증가하고 있다는 것에는 동의하지만 그 증가원인을 여성의 역할변화나 사회적·경제적 지위의 향상에서 찾는 것이 아니라, 전통적인 여성역할의 수행을 위해, 그리고 악화된 그들의 지위 때문이라고 보는 주장들이 있다. '주변화 가설'(marginalization hypothesis)이라고 불리는 이 주장은 특히 여성 재산범죄자의 증가에 관심을 가지고 여성들이 주로 저지르는 재산범죄의 구체적 유형을 연구하였다(Steffensmeier and Streifel, 1992). 그들에 의하면 재산범죄 항목에서 남녀차이가 줄어들고 있으나 여성들이 범하는 재산범죄는 상점절도나 크레디트 카드와 수표 사기(shoplifting, credit card fraud and check fraud)에 집중되어 있으며 이것은 여성의 지위상승에 기인하기 보다는 전통적인 역할의 연장선상에서 이해해야 하는 것으로 보고 있다. 즉 이들 범죄유형은 소비자 역할을 담당하는 여성고유의 역할과 깊은 관련(전통적인 여성의 역할, 자녀양육과 가사일)이 있으며 이혼율과 미혼모 증가와 더불어 편모가정들의 증가는 여성의 사회경제적 상황을 악화시켰고 따라서 경제적 기회의 확대가 아닌 경제적 주변화가 여성범죄의 증가를 설명한다고 주장한다. 경험적 검증과 관련해서는 성평등 가설보다는 주변화 가설이 더 설득력을 갖고 있다고 보는 것이 타당할 것이다. 성평등 가설이 주장하는 폭력적인 '새로운 유형의 여성범죄자'(new female offender)라는 이미지는 실재하기 보다는 신화에 가깝다는 비판이 더 설득력을 얻고 있다(Simpson, 1989: 610).

---

15) 이 주장의 문제는 여성범죄의 절대적 증가율을 이용했다는 점이다. 강도 등 강력범죄의 여성범죄건수는 워낙 소수이기 때문에 적은 건수의 증가도 큰 비율의 증가를 가져올 수 있기 때문에 실제보다 여성범죄의 증가가 과장될 위험이 있다.

16) 또는 여성해방가설(women's liberation thesis)이라고 불린다.

(2) 범죄자로서의 여성과 형사사법

여성주의 범죄학자들은 범죄를 저질러서 형사사법절차로 들어오는 여성(소녀 포함)들이 가정에서 신체적 폭력을 당하거나 성적으로 유린당하고 가출하여 길거리생활을 하는 과정에서 성매매에 참여하는 등 범죄를 저지르게 되는 일련의 과정에 주목하여서 거리에서 생존하기 위한 그들의 행위가 범죄화되고 있다고 주장하였다. 데일리(Daly, 1992)와 체스니－린드(Chesney－Lind, 1989) 등의 학자들은 이것을 '생존전략의 범죄화'(criminalization of survival strategies)라고 규정하였으며 소녀와 여성들의 범죄과정을 들여다보면 신체적, 성적 폭력의 피해가 그들을 범죄로 이끄는 원인으로 작용하였다는 것을 강조하면서 '피해와 가해의 모호한 경계'(blurred boundaries of victimization and criminalization)가 여성범죄의 특징이라고 주장하였다. 이러한 여성범죄자에 대한 인식은 여성주의 범죄학자들로 하여금 여성의 범죄경로에 대한 연구(female pathways framework)를 촉진하는 계기를 제공하였다. 데일리(Daly, 1992)는 형사법원에서 유사한 범죄로 재판을 받은 40명의 남성범죄자와 40명의 여성범죄자에 대한 판결전 보고서와 판결문을 분석하여 여성범죄자가 범죄에 처음 가담하게 되는 경로를 5가지로 분류하였다. 그 다섯 가지는 ① 거리여성(street women), ② 학대받은 여성(battered women), ③ 어린 시절 학대와 그로인해 공격적인 여성(harmed and harming women), ④ 약물 관련 여성, ⑤ 경제적 동기로 범죄를 한 여성(economically－driven women)이다.[17] 이후 많은 연구자들이 여성이 범죄자가 되는 과정을 이해하기 위해 성별화된 경로라는 관점(gendered

---

17) ① 거리여성(street women)은 어린 나이에 쫓겨나거나 가출하여 사소한 범죄에 가담하며 마약을 하기도 하고 성매매를 하는 여성, ② 학대받은 여성(battered women)은 폭력과 학대의 경험을 성인이 된 후에 경험하며, 주로 친밀한 관계를 가진 파트너를 상대로 범죄를 행하는 유형이다. ③ 학대로 인해 공격적인 경로(harmed and harming pathway)는 어린 시절에 학대를 받은 경험 때문에 타인에게 공격적이면서 아픈 상처를 치유하기 위해 약물에 손을 대는 부류, ④ 약물 관련 여성(drug－connected women)은 가족이나 남자친구와 함께 마약을 팔거나 그 와중에 마약에 중독된 여성이고, ⑤ 마지막으로 경제적인 동기에 의해 범죄를 저지른 (economically motivated crimes) 여성은 탐욕이나 빈곤 때문에 범죄, 특히 재산범죄를 저지른 여성을 일컫는다. ①번부터 ④번까지는 여성특유의 범죄 위험요인이 있다고 할 수 있으나 ⑤번의 경우는 어린 시절 학대나 폭력이 없고, 약물중독도 많지 않다(Wattanaporn and Holtfreter, 2014; 193－194).

pathway approach)을 가지고 지속적으로 경험적 타당성을 검증하는 연구를 수행하였으며 그 결과 여성범죄자들을 위한 프로그램의 개발에 성 인지적 관점을 반영하도록 하는데 큰 영향을 주게 되었다(Wattanaporn and Holtfreter, 2014: 194).[18]

　여성범죄자가 경찰이나 검찰, 법원 등 형사사법기관에서 어떻게 처리되는가 하는 것도 여성주의적 범죄학의 주된 관심 중 하나이다. 그들은 남녀가 유사한 범죄를 저질렀을 경우, 여성범죄자의 처벌과 남성범죄자의 처벌에는 차이가 존재하는가? 만일 존재한다면 누가 더 중한 벌을 받는가? 왜 그런가?에 대한 논의를 이끌어간다. 이 질문에 대한 답은 크게 둘로 나뉘어진다. 여성이기 때문에 관대한 처벌을 받는다는 입장과 여성에게 일관되게 관대한 처벌을 하는 것은 아니며 여성성에 대한 순응정도에 따라 반응의 정도는 달라진다는 입장이 그것이다.

　먼저 여성범죄자가 가벼운 형을 받는 이유를 남성들의 기사도 정신(chivalry)으로 설명하는 입장이 있다. 사법당국의 남성들이 기사도 정신 때문에 여성을 처벌하기를 꺼려한다는 것으로 기사도 가설(chivalry thesis) 또는 온정주의(paternalism)로 표현되는 입장이다. 하지만 여성들에 대한 관대한 처벌은 기사도 정신이나 남성들의 여성에 대한 온정주의 때문이 아니라 여성범죄자의 특성 때문이라는 반론이 있다. 이 주장에 의하면 여성은 범죄를 저지른 후 더 후회하고 반성하며(remorse factor), 법관이나 경찰 등에 더 협조적이고, 여성은 전과기록에서 적기 때문이라는 것이다. 또 여성은 남성보다 교화하기 쉬우며 사회에 덜 위협적이라는 것도 관대한 처벌의 한 요인이 된다는 것이다.

　이와는 다르게 여성범죄자가 사법당국으로부터 일관되게 가벼운 처벌을 받는 것은 아니라는 주장이 있다. 데일리와 체스니린드 같은 여성주의적 범죄학자들은 여성범죄자가 가벼운 처벌을 받는 것은 가족주의적 사법(familial-based justice)에 근거하기 때문으로 본다(Chesney-Lind, 1987, 1989; Daly, 1987, 1989a, 1989b, 1994, 2008). 판사들은 처벌을 결정할 때 범죄행위뿐만 아니라 범죄자의 배경, 특히 가족관계를 고려하는 데, 전통적인 성별분업에 의하면 여성의 역할은 가사와 자녀양육이며 이러한 일차적인 여성의 역할을 가지고 있는 여성범죄자에게는 호의적인 반

---

18) 여기서 '성 인지적 관점'이란 각종 제도나 정책에 포함된 특정 개념이 특정 성에게 유리하거나 불리하지 않은지, 성 역할 고정 관념이 개입되어 있는지 아닌지 등의 문제점을 검토하고 특정 성이 가지고 있는 특성과 욕구를 반영하는 관점을 말한다.

응을 보인다. 여성을 처벌함으로써 양육과 보호가 필요한 자녀에게 치명적인 해를 끼칠 수 있다는 것을 고려하여, 그들 여성을 처벌하게 되면 어머니 없이 자란 아이들이 사회에 갖고 올 피해가 더 클 것으로 보고 전통적인 규범(어머니로서의 역할, 가사담당자로서의 역할)을 위배하지 않은 범죄자에 대해서는 관대한 처벌을 내리게 된다는 설명이다. 이처럼 전통적인 성 역할에 대한 고정관념은 일부의 여성범죄자에게는 관대한 처벌을 가져올 수 있지만, 이러한 고정관념에 부합되지 못하는 여성들에게는 더 불리한 결과를 낳기도 한다.

전통적인 여성성을 위반하지 않은 사건에 대해서는 가족을 보호하고 자녀를 보호한다는 논리로 가벼운 처벌을 내리지만 여성성을 위반했다고 인정되는 범죄의 경우에는 더 엄중한 처벌을 가한다. 많은 경우 남성범죄자와는 달리 여성범죄자는 법규칙을 위반했을 뿐 아니라 여성다움의 윤리를 어긴 것으로 해석되어 법적인 처벌에 더하여 사회로 부터도 부정적 반응을 받게 된다(double deviant). 예를 들어 남자청소년의 가출보다는 여성청소년의 가출이 더 문제시되고 위험한 것으로 간주된다. 왜냐하면 소녀들은 가정 내에서 가부장의 테두리 하에 있어야 하는 존재인데, 그것을 어겼기 때문이다. 또 소년들에게는 모험심과 성인에 대한 반항심 등이 있을 수 있는 일로 해석되지만 딸의 반항은 성인의 권위에 대한 반발일 뿐 아니라 남성에 대한 도전으로 해석된다. 이로 인해 일단 한번 가출을 하면 소녀들은 집에 귀가하기를 더 두려워하게 된다. 그 행동에 대한 처벌이 더 클 것이기 때문이다. 아내의 가출도 같은 맥락에서 이해될 수 있다. 남성들의 성적 일탈은 허용되지만 아내의 가출이나 혼외정사 등은 결코 허락되지 않는 것은 성에 대한 이중적인 윤리(double standard)가 적용되기 때문이다. 또한 정숙한 여자와 타락한 여자라는 이분법은 성매매 여성들을 일탈자로 낙인찍을 뿐 아니라 이들 여성의 성은 지켜줄 필요가 없다는 인식을 낳게 되었다고 주장한다.

이러한 여성주의 범죄학자들의 주장은 많은 경험적 연구를 이끌어 냈는데 범죄자의 처리과정에서 성차(gender disparity)가 실제로 얼마나 발생하는지에 대한 지금까지의 경험적 연구결과는 형사사법의 초기단계에서 성 고정관념이 작용하지만 양형 단계에서는 온정주의가 작용하거나 성차가 거의 없다는 것을 보여준다(Belknap, 2009: 183).[19] 그러나 이 주제에 대해서는 확실한 결론을 내리기는 이르며 앞으로 지속적인 연구의 축적이 필요하다.

(3) 젠더폭력 피해자로서의 여성과 형사사법

피해자로서의 여성에 대한 논의는 여성과 범죄(gender and crime)의 연구영역 중에서 가장 활발히 논의되어 왔다고 할 수 있다. 그 이유는 범죄피해자로서의 여성은 여성을 가부장제의 피해자로 보는 페미니즘의 설명과 가장 잘 부합하기 때문이다. 여성주의 학자들은 여성의 범죄행위보다는 여성이 피해자가 되는 범죄, 즉 여성에 대한 범죄행위인 아내구타나 성폭력, 스토킹 등에 더 큰 관심을 가지고 있다. 즉 어떻게 남성이, 사회가, 법 집행기관이 여성을 남성의 폭력으로부터 보호하는 데 실패했느냐, 즉 남성위주의 가부장제 이데올로기가 여성에 대한 폭력과 범죄를 정당화하는 기제와 과정에 관심을 가지고 있다.[20]

페미니스트 범죄학의 관점에서 보면, 각종 성폭력의 문제는 강제적으로 폭력을 사용하는 폭력행위로서 여성의 성을 소유하고 정복하고 지배하려는 공격적이고 폭력적인 남성적 성문화가 그 토양을 제공하고 있는 것이고, 여성을 통제하고 순종과 복종을 유도하는 수단이다. 성폭력 가해자에 대한 지배적인 시각은 남자는 성충동을 억제할 수 없으며 남성의 공격적인 성행동을 남성다운 행동으로 묵인하고 조장하는 사회분위기인 데 반해 성폭력 피해자에 대한 시각은 범죄의 피해자로서 보다는 성폭력을 유발하게 된 행실을 문제삼는 경향이 있다는 것이다. 예를 들어, 성폭력사건의 경우, 여자가 끝까지 저항하면 강간은 일어날 수 없다는 시각으로 여성의 암묵적 동의 가능성을 전제하는 경향이 있으며 강간을 폭력으로서가 아니라 성관계로 인식하려는 경향도 많이 가지고 있다. 또한 가정폭력 사건에 대한 경찰의 소극적 개입도 여성피해자를 보호하는 데 실패하고 있는 법집행의 현실을 보여주고 있다. 이러한 이해를 바탕으로 한 연구들은 성폭력 피해자에 대한 형사사법기관 또는 구성원들의 편견에 기초한 인식과 결정들의 문제점을 밝혀내고, 강간에 대한 법적 규정의 미비와 성폭력 범죄자에 대한 낮은 형벌이 여성의 성에 대한 가부장적 통제 메커니즘과 깊이 관련되어 있음을 폭로하는 데 열중하고 있

---

19) 데일리(Daly, 1994: 123)는 여성주의 학자들의 기대와는 달리 효과가 반대로 나타나거나 성차가 거의 없는 것으로 나오는 이유는 방법론적으로 관련 변수를 통제하지 않거나 질적인 차이를 제대로 반영하지 못했기 때문이라고 반박하고 있다.
20) 남성에 의한 여성에 대한 폭력은 크게 젠더폭력(gender violence)이라는 범주로 분류한다.

다.21)

러셀(Russell, 1984)은 한 사회의 가부장적 관계와 성폭력 발생수준의 관련성을 주장하였는데 국가 간 비교연구를 통해 성폭력범죄가 많이 발생하는 사회는 여성의 공적 영역 참여 정도가 낮고 전반적인 남녀 간 권력차이가 크다는 것을 밝혀냈다. 또 미국의 100개 도시의 30년 간 자료를 가지고 성 불평등과 성폭력 사이의 관계를 탐구한 연구에서는 성 평등의 단기적 효과로 성폭력이 늘어나지만(반발, backlash 현상) 장기적으로는 성 평등 수준이 높아질수록(즉 성 불평등 수준이 낮아질수록) 성폭력이 줄어든다는 것을 검증하였다(Belknap, 2009: 280-281).

한편 현재 혹은 과거에 친밀한 관계가 있는(던) 배우자나 애인에 의해 자행되는 폭력은 데이트폭력 또는 교제폭력, 아내구타, 스토킹을 포함한다. 벨크냅 (Belknap, 2009)은 이러한 폭력을 포괄적으로 친밀한 관계에서의 학대와 폭력 (intimate partner abuse)이라고 이름 붙였다. 통(Tong, 1984)은 친밀한 관계에서의 학대와 폭력을 네 가지로 분류하고 있는데, ① 신체적 폭력, ② 성적 학대, ③ 심리적 학대와 ④ 재산의 파손 및 애완동물 학대가 그것이다. 이러한 유형은 단독으로 나타나기도 하고 중첩되어 나타나기도 한다(Belknap, 2009: 364에서 재인용).

친밀한 관계에서의 학대와 폭력은 그 특성상 잘 드러나지 않고, 또 피해자들이 피해를 부인하기도 하며 또 그 관계를 떠나는 것이 오히려 더 큰 폭력을 초래한다는 두려움과 경제적 어려움, 심리적 의존 등 다양한 이유를 가지고 있다. 이러한 폭력발생의 원인은 이같은 폭력이 여성피해자에 대한 통제를 위한 가장 효과적인 수단이기 때문이다. 그리고 오랫동안 이러한 폭력과 학대는 형사사법기관에 의해 진지하게 받아들여지지 않았다. 가정사 또는 사적인 문제에 개입하지 않으려는 이러한 인식 때문에 피해여성들은 법적인 보호를 받지 못했으며 결국엔 이들 중 일부가 남편이나 애인에 의해 살해되거나 아니면 자기방어를 위해 학대를 일삼은 남편이나 애인을 죽였을 때 비로소 형사사법기관의 관심을 받게 된다.22)

---

21) 성관계에 동의하지 않았다는 것을 입증하는 책임을 여성피해자에게 부과하는 것, 여성의 행실에 대한 사회적 비난을 용인하는 것(피해자 비난), 그리고 성폭력범죄자에 대한 낮은 형벌은 오랫동안 여성들의 성(sexuality)에 대한 가부장적 통제 메커니즘으로 작용해왔다(Belknap, 2009: 277).

22) 한국여성의 전화가 2017년 한 해 동안 남성 배우자나 애인에 의해 살해된 여성을 추정한 결과 85명이었다. 살인미수를 포함하면 188명이 학대남성에 의해 살해되거나 살해당할 뻔 한 것이

이러한 연구결과는 강간죄 구성요소로 '비동의'를 강조하는 법 개정, 스토킹 범죄에 대한 처벌강화, 성폭력 피해자에 대한 2차 가해 금지 등 제도적, 정책적 개선을 위한 원동력이 되고 있다.

3. 평가와 함의

페미니즘의 관점에서 여성의 범죄행동을 연구하기 시작한 것은 기존의 주류 범죄학이론에서 여성은 보이지 않았기 때문이다(Belknap, 2009). 물론 여성이 연구 대상에 포함되기도 하고, 여성과 남성의 범죄율 차이를 설명하려는 시도가 없었던 것은 아니었으나 여성의 삶과 경험을 진지하게 분석하는데 까지 나아가지는 못하였다. 이러한 범죄연구 영역에서의 여성의 비가시성(invisibility of women)은 남성의 범죄행동에 대해서는 다양한 시각의 이론들이 소개되고 발전하였음에 비해서 소녀와 여성의 범죄행동에 대해서는 여전히 생물학적, 심리학적 원인에 머물러 있음으로써 상당한 기간 지속되었다.

1970년대에 와서 여성해방과 범죄에 대한 논쟁을 시작으로 해서 여성의 범죄행동을 이해하기 위해서는 '젠더'(gender)라는 렌즈가 필요하다는 것을 인식하였고 이후 여성범죄자의 삶에서 피해와 가해의 중첩이 특징적으로 나타나고 있음을 밝혀냈다. 또한 피해자로서 여성이 형사사법기관에서 어떤 방식으로 처리되는지에 대한 관심은 가정폭력과 성폭력의 피해자로서의 여성에 대한 학문적 탐구뿐 아니라 현실 속에서 가정폭력과 성폭력에 대한 경찰과 형사사법의 문제점을 제기하고 법 개정을 이끌어내는 데도 크게 기여하였다. 양형에 있어서의 성차에 대한 연구, 여성의 범죄경로(women's pathways approach)에 대한 연구결과들이 축적되고 있고, 더 나아가 형사사법 영역에 종사하는 여성들이 남성지배적 조직문화 속에서 어떤 경험을 하고 있는지에 대해서도 여러 연구가 진행되고 있다(Rabe-Hemp and Miler, 2018).

하이덴손(Heidensohn, 2012: 126-127)은 "여성주의 범죄학의 미래(the future of feminist criminology)"라는 논문에서 지금까지 40여 년 동안의 연구성과를 요약하고

다(한국여성의 전화, 2018: 1).

있는데, 첫째, 여성범죄가 생물학적, 심리학적 성적 특징이나 동기 때문이 아니라 사회적이고 경제적인 이유 때문에 발생한다는 것, 둘째, 많은 여성범죄자들은 피해와 가해의 경계가 모호하다는 것, 셋째, 범죄에 있어 젠더의 영향은 단일하지 않고, 계급(class), 인종(race)과 교차하여 나타난다는 것, 넷째, 여성범죄자에 대한 형사사법의 처리에 대한 기사도 주의 논쟁이 지속되고 있다는 것, 다섯째, 가정폭력, 성폭력, 인신매매(trafficking)에 대해 전지구적인 관심과 비교문화적 데이터의 수집과 연구가 가능해진 것, 여섯째, 여성주의 범죄학의 연구결과에 따라 법 개정과 사회복지 서비스의 개선이 이루어지고 있다는 것, 일곱째, 형사사법기관으로의 여성의 진출이 확대되고 있다는 것으로 정리하고 있다. 따라서 지금까지의 여성주의 범죄학의 성과에 대한 인정이 필요하다고 역설하였다.

한편 벨크냅(Belknap)은 여성주의 범죄학이 밝혀낸 여성의 고유한 경험, 특히 피해와 가해의 중첩으로 인한 여성범죄자들의 트라우마에 대한 성 인지적 치료 프로그램의 필요성을 점차 더 인식하고 있고 정책에 반영되고 있는 점을 큰 성과로 꼽았다(Belknap, 2009: 534). 여성범죄자의 재범위험성을 낮추기 위해서는 (남녀 모두에게 공통인 위험요인에 대한 처방과 함께) 여성에게 특화된 위험요인으로 나타나고 있는 분노, 우울 등의 심리적 증상, 그리고 학대경험과 역기능적 가족관계, 양육 스트레스 등에 대한 치료와 관리가 필요하며, 실제 교정 프로그램에서 이러한 요소들이 고려되기 시작하고 있다. 이것은 여성주의 범죄학이 가진 실천주의적 특성(action-oriented research)을 잘 나타내고 있으며 사회적 변화를 가져올 수 있도록 공공정책을 수립하는데 기여를 하고 있다는 점을 말해준다(Gelsthorpe, 2003; Chesney-Lind and Morash, 2013).

이러한 성과들이 축적되어 가고 있지만 여성주의 범죄학이 범죄학의 주류에 포함되고 있느냐에 대해서는 많은 여성주의 범죄학자들이 동의하고 있지 않다. 미국 범죄학회의 '젠더와 범죄'(gender and crime) 분과에 소속된 학자나 발표 지원자를 보면 엄청난 성장을 하였음에도 불구하고 여성이 미국 범죄학회 회장이 된 경우는 역대 40명의 회장 중에 11명으로 26%만을 차지하고 있고, 여전히 명망있는 저널에 게재되는 논문의 주저자의 성비를 보아도 높지 않다. 이것은 여전히 여성범죄학자, 구체적으로는 여성주의 범죄학자들의 위상이 높지 않다는 것을 의미한다(Chesney-Lind, 2020: 6-7).[23]

그렇다면 주류의 범죄학에서는 여성주의 범죄학에 대해 어떤 평가를 하고 있는가? 일단 양적인 수준에서 범죄학 교과서에 소개되는 여성주의 범죄학에 대한 내용을 보면 빈약하다. 이것은 한국의 범죄학 개론서에도 마찬가지이다. 여성주의 범죄학을 본격적으로 공부할 수 있는 기회가 많지 않았던 이유도 있고 페미니즘에 대한 오해와 혐오가 페미니즘을 차용하고 있는 여성주의 범죄학에 대한 저항을 초래하는 것에도 그 이유가 있다고 생각한다. 그럼에도 여성주의 시선으로 탐구해야할 영역이 여전히 존재하고 있고 끊임없이 후속세대들이 나오고 있으므로 여성주의 범죄학은 앞으로도 여성 고유의 특성과 범죄의 관계를 탐구하면서 발전을 해갈 것으로 확신한다.

---

23) 체스니 린드(Chesney-Lind)는 2019년 그녀의 미국범죄학회 회장 취임연설에서 "여성혐오시대의 여성주의 범죄학"이라는 주제로 발표하였는데 그 내용 중에 범죄학계에서 여전히 소수인 여성학자에 대한 우려를 표명하고 있다(Chesney-Lind, 2020).

참고문헌

김보환. (2004). 범죄 생물학: 육체가 범죄의 원천인가?, 동국대학교출판부.

박상기·손동권·이순래. (2001). 형사정책(제5판). 한국형사정책연구원.

심정택·김철수. (1994). 자본주의 사회와 범죄, 파란나라.

안진. (1988). 새로운 범죄학의 흐름. 한울아카데미.

한국여성의 전화. (2018). "친밀한 관계에 있는 남성에게 살해당한 여성 통계분석."

한인섭. (2006). 형벌과 사회통제. 박영사.

Adler, Freda. (1975). Sisters in Crime : The Rise of the New Female Criminal, N. Y : McGraw-Hill.

Akers, Ronald, L. (2000). Criminological Theories : Introduction and Evaulation 2nd Edition(민수홍 외 4명 역 『범죄학이론』), 지산.

Austin, Roy, L. (1981). "Liberation and Female Criminality in England and Wales," British Journal of Criminology 21: 372-390.

Becker, Howard, S. (1973). Outsiders: Studies in the Sociology of Deviance. Free Press.

Belknap, J. (2009). The Invisible Womean: Gender, Crime, and Justice(윤옥경 외 4명 역 『여성범죄학』), Cengage Learning.

Bernard, thomas J., Jeffrey B. Snipes and Alexander L. Gerould. (2012). Vold's Theoretical Criminology(이순래 외 7명 역, 『Vold의 이론범죄학』), 서울: 도서출판 그린.

Box, Steven, and Chris, Hale. (1983). "Liberation and Female Criminality in England and Wales," British Journal of Criminology 23: 35-49.

Chamlin, Mitchell, B. and Allen, E. Liska. (1992). "Declining significance of intergroup threat," pp. 103-112 in Social Threat and Social Control, edited by Allen E. Liska. Albany: Suny press.

Chesney-Lind, Meda. (1987). "Female Offenders : Paternalism Reexamined," pp. 14-140 in Women the courts and Equality, edited by L. L. Crites and W. l.

Hepperle, Newbury Park, CA : Sage.

_____ . (1989). "Girl's crime and woman's place: Toward a feminist model of female delinquency," Crime and Delinquency 35: 5−29.

_____ . (2020). "Feminist criminology in an era of misogyny," Criminology 58: 407−422.

Chesney−Lind, Meda and Merry Morash. (2013). "Transformative feminist criminology: A critical re−thinking of a discipline." Critical Criminology 21: 287−304.

Dalton, Katharina. (1961). "menstration and crime," British Medical Journal 5269: 1752−1753.

Daly, Kathleen. (1987). "Structure and practice of familial−based justice in a criminal court," Law and society Review 21: 267−290.

_____. (1989a). "Rethinking judicial paternalism: Gender, work−family relations, and sentencing," Gender and Society 3: 9−36.

_____. (1989b). "Neither conflict nor labelling paternalism will suffice: Intersections of race, ethnicity, gender and family in criminal court decisions," Crime and Delinquency 35: 136−168.

_____. (1992). "Women's pathways to felony court: Feminist theories of lawbreaking and problems of representation," Southern California Review of Law and Women's Studies 2(1): 11−52.

_____. (1994). "Gender and Punishment Disparity," pp. 117−133 in Inequality, Crime, & Social Control, edited by George S. Bridges and Martha A. Myers. Boulder: Westview Press.

_____. (2008). "Feminist perspectives in criminology: A review with Gen Y in mind. Perper forthcoming in The Handbook of Criminal Theory, edited by Eugene McLaughlin and Tim Newborn. London: Sage.

Daly, K. and Meda Chesney−Lind. (1988). "Feminism and criminology," Justice Quarterly 5(4): 497: 535.

Giddens, Anthony (2011). Sociology 6th Edition(김미숙 외 6명 역, 『현대사회학』), 을유문화사.

Gelsthorpe, Loraine. (2003). "Feminist perspectives on gender and crime: making women count." Criminal Justice Magazine 53: 8−9.

Heidensohn, Frances. (2012). "The future of feminist criminology," Crime Media and Culture 8(2): 123−134.

Jacobs, David and Ronald E. Helms. (1997). "Tesing coercive explanations for order: the determinants of law enforcement strength over time." Social Forces 75(4): 1361−1392.

Liska, Allen, E. Steve F. Messner. (2001). Perspectives on Crime and Deviance(3rd.) (장상희 역, 『일탈과 범죄사회학』). 서울; 경문사.

Liska, Allen, E. (1994). "Modeling the Conflict Perspective of Social Control," pp. 53−71 In Inequality, Crime, & Social Control, edited by George S. Bridges and Martha A. Myers. Boulder: Westview Press.

Liska, Allen E., and Jiang Yu. (1992). "Specifying and testing the threat hypothesis; political use of deadly force," pp. 53−68 in Social Threat and Social control, edited by Allen E, Liska. Albany: SUNY press.

Lombroso, Cesare. and Guglielmo Ferrero. (1895). The Female Offender with an introduction by W. Douglas Morrison. New York: D. Appleton.

Lynch, Michael J., Raymond J. Michalowski and W. Byron Groves. (2004). The New Primer in Radical Criminology: Critical Perspectives on Crime, Power and Identity(이경재 역, 『자본주의 사회의 범죄와 형벌』). 한올아카데미.

Marx Karl and Friedrich Engels. (1955). The Communist Manifesto. Arlington Heights, IL.: Crofts Classics.

Miller, Susan. (1998). Crime control and Women: Feminist implications of criminal justice policy. Thousand Oaks: sage.

Pollak, O. (1950). The Criminality of Women. University of Pennsylvania Press.

Pollock, J. M. (1999). Criminal Women, Cincinnati, OH : Anderson.

Quinney, R. (1980). "Class, State and Crime," pp. 131−140 in Classics of Criminology(3rd edition), edited by Joseph E. Jacoby.

Rabe−Hemp, Cara E. and Susan, L. Miller. (2018). "Special Issue : Women at Work in Criminal Justice Organizations," Feminist Criminology 13(3): 231−236.

Rusche, Georg and Otto Kirchheimer. (1968). Punishment and Social Structure. New Brunswick: Transaction.

Russell, Diana E. H. (1984). Sexual Exploitation Rape, Child Sexual Abuse, and Workplace Sexual Harassment. Beverly Hills, CA: Sage.

Siegel, Larry. (2020). Criminology; Theories, Patterns and Typologies(이민식 외 7명 역, 범죄학; 이론과 유형), 서울; 센게이지.

Simon, Rita. (1975). Women and Crime, Lexington MA: D. C. Hearth.

Simpson, Sally S. (1989). "Feminist theory, crime and justice," Criminology 27(4): 605－631.

Spitzer, S. (1975). "Toward a Marxian theory of deviance", Social Problems 22: 638－651.

Steffensmeier, Darrell J., and Cathy Streifel. (1992). "Time－series analysis of the female percentage of arrests for property crimes, 1960－1985: A test of alternative explanation," Justice Quarterly 9: 77－104.

Taylor, Ian, Paul Walton, and Jock Young. (1973). The New Criminology: for a social theory of deviance. New York: Harper Colophon Books.

Tong, Rosemarie. (1984). Women, Sex and the Law. Totowa, NJ.: Rowman and Allanheld.

Wattanaporn, Katelyn and Kristy Holtfreter. (2014). "The impact of feminist pathways research on gender－responsive policy and practice," Feminist Criminology 9(3): 191－207.

제11장

통합이론/발달범죄학

제1절 통합이론
제2절 발달범죄학

제11장 통합이론/발달범죄학

제1절 통합이론

1. 통합이론의 의의

다양한 범죄학 이론들을 통합하자는 논의가 시작된 데에는 크게 두 가지 이유가 있다. 첫째, 이론의 과잉 문제로서 너무 많은 이론들이 난립한다는 비판이 있다. 각 이론들은 나름대로의 이론적 가정을 기반으로 하고 있는데 이러한 가정들이 상호 모순되기도 한다. 둘째, 개별 이론들이 범죄현상을 충분히 설명하지 못하고 있다는 비판이 있다. 대부분의 이론들은 범죄원인에 있어서 특정한 측면만을 집중적으로 조명하거나 범죄현상에 대한 파편화된 정보만을 제공하고 있다는 것이다(신동준, 2014: 361).

그동안 범죄학 이론들은 다른 학문분야와 마찬가지로 이론적 발전과정을 거쳐 이러한 이론적 한계와 결함을 극복하고자 노력해 왔다. 이론의 전통적인 발전과정은 '경쟁적 접근방식'을 취하고 있다. 범죄현상을 둘러싸고 대립되는 이론적 주장들이 범죄학자들이 수행하는 경험적 연구들을 통해 검증되고, 그 결과 경험적 증거에 의해 지지를 받은 주장은 살아남고 그렇지 못한 주장들은 폐기되는 방식이다. 예를 들어, 사회유대이론은 부모의 범죄성 정도와 상관없이 부모와의 애착이 청소년비행을 줄인다고 주장한다. 이에 반해 사회학습이론은 범죄자

부모에 대한 애착은 학습과정을 통해 자녀의 가치관과 태도에 영향을 미쳐 비행의 위험성을 높일 것이라고 예상한다. 이와 같이 이론적 대립과 충돌의 문제는 구체적인 경험적 결과들이 축적되면서 한 이론은 신뢰성을 획득하고 다른 이론은 신뢰성을 잃어가는 방식으로 해소되는데, 이러한 과정이 이론의 발전을 견인한다는 입장이다.

하지만 경쟁적 접근방식에는 몇 가지 한계점이 존재한다. 첫째, 수많은 연구결과들이 일관되게 어느 한쪽의 이론적 주장만을 지지하는 경우는 현실에서는 거의 존재하지 않는다. 둘째, 아무리 연구방법적 엄격함을 추구하더라도 방법론적 한계(예: 주요 개념의 측정 등)가 없는 무결점 연구를 수행하는 것이 불가능하다. 셋째, 어느 한 이론을 채택한다고 반드시 경쟁관계에 있는 상대 이론은 배제해야만 하는 것은 아니다. 넷째, 이론 경쟁에서 살아남은 소수의 이론들만으로는 범죄현상을 충분히 설명하기 어렵다. 마지막으로, 경쟁 구도 속에서 이론가들은 자기가 지지하는 이론의 우월성을 부각시키는데 골몰하는 반면 상대 이론에 대해서는 약점을 지적하는데 열중하게 된다(Elliott, Ageton & Canter, 1979; Hirschi, 1989).

'이론 통합'(theoretical integration)은 경쟁에 의한 이론적 발전과정에 수반되는 문제점들을 해결하기 위한 대안적 접근방식이라고 할 수 있다. 한 마디로 여러 이론들로부터 차용한 변수와 명제들을 가급적 많이 포섭하여 범죄현상에 대한 설명력을 높이려는 시도라고 할 수 있다. 서바이벌 게임식 경쟁으로 이론 간 우열을 다투기 보다는 현상에 대한 논리적이고 체계적인 설명의 제공이라는 이론 본연의 역할에 보다 충실하고자 하는 데에 목적이 있다. 쏜베리(Terrence P. Thornberry)는 이론 통합을 "특정 현상에 대해 보다 종합적인 설명을 제공할 목적으로 논리적으로 연결되는 두 개 이상의 명제를 결합시키는 행위"(Thornberry, 1989: 52)라고 정의하고 있다. 아울러 그는 이론 통합이 갖추어야 할 몇 가지 조건도 동시에 제시하고 있다. 첫째, 이론 통합은 단순히 서로 다른 이론들 사이에 중복되는 개념들을 확인하거나, 보다 추상적인 개념이 그렇지 않은 개념을 흡수하는 정도 이상을 의미한다. 둘째, 이론 통합의 기본 단위는 개념이 아닌 명제가 되어야 한다. 셋째, 어느 한 이론에서 도출된 한두 가지 명제를 다른 이론에 추가하는 수준을 넘어서 명제들 간의 구조적 결합이 요구된다. 넷째, 통합과정에 의해 기존의 이론이 근본적으로 변경되어야 한다. 마지막으로 단순히 범죄현상에 대한 설명력이 양적으로 증가하는 것만이 아니라 범죄의 인과기제에 대한 이해와 설명이 질적으로 향상되는 것을 의미한다.

이론 통합의 유형

이론 통합은 통합방식을 기준으로 상하통합, 병렬통합, 순차통합으로 구분할 수 있다(Hirschi, 1979). 또는 통합되는 이론들의 수준에 따라 교차수준 통합, 거시적 수준 통합, 미시적 수준 통합으로 나눌 수도 있다(Messner, Krohn & Liska, 1989). 하지만 이러한 유형화가 상호배타적인 것은 아니며 대부분의 통합이론은 두 가지 분류방식에 따른 유형에 동시에 속한다. 예를 들어, 하나의 거시이론과 하나의 미시이론을 통합하면서 통합의 방식은 상하통합을 따를 수 있다. 이런 경우 상하통합 방식의 교차수준 통합에 해당한다.

가. 상하통합(up-and-down integration)

가장 고전적인 형태의 이론 통합이다. 일반성이나 추상성이 상대적으로 높은 이론으로 그보다 수준이 낮은 이론을 포섭하는 방식을 말한다. 상하통합에는 '이론 감소'(theoretical reduction)와 '이론 합성'(theoretical synthesis)의 두 가지 방법이 있다. 이론 감소는 A이론과 B이론을 통합할 때 만약 A이론이 더 일반적이고 추상적인 이론적 가정을 포함하고 있다면 B이론의 주요 내용을 A이론에 적용시키는 방법이다. 대표적인 예로는 차별적 강화이론이 일반적인 행동주의 원리를 적용하여 차별적 접촉이론을 포섭한 것을 들 수 있다. 두 이론이 모두 미시이론이라는 점에서 미시적 수준 통합에 해당한다. 하지만 이러한 방식은 포섭당한 이론으로부터 강제적으로 이론적 정체성을 박탈하는 결과를 초래할 수 있다는 점에서 일종의 '이론적 제국주의'(theoretical imperialism)에 해당한다는 비판이 있다. 이론 합성은 A이론과 B이론에서 보다 일반적인 이론적 가정을 추출한 뒤 이를 결합하여 제3의 C이론을 만드는 방법이다. 이론 감소에 비해 훨씬 이상적인 통합방식이지만 합성과정의 어려움 때문에 실제로 사회과학 분야에서는 찾아보기 힘들다.

나. 병렬통합(side-by-side integration)

가장 손쉬운 방식의 이론 통합에 속한다. 설명하고자 하는 범죄나 범죄자 집단을 가장 잘 설명할 수 있는 범죄학 이론별로 분할하는 방식이다. 범죄를 청소년비행과 성인범죄 또는 경범죄와 중범죄로 구분한 뒤 전자는 A이론을, 후자는 B이론을 지정하여 설명하는 방식이 하나의 예라고 할 수 있다. 범죄자를 성별, 사회경제적 지위, 성장 환경 등에 따라 구분한 뒤 각각 최적의 이론을 적용할 수도 있다. 예를 들어, 엘리엇과 동료들(1979)의 통합모형은 행위자를 사회적 유대가 강한 청소년 집단과 약한 집단으로 구분한 뒤, 전자의 범죄는 긴장이론으로 후자의 범죄는 차별적 접촉이론으로 각각 설명하였다. 또한 미시이론과 거시이론을 병렬적으로 적용하는 교차수준 통합도 가능하다. 예를 들어, 매우 드물게 발생하며 상식적으로 이해하기 어려운 범죄행위는 심리학적 범죄학이론과 같은 미시이론으로, 사회 전반에 걸쳐 보편적으로 발생하고 이해하기 쉬운 범죄행위는 사회구조이론과 같은 거시이론으로 설명하는 방식이다.

다. 순차통합(end-to-end integration)

인과관계의 차원에서 각 이론에 속한 변수들의 시간적 순서를 정한뒤 한 이론의 종속변수가 다른 이론의 독립변수가 되도록 하여 이론들을 병합하는 방식이다. 여러 이론들을 인과관계에 입각하여 연결한다는 점에서 가장 논리적인 형태의 통합이라고 말할 수 있다. 순차통합이 가능한 이유는 다양한 범죄 원인들이 범죄행위라는 결과로부터 시간적으로 얼마나 멀리 위치하는가에 따라 서열화될 수 있기 때문이다. 크게 보면 범죄 원인은 '근접 원인'(immediate causes)과 '원격 원인'(remote causes)으로 구분할 수 있다. 근접 원인은 범죄행위에 즉각적이고 직접적인 영향을 미치는 조건으로서 결과에 미치는 영향이 다른 조건에 의해 매개되지 않는다. 예를 들어, 법위반에 대해 긍정적 태도와 같은 개인적 차원의 신념과 태도 등이 있다. 원격 원인은 다른 조건을 매개로 간접적으로 범죄행위에 영향을 미치는 조건이다. 대표적으로 사회경제적 지위, 인구통계학적 특성, 성장 환경 등이 이에 속한다.

앞에서 병렬통합의 예로 언급한 엘리엇과 동료들(1979)의 통합모형은 순차통합의 예에도 해당된다. 가정환경 등의 이유로 부모와 제대로 된 애착관계를 형성하지 못한 청소년들은 비행청소년집단과 교류할 가능성이 높아지고 이로 인해 비행에 우호적인 태도를 학습하여 비행을 저지르게 된다. 이때 사회통제 변수는 원격 원인, 차별적 접촉은 근접 원인에 해당된다.

거시이론은 범죄를 유발하는 전체 사회 또는 지역공동체 차원의 맥락적 조건들을 다루는데 이러한 조건들은 원격 원인에 속한다. 반면에 미시이론은 주로 범죄의 근접 원인인 개인적 조건을 취급한다. 따라서 순차통합을 할 때에는 거시이론과 미시이론을 인과관계에 따라 결합하는 교차수준방식이 보다 유용하다. 그렇지만 같은 수준의 이론들 사이에도 순차통합이 불가능한 것은 아니다. 예를

들어, 로버트 버식(Bursik, 1989)은 거시이론인 갈등이론과 사회해체이론을 접목
시키고자 시도했다. 먼저 주거환경, 경제활동 등 지역사회의 각종 문제를 둘러싼
정치적 결정이 이루어지는 과정은 갈등이론의 시각에서 비판적으로 분석하였다.
그리고 이러한 결정이 지역사회 통제 차원에서 불리한 조건들을 초래하여 범죄
의 증가에 이르는 과정은 사회해체이론으로 설명하였다.

2. 대표적 통합이론

(1) 엘리엇(Delbert S. Elliott)과 동료들의 통합이론

엘리엇과 동료들(1979)은 긴장이론, 사회통제이론 그리고 사회학습이론을 결
합한 통합이론을 제시했다. 먼저 긴장이론과 사회통제이론을 결합하여 성공 기회
의 제약으로 인한 유발된 긴장이 어떻게 사회유대의 개인차에 의해 조건화되는지
설명했다. 두 이론의 연결고리 역할은 '성공에 대한 열망'이 담당했다. 성공에 대
한 열망이 범죄에 미치는 영향은 긴장이론과 사회통제이론에서 정반대 방향으로
작동된다. 긴장이론에 의하면 긍정적 목표를 달성하기 위한 기회가 차단되었다고
느끼는 개인에게 성공에 대한 높은 열망은 관습적 수단을 포기하고 불법적 수단을
선택하게 만드는 요인이 된다. 반면 사회통제이론의 경우 높은 성공 열망은 교육
과 같은 제도화된 수단에 대한 몰입을 높여 범죄의 유혹에 빠지지 않도록 하는 규
범적 통제기제로 작용한다.

그런데 엘리엇과 동료들은 개인에 따라 사회질서와의 유대정도가 다르다고
가정한다. 사회질서와의 유대정도는 주로 가정과 학교를 중심으로 이루어지는 사
회화과정에 의해 결정된다. 가족관계, 또래관계, 학업 등에 있어서 성공과 실패,
긍정적 자극과 부정적 낙인 등은 사회유대를 강화 또는 약화시킨다. 그런데 중요
한 점은 관습적 목표를 달성하기 위한 제도적 기회가 차단되었을 때 사회유대의
개인차가 상이한 방식으로 개인의 행동에 영향을 미친다는 사실이다. 사회유대가
강하고 관습적 목표에 대한 전념 정도가 높은 사람은 기회가 차단되었을 때 긴장
이론의 주장대로 긴장이 발생하고 이를 해소하기 위한 방편으로 비제도적, 즉 불
법적 수단을 동원하게 된다. 하지만 처음부터 사회유대가 약하고, 따라서 제도적
목표에 그다지 전념하지 않는 사람은 비록 성공기회가 제약되더라도 이로 인한 부

정적 영향을 별로 받지 않게 된다.

그 다음으로 엘리엇과 동료들의 통합이론은 사회통제이론과 사회학습이론을 결합한다. 사회통제이론은 사회적 유대가 약하기 때문에 청소년이 범죄를 저지른 다고 주장하지만 엘리엇과 동료들은 이것만으로는 충분한 설명이 되지 않는다고 비판한다. 청소년의 비행행위가 특정 사회집단으로부터 지지를 받거나 보상으로 이어질 때 비행행위가 유지된다는 점을 고려해야 한다는 것이다. 따라서 비행 또 래집단은 사회적 유대가 약한 청소년이 비행을 시작하고 지속하는데 필수적인 사 회적 조건을 제공한다고 볼 수 있다는 것이다.

종합하면 한 개인이 범죄와 비행을 저지르게 되는 인과과정은 두 개의 경로 로 나누어 설명된다. 첫 번째 경로는 가정과 학교 등 관습집단과의 유대가 약한 청소년이 비행 또래집단과 접촉하면서 범죄에 대한 학습이 이루어지는 과정이다. 두 번째 경로는 초기엔 관습적 집단과의 사회적 유대가 강한 청소년들이 문화적으 로 가치 있는 성공 목표에 몰입하지만 이를 성취하기 위한 제도적 수단과 기회가 제약됨으로 인해 긴장이 형성되고 이로 인해 사회적 유대를 느슨해지는 반면 비행 또래집단과의 유대는 강화되어 범죄를 학습하게 되는 과정이다.

(2) 헤이건(John Hagan)의 권력통제이론

헤이건(Hagan, Gillis & Simpson, 1985)은 마르크스주의 범죄이론과 페미니스트 범죄이론과 같은 비판적 범죄학을 사회통제이론과 결합한 통합이론을 제시했다. 사회의 계급구조와 전통적 가부장제가 어떻게 가정 내에서 자녀의 성별에 따른 차 별적인 양육방식으로 적용되고 범죄성의 차이로 이어지는 설명하고자 했다. 권력 통제이론은 모든 성인 가족구성원이 그가 속한 직장과 가정에서 특정한 권력적 지 위를 차지하고 있다고 전제한다. 그리고 직장에서의 권력적 지위는 가정 내에서 가족구성원들과의 사회적 관계 속에 작동되는 권력과 밀접하게 연관되어 있다고 가정한다.

마르크스주의에 따르면 자본주의 사회에서 태어난 개인은 생산과정에서 어떠 한 역할을 수행하는가에 따라 그 지위가 결정된다. 직장 내에서 한 개인이 차지하 고 있는 지위는 그 사람의 사회적 계급을 대표하며 그가 행사할 수 있는 권력이나 통제력의 성격과 규모를 결정짓는다. 회사 사장은 전체 직원과 생산과정에 대한 통제력을 행사하고, 관리자나 감독자는 자신의 책임 하에 있는 직원의 업무와 작업에 대한 통제권을 갖는다. 반면 일반 임금노동자들은 직장 내에서 거의 통제권을 갖지 못한 채 일방적인 지시 속에서 노동력을 팔아 임금을 받는 지위에 있다.

그런데 이러한 직장에서의 권력적 지위가 가족구성원 간의 권력관계에 반영된다는 게 헤이건의 주장이다. 헤이건은 모든 가정을 가부장적 권력구조를 가진 가정과 평등한 권력구조를 가진 가정으로 구분했다. 가부장적 가정의 남편은 직장에서 권력적 지위를 차지하고 있는 반면 아내는 전업주부이거나 직장을 다니더라도 권력적 지위에 있지 않다. 이러한 가정에서는 남편의 직장에서의 권력과 통제력이 가족관계 속에서도 그대로 유지된다. 따라서 남성과 여성 간의 젠더계층화가 뚜렷하며 아내는 남편의 통제에 종속된다. 또한 남성은 생산활동에, 여성은 가사활동에 종사해야 한다는 식의 전통적 성역할에 대한 인식이 강하다. 이에 반해 평등적 가정의 남편과 아내는 맞벌이부부로서 직장 내 지위의 격차가 별로 크지 않다. 따라서 가정 내에서도 남편과 아내 사이에 비교적 수평적 권력관계가 유지된다. 가부장적 가정에 비해 젠더계층화가 약하고 성역할에 대한 고정관념도 덜하다.

가정 내에서 권력이 젠더구조화된 정도는 부모가 자녀를 양육하는 방식에 영향을 미친다. 가부장적 가정에서는 아들에 비해 딸의 행동을 더 엄격히 감시하고 통제한다. 딸들에게 전통적인 성역할의 범주에서 벗어나지 않도록 요구하고, 엄마처럼 남성의 권위에 순종하는 여성이 되도록 그들을 사회화시킨다. 어려서부터 딸들은 모험적이거나 일탈적 행동을 못하도록 제약당하기 때문에 사춘기 동안 비행이나 범죄에 별로 가담하지 않는다. 하지만 같은 부모에게서 길러진 아들들은 상대적으로 자유롭게 위험하거나 일탈적인 행동들을 저지른다. 또한 아들들은 어려서부터 다른 사람을 통제하는데 익숙해지도록 사회화된다. 그 결과 가부장적 가정에서 자란 남자아이들은 여자형제에 비해 더 많은 범죄와 비행을 저지르게 된다. 반면 평등적 가정에서는 딸과 아들에 대한 부모의 감시와 통제가 별반 다르지 않다. 또한 젠더 사회화를 통해 자녀들이 고정된 성역할을 받아들이도록 하지도 않는다. 따라서 이러한 가정에서는 자녀들이 저지르는 비행과 범죄의 정도에 있어서 성별 차이가 뚜렷하게 나타나지 않는다.

(3) 콜빈(Mark Colvin)과 폴리(John Poly)의 마르크스주의 통합이론

콜빈과 폴리(Colvin & Pauly, 1983)는 마르크스주의 범죄이론과 사회통제이론을 결합한 통합이론을 제시했다. 자본주의 사회에서 자본가계급은 자신들의 이익을 극대화하기 위해 생산과정에 노동자계급을 보다 효과적으로 통제하려고 한다. 노동자계급은 세 가지 부류로 나뉠 수 있으며 각각 다른 유형의 통제방식이 적용된다. 미숙련 저임금 노동자에게는 강압적인 통제방식을 적용하고 노동조합에 가입한 산업체 노동자에게는 물질적 보상을 통해 통제한다. 고숙련 노동자나 고임금 전문가들은 업무적 자율성과 의사결정권한을 부여하거나 동료직원들보다 높은 지위를 제공하는 방식으로 자본가 계급의 명령에 순응하도록 만든다.

그런데 이러한 노동자의 지위에 따라 차별적인 통제방식이 가정에서 이루어지는 부모의 양육방식과 연관되어 있다는 게 콜빈과 폴리의 핵심적 주장이다. 그들에 따르면 가장 문제가 되는 부류는 미숙련 저임금 노동자 집단이다. 직장 내에서 강압적인 통제방식에 익숙해진 이들은 가정에서 자녀들을 같은 방식으로 양육한다. 즉 강압적이고 과도하며 일관성이 결여된 처벌로 자녀들이 부모의 요구에 순응하게 만들고자 한다. 하지만 이러한 그릇된 양육방식은 부모와 자녀 사이에 정상적인 유대관계가 형성되는 것을 방해한다. 또한 이러한 가정의 자녀들은 학교에서도 선생님과도 유대관계를 맺지 못하고 낮은 학업성취도와 소외감을 겪는다. 결국 주류 사회와의 단절을 경험하고 있는 비슷한 처지의 비행청소년들에게로 이끌리게 되고 비행에 가담하게 된다.

3. 통합이론에 대한 평가

(1) 통합이론의 장점

통합이론의 첫 번째 장점으로 일반성(generality)의 측면에서 찾을 수 있다. 일반성이란 특정 이론으로 설명이 가능한 일탈의 범위를 나타내는 속성이다. 일반성이 높을수록 더욱 다양하고 폭넓은 유형의 일탈에 대한 설명을 제공하며 일반성이 낮을수록 제한된 범위의 현상만을 설명한다. 일반성은 '좋은 이론'(good theory)이 갖추어야 할 요건에 속한다(Akers, 1997; Tittle, 1995). 당연히 통합이론은 여러 범죄이론들을 포함하기 때문에 보다 다양한 영역의 범죄현상에 대한 종합적인 설명을 가능하게 해주는 장점이 있다.

두 번째 장점은 경험적 타당성(empirical validity)이 높다는 점이다. 높은 경험적 타당성 역시 좋은 이론이 갖추어야 할 필수 요건으로서 이론의 주장이 경험적 연구를 통해 지지를 받을수록 타당성은 높아진다. 통합이론은 여러 범죄이론들 중 이미 경험적으로 검증된 명제들을 선별한 뒤 이들을 결합하기 때문에 전체적으로 경험적 타당성을 높일 수 있다.

(2) 통합이론의 단점

통합이론의 첫 번째 문제점은 여러 이론들로부터 도출된 명제들을 결합하다 보니 종종 논리적으로 양립하기 어려운 가정에서 출발하게 된다는 점이다. 예를 들어, 인간본성에 대해 각각 성악설과 성선설을 바탕으로 하고 있는 두 개의 이론들을 통합한 이론은 내적 일관성이 결여되고 이론적 가정과 명제가 모순적일 수 있다. 같은 맥락에서 허쉬는 엘리엇과 동료들의 통합이론을 비판하고 있는데 긴장이론, 사회통제이론, 사회학습이론의 이론적 가정은 상호충돌하기 때문에 어느 한 이론을 근본적으로 왜곡하지 않고서 통합하다는 것이 불가능하다고 말한다(Hirschi, 1989). 이러한 이유로 통합이론은 좋은 이론이 갖추어야 할 핵심적 요소인 내적 일관성(internal consistency)이 결여되어 있다는 비판을 받는다.

다음으로 통합이론은 자칫 이론의 내용보다 형식의 문제에만 치중하는 문제를 야기한다. 이론이란 특정 현상에 대해 정확한 설명을 제공하는 것이 궁극적 목적이다. 그런데 이론을 통합하는 과정에서 이와 같은 이론의 본질로부터 관심이 멀어지고 오히려 이론들 사이에 존재하는 차이들을 조화롭게 결합하는 문제에 골몰하게 될 위험성이 있다. 이렇게 상충되는 이론적 가정들을 (때로는 억지로) 조율하려는 노력 속에서 이론마다의 강점과 차별성이 희석되어 버리는 결과를 나을 수 있다. 이는 '통합의 비용'으로 이해할 수 있다. 좋은 이론이 갖추어야 할 요건 중에는 간명성(parsimony)이 있다. 가급적 간결하게 기술된 적은 수의 명제로 넓은 범위의 현상을 설명하는 특성을 말한다. 통합이론이 다양한 이론적 명제들을 단일한 울타리 속에 포섭하여 이론적 설명력은 향상되지만 그 대신에 내용적 간명성이라는 비용을 지불해야만 한다.

제 2 절 발달범죄학

1. 발달범죄학의 의의

발달범죄학은 행위자의 생애과정이라는 맥락 속에서 범죄를 설명하려는 이론적 사조를 일컫는다. 발달범죄학 이론가들은 기존의 범죄학이론들이 범죄성을 일종의 불변적인 특성처럼 취급하는 태도를 비판한다. 이들에게 범죄성이란 행위자가 태어나고 성장하고 살아가는 전 과정 속에서 경험하는 다양한 요인들과의 상호작용 속에서 변화해 가는 역동적인 개념이다. 범죄자는 자신이 속한 연령대에 따라 상이한 요인들에 의해 차별화된 영향에 노출된다. 예를 들어, 아동기나 청소년 초기에는 부모의 영향이 절대적이지만 청소년 중기 이후에는 부모의 영향은 감소하는 반면 또래의 영향이 증가하고 성인기에 접어들면 또래의 영향도 현저히 감소한다. 따라서 범죄성에 영향을 미치는 요인이 아동, 청소년, 성인별로 같지 않다고 보는 게 합리적이라는 것이다.

또한 발달범죄학은 단순히 범죄행위의 실행 여부를 기준으로 범죄자와 비범죄자를 구별하는 단선적 관점을 지양한다. 범죄자별로 최초로 범죄를 저지른 나이, 범죄행위를 지속한 기간, 범죄를 그만둔 나이 등이 다양하다. 어떤 범죄자는 어린 나이에 일찌감치 비행을 저지른 이후 평생에 걸쳐 범죄자의 삶을 벗어나지 못한다. 반면 어떤 범죄자는 사춘기를 겪으면서 한때 비행을 저질렀지만 나이가 들면서 점차 범죄와 멀어지기도 한다. 저지르는 범죄의 성격도 사람에 따라 다양한 모습을 띈다. 비슷한 유형의 범죄를 반복적으로 저지르는 사람이 있는가 하면 특정 유형에 국한되지 않은 채 다양한 스펙트럼의 범죄를 저지르는 사람이 있다. 또한 어떤 사람은 나이가 들수록 점점 더 심각한 범죄를 저지르는 반면 어떤 사람은 시간이 갈수록 덜 심각한 범죄를 저지르기도 한다.

발달범죄학의 이론적 가정들은 연령과 범죄 간의 상관관계에 대한 해석을 놓고 기존의 범죄학이론들과 충돌하게 되었다. 미국의 범죄통계를 분석해보면 범죄율은 연령집단에 따라 큰 차이를 나타낸다. 대체적으로 후기 아동기와 초기 청소년기에 해당하는 10~14세 연령대에 비행행위가 시작된 후 점차 범죄율이 증가하다가 중기와 후기 청소년기인 16~17세에 가장 높은 범죄율을 기록하고 이후 성인기에 접어들면서 범죄율이 급격히 감소한다. 이러한 현상에 대해 전통적 범죄학은 범죄성향(criminal propensity)을 근거로, 발달범죄학은 범죄경력(criminal career)이라는 개념을 적용하여 설명한다.

범죄성향 설명모형은 연령과 범죄율 간의 상관관계가 범죄자들의 범행 빈도 변화를 나타내는 것이며 범죄자의 숫자의 변화를 보여주는 것은 아니라고 주장한다. 갓프레드슨과 허쉬(Gottfredson & Hirschi, 1986)에 의하면 범죄성향은 대략 4~5세 어린 나이에 형성되며 평생 동안 큰 변화 없이 유지된다. 따라서 처음부터 범죄성향을 가진 집단과 그렇지 않은 집단이 구분되며 범죄율은 주로 전자 집단이 저지르는 범죄를 반영한다. 20세 이후의 범죄율이 감소한 이유는 단지 범죄성향 집단이 성인기에 접어들면서 성숙해졌기 때문이다. 쉽게 말해 나이가 들어 철이 들면서 개별 범죄자들이 예전보다 범죄를 덜 저지르게 된 결과라는 것이다.

반면 범죄경력 설명모형은 범죄율의 변화는 범죄행위 참여자 숫자 자체의 변화를 반영한다고 주장한다. 달리 말해 16~17세 연령집단이 가장 높은 범죄율을 나타내는 이유는 이 시기에 범죄행위에 가담하는 청소년들이 가장 많기 때문이며 성인기에 접어들자 범죄율이 급감하는 이유는 일부를 제외하고 다수는 범죄행위를 중지하기 때문이다. 20대 초반 이후에도 범죄에 가담하는 자들은 '경력 범죄자'(career criminals)가 되어 지속적으로 높은 범죄성을 나타낸다(Blumestein, Cohen, Roth & Visher, 1986).

연구방법적 측면에서도 범죄성향과 범죄경력 설명모형은 확연한 대조를 보인다. 전자는 특정 시점을 기준으로 행위자들의 개인적 성향 차이를 조사하는 횡단적 연구가 적절하다고 보는 입장이다. 한 사람의 생애과정을 통해 범죄성향은 큰 변화 없이 안정적으로 유지되기 때문에 특정 시점을 기준으로 한 번의 조사만으로도 충분하다는 것이다. 하지만 후자는 행위자의 생애과정을 따라 반복적으로 추적 조사하는 종단적 연구방법이 필수적이라고 주장한다. 생애과정의 각 시점에 따라 다른 요인들이 행위자에게 차별적인 영향을 미치며 이를 통해 범죄성의 지속, 중지, 강화, 약화 등의 역동적 변화가 생겨나기 때문이다.

2. 발달범죄학의 이론적 전개

(1) 발달범죄학의 초기 주요 연구들

하버드대학 로스쿨의 부부 교수였던 셸던 글룩(Sheldon Glueck)과 엘리너 글룩(Eleanor Glueck)이 수행한 일련의 종단 연구들은 발달적 범죄학의 개념적 토대를 제공했다는 점에서 중요한 의미를 갖는다. 20세기 초기부터 중기까지 범죄와 비행에 관해 네 번에 걸쳐 각각 다른 종단 연구를 진행하였고 이때 수집된 방대한 양의 자료는 발달범죄학의 발전에 크게 기여했다. 글룩 부부는 아동과 청소년이 일찌감치 범죄행위를 시작하는 데에는 낮은 지능, 정신질환 등의 생물학적 요인과 더불어 불우한 가정환경, 낮은 사회경제적 지위, 학습능력 부족 등 사회학적 요인들이 중요하게 작용한다는 사실을 확인했다. 그리고 10년간의 추적 조사결과 반사회적 성향을 가진 사람들은 청소년기를 거쳐 성인기에 이르기까지 지속적으로 범죄를 저질러왔음을 확인할 수 있었다.

그런데 이와 같은 범죄행동의 지속성이 모든 범죄자들에게서 공통적으로 나타나지는 않았다. 연구 대상자들의 일부는 나이가 들면서 범죄를 중단하거나 덜 심각한 범죄쪽으로 옮겨가기도 했다. 20대 초반의 범죄자, 510명을 대상으로 한 연구에서 출소 후 5년 동안에는 약 21%만 재범을 저지르지 않았지만 그로부터 5년 후에 다시 실시된 조사에서는 30%가, 마지막 추적 조사에서는 41%가 비범죄자군에 속했다(Glueck & Glueck, 1943/1976). 또 다른 연구에서는 비행청소년 500명과 일반청소년 500명을 선정한 뒤 그들이 25세와 31세가 되는 때 두 차례에 걸쳐 조사를 실시했다. 첫 번째 조사에서는 비행청소년 집단의 20%만 범죄행위를 중단하였는데 두 번째 조사에서는 범죄중단 비율이 50%로 증가했다. 일반청소년 집단의 경우에는 성인이 될 때까지 법을 잘 준수하는 삶을 유지하고 있었다(Glueck & Glueck, 1968).

초창기 발달범죄학의 발전에 기여한 또 다른 중요 연구로는 울프갱(Marvin E. Wolfgang)과 동료들의 필라델피아 코호트 연구가 있다. 그들은 1945년 출생자 중에서 10세부터 18세의 기간 동안 필라델피아 시에 거주한 청소년들을 조사했다. 전반적으로 보면 연령이 높아질수록 비행청소년의 비율도 증가했는데 가장 비행을 많이 저지르는 연령은 16세였다. 그런데 이러한 비행청소년들의 46%는 단지 한 번만 범죄에 가담한 것으로 나타났다. 반면 소수의 비행청소년들이 전체 범죄의 절반 이상을 집중적으로 저질렀으며 이러한 청소년들의 약 45% 가량은 30세가 되었을 때 성인 범죄자가 되는 것으로 밝혀졌다. 반면 청소년기에 비행을 저지르지 않은 청소년들의 82%는 성인이 되어서도 여전히 비범죄자군에 속했다(Wolfgang, Figlio & Sellin, 1972/1987).

그런데 울프갱과 동료들이 10세부터 30세까지 각 연령대별 범죄자 일인당 평균 범행횟수를 분석한 결과 대략 1.2건에서 1.8건 사이로 별 차이가 없었다. 그렇다면 16세를 중심으로 범죄율이 점증적 증가하다가 정점에 이른 뒤 급격히 하락하는 현상은 각 범죄자들이 저지르는 범행건수의 변화라기보다는 각 연령대에 속한 범죄자 수의 변화 때문인 것으로 해석하는 것이 논리적이다. 연령과 범죄성 간의 상관관계에 대한 범죄경력 설명모형의 타당성을 지지하는 결과라고 하겠다.

(2) 쏜베리(Terrence P. Thornberry)의 상호작용이론

쏜베리의 상호작용이론은 발달범죄학의 초기 이론이면서 동시에 통합이론에도 해당된다. 쏜베리는 당시 대표적인 범죄학이론인 사회유대이론과 사회학습이론의 한계점을 지적했다. 첫 번째 한계점은 이들 이론들이 행위자들의 성장발달단계에 따른 변화를 반영하지 못하고 있다는 사실이다. 비행과 범죄는 성장발달 각 단계별로 다양한 요인들과의 영향관계 속에서 지속적으로 변화하는 역동적인 과정으로 이해되어야 한다는 것이다. 다음으로 기존의 이론들이 일방향적 인과구조에만 의존하고 있는 점을 지적했다. 각 이론별 원인변수들과 범죄행위가 상호 영향을 주고받는 관계에 있다는 사실이 간과되었다는 것이다. 마지막으로 쏜베리는 단일 범죄이론이 가진 설명력의 한계를 지적하며 두 개 이상의 이론에서 도출된 명제들을 결합하여 범죄현상에 대해 보다 포괄적인 설명을 제공하고자 하였다(Thornberry, 1987).

쏜베리의 상호작용이론은 사회유대이론과 사회학습이론을 결합한 합성이론이다. 사회유대이론에 의하면 가정, 학교 등 관습적 사회제도들과의 유대 약화는 비행의 증가에 직접적인 영향을 미친다. 그러나 쏜베리는 사회유대의 약화가 비행으로 바로 이어지는 게 아니라 단지 청소년들에게 더 많은 행동의 자유를 부여할 뿐

이라고 생각했다. 따라서 늘어난 행동의 자유가 비행으로 진행되기 위해서는 매개
요인이 필요한데 비행또래들과의 교류와 반사회적 가치의 수용 등이 그 역할을 담
당한다는 것이다(Thornberry, Lizotte, Krohn, Farnworth & Jang, 1991).

쏜베리에게 사회유대의 약화는 비행이 시작되는 출발점으로써 그의 이론모형
에서 가장 핵심적인 요인이다. 그런데 그는 사회유대를 고정불변의 특성이 아니라
다양한 요인들의 영향을 받아 지속적으로 변화하는 변수로 이해했다. 최초에는 사
회경제적 지위, 인종, 성별, 주거조건 등의 구조적 요인들에 의해 사회유대의 강도
가 결정된다. 하지만 성장과정에 비행또래들과의 교류, 반사회적 가치와 태도의
습득을 통해 사회유대가 점차 약화된다. 또한 사회유대의 구체적 요소들도 상호
영향을 주고받는다. 예를 들어, 부모와의 애착은 학교에 대한 전념에 영향을 미치
거나 또는 역방향의 영향도 발생할 수 있다. 가장 중요하게는 범죄와 비행에 가담
한 경험이 사회유대에 영향을 미친다. 사회유대와 비행 간에는 성장발달과정에 따
라 상호교차하면서 영향을 주는 일종의 '순환적 인과관계'가 존재한다고 볼 수 있
다. 즉 부모와의 유대관계가 좋지 않은 청소년들일수록 비행을 저지르고 이렇게
비행에 가담하게 되면 이로 인해 역으로 부모와의 관계가 더욱 안 좋아지는 식이다.

상호작용이론은 사회유대이론에서 도출된 개념인 부모에 대한 애착, 학교에
대한 전념, 관습적 가치의 신뢰와, 사회학습이론의 이론적 개념인 비행친구와 교
류와 비행가치의 수용으로 구성되어 있다. 청소년 시기에 따라 이러한 변수들 간
의 인과관계가 변화한다고 가정하고, 이론 모형을 청소년 초기(11~13세), 청소년
중기(15~16세), 청소년 후기(18~20세)로 구분하여 제시하고 있다. 부모에 대한 애
착은 세 모형 모두에 있어서 최초의 원인변수로 설정하고 있다. 하지만 부모에 대
한 애착이 직간접적으로 비행에 미치는 영향은 청소년 초기에는 강한 반면 중기에
는 감소하다가 후기에 이르면 점차 사라지는 것으로 보았다. 그 대신 청소년 중기
와 후기에는 학교와 친구들의 영향이 상대적으로 두드러지는 것으로 보았다.

(3) 범죄자 유형화 모형

발달범죄학 분야에서는 아동기에서 시작하여 청소년기를 거쳐 성인기에 이르
는 과정에서 발견되는 특징들을 기준으로 범죄자를 유형화하려는 시도들이 있어
왔다. 먼저 패터슨(Patterson, 1982)은 비행청소년이 되어가는 두 가지 경로에 따라

'조기 개시형'(early starters)과 '만기 개시형'(late starters)을 구분하였다. 성장과정 속에서 아동의 문제행동과 주변 환경 간의 상호작용을 통해 반사회성이 형성되는 점에 주목했다. 조기 개시형은 아동기부터 일찌감치 공격성을 드러내고 반사회적 행동을 저지르는 특징을 보인다. 만약 부모나 다른 가족구성원이 아동의 문제행동을 적절히 통제하지 않으면 아동은 도리어 강압적 행동으로 가족을 통제할 수 있다고 인식하게 된다. 반사회적 행동이 반복될수록 가족, 학교, 또래들과 적절한 유대관계를 맺지 못하고 나중에는 유사한 실패 경험을 가진 비행집단에 참여하여 비행을 저지르게 된다. 그리고 이러한 유형은 성인이 되어서도 지속적으로 범죄를 저지른다. 반면 만기 개시형은 아동기에 부모에 의해 적절하게 양육되었으나 사춘기에 접어들어 비행친구들의 영향으로 인해 비행에 가담하게 되는 유형이다. 일탈의 주된 원인은 부모들이 사춘기 자녀들을 충분히 감시·감독하지 못한 데에서 찾을 수 있다. 하지만 비행에 가담하는 기간은 단기간에 그치며 대부분의 경우 성인기에 접어들면서 진학이나 취업 등 관습적 활동기회가 제공됨에 따라 불법적 행동을 중단하게 된다. 또한 만기 개시형들이 저지르는 범죄나 비행은 조기 개시형에 비해서 심각성의 수준도 현저히 떨어진다(Patterson & Yoerger, 1997).

모핏(Moffit, 1993)도 패터슨의 유형화와 비슷하게 비행청소년을 '생애 지속형'(life persistent)과 '사춘기 한정형'(adolescent limited)으로 분류하였다. 생물사회이론 범죄학자답게 그녀의 이론에서는 생물학적 특성이 보다 강조되었다. 생애 지속형은 유아기부터 문제행동이 시작되어 평생 동안 범죄행동을 지속하는 유형이다. 생래적인 신경심리학적 결함으로 인해 유아기 동안 언어 및 인지능력에서 장애증상을 보이며 각종 문제행동을 일으킨다. 자녀양육에 서툰 부모들은 부적절한 방식의 체벌이나 학대로 아이에게 반응하고 이로 인해 아동의 문제적 기질은 더욱 강화된다. 열악한 경제적 여건으로 행동교정에 필요한 치료를 제때 받지 못하면 살아가는 동안 타인들과의 관계 속에서 문제가 반복되고 적절한 사회화가 어려워진다.

특히 유아기에 형성된 기질은 주변 환경과 상호작용하면서 두 가지 부정적 결과를 초래한다. 첫 번째 부정적 결과는 어린 시절의 반사회적 성향이 교정되지 못한 채 성인이 되어서도 그대로 유지되기 때문에 초래되는 '현재적 결과'(contemporary consequences)이다. 예를 들어, 분노조절장애, 낮은 자아통제력이 결혼생활을 유지하거나 안정적인 직장생활을 하는데 있어서 장애요인이 된다. 두 번째 부정적 결과는 어린 시절의 문제 행동이 생애 전반에 걸쳐 마치 눈덩이 효과처럼 연쇄반응으로 나타나는 '누적적 결과'(cumulative consequences)이다. 예를 들어, 유아기의 분노조절장애나 주의력결핍장애는 학업성취도를 떨어뜨려 대학진학을 어렵게 만든다. 또한 유사한 기질의 또래들과 가까이 지내다보니 친사회적 집단과의 교류 기회가 제한되어 제대로 된 사회기술을 습득하지 못한다. 이러한 부정적 조건들이 누적되어 취업과 직장생활에 있어서 불리해지고 낮은 사회경제적 지위로부터 벗어나지 못한다. 이처럼 어릴적 반사회적 기질은 성인이 되어서도 변하지 않을 뿐아니라 반사회적 기질로 인해 관습적 삶을 영위하기 위한 옵션이 축소되면서 성인이 되어서도 범죄행동을 반복하게 되는 것이다.

이에 반해 사춘기 한정형은 반사회적 행동의 불연속성을 특징으로 한다. 아동기까지는 반사회적 행동을 하지 않다가 사춘기에 접어들면서 집중적으로 일탈행동을 저지르다가 성인이 되면 대부분 일탈행동을 멈춘다. 이들은 적절한 사회화과정을 거쳤고 학교생활과 교우관계도 원만한 편이다. 그럼에도 사춘기 초기에 일탈행동에 가담하게 되는 주된 이유는 '성장 격차'(maturity gap) 때문이다. 사춘기청소년들은 신체적으로는 성인만큼 성장했지만 사회적으로는 아직까지 성인으로 대우받지 못한다. 즉 사춘기는 생물학적 나이와 사회적 나이 간에 격차가 발생하는 시기이다. 청소년들은 부모나 학교로부터의 통제에서 벗어나 독립적인 주체가되길 갈망하고 점차 성장 격차로 인한 긴장과 스트레스가 고조된다. 해결책으로 사춘기 한정형은 주변의 비행청소년들과 어울리면서 그들의 비행을 모방하게 된다. 사춘기 한정형 청소년들은 범죄를 저지르는 생애 지속형 청소년을 보면서 그들을 마치 성인처럼 인식하고 롤 모델로 받아들인다. 하지만 사춘기를 벗어나면서 자연스럽게 성인으로서의 지위와 역할이 부여되고 또한 범죄에 수반되는 처벌이 심각하게 인식되면서 비행을 멈추게 된다.

(4) 샘슨(Robert J. Sampson)과 라웁(John H. Laub)의 생애과정이론

로버트 샘슨과 존 라웁은 1930년대에 글룩 부부가 500명의 비행청소년들을 대상으로 수행했던 종단연구 자료 파일을 우연한 기회에 입수하였다. 방대한 양의 종이형태의 파일을 컴퓨터에 일일이 입력하고 새롭게 분석하여 글룩 부부의 연구의 타당성을 검증하였을 뿐 아니라 보다 정교한 연구결과를 바탕으로 생애과정이론을 제시하였다(Sampson & Laub, 1993). 이들의 이론은 다른 발달범죄학 이론들과 마찬가지로 어린아이에서 성인에 이르는 과정에 범죄성이 지속되거나 또는 범죄가 중단되는 현상을 설명하고자 했다. 다만 패터슨이나 모핏의 이론처럼 청소년 집단을 인위적으로 구분하지 않았다. 그 대신 누구든지 생애과정 속에서 범죄행위를 지속하거나 중지할 수 있다고 전제하였다. 또한 범죄행위의 지속성과 가변성이 어린 시절의 특성이나 경험에 의해 결정된다기보다는 인생의 중요한 전환기에 발생하는 사건들과 그 결과에 의해 영향을 받는다고 보았다.

생애과정이론은 사회유대의 약화를 범죄행위의 직접적인 원인으로 간주한다는 점에서 사회통제이론의 핵심 주장을 그대로 차용한다. 하지만 허쉬의 사회유대가 아동기와 청소년기에 국한되었다면, 샘슨과 라웁은 사회유대의 강화, 약화, 단절이 한 사람의 생애 전 과정에서 반복되는 현상으로 보았다는 점에서 차이가 있다. 아동기의 사회유대는 사회구조적 배경요인과 아동의 기질적 요인에 의해 영향을 받는다. 가족의 경제적 취약성, 가정불화, 잦은 이사 등의 불리한 사회구조적 배경과 분노조절장애, 행동장애 등 기질적 특성은 가정, 학교, 또래관계에 있어서 적절한 사회유대가 형성되는 것을 가로막는 요인들이다. 이렇게 사회유대가 느슨한 상태로 청소년기에 접어들면 범죄와 비행에 가담할 가능성이 높아진다. 특히 사회유대가 구조적 환경 안에서 형성된다고 본 점은 구조적 배경요인을 고려하지 않았던 사회유대이론과 비교된다. 샘슨과 라웁은 구조적 배경요인이 비행에 미치는 영향이 가정 내 유대에 의해 매개된다고 본 것이다. 그리고 쏜베리의 상호작용이론의 주장과 마찬가지로 범죄와 비행은 역으로 사회유대관계를 더욱 약화시킨다고 보았다. 만약 비행청소년이 소년원과 같은 교정시설에 수용되면 사회와의 유대관계가 단절되는 것이 예라고 하겠다.

청년기에 이르면 대학 진학, 취업, 결혼 등이 비공식적 사회유대 형성에 있어서 중요한 의미를 갖는다. 그러나 청소년기의 범죄와 비행 경력은 이와 같은 관습적 제도를 통한 유대관계 형성을 어렵게 만들고 그 결과 청년기의 범죄행위 위험성을 높인다. 이후 성인기에서도 이와 같은 악순환은 반복된다. 실직, 이혼, 교도소 수감 등 일련의 부정적 경험들이 누적될수록 사회와의 유대관계가 악화하여 범죄행위가 초래되고 그 결과 또 다시 사회와의 연결고리가 더욱 느슨해진다. 아동기부터 성인기까지 생애과정 전반에 걸쳐 반사회적 행위와 폭력성이 지속되는 이

유는 바로 행위와 이에 대한 사회적 반응이 반복적으로 상호작용하는 가운데 사회
유대가 자꾸 약해지기 때문이다. 그 때문에 지속적 범죄자들은 일종의 '사회적
유목민'(social nomad)처럼 살아간다. 이들에게서는 사회제도와 단절된 '비연결성'
(deconnectivity)과 사회의 언저리를 떠도는 '주변성'(marginality)이 발견된다(Laub &
Sampson, 2003).

샘슨과 라웁은 범죄성에는 지속성이라는 특성과 함께 가변성도 존재한다고
주장한다. 인간의 삶 속에는 장기간에 걸쳐 반복되는 행동패턴이 하나의 '궤적'
(trajectories)을 이루는데, 범죄행위와 이에 대한 반응이 반복되면서 인생 전반에 걸
쳐 범죄궤적을 형성한다. 그런데 궤적 속에는 단기간에 걸쳐 발생하는 다양한 인
생사건(live events)이 내재되어 있는데 이것이 인생의 변곡점(turning points)이 되어
범죄궤적을 올바른 방향으로 바꿀 수 있다는 것이다. 샘슨과 라웁은 대표적인 인
생의 전환점으로 결혼, 취업, 군 입대를 강조한다. 이러한 변곡점들은 이미 약화되
었거나 단절된 사회유대를 새롭게 복원시키는 기능을 한다. 범죄행위가 지속된 원
인이 취약한 사회유대와 비공식적 통제에 있었기 때문에 이제 범죄와 단절된 삶을
살 수 있는 조건이 마련되는 셈이다.

사회유대의 회복을 통해 범죄와의 단절이 이루어지는 과정에 관하여 샘슨과
라웁은 행위자를 둘러싼 상황적, 구조적 변화가 장기적인 행동의 변화를 이끈 것
이라고 설명한다. 예를 들어, 범죄에 빠져 살던 어떤 사람이 결혼을 해서 가정을
꾸리게 되면 과거에 어울리던 범죄자 친구들과도 자연스럽게 멀어지게 된다. 일탈
적 활동에 할애하던 시간들의 상당 부분이 가족과 함께 하는 관습적 활동에 소요
된다. 자녀를 낳으면 부모로서의 사회적 역할이 추가된다. 결혼이라는 구조적 전
환점을 계기로 친사회적 활동이 증가하고, 반면에 반사회적 영향으로부터는 점차
격리된다. 처음 생애과정이론을 제시할 때에 샘슨과 라웁은 범죄중지가 일어나는
과정이 행위자의 의도적이거나 목적지향적 행위의 결과가 아니라 삶의 구조적 변
화로 인해 부수적으로 따라오는 변화라고 보았다.

그러나 이러한 초기의 관점은 후속 연구에서 일부 보완된다(Laub & Sampson,
2003). 샘슨과 라웁은 글룩 부부의 연구대상이었던 비행청소년들이 70세의 나이에
이르렀을 때 어떠한 삶을 살고 있는지 조사하기로 한다. 그리고 52명의 노인들을
만나 그들이 경험한 삶의 여정에 대해 인터뷰를 진행했다. 그 결과 생애과정의 전

환점에서 행위주체로서의 인간의 의지적 선택이 범죄와의 단절을 위해 중요하다
는 점을 확인했다. 결혼이나 취업 등 구조적 변환에 따라 관습적 활동에 몰입하여
나타나는 효과와 더불어 범죄를 멀리하고 다른 삶을 살겠다는 의식적·선택적 노
력도 범죄를 중단하는데 중요한 역할을 한다는 것이다. 이러한 관점은 기존의 발
달적 범죄학이 환경적·기질적 특성과 이에 대한 반응 간의 기계적 상호작용만을
강조한 한계를 인간의 의지적이고 능동적인 요소를 가미하여 극복하려 했다는 점
에서 의의가 있다.

(5) 범죄중지에 관한 인지이론

샘슨과 라웁의 후기 이론이 범죄성의 변화에 있어서 행위자의 의지적 요소를
일부 고려했지만 행위자의 내면적 변화과정이 본격적으로 다루어지지는 않았다.
비공식적 사회통제의 강화의 효과는 사회유대의 복원과 같은 관계적 차원의 변화
이지 인지적 차원의 변화에 있지 않았다. 이에 대해 지오다노와 동료들은(Giordano,
Cernkovich & Rudolph, 2002) 이러한 통제이론의 가정들이 환경에 대한 의존성이 높
은 아동기와 청소년기의 변화를 설명하는 데에는 적합하지만 성인기에는 그러하
지 않다고 지적한다. 성인들은 특정한 행위를 주체적으로 선택하여 자신과 주변에
영향을 미칠 수 있는 능력과 여지가 미성년자들보다 크다. 따라서 성인기의 행동
변화과정 속에서 행위주체의 능동적이고 의도적인 역할에 주목해야 하며 이를 위
해서 인지적 차원의 변화를 이해하는 것이 필수적이라는 것이다. 예를 들어, 어떤
사람이 결혼해서 부부관계나 부모자식관계에 속한다고 과거의 행동패턴이 쉽게
변하지는 않는다. 상습적 범죄자가 결혼한다고 하루아침에 새 사람이 되는 건 아
니다. 결국 사람이 바뀌어야 하는데, 달리 말해 '속사람', 즉 내면이 변해야 한다.
인지이론은 성인 범죄자가 과거로부터 이어져 온 범죄의 궤적과 결별하는 과정에
구체적으로 어떠한 인지적 변화가 발생하는지 설명하고 있다.

지오다노와 동료들에 의하면 범죄중지를 위해서는 4가지의 인지적 전환(cognitive
transformation)이 필요하다. 첫째, 가장 근본적으로는 변화를 받아들이려는 마음이
요구된다. 둘째, 변화의 계기(hooks for change)를 만나야 하며, 보다 중요하게는 이
를 긍정적 발전을 위한 새로운 상황으로 인식해야 한다. 변화의 계기는 샘슨과 라
웁이 말한 인생의 변곡점과 개념적으로 유사하다. 다만 환경적 변화가 가져온 기

회를 붙잡는 행위자의 능동적인 측면을 강조하기 위해 선택된 용어이다. 만약 범죄자가 결혼한 배우자와 사이에 애착관계가 생겼다면 인지적 차원에서는 범죄행위를 지속하는 것이 이러한 관계적 변화와 부합하지 않는다고 여겨야 한다. 셋째, 친사회적이고 바람직한 '대체 자아'(replacement self)를 마음속에 그려보고 구체화해야 한다. 변화의 계기는 범죄자가 과거의 반사회적 정체성을 새로운 정체성으로 대체하도록 만드는 촉발요인이기도 하며 정체성의 변화를 지속적으로 이끄는 강화요인으로도 작용한다. 마지막 단계는 행위자가 지금까지의 범죄행동이 더 이상 긍정적으로 여겨지지 않으며, 자신의 삶과도 무관하다고 인식하게 되는 상태이다. 변화된 자아와 범죄행동이 양립할 수 없다고 생각되는 상태에 도달했을 때 범죄중지를 위한 인지적 변환이 마무리된다.

　범죄중지과정에서 나타나는 정체성의 변화에 주목한 또 다른 이론으로는 마루나(Maruna, 2001)의 구원대본이론(redemption theory)이 있다. 마루나는 한 개인이 자신의 지나온 삶을 이야기하는 방식이 그 사람의 삶 전반에 지대한 영향을 미친다고 보았다. 스스로가 과거의 삶을 어떻게 바라보는가는 그 사람의 성격이나 배경을 드러낼 뿐만 아니라, 보다 중요하게는 현재와 미래에 취할 행동과 선택을 형성한다는 점에서 그렇다. 지오다노의 인지적 전환이론과 마찬가지로 마루나는 어떤 사람의 과거·현재·미래의 행동을 이해하려면 그 사람의 정체성을 파악해야 한다고 주장한다. 다만 차이점은 정체성을 파악하려면 범죄자가 들려주는 그들만의 '인생 이야기'에 주목해야 한다는 것이다. 한 사람의 정체성은 일종의 서사(narrative) 구조를 띄고 있기 때문이다.

　영국 리버풀 시의 전과자들과 심층면접을 실시한 마루나는 불우한 배경과 범죄경력을 비슷하게 가졌지만 결국 범죄를 중단하는 자들과 그렇지 못하는 자들로 나뉘게 되는 원인을 삶에 대한 서사의 차이로 분석했다. 그리고 범죄를 중단한 집단에게서 발견되는 서사를 '구원대본'(redemption script)으로, 범죄를 지속하는 집단의 서사를 '저주대본'(condemnation script)으로 이름 붙였다. 구원대본은 착하고 평범했던 한 사람이 자신이 처한 암담한 환경 속에서 범죄와 마약으로 내몰렸지만 그를 지지하는 누군가의 도움으로 과거를 극복하고 진정으로 원했던 삶을 찾아간다는 이야기를 들려준다. 범죄로 얼룩진 과거의 삶은 자신의 본질적 자아나 정체성과는 무관하며, 범죄와 단절된 새로운 삶이 진정한 자신의 모습과 잘 어울린다고 여긴다. 한때의 잘못은 더 큰 성장과 보다 나은 미래를 위한 통과의례로 받아들인다. 그리고 타인을 위해 무엇인가 가치 있는 일을 하여 사회에 진 빚을 갚고자하는 욕구가 생기는 것으로 구원대본의 이야기가 끝난다. 반면 저주대본 속 주인공은 범죄자로서의 삶을 불가항력적 상황에 의한 운명처럼 받아들인다. 스스로의 삶에 대한 통제력과 주체성을 상실하고 '저주'받은 인생이라 여기며 삶의 방식을 바꾸려고 하지 않는다. 자신도 범죄를 그만두고 싶지만 별다른 대안이 없기 때문에 어쩔 수 없다는 생각에 갇혀있다.

3. 발달범죄학에 대한 평가

(1) 이론적 평가

발달범죄학에 대한 이론적 차원의 비판은 주로 앞서 설명한대로 연령과 범죄 간의 관계에 대해 범죄성향모형을 주장하는 통제이론 진영에서 전개되었다. 첫째, 발달범죄학은 개인들의 삶 속에서 발생할 가능성이 있는 개별적인 사건들에 초점을 맞춘 사후적 설명에 불과할 뿐 엄밀히 말해 이론이라고 할 수 없다는 비판이다. 예를 들어, 범죄를 이미 중단한 전과자를 조사해보니 결혼이라는 사건이 그의 삶을 결정적으로 변화시켰더라는 식이라는 것이다. 둘째, 발달범죄학이 개인의 인생사에서 변곡점으로 취급하고 있는 사건들(예: 결혼, 취업 등)은 행위자의 성향으로 인한 결과라는 점을 간과하고 있다는 비판이다. 자아통제이론에 의하면 결혼 실패와 실업은 비행이나 범죄와 마찬가지로 근본적으로는 낮은 자아통제력에서 비롯된다. 셋째, 나이가 들어감에 따라 사람에게서 보편적으로 나타나는 생물학적 변화를 고려하지 않았다는 점이다. 발달범죄학은 연령층마다 개인들에게 요구되는 사회적 역할, 사회적·문화적·환경적 변화 그리고 주변 타자들과의 관계라는 맥락 속에서 연령이 범죄에 미치는 영향을 주로 사회적인 효과로 설명했다. 또한 연령 집단에 따라 효과가 다른 양상으로 나타날 것이라고 주장한다. 하지만 통제이론의 시각에서는 연령에 따른 범죄의 변화가 모든 연령대의 사람들에게 보편적으로 나타나는 생물학적 효과에 불과하다. 마지막으로 가족, 학교, 직장 등과 같은 사회제도를 통해 행동에 대한 사회적 제약 속에 놓이게 되는 과정을 우연적이거나 피동적으로 묘사하고 있다는 점이다. 하지만 결혼관계를 맺고 유지하며, 구직활동을 통해 취업하고 안정적으로 경력을 쌓아가고 이를 통해 스스로 행동에 대한 제약을 부과하는 과정 속에서 인간은 주체성을 지닌 존재로서 능동적으로 결정하고 선택하게 된다.

하지만 발달범죄학은 다음과 같은 점에서 기존의 범죄학이론들의 한계를 극복했다고 평가할 수 있다. 첫째, 생애 전반에 걸쳐 반사회적 행동과 행위자에게 불리하고 부정적인 환경과 조건들이 상호작용하는 역동적 과정을 드러냈다. 기존 범죄학이론들은 행위자 개인의 반사회적 성향과 그의 불우한 환경이 결합하여 지속적으로 범죄행위를 저지르도록 조건을 형성한다는 식의 단선적 인과관계를 머물렀다. 이에 반해 발달범죄학은 아동기, 청소년기, 성인기로 진행하는 과정 속에서 낮은 연령대의 반사회적 행동이 그 사람의 사회적 조건들을 악화시키고 이로 인해 그 다음 연령대의 범죄와 비행을 유발하며 이는 또 다시 사회적 조건을 더욱 악화시키는 식의 시차적이며 상호적인 인과관계로 설명한다. 따라서 성인기의 범죄성이란 반사회적 행동과 그 결과로서 불리한 사회적 조건 간의 상호작용이 누적되어 온 결과물이라는 점을 잘 나타내고 있다.

둘째, 생애과정이란 불예측성과 역동성으로 점철되어 있다는 사실을 충분히 고려함으로써 범죄성의 가변적 특성을 놓치지 않고 있다. 기존의 이론들은 그것이 범죄자 개인의 성향이던지 아니면 부정적인 환경적 조건의 누적이던지, 어쨌든 범죄성과 안정적인 상관관계를 나타내는 원인변수를 찾으려 한다. 하지만 이러한 접근방법은 특정 한 시점만을 대상으로 실시되는 횡단적 연구에서는 유효하지만 장기간에 걸쳐 조사하는 종단적 연구일수록 설명력이 약해진다. 원인변수로 지목된 조건들은 생애과정 속에서 의도적 또는 우연적 요소들로 인해 개선되기도 하고 악화되기도 한다. 이에 따라 동일하게 불우한 조건의 청소년이 범죄와 비행으로 사춘기를 보내다가도 누군가는 모범적인 성인이 되기도 하고 누군가는 만성적 범죄자의 길을 걷기도 한다. 발달범죄학은 범죄성의 안정적 측면과 함께 이러한 변화가능성을 고려한다는 장점이 있다.

(2) 형사정책적 함의

발달범죄학은 범죄예방의 차원에서 몇 가지 중요한 정책적 함의를 담고 있다.

첫째, 아동기에 발견되는 반사회적 행동에 대한 조기개입의 중요성이다. 어린 아이의 반사회적 행동은 그 자체로서도 문제가 되지만 장기적으로 볼 때 부모나 주변 사람들과의 사회적 유대관계 형성을 저해한다는 데에 심각성이 있다. 앞서 살펴본 것처럼 아동기에 적절한 유대관계를 맺는데 실패하면 다음 연령단계의 비행위험성을 높이고 연쇄반응을 거쳐 범죄행위와 부정적 사회조건들이 축적되는 결과를 초래하게 된다.

둘째, 사람의 성장발달의 단계별 특성에 따라 맞춤형 예방전략이 필요하다는 점이다. 범죄행동을 시작하거나 지속하도록 만드는 요인을 위험요인이라고 하며, 반대로 위험요인이 개인에게 미치는 부정적 영향을 차단하거나 약화시키는 요인을 보호요인이라고 한다. 범죄예방의 기본적인 전략은 위험요인을 감소시키고 보호요인을 증진시키는 데에 있다. 그런데 발달범죄학은 주요한 위험요인과 보호요인이 성장발달단계에 따라 동일하지 않다는 사실을 말해 준다. 예를 들어, 아동기에는 부모와의 관계가 결정적인 반면 청소년기로 갈수록 또래들과의 관계가 더욱 중요해진다.

마지막으로, 범죄경력이라는 관점에 비추어 행위자의 특성에 따라 차별화된 범죄예방전략이 가능해진다. 모핏의 비행청소년 유형화를 적용하여 생애지속형 집단과 사춘기 한정형 집단으로 구분하고 비행의 개시와 지속의 원인과 양상에 따라 다르게 접근할 수 있다. 또한 범죄자에게 형을 부과할 때에도 범죄행동의 잔여기간, 중지시점 등을 고려하여 '선별적 무력화'(selective incapacitation)를 추구할 수 있다. 범죄예방적 차원에서만 보면 범죄자로서의 경력이 어느 단계에 이르렀는지에 따라 구금기간을 결정하는 것이 합리적이다. 범죄경력에 있어서 최고 절정기에 있는 자와 '은퇴'를 앞두고 있는 자의 재범위험성이 다르기 때문이다.

(3) 한국 사회에의 적용

1990년대 말부터 국내의 범죄학계에서도 발달범죄학의 중요성이 언급되었지만 본격적으로 실증적 연구 결과물이 나오기 시작한 것은 비교적 근래에 이르러서이다. 가장 주된 이유는 종단적 분석을 위한 데이터가 없었기 때문이다. 앞에서 살펴봤듯이 발달범죄학 분야의 이론적 발전은 장기간에 걸쳐 수집된 패널자료들이 견인했다. 다행스럽게 우리나라에서도 2003년부터 한국청소년 패널조사가 시작되었고 2010년 명칭을 한국아동·청소년 패널조사로 바꾼 뒤 현재까지 방대한 자료가 축적되어오고 있다. 이러한 종단자료를 활용하여 발달범죄학의 이론적 주장을 국내 환경에서 검증한 연구들이 다수 발표되었다.

쏜베리의 상호작용이론을 검증한 몇몇 국내 연구들은 부모와의 애착, 학업에 대한 전념, 비행친구와의 교류와 아동 및 청소년의 비행 사이에 상호작용효과가 있음을 발견했다. 또한 부모애착의 영향력이 아동기에 강하다가 청소년 중기에 들어서면서 사라지거나 약해졌고, 반면 비행친구의 영향은 청소년 초기보다 중기와 후기에 더 강하게 나타나 쏜베리의 이론적 예측과 대체로 부합하였다(박성만·노성훈, 2020; 이철, 2009·2011). 다만 박성만·노성훈(2020)의 연구에서는 부모애착이 감소하는 시기가, 이철(2009)의 연구에서는 비행친구의 영향력이 가장 강한 시기가 쏜베리의 예측보다 다소 빠른 것으로 나타났다.

모핏의 비행청소년 유형에 관한 이론은 두 집단의 특성을 비교하거나 판별하는 연구들에 의해 일찍부터 검증되어 왔다. 양계민·김의철(2003)의 연구는 학교요인, 친구요인, 가정요인별로 평생 지속형과 사춘기 한정형 집단의 차이를 확인했다. 모핏은 두 집단이 비행친구들과 교류하는 정도에서 차이가 없다고 주장했으나 한국에서는 평생 지속형일수록 비행친구들과 더 많이 어울리는 것으로 나타났다. 또한 모핏과 패터슨은 최초로 범행한 나이, 충동성과 공격성 그리고 부모의 훈육방법을 집단의 구분에 있어서 중요하게 다루었지만 우리나라에서는 집단 간 차이가 없는 것으로 나타났다. 하지만 이순래(2005)의 연구에서는 지속적으로 비행을 저지르는 청소년일수록 자아통제력이 낮고 쉽게 흥분하는 것으로 나타나 모핏의 주장을 지지했다. 또한 비교적 근래에 실시된 송주영·한영선(2014)의 연구는 우리나라 전체 청소년 범죄자 중 6.8% 정도가 평생 지속형에 속한다고 하면서 모핏의 이론과 마찬가지로 비행개시연령이 빠를수록 평생 지속형에 속할 가능성이 높다고 결론 내렸다.

국내에서 샘슨과 라웁의 생애과정이론을 제대로 검증한 경험적 연구는 아직까지 많지 않다. 범죄자의 생애과정을 장기간에 걸쳐 추적 조사하는데 수반되는 연구수행 상의 어려움 때문이다. 그런 가운데 최근에 한국형사정책연구원에서 발표한 '고령범죄자의 범죄경력 연구'는 회고적 방식의 심층면접을 통해 이러한 한계를 극복하려고 시도했다는 점에서 주목할 만하다(박형민·김연수, 2019). 교도소에 수

감되어 있는 65세 이상의 경력범죄자 10명을 대상으로 그들의 생애전반에 관한 면접을 실시했다. 처음으로 범죄를 시작하게 된 계기는 경제적 어려움, 친구의 권유, 배우자에 대한 원망, 음주 등 다양했다. 그런데 범죄를 중단한 경험에 있어서는 거의 공통적으로 결혼(출산)과 취업이 중요한 역할을 한 것으로 나타났다. 참여자들은 결혼으로 가족에 대한 책임감이 생기고 직장생활과 사업을 통해 안정적으로 경제활동에 참여하면서 범죄를 중단하게 되었다고 말했다. 이러한 조사결과는 생애과정이론의 주장과 대체로 일치한다.

성매매여성들이 성매매에 참여하고 탈출하게 된 과정을 조사한 연구에서도 비슷한 결론을 내리고 있다(정혜원, 2017). 연구에서는 성매매를 그만둔 지 1년 이상이 된 12명의 여성을 대상으로 심층면접을 실시하였다. 참가자들은 성매매로부터 벗어난 전환점이 되는 사건으로 애인이나 남편과 같은 안정적 파트너의 등장, 그리고 임신과 출산을 손꼽았다. 생애과정이론의 주장처럼 사회유대관계의 복원은 범죄의 궤적에서 탈출할 수 있는 결정적 계기로 작용함을 알 수 있다. 아울러 참가자들은 자녀를 통해 성매매라는 과거의 삶과 단절하고 새로운 정체성을 갖게 되었다고 말하였다. 이러한 결과는 범죄중지에 관한 인지이론의 핵심적 주장을 뒷받침하고 있다고 말할 수 있다. 다만 아직까지는 국내에서 지오다노나 마루나의 인지이론이 본격적으로 연구되고 있지는 않다. 범죄자가 경험하는 인지적 전환과 정체성의 변환은 행위자가 속한 사회적·문화적 환경과 무관하지 않기 때문에 앞으로 한국적 상황 속에서 이러한 이론들의 적용가능성을 검증해 나아가야 할 것이다.

참고문헌

박성만·노성훈. (2020). 청소년의 부모애착, 학교전념, 비행친구, 지위비행 간의 인과성에 관한 검증: Terence P. Thornberry의 상호작용이론을 중심으로, 형사정책연구, 31(4), 163-192.

박형민·김연수. (2019). 고령범죄자의 범죄경력 연구, 한국형사정책연구원.

송주영·한영선. (2014). 한국 남자 청소년의 범죄지속 위험예측 요인분석: 데이터마이닝 의사결정나무 적용, 형사정책연구, 25(2), 239-260.

신동준. (2014). 범죄학이론 통합에 대한 비판적 논의, 한국범죄학 8(2), 359-393.

양계민·김의철. (2003). 청소년기 제한형 및 평생 지속형 범죄 청소년의 판별변인 분석, 한국범죄심리학회지, 22(1), 63-88.

이순래. (2005). 지속적 소년비행의 원인에 관한 연구: Moffit의 이질적 비행발생론을 중심으로, 형사정책연구, 269-300.

이철. (2009). 가정, 비행친구, 비행의 상호인과관계에 대한 발전론적 연구: 숀베리 모델의 부분 검증, 한·독사회과학논총, 19, 177-204.

정혜원. (2017). 성매매 탈출의 전환점 연구, 한국범죄학 11(1), 141-168.

Akers, R. L. (2000). Criminological theories: Introduction, evaluation, and application, Los Angeles, CA: Roxbury Publishing.

Blumstein, A., Cohen, J., Roth, J. A. & Visher, C. A. eds, (1986), Criminal career and "career criminals". Washington, D.C.: National Academy Press.

Bursik, R. J. (1989). Political decisionmaking and ecological models of delinquency: Conflict and consensus. In S.F. Messner, M.D. Krohn & A. E. Liska (eds.), Theoretical Integration in the Study of Deviance and Crime: Problems and Prospects, 105-117. Albany, NY: State University of New York Press.

Colvin, M., & Pauly, J. (1983). A critique of criminology: Toward an integrated structural-Marxist theory of delinquency production. American Journal of Sociology, 89(3), 513-551.

Elliott, D. S., Ageton, S. S., & Canter, R. J. (1979). An integrated theoretical perspective on delinquent behavior, Journal of Research in Crime and Delinquency, 16(1), 3−27.

Giordano, P. C., Cernkovich, S. A., & Rudolph, J. L. (2002). Gender, crime and desistance: Toward a theory of cognitive transformation. American Journal of Sociology, 107(4), 990−1064.

Glueck, S., & Glueck, E. T. (1943/1976). Criminal careers in retrospect. New York: The Commonwealth Fund.

Glueck, S., & Glueck, E. T. (1968). Delinquents and nondelinquents in perspective. Cambridge, MA: Harvard University Press.

Gottfredson, M. & Hirschi, T. (1986). The true value of lambda would appear to be zero: An essay on career criminals, criminal careers, selective incapacitation, cohort studies, and related topics. Criminology, 24, 213−234.

Hagan, J., Gillis, A. R., & Simpson, J. (1985). The class structure of gender and delinquency: Toward a power−control theory of common delinquent behavior. American Journal of Sociology, 90(6), 1151−78.

Hirschi, T. (1979). Separate and unequal is better, Journal of Research in Crime an d Delinquency, 16(1), 34−38.

Hirschi, T. (1989). Exploring alternative to integrated theory, In S.F. Messner, M.D. Krohn & A. E. Liska (eds.), Theoretical Integration in the Study of Deviance and Crime: Problems and Prospects, 37−49. Albany, NY: State University of New York Press.

Maruna, S. (2001). Making good: How ex−convicts reform and rebuild their lives. Washington, DC: American Psychological Association.

Messner, S. F., Krohn, M. D., & Liska, A. E. (1989). Theoretical Integration in the Study of Deviance and Crime: Problems and Prospect. Albany, NY: State University of New York Press.

Moffitt, T. E. (1993). Adolescence−limited and life−course−persistent antisocial behavior: A developmental taxonomy, Psychological Review, 100(4), 674−701.

Patterson, G. R. (1982). Coercive family process. Eugene, OR: Castalia Press.

Patterson, G. R., & Yoerger, K. (1997). A developmental model for late−onset delinquency. In D. W. Osgood (Ed.), Nebraska Symposium on Motivation, Vol. 44. Motivation and delinquency (pp. 119-177). University of Nebraska Press.

Sampson, R. J. & Laub, J. H. (1993). Crime in the making: Pathways and turning points through life, MA: Harvard Univerisity Press.

Thornberry, T. P. (1987). Toward an interactional theory of delinquency. Criminology, 25, 863−892.

Thornberry, P. T. (1989). Reflections on the advantages and disadvantages of theoretical integration, In S.F. Messner, M.D. Krohn & A. E. Liska (eds.), Theoretical Integration in the Study of Deviance and Crime: Problems and Prospects, 51−60. Albany, NY: State University of New York Press.

Thornberry T. P., A. J. Lizotte, M. D. Krohn, M. Farnworth, S.J. Jang. (1991). "Testing interaction theory: An examination of reciprocal causal relationship among family, school, and delinquency." Journal of Criminal Law and Criminology, 82, 3−33.

Tittle, C. R. (1995). Control balance: Toward a general theory of deviance. New York: Routledge.

Wolfgang, M. E., Figlio, R. M., & Sellin, T. (1972/1987). Delinquency in a birth cohort. Chicago: University of Chicago Press.

제12장

경찰과 범죄예방

제12장 경찰과 범죄예방

제1절 경찰의 개념

경찰을 의미하는 영어단어 police의 어원은 고대 그리스의 폴리테이아(politeia)에서 찾을 수 있고, 폴리테이아는 그리스 정부와 공무원을 의미하는 것이었다(Fyfe et al., 1997). 15, 16세기 이전까지 대부분의 서양 국가들에서 경찰권은 국왕의 통치권을 의미하는 것으로 포괄적 권력작용으로 인식되었다. 경찰의 개념은 역사가 흐를수록 축소되어 왔는데 17세기부터는 경찰작용에서 외교, 재정, 군사, 사법권 등이 분리되었다. 법치주의 시대가 시작된 18세기부터는 적극적인 복지행정 기능이 경찰에서 빠져나가고 소극적인 질서유지 기능만 남게 되었다(김창윤, 2019: 7-16). 즉 근대 법치국가적 경찰개념은 소극적 질서유지를 강조하는 보안경찰을 의미하였다. 법치주의 원칙에 따라 국가나 왕이 국민의 권익을 침해하는 작용을 할 때는 국민들의 대표기구인 의회에서 만든 법에 의해서만 가능하도록 만들어 국가 권력작용의 상당한 부분을 차지하는 경찰의 권한이 축소되는 과정을 겪었다.

유럽에서 법치주의가 발달하는 동안 영국에서는 1829년 최초로 근대적 의미의 경찰이 수도 런던에 설립되었다. 근대경찰의 아버지로 불리는 로버트 필 경(Sir Robert Peel)은 경찰을 국가의 통치기구로 인식하기보다 산업화로 인하여 늘어나는 범죄로부터 피해를 막기 위하여 주민들에게 전문적인 치안서비스 제공하는 기관으로서의 성격을 강조하였다. 즉, 런던 수도경찰청은 런던 시민에게 봉사하기 위하여 만들어진 기관임을 분명히 하였다. 필 경은 경찰활동의 아홉 가지 원칙을 제시하면서 일곱 번째 원칙으로 경찰은 시민들과 좋은 관계를 유지해야하고 '경찰은 시민이고, 시민은 경찰이다'(the police are the public and the public are the police)라는 인식을 강조하였다. 그리고 지역사회의 복지와 삶의 질 향상에 경찰이 노력하여야 함을 강조하였다.[1] 이는 권력작용을 강조하기보다 경찰은 시민들을 돕기 위하여 존재하는 기관임을 강조한 것으로서 1980년대 이후 강조되어온 지역사회 경찰활동의 뿌리라고도 여겨지기도 한다.

경찰은 법을 집행하는 기관으로서 역사적으로 부족국가나 중앙집권형태의 국가가 형성될 때 통치권의 중요한 부분으로서 경찰이라는 개념이 정립되었다. 초기에는 국가의 포괄적인 통치권을 의미하던 경찰의 개념이 역사가 흐르면서 국가의 기능이 세분화되고 또한 왕과 국가의 권한이 축소되고 의회가 등장하면서 시민들의 권한이 확대되는 과정에서 경찰의 개념은 소극적인 질서유지를 강조하는 보안경찰만을 의미하는 것으로 축소되었다.[2] 이는 경찰이 범죄통제와 사회질서 유지라는 세분화된 치안유지 분야에 집중하게 된 것을 의미하고 이는 경찰의 전문화를 가져오는 계기가 되었다. 하지만, 최근에는 '지역사회 경찰활동'이 강조되면서 단순히 소극적인 질서유지만을 경찰활동의 목적으로 보지 않고, 범죄로부터 안전한 사회를 만들고 또한 적극적인 서비스를 제공하여 지역사회 주민의 삶의 질 향상을 경찰활동의 목적으로 삼고 보다 적극적인 경찰행정을 하려고 시도하고 있다. 물론, 이러한 과정에서 시민의 인권을 보장하는 것을 중요한 가치로 삼고 있다.[3]

한국경찰의 역사적 변천

우리나라는 고조선시대부터 국가 통치권의 일부로서 경찰이 포함되었다는 기록이 있다. 하지만, 경찰권이 통치권에서 분화되거나 독립된 것은 아니었고, 족장이나 추후 등장하는 왕의 통치권에 포함된 권한으로서 행사되었다. 고조선은 8조금법과 같은 오늘날의 형법을 집행하는 기관으로서 사구(司寇)가 있었다

---

1) https://lawenforcementactionpartnership.org/peel-policing-principles/ 에서 검색.
2) 김창윤 외 27인 「경찰학」(서울: 박영사, 2020), p. 17; 이황우·한상암 「경찰행정학」(파주: 법문사, 2016), p. 4.
3) 이황우·한상암, 2016, 앞의 책, p .6

고 전해진다.[4) 이후 부족국가 시대를 거쳐 한반도에 중앙집권화된 국가가 성립되었고 율령을 집행하는 국가기관과 지방관청에서 경찰 기능을 담당했다는 기록이 있다.

우리나라에 근대적 의미의 경찰개념이 도입된 것은 개화기인 갑오개혁부터이다. 1894년 김홍집 내각은 "각아문관제"에서 경찰을 법무아문 소속으로 정했다가 내무아문으로 소속을 변경하고 "경무청관제직장"을 제정하여 한성부에 종전의 좌·우포도청을 통합하여 경무청을 신설하였다. 경무청은 한성부 관내의 일체의 경찰 사무를 담당하였고, 경무청에는 오늘날의 경찰청장에 해당하는 경무사(警務使)를 장관으로 두었는데, 어느 아문대신보다 강력한 권한을 행사하였다.[5)

외세의 영향으로 국력이 쇠퇴하던 중, 조선은 독립국임을 대내외에 알리기위하여 1897년 국호를 대한으로 바꾸고 연호를 광무로, 그리고 국왕을 황제로 개칭한 광무개혁을 단행하였다. 광무개혁 이후 대한제국은 기존의 경무청을 확대 강화하여 1900년에 독자적인 중앙행정관청으로서 경부(警部)를 설치하였다. 경부는 2년이 안 되는 짧은 기간 동안 지속되었는데, 이는 고종황제가 원했던 황실보호와 개항장 업무에 경부가 무능함을 드러냈기 때문이다. 그리고 1902년에는 경무청관제를 다시 설치하여 경무청으로 격하시켰다.

1910년 일제에게 국권을 강탈당하고 난 후에는 통감부에 경무총감부를, 그리고 각 도에는 경무부를 설치하였다. 헌병을 일반경찰로 임용할 수 있도록 하였고, 헌병경찰이 경찰명령권까지 가지도록 하여 경찰은 한국인에 대한 통제와 억압의 도구로 사용되었다. 1919년 3·1운동 이후 1945년 해방 전까지는 경무국으로 이름을 변경되었고, 경찰은 여전히 한국인들을 억압하는 도구로 사용되었다.

1919년 3·1운동은 한국민족의 자주 독립을 위한 몸부림이었고, 전 세계에 한민족의 독립을 향한 의지를 알리는 계기가 되었다. 3·1운동은 이후 다양한 임시정부 수립의 기폭제가 되었고, 이중 1919년 4월 11일 중국 상해에 설립된 '대한민국임시정부'는 실제로 정부 각 부처가 조직되고 각부 장관이 임명된 명실상부한 정부의 모습을 갖춘 임시정부였다.[6)

상해 대한민국임시정부는 헌법을 제정하여 선포하였고, 중앙경찰조직으로 내무부에 경무국(警務局)을 두고 초대 경무국장으로 김구 선생을 임명하였다. 경무국장 밑에 경호부장과 경호원을 두는 조직구조를 갖추었다.[7) 경무국의 소관

---

4) 기자가 지은 「홍범구주」에 고조선의 정부기능으로 8정을 기록하고 있는데, 그 중 사구가 형옥과 경찰업무를 담당한다고 하였다. 출처: 「한국행정사」(서울: 대영문화사, 2001), p. 64.
5) 한국경찰사편찬위원회. (1972). 「한국경찰사」 내부무치안국 pp. 316-318
6) 고정휴 대한민국임시정부의 성립과정에 대한 검토 「한국근현대사연구」, 12, 2000, p. 89.

사무는 행정경찰, 고등경찰사무, 도서출판 및 저작권, 일체의 위생에 관한 사무 등이 있었으나, 프랑스 조개지인 상해에 위치하고 있어서 사법경찰 사무는 행사할 수 없었다.

1944년 대한민국임시정부는 중경으로 이동하고, '주석·부주석제 헌법'이 통과되자 이에 맞추어 정부조직이 개편되었다. 이때 경찰은 내무부 산하에 경찰과(警察科)를 두도록 조직이 개편되었다.

1945년 8월 15일 광복을 맞이한 우리나라는 1948년 정부수립이 될 때까지 미군정이 국정 전반에 관여하였다. 1945년 10월 21일 미군정청에 경무국이 창설되었고, 이듬해인 1946년에는 군정령을 공포하여 경무국을 경무부로 승격시켰고, 1947년에는 중앙경찰위원회를 설치하여 경찰조직의 민주화를 시도하였다. 또한 위생업무와 같은 비경찰업무를 경찰에서 제외시키고, 일제 강점기때 한국인을 억압하던 법률들이 폐지되었다.

1948년 대한민국정부가 수립된 후 경찰은 내무부 소속 치안국으로 설치되었다. 또한 경찰의 민주화와 정치적 중립성 강화를 위해 경찰위원회 또는 공안위원회를 설치하려는 시도가 있었으나, 3·15 부정선거, 5·16 군사쿠데타 등으로 모두 실패하였다.

1974년 8월 15일 육영수 여사의 저격 사건으로 치안국이 치안본부로 격상되는 정부조직법 개편이 이루어지고 경찰에 경호 경비기능이 강화되었다. 하지만, 여전히 독자적인 행정관청으로서 역할을 하지 못하고 경찰의 수장이 내무부장관의 명령을 받는 본부장의 역할을 수행하는 한계가 있었다.

현재의 경찰체계는 1991년 경찰법이 제정되면서 갖추게 되었다. 경찰법에 의하여 경찰청이 만들어지고, 경찰위원회가 설립되어 중요한 경찰 사무에 대하여 심의·의결하도록 하였다. 경찰청이 설치된 행정안전부의 외청으로서 독립적인 행정관청으로서의 지위를 갖게 된 것으로서 의의가 있다. 이로써 경찰은 독자적으로 예산안을 편성하고 범죄예방 전략을 수립할 수 있게 되어, 권한과 책임이 경찰법 제정 이전인 치안본부 시대보다 확대되었다. 또한 제한적이긴 하나 경찰위원회가 설치되어 경찰의 민주화를 위한 조직구조를 갖추었다. 전국에 각 지방경찰청을 두고 산하에 경찰서를 두도록 하였다. 또한 생활안전을 위하여 지구대, 파출소 등을 두어 주민들이 쉽게 다가갈 수 있는 치안 서비를 제공하고 있다.

경찰은 2020년 경찰법을 전부 개정하여 자치경찰제도를 도입하였다. 2021년 상반기에는 자치경찰제 시행을 위한 시·도 자치경찰위원회의 구성과 자치단체의 관련 조례 등 규정 정비과정을 거쳐 2021년 하반기부터 본격적으로 시행되었다. 한국형 자치경찰제도는 경찰 공무원들의 신분은 모두 국가공무원 신분을

---

7) 한국경찰사편찬위원회. (1972). 「한국경찰사」 내부무치안국 pp. 316-318.

유지하면서 경찰의 사무만 국가경찰사무와 자치경찰사무로 나누고(경찰법 제4조) 자치경찰사무에 대하여는 시·도자치경찰위원회가 합의제 행정기관으로서 정책 결정과 집행에 참여하는 것으로 되어 있다(동법 제18조). 자치경찰사무는 관할 지역의 생활안전·교통·경비·수사 사무 중에서 제한된 범위를 경찰법에 규정하여 자치경찰사무로 지정하고 있다. 그러나 경찰관의 신분은 국가공무원인데 자치 사무를 담당하도록 하여 향후 업무분장과 관련하여 갈등이 예상된다. 시·도자치경찰위원회와 시·도경찰청이 잘 협의해야 원만한 경찰조직 운영이 될 것이다.

제2절 경찰의 조직과 임무

1. 한국 경찰의 조직(2021 기준)

「국가경찰과 자치경찰의 조직 및 운영에 관한 법률」(이하 경찰법)은 '경찰의 민주적인 관리·운영과 효율적인 임무수행을 위하여 경찰의 기본조직 및 직무 범위와 그 밖에 필요한 사항을 규정함을 목적으로 한다'라고 규정하고 있다. 2021년 시행된 자치경찰제도로 인하여 기존의 경찰청장을 정점으로 하는 일원화된 국가경찰 조직에 변화가 있었다. 자치경찰제가 시행되면서 경찰의 사무가 국가경찰사무와 자치경찰사무로 분리되었지만, 조직과 인력은 기존의 틀을 대부분 유지하는 것으로 되어 있다. 다만 주요하게 변화가 있는 부분은 자치경찰사무를 담당하기 위하여 시·도자치경찰위원회가 합의제 행정기관으로 신설되었고, 경찰청에 국가수사사무를 담당하기 위하여 국가수사본부가 신설된 것이다.

국가경찰사무를 담당하는 경찰조직은 국가경찰위원회와 경찰청이 있다. 경찰청은 경찰청장을 중심으로 1차장 1본부 9국 10관 32과 22담당관 1팀으로 구성되어 있다. 구체적으로 생활안전국·교통국이 민생치안을, 수사기획조정관·과학수사관리관·수사국·형사국·사이버수사국·안보수사국이 소속된 국가수사본부가 수사를 담당하고, 경비국·정보국·외사국이 사회질서 유지를, 대변인·감사관·기획조정관·경무인사기획관·정보화장비정책관이 행정지원을 각각 담당하고 있다(경찰청과 그 소속기관 직제 제2장). 경찰청의 부속기관으로는 경찰대학·경찰인재개발원·중앙경찰학교·경찰수사연수원 등 4개의 교육기관과 책임운영기관인 경찰병원이 있다(경찰청과 그 소속기관 직제 제3장~제5장). 또한 치안사무를 지역적으로 분담 수행하기 위하여 전국 특별시·광역시·도에 18개 시·도경찰청을 두고 있으며 시·도경찰청장 소속하에 경찰서 257개, 지구대 585개, 파출소 1,437개를 운영하고 있다.

자치경찰제가 시행되면서 경찰업무 중에서 생활안전, 교통, 경비, 수사 중 일부 업무가 자치경찰사무로 규정되었다. 국가경찰도 이들 업무를 여전히 당담하고 있는데, 업무 중에서 생활안전과 교통업무는 자치경찰사무가 차지하는비중이 커서 시·도경찰청에서는 자치경찰차장 또는 자치경찰부를 두고 그 아래에 생활안전과 교통 업무를 담당하도록 하고 있다. [그림 12-1]은 서울경찰청의 조직도를 보여준 것이다.

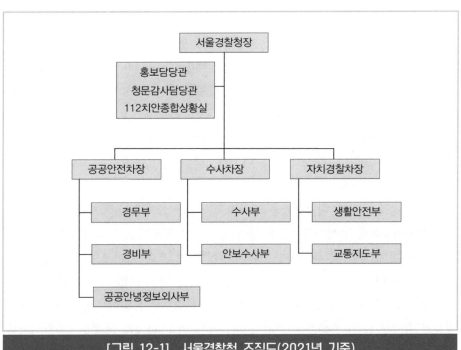

[그림 12-1] 서울경찰청 조직도(2021년 기준)

기존의 행정안전부 소속의 경찰위원회는 국가경찰위원회로 명칭을 변경하였지만, 그 기능은 기존과 크게 차이가 없다. 자치경찰제가 도입되면서 가장 큰 변화를 가져온 것은 시·도자치경찰위원회가 새롭게 구성된 것이다. 시·도자치경찰위원회는 자치경찰사무를 관장하게 하기 위하여 특별시장·광역시장·특별자치시장·도지사·특별자치도지사(이하 "시·도지사") 소속으로 설치한다(경찰법 제18조). 그리고 국가경찰위원회와 달리 합의제 행정기관으로서 자치경찰사무에 대하여 법으로 규정한 권한에 속하는 업무를 독립적으로 수행한다. 따라서 향후 자치경찰제가 원만히 잘 시행되고 보다 나은 치안서비스를 제공하기 위해서는 시·도자치경찰위원회가 국가경찰조직과 조화를 이루어 자치경찰사무를 운영해야 할 것이다.

2. 경찰의 임무

경찰의 주요한 임무는 범죄의 예방과 범죄자 발견과 처벌이라고 할 것이다. 이러한 인식은 주로 미국에서 경찰 전문화시대(professionalism era)에 범죄 전문가로서의 입장을 강조한 것이라고 할 수 있다. 현재는 깨진유리창이론(broken-windows thesis)과 이를 바탕으로 한 무관용 경찰활동(zero-tolerance policing) 전략을 강조하면서 지역사회 질서유지, 그리고 지역사회 경찰활동과 맞물려 지역사회에 대한 서비스도 강조되고 있다. 따라서 많은 미국의 경찰서에서 조직의 목표로 '시민의 삶의 질 향상'을 표방하고 있다[8].

한국 경찰은 남북 대치상황과 정치적 혼란기를 오랫동안 거쳐 오면서 비교적 다양한 경찰임무를 수행하고 있다. 경찰의 임무는 공식적으로 경찰법 제3조에 규정되어 있고 규정된 임무를 바탕으로 경찰청과 그 소속 기관에 임무를 수행하기 위한 조직이 만들어져 있다. 경찰의 임무는 2021년 기준 여덟 가지로 규정되어 있다. 한국 경찰은 기본적으로 범죄의 예방과 진압 수사를 통하여 국민의 생명, 신체 및 재산을 보호하는 임무를 수행하고 최근에는 범죄 피해자 보호도 추가 되었다.

---

8) 미국 뉴욕 경찰의 조직 목표(mission)는 "지역주민과의 파트너십을 바탕으로 법을 집행하고, 평온을 유지하고, 시민을 보고하고, 범죄두려움을 낮추고, 질서를 유지하여 뉴욕시민의 삶의 질을 향상시키는 것이다"라고 규정하고 있다.
출처: https://www1.nyc.gov/site/nypd/about/about-nypd/mission.page

혼잡경비, 경호, 대테러, 정보, 교통, 외사와 관련된 임무를 경찰이 수행하는 것으로 규정되어 있다. 경찰법 제3조 8호에는 '그 밖에 공공의 안녕과 질서 유지'에 관한 사항도 경찰의 임무로 규정되어 있어 임무의 범위가 확장되고 있다.

기본적으로 경찰의 임무수행을 위해서는 강제적인 처분이 동반되고 국민의 자유와 권리를 제한하는 활동을 수반하게 되어 민주주의, 법치주의, 인권존중 주의를 경찰의 이념으로 하고 이러한 이념을 뒷받침하기 위한 여러 가지 제도적, 법적 장치가 마련되어 있다(노성훈, 2020: 116).

본 서에서는 지면의 제한으로 인하여 경찰의 여러 가지 임무 중에서 범죄예방 활동과 관련된 부분을 중심으로 소개하고자 한다.

경찰의 임무(경찰법 제3조)

1. 국민의 생명·신체 및 재산의 보호
2. 범죄의 예방·진압 및 수사
3. 범죄피해자 보호
4. 경비·요인경호 및 대간첩·대테러 작전 수행
5. 공공안녕에 대한 위험의 예방과 대응을 위한 정보의 수집·작성 및 배포
6. 교통의 단속과 위해의 방지
7. 외국 정부기관 및 국제기구와의 국제협력
8. 그 밖에 공공의 안녕과 질서유지

제3절 범죄예방을 위한 경찰활동

범죄학 이론과 경찰의 범죄예방활동은 밀접한 관계를 가지고 있다. 본 서에서 소개한 다양한 범죄학 이론들이 범죄예방을 위한 경찰활동의 이론적 근거로 사용되고 있다. 경찰활동을 소개하기 전에 이론적 배경과 경찰활동과의 관계를 간단히 소개한다.

먼저 경찰 범죄예방활동 전반에 이론적 근거를 제시하는 것은 합리적 선택 계열의 이론이라고 할 수 있다. 18세기 베카리아(Beccaria)와 벤담(Bentham)으로 대

표되는 고전주의 범죄학에서는 범죄는 범죄자가 합리적 판단하여 범죄로 인한 이익이 발각과 처벌로 인한 불이익 보다 크다고 예상이 되면 발생한다고 설명한다. 이후 1980년대 고전주의 이론이 다시 강조되면서 신고전주의 이론들로 합리적 선택이론(rational choice theory)과 일상활동이론(routine activity theory)이 등장하였고, 이러한 인간의 합리성을 강조한 고전주의 또는 신고전주의 이론이 경찰의 범죄예방활동의 이론적 근거를 제시한다고 할 수 있다.

합리적 선택 관점에 중에서 일반억제(general deterrence) 개념은 범죄는 처벌의 위협에 의하여 억제 될 수 있다고 본다. 범죄에 대한 억제는 처벌의 확실성, 처벌의 엄중성 그리고 처벌의 신속성을 통하여 달성되고 그 중에서 처벌의 확실성과 신속성을 담보하기 위해서 중요한 것이 경찰활동이다(이민식 외, 2020: 139). 경찰이 활동을 잘 하여 범죄가 발생하면 거의 대부분 검거가 이루어지고 그것도 빨리 검거가 이루어진다면 잠재적 범죄자들이 범행을 억제할 것이라고 논리적으로 예상할 수 있다.

물론 청소년 비행을 대상으로 경찰활동을 하는 것은 낙인이론을 바탕으로 가능하면 공식적 처벌보다 전환(diversion)을 통하여 초기 비행에 대하여 낙인효과를 방지하려는 노력도 하고 있지만, 기본적으로 경찰은 청소년 비행도 경찰활동으로 비행을 저지르면 대부분 확실하게 발각되고 처벌 프로세스가 진행된다는 것을 인식시켜 일반예방 효과를 거두려고 노력하고 있다.

앞서 언급했듯이 여러 경찰의 임무 중에서 가장 중요한 경찰의 임무는 대체로 범죄예방활동과 범죄수사로 볼 수 있다(Wilson et al., 1997). 즉 사전적으로 범죄를 예방하는 것과 범죄가 발생한 후에 범인을 검거하여 수사하여 정의를 실현하는 것이 경찰의 주요 임무이다. 따라서 경찰활동을 살펴볼 때 순찰과 수사에 관련된 활동을 중심으로 살펴본다.

1. 표준적 경찰활동(Standard model of police practice)

(1) 표준적 경찰활동의 개념과 발달

표준적 경찰활동이라는 개념은 미국에서 지역사회 경찰활동이 등장하기 이전에 경찰이 해오던 표준적인 경찰활동들을 지칭하기 위해 사용된 개념이다(National Research Council, 2004). 1967년 법집행과 사법행정에 대한 대통령위원회(President's Commission on Law Enforcement and the Administration of Justice 1967)는 경찰이 중대한 범죄를 효과적으로 예방, 수사, 체포, 기소할 것을 강조한 것과 맥락을 같이 한다고 볼 수 있다.

표준적 경찰활동은 미국에서 경찰 발전 시기를 구분할 때 전문화 시대(professionalism era)에 주로 강조되었던 활동으로 억제이론을 바탕으로 하면서 경찰력을 이용한 체포와 처벌을 주된 수단으로 강조했다. 범죄별로 맞춤 전략이나 지역적 특색을 고려한 대응 전략보다 대부분 종류의 범죄에 대하여 엄격한 단속과 처벌을 강조하는 것이 특징이었다. 또한 범죄예방을 위한 순찰도 강조하지만, 적극적이고 능동적인 범죄대응 전략보다 범죄가 발생하고 난 후에 수사와 체포를 강조하는 활동을 주로 해왔다. 1980년대까지 대부분의 경찰서에서 표준적 경찰활동이 효과적이라고 믿고 오랫동안 관행적으로 유지해 왔다(Goldstein, 1990).

전통적 경찰활동은 실증적 검증을 거치지는 않았지만 범죄통제에 효과가 있을 것이라고 믿어지던 몇 가지 가설을 바탕으로 발달되었다고 볼 수 있다(National Research Council, 2004: 224).

1. 경찰관의 숫자를 늘리면 범죄를 더 잘 억제할 수 있다.
2. 관할구역 전체를 자동차로 무작위 순찰을 하는 것이 가장 효과적인 순찰방법이다.
3. 범죄신고에 최대한 빨리 현장에 출동하면 범인을 체포할 수 있다.
4. 대부분의 범죄사건은 사후 수사에 의하여 해결된다.
5. 강력한 단속과 체포가 범죄 억제에 가장 효율적이다.

표준적 경찰활동은 우리나라를 포함한 대부분의 국가에서 오랫동안 해오던 전통적 경찰활동이라고 할 수 있다. 경찰의 무작위 순찰과 수사력을 이용한 체포와 단속 위주의 경찰활동은 표준적 경찰활동의 핵심이라고 할 수 있다.

(2) 표준적 경찰활동에 대한 연구와 비판

1970년대부터 이러한 표준적 경찰활동의 효과성에 대한 의문과 비판이 제기되기 시작했다(Goldstein, 1979; Greenwood et al., 1975; Kelling et al., 1974; Kansas City Police Department, 1977). 표준적 경찰활동을 바탕으로 범죄자 체포와 단속 위주의 경찰활동을 강화하고 경찰력을 늘리는 등 많은 노력을 했음에도 불구하고 미국의 범죄율은 지속적으로 증가하는 패턴을 보였다. 그리고 제시한 가설들이 연구를 통해서지지 받지 못함을 발견하면서 표준적 경찰활동 모델에 대한 비판이 증가하게 되었다. 대표적으로 관할구역 전체를 자동차로 무작위 순찰을 하는 것의 효과성에 대한 캔자스시 연구에서 경찰이 무작위 자동차 순찰 강도를 늘리거나 줄이는 것이 지역의 범죄율, 무질서 그리고 범죄두려움을 감소시키지 않았다는 결과를 보고하였다(Kelling et al., 1974). 그리고 범죄신고에 무조건 빠르게 현장에 도착하도록 하는 신고 대응체계가 범인 검거에 크게 도움이 되지 않고 오히려 위급 정도를 파악하여 차별적으로 대응하는 것이 좋다는 연구결과도 표준적 경찰활동에 수정이 필요함을 보여주었다(Kansas City Police Department, 1977). 또한 범죄사건의 대부분이 현장에 초동 출동하는 순찰 경찰관들에 의하여 해결이 되고, 경찰 수사관들의 사후 수사는 범인 검거에 상대적으로 적은 영향을 미친다는 연구결과도 표준적 경찰활동 모델을 지지하지 않았다(Greenwood et al., 1975).

표준적 경찰활동 모형이 많은 비판을 받으면서 지역사회 경찰활동과 같은 새로운 경찰활동 방식들이 도입이 되었지만, 여전히 많은 경찰서에서 표준적 경찰활동을 활용하고 있다. 경찰의 무작위 차량 순찰이 효과가 없다는 캔자스 시 경찰 연구결과에 대하여 연구방법상의 문제와 범죄, 무질서 등에 대한 측정에도 오류가 있다는 지적이 있었다(Larson and Cahn, 1985). 실제 실험이 진행되는 도중에 순찰을 하지 않아야 하는 지역에서 긴급출동을 할 때 경찰관이 일부러 사이렌과 경광등을 더 요란하게 사용하여 일반 시민들이 순찰을 하고 있는 것처럼 보였다고 한다. 따라서 연구결과의 타당성에 문제가 있었다고 볼 수 있다. 무작위 차량 순찰이라고 하더라도 경찰이 순찰을 하는 것 자체가 어느 정도 범죄예방 효과는 있다고 볼 수 있다. 이는 1919년에 보스턴 경찰이 파업을 하여 순찰을 하지 않았을 때 급격한 범죄 증가가 있었다는 사실로도 뒷받침 될 수 있다(Larson and Cahn, 1985). 물론 표준적 경찰활동의 기본 가설들 중에서 연구를 통하여 효과성이 없다고 알려진 활동들은 많은 경찰서에서 더 이상 채택하지 않고 있지만, 억제이론과 합리적 선택이론을 바탕으로 하는 단속과 처벌 위주의 경찰활동은 여전히 경찰이 가장 많이 사용하는 방법이라고 할 수 있다.

(3) 우리나라의 표준적 경찰활동

한국 경찰 또한 미국의 표준적 경찰활동에서 추진해 왔던 활동전략들과 유사하게 경찰활동을 해왔다고 볼 수 있다. 표준적 경찰활동에서 강조하는 경찰관의 숫자를 늘리려야 범죄를 더 잘 억제할 수 있다는 부분은 한국 또한 강조해 왔던 부분이다.

한국 경찰은 오랫동안 경찰백서를 통하여 112 순찰차가 범죄 신고접수 후 현장에 도착하는 시간을 측정하여 발표해 왔다. 신고접수 후 3, 5, 10분 이내 현장에 도착하는 비율을 해마다 발표하여 112 순찰차가 얼마나 빨리 신고에 응답하는지를 강조함을 알 수 있다(경찰백서, 2006). 석청호(2008)는 112신고에 대한 차별적 경찰 대응방안에 관한 연구에서 미국에서의 연구결과를 소개하면서 한국 또한 112 신고에 차별적으로 대응하는 방안을 도입해야 함을 강조하였다. 한국 경찰은 시험운영을 거쳐서 2010년부터 전국적으로 차별적 신고대응 제도를 시행하였다. 112 범죄신고를 긴급신고(code 1), 일반신고(code 2) 그리고 비출동(code 3)으로 구분하고, 기존에 모든 신고에 대한 평균 도착시간을 집계하던 것을 코드별 평균 도착시간으로 변경하였다(경찰백서, 2010). 현재는 code 0을 추가하여 납치, 유괴, 성폭력 등 아주 위급한 신고에 대응하는 체계도 추가하였다.

한국 경찰의 순찰은 전통적으로 112차량 순찰, 방범 오토바이 순찰, 자전거 순찰 그리고 도보 순찰로 구분할 수 있다. 미국에서 넓은 관할 구역을 담당하기 위하여 경찰관 1인이 순찰차를 타고 주로 범죄예방활동을 해오던 것과는 다르다고 할 수 있다. 어떻게 보면 미국에서 지역사회 경찰활동을 도입하면서 강조했던 도보 순찰을 한국 경찰이 이미 오래 전부터 해왔던 것이다. 도보순찰은 순찰의 기본적인 형태로서 사건 사고가 빈발하는 지역을 선정하여 취약시간대에 집중하여 순찰을 한다. 112차량 순찰은 가시적인 방범효과를 거두기 위해 사용하고, 관할 구역 내 범죄 취약지역을 중심으로 순찰을 하면서 112신고에 대응하고 있다. 오토바이 순찰은 승용차가 다닐 수 없는 골목 등 주택지역 순찰에 주로 활용하고 있다. 순찰활동을 하면서 한국 경찰은 거점근무와 불심검문을 실시한다.

표준적 경찰활동은 1970년대 미국에서의 연구를 통하여 무작위 차량 순찰 방법이나, 빠른 신고 대응 방식 등에 비판을 받았고, 경찰과 학자들은 이를 개선하기 위하여 다양한 노력을 하였다. 미국에서는 표준적 경찰활동에서 나아가 지역사회 경찰활동 개념을 강조하면서 경찰활동의 발전을 도모했다.

2. 지역사회 경찰활동

(1) 지역사회 경찰활동의 개념과 발달

미국에서 지역사회 경찰활동이 도입되게 된 배경에는 1980년대까지 행해져 오던 전통적인 경찰활동 관행(표준적 경찰활동)이 범죄와 무질서 그리고 범죄두려움에 크게 도움이 되지 않았다는 연구결과들이 영향을 주었다. 앞서 소개했듯이 1970년대 미국에서 이루어진 경찰의 무작위 차량순찰, 범죄수사, 긴급출동에 대한 일련의 효과성 검증 연구에서 기존에 해오던 경찰활동들이 효과가 없거나 미미하다는 연구결과를 보여주었다. 따라서 기존 경찰활동의 패러다임을 바꿀 새로운 경찰활동이 요구되었고, 지역사회 경찰활동이 대안으로 제시되었다. 전통적 경찰활동은 중대 범죄에 대한 수사와 체포를 강조한 반면에 지역사회 경찰활동은 범죄와 더불어 무질서 그리고 범죄두려움을 감소하는 것을 강조하면서 경찰활동의 목표를 '지역주민의 삶의 질 향상'(Enhancing the life quality of citizens)으로 잡았다 (Trojanowicz, 1994).

지역사회 경찰활동(Community-oriented policing) 개념에 대하여 정의를 내리는 것은 쉽지 않다. 지역사회 경찰활동을 지지하는 학자들은 그것을 새로운 철학에 바탕을 둔 새로운 유형의 경찰활동으로 보고 단순한 프로그램이나 정책의 변화 수준이 아닌 패러다임의 변화라고 주장한다(Green and Mastrofski, 1988). 지역사회 경찰활동을 도입한 경찰서마다 서로 약간씩 차이가 나는 개념적 정의를 사용하여 명확하게 일치하는 개념은 없다고 할 것이다(Eck and Rosenbaum, 1994). 다만, 지역사회 경찰활동이 가장 강조하는 부분은 이전에 경찰 내부의 역량에만 의존하여 범죄 문제를 해결하는 방식을 탈피하고, 지역사회를 포함한 다양한 사회와 단체 기관들의 자원을 이용하여 범죄 문제를 해결하자는 것이다.

여러 경찰학자들이 제시한 지역사회 경찰활동에 포함되는 요소를 정리하면 크게 세 가지가 포함된다고 볼 수 있다(National Research Council, 2004). 첫째, 대부분의 경찰학자들은 지역사회 경찰활동은 범죄와 지역사회 문제를 해결하는데 있어서 '지역사회의 참여'가 수반된다고 한다(Skolnick and Bayley, 1986; Goldstein, 1990). 둘째, 지역사회 경찰활동은 경찰조직 내부의 조직구조와 관리 측면에서 '권한의 분산과 일선 경찰관에 대한 재량권 확대'가 수반되어야 한다고 강조한다(Skolnick and Bayley, 1986). 셋째, 지역사회 경찰활동은 '문제해결 경찰활동'을 하나의 요소로 포함하고 있다. 문제해결 경찰활동(problem solving)은 문제지향 경찰활동(problem−oriented policing)과 같은 것으로 생각할 수 있으나, 지역사회 경찰활동의 한 요소로서의 문제해결 경찰활동은 범위가 좁고 경찰관 개인 수준에서 수행하는 것으로 볼 수 있다(National Research Council, 2004).

(3) 지역사회 경찰활동에 대한 연구와 비판

지역사회 경찰활동에 포함되는 것으로 볼 수 있는 것으로 여러 가지 활동을 예로 들 수 있는데, 도보순찰(foot patrol), 이웃감시(neighborhood watch), 지역사회 회합(community meeting), 가구방문(door to door visits) 등이 주로 실시되었다. 지역사회 경찰활동들은 지역사회의 상황이나 특별한 수요에 맞는 경찰활동을 할 것을 강조하였다. 지역사회 경찰활동이 표준적 경찰활동과 가장 차이가 나는 부분은 표준적 경찰활동은 경찰조직 내부의 자원에만 주로 의존하여 범죄, 무질서 등의 문제를 해결하려고 시도했으나, 지역사회 경찰활동은 지역사회의 자원을 활용한다는 점이다. 따라서 지역사회의 특성에 맞는 다양한 프로그램들이 지역사회 경찰활동이라는 개념 아래에서 만들어지고 시도되었다.

지역사회 경찰활동의 효과성에 대해서는 일치되지 않는 결과를 보고하고 있다. 미국에서 가장 폭넓게 적용되었던 지역사회 경찰활동으로서 도보순찰을 들 수 있는데, 경찰재단(Police Foundation)의 후원을 받아 엄격한 방법론을 적용하여 실시한 뉴저지 주의 뉴왁(Newark, NJ)시 연구결과에 따르면, 도보순찰을 하는 것이 범죄율을 효과적으로 감소시키지는 않았다고 한다(Police Foundation, 1981). 하지만, 동일한 연구에서 도보순찰을 실시한 지역주민들의 범죄두려움은 유의미하게 감소시켰다고 보고하였다.

지역사회 회합, 가구방문 그리고 뉴스레터와 같은 프로그램은 지역사회 주민들과 소통을 강화하면서 경찰이 범죄에 대한 정보를 지역사회에 전달하고 그리고 지역사회로부터 범죄 정보를 획득하게 되면 범죄 감소로 이어질 것이라고 믿어서 여러 경찰과 지역사회에서 실시되었다(Wycoff and skogan, 1994; Pate et al., 1986). 가구방문 프로그램의 경우 범죄 감소와 무질서 감소에 유의미한 효과가 있었다고 보고하였지만, 지역사회 회합과 뉴스레터 프로그램은 범죄율 감소에 유의미한 영향을 주지 못하였다(Sherman and Eck, 2003).

지역사회 경찰활동이 대체적으로 범죄율을 감소시켰다는 연구결과는 거의 없다. 반면에 지역사회 경찰활동을 통하여 주민들의 범죄두려움은 감소시켰다는 연구보고는 다수가 있다. 경찰재단의 후원을 받아 미국의 여러 도시에서 지역사회 경찰활동과 범죄두려움과의 관계를 조사하였는데, 대체적으로 지역사회 경찰활동이 범죄두려움을 유의미하게 감소시켰다고 보고하였다(Pate and Annan, 1989; Wycoff and Skogan, 1986).

지역사회 경찰활동에 대하여는 그 실체가 모호하여 어떤 것이 정말 지역사회 경찰활동인지 모르겠다는 비판이 있다(Roberg, Novak and Cordner, 2009: 68). 애매한 개념으로 인하여 효과성을 측정할 때 핵심 지표에 대한 조작적 정의도 애매하게 되어 연구를 통한 검증이 쉽지 않다. 기존의 연구결과들을 살펴보아도 지역사회 경찰활동이 범죄예방에 효과가 있는지는 여전히 의문으로 남는다.

지역사회 경찰활동은 지역사회 주민과 상호협력을 강조하는데, 이에 대한 부작용으로 부정부패의 증가와 정치집단화 가능성, 시민의 사생활 침해 가능성 등의 문제가 예상되기도 한다. 또한 창의적인 문제해결과 도보순찰을 강조하는 지역사회 경찰활동은 더 많은 경찰 인력과 비용을 투입해야 하는데, 이로 인한 한계가 발생한다.

(4) 우리나라의 지역사회 경찰활동

미국에서 지역사회 경찰활동이 확산되고 여러 연구결과가 보고되면서 우리나라 범죄 및 경찰학계에도 지역사회 경찰활동의 개념이 소개되었다. 지역사회 경찰활동이 강조하는 부분은 지역주민들과 서로 협력하면서 치안활동을 하는 것이다. 권위주의적인 경찰 이미지를 벗어나고 시민들에게 친절과 봉사를 제공하는 경찰로 나아가는데 있어 지역사회 경찰활동의 철학은 한국 경찰에 매력적으로 다가왔다. 한국 경찰이 지역사회 경찰활동을 공식적으로 사용한 것은 1999년 경찰청이 추진했던 '경찰 대개혁 100일 작전'에서 부터이다(노성훈, 2020: 371). 우리나라는 미국의 지역사회 경찰활동 개념이 도입되기 전부터 파출소를 중심으로 도보순찰활동을 해왔다. 파출소 경찰관들은 관할구역의 시민들과 많은 접촉을 하면서 범죄예방활동을 해왔다. 하지만, 기존의 파출소를 중심으로 한 순찰활동은 지역사회 경찰활동을 실천하기에는 한계가 있었다.

한국 경찰은 지역경찰제를 도입하면서 지역사회 경찰제도를 시행했다고 볼 수 있다. 경찰은 2003년 '지역경찰 조직 및 운영에 관한 규칙(경찰청장훈령 제409호)'를 제정하여 '지역경찰'이라는 개념을 공식적으로 사용하기 시작했다. 그리고 기존의 외근 경찰이라고 불렸던 파출소 근무 경찰관들을 지역경찰로 공식적으로 부르기 시작했다. 또한 경찰서 방범과를 '생활안전과'로 변경하였고, 기존의 파출소들을 통합하여 지구대를 만드는 조직개편을 실시하였다(석청호, 2003). 기존의 파출소 제도를 순찰지구대로 변경하면서 이러한 제도를 지역경찰제라고 불렀다(장석헌, 2005).

하지만, 지구대 체제를 도입한 지역경찰제도는 경찰자원의 선택과 집중을 위해서 탄생한 제도도라고 볼 수 있다(임준태, 2011). 기존의 파출소 체제하에서는 소규모 인원이 파출소에 근무했고 이로 인하여 교대 인력이 부족해서 2교대 근무를 해야 하는 등 근무 여건이 열악했다. 또한 파출소마다 내근 인력을 상주시켜야 하는 비효율성 그리고 취약시간대 파출소에서 난동을 부리는 시민들 문제 등을 해결할 필요가 있었다. 지구대 체제로 조직을 개편하여 경찰은 여러 개의 파출소를 통합하여 하나의 지구대를 만들어 지구대별 근무 인원을 늘려서 경찰 인력을 효율적으로 활용할 수 있게 되었다. 즉, 순찰지구대 체제의 지역경찰제도는 효율적 경찰 인력 운용의 측면에서 도입된 제도라고 볼 수 있다. 그럼에도 불구하고 2003년을 기준으로 지역사회 경찰활동이 본격화 되었다고 분류하는 것은 지역경찰제를 도입하면서 경찰이 지역사회 맞춤형 치안 그리고 지역주민에 대한 봉사와 같은 지역사회 경찰활동의 이념을 경찰의 임무로 내세운 것을 근거로 들 수 있다(장석헌, 2005: 342). 또한 여러 경찰학자들이 지역경찰제를 지역사회 경찰활동이라고 간주하고 이에 대한 효과성 검증 연구를 시도하였다(석청호, 2003; 이미정, 2004; 허용훈·김인, 2005). 한국에서 지역사회 경찰활동의 틀 안에서 시행하고 있는 경찰활동의 예를 들자면 기존에 해오던 도보순찰은 이미 오래전부터 해 오던 순찰방식이지만 지역주민과 접촉을 늘릴 수 있는 순찰로서 지역사회 경찰활동에 해당한다고 볼 수 있다. 또한 시민경찰학교, 아동안전지킴이, 자율방범대 활동 등을 지역사회 경찰활동의 대표적인 예로 볼 수 있다(양문승, 2011).

하지만, 현행 지역경찰제는 지역사회 경찰활동의 핵심적 요소가 상당부분 빠져 있어 지역사회 경찰활동과 동일시하기에는 어렵다는 비판이 있다. 이창무(2006)는 지역사회를 치안활동의 대응한 파트너로 참여시키는 부분, 지역사회 맞춤형 문제해결을 하는 부분, 그리고 지역경찰관들에게 재량권과 자율성을 부여하는 면에서는 한국의 지역경찰제에서 제대로 이루어지지 않아 진정한 지역사회 경찰활동으로 보기 어렵다는 비판을 했다.

3. 문제지향 경찰활동

(1) 문제지향 경찰활동의 개념과 발달

문제지향 경찰활동은 지역사회 경찰활동 개념이 도입되면서 동시에 발달된 개념이라고 할 수 있다. 학자들 중에는 지역사회 경찰활동의 한 요소로서 문제해결을 포함하기도 한다(National Research Council, 2004: 233). 문제지향 경찰활동은 허먼 골드스타인(Goldstein, 1979)이 제안한 것으로서 기존의 전통적인 경찰활동을 비판하면서 경찰이 개별적인 사건 하나하나에 대응하는 방식을 벗어나서 근본 문제를 해결하는 경찰활동을 할 것을 강조하였다. 골드스타인(Goldstein, 1979: 32-49)은 문제지향 경찰활동의 기본 요소를 제시하였다.

> 문제지향 경찰활동의 기본요소
>
> 1. 개별 사건들을 문제로 범주화 하기
> 2. 경찰활동을 근본 문제에 초점 맞추기
> 3. 효과성을 궁극적 목표로 삼기
> 4. 체계적 조사의 필요성
> 5. 문제를 세분화하고 정확하게 명명하기

   6. 문제와 연결된 여러 가지 이해관계에 대한 분석
   7. 현재 대응방식에 대한 검토와 비판
   8. 맞춤형 대응방식에 대한 탐색
   9. 적극적인 자세의 견지
  10. 의사결정 과정을 강화하고 책임 명확화
  11. 새롭게 시도된 대응 결과에 대한 평가

　문제지향 경찰활동과(problem-oriented policing)과 지역사회 경찰활동의 한 요소로 간주되는 문제해결(problem solving)이 서로 같은 것이라고 하는 주장도 있지만, 둘은 구분 되는 개념이라고 할 수 있다(Roberg et al., 2009: 77). 문제해결은 지역사회 경찰활동의 한 요소로서 작은 규모이면서 경찰관 개인 수준에서 적용하는 것인 반면에, 문제지향 경찰활동은 문제에 대한 접근 범위가 더 넓고 보다 심도 있는 분석을 강조하면서 다양한 대응방안을 강조한다.

　에크와 스펠만(Eck and Spelman, 1978[9])은 경찰의 문제해결과정으로 SARA모델을 제시하였다. 조사(Scanning), 분석(Analysis), 대응(Response), 평가(Assessment)의 과정을 통하여 문제를 해결하는 과정을 설명하였다. 조사단계는 지역사회의 문제를 인지하고 문제들을 범주화하는 단계이다. 분석단계는 문제의 범위와 성격에 따라 문제에 대한 원인을 파악하기 위하여 데이터를 수집하고 분석하는 단계이다. 대응은 경찰과 지역사회가 협력하여 분석된 문제의 원인을 제거하고 문제를 해결하는 단계이다. 마지막으로 평가는 대응 후의 효과성을 검토하는 단계로서 문제해결 전 과정에 대한 환류를 통하여 대응방안에 대한 개선을 도모한다.

(2) 문제지향 경찰활동에 대한 연구와 비판

　문제지향 경찰활동의 효과성에 대한 여러 연구에서 문제해결에 긍정적인 결과를 가져왔다는 보고가 있었다. 예를 들어, 편의점 강도 문제해결(Hunter and Jeffrey, 1992), 술집과 클럽에서 주취자 폭력 문제해결(Homel et al., 1997), 매춘 문제해결(Matthews, 1990) 등에서 효과가 있었다는 보고가 있다.

　효과가 있었다는 연구결과에도 불구하고 문제지향 경찰활동은 일선 경찰관들

---

9) Eck, J. E. & Spelman, W. (1978). Problem solving: Problem-oriented policing in Newport
   News. Washington, DC: Police Executive Research Forum.

이 핵심 원리들을 제대로 적용하기에는 너무 어렵다는 비판이 있다. 따라서 대부분의 문제지향 경찰활동들이 피상적인 분석에 머물고 대응방안도 전통적인 단속 위주의 대응이나 임시적인 대응에 머물고 있다는 비판이 있다(Braga and Weisburd, 2006: 133[10]). 대부분의 경찰관들이 사회과학 연구방법론을 전문적으로 배우지 못했고, 다양한 지역사회 자원을 이용하여 해결책을 찾는 것은 현실적으로 쉬운 일이 아니다. 문제해결책을 찾았더라도 관계자들의 이해충돌로 인하여 쉽게 추진하기 어려울 때도 있다. 따라서 약화된 문제해결방식을 선택해서 추진하는 경우가 많았다.

(3) 우리나라의 문제지향 경찰활동

한국 경찰은 2016년 시범적으로 경찰서에 범죄예방 진단팀을 조직하여 운영하다가 같은 해 전국적으로 확대 시행하였다. '범죄예방진단 절차 및 활용에 관한 규칙'(경찰청훈령 제788호)은 범죄예방진단의 정의를 '경찰관이 지역사회와 함께 범죄예방대책을 마련하기 위해, 거리·공원·공공시설·건축물 등 특정 지역이나 시설의 물리적·사회적 요인을 분석하여 범죄취약요소를 파악하는 활동'이라고 규정하고, 이를 전담하는 범죄예방 전문요원(Crime Prevention Officer: CPO)의 임무로 1) 범죄취약지역 범죄예방진단, 2) 범죄예방진단 결과 분석, 3) 침입범죄 피해 시설물진단·개선, 4) 지방자치단체, 경비업체, 협업단체 등 유관기관·간체와 범죄예방디자인 활성화를 위한 협업체계 구축, 5) 범죄예방 강화구역 관리 등 이라고 규정하고 있다.

따라서 CPO는 SARA 문제해결과정 중에서 조사와 분석을 주된 업무로 하고 대응책 마련을 위해 지역사회와 협업체계를 구축하는 임무를 맡고 있다.

한국은 문제지향 경찰활동과 더불어 셉테드 원리를 경찰활동에 적용하여 지역사회 범죄예방활동을 강화하고 있다(박스 참조).

---

10) Braga, A. A., & Weisburd, D. (2006). Problem−oriented policing: The disconnect between principles and practice. Police innovation: Contrasting perspectives, 133−154.

환경설계를 통한 범죄예방(셉테드)

1. 셉테드의 개념 및 등장배경

셉테드는 '환경설계를 통한 범죄예방'(Crime Prevention Through Environmental Design: CPTED)의 영문 첫 글자를 따서 만든 용어이다. 셉테드는 물리적 환경설계를 통하여 범죄를 예방하고자 하는 전략을 말한다. 1960년대 미국의 제인 제이콥스(Jane Jacobs, 1961[11])가 제2차 세계대전 이후 미국의 도시 성장과정을 분석한 책에서 차량 통행 중심의 도시 설계가 주민들 사이의 상호작용을 감소시켰고, 이로 인한 비공식적 사회통제망이 훼손되어 범죄가 증가하게 되었다고 진단하였다. 제이콥스는 안전한 도시를 만들기 위하여 1) 공적영역과 사적영역의 구분, 2) 낯선 이들을 주민들이 감시할 수 있는 구조, 3) 행인들이 꾸준히 통행할 수 있는 거리구조 등이 범죄예방에 도움이 된다고 하였다. 1970년대에는 오스카 뉴먼(Oscar Newman, 1978[12])이 '방어공간'(defensible space) 개념을 통하여 건축물 설계와 범죄 발생과의 관련성을 제시하였다.

2. 셉테드의 기본 원리

셉테드는 기본 원리로 자연적 감시, 자연적 접근통제, 영역성, 활용성 증대, 그리고 유지관리를 제시한다.

가. 자연적 감시(natural surveillance)

주민들이 자연스럽게 낯선 사람을 볼 수 있도록 건물과 시설물을 배치하는 것을 말한다. 사각지대를 없애고, 야간에는 조명을 적절하게 배치하는 것도 자연적 감시에 도움이 된다.

나. 자연적 접근통제(natural access control)

공간의 입출구를 정해진 곳으로만 통하도록 하여 허가받지 않은 사람들이 들어오지 못하도록 하고, 경비원이나 도어락 출입차단기 등을 이용하여 접근을 통제하는 원리이다.

다. 영역성(territoriality)

사적공간, 준사적공간, 공적공간 사이의 경계를 분명히 하여 공간이용자들이 사적공간에 들어갈 때 심리적 부담을 주는 원리이다.

라. 활용성 증대(activity support)

시민들이 공공장소를 그 목적에 맞게 활발하게 활용하도록 유도하여 비행이

---

11) Jacobs, J. (1961). *The death and life of great American cities*. New York: Random House.
12) Newman, O. (1978). *Defensible space: Crime prevention through urban design*. New York: Collier Books.

나 여타 범죄행위를 억제하는 원리이다.

마. 유지관리(maintenance)

장소나 건물을 설계목적대로 사용할 수 있도록 보수하고 관리하는 것을 말한다. 부서지거나 노후한 시설을 방치하면 정상적 이용자들의 활용성이 떨어지고 이는 범죄자들을 유인하는 요소가 된다.

3. 한국 경찰의 셉테드 도입

한국 경찰은 2005년 'CPTED 프로그램 추진계획'을 수립하여 경기도 부천시에서 시범 실시하였다가 2016년부터는 경찰서에 '범죄예방 진단팀'제도를 도입하면서 셉테드 원리를 범죄예방 대응책 마련에 적용하고 있다. 범죄예방 전문요원(CPO)은 문제지향 경찰활동과 더불어 셉테드 원리를 적용하여 지역사회와 함께 범죄예방 활동을 추진한다.

2021년 7월부터 전면적으로 시행되는 자치경찰제도로 인하여 자치경찰사무에 대한 경찰청장의 지휘·감독권이 배제됨에 따라 자치경찰사무와 관련된 경찰청장 훈령인 '범죄예방진단 절차 및 활용에 관한 규칙'이 폐지되었다. 따라서 국가경찰체제 하에서 운영되던 범죄예방 진담팀과 범죄예방 전문요원은 앞으로 각 시·도 자치경찰에서 각자의 방식으로 운영될 것으로 생각된다.

제4절 사회의 변화와 경찰활동의 혁신

1. 사이버범죄와 경찰의 대응

인터넷이 상용화되고 많은 활동이 사이버 공간에서 이루어진다. 자연스럽게 사이버 공간을 이용한 범죄와 사이버 공간 자체를 공격하는 범죄가 증가하기 시작하였다. 현대사회는 4차 산업혁명 시대의 진행으로 다수의 범죄가 사이버 공간으로 이전하였고, 사이버범죄의 양상이 첨단화, 지능화하고 있어 시민들의 일상생활에 중대한 위협요소가 되고 있다.

경찰청 통계에 의하면 2020년 기준 지난 5년 동안 사이버범죄는 60% 이상 폭증하였고, 다크웹이나 가상통화를 이용하는 등 수법 또한 진화해서 피의자를 검거하는데 보다 많은 노력과 시간이 요구되고 있다(경찰백서, 2020: 233).

한국 경찰은 사이버범죄를 정보통신망 침해 범죄, 정보통신망 이용 범죄 그리고 불법 컨텐츠 범죄로 구분하고 사이버범죄 신고시스템을 구축하여 대응하고 있다.

한국 경찰청 사이버범죄의 유형 구분[13]

1. **정보통신망 침해 범죄:** 해킹, 서비스거부 공격, 악성프로그램 등 기타 정보통신망 침해형 범죄 등
2. **정보통신망 이용 범죄:** 사이버사기, 사이버금융범죄(피싱, 파밍, 스미싱, 메모리해킹, 몸캠피싱 등), 개인·위치정보 침해, 사이버저작권 침해, 사이버스팸메일 기타 정보통신망 이용범죄 등
3. **불법 컨텐츠 범죄:** 사이버성폭력, 사이버도박, 사이버명예훼손·모욕, 사이버스토킹, 사이버스팸메일 기나 불법 콘텐츠 범죄 등

사이버범죄에 체계적으로 대응하기 위하여 한국 경찰은 2000년에 '사이버테러대응센터'를 신설하여 처음으로 사이버범죄에 대한 전담 조직을 만들었다. 2014년에는 '사이버안전국'을 신설하여 증가하고 있는 사이버범죄에 대한 대응을 위해 조직을 확대하였다.[14] 2016년부터는 전국의 지방경찰청에 사이버안전과를 신설하여 대응하고 있다.

2. 학교폭력과 경찰의 대응

최근 인구감소로 청소년의 숫자는 줄어들고 있지만, 청소년이 저지르는 범죄가 날로 흉포화되고 있다는 우려가 증가하였다. 특별히 2010년대 초반에는 학교 내에서 발생하는 학생들의 폭력행위에 대하여 선생님과 학교 교육체계를 통해서만 해결할 수 없다는 인식이 확대되어 한국 경찰은 2012년에 학교전담경찰관 제도를 도입하고 학교전담경찰관을 경찰서에 배치하였다(경찰백서, 2013: 100).

---

13) 경찰청 사이버범죄 신고시스템 https://ecrm.cyber.go.kr/minwon/crs/quick/cyber1
14) 경찰청 조직연혁 https://www.police.go.kr/www/agency/history/history03.jsp

학교전담경찰관의 역할

- **학교와 협력**: 생활지도교사와 핫라인을 구축하여 학교 폭력 사안에 대해 공동
대응하고 학교에서 해결하기 어려운 사안에 대해 적극 해결
- **예방교육**: 전문성과 경험을 갖춘 학교전담경찰관이 소규모 학급단위로 학생
눈높이 예방교육 전담
- **자치위 참석**: 학교폭력대책자치위원회 위원으로 참석, 형사법적 지식을 바탕
으로 의견을 제시하며 분쟁조정 및 가해학생 선도프로그램 연계
- **학생 상담**: 연락처를 적극 홍보하여 전화·카톡·SNS 등을 통해 자연스럽게
신고를 유도하고 가·피해 학생 상담을 통해 학교 적응 지원
- **117 해결**: 전담경찰관 명단을 117센터와 공유하여 구체적 피해사실 및 사후
관리 필요시 전담경찰관에 연계하여 대면 상담 및 보호·지원

또한 경찰은 청소년이 저지르는 경미 범죄에 대하여 낙인효과를 방지하기 위
하여 사안이 경미하거나 초범인 경우에는 선도심사위원회에서 사안에 따라 즉심·
훈방토록 하여 처벌보다는 선도 중심으로 사안을 처리하고 있다(경찰백서, 2013).
아울러, 사랑의 교실(전문기관 위탁) 및 경찰관서 자체 선도프로그램 운영을 활성화
하여 초기 단계부터 소년범의 재범을 방지하기 위해 개입하고 있다.

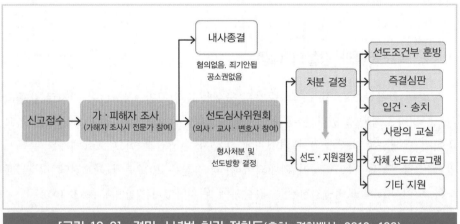

[그림 12-2] 경미 소년범 처리 절차도(출처: 경찰백서, 2013: 100)

3. 미래사회 경찰활동 전망

　미래사회에는 첨단 기술의 발달로 경찰의 범죄대응 방식도 변화할 것으로 예상한다. 경찰은 범죄대응 역량을 강화하기 위하여 다양한 신기술을 도입하고 있다. 아래에는 경찰이 최근에 도입하거나 앞으로 도입할 예정인 첨단 경찰활동을 몇 가지를 소개한다.

　먼저, 경찰은 광범위한 지역을 대상으로 수색활동을 하거나 단속할 때 효과적으로 활용할 수 있는 드론을 도입하여 이용하고 있다. 2019년 경찰청은 일반직 공무원으로 드론공무원을 선발하였다. 2020년 현재 시도경찰청 단위에서 드론을 배치하여 활용 중이고, 실종자 발생 시 사람의 접근이 어려운 지역도 적외선 카메라와 고해상도 카메라를 이용하여 효과적으로 수색할 수 있어 경찰업무 향상에 크게 도움을 주고 있다.

[그림 12-3] 경찰이 도입한 드론/ 경찰청 제공

　현재 경찰은 실종된 아동 수색, 자살 의심자 발생, 중대한 재해 재난 발생, 테러 발생의 경우에만 드론을 활용하고 있다. 범죄자를 수색하거나 단속에는 활용하고 있지 않다. 이는 사생활 보호를 규정한 헌법에 위배하지 않도록 하기 위한 것이나, 향후 사생활 침해를 하지 않는 방식으로 그 활용이 증가할 것으로 예상한다.

　빅데이터, AI, 로봇은 미래 4차 산업혁명의 큰 화두이다. 한국 경찰도 2020년 '경찰청 빅데이터 플랫폼' 사업을 추진하여 빅데이터와 인공지능 기술을 경찰업무에 적극적으로 활용하기로 하였다. 먼저 1단계로 빅데이터 플랫폼을 구축하고 '범죄위험도 예측분석 시스템' 시범운영을 준비하고 있다. 이 시스템은 경찰이 보유하고 있는 범죄 관련 데이터와 지역환경 등의 공공데이터를 인공지능으로 분석하여 지역별로 범죄를 예측한다. 2021년부터는 범죄위험도 예측 결과를 지구대·파출소 순찰차와 연계해 최적의 순찰노선을 인공지능으로 추천하는 등 지역 경찰관서의 업무를 지원하며, 범죄예방진단팀(CPO)은 방범시설(CCTV, 가로등, 비상벨 등)을 실시간 확인·관리하고 최선의 방범시설 설치 지점을 제안받는 등 활용할 예정이다(경찰청, 2020[15]).

경찰은 로봇프로세스자동화(RPA)를 2019년부터 도입하여 단순 반복업무에 투입하여 사용하고 있다. RPA는 업무과정에서 발생하는 데이터를 정형화하고 논리적으로 자동 수행하는 기술이다. 대표적 적용사례로 교통 벌점조회시스템에 RPA를 도입하여 AI 기반 로봇이 자동으로 벌점을 조회할 수 있어 민원인이 경찰서를 방문하지 않고 벌점조회가 가능하도록 하였다. 이 기술은 '경찰청 빅데이터 플랫폼'과 연결하여 활용할 예정이다.

[그림 12-4] 경찰청 빅데이터 플랫폼/ 경찰청 제공

---

15) 대한민국 정책브리핑. https://www.korea.kr/news/pressReleaseView.do?newsId=156429332

참고문헌

김창윤 외 27인. (2020). 경찰학. 제4판. 서울: 박영사.

이황우·한상암. (2016). 경찰행정학. 파주: 법문사.

노성훈(2020). 노성훈 교수의 경찰학. 도서출판 푸블리우스.

석청호. (2003). "한국지역경찰 운영실태에 관한 연구." 한국경찰학회보 5.2: 93-122. 최근 바뀐 순찰지구대 운영에 대한 설문조사를 중심으로.

석청호. (2008). "112신고에 대한 차별적 경찰 대응방안에 관한 연구." 한국공안행정 학회보 17(4): 213-246.

양문승. (2011). "국내외 지역사회경찰활동 프로그램의 비교분석 및 발전방안." 한국 경찰연구 10.3: 55-83.

이미정(Lee Mi Jeong). (2004). "지역사회경찰활동에 근거한 지역경찰제의 실행 과 제." 한국공안행정학회보 18: 1-28.

이민식 외 7인 번역. (2020). 범죄학: 이론과 유형. Cengage.

이창무. (2006). "경찰 범죄예방 활동의 질적 평가: 지역경찰제를 중심으로." 한국경 찰학회보 8(1): p.56

임준태. (2011). "한국의 범죄예방 순찰제도 변천과정에 대한 비판적 고찰." 한국경찰 연구 10.2: 221-256.

장석헌(Chang Suk Heon). (2005). "지역사회 경찰활동에 관한 연구." 한국공안행정학 회보 21: 326-362.

허용훈·김인. (2005). "우리나라 지역경찰활동의 성과평가에 관한 연구." 지방정부연 구 9.3: 7-32.

Braga, A. A., & Weisburd, D. (2006). Problem-oriented policing: The disconnect between principles and practice. Police innovation: Contrasting perspectives, 133-154.

Eck, J. E., & Rosenbaum, D. (1994). The new police order: Effectiveness, equity, and efficiency in community policing. The challenge of community policing: Testing the promises, 3-23.

Eck, J. E. & Spelman, W. (1978). Problem solving: Problem—oriented policing in Newport News. Washington, DC: Police Executive Research Forum.

Fyfe, J. J., Greene, J. R., Walsh, W. F., Wilson, O. W., & McLaren, R. C. (1997). Police administration (pp. 467—78). New York: McGraw—Hill.

Goldstein, H. (1979). Improving policing: A problem—oriented approach. Crime & delinquency, 25(2), 236—258.

Goldstein, H. (1990). Problem—Oriented Policing. New York: McGraw—Hill.

Greene, J. R., & Mastrofski, S. D. (Eds.). (1988). Community policing: Rhetoric or reality. New York: Praeger.

Greenwood, P. W., Chaiken, J. M., Petersilia, J., & Prusoff, L. (1975). The criminal investigation process, Volume III: Observations and analysis.

Homel, R., Hauritz, M., Wortley, R., McIlwain, G., & Carvolth, R. (1997). Preventing alcohol—related crime through community action: the Surfers Paradise Safety Action Project. Crime Prevention Studies, 7, 35—90.

Hunter, R. D., & Jeffery, C. R. (1992). Preventing convenience store robbery through environmental design. In R. Clarke (ed.), Situational crime prevention: Successful case studies. Albany, NY: Harrow and Heston.

Jacobs, J. (1961). The death and life of great American cities. New York: Random House.

Kansas City Police Department.(1977) Response Time Analysis: Executive Summary. Kansas City. MO: Board of Police Commissioners.

Kelling, G. L., Pate, T., Dieckman, D., & Brown, C. (1974). The Kansas City Preventive Patrol Experiment: A Tecnical Report. Washington, DC: Police Foundation.

Larson, R. C., & Cahn, M. F. (1985). Synthesizing and extending the results of police patrols. Washington, DC: US Government Printing Office.

Matthews, R. (1990). Developing more effective strategies for curbing prostitution. Security Journal, 1(3), 182—187.

National Research Council. (2004). Fairness and effectiveness in policing: The evidence. National Academies Press.

Newman, O. (1978). Defensible space: Crime prevention through urban design. New York: Collier Books.

Pate, A. M., & Annan, S. (1989). The Baltimore community policing experiment. Washington, DC: Police Foundation.

Pate, A., Wycoff, M. A., Skogan, W. G., & Sherman, L. W. (1986). Reducing fear of crime in Houston and Newark. Washington, DC: Police Foundation.

Police Foundation. (1981). Newark Foot Patrol Experiment. Washington, CD: Police Foundation.

Novak, K. J., Cordner, G. W., & Roberg, R. R. (2009). Police & society. Oxford University Press.

Sherman, L. W., & Eck, J. E. (2003). Policing for crime prevention. In Evidence-based crime prevention (pp. 309-343). Routledge.

Skolnick, J. H., & Bayley, D. H. (1986). The new blue line: Police innovation in six American cities. Simon and Schuster.

Trojanowicz, R. (1994). "The Future of Community Policing." Chapter 15 in The Challenge of Community Policing: Testing the Promises, edited by D. Rosenbaum. Thousand Oaks, CA: Sage.

Skogan, W. G., & Wycoff, M. A. (1994). Community policing in Madison: An analysis of implementation and impact. In The Challenge of Community Policing: Testing the promises. Sage Publications.

Skogan, W. G., & Wycoff, M. A. (1986). Storefront police offices: The Houston field test. In Community crime prevention: Does it work? (pp. 179-199). Sage Publications.

제13장

법원, 교정과 범죄예방

제13장 법원, 교정과 범죄예방

제1절 처벌의 역사

개별 국가의 형벌제도의 발전은 정치질서와 형벌관의 발전에 따라서 달라진
다. 그렇지만 세계사적 흐름을 보면 대체로 복수단계, 응보·위하단계, 교육적 개
선단계, 과학적 처우단계, 사회적 권리보장 단계로 구분할 수 있다(허주욱, 2013:
139-143; 김상균·신석환, 2009: 68-70).

1. 복수단계

원시시대부터 고대국가 형성기까지를 복수단계라 할 수 있다. 인류의 생활 속
에는 어느 시대이든 반드시 범죄와 형벌이 존재하였다. 범죄와 형벌에 관한 문제
는 인류사회에 있어서 가장 원시적인 현상의 하나라고 할 수 있으며, 그 진화의
과정은 각기 나라에 따라 다소 차이는 있다 할지라도 대체로 다음과 같은 특성과
발전과정을 거친다.

최초의 복수시대는 우선 원시공동체 사회에서 혈족적 복수에 의해서 침해를
반격한 시대이다. 단체생활의 단위가 혈족이었을 때, 단체 내의 1명에 대해서 타
단체의 성원이 침해를 가할 때, '피해혈족 전체가 가해혈족 전체에 대해서 제한없
이 피해의 정도를 초월하여 가혹한 제재'를 가하였으며 당시의 '복수관'은 이를 '정

- 392 -

의의 집행'이라고 생각하였다. 복수에 참여하지 않는 자를 배덕자라 해서 사회로 부터 배척한 사례까지 종종 있었다.

원시공동체가 붕괴되기 시작할 무렵 대내적으로는 생산수단, 대외적으로는 무력수단(방어수단)으로서의 인간의 노동력을 귀중히 여기게 되고 또한 복수의 연속에 대하여 인간 스스로 혐오감을 갖게 되면서, 동가(同價)적 응보로서의 탈리오 (Lex Talionis) 사상을 인정하게 된다. 모세율법(Mosaic Law)의 "눈은 눈으로써, 이는 이로써 갚는다," 함무라비법전(Hammurabi code)의 "남의 눈을 상한 자는 눈을 상해받아야 한다" 등이 그것에 해당한다.

2. 응보·위하단계

고대 국가의 형성기부터 17세기 까지를 응보·위하단계라 할 수 있다. 원시사회의 연대적·혈족적 단체생활에 있어서는 통제자의 의사가 강력하지 않고 오히려 복수자의 행동 즉 사적인 형벌이 주도적 역할을 담당하였다. 고대 국가의 형성은 군주권력의 증대와 중앙집권제의 실현으로 복수관에 입각한 사적 형벌주의는 점차 약화되고 형벌제도의 조직적·통일적 형태를 취하게 된다. 권력이 봉건적 전제 군주제후의 수중으로 이행되는 과정에서 점차 공적인 형벌제도가 확립된다. 범죄에 대한 형벌권이 개인이나 집단이 아니라 국가에 귀속되어 형벌의 국가화, 행형의 질서화가 이루어진다. 범죄에 대해서 국가의 직접적 피해 여부를 불문하고 형벌권을 가지고 조사하고 재판을 하게 된다. 이것은 개인 차원의 복수나 국가가 아닌 제3자에 의한 재판이 무정부적 혼란을 일으켜 잔학성을 피할 수 없었음에 기인된 것이었으나, 오늘날의 시각에서 볼 때는 당시의 형벌관이 응보와 일반예방적 위하사상에 입각해서 이루어졌기 때문에 가혹하고 준열한 고통을 주었다. 따라서 당시의 형벌은 원칙적으로 사형이나 가혹한 신체형이었으며, 재산형의 경우에도 전부 몰수와 같은 가혹형을 부과하여 소위 죄형전단주의시대 또는 준형시대로 불린다.

3. 교육적 개선단계

르네상스 시기(14세기~16세기)와 산업혁명기(18세기 중엽)를 거쳐 19세기 초반까지를 교육적 개선단계로 부른다. 봉건적 경제조직의 붕괴 즉 봉건적 정치기반의 파괴와 몰락으로 인하여 그 이전의 가형(加刑)사상에서 수형(受刑)사상으로 변화가 이루어지는 시기이다. '통치권에 대한 도전에 형벌을 가한다'는 이념에서 '형벌을 받는 사람에게 어떻게 형을 받아들이게 할 것인가' 즉 억제나 효과를 고려하는 이념이 지배적인 시대이다.

17세기 들어 과거의 수공업적 생산방법은 매뉴팩쳐 즉 대규모적 공장생산으로 발전해 나가면서 새로운 시민계급인 부르주아가 경제적 실력자로 등장하게 된다. 이들은 봉건적 전제제도 및 이데올로기와 정면으로 충돌하게 되고 인간의 자아 발견과 인간의 해방을 주창한다. 개인의 자유는 천부의 권리이며, 국가는 이 자유로운 인간들과의 계약 집단에 불과하므로 개인의 자유는 국가의 부당한 침해에서 보호되어야 한다고 주장하였다. 이러한 인권이론은 입헌주의 사상을 낳았고, 프랑스혁명으로 인하여 죄형법정주의가 헌법상의 대원칙이 되었다. 죄형전단주의 시대에서 죄형법정주의 시대로의 발전이 이루어진 것이다.

형사재판에 있어서 판사는 공익대표자인 검사와 범죄자(피고인)의 중간에서 공평무사하게 사건을 심판하게 되었으며, 고문을 통한 자백을 강조하던 전시대를 벗어나면서 형벌제도는 합리화 조직화의 새로운 방향으로 나아가게 되었다. 형벌의 중심은 생명형과 신체형으로부터 자유형으로, 자유박탈의 목적은 응보와 위하로부터 교정, 개선, 교화의 목적으로 변화하게 되었다.

18세기말 미국의 펜실베이니아주에서는 주야 엄정독거를 실시함으로써 범죄자가 자신의 비행을 뉘우치고 개과천선하도록 하는 소위 펜실베이니아제(pennsylvania system)를 발전시키고 또한 주간에서 침묵하에 노동을 하고 야간에는 독거구금하는 오번제(Auburn system)가 등장하게 된다. 오스트레일리아에서는 자유형의 형기를 여러 단계로 구분하여 개선 정도에 따라 점차 자유의 제한을 완화하고, 그에 따른 처우와 책임을 달리하여 개선을 촉진하는 누진제도(Progressive stage system)가 시행되었다. 이 시대에서는 획기적인 행형 배려가 나타나고, 한층 개량된 독거실, 혼거실 등의 수용시설과 작업장이 계속 건설되어 행형의 교육화를 도모하였다.

4. 과학적 처우단계

과학적 처우단계는 19세기 말부터 20세기 초에 이르러 나타나는 범죄 원인에 따른 형벌의 개별화와 밀접한 관련이 있다. 범죄학 발전과 전개에서 고전학파의 출현과 교육적 개선단계가 밀접하게 관련되어 있다면, 과학적 처우단계는 실증주의 학파의 등장과 밀접하게 관련이 있다.

19세기 후반 비약적인 기계공업의 발달로 인하여 경제의 중심이 수공업에서 기계공업으로 변하고 이는 자연과학의 발전에서 비롯된 결과이다. 아울러 진화론과 인류해부학의 발전으로 인하여 사회와 개인 사이에 있어서의 범죄현상의 불가피성, 범죄의 유형과 유전과의 관련성 등을 실증적으로 규명하는데 관심이 높아졌다. 따라서 범죄를 논하기 전에 범죄인의 특성을 고려하고 범죄행위의 결과보다 그 원인(생물학적, 심리학적, 사회학적)을 중시해야 한다는 경향이 강해지면서 종래의 전통적인 형법사상에 대한 반성이 일게 된다. 교정분야에도 진취적이고 실증적인 범죄분석과 처우대책으로써 사회를 범죄로부터 보호하려는 적극적인 노력을 기울이게 되었다.

형의 집행을 종래와 같은 미온적 배려에서 벗어나 보다 완숙한 인간학의 전문가가 집행케 하며, 아울러 광범한 보조과학의 도움을 받아 개별 수용자의 적성발견과 그에 상응한 처우를 실시하고자 하였다. 형집행의 중추적 영역인 수용자의 구금분류와 처우분야에 잘 훈련된 교도관을 배치하고 아울러 범죄학자, 정신의학자, 심리학자, 교육자, 사회사업가, 카운셀러, 레크레이션 지도자 등 여러 보조과학의 조력으로 처우의 과학화를 도모하고자 하였다. 그 결과 수용자의 적성발견과 개별적 처우로써 수형자를 건전한 사회일원으로 사회에 복귀하여야 한다는 사상에 교정역량이 집중되었다.

5. 사회적 권리보장 단계

사회적 권리보장에 대한 관심은 제2차 세계대전 이후 제국주의 몰락, 식민지 독립, 신생 약소국가의 탄생 등과 같은 국제적 상황과 밀접한 관계가 있다. 이는 각국에서 사회적 약자에 대한 관심으로 발전하게 된다. 1960년대 후반들어서면서 사회적 약자 및 소수집단의 권리주장 목소리가 커지면서 세계 각국에서는 인권운동이 전개된다.

수형자에 대한 기본적인 권리보장과 더불어 가장 큰 변화는 사회내 처우의 등장이다. 교도소는 수형자를 교화하지 못하고 다만 교도소생활에 익숙하게 할 뿐이라는 지적이 일면서 치료모델의 열기가 식게 되고, 대신에 범죄자가 다시 복귀해야 할 사회와의 재통합을 전제로 한 사회내 처우가 주목을 받게 된 것이다. 보호관찰, 가석방, 외부통근 등의 사회내 처우 프로그램들과 시설내 처우와 사회내 처우의 중간격인 중간처우 등이 등장하고 발전하게 되었다.

제2절 법원의 판결과 양형

앞서 살펴본 처벌의 역사를 통해 시간의 흐름속에 처벌에 관한 사회적 철학이 어떻게 달라지는지를 살폈다. 그러나 이러한 처벌이 작동하기 전에는 바드시 법원의 판결을 거쳐야 한다. 법원의 판결은 법관의 재량이라는 과거의 시각에서 벗어나 형사사법시스템안에서 공정하고 투명하게 진행되어야 한다. 범죄자를 처벌하는 과정에서 그 목적만이 아닌 그 과정의 공정성을 논의하는 방법을 고민해보도록 한다.

1. 범죄학 영역에서 양형의 의미

범죄학은 범죄의 시작과 끝을 모두 다루는 영역이다. 다수의 학자들은 범죄의 발생에 많은 가중치를 두고 연구하고 있지만 발생한 범죄가 형사사법 절차안에서 공정하게 잘 처리되는 것 까지도 범죄학자들이 살펴야 할 영역이다. 이러한 이유로 범죄행위를 한 범죄자에 대한 처벌이 내려지는 과정을 살피면서 우리는 그 사회와 사법체계가 범죄자를 어떠한 철학으로 관조하고 어떠한 관점으로 바라보는지 알 수 있다. 법원과 양형 파트는 범죄자를 처리하는 절차중 범죄자에게 처벌을 선고하는 단계인 양형에 대한 이론과 실제를 다뤄보도록 한다.

2. 양형편차와 범죄학이론

법관에 의해 이루어지는 처벌과정 중 선고량을 결정하는 양형 절차를 살펴보면 동일한 형법을 두고 선고를 하였음에도 불구하고 모든 사건의 선고량이 동일하지는 않다. 이러한 결과를 두고 누군가는 법관의 선고량 결정에 큰 차이가 없다는 입장을 취하기도 하고, 누군가는 법관에 의해 선고량이 차이가 난다고 주장하기도 한다. 또 누군가는 법관이 아닌 범죄자의 사회경제적 지위에 의해, 혹은 변호사의 자질에 의해 형량에 차이가 난다고 주장하기도 한다. 이렇듯 양형에 있어 형량차이에 대한 입장을 표명하는 이론들을 구체적으로 살펴보도록 한다.

(1) 초점적 관심이론

양형의 편차 요인을 설명하는 형사정책 관련 논의는 많지 않지만 하태훈 (1996)은 법원 요인이 양형에 영향을 줄 수 있다고 기술하였다. 실질적으로 형사분야의 많은 정책들을 경험적으로 분석하고 근거에 기반한 논의를 시작하면서 범죄학에서는 양형에서의 편차 요인을 단순히 형법적 요인에서만 찾는 것이 아니라 다양한 관점에서 조명하기 시작하였다. 이론 속의 양형은 본질적으로 처벌에 영향을 주는 것은 범죄행위와 범죄자 자체요인이 대부분이고 사실상 대부분이 그렇다고 주장하는 형식합리성(formal rationality) 입장이 중심에 자리 잡고 있지만, 실상의 양형은 법에서 정하는 것 이외에도 많은 요인들이 종합적으로 작용하는 것이 아닌가를 의심하게 된다. 이를 가장 잘 표현하고 있는 이론 중의 하나가 초점적 관심이론(focal concern theory)이다. 초점적 관심이론은 판사의 주요 관심 요인에 따라서 실질적으로 영향을 미치는 요인이 달라질 수 있음을 기술하는 이론이다. 또한, 지역사회에 대한 위해도, 교도소의 과밀화, 조직 업무과중(work load) 정도에 따라서 실형량을 조정한다든지 조직구성원으로서 판사의 역할에 따라서도 동일한 사건이 다른 선고량을 가질 수 있다고 보기도 한다. 이는 조직효과성의 입장을 강조하는 초점적 관심이론의 모습이기도 하다. 우리나라 형사사법 체계의 실무가들은 물론 규범적 논의를 하는 형법 학계에서도 형식 합리성을 전제하고 이야기하지만 경험적 분석을 다루는 범죄학자들은 제한적 합리성을 주로 전제하거나 가정하고 증명하는 과정을 거쳐 왔다. 반면 조직효과성에 대한 측면은 자료의 불충분으로 인해 증명이 쉽지 않았던 것이 사실이다. 그럼에도 불구하고 양형분야에 있어서 조직효과성 개념을 소개하고 다룬 연구들은 박미랑(2017)의 연구가 있다.

(2) 법정행위자 이론

우리나라에서는 전관예우 개념으로 퇴직한 법관이 변호사로서 활동하면서 재판에서 영향력을 행사하는 것을 설명하고 있지만 전관예우의 개념은 사실 우리나라에서만 독특하게 사용하는 개념일 뿐 해외에서는 다른 용어로 유사한 상황을 설명하고 있다. 해외에서는 전관예우가 작동하는 메커니즘을 법정 내 행위자들의 익숙함(familiarity) 개념을 활용하여 설명하고 있다. 법정행위자들(courtroom player)의 유사함 혹은 익숙함(familiarity)의 정도가 클수록 법정 내 협상의 불확실성을 감소시킨다고 본다(Eisenstein & Jacob, 1977). 판사와 변호사 등 법정행위자들이 익숙한 관계일수록 그들은 사법절차 속의 적대적 형식보다는 협상을 통해 문제를 해결하려는 경향이 높다는 것이다. 양형 결과 역시도 법정행위자들의 관계성의 결과라고 본다. 법정 내 다른 행위자들(actors)과 비공식적 관계가 돈독할수록 긍정적 문제해결 경향이 높다(Bibas, 2004). 법정행위자 관점은 재판을 법정행위자들의 문제 해결 과정으로 바라보고 사건 당사자들의 행위보다 이들의 관계성이 최종 선고에 영향을 미치게 된다고 설명한다. 우리나라의 경우 전관예우나 학연과 지연 등이 적용되어 설명 가능하나 실질적으로 분석 가능한 자료가 거의 없다. 제한적으로 박미랑은 살인 사건 양형에 있어서 법정행위자 요인을 부분적으로 살폈는데, 학연이나 지연과 같은 법정행위자들의 네트워크나 관계성보다는 법정 행위자의 개별적 경력의 상호작용효과가 발견되었다(박미랑, 2017).

(3) 성별과 양형 편차

양형과정에서 발생하는 차이를 성별의 관점에서 살펴보면 크게 세 가지 가설을 검토할 수 있다. 첫째, 동등처우 가설, 둘째, 기사도주의 가설, 셋째 악마적 여성가설이다.

동등처우가설은 사법처리 과정에 성차별은 존재하지 않는다고 주장한다. 남성과 여성은 동일하게 처우된다고 본다. 기사도 주의나 온정주의 가설은 오히려 남성 범죄자에 대한 성차별이 존재한다고 본다. 즉, 여성은 남성과 비교할 때 더 관대하게 다뤄진다고 주장한다. 이 믿음은 Thomas와 Pollack에 의해 최초로 제기되었다. 예를 들어 한 소녀가 맥주를 마시다가 체포된다면 맥주를 쏟아버리고 집에 가도록 조치가 취해지겠지만 남자아이가 맥주를 마신 행위로 체포된다면 소년법원에 회부된다는 것이다. 마지막으로는 악마적 여성가설이다. 사법처리 과정에서 여성에 대한 차별이 존재한다고 본다. 여성은 유사한 범죄를 저지른 남성보다 더 가혹하게 취급받는다고 본다. 이 신념의 근거는 여성범죄자들이 법률뿐 아니라 성역할을 위반했다는 평가가 덧붙여지고, 여성피의자는 범죄행위뿐만 아니라 부적절한 성역할 행위에 대해 처벌을 받는다고 본다(Nagel & Hagan, 1983). 예를 들어 맥주를 마신 소년은 전과기록 없이 집으로 보내지지만 맥주를 마신 소년은 소년법원에 회부되어 처벌받을 것이다.

범죄학 분야의 연구들은 기사도주의가 가장 일반적인 집행방식이라고 가정한다는 사실이 확인되었다. 그러나 기사도주의적 처우가 존재한다고 해도 그것은 단순히 여성에게 우호적인 처우를 제공하는 것 이상의 훨씬 더 복합적 의미를 갖는다.

3. 양형편차에 관한 경험적 분석

(1) 국외 연구결과

양형에 영향을 끼치는 요인은 법정 조직문화부터 판사의 성별과 나이같은 개인특징이나 단독 여부 등 다양하게 존재한다. 더 나아가, 피해자와 피고인, 법정 행위자들의 관계도 양형에 영향을 끼치기도 한다. Dixon(1995)은 1983년 1월부터 6월까지 미국의 Minnesota 주 주법원의 유죄 판결받은 1,532건의 사건을 기간, 인종, 복역유형, 양형 등의 가해자 정보, 변호인 정보를 분석하고 판사 10명과의 인터뷰를 진행하였다. 해당 분석결과, 법적 변수의 영향이 조직적 특성과 관계없이 선고에 중요한 요인으로 작용하였으며, 항소의 효과는 법원의 관료화 수준에 의하여 결정된다고 설명하였다(Dixon, 1995). Ulmer(2004)도 1997년부터 1999년까지의 미국 펜실베이니아 주의 양형데이터를 분석하여 법정 내 조직문화나 법정 내의 사건의 과다, 해당 지역의 특성이 상호작용하여 선고결과에 영향을 끼친다고 설명하였다.

법정 조직문화 이외에도 판사의 성별이 양형에 영향요인으로 작용하기도 한다. 1991년부터 1993년까지의 펜실베이니아주의 형량과 판사의 특성을 성별, 나이, 사전 검찰근무경험, 판사근무기간으로 분류하여 분석한 결과, 여성판사는 남성보다 평균 10%, 5개월 미만으로 더 엄격한 판결을 내리는 경향이 있으며, 피고인의 특성과 이전 판결기록을 고려하는 경향이 있다고 보고하였다(Steffensmeir & Hebert, 1999). King과 Greening(2007)은 유고슬라비아 형사재판소의 성폭력 사건 중 1996년부터 2006년까지의 판결을 분석한 결과, 법관의 성별이 판결에 내리는 데 유의미한 요소임을 발견하였다. 이때, 여성법관은 성폭력 사건의 피해자가 여성인 경우 그렇지 않은 경우 대비 피고인에게 엄격하게 처벌하는 경향이 있으나 남성 법관의 재판에서는 피해자의 성별은 유의미한 요인이 아니었다. 그러나 전반적으로 여성법관과 소수 인종에 속하는 법관들은 주류 법관들에 비해 자유롭고 동정적인 성향을 보이면서 상대적으로 관대한 판결을 내리는 경향이 있다(Gruhl, Spohn & Welch, 1981; Johnson,2006).

판사의 나이 또한 형량에 영향을 미치는 요인이라고 주장하기도 한다. Johnson(2014)은 나이가 많고, 여성이거나 소수집단에 속한 판사의 경우에는 징역이나 형량을 낮게 양형을 준다고 설명한다. 조지아에서 유죄 판결을 받은 중범죄를 분석한 결과에서도 판사의 연령, 종교, 사전 검찰경험 및 지역 등이 혼합되어 영향요인으로 나타났다(Myers,1988). 그 중 나이가 많은 판사가 젊은 판사보다 관대한 처벌을 내리는 경향이 있지만, 피고인에게 불이익을 주지는 않은 것으로 나왔다.

또한, 법원 조직의 업무 특성을 양형의 영향요인으로 작용하는 연구도 존재한다. Johnson 과 DiPietro(2012)는 1998년부터 2000년까지의 펜실베이니아 양형위원회의 데이터를 중 중범죄와 경범죄 형사사건을 분석하여, 법원의 사건 규모와 양형기준 준수율 등에 따라 중간제제를 받을 수 있는 경우가 다르다고 설명한다. 그러나 판사의 인종과 성별이 중간제제로의 전환 가능성에 대한 영향은 미비한 것으로 나타났다.

이외에도 판사의 짧은 법정휴식이 판사의 분위기 개선에 영향을 주어 판결방향에 영향을 주거나(Damziger, 2011), 도시지역에서의 청소년범죄에 대해 더 형식적이고 관료적인 절차로 진행되었지만, 시골지역에서의 청소년 범죄에서는 덜 형식적이고 더 관대하게 형량을 주기도 한다(Feld, 1991).

이와는 다르게 판사의 영향력을 주장하지 않는 연구 또한 존재한다. Frazier (1982)는 형량은 판사의 개별적인 요인에 영향을 받기보다는 해당 사건의 유형에 따라 관련성을 띄며, 가해자와 법적 요인, 개인적 판단은 형량에 영향을 미치지 못한다고 설명한다. 이는 다른 연구에서 도출한 추론과 다르기에 해당 연구에서의 분석을 통해 해당 요인에 영향을 검토해볼 예정이다.

판사의 개인 특징이 아닌, 피고인 또는 피해자의 요인이 양형에 영향을 미치는지에 대한 연구도 존재한다. 미국 Ohio주의 법원에서 중범죄를 선고한 사건을 분석한 결과, 피고인의 인종, 나이, 법정지원 수의 관계와 재판관들의 상관성은 없다고 설명한다(Wooldredge, 2010). 그러나 Steffensmeier와 Ulmer(1995)는 1989년부터 1992년까지의 120,300건에 달하는 펜실베이니아 선고 데이터를 분석하여 법적으로 규정된 변수, 가해자 특성, 상황요인을 분석하였을 때, 18세부터 20세 사이의 다소 어린 범죄자들은 30대 범죄자들과 비슷한 형량을 선고받았으며, 60대 범죄자들은 가장 관대한 선고를 받게 되었다. 특히 가장 많은 형량을 선고받은 연령대는 26세부터 29세의 연령대로 연구결과가 나왔다. 그러나 Stacey와 Spohn (2006)은 범죄자의 개인요소에 따른 영향력이 없다고 주장한다. 미국 Minnesota, Nebraska, Iowa 3개 주 중에서 1998년, 1999년, 2000년의 1,850개의 사건을 조사하여 성별, 인종, 나이, 교육, 시민권 교육, 결혼 여부, 육아 여부를 요인으로 감소형량의 변화요인을 살펴보았다. 그러나 성범죄자의 혼인 여부, 육아책임 여부는 형량이나 감소된 형량 여부, 감소형량 규모에 영향을 끼치지 못한다고 확인되었다.

피고인과 피해자뿐만 아니라 판사 외의 법정 행위자와 양형과의 영향력을 연구한 선행연구도 있다. 판사와 검사의 관계가 양형에 연관성이 있는지에 대한 연구에 따르면, 미국 Minnesota, Nebraska, Southern District of Iowa 3개 주의 지방법원에서 처리한 데이터 1,686개의 데이터를 분석한 결과, 검사로 인한 차이가 판사로 인한 차이보다 크며, 판사와 검찰의 상호작용효과가 판사가 담당하는 사건보다 검찰이 중재하는 효과가 있다고 설명한다(Kim & Hedberg, 2015). 미국의 Wisconsin 주 318,000건을 분석하여 법정 행위자의 관계와 양형과의 관계를 연구한 Stemen(2018)의 결과에 따르면, 검사에게 배당된 사건수가 유죄 판결결과의 변화와 관련성이 있지만, 검사의 경험기간이나 검사의 사건가중으로 인해서는 유죄 판결에 영향을 끼치지 않는다고 설명한다. 또한 변호인의 변경이 유죄결과에 영향을 미친다고도 설명한다.

(2) 국내 연구결과

다양한 관점에서 양형 연구를 진행하는 국외의 연구 경향과 대조적으로 양형에 관련한 연구는 매우 적은 편이지만, 아예 존재하지 않는 것은 아니다. 선고형량요인의 선행연구에서는 박미랑·이민식(2011)은 성범죄 248건을 대상으로 선고형량에 미치는 양형인자를 분석한 결과, 행위가 의제강제추행인 경우, 진지한 반성이 있는 경우, 형사처벌 전력이 없는 경우 형량이 감소하였고, 특정 강력범죄 해당없는 동종 누범인 경우, 계획적 범행인 경우, 인적 신뢰관계를 이용한 사건인 경우, 이종 동종 및 폭력 실형전과가 있는 경우일수록 형량이 증가한 것으로 나타났다. 1유형(일반강제추행)만 분류하여 분석한 결과로는 폭행협박이 아닌 위계위력, 행위가 의제강제추행, 농아자, 형사처벌 전력 없음, 특정 강력범죄 해당 없는 동종누범, 계획적 범행, 그리고 이종 동종 및 폭력실형전과가 유의한 양형편차를 유발하는 인자로 나타났다.

양형기준 시행을 기준으로 시행 이전의 352건, 시행 이후의 395건 총 747건의 강도범죄와 성범죄(강간, 강간치상)의 양형인자를 분석 후 성범죄의 양형요인을 분석한 결과, 양형기준제 시행 이전에는 친족관계 여부, 상해의 경·중 여부, 심신미약, 여성법관, 국선변호인 여부가 양형에 유의미한 영향을 끼쳤었고, 양형기준제 시행이후에는 친족관계, 중한상해, 취약한 피해자, 처벌불원, 경미한 상해, 여성법관 포함 여부가 유의미한 영향을 끼친 연구도 존재한다(박성훈 & 최이문, 2016). 기광도(2016)는 995건의 강제추행사건을 피고인요인, 피해자요인, 범행 후의 정황으로 분류하여 집행유예 여부 및 선고형량을 분석한 결과 그 중 선고형량에는 피해자의 연령, 장애인 여부, 친족 여부가 영향을 미치며, 상해 여부나 반성행위의 행위요인이 영향에 미치고 상대적으로 피고인요인은 영향을 덜 미치는 것으로 나타났다. 또한, 13세 이상 피해자대상 상해가 발생한 강간사건의 경우 '가학적이거나 변태적 침해행위'나 '위험한 물건사용', '사회적 유대관계 결여' 여부가 실질적 실형 선고량의 상승을 이끌었다(박미랑·이민식, 2014).

성범죄 집행유예 양형에 영향을 끼치는 요인을 살핀 연구들은 결과들은 집행유예 선고에 유의미한 인자로 진지한 반성, 사회적 유대관계, 전과 여부 등을 공통

적으로 보여주었다(기광도, 2016; 박미랑·이민식, 2014). 성범죄 집행유예 선고요인에
는 피해자요인보다는 범죄자의 요인에 더욱 초점이 맞춰지는 것을 발견할 수 있다.

4. 우리나라의 양형제도

양형과정에 있어 법관의 선고량의 편차를 줄이고 예측 가능하면서도 공정한
양형 결과를 위하여 우리나라에서는 2009년부터 양형기준을 만들어서 적용 중에
있다. 이러한 양형기준을 소개하면 다음과 같다.

(1) 양형기준 소개[1]

양형은 개인의 신체적 자유, 경제적 자유 등을 직접적으로 제한하고, 나아가
생명까지 박탈하는 중대한 결과를 가져올 수 있다. 이와 같이 양형이 갖는 중요성
에 비추어 적정하고 합리적인 양형은 형사재판 전체의 공정성과 신뢰성을 확보하
기 위한 필수적 요소에 해당한다. 법관이 합리적인 양형을 도출하는 데 참고할 수
있도록 법원조직법 제8편에 따라 설립된 양형위원회가 설정한 기준이 양형기준이
다(법원조직법 제81조의6 제1항).

양형기준이란 법관이 형을 정함에 있어 참고할 수 있는 기준을 말한다. 법관
이 '법정형'(각 범죄에 대응하여 법률에 규정되어 있는 형벌) 중에서 선고할 형의 종류(예
컨대, 징역 또는 벌금형)를 선택하고, 법률에 규정된 바에 따라 형의 가중·감경을 함
으로써 주로 일정한 범위의 형태로 '처단형'이 정하여 지는데, 처단형의 범위 내에
서 특정한 선고형을 정하고 형의 집행유예 여부를 결정함에 있어 참조되는 기준이
바로 양형기준이다.

현재(2021년 기준) 살인, 뇌물, 성범죄, 횡령·배임, 절도, 사기, 선거, 교통을
비롯하여 디지털 성범죄 등 42개 주요 범죄의 양형기준이 시행중이다. 양형위원회
는 나머지 범죄에 관한 추가 양형기준 설정 작업 및 기존 양형기준의 수정·보완
작업을 지속적으로 진행하고 있다.

---

1) 양형위원회 홈페이지(sc.scourt.go.kr) 참고.

(2) 양형기준의 적용과 기준

양형기준은 양형기준의 효력이 발생된 이후에 법원에 공소제기된 범죄에 대하여 적용되며, 내국인과 외국인을 구분하지 않고 성인에 대하여 적용된다. 대다수의 미수사건은 적용되지 않고 살인사건에 대한 미수범죄만 양형기준이 적용된다. 양형기준은 형량기준과 집행유예 기준으로 구성된다. 적용 대상이 되는 범죄군에 대하여 각기 선고량을 정하는 양형기준과 집행유예 선고 여부를 결정하는 집행유예 기준이 독자적으로 마련되어 있다.

살인범죄 양형기준 예

유형	구분	감경	기본	가중
1	참작 동기 살인	3년 ~ 5년	4년 ~ 6년	5년 ~ 8년
2	보통 동기 살인	7년 ~ 12년	10년 ~ 16년	15년 이상, 무기 이상
3	비난 동기 살인	10년 ~ 16년	15년 ~ 20년	18년 이상, 무기 이상
4	중대범죄 결합 살인	17년 ~ 22년	20년 이상, 무기	25년 이상, 무기 이상
5	극단적 인명경시 살인	20년 ~ 25년	23년 이상, 무기	무기 이상

살인범죄 양형요인 예

구분			감경요소	가중요소
특별양형인자	행위	공통	• 범행가담에 특히 참작할 사유가 있는 경우 • 과잉방위 • 미필적 살인의 고의 • 피해자 유발(강함)	• 계획적 살인 범행 • 범행에 취약한 피해자 • 사체손괴 • 잔혹한 범행수법 • 존속인 피해자 • 비난할 만한 목적에 의한 약취·유인인 경우(4유형) • 강도강간범인 경우(4유형) • 피지휘자에 대한 교사
		미수	• 경미한 상해(상해 없음 포함)	중한 상해

	행위자/ 기타	• 농아자 • 심신미약(본인 책임 없음) • 자수 • 처벌불원(피해 회복을 위한 진지한 노력 포함)	• 반성 없음(범행의 단순 부인은 제외) • 특정 강력범죄(누범)
일반양형인자	행위	• 소극 가담 • 피해자 유발(보통)	• 사체유기
	행위자/ 기타	• 범행 후 구호 후송 • 상당 금액 공탁 • 심신미약(본인 책임 있음. 4유형의 강간살인/유사강간살인/강제추행살인, 약취·유인 미성년자 살해, 인질살해에는 적용하지 아니함) • 진지한 반성	• 특정강력범죄(누범)에 해당하지 않는 이종 누범, 누범에 해당하지 않는 동종 및 폭력 실형전과(집행종료 후 10년 미만)

(3) 양형기준의 효력

양형기준은 법관이 형종을 선택하고 형량을 정함에 있어 참고하여야 하지만, 법적 구속력은 갖지 않는 권고적 기준에 해당된다(법원조직법 제81조의7 제1항 단서). 다만 법관은 양형 과정에서 양형기준을 존중하여야 하며, 양형기준을 벗어난 판결을 하는 경우에는 판결서에 양형의 이유를 기재하여야 한다(법원조직법 제81조의7 제1항 본문, 제2항 본문). 그러나 양형이유 기재 방식에 대하여 법률상 강제된 방식은 없다.

제3절 교정과 범죄예방

1. 교정의 개념과 대상

교정(矯正, correction)의 사전적 의미는 국립국어원의 「표준국어대사전」에 따르면, '틀어지거나 잘못된 것을 바로잡음', '죄를 지은 사람을 올바르게 만드는 일', '교도소나 소년원 따위에서 재소자의 잘못된 품성이나 행동을 바로잡음'이다. 과거에는 형벌을 집행한다는 의미에서 '행형(行刑) 또는 행형학(行刑學)이라는 용어를 사용하였으나 범죄자에게 단순히 형벌을 가하는 것을 넘어서 범죄자를 교정·교화하여 사회로 복귀시킨다는 교육주의 이념이 강화되면서 교정 또는 교정학이라는 용어가 보편적으로 사용되고 있다.

교정의 개념을 학술적 실무적으로 보다 정확하게 이해하기 위해서는 교정의 범위와 대상에 따라서 '최협의(最狹義) 교정', '협의(狹義) 교정', '광의(廣義) 교정', '최광의(最廣義) 교정'으로 나누어 볼 필요가 있다(허주욱, 2013: 3-5).

최협의 교정 즉 가장 좁은 의미의 교정이란 행형 즉 형의 집행을 뜻한다. 법원에서 최종적으로 유죄선고를 받아 징역형 금고형 등을 받은 수형자(受刑者)을 대상으로 하는 교정활동을 의미한다. 이는 시설 내에서 이루어지는 처우 중에서 자유형의 집행과정에서 이루어지는 처우를 말한다.

협의 교정이란 최협의 교정에 형사 피의자 또는 형사 피고인을 대상으로 하는 교정 활동을 포함하는 개념이다. 즉 미결수용된 자를 포함한다. 시설 측면에서 보면 교도소에서의 교정활동(최협의 교정)에 구치소와 경찰서 유치장에서 이루어지는 미결 수용자에 대한 각종 교정활동을 포함한 것이다. 우리나라 '형의 집행 및 수용자의 처우에 관한 법률'에서 말하는 교정의 개념에 해당된다고 할 수 있다.

광의 교정이란 협의의 교정에 구금성 보안처분을 포함한 것을 말한다. 구금성 보안처분은 형벌 이외의 것으로 형벌을 대신하거나 보충하는 의미에서 범죄자에게 국가가 시행하는 수용처분을 의미한다. 소년법에 의한 소년원 수용 처분, 치료감호법에 의한 치료감호 처분 등이 여기에 해당한다.

최광의 교정 즉 가장 넓은 의미의 교정이란 광의의 교정에 보호관찰, 갱생 호 등과 같이 시설 수용이 아닌 상태에서 사회내에서 이루어지는 각종 사회내 처우 활동을 포함한 것이다.

교정의 범위에 대해서는 현대사회에 들어오면서 최광의 교정까지 포괄하는 경향이 있으며, 협의 교정을 교정, 광의 교정을 보호라는 이름으로 구분하기도 한다. 학계에서는 둘을 구분하지 않지만, 실무에서는 교정과 보호로 구분하여 업무에 적용하고 있다.

2. 교정의 목적

(1) 처벌을 위한 교정

범죄자에 대한 형벌의 부과는 응보적 정당성과 공리적 정당성에 근거하고 있다. 응보적 정당성은 범죄자의 과거 범죄행위에서 정당성을 찾는 것이고, 공리적 정당성은 미래의 범죄예방에 초점을 맞추는 것이다.

응보적 정당성은 범죄에 대한 응보(retribution)의 목적으로 형벌을 부과하는 것이다. 처벌이란 피해자에게 가해진 해악의 정도 등에 상응하는 것이다. 그렇지만 처벌은 복수를 실현하기 위해서 행해져서는 안 되며 범죄자가 마땅히 벌을 받아야 하기 때문에 행해지는 것이다.

여기서 범죄자에 대한 처벌은 두 가지 의미를 지닌다. 첫째는 범죄의 억제(deterrence)이다. 억제는 범죄자로 하여금 다시는 범죄를 저지르지 못하게 하는 것이며, 일반인들로 하여금 범죄자가 처벌받는 것을 간접적으로 경험케 하여 범죄를 저지르고자 하는 마음을 단념시키는 것이다. 흔히 전자는 특별예방이라 부르면, 후자는 일반예방이라고 부른다. 두 번째 의미는 무력화 또는 무능력화(incapacitation)이다. 범죄자에게 처벌을 부과하여 구금을 함으로써 사회적으로 격리하여 범죄를 저지르게 못하게 무력화시킨다는 것이다. 이는 모든 범죄자에 대하여 구금 중심의 처벌을 지향하는 집합적 무력화(collective incapacitation)와 재범의 위험이 높은 자를 중심으로 구금을 지향하는 선별적 무력화(selective incapacitation)로 나타난다.

(2) 재활(rehabilitation)을 위한 교정

재활을 위한 교정은 '갱생'을 위한 교정을 의미한다. 범죄자를 건설적이고 법을 준수하는 방향으로 전환시키기 위하여 범죄자를 구금하고 처우하는 것이다. 즉 재소자들에게 사회 적응에 필요한 기술과 지식의 습득을 강조한다. 재활을 위한 교정은 의료모형(medical model), 적응모형(adjustment model), 재통합모형(reintegration model)이라는 세 가지 모형으로 발전·전개되었다.

의료모형은 범죄자를 질병을 가진 환자로 보는 입장이다. 처벌 내지 교정은 질병을 치유하는 것이어야 한다고 본다. 단순한 처벌은 범죄자의 문제를 해결하는

데 아무런 도움이 안되며 오히려 범죄자가 가진 부정적인 관념을 강화시켜줄 뿐이라는 것이다. 따라서 범죄자를 위해서는 범죄자의 행위를 변화시킬 수 있는 처우방안이 고안되어야 한다. 즉 범죄자의 치료를 위해서는 다양한 정신건강시설의 폭넓은 활용을 주장한다.

적응모형은 1960~1970년대 들어 의료모형에 대한 불만과 함께 출현한 모형이다. 의료모형은 범죄자를 병자와 같이 취급하여 의사가 의사결정 권한을 가지고 환자를 치료하듯 형사사법제도의 폭넓은 결정권을 강조하였다. 적응모형도 의료모형과 같이 범죄자를 치료 대상으로 파악하지만 범죄자도 자신에 대해서 책임질 수 있고 법을 준수하는 의사결정을 할 수 있다고 주장한다. 의료모형과 달리 수동적 대상이 아닌 적극적 대상으로 파악하고 일방적 치료가 아닌 상호교류를 강조하며 치료를 위해 사회와의 완전한 단절을 주장하지 않는다. 다만, 범죄자의 적응 성향, 부정적 성향 및 부정적인 대인관계 등이 범죄를 초래했기 때문에 이들의 사회적응을 위해서는 사회내에서 일정한 처우와 도움이 제공되어야 한다고 본다.

재통합모형은 범죄자 문제는 범죄가 시작된 그 사회에서 해결되어야 한다는 전제에 기초하고 있다. 적응모형보다도 더 환경을 강조하며 보다 더 거시적인 환경을 범죄 문제 해결에서 중요시한다. 문제해결을 위해서는 범죄자가 사회와 재통합할 수 있도록 도와주어야 하며, 범죄자의 변화에만 초점을 두지 말아야 한다고 본다. 즉 범죄자에게 법을 준수하는 행위를 개발할 수 있도록 도움을 주고 범죄자는 이런 기회를 이용하는 방법을 습득해야 하며 아울러 범죄자의 사회재통합을 위해 지역사회와의 의미있는 접촉과 유대관계가 중요하다고 주장한다. 따라서 소수의 주요 강력범죄자를 제외하고는 지역사회에 기반한 교정프로그램이 바람직하며, 시설수용이 어쩔 수 없는 일부 강력범죄자에게도 가능한 다양한 사회복귀프로그램이 제공되어야 한다고 주장한다.

(3) 사법정의(justice)를 위한 교정

정의모형은 앞서 기술한 재활모형에 대한 비판에서 출발한다. 적지 않은 비용을 투자하여 추진한 재활모형은 만족할 만한 성과를 거두지 못하였으며, 차라리 형사정책의 가장 기본적인 목적인 사법정의의 실현을 추구하는 것이 현실적으로 가능한 목표라는 것이다. 법이나 제도가 아무리 효과적이고 잘 정돈되었더라도 그

것이 정의롭지 못하다면 개선되거나 폐지되어야 한다는 것이다. 사법정의의 추구 및 실현이 교화개선보다 바람직하고 성취 가능한 형사사법의 목표이며, 이는 공정하고 합리적이며 인도적인 처벌에 의해서 이루어질 수 있다고 보는 것이다. 처벌이 공리적 목적이나 범죄자의 억제 및 교화개선과 같이 범죄자나 사회에 대한 이익이 되기 위해서 이루어지는 것이 아니라, 처벌받아 마땅하기 때문에 처벌한다는 입장이다.

3. 교정의 실제

교정시설로는 징역형 금고형을 받은 수형자를 수용하는 교도소와 미결수를 수용하는 구치소가 있다. 넓은 의미의 교정시설로는 소년원과 치료감호소 그리고 가장 넓은 의미의 교정시설로는 보호관찰소가 대표적이다. 한편 교정관련 업무를 담당하는 행정조직은 교정조직과 보호조직으로 나뉜다. 교정조직에는 교정업무 전반을 관장하고 교도소 구치소 관련 업무를 지휘 감독하는 교정본부와 지방교정청이 있으며, 보호조직에는 보호업무(넓은 의미의 교정 및 가장 넓은 의미의 교정) 및 범죄예방 업무 전반을 관장하고 소년원, 치료감호소, 보호관찰소 관련 업무를 지휘 감독하는 범죄예방정책국이 있다.

(1) 교정 시설 및 조직

교정행정을 총괄하는 최고 중앙행정기구는 법무부 교정본부이다. 교도소는 엄밀한 의미에서 확정 선고된 형을 집행하는 기관이지만 통상적으로 구치소를 포함하여 교도소라 하는 것이 통례이다. 현재 우리나라에는 약 54개의 교도소와 구치소가 있는데, 교도소는 수형자의 형집행 업무 및 교정교화를 통한 사회복귀 지원에 관한 사무와 미결수용자의 수용에 관한 업무를 관장하고, 구치소는 주로 미결수용 업무를 관장하고 있다.

교도소의 종류는 여러 기준에 따라 구분할 수 있지만, 일반교도소 소년교도소 여자교도소 등이 있으며, 조직구성은 교도소의 규모나 구치소 역할의 병행 여부에 따라서 차이가 있다.

(2) 보호 시설 및 조직

보호행정을 총괄하는 최고 중앙행정기구는 법무부 범죄예방정책국이다. 범죄
예방정책국은 보호관찰, 사회봉사명령, 수강명령 등을 집행하는 보호관찰소 그리
고 보호처분을 받은 소년을 수용하고 있는 소년원 및 정신질환 범법자를 수용치료
하는 치료감호소 등의 기관을 총괄하고 있다.

대표적인 보호시설인 소년원은 법원 소년부에서 보호처분(8, 9, 10호)을 받은
10세 이상 19세 미만의 소년을 수용하여 규율 있는 생활 속에서 특성화교육, 직업
능력개발훈련, 인성교육, 특별활동 등을 통하여 소년의 성장과 발달을 도모하고
지식정보사회에 적합한 인재를 양성하는 곳으로서 1997년부터 소년원이라는 명칭
대신에 '○○학교'라는 명칭을 사용하고 있다. 이러한 점에서 소년원은 형사법원에
서 징역형이나 금고형을 선고받은 소년을 수용하는 소년교도소와는 차이가 있다.
즉 소년원은 사법적 기능보다는 교육적 기능을 더욱더 중요시하는 곳이다. 현재
10여 개의 소년원이 있다.

치료감호소는 정신질환 범법자를 수용 치료하는 정신병원기능을 가진 수용기
관으로 국립법무병원이다. 또한 법원, 검찰, 경찰로부터 의뢰 받은 형사 피의자 등
에 대한 정신감정도 한다. 수용자에 대하여 정신과 치료는 물론 출소자를 위한 외
래 진료제를 운영하여 출소자의 정신질환재발 및 재범방지를 위해서 치료감호종
료자가 희망하면 출소 후 5년간 외래진료를 하고 있다.

보호관찰소는 보호관찰을 조건으로 선고유예를 받은 자, 집행유예를 선고받
은 자, 가석방되거나 임시 퇴원된 자, 소년법에 따른 보호처분을 받은 자 등 보호
관찰 대상자를 대상으로 지도 및 선도를 통해 건전한 사회 복귀를 촉진하고, 효율
적인 범죄예방활동을 전개함으로써 개인 및 공공의 복지를 증진함과 아울러 사회
를 보호함을 목적으로 운영되고 있다. 보호관찰소의 주요 업무로는 보호관찰, 사
회 봉사명령 및 수강명령 집행, 갱생보호, 보호관찰소 선도유예자에 대한 선도, 범
죄예방자원봉사위원에 대한 교육훈련 및 업무 지도, 범죄예방활동, 위치추적전자
감독, 야간외출제한감독, 보호관찰소 선도유예자에 대한 선도, 판결전 조사와 청구
전 조사, 환경조사 및 개선활동, 성인 수형자에 대한 보호관찰 사안 조사 등이 있다.

4. 중간처우: 시설내 처우에서 사회내 처우로의 발전

전통적인 교정처우는 교정시설에 수용된 상태에서 이루어지는 폐쇄적인 시설내 처우이다. 교정처우의 목적인 건전한 자유인으로 복귀하게 하는 것이라면 자유를 박탈한 상태에서 사회와 격리된 상태에 이루어지는 시설내 처우는 한계가 있게 마련이다. 이에 따라서 대안으로 등장한 것이 사회적 처우, 사회내 처우, 중간처우로 불리는 새로운 대안이다.

사회적 처우는 기존의 시설내 처우를 하는 과정에서 사회와의 완전한 격리가 아니라 일정한 정도의 교류를 연계를 허용하는 방식의 처우이며, 사회내 처우는 시설에 수용하지 않고 지역사회 내에서 생활하면서 교정처우를 받도록 하는 처우이다. 대표적인 형태로는 개방교도소, 귀휴제도, 외부통근제도, 보호관찰(수강명령, 사회봉사명령 포함), 지역사회내 중간처우소(지역사회교정센터) 등이 있다.

개방교도소는 시설 내에서 이루어지는 폐쇄처우에 대응하는 개방처우를 위한 교정시설이다. 전통적인 교도소에서 이루어지는 폐쇄적 처우의 폐해를 제거하고 가능한 한 그 생활조건을 정상화항 수형자의 개선효과를 도모하려는 것이다. 1988년 천안개방교도소가 개청되어 전국에서 선발된 개방처우자를 대상으로 장기간의 개방처우를 실시하였다. 이후에 1994년에는 장기간의 단계별 처우로서의 개방시설에서 가석방예정자만을 수용하는 단기간 생활지도시설로서 운영되었다. 이후 2009년부터 중간처우제도를 시행하는 사회적응훈련원으로 전환하여 출소 후 실생활 체험 등의 기능으로 확대되어 현재에 이르고 있다.

귀휴제도는 수형자에게 일정한 사유 및 조건하에서 교도소장 또는 감도관청의 권한으로 긱간과 행선지를 정하여 외출 내지 외박을 허가하는 처우이다. 수형자의 사회적응과 사회유대를 촉진하는 방법으로서 접견 서신 등과 함께 외부와의 교통에 중요한 역할을 한다.[2]

외부통근제도는 교정시설에 수용된 수형자가 계호 없이 교정시설의 밖에 있

---

[2] 주요 사유로는 '가족 또는 배우자의 직계존속이 위독한 때', '질병이나 사고로 외부의료시설에의 입원이 필요한 때', '직계존속, 배우자, 배우자의 직계존속 또는 본인의 회갑일인 때', '본인 또는 형제자매의 혼례가 있는 때' 등이 있다. 이외에도 가족 또는 배우자의 직계존속이 사망한 때 또는 직계비속의 혼례가 있는 때에는 5일 이내의 특별귀휴를 허가할 수 있다.

는 사업소에서 일반 근로자와 같은 근로조건에서 취업하도록 하고, 야간과 휴일에는 교정시설 내에서 생활하게 하는 처우이다. 우리나라의 경우 외부통근작업장은 일반 사회에 위치하고 있는 경우도 있지만, 일부 교도소에서는 교도소 주변 밖의 시설구역 내에 작업장이 있는 경우도 있다. 작업장에서는 일반인들과 함께 일을 하며, 사업의 주체는 일반 기업인이다. 외부통근자 선정은 엄격한 절차를 거쳐 이루어지는데, 단순히 법률 등의 선정요건뿐만 아니라 담당직원 감독자 등으로부터 최대한 정보를 수집하여 선정과정에 반영하고 있다.[3]

가장 광범위하게 이루어지고 있는 중간처우제도는 보호관찰제도(수강명령, 사회봉사명령 포함)이다. 보호관찰은 범죄인의 개선과 사회복귀를 도모하기 위하여 형벌을 집행하는 대신에 일상적인 사회생활을 하면서 준수사항을 지키도록 지도·감독하고 필요한 지원을 행하는 처우를 말한다. 단순히 준수사항을 지키도록 하는 보호관찰 이외에도 일정시간 동안 특정 프로그램을 수강하도록 명하는 수강명령이나 특정 분야에서 일정시간 동안 사회봉사를 하도록 명하는 사회봉사명령을 병과하기도 한다.

보호관찰의 주요 대상자는 형의 선고유예자, 형의 집행유예자, 가석방자, 가퇴원자, 소년법상 보호관찰처분을 받은 자 등이다. 그 기간은 해당 법률에 따라 다르다. 보호관찰대상자는 보호관찰 기간 동안 부과된 준수사항을 지키면서 생활해야 하며, 만약 준수사항 등을 위반하여 보호관찰을 계속함이 부적합하다고 결정되면 선고유예의 실효, 집행유예의 실효, 가석방 가퇴원의 취소, 보호처분의 변경 등의 조치를 당하게 된다.

지역사회 내 중간처우소(지역사회교정센터)는 교도소에 구금하는 대신에 사회로 배출되는 범죄자 또는 징역형 집행 후 조기 출소나 가석방으로 사회에 배출되는 범죄자를 수용하여 처우하는 시설이다. 중간처우소는 이들을 위한 주거시설 역할과 더불어 지역사회 내에 위치하면서 각종 프로그램을 실시하여 사회복귀를 돕는 기능을 담당하고 있다.

---

3) 우선적으로 외부 기업체에 통근하는 수형자는 집행할 형기가 7년 미만이고 가석방이 제한되지 않는 자여야 하며, 교정시설 안에 설치된 외부 기업체의 작업장에 통근하는 수형자는 집행할 형기가 10년 미만이거나 형기기산일로부터 10년이 경과되어야 한다. 또한 경비처우급은 최소 일반경비처우급 이상이어야 하며, 가족 친지 교정위원들과 접견 서신 전화통화 등이 이루어지고 있어야 한다.

제4절 소 결

본 내용은 처벌의 역사를 살펴보면서 처벌에 관한 사회적 관점이 시대적 상황에 따라 어떻게 변화해 왔는지 살펴보았다. 이러한 국가에 의한 처벌은 법원의 최종 판결로서 집행이 시작되는데, 법원이 내리는 판결을 재량권의 측면에서 방관하는 것이 아닌 공정성과 합리성의 측면에서 바라보는 입장이 강해졌다. 우리나라에서도 이러한 비판적 입장이 강해지면서 2009년 양형기준제를 도입하였다. 비록 의무적 규제가 아닌 권고적 사항으로 작동하고 있지만 현재 양형기준의 활용은 점점 확대되고 있다. 법원에서 내리는 양형 결정에 편차가 존재할 수 있다는 입장을 초점적 관심이론, 법정행위자이론으로 설명하였고 이를 검증한 국내외 선행연구들을 검토하였다. 이를 통해 실질적으로 양형 결정에 편차가 발생함을 다각도로 조망할 수 있었다. 법원의 판결이 확정되면 교정단계에 진입한다. 교정업무를 담당하는 행정조직은 교정조직과 보호조직으로 크게 분류된다. 교정조직은 교도소와 구치소 관련 업무를 지휘감독하는 교정본부가 대표적이며, 보호조직에는 범죄예방 업무와 보호관찰 업무를 지휘감독하는 범죄예방 정책국이 대표 기관이다. 단순히 구금의 차원에서 벗어나 교정교화 및 재사회화기능을 수행할 수있도록 교정시설 내부에서 다양한 프로그램을 운영하며 사회내에서의 처우를 받게 하는 중간처우 제도도 활성화하고 있다.

참고문헌

기광도. (2016). "강제추행죄의 양형에 관한 경험적 연구", 한국범죄학, 10(1), 131-161.

김상균·신석환(2009). 교정학개론, 청목출판사.

박미랑(2017). "살인 범죄 양형 편차, 누구의 영향력인가?: 사건 당사자와 법정행위자 집단, 그리고 법원조직특성의 영향력 비교". 형사법의 신동향 통권 55, 238-282.

박미랑·이민식. (2011). "13세 미만 대상 성범죄 양형에 관한 경험적 연구: 제1기 양형기준 적용현황 분석", 저스티스, 346-373.

박미랑·이민식. (2011). "13세 이상 대상 강제추행 범죄 양형에 관한 경험적 연구: 제1기 양형기준 적용현황 분석", 한국범죄학, 5(1), 227-251.

박미랑·이민식. (2014). "강제추행 사건의 집행유예 선고에 있어 동종전과와 진지한 반성의 영향력: 상해가 발생한 13세 이상 피해자대상 사건을 중심으로", 홍익법학, 15(3), 379-406.

박미랑·이민식. (2014). "13세 이상 피해자 대상 강간상해 범죄 집행유예 선고기준평가에 관한 연구". 교정담론, 8(1), 117-144.

박성훈·최이문. (2016). "양형기준제도가 양형에 미치는 영향에 대한 연구: 성범죄와 강도범죄를 중심으로", 형사정책연구, 27(3), 155-188.

변재욱·김한솔·박미랑·신종원(2019). "기계 학습 모델에 기반한 형량 예측 시스템 연구" 대한범죄학회 12(1):3-17.

이윤호. (2007). 교정학, 박영사.

이진국. (2018). 양형의 이론과 실제. 피엔씨미디어.

천정환·이종갑. (2004). 교정학, 대왕사.

하태훈(1996). "양형기준과 양형과정의 합리화방안", 형사법연구, 9, 235-260.

하태훈. "불법대선자금 정치인에 대한 법원의 자의적 영향", 대한변협신문, 122호. 특별기고. 2004. 12. 14일자.

허주욱(2013). 교정학, 박영사.

Bibas, S. (2004). "Plea bargaining outside the shadow of a trial", Harvard Law

Review, 117.

Danziger, S., Levav, J. & Avnaim−Pesso, L. (2011). "Extraneous factors in judicial decisions", Proceedings of the National Academy of Sciences, 108(17), 6889−6892.

Dixon, J. (1995). "The organizational context of criminal sentencing", American of Sociology, 100(5), 1157−1198.

Frazier, C. E. & Boc k, E. W. (1982). "Effects of court officials on sentence severity: Do judges make a difference?", Criminology, 20(2), 257−272.

Eisenstein, J. & Jacob, H. (1977). Felony Justice An organizational analysis of criminal courts. Boston: Little, Brown and Company, Inc.

Gruhl, J., Spohn, C. & Welch, S. (1981). "Women as Policymakers: The case of Trial Judges", American Journal of Political Science, 25(2), 308−322.

Johnson, B. (2006), "The multilevel context of criminal sentencing: Integrating judge−and country−level influences". Criminology, 44, 259−298.

Johnson, B. D., & DiPietro, S. M. (2012). "The power of diversion: Intermediate sanctions and sentencing disparity under presumptive guidelines", Criminology, 50(3), 811−850.

Johnson, B. D. (2014). "Judges on trial: A reexamination of judicial race and gender effects across modes of conviction", Criminal Justice Policy Review, 25(2), 159−184.

Kim, B., Spohn, C., & Hedberg, E. C. (2015). "Federal sentencing as a complex collaborative process: Judges, prosecutors, judge-prosecutor dyads, and disparity in sentencing", Criminology, 53(4), 597−623.

King, K. L. & Greening, M. (2007). "Gender justice or just gender? The role of gender in sexual assault decisions at the International Criminal Tribunal for the Former Yugoslavia", Social Science Quarterly, 88(5), 1049−1071.

Myers, M. A. (1988). "Social background and the sentencing behavior of judges", Criminology, 26(4), 649−676.

Nagel, H & Hagan, J. (1983). "Gender and Crime: Offense Patterns and "Criminal Court Sanctions", Crime and Justice, 4, 91−144.

Stacey, M. A. & Spohn, C. (2006). "Gender and the Social Costs of Sentencing: An Analysis of Sentences Imposed on Male And Female Offenders in Three U.S.

District Courts", Berkeley Journal of Criminal Law, 11(1), 43－76.

Steffensmeier, D. & Hebert, C. (1999). "Women and men policy makers: Does the judge's gender affect the sentencing of criminal defendants?", Social Forces, 77(3), 1163－1196.

Steffensmeier, D., Kramer, J. & Ulmer, J. (1995). "Age differences in sentencing", Justice Quarterly, 12(3), 583－602.

Stemen, D., & Escobar, G. (2018). "Whither the Prosecutor? Prosecutor and County Effects on Guilty Plea Outcomes in Wisconsin", Justice Quarterly, 35(7), 1166－1194.

Ulmer, J. & Kramer, J. (1996). "Court communities under sentencing guidelines: Dilemmas of Formal Rationality and sentencing Disparity", Criminology, 34.

Ulmer, J. & Kramer, J. (2004). "sentencing in context: a multilevel analysis", Criminology, 42(1), 137－177.

Ulmer, J. Eisenstein, J. & Johnson, B. (2010). "Trial penalties in federal sentencing: extra－guidelines factors and district variation", Justice Quarterly, 27(4), 137－177.

Wooldredge, J. (2010). "Judge's unequal contributions to extralegal disparities in imprisonment", Criminology, 48(2), 539－567.

제14장

소년사법과 범죄예방

제14장 소년사법과 범죄예방

제1절 소년보호제도의 의의

1. 소년범죄와 소년보호

기성세대가 젊은 세대에 느끼는 우려는 동서고금을 막론하고 존재한다. 고대 이집트와 그리스의 문헌 및 유적에는 규칙과 규율을 위반한 청소년이 묘사되어 있다. 아리스토텔레스 역시 청소년기 불안정하고 모순된 특성을 지적하였다. 중세시대 기록에는 소년들이 교회 조각상을 부수고 여성들을 괴롭히는 이야기가 전해지고 있다(안제넨트·드만, 1999). 청소년의 이러한 일탈은 고대나 중세 서구에 그치지 않는다. 1997년 일본에서는 14세 중학생이 초등학생 2명을 살해하고 시신을 유기하는 사건이 있었고(후쿠시마, 2008), 2004년 미국에서는 14세 소년이 아버지, 새엄마, 이복 여동생을 죽이는 사건이 벌어졌다(Siegel & Welsh, 2012). 우리나라에서는 2015년 초등학생 세 명이 아파트 옥상에서 시멘트 벽돌을 던져 길고양이 집을 만들던 여성이 사망하는 사건이 발생하였다.[1] 2017년에는 보호관찰을 받고 있던 학생들이 동료 여학생을 3시간 넘게 폭행하면서 상처입은 피해자의 모습과 폭행장면을 SNS에 올리는 일이 있었고,[2] 2018년에는 소년들의 집단폭력으로 다문화가

---

[1] 서울신문, "용인캣맘 사망사건 용의자는 10세 초등학생", 2015년 10월 16일. (2020.12.20. 최종검색).

정 출신 중학생이 아파트에서 추락해 사망한 사건이 발생하였다.[3]

연이은 충격적인 사건으로 소년범죄자에 대한 강력한 처벌이 필요하다는 주장이 날로 힘을 얻고 있지만, 소년은 성인에 비해 인지능력이나 판단능력을 갖추지 못한 미성숙한 존재이기 때문에 오히려 범죄에 노출되지 않도록 보호해야 한다는 반론도 만만치 않다. 언급한 사례들은 지금껏 발생한 소년범죄 중에서도 매우 심각한 사건에 속한다. 전체 소년사건에서 차지하는 비중은 극히 미미하다. 대다수 소년범죄는 비교적 경미한 수준이라고 할 수 있다. 그럼에도 소년범죄 역시 성인범죄와 마찬가지로 실정법을 위반한 행위일 뿐 아니라 타인의 법익을 침해한 행위라는 사실마저 부정할 수는 없다. 문제는 범죄를 저지른 소년을 성인과 마찬가지로 똑같이 처벌할 것인지, 성인과 동일하게 처벌한다면 성인과 같은 기준으로 처리해도 괜찮은지, 그렇지 않고 다르게 처벌한다면 어떤 기준으로 다르게 처리해야 할지에 관한 원칙을 세우고 집행하는 일이다. 소년사건과 소년범죄자를 어떻게 바라보고 어떻게 처리할 것인지에 대한 철학적·사상적 관점, 법률적·제도적 토대가 소년보호의 이념과 제도이다(Vito & Simonsen, 2004; Hartjen, 2008; Lawrence & Hesse, 2010; Siegel & Welsh, 2012; Whitehead & Lab, 2009).

국가가 소년을 처벌하기보다 다른 처우를 통해 비행원인이 되는 환경과 성행을 개선하고 법을 지키는 사람으로 살아가는 데 필요한 교육과 복지를 제공해야 한다는 이념을 '소년보호주의'라고 한다. 그 바탕에는 '국친사상'(parens patriae) 이념이 있다. 국친사상에 따르면, 소년사법의 기능은 부모가 소년을 보호하지 못하면, 국가를 대리하는 소년법원이 부모가 베풀지 않는 정도까지 부모의 책임을 인수하는 것이다(배종대·홍영기, 2019).

오늘날 많은 국가는 소년사건을 성인사건과 다르게 처리하고, 소년범죄자를 성인범죄자와 다르게 처우해야 한다고 생각한다. 특히 소년범죄자 처우는 범죄의 책임을 묻는 동시에 건전한 사회복귀를 전제로 교육·치료·지원이 병행되어야 한다고 본다. 소년보호이념 및 제도가 가지는 의미는 개인적 차원에서 소년범죄자가

---

2) 연합뉴스, "부산 여중생 1차 폭행 가담 3명도 입건⋯가해자 총 7명", 2017년 9월 7일. (2020.12.20. 최종검색).

3) 서울신문, "인천 중학생 추락사" "살려달라 애원하자 재밌다고 계속 때려", 2018년 11월 29일. (2020.12.20. 최종검색).

성인범죄자로 이행하지 않고 한 사람의 시민으로 성장할 수 있도록 돕는 동시에
사회적 차원에서는 성인범죄자를 줄여서 범죄로부터 안전한 사회를 만들어가는
데 기여하는 것이라 할 수 있다.

이 장에서는 소년보호제도의 역사와 기본원리, 소년보호사건의 실태와 처리
절차, 소년보호기관의 운영현황, 소년보호제도의 문제점 및 개선방안에 대해 다루
어 보고자 한다.

2. 소년보호제도의 역사

소년보호제도의 필요성은 '청소년기'에 대한 이해에서 비롯되었다. 인간이 성
장하는 과정에서 사춘기로 대표되는 청소년기는 매우 중요한 시기이다. 이 시절에
개인의 자아(self)와 인성(personality)은 외적 환경의 영향, 내적 심리의 변화로 인
해 갈피를 잡기 어렵다. 청소년은 감정적으로 혼란스럽고, 격정적이며, 분위기에
쉽게 휩쓸린다. 생물학적으로는 2차 성징과 함께 그 어느 때보다 폭발적으로 성장
하지만, 감정적으로나 지적으로는 여전히 미성숙한 상태이다. 십대 청소년의 상당
수는 성인에 비견할 정도로 신체적으로는 성숙한 모습을 보이지만, 학교, 가족, 사
회가 성인만큼의 권리와 책임을 인정하지 않는 사회적 시선 때문에 혼란과 방황을
경험하게 된다(Lawrence & Hesse, 2010; Siegel & Welsh, 2012).

18세기만 하더라도 소년범죄자는 성인범죄자와 동일한 취급을 받았다. 7세
이하의 어린아이는 범죄 고의성이나 범죄 능력이 없다고 보고 가급적 처벌을 하지
않았으나, 유죄가 인정되면 성인과 마찬가지로 교도소에 보내거나 사형에 처하기
도 하였다. 그러던 중 변화가 일어났다. 점차 청소년기 특성을 고려한 소년사법의
독자성을 인정하는 쪽으로 방향 전환이 이루어진 것이다. 19세기 초 서구를 중심
으로 소년범죄가 무엇인지에 대한 논의가 이루어지기 시작하였고, 1825년 뉴욕에
서는 길거리를 배회하거나 비행을 일삼는 소년들을 수용하는 시설이 마련되었다.
1870년 메사추세츠에서 소년범죄자와 성인범죄자를 분리해 재판하였고, 1899년
일리노이 쿡(Cook) 카운티에 소년법원이 처음으로 설립되었다.[4] 소년법원은 소년

---

4) 미국 소년보호제도에서 주목할 점은 소년법원보다 소년보호시설이 먼저 설립되었다는 사실이
다. 1899년 일리노이에서 소년법원법이 제정되기 전 1825년 부랑아동을 구하기 위한 보호시

이 법적으로 충분한 능력을 갖추고 있지 못하다는 점, 국가는 부모가 적절한 보호와 감독을 제공하지 못한 소년을 보호해야 할 책임이 있다는 점을 고려한 결과물이자 소년에 대한 복지를 위해 국가의 자비로운 개입이 필요하다고 인정한 제도이다(Sharp & Hancok, 1998; Vito & Simonsen, 2004; NCJJ & OJJDP, 2014).

정리하면, 19세기에 접어들면서 사람들은 소년을 성인과 동일하게 취급할 경우 발생하는 폐해를 인식하기 시작하였다. 그 결과, 소년범죄자를 성인범죄자와 다른 시설에 수용하거나 구금 이외의 처우를 통해 소년을 보호하자는 인도주의 실천 운동에 힘입어 소년법원을 비롯한 소년보호제도가 마련되었다(박상기 외, 2019; 한영선 외, 2020).

소년보호의 역사에서 빼놓을 수 없는 것이 국친사상이다. 국친사상은 14세기 말에서 15세기 초 영국에서 태동했다. 국친사상은 친부모가 자신의 의무를 다하지 못했을 때 국가가 부모의 책임을 지는 것을 의미한다. 당시 국왕은 자신의 영토에 대한 권리와 함께 신민을 보호할 의무도 가졌다. 왕은 신민의 보호자로서 복지를 제공해야 했다. 이러한 시대적 배경 속에서 영국의 국친사상은 아동에 대한 적절한 보호, 양육, 통제로까지 확장되었다. 그러나 엄밀히 말해 범죄를 저지른 소년들은 국왕의 관심 밖이었다. 소년범죄자에 대한 관할권은 여전히 형사법원에 있었다. 영국에서 비롯된 국친사상은 이후 미국으로 전해져[5] 소년법원의 사상적 토대를 제공하였다(한영선 외, 2020: 16).

1960~70년대 미국 소년법원은 켄트 사건, 골트 사건, 윈십 사건, 맥카이버 사건, 존스 사건 등 일련의 연방대법원 판례를 통해 큰 변화를 맞았다. 특히 1966

설(House of Refuge)이 설립되었다. 거리를 떠도는 소년을 수용하기 위한 보호시설은 소년범죄자를 교도소와 다른 별도 시설에 구금해야 한다는 인식이 확산되는 계기가 되었고, 소년들을 위한 보호시설의 필요성은 소년보호제도 전반에 대한 필요성에 영향을 미쳤다(한영선 외, 2020: 13).

5) 국친사상이 미국에서 최초로 적용된 사건은 1838년 펜실베이니아 대법원 Ex parte Crouse 사건이다. 메리를 통제할 수 없었던 어머니는 메리를 보호시설(House of Refuge)에 수용해 달라고 요청하였고, 법원은 인정하였다. 메리의 아버지는 재판도 하지 않고 메리를 보호시설로 데리고 간 것은 헌법 위반이라며 인신보호영장(writ of habeas corpus)을 신청하였다. 대법원은 아버지의 신청을 기각하고, 법원이 메리를 보호시설에 송치한 것은 합헌이라고 보았다. 대법원은 부모가 교육할 능력이나 자격이 없을 때 국가는 부모로서 역할을 대신할 수 있고, 메리는 처벌받는 것이 아니므로 형사재판상 피고인에게 부여되는 적법절차의 보장이 필요 없다고 판시하였다(한영선 외, 2020: 21).

년부터 1975년 사이에 등장한 적법절차(due process) 원칙은 국친사상의 이념에 균열을 가져왔다. 성인법원과 마찬가지로 소년법원도 국친사상이 아닌 적법원칙에 따라 피고인을 보호하는 절차를 따라야 한다는 주장이 제기된 것이다. 새롭게 등장한 적법절차 원칙에 따라 소년법원은 이전과 비교해 성인 형사법원 체계를 닮아갔다. 날로 증가하는 소년범죄에 대응하기 위해 미국에서는 국친사상의 퇴조[6]와 함께 엄벌주의가 등장하면서 일부 주에서는 소년법원을 폐지하자는 주장도 나타났다. 1980년대 소년보호정책의 중요한 변화 중 하나는 형사법원과 소년법원에서 형벌 옵션이 확대된 것이다. 형벌 옵션의 확대는 징벌적인 접근으로 귀결되었다. 전통적으로 소년법원은 인격 조사를 바탕으로 개별화된 처우를 제공하고, 범죄행위(offense)보다는 범죄자(offender)에 초점을 맞추어 소년범죄자의 필요와 상황에 맞는 처분을 하는 것이 목표였다. 그러나 소년법원의 목적이 소년의 교정과 교화에서 처벌과 책임, 공공의 안전으로 변화하면서 소년법원의 실무는 범죄자가 아닌 범죄행위로 초점을 바꾸기 시작했다. 처분의 정도는 범죄행위에 비례하도록 조치했다. 응보와 억제가 교정과 교화를 대체한 것이다. 소년법원법의 목적이 소년범죄자의 교정에서 피해자에 대한 책임, 공공안전의 확보, 잠재적 범죄자의 범죄예방으로 바뀌면서, 범죄소년에 대한 이미지는 돌보아야 할 '소년'에서 책임을 져야 할 '성인' 혹은 '작은 어른'으로 바뀌었다. 이 시기에 소년이라고 할지라도 범죄에 대한 책임과 지역사회의 안전이 균형을 맞추어 사법판단이 이루어져야 한다는 균형사법(balanced justice)[7]도 등장하였다(한영선 외, 2020: 41 – 49).

---

6) 국친사상에 기초한 보호와 후견의 한계가 불분명하다는 지적이 이러한 경향을 부추겼다. 국가의 보호와 부모의 친권에 의한 보호는 다른데도 국가가 소년보호에 나설 경우 후견이라는 명목으로 소년의 기본권을 침해할 수 있기 때문이다. 겉으로는 국친사상을 내세우면서 소년보호와 거리가 먼 다른 수단과 목적을 추구할 위험도 있다. 소년법이 국친사상에 기초한 제도적 보호와 배려를 실현하고자 한다면 형사제재의 성격을 배제하거나 최소화하는 방안을 먼저 확보할 필요가 있다(배종대·홍영기, 2019: 488 – 489).

7) 1899년에 미국 일리노이에서 소년재판소법이 제정된 것이 소년사법체계에 있어 제1의 혁명이었다면 1990년대 중반 이후부터 미국에서 정착되고 있는 균형사법이념은 제2의 혁명이라 할 정도로 소년사법체계의 혁신적 이념이다. 기존 소년사법제도가 소년의 보호를 추구한다면, 균형사법이념은 사회의 보호, 피해자와 사회에 대한 소년의 책임과 능력을 목표로 추구한다(이순래, 2007: 1067 – 1069).

소년보호제도와 주요 판례

- 켄트 사건(Kent v. United States 383 U.S. 541, 1966)

1961년 보호관찰 중이던 16살 켄트(Morris Kent)는 강도강간으로 기소되었다. 켄트는 죄를 인정하고 유사한 범죄까지 자백하였다. 소년법원 판사는 관할포기(waiver)를 결정하여 형사법원으로 사건을 이송하였다. 켄트는 형사법원에서 주거침입, 강도 등 유죄가 인정되어 30년~90년 부정기형을 선고받았다. 켄트의 변호사는 관할포기를 무효라고 주장하고 인신보호영장도 요구하였다. 항소심 법원은 두 사안을 기각하고 사건이송이 유효하다고 하였으나, 대법원은 "관할포기가 무효이며, 켄트는 적법하고 공정한 절차에 따라 심문을 받아야 한다"고 결과를 뒤집었다. 켄트 사건은 소년법원의 설립근거인 국친사상에 의문을 제기하였다. 대법원은 소년이 성인과 같은 보호를 받지 못하거나 미성년자로서 당연히 받아야 할 보호를 받지 못해서는 안 된다고 보았다.

- 골트 사건(In re Gault 387 U.S. 1, 1967)

1964년 보호관찰 중이던 15살 골트(Gerald Gault)는 친구와 함께 이웃 주민을 전화로 성희롱한 죄로 체포되었다. 골트는 남은 보호관찰 기간을 소년원에서 지내야 하는 처분을 받았다. 대법원은 골트가 헌법에 명시된 권리, 즉 기소내용에 대한 고지, 변호사 선임, 목격자 증언, 재판회의록 열람, 항소에 대한 고지 등이 부정되었다고 보았다. 대법원은 소년사법의 근거인 국친사상을 명시적으로 거부하면서 국친사상의 개념이 모호하고, 역사적으로도 적합한 것인지 의문을 제기하였다. 대법원은 적법절차를 어긴 골트 판례를 통해 소년법원은 원칙과 절차가 자주 무시되는 재량의 굴레에서 벗어나되 관용은 유지되어야 한다는 점을 분명히 하였다.

- 윈십 사건(In re Winship 397 U.S. 358, 1970)

12살 윈십(Samuel Winship)은 가게에 갔다가 한 여성의 지갑에서 112달러를 훔친 죄로 기소되었다. 가게 주인은 윈십이 돈을 훔치는 것을 목격하고 신고하였다. 윈십은 소년법원으로 송치되어 소년원 처분을 받았다. 대법원에서 주된 이슈는 적법하고 공정한 처우를 위해 합리적 의심을 넘어선 증거(proof beyond a reasonable doubt)를 고려해야 하는지 문제였다. 대법원은 하급심의 결정을 기각하면서 소년법원은 성인법원과 동일한 기준으로 재판을 해서는 안 된다고 주장하였다. 소년법원은 소년을 구제하기 위한 제도이지 처벌하기 위한 제도가 아니라는 이유를 제시하였다. 대법원은 합리적인 의심이라는 기준은 모든 소년 사건에서 반드시 요구된다고 판시하였다.

- 맥카이버 사건(McKeiver v. Pennsylvania 403 U.S. 528, 1971)

16세 맥카이버(Joseph McKeiver)와 친구들은 3명의 피해자를 쫓아가 25센트를 빼앗아 강도, 절도, 장물취득으로 송치되었다. 맥카이버의 변호인은 배심재판을 요구했으나 기각당한 후 배심재판을 받을 권리를 침해당했다며 항소하였다. 그러나 연방대법원은 소년법원에서 소년이 배심재판을 받을 권리는 포함되지 않는다고 결정하였다.

- 존스 사건(Breed v. Jones 421 U.S. 519, 1975)

17세 존스(Gary Jones)는 무장강도 혐의로 소년법원에 송치되었다. 존스는 2건의 추가 범죄를 인정하였고, 소년법원 판사는 존스를 형사법원으로 이송하는 결정(관할권 포기)을 하였다. 존스 변호인은 소년법원이 이중위험금지원칙(double jeopardy clause)을 위반했다고 주장했다. 항소심 법원은 소년에 대한 유죄판단은 재판이 아니므로 이중위험금지원칙을 위배하지 않았다고 보았다. 그러나 대법원은 소년법원에서 형법위반에 따른 유죄판단이 형사법원의 재판과 동등하므로 존스 사건에서 소년을 형사법원으로 이송한 것은 이중위험금지원칙을 위반한 것으로 해석했다.

참고자료: NCJJ & OJJDP(2014), 한영선 외(2020).

소년보호제도의 역사에서 1960~70년대 국친사상에 대한 도전은 소년범죄와 성인범죄의 차이를 인정한 사회적 합의에 대한 도전이기도 했다. 20세기에 걸쳐 교정의 중심 위치를 차지한 치료와 재활은 점차 엄벌주의 경향으로 바뀌고 응보, 처벌, 구금이 소년사법과 형사사법의 슬로건이 되었다. 불평등과 같은 사회문제나 범죄자를 둘러싼 환경은 더 이상 고려되지 않고 연령에 관계없이 모든 범죄자는 자신의 범죄행위에 대한 책임을 져야한다는 인식이 확산되었다. 소년사법에 대한 변화는 흉악범죄의 증가, 경제의 양극화와 복지영역의 축소, 피해자 참여와 권리 요구의 확대, 국가통제 및 사법신뢰의 하락, 가족·교육·종교와 같은 사회제도의 기능 약화 등 수십 년 간 누적된 사회적 변화상의 반영이기도 하다(Garland, 2001; Whitehead & Lab, 2009).

3. 소년보호제도의 법률적 근거

소년법은 반사회성이 있는 소년을 대상으로 환경 조정과 품행 교정을 위한 보호처분 등 필요한 조치를 하고, 형사처분에 관한 특별조치를 내림으로써 미래의 잠재적 시민인 소년이 건전하게 성장하도록 돕는 것을 목적으로 한다. 소년법은 비행의 내용을 반사회성에서 찾고 이를 제거하기 위한 원인을 사회적 환경과 개인적 성행에 둠으로써 사회적·개인적 원인을 모두 인정하고 있다. 관련 법률로는 '보호소년 등의 처우에 관한 법률', '보호관찰 등에 관한 법률', '청소년보호법', '청소년기본법', '아동·청소년의 성보호에 관한 법률', '아동복지법', '아동학대범죄의 처벌 등에 관한 특례법' 등이 있다(박상기 외, 2019).

우리나라에서 소년법은 1958년 시행되었고, 주요 개정은 1963년, 1977년, 1988년, 2007년에 이루어졌다. 2007년 개정은 소년법 전반에 걸친 해석의 기준이 되는 목적 조항을 개정하였다. 1958년 소년법 제1조는 "소년의 건전한 육성을 기함을 목적으로 한다"고 규정하였으나, 2007년 소년법 제1조는 "소년이 건전하게 성장하도록 돕는 것을 목적으로 한다"로 개정하여 소년을 객체로 바라보는 시각에서 주체로 바라보는 시각으로 전환하였다. 우리나라 소년법은 소년을 '19세 미만'으로 규정한다. 형법은 형사책임의 연령을 '14세 이상'으로 보기 때문에 '범죄소년'은 일반 형사사건을 저지른 '14세 이상 19세 미만' 소년이 해당한다. '10세부터 14세 미만'에 속하는 형사미성년자는 형사책임을 묻지 않는데, 이러한 행위자를 '촉법소년'이라고 한다. 행위 자체로서는 범죄가 아니지만, 성격이나 환경에 비추어 볼 때 형벌법령을 위반할 우려가 있는 10세 이상 소년은 '우범소년'으로 구분하고 있으나 정의가 모호하다는 비판을 받고 있다(박상기 외, 2019; 배종대·홍영기, 2020; 한영선 외, 2020).

이념적으로 영국과 미국의 소년법이 국친사상을 바탕으로 형성되었다면 독일, 프랑스, 오스트리아 등 유럽의 대륙국가들은 근대 범죄학의 영향을 받아 교육형주의를 추구한다. 교육형주의는 성인범죄자와 달리 소년범죄자는 개선가능성이 높으므로 교육목적에 따른 개별처우를 통해 사회복귀를 도와야 한다는 입장이다. 소년사건에 대한 특별한 심판절차, 형벌을 대신하는 보호처분, 광범위한 비형벌화나 완화된 형벌을 수단으로 한다. 독일은 1923년 제국소년법, 1943년

소년법원법, 1953년 소년법원법을 제정하면서 교육형주의가 소년형벌을 제한하는 방향으로 정책을 수립하였다. 독일 소년법원법은 책임형법인 성인형법과 구별되는 교육형법으로 강제적인 교육처분도 실질적 형벌이기 때문에 불필요하다는 주장이 있으나, 형벌적인 조치는 여전히 필요하다는 반론도 제기된다(배종대·홍영기, 2019).

비교법적인 관점에서 영미형은 소년법원이 범죄소년에 대하여 전속 관할권을 가지나, 서유럽형은 소년법원이 소년의 범죄사건만 관할하고 그 외 요보호소년은 복지법에서 다룬다. 북유럽형은 소년법원을 별도로 두지 않고 범죄소년을 복지법에 기초한 행정기관에서 다룬다. 영미형이 범죄소년과 요보호소년을 모두 관할하므로 사법기능과 복지기능을 모두 갖추고 있다면, 서유럽형은 범죄소년만을 관할하기 때문에 사법기능에 중점을 둔다. 북유럽형은 영미형이나 서유럽형과 달리 사회복지기능에 중점을 둔다(한영선 외, 2020: 51-52).

[표 14-1] 보호소년의 관할 유형

구분	소년법원	복지행정기관
영미형	범죄소년과 요보호소년	-
서유럽형	범죄소년	요보호소년
북유럽형	-	범죄소년과 요보호소년

출처: 한영선 외(2020) 52면 참조.

우리나라는 영미형, 서유럽형, 북유럽형 어디에도 속하지 않는다. 우리나라의 경우 영미형에 영향을 받았으나 체계나 구조는 매우 다르다. 영미형은 '법원선의주의'가 기본이지만 우리나라는 '검사선의주의'를 채택하고 있다.[8] 법원선의주의를

---

8) 법원선의주의는 판사를 중심으로 피고인(소년)과 검사가 당사자로 참여지만, 검사선의주의는 판사와 소년이 당사자로 참여한다. 우리나라는 미국과 일본의 영향을 받아 소년법을 제정하였으나, 미국과 일본이 법원선의주의를 취하는 것과 달리 검사선의주의를 채택하였다. 우리나라는 검사에게 기소 여부 결정권을 부여한 '기소편의주의'를 채택하고 있다. 소년사건을 기소할 것인지, 법원소년부로 송치할지에 대한 선택권도 검사에게 부여하고 있다(한영선 외, 2020: 60-64).

채택하면 법정에서 소년의 범죄사실을 다툴 수 있으나 검사선의주의를 채택하면 법정에서 소년의 죄책을 추궁할 수 없다. 영미형 소년법원은 형사법원으로 일원화 되는 경향을 보이고 있지만, 우리나라는 소년보호 목적에 충실하며 피해자와 가해 자의 회복을 목표로 화해권고를 규정하는 등 소년법 이념을 명확히 추구한다. 다 른 한편으로 우리나라 소년사법은 영미계 국친사상과 대륙계 교육형주의가 혼합 된 형태로 발전했다고 볼 수 있다(한영선 외, 2020). 그러나 영미형의 국친사상도 교 육이념을 중요하게 여기고, 서유럽형의 교육형주의도 소년에 대한 후견과 보호를 중요하게 생각한다는 점에서 두 이념이 완전히 구별하기 어렵다고 보는 견해도 있 다(배종대 · 홍영기, 2019).

　우리나라의 소년보호이념은 인격주의, 예방주의, 개별주의, 과학주의, 교육 주의, 협력주의, 비밀주의 원칙을 따른다. 인격주의는 소년보호를 위해 개별 소 년의 행위원인에 놓인 개성과 환경을 중시해야 한다는 것이다. 예방주의는 행위 에 대한 응징으로서 처벌이 아니라 범법행위를 저지른 소년이 더 이상 규범을 위반하지 않도록 하고, 죄를 범할 우려가 있는 우범소년이 범죄에 빠지지 않도 록 하는 데 소년법의 목적을 두어야 한다는 것이다. 개별주의는 소년사법절차에 서 언제나 소년 개인을 단위로 한 독자적 사건으로 취급해야 한다는 것이다. 과 학주의는 소년사법이 예방주의와 개별주의를 추구하기 위해서는 개인성향과 범 죄환경에 대한 실증 연구, 소년에게 어떤 종류의 형벌을 어느 정도 부과하는 것 이 적당한가에 대한 과학적 분석과 검토가 필요하다는 것이다. 교육주의는 소년 범죄자의 대응 수단으로 처벌이 주가 되어서는 안된다는 것이다. 비밀주의는 소 년범죄자가 사회에 적응하는 과정에서 다른 사람들에게 범죄경력이 노출되지 않 도록 하여 소년의 인권보장과 재범방지를 추구하는 것을 말한다(배종대 · 홍영기, 2019: 492 – 493).

제2절 소년범죄의 실태와 처리

1. 소년범죄의 발생 동향

소년범죄는 형법9) 및 소년법10)11)에 따른 '범죄행위'와 '촉법행위'를 의미하며, '우범행위'는 포함하지 않는다. 지난 10년간 소년범죄의 발생 추이는 지속적으로 감소하는 경향을 보인다. 소년인구의 변화추세를 고려한 소년인구 10만 명당 소년범죄율에서도 유사한 경향이 발견된다. 소년범죄가 갈수록 증가하고 있다는 일부의 우려에도 불구하고 지난 10년간의 통계는 소년범죄자 수와 범죄율 모두 감소하고 있다는 사실을 보여준다. 그러나 전반적인 소년범죄의 감소에도 불구하고 언론에 자주 보도되는 강력(흉악)범죄는 2009년 3,182건(2.6%)에서 2018년 3,509건(5.3%)으로 증가하였다. 범죄유형별로는 재산범죄가 가장 높은 비율을 차지하는 가운데 폭력범죄, 교통범죄 순으로 높게 나타난다.

지난 10년 동안 추세에서는 교통범죄의 비율이 감소했으나, 강력(흉악)범죄, 폭력범죄, 재산범죄 비율은 증가한 것으로 나타난다. 특히 강력(흉악)범죄는 2009년 2.6%에서 2018년 5.3%로 2배가량 증가하였다. 재범 측면에서 살펴보면, 지난 10년 동안 초범의 비율은 줄어든 반면 4범 이상 재범의 비율은 꾸준히 증가하였다. 소년범죄의 추세를 통해 볼 때 재범의 증가와 강력범죄의 증가 사이에 어느

---

9) 형법 제9조(형사미성년자) 14세 되지 아니한 자의 행위는 벌하지 아니한다.
10) 소년법 제2조(소년 및 보호자) 이 법에서 "소년"이란 19세 미만인 자를 말하며, "보호자"란 법률상 감호교육(監護敎育)을 할 의무가 있는 자 또는 현재 감호하는 자를 말한다.
11) 소년법 제4조(보호의 대상과 송치 및 통고) ① 다음 각 호의 어느 하나에 해당하는 소년은 소년부의 보호사건으로 심리한다.
  1. 죄를 범한 소년
  2. 형벌 법령에 저촉되는 행위를 한 10세 이상 14세 미만인 소년
  3. 다음 각 목에 해당하는 사유가 있고 그의 성격이나 환경에 비추어 앞으로 형벌 법령에 저촉되는 행위를 할 우려가 있는 10세 이상인 소년
  가. 집단적으로 몰려다니며 주위 사람들에게 불안감을 조성하는 성벽(性癖)이 있는 것
  나. 정당한 이유 없이 가출하는 것
  다. 술을 마시고 소란을 피우거나 유해환경에 접하는 성벽이 있는 것
    ② 제1항 제2호 및 제3호에 해당하는 소년이 있을 때에는 경찰서장은 직접 관할 소년부에 송치(送致)하여야 한다.

정도 관련성을 예상해 볼 수 있다.

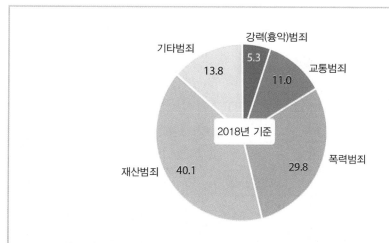

출처: 대검찰청 『범죄분석』 2019.
　　강력범죄(흉악): 살인, 강도, 방화, 강간
　　폭력범죄: 폭행, 상해, 협박, 공갈, 약취와 유인, 체포와 감금, 폭력행위등(손괴·강요·주거침입
　　　　등), 폭력행위등(단체등의 구성·활동)
　　재산범죄: 절도, 장물, 사기, 횡령, 배임, 손괴
　　교통범죄: 도로교통법, 교통사고처리특례법, 특정범죄 가중처벌법(도주차량)

[그림 14-1] 소년범죄 발생유형(%)

2. 소년사건의 처리 절차

(1) 개요

우리나라 소년사건은 이원적 구조, 즉 소년보호사건과 소년형사사건으로 나
뉘어 처리된다. 소년보호사건은 가정법원 소년부나 지방법원 소년부에서, 소년형
사사건은 형사부에서 처리한다. 소년보호사건의 절차는 비행소년의 발견, 조사, 심
리, 보호처분의 결정으로 세분화되고, 소년형사사건은 형사사건의 절차를 따라 진
행된다. 다만, 소년형사사건의 경우 환형처분의 금지, 사형 및 무기형의 완화, 부
정기형 등의 특칙을 규정하고 있다(배종대·홍영기, 2019; 한영선 외, 2020). 우리나라
소년사건의 처리 절차는 경찰·보호자·학교·사회복리시설에서 사건을 인지하여

검찰이나 법원소년부로 사건을 송치·통고하고, 검찰 및 법원의 판단에 따라 보호
사건 또는 형사사건으로 구분하여 사건을 다루도록 하고 있다.

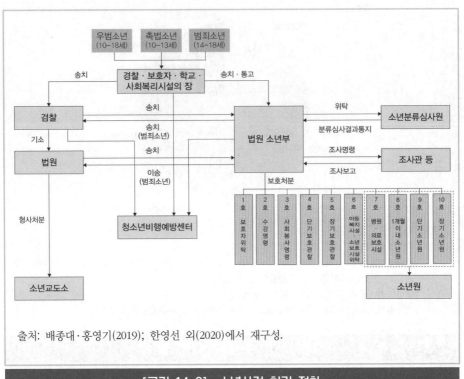

출처: 배종대·홍영기(2019); 한영선 외(2020)에서 재구성.

[그림 14-2] 소년사건 처리 절차

(2) 소년보호처분

소년보호처분은 범죄를 이미 저질렀거나 범죄를 저지를 우려가 있는 소년들
의 환경조정 혹은 성행교정에 필요한 처분을 말한다. 소년보호처분의 절차는 송
치, 소년분류심사,[12] 화해권고제도,[13] 결정으로 이루어진다. 보호소년은 관할 소

---

12) 소년분류심사의 목적은 검사나 법원이 위탁한 소년의 비행원인을 과학적으로 분석하여 조사
    및 심리자료를 제공하고, 보호자나 소년보호기관에 지도방향 및 처우지침을 제공하는 데 있
    다. 보호소년 등의 처우에 관한 법률 제24조는 소년의 신체, 성격, 소질, 환경, 학력 및 경력
    등에 대한 조사를 통하여 비행 또는 범죄의 원인을 규명하고자 심리학·교육학·사회학·사회
    복지학·범죄학·의학 등 전문 지식과 기술에 근거하여 보호소년 등의 신체적·심리적·환경적

년부에 송치되어 심리를 받는다. 소년부로 송치된 사건은 개별주의에 따라 분류심사가 필요하다. 검사나 판사는 적합한 처분을 결정하기 위해 소년분류심사원에 조사를 의뢰할 수 있다. 법원이 조사·심리 결과, 금고 이상의 형에 해당하는 범죄사실이 발견되어 형사처분이 필요하다고 인정되면 사건을 검사에게 송치한다. 송치나 이송이 불필요하다고 판단되면 법원은 보호처분여부를 결정해야 한다. 소년부 판사는 소년법 제32조에 따라 1호부터 10호까지 단독처분이나 병과처분을 내릴 수 있고, 불처분, 심리불개시, 형사법원송치 등의 처분도 내릴 수 있다. 심리불개시는 판사가 송치서와 조사관의 보고를 참고해 심리를 개시할 수 없거나 심리를 개시할 필요가 없다고 인정할 때 내리는 결정이다. 불처분은 보호처분을 할 수 없거나 요보호가 인정되지 않는 등 보호처분을 내릴 필요가 없는 경우 이루어진다(김지선, 2020; 배종대·홍영기, 2020).

2007년 소년법 개정으로 단독처분과 병과처분이 가능해졌다. 소년보호사건 중 상당수는 단독처분이 아닌 병과처분, 즉 여러 개의 처분이 동시에 이루어진다. 지난 10년 동안 1호(보호자위탁), 8호(1개월 소년원 송치) 처분은 큰 변화가 없다. 다만, 4호(단기 보호관찰), 5호(장기 보호관찰) 처분은 다른 처분과 병과(1+4호, 1+2+4호, 1+3+4호, 1+3+5호, 1+2+3+4호, 1+2+3+5호)되는 비율이 높고, 일종의 구금형태인 6호(민간위탁), 9호(단기 소년원 송치), 10호(장기 소년원 송치) 처분의 비율은 조금씩 증가하는 추세를 보인다(김지선, 2020).

(3) 소년형사처분

경찰이 소년을 체포하면 검사에게 송치할 수 있다. 다만, 경찰은 필요한 경우 훈방조치를 할 수 있고, 도로교통법이나 경범죄처벌법을 위반한 소년에 대해 범칙

측면 등을 조사·판정하도록 함으로써 분류심사의 전문성과 과학성을 명시하고 있다(이승현·박성훈, 2015: 19).

13) 2007년 개정된 소년법 제25조의3은 판사가 소년의 품행을 교정하고 피해자를 보호하기 위해 필요하다고 인정하면 피해자와 화해를 권고할 수 있고, 피해자와 화해하는 경우 보호처분 시 고려할 수 있는 화해권고제도를 도입하였다. 화해권고제도는 피해자에 대한 보상뿐 아니라 범죄로 파괴된 가해자와 피해자의 관계 회복, 지역사회에 끼친 손해회복, 가해자가 범죄를 진지하게 반성하고 갱생하는 것을 목적으로 하는 회복적 사법의 이념을 반영한 것으로도 평가받는다(천진호, 2008: 576).

금을 통고처분하거나 즉결심판청구를 할 수 있다. 검사는 경찰이 송치하거나 검찰이 직접 인지한 소년사건을 수사하여 보호처분에 해당하는 사유가 있다고 판단하면 소년법원으로 송치하여 보호사건으로 처리하고, 그렇지 않으면 형사법원에 기소하여 형사사건으로 처리한다. 소년사건이 형사사건으로 인정될 경우 검찰은 선도조건부 기소유예[14]로 처리하거나 형사법원에 기소할 수 있다. 검사는 검사선의주의에 따라 불기소처분을 하거나 소년형사사건 혹은 소년보호사건으로 처리할 수 있는 권한을 가진다(박상기 외, 2019). 지난 10년간 소년형사사건의 처리결과를 보면, 집행유예나 벌금형을 하는 사례는 줄고 소년부 송치 비율이 증가하고 있다. 법원이 처벌위주의 엄벌보다는 소년법의 취지를 살려 보호처분을 선호하는 경향을 알 수 있다.

형사법원에서 소년사건을 처리하면 절차에 있어 성인사건과 차이는 없으나, 소년의 미성숙함과 개선 가능성을 고려하여 형사법원의 심판절차나 형의 집행절차에 있어 특칙사항을 두고 있다.[15] 주요 특칙사항으로는 구속영장발부의 제한, 사형이나 무기형 완화, 상대적 부정기형 선고, 환형처분의 금지, 징역 또는 금고집행 시 성인과 분리집행, 가석방의 완화, 자격형 적용의 완화, 보도금지 등이 있다(김준호 외, 2018: 460-462).[16]

---

14) 검찰의 선도조건부 기소유예는 공식적인 사법절차에서 벗어나 사회복귀에 필요한 선도를 받게 하는 다이버전(diversion)의 일종이다. 검사는 소년범죄자가 일정기간 동안 준수사항을 이행하고 선도를 받은 조건으로 기소유예 처분을 하고, 소년이 준수사항을 위반하거나 재범을 저지르지 않으면 공소를 제기하지 않는 제도이다(김준호 외, 2018: 463).

15) 형사법원의 소년사건 특칙을 형사절차상 특칙, 재판상 특칙, 행형상 특칙으로 구분하기도 한다(배종대·홍영기, 2020: 500-501).

16) 형사법원은 소년형사사건에 대해 성인과 마찬가지로 동일한 절차로 진행한다. 다만, 변호인이 없거나 출석하지 않은 때 국선변호인을 선정해야 한다. 소년에 대한 구속영장은 부득이한 경우가 아니면 발부하지 못한다. 소년을 구속하는 경우 특별한 사정이 없으면 다른 피의자나 피고인과 분리하여 수용해야 한다. 둘째, 18세 미만 소년이 사형 또는 무기형에 처할 경우 15년 유기징역으로 한다. 특정 강력범죄의 처벌에 관한 특례법을 적용하는 경우에는 소년법 제59조의 규정에도 불구하고 20년 유기징역을 선고할 수 있다. 셋째, 성인범죄자에게는 부정기형 선고가 금지되어 있으나, 2년 이상 유기징역에 해당하는 죄를 지으면 형량 범위 내에서 장기와 단기를 정하여 선고하되 장기는 10년, 단기는 5년을 초과하지 못한다. 부정기형은 소년범죄자 처우에서 소년의 개선, 교육, 사회복귀 목표가 다른 것보다 우선하므로 정당성이 인정되고 있다. 넷째, 성인은 벌금이나 과료를 선고받고 납부하지 않을 경우 노역장유치를 선고하게 되는데, 소년에게는 이러한 환형처분을 선고하지 못한다. 다섯째, 보도금지 등의 벌칙조항에 따라 조사·심리 중에 있는 소년의 형사사건에 대해 성별, 연령, 용모 등 사건 당사자로 짐작

제3절 소년범죄의 예방 및 처우

1. 소년분류심사

소년분류심사제도는 비행소년이 처한 환경적 특성과 비행소년의 개인적 특성에 대한 조사와 진단을 통해 적합한 처우방안을 제시하기 위한 제도이다. 소년범죄자가 성인범죄자로 전이되지 않으려면 비행초기단계에서 원인을 진단하고 소년의 개인적·환경적 특성에 맞는 처우를 통해 최대한 빨리 범죄를 중단하도록 도와주어야 한다. 비행원인과 개별 처우를 위해서는 소년에 대한 분류심사의 정확한 진단과 분석이 중요하다. 분류심사결과는 법원의 처분결정 시 주요 참고자료로 활용되고, 여타 소년보호기관에서도 처우계획과 지도방향을 설정하는데 도움을 제공한다. 소년분류심사원은 1977년 '소년감별소'라는 이름으로 설립되어 1995년 '소년분류심사원'으로 명칭을 변경하였다. 2000년대 들어 법무부가 소년범죄자 불구속 수사원칙을 세우면서 소년원과 소년분류심사원은 크게 축소되었다. 2000년대 초반 5개이던 소년분류심사원은 대전소년분류심사원(2003), 대구소년분류심사원(2005), 부산소년분류심사원(2007), 광주소년분류심사원(2007)이 차례로 폐지되면서[17] 현재는 서울소년분류심사원만 남아 있다(이춘화, 2009; 이승현·박성훈, 2016).

소년분류심사원은 수용 및 보호, 진단, 교육 등 세 가지 기능을 수행한다. 수용 및 보호기능은 소년부 판사가 위탁한 소년(위탁소년)과 보호관찰 등에 관한 법률에 따라 유치된 소년(유치소년)을 분류심사원에 일정기간 보호하는 것을 말한다. 진단기능은 소년분류심사원의 가장 중요한 기능이다. 진단기능은 위탁소년과 유치소년을 수용한 상태에서 조사하는 분류심사, 수용되지 않은 상태에서 이루어지는 상담조사, 검사가 의뢰한 소년사건을 조사하는 검사결정전조사, 소년원장이나 보호관찰소장이 의뢰하는 분류심사, 청소년이나 보호자가 요청하는 청소년심리검사

할 수 있는 사실이나 사진을 언론에 보도할 수 없다(박상기 외, 2018: 518−520).

17) 소년분류심사원이 없는 부산, 대구, 광주, 대전, 춘천, 제주 등 6개 지역은 소년원에서 기능을 대신하고 있다(한영선 외, 2020: 273).

등으로 세분화할 수 있다. 교육기능은 분류심사원에서 지내는 동안 소년들에게 실시하는 생활지도, 비행예방, 인성교육을 말한다. 소년분류심사원은 소년을 수용, 보호하면서 진단하는 것을 주된 목적으로 하되 수용기간 동안 비행예방 및 인성교육을 병행하여 개선의 기회를 제공하는 의미가 있다(이승현·박성훈, 2015; 한영선 외, 2020).

2. 초기단계 비행예방

(1) 학교밖청소년지원센터

2015년부터 여성가족부 주관으로 학교에 다니지 않는 청소년에 대한 지원을 위해 학교밖청소년법이 제정되어 시행되고 있다.[18] 소년범죄자 역시 학교밖청소년법을 적용받는다. 이들을 지원하기 위해 지역별로 '학교밖청소년지원센터'가 마련되어 있다. 학교밖청소년지원센터는 매년 6~7만 명의 청소년이 다양한 이유로 학교를 그만두고 있고, 소재가 파악되지 않는 누적 인원이 28만 명에 달하는 상황에서 학교밖 청소년을 지원하기 위해 전국적으로 '청소년지원센터 꿈드림'이 운영되고 있다. 학교밖청소년을 위한 지원사업은 학업복귀와 사회진출을 위한 진로선택의 기회를 제공하는 것이 핵심이다. 학업복귀를 원하는 경우 복교, 검정고시, 상급학교 진학, 대안학교 입학 등을 지원하고, 취업을 원하면 직업훈련, 자격증 취득 등을 지원한다.[19] 상당수 소년범죄자는 사실상 학교에 복귀하기 어려운 것이 현실이며, 학교 밖에서 학력을 인정받을 수 있는 경로가 제한적이어서 학습기회의 접근이나 동기부여 측면에서 학교밖지원센터가 긍정적 기능을 담당할 수 있다(박성

---

18) 학교밖청소년법 제3조는 "국가와 지방자치단체가 학교 밖 청소년에 대한 사회적 차별 및 편견을 예방"함으로써 이들 역시 청소년으로서 존중받을 권리가 있음을 밝히고 있다. 동법 제8조는 출원한 보호소년을 포함한 학교 밖 청소년에 대해 상담지원을, 제9조는 교육지원을, 제10조는 직업체험과 취업지원을, 제11조는 자립지원을 하도록 명시하고 있고, 이러한 지원을 위해 제11조에서는 국가나 지방자치단체가 학교 밖 청소년 지원센터를 설치하거나 지정하고 수행경비를 지원할 수 있도록 하였다. 학교밖청소년법은 청소년복지지원법과도 연계되어 지역사회 청소년통합지원체계를 구성하는 기관을 통해 다양한 지원을 받을 수 있다(박성훈 외, 2017: 43).

19) 한국청소년상담복지개발원 https://www.kyci.or.kr/userSite/sub02_2.asp (2020.12.20. 최종검색).

훈 외, 2017).

(2) 청소년비행예방센터(청소년꿈키움센터)

법무부는 위기청소년 및 초기단계 비행청소년을 위해 전국 16개 지역에 '청소년비행예방센터'를 운영하고 있다. 청소년비행예방센터는 학교폭력 가해학생 및 선도처분 학생, 교육조건부 기소유예 대상자, 보호처분 소년 등 비행초기단계 소년을 대상으로 비행진단 및 비행예방교육을 실시하는 기관이다. 청소년비행예방센터는 학교폭력 대응을 위해 2007년 법무부 산하에 부산, 광주, 대전, 창원, 청주, 안산 등 6개 지역에 센터를 두면서 시작되었다. 2012년 학교폭력 문제가 사회적으로 심각한 수준에 이르자 정부는 학교폭력근절 종합대책으로 청소년비행예방센터를 추가 설립하여 권역별로 1개 이상의 센터가 있다. 청소년비행예방센터는 소년을 대상으로 폭력예방교육, 법교육, 자유학기제 진로체험 등을 실시하여 학교폭력을 비롯한 초기비행을 예방하는 기능을 담당하고 있다. 청소년비행예방센터는 대외적으로 '청소년꿈키움센터'로 불리며, 대전과 부산에 체험형 시설인 '솔로몬로파크'를 운영하고 있다(박성훈, 2020; 한영선 외, 2020).

3. 보호시설 위탁 및 교육

(1) 아동복지시설 및 소년보호시설

법원이 6호처분을 명령하면 아동복지법에서 정하는 아동복지시설이나 기타 소년보호시설에 감호를 위탁할 수 있다. 위탁기간은 6개월이며 판사의 결정으로 1회 연장가능하다. 아동복지시설이나 소년보호시설 위탁은 소년원 수용과 다른 의미를 가진다. 어느 정도 강제수용의 성격이 있지만, 소년원처럼 사회와 완전히 격리된 환경이 아니고 국가의 감독을 직접 받지도 않기 때문에 시설내 처우와 사회내 처우 사이의 중간처우 성격도 있다. 아동복지시설과 소년보호시설 위탁은 폐쇄된 구금시설의 대안으로 최소한의 통제 속에서 사회적응을 도울 수 있다는 점, 일정기간 공동체 생활을 통해 시설운영자가 충실히 지도하고 보호할 수 있다는 점, 비영리 민간자원을 활용하므로 관료제의 경직성이나 기업의 영리추구에서 자유로울 수 있다는 점에서 긍정적 평가를 받는다. 그러나 여러 장점에도 불구하고 6호처분은 시설이 모자라 수용능력에 한계가 있고, 예산이 부족해 프로그램 개발이나 활동에 제약이 있다. 그 결과, 소년원에 비해서 인력의 전문성, 복지시설의 구비, 교육 및 직업훈련 프로그램 등 모든 면에서 아동복지시설이나 소년보호시설이 상대적으로 열악한 편이다. 위탁소년의 이탈 등 관리상의 문제와 지역사회로부터의 외면도 현실적인 어려움으로 작용하고 있다. 6호시설의 기준은 소년법에 명확히 규정되어 있지 않아 아동·청소년에 대해 숙식을 제공하는 여러 종류의 보호시설이 역할을 맡고 있다. 아동복지시설[20] 가운데 아동보호치료시설이 6호시설에 해당하며 종교단체에서 주로 운영한다(김준호 외, 2018; 한영선 외, 2020).

(2) 한국소년보호협회

한국소년보호협회는 보호소년 등의 선도와 보호, 사회정착지원, 장학, 취업 등 비행예방을 위한 공익사업을 목적으로 설립된 민간재단으로 법무부와 협업을 통해 소년들을 지원하고 있다. 한국소년보호협회는 청소년자립생활관, 화성청소년창업비전센터, 창업보육기업, 자립지원 등의 사업을 운영한다. 청소년자립생활관은 의왕·대전·부산·광주·대구·안양·전주·춘천 등 전국적으로 8개소가 운영되고 있다. 무의탁 소년원 출원생, 생계곤란 청소년, 가출청소년의 보호를 위한 그룹홈(group home) 형태로 운영되고 있다. 생활관마다 3~4명의 직원이 15명 내외 청소년과 함께 생활한다. 6개월마다 거주기간 연장을 신청하면서 만 22세까지 거주할 수 있다. 화성청소년창업비전센터는 소년원 출원생과 위기청소년에게 숙식을 제공하면서 전문적인 기술교육을 가르치고, 이들이 사회에 안정적으로 정착할 수 있도록 돕는 것을 목적으로 설립되었다. 창업보육기업은 소년들에게 일자리를 제공하여 이들이 직장생활을 경험하면서 사회생활에 적응할 수 있도록 돕는 것을 목적으로 한다. 소년들은 인쇄·디자인업체, 베이커리·카페 등 사업체에서 사회적응

---

20) 「아동복지법」 제52조에 따른 아동복지시설의 종류는 ① 아동양육시설, ② 아동일시보호시설, ③ 아동보호치료시설, ④ 공동생활가정(그룹홈), ⑤ 자립지원시설, ⑥ 아동상담소, ⑦ 아동전용시설(어린이공원, 어린이놀이터, 아동회관, 아동휴게숙박시설 등), ⑧ 지역아동센터, ⑨ 아동보호전문기관, ⑩ 가정위탁지원센터 ⑪ 아동권리보장원이 있다.
(출처: 보건복지부 http://129.go.kr/faq/faq03_view.jsp?n=1159, 2021.01.11. 최종검색).

을 위한 훈련과 경력을 쌓고, 창업지원도 받을 수 있다(박성훈 외, 2017).

4. 보호관찰 및 원호·지원

보호관찰소는 보호관찰, 사회봉사, 수강 및 갱생보호에 관한 사무를 관장하기 위한 기관이다. 우리나라의 보호관찰은 1989년 소년범을 시작으로 성폭력사범 (1994), 성인 형사범(1997), 가정폭력사범(1998), 성매매사범(2004), 특정 성폭력사범 (전자감독, 2008), 성충동약물치료(2011), 형집행후 보호관찰(2013), 치료명령(2016)으로 확대되었다. 소년에 대한 단기 보호관찰기간은 1년, 장기 보호관찰기간은 2년이며, 준수사항으로 야간 등 특정 시간대 외출을 제한하는 명령을 부과할 수 있다. 보호관찰에서 실시하는 사회봉사명령은 14세 이상 소년에게 부과할 수 있고, 수강명령은 12세 이상 소년에게만 할 수 있다. 수강명령은 100시간을, 사회봉사명령은 200시간을 초과할 수 없다. 소년보호관찰 대상자는 4호(단기 보호관찰) 또는 5호(장기 보호관찰) 처분을 받은 소년, 보호관찰을 조건으로 소년원에서 임시퇴원으로 출원한 소년, 검사가 보호관찰소의 선도를 조건으로 기소유예 처분한 소년, 형사절차에서 형의 선고유예나 집행유예를 받은 소년, 교소도 가석방 소년 등이 포함된다. 소년보호관찰은 대상자의 환경조정과 성행개선에 초점을 두고 집행된다. 고위험군에 속하는 임시퇴원 보호관찰소년은 성인과 구분 없이 운영하던 방식에서 벗어나 규모가 큰 보호관찰소는 소년전담과를 도입하였고, 규모가 작은 보호관찰소는 소년전담직원제를 실시하여 성인과 차별화된 처우를 실시하고 있다. 이러한 변화는 소년과 성인의 보호관찰에 차이가 있다는 점, 소년범죄자가 성인범죄자에 비해 재범율이 높다는 점, 성인과 달리 소년은 보호관찰의 개입에 따라 개선 가능성이 높다는 점에 근거하고 있다(손외철, 2011; 박상기 외, 2019; 한영선 외, 2020).

5. 소년원 수용 및 교육

소년원제도는 일제 말기인 1942년 경성소년원(현 서울소년원)이 설립되어 현재는 전국적으로 10개 소년원이 운영되고 있다. 소년원은 소년교도소와 달리 처벌적 기능보다는 교육적 기능을 중시하여 인성교육, 특성화교육, 교과교육, 직업훈련에

중점을 두고 있다. 보호소년 등의 처우에 관한 법률 시행령 제56조는 보호소년이
소년원에 입원할 때부터 퇴원할 때까지 신입자교육, 기본교육, 사회복귀교육의 3
단계로 구분하여 순차적으로 실시하도록 하며, 각 소년원은 시행령에 따라 관련
교육프로그램을 운영하고 있다(김준호 외, 2018; 박성훈 외, 2017). 소년원의 신수용
인원 및 1일 평균 수용인원은 2012년 이후 꾸준히 감소하고 있다. 소년 인구수의
감소, 소년범죄자의 하락 추세 속에서 소년원의 신수용 인원과 일평균 인원도 감
소하는 것으로 보인다.[21]

6. 소년교도소 구금 및 재활

소년교도소는 형사법원이 징역형이나 금고형의 선고를 받은 소년범죄자를 성
인범죄자와 별도로 수용하여 처우하기 위한 기관이다. 소년교도소는 범죄예방정책
국 소속 소년원과 달리 교정본부 소속으로 천안과 김천에 2개소가 있었으나, 천안
교도소가 외국인전담교도소로 전환되면서 2009년 김천교도소를 김천소년교도소로
변경하여 운영하고 있다. 소년교도소 역시 2012년 170명을 기점으로 계속 감소하
는 추세이며, 죄명의 분포가 다양해지는 경향을 보인다. 소년수형자의 형기는 대
다수가 1년 이상 5년 미만 징역형을 선고받는 가운데 15년 이상 중형을 선고받는
경우도 있다. 소년교도소 교정처우는 학과교육, 직업훈련, 생활지도, 교화활동 등
에 참여하되 성인처럼 노역은 하지 않는다(김준호 외, 2018).

[표 14-2] 소년원과 소년교도소의 차이

구분	소년원	소년교도소
적용법률	소년법 보호소년 등의 처우에 관한 법률	형법 형의 집행 및 수용자의 처우에 관한 법률
처분기관	가정법원 또는 지방법원 소년부	형사법원

---

21) 소년원 인원의 감소추세는 해외에서도 유사한 경향이 발견된다. 2015년 기준 미국 소년수용
  시설의 소년범죄자는 48,043명으로 1997년 대비 54% 감소한 것으로 나타났다(김지영 외,
  2018: 116).

처분종류	보호처분(1~10호 처분)	형사처분 생명형(사형), 자유형(징역, 금고, 구류)
처분시설	10개 소년원 (2개 여자소년원)	1개 소년교도소 (여자소년은 청주여자교도소 수용)
수용대상	우범소년, 촉법소년, 범죄소년	범죄소년
수용기간	2년 미만	형량 범위 내에서 부정기형 선고
사회복귀	퇴원 : 교정목적의 달성이 인정될 때 임시퇴원 : 교정성적이 양호하고 보호관찰 필요성이 인정될 때	석방 : 형기 종료시 가석방 : 행상이 양호하여 개전의 정이 현저한 때(행형 성적 양호자 시혜)
신분제한	장래 신상에 영향을 미치지 않음	법에서 정한 복권 기한 내 수형인명부 기재 관리(전과기록)

출처: 이백철(2015). 715면 참조.

제 4 절 소년보호제도의 전망

1. 소년보호제도의 한계와 문제점

(1) 보호이념의 한계

소년사법의 효시가 된 미국 일리노이 소년법원은 국친사상에 기초하여 소년보호에 방점을 두었다. 미성숙한 존재로서 환경의 영향을 쉽게 받는 소년을 응보와 처벌보다 선도와 보호를 통해 건전한 사회인으로 길러야 한다는 규범적 당위는 고의살인, 성폭력, 조직범죄를 저지른 현실의 소년들에게 그대로 적용하기 어려운 측면이 있다. 열악한 가정환경에서 범죄를 저지른 소년에게 책임을 묻지 않고 직접 피해를 당한 피해자와 사회구성원의 불안을 외면한 채 소년의 건전한 육성만을 옹호할 수는 없는 일이다. 규범적 당위성과 이의 실현불가능성은 그간 해결할 수 없는 딜레마였으며 실효성 있는 소년사법체계의 장애로 인식되고 있다(이순래, 2007; 송인택, 2009).

(2) 보호처분 종류와 내용의 빈곤

소년법은 보호처분 법정주의를 취한다. 구체적인 선도와 교화는 처분명령을 집행하는 기관에 일임하고 있다. 보호처분 법정주의를 택하는 이상 보호처분의 종류와 내용은 제한적일 수밖에 없으며, 그로 인해 소년마다 범죄의 원인과 환경을 고려한 맞춤형 보호처분을 고려하기에는 한계가 있다(송인택, 2009). 현재 운영되고 있는 보호처분 중에서도 일부 처우에 처분이 집중되는 것도 문제라고 할 수 있다.

(3) 피해자 관점의 부재

범죄사건에서 직접적인 이해당사자는 판사, 검사, 변호사 등 사법관계자가 아니라 피해자, 가해자, 지역사회성원이라고 할 수 있다. 소년사건에서는 보호자도 포함된다. 소년사법에서 고통받고 상처받은 피해자는 배제된다. 소년사법에서 피해자의 권리와 피해회복에 대한 관심은 회복적 사법(restorative justice)에서 비롯되었다. 회복적 사법은 범죄를 국가에 대한 위법행위가 아니라 피해자와 지역사회에 대한 손상행위(harmful behaviors)로 보고, 가해자가 자신의 행위로 발생한 손상에 대한 책임감을 깨닫고 피해자에게 입힌 손상을 회복함으로써 가해자와 피해자 모두 지역사회에 재통합되는 것을 목적으로 한다(김준호 외, 2018). 이러한 회복적 사법 개념에 비추어 볼 때 소년사법은 피해자 관점이 부족하다고 볼 수 있다.

(4) 사후대처 중심의 정책 대응

최근 들어 외국의 소년보호정책은 사후대처에서 사전예방으로 전환하는 추세이다. 소년범죄자에 대한 엄벌 강화, 형사미성년자 연령하한 개정[22] 등의 정책은 전형적인 사후적 대응조치로서 소년범죄자에 대한 사후관리 프로그램 개발, 초범이나 경미한 소년범죄자에 대한 다이버전 확대 등 사전적 예방에 대해서는 갈수록 관심이 줄고 있다. 기존의 소년범죄 대응체계가 사법기관주도의 사후 처벌과 반사

---

[22] 법적 안정성 측면에서 평가할 때, 소년에 대한 처벌을 강화해야 한다는 주장은 설득력이 떨어진다. 2007년 개정 소년법에서 연령을 이미 낮춘 상황에서 재차 연령을 낮추게 되면, 특정 피고인 집단에게 불리한 입법을 반복해서 추진하는 것이 된다. 한번 피고인에게 정해진 불리한 입법은 관대한 입법으로 되돌리기 어렵기 때문에 신중히 접근할 필요가 있다(이용식, 2017).

회적 성향 교정 등 주로 재범예방에 초점을 맞추고 있다는 점에서 사전예방을 위한 정책 개발의 필요성이 제기되고 있다(김은경 외, 2007; 이승현, 2018).

(5) 소년보호기관과 지역사회자원의 연계 부족

소년원 출원생에 대한 종단연구에 따르면, 출원 전후 관련기관 간의 정보연계가 원활하지 않아 소년에 대한 맞춤형 지원이나 체계적 관리가 어려운 것으로 나타난다. 소년보호기관과 지역사회기관의 연계가 없는 것은 아니지만 법률적 제약, 자원동원의 지역별 불균형, 실적 중심의 형식적 연계 등으로 인해 효율적이고 실질적인 협업은 이루어지지 못하고 있다. 소년보호정책의 기본 방향 중 하나는 청소년을 둘러싸고 있는 가정, 학교, 종교단체, 복지시설, 사회단체 등 지역사회 내 기관들 간의 연계와 협력이라고 할 수 있다. 처분명령을 집행하는 기관의 자원만으로는 처우의 종류와 내용에 한계가 있다. 이를 극복하기 위해서는 지역 내 자원봉사집단, 학교, 시민단체, 청소년기관 등과 협력이 요구된다. 지역사회자원과 연계는 시설내 처우와 사회내 처우로 양분되어 있는 처우유형에서 탈피하여 다양한 중간처우 프로그램으로 확대도 가능하다(김준호 외, 2018; 박성훈 외, 2018; 전영실 외, 2019).

2. 소년보호제도의 개선방안

(1) 균형적·회복적 이념 도입

20세기 후반이후 응보와 처벌을 강조하는 엄벌주의가 소년사법에 미친 영향이 적지 않지만, 국친사상은 여전히 많은 나라에서 소년사법제도의 중심에 자리하고 있다. 소년사법제도는 국친사상과 엄벌주의의 혼재 속에서 여러 형태로 새롭게 변화하고 있다. 균형적·회복적 이념은 소년사법체계가 소년보호만을 목표로 하지 않고 피해자와 사회에 대한 소년의 책임, 사회의 보호, 소년의 능력 향상 모두를 추구해야 한다고 본다. 균형적·회복적 이념은 관심의 초점을 사법기관에서 지역사회로 폭넓게 전환시킴으로써 효과적인 사전예방 전략을 모색할 수 있도록 한다. 균형적·회복적 관점에서 소년사법은 사회구성원이 안전한 사회에서 살 수 있는 권리를 보장하고, 범죄로 고통받는 피해자와 사회에 대한 관심과 배려 차원에서 가해자가 피해로 인한 손상의 책임과 의무를 부담하며, 소년이 처한 환경적·상황적 위험요인을 제거하고 보호요인을 강화하여 사회에 재통합되도록 능력을 배양할 수 있어야 한다. 사회보호, 피해회복, 소년보호라는 세 가지 목표를 균형 있게 추구할 수 있도록 소년사법이 재편될 필요가 있다(김은경 외, 2007; 김준호 외, 2018)

(2) 처우체계의 구조화·전문화

소년범죄예방을 위해서는 사회재통합(social reintegration)을 전제로 '예방–처우–사후관리'의 연속체(continuum) 개념에서 처우체계가 구조화될 필요가 있다. 비행 초기단계에서 적절한 개입이 이루어지지 않거나 지나치게 관대한 처우를 하면 오히려 재범을 저지르거나 범죄경력이 강화될 수 있다. 연령에 따라, 재범위험성에 따라, 환경특성에 따라, 개인성향에 따라 프로그램과 개입방식이 분화되고, 그에 따른 단계적 처우가 마련될 필요가 있다. 소년원 출원생 연구에 따르면, 안정적 사회정착을 위해서는 출원 전부터 체계적인 준비단계를 거쳐 중간처우 단계, 사회내 처우 단계로 자연스레 이어질 때 교정효과가 높아지는 것으로 나타났다(김은경 외, 2007; 김준호 외, 2018; 박성훈 외, 2020).

소년처우체계의 전문화와 관련해서는 교정시설 과밀화 해소와 의료처우 개선이 필요하다. 소년원 또는 소년교도소와 같은 시설의 과밀수용은 수용자의 스트레스 증가, 수용자들 간 잦은 다툼, 수용자와 직원 사이의 갈등, 관리위주의 소극적 기관운영 등 부작용을 유발하여 수용자의 인권침해와 교정의 비효율성을 초래할 수 있다. 소년원의 소규모화 추진과 더불어 심리치료 및 상담, 직업훈련, 학력취득 등 교정처우의 전문화를 위해서는 전담인력도 배치되어야 한다. 소년원 정신질환자 비율이 27.3%에 이르고 소년원 징계자 중 정신질환자가 62.2%에 이르는 상황에서 보호처분 단계부터 치료개입이 이루어질 수 있도록 의료기능 전담 소년원, 그리고 지역사회에서 관리와 치료를 받을 수 있도록 소년전담 정신보건센터가 마련될 필요가 있다(이승현, 2018; 전영실 외, 2019; 한영선 외, 2020).

(3) 피해자 보호 및 지원 강화

소년사법제도나 소년범죄예방에서는 그동안 피해자에 대해 주목하지 않았다.

하지만, 회복적 사법에 대한 관심이 높아지면서 소년사법에서도 피해자에 대한 지원, 손상된 피해의 복구, 피해자와 가해자의 지역사회 재통합에 대한 관심이 높아지고 있다. 피해를 당한 소년에 대해서는 범죄피해자지원센터를 중심으로 상담·법률·치료비·생계비 등 당장에 필요한 지원이 신속하게 제공될 필요가 있다. 피해자의 심리치료는 신체적·재정적 손실보다 더 큰 상처로 남아 일상생활로 복귀가 어려울 수 있으므로 신속하고 장기적인 지원이 이루어질 필요가 있다. SNS를 이용한 디지털 범죄는 2차 피해가 발생하지 않도록 정보유출과 신변안전을 위한 조치가 필요하다. 소년보호사건의 심리에 피해자나 법정대리인의 참여를 보장하여 피해자의 권리를 제고하는 방안도 모색되어야 할 것이다(이승현, 2018).

(4) 사법과 복지의 협력 체계 구축

소년범죄예방이 성공을 거두기 위해서는 사법과 복지, 처벌과 처우가 분리되지 않고 통합적으로 운영되어야 한다. 소년사법과 복지행정이 원활히 기능하려면 조정기구가 필요하다. 영국은 '소년사법위원회(YJB)'를 중심으로 소년사법 정보와 사례를 수집하고 전환처우, 재범감소, 안전과 복지에 대한 전략을 수립하며 시행결과를 평가하고 있다. 우리나라도 법무부 장관과 각 부처의 차관이 위원으로 참여하는 '소년비행예방협의회'를 구성하여 소년범죄예방을 위한 종합대책을 논의하고 있다. 이러한 협의체를 통해 인권을 침해하지 않는 범위에서 경찰과 보호관찰 간 소년범죄자의 정보를 공유하는 방안이 마련될 필요가 있다. 보건복지부와 지자체 간 협력을 통해서는 제한된 수의 위탁 아동보호치료시설 외에 보호시설의 수용능력을 확대하고, 위탁기간 종료 후 소년들이 학교나 취업으로 자연스럽게 연계되도록 관련 부처들 간의 협조도 필요하다(김성언, 2008; 이승현·박성훈, 2017; 이승현, 2018).

(5) 지역사회 연계 및 참여 확대

사법과 복지의 통합은 효율적인 처우체계를 전제로 한다. 이러한 맥락에서 지역사회는 풍부한 자원의 보고가 될 수 있다. 소년사법당국은 지역자원을 발굴하고 양성하여 소년보호체계와 적절히 연계할 수 있어야 한다. 청소년 서비스를 제공하는 시민사회단체, 전문기관, 연구소 등 지역사회자원을 활용하여 비행소년에 대한 사전예방, 진단, 교육을 실시하고, 소년보호 및 교정을 경험한 소년에 대해서는 사후감독, 상담, 자립지원을 지원할 수 있다. 지역사회와 사법기관 간 효율적인 역할분담은 소년범죄의 사전예방은 물론 제한된 처우를 넘어 다양한 프로그램을 제공할 수 있는 기회를 제공한다. 독일의 경우 대상자의 필요에 따른 민관 협력을 통해 비행소년의 개별적 연계프로그램을 마련하고 있다. 이민자 배경이 있는 다문화가정 소년, 중독치료가 필요한 소년, 직업훈련이 필요한 소년 등 개인별 필요에 맞추어 연계 프로그램에 참여할 수 있다. 연계 프로그램은 지역사회 내 전문기관이 시행하지만 프로그램 신청과 수강은 보호관찰관이 관리한다. 보호관찰소와 민간자원의 협력이 원활하면 보호관찰이 종료된 이후에도 소년들은 지역사회를 통해 재범예방 및 사회정착의 도움을 받을 수 있다는 점에서 긍정적이다(김성언, 2008; 김준호 외, 2018; 전영실 외, 2019).

미국의 소년범죄예방 프로그램 사례

• 병영캠프(Boot Camps)

병영캠프는 1990년대 날로 심해지는 소년범죄자의 시설 내 구금 과밀화(institutional crowding)를 해소하기 위해 마련되었다. 병영캠프는 말 그대로 군대식 옷차림과 훈련에 기초하여 단기간 동안 소년범죄자를 교육한다. 소년들은 새벽부터 밤늦게까지 빡빡한 하루 일정 속에서 육체적으로 호된 육체적 훈련을 반복하고, 교과목 수업도 받아야 한다. 미국에서는 1990년대 중반 27개 주에서 50여 곳의 병영캠프가 운영될 정도로 인기가 높았다. 병영캠프는 대개 30일에서 120일 동안 진행되며 일종의 쇼크효과를 노린 프로그램이었다. 병영캠프 프로그램에 대한 연구결과, 재범을 억제할 정도의 효과가 발견되지 않거나 장기적으로는 오히려 재범과 유의미한 상관성도 보였다. 이러한 부정적 연구결과로 인해 이후 병영캠프는 폐지되거나 축소되었다. 학자들은 병영캠프 프로그램이야말로 전형적인 대중영합적인 형벌(populist punishments)로 평가한다. 병영캠프는 소년범죄에 분노하는 사람들에게 범죄자의 고통을 보여주고 전달하는 가장 효과적인 수단이기 때문이다. 비판자들은 병영캠프 프로그램이 실제로 소년범죄를 줄이고 재범을 억제하기보다는 소년범죄자에 대한 대중의 분노를 삭이기 위해 엄벌주의 이미지를 확산시키는 수단으로 이용된 것은 아닌지 되묻는다. 병영캠프 프로그램은 소년범죄자에게 필요한 치료적 접근이 결여되었다는 점, 프로그램을 마치고 아무런 피드백이나 후속 조치가 없었다는 점이 실패요인으로 거론된다.

• 그룹홈(Group Homes)

그룹홈은 1960년대 초반 중간처우의 집(halfway house)을 확대한 형태로 시작했다. 당시 그룹홈은 구금시설에서 나온 소년범죄자가 사회에 적응하기 위해 잠시 머무는 곳이었다. 그룹홈은 청소년의 자립(self-sufficiency), 자기책임(self-responsibility), 자활(self-reliant)을 강조하면서 심각한 비행은 엄격히 통제했다. 그룹홈은 주로 자동차 상습절도, 성비행, 폭행을 저지른 청소년을 대상으로 하였다. 이렇듯 초기 그룹홈의 목적은 비교적 위험도가 낮은 소년이 출원 후 지역사회에 잘 적응할 수 있도록 돕기 위한 것이었다. 그러나 최근에 그룹홈은 중간처우의 집이라는 표현을 꺼려한다. 중간처우라는 표현은 제한된 기간 동안만 거주하는 일시성(impermanence)을 강조하는 반면, 오늘날 그룹홈은 점차 구성원이 강한 소속감을 느끼는 영구 거주지(permanent home)와 같은 성격으로 변하고 있기 때문이다. 그룹홈은 지역마다 다양한 형태로 운영되고 있다. 통상 6~15명의 청소년이 소규모로 함께 거주하면서 어른보다는 동료·선후배 관계를 중심으로 관심과 애정을 공유한다. 그룹홈에 온 소년들은 대개 보호자와 관계 형성이 잘 이루어지지 못했기 때문에 위탁 보호자와 같은 어른과의 관계 형성에 어려움을 느낀다. 따라서 그룹홈에서는 부모 관계는 가급적 배제하고 또래 중심의 소규모 집단 내에서 사회화 과정을 경험하는 데 초점을 둔다. 그렇다고 그룹홈에서 어른이 완전 배제되는 것은 아니다. 전문적인 훈련을 받은 상근 담당자가 소년들과 함께 지내면서 필요한 욕구를 파악하고 적절히 서비스를 제공하는 역할을 수행해야 한다. 그룹홈에서는 일반 가정과 같은 분위기를 느낄 수 없다. 대신 그룹홈은 여러 분야의 전문 기관으로부터 다양한 서비스를 제공받아 유연하게 운영할 수 있다는 장점이 있다. 미국 내 상당수의 주가 민영 그룹홈을 허가하고 있으나, 일부 주는 직접 운영을 하는 곳도 있다.

참고자료. Vito & Simonsen(2004)

참고문헌

김성언. (2008). "소년보호처분의 실효적 실천방안". 형사정책연구 제19권 제2호.

김은경·김지선·이승현·김성언·원혜욱·이호중·평화여성회 갈등해결센터. (2007). 21세기 소년사법 개혁의 방향과 과제(I). 한국형사정책연구원.

김준호·노성호·이성식·곽대경·박정선·이동원·박철현·황지태·박성훈·최수형. (2018). 청소년비행론(제4판). 청목출판사.

김지선. (2020). "소년범죄". 한국의 범죄현상과 형사정책 2019. 한국형사정책연구원.

김지영·유진·조영오·김기영. (2018). 민영소년원 운영 및 교육프로그램 연구. 한국형사정책연구원.

박상기·손동권·이순래. (2019). 형사정책(제12판). 한국형사정책연구원.

박성훈. (2020). "주요 형사정책 동향 : 소년보호정책 동향". 한국의 범죄현상과 형사정책 2019. 한국형사정책연구원.

박성훈·김지영·조영오·김현정·황여정·김정숙·배상균·고나영. (2017). 소년원생의 안정적 사회정착을 위한 실태조사 및 정책지원 방안 연구(Ⅰ). 한국형사정책연구원.

박성훈·전영실·정진경. (2020). "소년원생을 위한 사회정착프로그램의 단계별 시범운영 및 효과성 분석". 소년보호연구 제33권 제1호.

박성훈·조영오·김정숙·황여정·이주영. (2018). 소년원생의 안정적 사회정착을 위한 실태조사 및 정책지원 방안 연구(Ⅱ). 한국형사정책연구원.

배종대·홍영기. (2019). 형사정책 "범죄 없는 사회는 없다". 홍문사.

손외철. (2011). "한국 소년보호관찰에서 회복적 사법의 실천방안". 보호관찰 제11권 제2호.

송인택. (2009). "소년사법제도 개선방안 연구". 형사법의 신동향 제23호.

이백철. (2015). 교정학(개정판). 교육과학사.

이순래. (2007). "소년사법의 현황과 소년범죄에 대한 대응전략". 형사정책연구 제18권 제3호.

이승현. (2018). 소년비행예방 기본계획 수립. 법무부.

이승현·박성훈. (2015). 소년분류심사원의 역할강화방안. 한국형사정책연구원.

이승현·박성훈. (2016). "소년분류심사원의 운영실태 및 인식분석을 통한 역할강화방안". 소년보호연구 제29권 제4호.

이승현·박성훈. (2017). 소년강력범죄에 대한 외국의 대응동향 및 정책 시사점 연구. 한국형사정책연구원.

이용식. (2017). "소년 위법행위자의 연령에 관한 몇 가지 소고". 소년보호연구 제30권 제3호.

이춘화. (2009). "한국의 소년분류심사제도에 관한 연구: 분류심사기준을 중심으로". 소년보호연구 제13호.

전영실·박성훈·조영오·정진경·김혁·김현경·이주영·주현경. (2019). 소년원생의 안정적 사회정착을 위한 실태조사 및 정책지원 방안 연구(Ⅲ). 한국형사정책연구원.

천진호. (2008). "한국의 소년심판제도에 관한 연구". 비교형사법연구 제10권 제2호.

한영선·이영면·현지현. (2020). 소년법 강의. 솔과학.

후쿠시마 아키라. (2008). 아이를 죽이는 아이들, 김은주 옮김. 산눈.

안제넨트·안톤 드만. (1999). 청소년비행의 이해, 노성호·김성언·이동원·김지선 공역, 한국형사정책연구원.

Garland, David. (2001). The Culture of Control: Crime and Social Order in Contemporary Society. University of Chicago Press.

Hartjen, Clayton A. (2008). Youth, Crime, and Justice: A Global Inquiry. Rutgers University Press.

Lawrence, Richard A. and Hesse, Mario L. (2010). Juvenile Justice: The Essentials. SAGE Publications.

NCJJ and OJJDP. (2014). Juvenile Offenders and Victims : 2014 National Report, Pittsburgh. PA: National Center for Juvenile Justice.

Sharp, Paul M. and Hancock, Barry W. (1998). Juvenile Delinquency: Historical, Theoretical and Societal Reactions to Youth (2nd Edition). Pearson.

Siegel, Larry J. and Welsh, Brandon C. (2012). Juvenile Delinquency: Theory, Practice, and Law (11th Edition). Cengage Learning.

Vito, Gennaro F. and Simonsen, Clifford E. (2004). Juvenile Justice Today (4th Edition). Pearson.

Whitehead, John T. and Lab, Steven P. (2009). Juvenile Justice (6th Edition). Anderson.

제15장

피해자와 범죄예방

제15장 피해자와 범죄예방

전통적으로 범죄학은 가해자에 주목하였다. 즉, 범죄자들의 특성을 토대로 범죄원인을 찾고 이에 기초한 범죄자의 교정이나 사회재통합 방안 등을 연구하였다. 피해자에 대한 관심이 높아진 것은 비교적 최근인데 특히 초기 피해자 관련 연구들은 피해자와 가해자의 상호작용과 이로 인한 범죄유발, 피해자 책임 등을 강조하였고, 후에 피해자 비난에 집중했다는 비판을 받기도 하였다. 그러나, 범죄학에서 가해자에 대응하는 피해자에 대한 연구나 관심은 범죄에 대한 올바르고 완전한 이해 및 효율적인 형사정책 수립을 위해 꼭 필요하다. 피해자에 대한 연구와 형사정책적 중요성을 고려하여, 이 장에서는 간략하게 피해자학의 의의를 살펴보고 피해자의 권리 및 권리보호제도의 발전과정과 현황 등을 살펴보기로 한다.

제 1 절 범죄피해와 피해자, 피해자학

1. 피해자학의 의의와 연구대상

(1) 피해자학의 발전 과정

범죄가 발생하면 그로 인해 고통 받는 피해자는 항상 있어 왔지만, 역사적으로 범죄피해자의 형사절차상 지위는 급격한 변화를 겪었다. 가해자에 대한 보복과 피해자에 대한 배상에 초점을 맞추었던 소위 응보형 관점의 사적(私的) 절차가 중심을 이루었던 고대를 지나 중세에는 국가 형사사법체계가 구축되면서 가해자에 대한 형벌과 사회적 배상을 중요시하게 되었다. 이러한 국가 형사사법체계의 구축은 오히려 범죄피해자의 지위를 주변으로 한정하는 결과를 가져왔는데 이 시기 피해자는 수사개시를 위한 고소인이나 공소유지를 위한 증인, 보조자로 인식되었다. 결과적으로 형사사법체계 및 범죄학 전반에서 피해자에 대한 관심이 크게 낮아졌는데, 이를 '피해자의 수난기'라고들 일컫는다. 20세기 들어서야 피해자에 대한 관심이 새롭게 부활하였는데 여기에는 여성주의 운동과 시민권 운동, 범죄 증가 및 가해자 중심의 처우 모델에 대한 한계인식, 피해자 중심의 범죄원인론적 접근과 신자유주의적 정치사조 등이 복합적으로 영향을 미친 것으로 평가된다(Daigle, 2017: 17-14; 노성호 외, 2018: 25-28; 이순래 외, 2016: 15-24; 이윤호, 2020: 8-11).

  가해자 처우 중심 모델이 가지는 범죄억제력의 한계 인식과 함께 개인의 범죄피해 가능성의 차이를 설명하려는 시도들이 초기 피해자학의 출발이라고 할 수 있고, 피해자학의 발전은 형사사법체계에서 피해자의 재발견 과정과 그 맥을 같이 한다. 구체적으로, 1940년대와 50년대에 이르러 일부 범죄학자들이 피해자와 가해자의 상호작용(victim-offender interaction)을 연구한 것이 피해자학의 기원이라고 평가받는다. 주로 범죄자와 피해자의 상호 영향이나 범행과정에서의 역할 등을 살펴보았고 대표적인 학자들로는 한스 폰 헨티히(Hans von Hentig), 벤자민 멘델손(Benjamin Mendelsohn), 마빈 울프갱(Marvin E. Wolfgang) 등이 있다(Quinn & Brightman, 2014: 10; Daigle, 2017: 3-10).

  먼저, 독일 범죄학자인 한스 폰 헨티히(Hans von Hentig, 1948)는 피해자가 범행에 기여하는 부분이 있음을 주장하면서 개인의 의지와 무관하게 피해 가능성을 높이는 사회적, 생물학적, 심리적으로 취약한 피해자가 있음을 지적하였다. 헨티히(Hentig)는 13가지 유형으로 피해자를 분류하여 제시[1]하였고, 이 분류는 신체적,

---

1) 한스 폰 헨티히(Hans von Hentig)의 저서(1948)「범죄자와 그 피해자」(*The Criminal and His Victim*), New Haven: Yale University Press에서 일반적인 피해자 유형으로 ① 젊은(the young), ② 여성(the female), ③ 노인(the old), ④ 정신장애자(the mentally defective and deranged), ⑤ 이민자(the immigrants), ⑥ 소수자(minorities), ⑦ 아둔한 사람(dull normals)을 제시하였고, 심리적 유형으로는 ⑧ 우울한(the depressed), ⑨ 탐욕스러운(the acquisitive), ⑩ 자유분방한(the wanton), ⑪ 고독한(the lonesome and the heartbroken), ⑫ 괴롭히는(the tormentor), ⑬ 고립된(the blocked, exempted, and fighting) 사람들을 언

사회적, 심리적 취약성으로 인해 범죄자에게 저항할 능력이 없는 피해자의 특성을 반영하여 이후 피해자와 가해자에 대한 연구 및 피해자학 발전에 큰 기여를 하였다고 평가된다.

피해자학 연구에 기초를 세운 학자로 이스라엘의 변호사였던 벤자민 멘델손(Benjamin Mendelsohn)을 빼놓을 수 없는데 그는 피해자를 비난정도에 따라 구분하여 제시하였고[2], 국제적 규모의 조직(International Society of Victimology)을 통한 피해자학 연구 활성화를 주장하였다. 이러한 주장은 이후 국제피해자학회와 피해자학 저널 창설의 토대가 되었다(Quinn & Brightman, 2014: 10; Daigle, 2017: 3-10). 마지막으로, 마빈 울프강(Marvin Wolfgang, 1958)은 1948년부터 1952년까지 필라델피아에서 발생한 살인사건 기록을 토대로 피해자의 역할을 분석하였고, 피해자의 상당수는 가해자와 잘 아는 사이였으며 살인사건의 26%는 피해자가 상대방(가해자)에게 직접적인 물리력을 먼저 사용하였음을 발견하였다.

이외에도 초기 피해자학자들(Menachem Amir, Stephen Shafer 등)은 피해자의 범행촉진이나 유발에 관심을 가졌고 이는 이후 피해자 비난이라는 주제로도 연결되었다. 피해자학 발전 초기에는 학자들의 관심이 피해자－가해자의 상호작용 및 이에 따른 피해자의 유형학이나 성향 분석, 이에 따른 피해자 촉진이나 피해자비난(유발, 유책성)로 이어져 비판을 받은 것은 사실이나 이후 피해자학에서 다루는 영역과 주제들이 다양해짐에 따라 점차 전문성과 유용성을 인정받게 되었다(Quinn & Brightman, 2014: 10; Daigle, 2017: 3-10).

(2) 피해자학의 개념과 연구분야

피해자학은 '범죄피해자와 가해자, 그리고 사회에 대한 학문'이라고 포괄적으로 정의되기도 하고(Wallace & Roberson, 2011: 4), '피해자와 범죄자, 형사사법시스

급하였다.

2) 벤자민 멘델손(Benjamin Mendelsohn)이 1956년 발표한 프랑스어 논문 "생물, 심리, 사회학의 새로운 분야: 피해자학"(Une Nouvelle Brache de la Science Bio-psycho-sociale: Victimologie)에서 피해자학(Victimologie)이라는 용어의 사용을 주장하였고, 여기에서 피해자의 비난 정도에 따른 법적 고려를 기초로 ① 완벽하게 무고한 피해자, ② 유책성이 적은 피해자, ③ 가해자와 동일한 정도로 유책한 피해자, ④ 가해자보다 죄가 큰 피해자, ⑤ 가장 유책한 피해자, ⑥ 가상의 피해자로 구분하였다.

템, 매스미디어, 경제, 사회운동 등과의 연관성 등을 통해 범죄피해의 원인과 현상, 그리고 관련 법제 및 사회적 대응 등을 연구하는 학문'(Karmen, 2010: 14)이라고 정의되기도 한다. 종합하면, 피해자학에는 피해의 원인을 포함하여 피해자의 특징과 성향, 피해자화 및 피해자의 반응과 태도, 피해자를 지원하기 위한 제도와 정책, 피해자의 신체적·정신적·사회적·경제적·법률적 손상으로부터의 회복을 위한 정부와 민간의 노력 등이 모두 포함된다고 할 수 있다(노성호 외, 2018: 24; 이순래외, 2018: 39). 실제로 최근의 피해자학 연구분야는 범죄피해의 측정, 범죄피해에 영향을 미친 요인들 간의 상관관계 및 피해의 과정과 원인, 피해의 영향과 반응(사회의 반응과 지원, 형사사법체계와 피해자의 관계)등을 주요 연구영역으로 다루고 있다(이순래 외, 2018: 40-43; 허경미, 2020: 6-9).

(3) 피해(자)의 범위

범죄피해자를 어떻게 정의할 것인가와 관련해서는 최협의, 협의, 광의, 최광의 네 가지 구분이 있다(안황권·김상돈, 2003: 23; 이순래 외, 2016: 73). 먼저 가장 좁은 최협의의 피해자는 '범죄로 인해 법익이 침해 또는 위협된 자'를 의미하는데, 여기에서는 피해자의 개념을 법률적인 의미로 한정하여 실제 형법상의 범죄피해자로 한정한다. 즉, 범죄로 인해 직접적인 피해를 입은 피해자만을 포함하고 간접적인 피해를 입은 자는 제외한다. 이 경우, 형법에서 규정하는 범죄의 직접 피해자로 범죄피해자의 개념이 한정되기 때문에 피해자의 범위가 매우 명확하다는 장점이 있다. 그러나 형법적 의미의 법익침해를 당한 피해자가 분명하지 않은 경우, 예를 들면 언론의 가십(gossip)으로 인한 피해 등을 포함할 수 없다. 또한, 매춘이나 마약 등의 행위로부터 피해를 입는 잠재적 희생자에 대한 고려도 불가능하다는 단점이 있다.

다음으로 협의의 피해자는 '객관적으로는 보호법익의 침해를 받고 주관적으로는 이러한 침해에 대해 불쾌와 고통을 느끼는 사람'이라는 한스 폰 헨티히(Hans von Hentig, 1962: 안황권·김상돈, 2003: 25에서 재인용)의 피해자 정의가 차용된다. 여기에서는 범죄의 상대방, 즉 침해법익의 주체를 포함하지만 반드시 법률상의 관계에서만으로 한정하는 것은 아니고 형법의 범위에서 벗어나거나 제외되더라도 그것이 사회생활에서 영향력을 가지고 해를 끼치는 경우까지도 모두 포함한다. 최협의의 개념보다는 넓게 정의하지만 간접적인 피해를 당한 사람은 여전히 제외된다(이순래 외, 2016: 73).

피해자의 개념을 광의로 이해하는 경우에는 실질적인 의미의 법위반행위로 인해 직접적인 피해를 당한 사람, 즉 직접적인 피해자와 간접적인 피해자까지 모두 포함하며, 피해예방이나 피해구조활동 중에 피해를 당한 사람도 포함한다. 마지막으로 최광의의 피해자에는 피해가 누구에 의해 발생하였는지, 즉 침해의 주체가 누구인지를 묻지 않고 모든 유형의 피해를 다 포함하는 경우이다. 이러한 최광의의 피해자 개념은 범죄피해자뿐만 아니라 자연재해와 교통사고 등 다양한 원인에 의한 피해자를 포괄하며 피해자학을 범죄학의 부분이 아닌 피해자 일반의 인권에 관한 학문적 성격을 갖는 것으로 보는 입장과 연결된다(노성호 외, 2018: 33).

피해자의 개념을 협의나 최협의로 지나치게 좁게 인식할 경우 간접피해를 경험하는 피해자나 법률적 개념에서 제외되는 피해자를 고려할 수 없다는 단점이 있다. 반대로 피해자의 개념을 지나치게 확장하는 경우에는 범죄피해자에 대한 고려가 부족하여 그 정체성을 잃을 수 있으며 다른 학문과의 구별이 불분명해진다. 따라서, 피해자학의 기본대상이 되는 피해자의 개념은 광의의 피해자로 보는 것이 타당하다고 할 것이다(이순래 외, 2016: 74).

피해자의 유형화 혹은 구분은 초기 피해자학에서 주목한 것처럼 피해자의 책임성이나 취약성을 토대로 구분할 수도 있고, 범죄유형에 따라 대인범죄피해자와 재산범죄피해자로 구분할 수도 있으며, 피해자의 연령이나 특성에 따라 청소년 혹은 아동피해자 및 노인피해자, 여성 피해자 등으로 구분할 수도 있다. 공식 범죄통계나 범죄피해조사 자료 등에서는 일반적으로 범죄유형에 따라 (폭행, 상해, 협박 등의) 대인범죄 피해자와 (사기, 절도 등의) 재산범죄 피해자로 구분하기도 한다.

(4) 피해자학과 범죄학

피해자학과 범죄학의 관계, 즉 피해자학이 독립된 학문으로써의 성격을 가지는가 하는 문제에 대한 의견이 다양하다. 피해자학을 범죄학의 일부분으로 포함해야 한다는 주장(독일 범죄학자 Willem H. Nagel이 대표적)에 따르면, 피해자 문제는 범죄학의 포괄적 테두리 안에서 다루어야 한다. 반면, 자연재해 등 다양한 원인에 의한 피해 및 피해자를 포괄하여 피해자의 범의를 넓게 보는 경우에는 피해자학은 범죄학의 일부분이 아닌 피해자 일반의 인권에 관한 학문으로 이해한다. 이 경우, 피해자학은 범죄학과 구별된다. 또한, 피해자학은 범죄피해로부터의 보호와 회복에 주안을 두고 있는 반면 범죄학은 재범억제를 위한 범죄자의 처우에 관심을 가진다는 점에서 차이가 있다고 보는 의견도 있다(이윤호, 2007: 20; 노성호 외, 2018: 34).

범죄학은 범죄의 발생이라는 사회적 현상의 이론적 설명에 초점을 두고 있으며 피해자학에서 다루는 피해자는 범죄의 발생과 함께 논의되어야 하는 사항이다. 따라서 범죄학과 피해자학은 서로 독자적인 관심영역을 유지하는 것은 물론 공통의 관심주제를 가질 수밖에 없고 사회과학으로서의 연구방법 등도 유사하다는 특징이 있다. 같은 문제에 대해 가해자의 관점에서 범죄행위에 주목하는 것과 피해자의 관점에서 피해발생에 주목한다는 점에서 차이와 공통점을 함께 지니고 있다. 이런 특성 때문에 범죄학과 피해자학의 구별 여부 및 관계에 대한 논란, 즉 피해자학을 범죄학의 일분야로 볼 것인가, 아니면 범죄학, 사회학 등과 대등하게 독자적 학문으로 인정할 것인가에 대한 논쟁이 이어져왔고 여전히 명확한 결론은 나지 않은 상태이다.

2. 범죄 피해발생 설명이론

범죄원인론에서 다루는 범죄학 이론들은 기본적으로 범죄의 발생을 설명하고자 한다. 반면 범죄피해에 관한 이론들은 다른 사람에 비해 더 많은 피해를 입는 사람들이 가진 특징과 피해를 당하는 이유를 밝히려고 노력한다. 또한, 가해와 피해의 연관성 혹은 가해자-피해자의 상호작용 및 공통점 발견을 통해 범죄피해자가 왜 피해를 당하게 되는지를 설명하려는 시도들도 있다. 여기에서는 범죄피해를 설명하는 이론들을 간단히 살펴보고자 하며 ① 범죄피해의 가능성을 높이는 요인 및 기회를 설명하려는 시도들과 ② 범죄피해의 과정, 특히 피해자와 가해자의 상호작용을 중심으로 범죄피해를 설명하려는 시도들로 구분하기로 한다.[3]

먼저 ① 범죄피해의 가능성을 높이는 원인이나 기회를 설명하려는 시도는 다시 개인적 차원의 이론과 지역적 차원의 이론으로 구분되며 개인적 차원의 이론으로는 생활양식—노출 이론(Lifestyle—Exposure Theory), 일상활동 이론(Routine Activity Theory)이 대표적이다. 생활양식—노출 이론(Lifestyle—Exposure Theory)에서는 생활양식이 범죄피해에 미치는 영향에 주목하였다. 여기서 생활양식이란 '직장과 학교 등 직업적 활동과 여가활동을 모두 포함한 매일의 일상적인 활동'이라고 정의4)된다. 즉, 개인의 다양한 생활양식은 범죄피해의 위험성이 높은 시간대나 장소에의 노출, 타인과의 상호작용이나 위험에의 노출 등에 영향을 주게 되고 이것이 범죄피해의 확률을 달리한다고 설명한다(노성호 외, 2018: 113; 이순래 외, 2016: 105; 이윤호, 2020: 65).

일상활동 이론(Routine Activity Theory)에서는 범죄자와 피해자가 함께 시간과 공간에 걸쳐 분포되는 양식과 그들의 일상활동을 고려하여 피해를 설명한다. 동기화된 가해자(Motivated Offender), 적절한 피해대상(Suitable Target) 그리고 범죄발생을 저지할 수 있는 보호자의 부재(Absence of Surveillance)의 세 가지 기본요소가 시간적, 공간적으로 일치해야 범죄가 발생한다고 본다(Cohen & Felson, 1979). 이후 생활양식—노출이론과 일상활동이론의 관점들을 보다 직접적으로 통합하여 기회이론의 의미를 심화시킨 이론들이 발표되었는데, 대표적인 것이 구조적—선택이론(Structural—Choice Model of Victimization)이다(Miethe & Meier, 1994). 이 이론에 따르면 사회적 상호작용의 특성과 개인의 특성이 가져오는 구조적 요인들(근접성과 노출)이 있고, 주어진 사회적—공간적 상황에서 범죄자의 주관적 선택, 즉 범죄표적의 선택에 영향을 미치는 요인들(대상의 매력성과 보호·감시능력)이 있다. 즉, 개인의 일상생활에 따라 노출이나 근접성의 정도가 달라지며 이에 따라 범죄의 발생이 가능한 구조적 기회가 만들어지고 이러한 구조적 맥락 속에서 잠재적인 피해대상의 매력성과 보호·감시능력에 따라 최종적인 피해자로써의 선택이 결정된다.

범죄피해의 가능성을 높이는 요인 및 기회를 지역적, 구조적 차원에서 설명하

---

3) 자세한 내용은 이러한 분류방식으로 범죄피해를 설명하는 이론들을 자세히 소개한 노성호 외 (2018)의 4장과 5장(pp. 109—170)을 참고하기 바란다.

4) Hindelang, M. S., Gottfredson, M. & Garofalo, J. (1978). *Victims of Personal Crime*, Cambridge, MA: Ballinger, 1978, p. 241.

는 대표적인 이론들은 사회해체이론, 집합효율성 이론, 깨진 창 이론이 있다. 사회
해체이론에 따르면, 지역이 가지고 있는 특성이 그 지역의 범죄율에 영향을 미친
다. 즉, 지역의 구조적 특성(빈곤, 이질적인 인종구성, 잦은 인구이동 등)이 주민들의 관
계적 연결망에 영향을 미치고, 관계적 연결망이 다양한 종류의 사회통제에 영향을
미쳐 그 지역의 범죄수준을 결정한다. 수정된 사회해제이론에서 강조한 지역의 유
대가 사회적 맥락이나 유대의 내용에 따라서는 오히려 범죄의 발생을 조장할 수도
있다는 주장이 대두되었다. 이에 사회해체(또는 사회유대)와 범죄 간의 관계의 대안
으로 제시된 것이 집합효율성 이론(Sampson, Raudenbush & Earls, 1997; Sampson,
2006)이다. 집합효율성이란, 지역구성원 간의 상호신뢰를 바탕으로 지역에서 문제
가 발생했을 때 자발적으로 해결하려고 하는 집단적 의향으로서, 사회적 연결망을
지역에 대한 통제력으로 바꾸어 낼 수 있는 능력을 의미한다. 깨진 창 이론은 무
질서를 범죄발생의 가장 직접적인 원인으로 이해하며, 무질서와 범죄가 서로 상승
작용을 일으키며 발전한다고 설명한다.

　　다음으로, ② 범죄피해의 과정, 특히 피해자와 가해자의 상호작용을 중심으로
범죄피해를 설명하려는 시도들을 살펴보자. 범죄피해의 과정에 주목한 이론들이
해당되며 범죄행동을 가해자와 피해자의 상호작용 등을 포함하는 일련의 전개과
정으로 이해한다. 피해자-가해자 상호작용이론이 대표적이다. 즉, 범죄피해자를
범죄과정에서 일정한 역할을 담당하는 행위자로 인식하고 피해자의 행동이나 반
응이 범죄 진행과정에 미치는 영향을 고려하여 범죄의 발전과정을 설명한다. 앞서
살펴본 울프강(Marvin Wolfgang, 1958)의 살인사건 연구에서 살인사건의 26%는 피
해자가 상대방(가해자)에게 직접적인 물리력을 먼저 사용하였고 이를 '피해자 유발'
로 설명하였다. 이후 클렉과 맥얼라스(Kleck & McElrath, 1991)는 범죄발생이 항상
가해자의 의도대로 발생하는 것은 아니며, 범죄의 개시 이후에 전개되는 양상은
가해자와 피해자의 상호작용 및 여러 요인에 따라 다양하게 달라질 수 있음을 지
적하였다. 즉, 범죄의 결과에 가해자와 피해자의 상호작용이 큰 역할을 담당한다
는 것이다. 이처럼 범죄피해의 과정을 설명하려는 시도들은 가해자와 피해자의 상
호작용 및 피해의 과정 전개에 영향을 미치는 요인에 주목하였다.

　　여기에서는 범죄피해이론을 왜 어떤 사람은 피해를 더 많이 당하는지를 설명
하려는 기회이론과 피해자와 가해자의 상호작용에 초점을 두는 피해과정이론의

두 가지로 구분하여 간략히 살펴보았으나 이러한 분류가 완전하거나 충분한 것은 아니다. 범죄피해의 원인을 어디에서 찾는지에 따라 특성이론, 구조적 이론, 과정적 이론 등으로 구분하기도 하고(이순래 외, 2018), 범인성(criminality) 이론과 비교하여 설명하고 통합적 시도를 소개하기도 한다(이윤호, 2020).

3. 범죄피해 실태

(1) 범죄피해의 실태

범죄피해에 대한 가장 기초적 관심 중 하나는 얼마나 많은 피해가 발생했는가 이다. 이를 살펴볼 수 있는 자료로는 경찰이나 검찰 등에서 발간하는 공식 범죄통계, 자기보고식 조사, 범죄피해조사 등이 대표적이며, 이들에 대한 자세한 내용은 이 책의 1장에서 이미 다룬 바 있다. 범죄피해조사는 경찰 등 형사사법기관에 신고 혹은 적발되지 않은 암수범죄까지 모두 파악할 수 있다는 점에서 피해실태를 보다 정확히 알려주는 장점이 있다. 그러나 살인이나 피해자 없는 범죄의 일부 유형들(예를 들면 약물남용이나 성매매 등)에 대한 정보를 수집할 수 없기 때문에(이순래 외, 2018: 115), 범죄피해조사를 기초로 살펴본 피해실태에서는 이러한 일부 범죄(살인)가 포함되지 않았음을 유의해야 한다.

우리나라에서 대규모 전국범죄피해조사가 시작된 것은 1991년으로 형사정책연구원에서 실시한 서울시민 대상 조사, 「서울의 범죄피해에 관한 조사연구(1991)」가 그 출발이다. 이후 1994년 제2차 범죄피해자조사부터는 (제주도 제외) 전국 규모로 조사대상이 확대되었고 2020년까지 총 14번에 걸쳐 피해자조사 실시되었다. 특히, 2009년에 실시된 '2008 전국범죄피해조사'부터는 기존의 범죄피해조사 방식에서 지적되었던 문제점을 개선하고 미국의 범죄피해조사(NCVS)방식을 참고하여 표본규모를 확대하였고 조사표 항목 및 구성 등 조사방법도 전면적으로 개편하였다. 개편된 '전국범죄피해조사'는 국가승인통계[5]를 획득하여 현재까지 매 2년

---

5) 현재의 승인통계명은 '국민생활안전실태조사(국가통계 승인번호 제403001호, 승인일자 2009년 8월 19일)'로 응답자의 적극적인 조사협조를 독려하고 불응률을 낮추기 위해 승인통계명칭을 '전국범죄피해조사'에서 '국민생활안전실태조사'로 2013년 변경하였다. 그러나 형사정책연구원의 보고서는 여전히 '전국범죄피해조사'라는 이름으로 발간되고 있어, 여기에서도 전국범

마다 전국 규모 대규모 표본조사의 형태로 진행되고 있다.

범죄피해조사를 통해 살펴본 한국의 범죄피해 추세

전국범죄피해조사의 목표 모집단은 조사시점에 우리나라에 거주하고 있는 가구와 만 14세 이상의 가구원이며, 조사 모집단은 인구주택총조사의 일반가구 중 보통조사구 및 아파트구의 모든 가구 및 만 14세 이상의 가구원이다. 표본추출은 인구주택총조사의 조사구 리스트를 표본추출틀로 활용(일반조사구 중 보통조사구 및 아파트조사구)하며 층화확률비례추출법(17개 시도 및 동/읍면의 층화를 통한 조사구 추출 및 조사구 내 가구추출을 위한 계통추출)을 이용한다. 가구방문조사(대면조사와 자기기입식 조사를 병행)를 실시하며 2018년 전국범죄피해조사의 경우에는 총 6,704가구의 만 14세 이상 가구원 13,136명이 조사를 완료하였다(김민영·한민경·박희정, 2019).

전국범죄피해조사를 통해 측정되는 범죄피해는 크게 피해 대상을 기준으로 하여 개인 대상 범죄피해와 가구 대상 범죄피해로 구분되고, 개인 대상 범죄피해는 다시 폭력범죄와 재산범죄로 구분하는데, 폭력범죄에는 강도, 폭행, 성폭력, 괴롭힘이, 재산범죄에는 사기, 절도, 손괴, 기타(단순주거침입)가 포함된다. 그리고 가구 대상 범죄피해는 주거침입이 수반된 범죄와 주거침입과 무관한 범죄로 구분된다. 주거침입 관련피해는 사람이 침식 등 일상생활을 영위하기 위하여 주거관리하고 있는 건조물 등에 침입하여 발생한 범죄로 주거침입강도, 주거침입절도, 단순주거손괴, 단순주거침입 등을 포함하고, 기타 가구 대상 범죄에는 자동차(부품)절도, 자동차(부품)손괴, 단순손괴 등이 해당된다.

2008년 전면개편된 범죄피해조사는 조사문항과 방식이 대대적으로 변경되었기 때문에 이전조사들과의 비교가 어렵다. 2008년 개편된 전국범죄피해조사도 이후 조사에서 설문문항의 구조가 조금씩 변경되었고, 2012년 조사부터 비교적 동일성이 높은 문항이 사용되었다. 여기에서는 공정하고 안정적인 비교를 위해 2012년부터 2018년까지의 범죄피해조사자료를 토대로 추세를 살펴보기로 한다(조사 항목별 비교 및 이전 조사결과들과의 피해율 비교는 최수형, 김지영, 황지태, 박희정(2015)의 연구를 참고하기 바란다). 2012년-2018년 범죄피해조사자료를 토대로 살펴본 개인 및 가구대상 피해율 추세는 아래와 같으며, 최근 범죄피해율은 개인피해와 가구피해 모두에서 감소하고 있음을 확인할 수 있다.

죄피해조사라는 이름을 그대로 쓰기로 한다.

[그림 15-1] 2012-2018 전국범죄피해조사의 피해율 추세

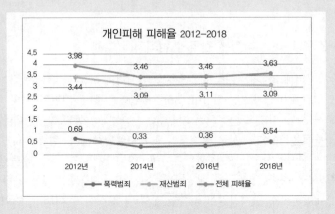

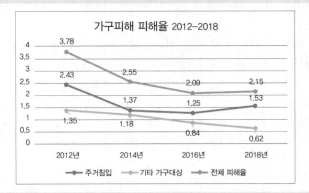

* 개인피해 피해율(추정) =범죄피해건수(추정)/(인구총조사 기준 만14세 이상 인구수)×100
* 가구피해 피해율(추정)=가구 대상 범죄피해건수(추정)/(인구총조사 기준 만14세 이상
      가구수)×100
* 출처: 2012－2018 전국범죄피해조사 결과 자료(범죄와 형사사법통계정보(CCJS),
    https://www.crimestats.or.kr)

(2) 범죄피해의 결과

범죄피해는 크게 직접피해와 간접피해로 구분되는데, 직접피해는 피해자가 해당 범죄로부터 즉시, 직접적으로 경험하는 신체적, 물리적, 심리적 피해를 의미한다. 피해자나 피해가구의 신체피해와 재산피해가 포함되며, 살인이나 강간과 같

이 개인이 범죄의 직접적인 목표가 됨으로써 피해를 입는 경우에는 매우 심각한 결과로 이어질 수 있다. 간접피해는 이러한 직접피해를 제외하고 피해자나 피해가구에 나타나는 간접적인 영향을 의미한다. 직접적으로 측정하기 어려운 경우가 대부분이며 예를 들면, 범죄피해로 인한 노동력 상실이 가져오는 경제적 손실, 범죄피해자가 겪는 심각한 정신적 피해(우울증, 범죄두려움, 대인기피 등), 그리고 재피해를 막기 위한 회피비용이나 호신도구 구입 등의 예방비용 등이 있다(Daigle, 2017: 40; 이순래 외: 163)

범죄로 인한 직접적인 피해는 범죄의 유형과 종류, 그리고 피해대상에 따라 차이가 있다. 대표적인 것으로 폭력범죄 피해로 인한 상해와 재산범죄피해로 인한 재산손실이 있다. 즉, 절도나 손괴와 같은 재산범죄는 경제적 손실을 수반하고, 폭행이나 상해 등으로 신체피해가 발생하면 치료비는 물론 소송비용, 치료기간 실직이나 실업으로 인한 경제적 손실 등도 발생할 수 있다.

전국범죄피해조사(2018)를 통해 실제 폭력 범죄 및 재산 범죄피해자들이 겪는 피해의 결과를 확인해보자.6) 폭력범죄 피해자 중 신체적 피해를 입었다는 응답은 63.8%에 이르고, 정신적 피해를 겪었다는 피해자 비율도 매우 높았다. 구체적으로 폭력범죄 피해자들은 우울(77%), 공황장애나 쇼크 등의 두려움(66.7%), 불면증이나 악몽, 환청으로 인한 두통(44.5%), 고립감(32.1%) 등을 겪는 것으로 나타났다(김민영 외, 2018: 177-179). 재산범죄의 경우, 평균 피해액수를 보면 사기 464만 8천원, 절도 46만 2천원, 손괴 49만 2천원이었다. 재산범죄로 인한 정신적 피해도 상당한 것으로 나타났는데 재산범죄 피해자들은 우울함(39.1%), 두려움(24.5%), 고립감(12.7%)등을 보고하였다(김민영 외, 2018: 203-211).

특히, 범죄피해 이후 고립감보다는 두려움, 불면증이나 악몽, 환청으로 인한 두통을 경험하는 비율이 상대적으로 높다는 점에서는 폭력범죄피해와 재산범죄피해에서 차이가 없었다. 이는 범죄 피해경험이 초래하는 심리적 혹은 정신적 충격이나 불안, 고통 등의 간접적인 손실이 상당하다는 것을 의미한다. 특히, 일부 범

---

6) 범죄로 인한 신체적 정신적 피해와 피해액 등은 공식범죄통계(경찰의 「범죄통계」 등)와 범죄피해조사를 통해 확인할 수 있다. 범죄유형별로 신고율 차이 등에 따라 두 조사의 결과에 차이가 있고, 일반적으로 피해액이 클수록, 피해가 심각할수록 경찰 등에 피해사실을 신고할 확률이 높아지기 때문에 공식 범죄통계상의 피해액은 범죄피해조사 결과보다는 더 높을 수 있다(이순래 외, 2018, p. 165).

죄유형에서는 불특정 다수가 피해자인 경우가 있을 수 있고, 명확하게 피해자를 규정하기 어려운, 소위 피해자 없는 범죄 등도 존재한다는 것을 생각해보면, 범죄로 인한 직·간접적인 피해의 심각성이 상당할 것으로 판단된다.

(3) 피해자화(victimization)

피해자화는 말 그대로 피해를 입는 과정 또는 피해자가 되는 것을 통칭한다. 특히 범죄의 직접적인 피해 이후에 형사절차에서, 지역사회에서, 언론이나 미디어를 통해서도 손해나 피해가 발생될 수 있다는 것에 기초하여 범죄사건이 종료된 이후에도 피해자가 겪게 되는 일련의 현상을 통칭해서 피해자화라고 칭한다.

범죄로 인한 직접적인 손실 및 피해를 제1차 피해자화(primary victimization)라고 하며, 수사 및 재판과정에서 형사사법기관의 부적절한 행위로 인해서 겪는 피해를 2차적 범죄피해 또는 2차 피해자화라고 한다(노성호 외: 15; 이순래 외, 2018: 169; Quinn & Brightman, 2014: 58). 2차 피해자화에는 참고인 진술, 공판과정에서 피해사실의 증언, 피고인 및 변호인으로부터의 신문과정 중에 경험하는 사생활 침해 및 정신적·심리적 피해뿐만 아니라 언론이나 지역사회로부터 겪는 피해 등이 모두 포함된다. 또한, 사생활 침해와 심리적 충격, 피해회복 지연으로 인한 경제적 손실 등도 포함된다.

범죄피해자가 겪는 고통이나 손실은 범죄행위 및 형사사법절차가 종결된 후에도 계속되기도 한다. 피해자가 범죄피해로 인한 우울증, 외상후 스트레스 장애(PTSD) 등으로 오랫동안 고통받거나 자살을 시도하는 경우도 있다. 이처럼, 제1차 피해자화와 제2차 피해자화의 과정에서 적절한 대응이 이루어지지 못해 발생하는, 범죄사건이 모두 종결된 이후에도 지속되는 범죄피해자가 겪는 고통과 손실을 3차 범죄피해라고 칭하기도 한다(노성호 외: 16; 안황권·김상돈, 2003: 31; 이순래 외, 2018: 86). 피해자화를 막기 위해서는 형사사법기관의 노력뿐만 아니라 피해자에 대한 상담과 보호·지원 업무를 수행하는 민간봉사단체의 역할도 매우 중요하다(이순래 외, 2018: 87; Quinn & Brightman, 2014: 58). 다음 절에서는 피해자의 권리 및 보호제도의 발전과정과 현재의 피해자 보호제도에 대해 살펴보기로 한다.

제 2 절 피해자의 권리 및 보호 제도의 발전

여기에서는 피해자의 권리 및 보호제도가 어떻게 발전하였는지를 간략히 살펴보고, 이를 토대로 우리나라의 범죄피해자 지원제도에는 어떤 것들이 있는지 개관하고자 한다. 먼저 국제연합(United Nations: UN)과 유럽연합(European Union: EU)의 기준을 통해 보편적인 피해자의 권리를 이해한 다음, 우리나라의 피해자 권리 및 보호제도의 발전과정을 살펴보겠다.

1. 국제사회에서의 범죄피해자 권리보호

(1) 피해자 보호·지원과 관련된 국제적 기준

1) 국제연합(United Nations: UN)

국제연합(UN)은 1985년 「범죄 및 권력남용 피해자를 위한 사법 기본원칙」(Declaration of Basic Principle of Justice for Victim of Crime and Abuse of Power)[7]을 통해서 회원국의 범죄피해자의 권리 및 피해자지원의 가이드라인을 제시하고 있다. 이는 피해자의 인권보호에 대한 국제기준으로 인식되며 피해자의 인권 선언이라는 상징적 의미를 가지는 것으로 평가된다(김동률·박노섭, 2018; 전영실·최민영, 2018: 11-13). 이 국제연합(UN) 선언은 모두 21개 조로 구성되어 있고 크게 두 부분, 총회의 선언문과 부속서류(annex)로 나눌 수 있다. 부속서류(annex)는 다시 범죄 피해자(victims of crime)를 위한 사법 기본원칙과 권력남용 피해자(victims of abuse of power)를 위한 사법 기본원칙으로 구분된다.

이 선언에서는 피해자의 개념을 매우 포괄적으로 정의하고 있다. 구체적으로, 회원국의 형사법 위반에 이르는 작위 또는 부작위를 통하여 또는 집단적으로 가하는 신체적·정신적 상해를 비롯하여 경제적 손실, 기본권에 중대한 장애를 초래하는 피해를 입은 것을 피해자라고 규정한다(동 선언 제1조). 특히, 가해자의 체포나

---

7) https://www.ohchr.org/en/professionalinterest/pages/victimsofcrimeandabuseofpower.aspx, 최종검색일 2021년 1월 10일.

기소, 처벌 유무와 상관없이, 그리고 피해자와 가해자의 관계와 무관하게 피해를 입은 모두를 피해자로 간주하여야 함을 규정하고 있으며, 피해방지나 피해자를 돕는 구조활동 중에 피해를 당한 사람과 피해자로부터 직접 부양받던 가족 또는 피해자의 직계 가족까지도 피해자의 개념에 포함한다(동 선언 제2조).

특히 '범죄피해자'를 위한 사법 정의에서는 ① 형사절차의 참여 및 공정한 대우(Access to justice and fair treatment), ② 피해 배상(Restitution), ③ 보상(Compensation), ④ 지원(Assistance) 등의 기본 권리와 이념을 다루는데 구체적 내용은 아래와 같다.

① 형사절차의 참여 및 공정한 대우(Access to justice and fair treatment)를 받을 권리: 피해자의 존엄성을 존중하고, 피해자가 사법절차에 접근하여 신속하게 피해 회복을 받을 권리가 있음을 선언하고 있다. 또한, 사법 및 행정기관은 피해자가 신속·공정하게, 쉽게, 적은 비용으로, 그리고 공식·비공식적으로 그들의 피해를 회복할 수 있도록 운영되어야 하고, 피해자에게 그 권리를 고지할 것을 규정하고 있다(제5조). 또한, 사법 및 행정절차상 피해자의 참여보장 및 정보통지 규정(제6조)에서는 피해자에게 사건의 진행상황과 처분시기, 중대범죄에 있어 피해자의 증언 및 증언이 피해자에게 미치는 영향 등을 고지할 것과 형사절차 전반에 걸쳐 피해자에게 적절한 지원을 제공하고 피해자나 그 가족, 증인의 사생활 및 안전을 보호하고 불편을 최소화하며 보복을 금지할 것 등을 규정하고 있다.

② 피해 배상(Restitution)과 관련하여, 범죄자 및 그 행위에 책임이 있는 자는 피해자 및 그 가족에게 피해배상을 해야한다고 한다고 규정한다. 피해 배상에는 범죄로 인한 간접적 피해 및 경비 등이 모두 포함되어야 하며(제8조), 국가는 손해배상과 관련한 입법적·행정적 조치를 취할 것을 규정하고 있다(제9조). 특히 물리적 환경이나 기반시설, 공동체의 편의시설 등을 훼손한 경우의 원상회복 명령 및 피해배상에 대해서도 규정하고 있으며(제10조), 공무원이나 준공무원이 형법을 위반한 경우에는 국가로부터 배상을 받아야 함을 선언하고 있다(동 선언 제11조).

③ 보상(Compensation)에 대한 내용에서는 피해자에 대한 충분한 배상과 원상회복이 이루어지지 못한 때에는 국가가 적절한 물질적 보상을 할 것을 규정하고 있는데 중대범죄로 인한 신체상해 및 육체적·정신적 손상, 피해자의 사망 등의 경우가 해당된다(제12조). 보상을 위해 국가구조금 기금을 마련할 것과 필요한 경우

다른 국가기금을 활용할 수 있도록 규정할 것을 규정하고 있다(제13조).

④ 지원(Assistance)과 관련하여 먼저 피해자는 필요한 경우 정부, 자원봉사자, 지역공동체를 통하여 필요한 물질적·의료적·심리적·사회적 지원을 받을 수 있어야 한다고 명시한다(제14조). 또한 피해자는 각종 의료 서비스와 사회적 서비스, 기타 지원 가능한 서비스를 제공받을 권리가 있으며 이러한 지원은 신속하게 접근 가능해야 함을 규정하고 있다(제15조). 경찰과 형사사법기관은 물론 의료 및 사회 서비스, 기타 피해자 지원 기관 종사자들은 피해자지원에 대한 법률 및 지침 등을 숙지하고, 신속하고 정확하게 서비스를 제공할 수 있도록 훈련을 받아야 한다(제16조). 또한 일부 피해자의 경우에는 피해자 특성에 따라 요구되는 맞춤형 서비스 제공과 지원, 관심이 필요할 수 있음을 명시하고 있다(제17조).

국제연합(UN)의 1985년 「범죄 및 권력남용 피해자를 위한 사법 기본원칙」(Declaration of Basic Principle of Justice for Victim of Crime and Abuse of Power) 선언은 피해자에 대한 국제적 인권선언이라는 독보적인 상징성이 있을 뿐만 아니라 관련 실무정책 매뉴얼 등[8]을 마련하여 실무적 가이드라인을 제공하는 등의 의의가 있다. 그러나 강제력이 없고 국가별 이질적인 상황으로 인해 실무적 유용성이 떨어진다는 한계가 있다.

2) 유럽연합(European Union: EU)

유럽연합(European Union: EU)은 2001년에 「형사절차상 피해자의 소송에 대한 유럽연합 결정」(European Union Decision on the Sanding of Victims in Criminal Proceeding)을 채택하였고, 이는 회원국의 피해자의 권리보호 제도를 입법화에 큰 영향을 미쳤다. 이 결정을 채택한 이후, 피해자 권리 지침(Victms' Rights Directive[9])을 제정하여 범죄 피해자의 권리, 지원 및 보호에 대한 최소한의 기준을 설정하였으며, 특히 정보제공과 지원, 보호에 대한 피해자와 그 가족의 권리를 대폭 강화하였다. 2015년 11월 16일까지 회원국의 국내법에 이 지침의 조항을 반영하도록 강제하였고, 2020년 5월 11일에는 피해자권리 지침의 실행에 관한 보고서를 발표하

---

8) 1999년 발표한 「피해자를 위한 사법 정의 핸드북」(*Handbook on Justice for Victims*) https://www.unodc.org/pdf/criminal_justice/UNODC_Handbook_on_Justice_for_victims.pdf 등. 최종검색일 2021년 1월 15일.

9) https://eur−lex.europa.eu/eli/dir/2012/29/oj, 최종검색일 2021년 1월 15일.

고 회원국들의 지침 준수 노력을 평가하기도 하였다.

(2) 피해자의 보편적 권리

월러(Waller, 2011: 25-41)는 앞서 살펴본 1985년의 국제연합(UN) 선언과 2001
년의 유럽연합(EU) 결정, 그리고, 미국의 1982년 대통령대책회의 건의안, 2004년
일본의 인권법, 2006년 영국의 피해자법 등을 검토하여 피해자의 보편적 권리를 8
가지로 다음과 같이 제시하였다.

① 범죄피해 당사자로 인정받을 권리(right to recognition)
② 형사사법 절차나 피해자 지원제도에 관한 정보를 제공받을 권리(right to
inform)
③ 피해회복에 필요한 상담과 지원 보호 등을 받을 부조의 권리(right to assist)
④ 범죄로 인해 발생한 경제적 손실을 보전 받을 피해보전의 권리(right to
reparation)
⑤ 가해자의 위협과 보복으로부터 보호받을 안전의 권리(right to be protected
from the accused)
⑥ 형사절차에 참여할 권리(right to participation and representation)
⑦ 효과적 정책에의 권리(right to effective policies to reduce victimization)
⑧ 성실한 정책집행의 권리(right to implementation) (이순래 외, 2018: 272에서 재
인용).

2. 우리나라의 범죄피해자 권리형성과 보호제도의 발전

(1) 피해자의 권리보호에 대한 인식과 법률 제정

한국에서 피해자학이 학문적으로 대두된 시기는 1970년대이지만 본격적으로
자리를 잡은 것은 학회설립과 관련 연구가 활발히 이루어진 1990년대라 할 것이
다(허경미, 2020: 11). 1992년 4월 「한국피해자학회」10)가 설립되었고 이후 다양한
분야에서 피해자 관련 연구가 실시되었다. 법률을 통해 피해자에 대한 권리보호가

---

10) http://www.victimology.or.kr/ (최종검색일, 2021년 1월 20일).

이루어진 것도 이와 유사한 1980년대 후반부터인데, 1987년 「범죄피해자구조법」이 제정되면서 피해자에 대한 보상제도가 시작된 때가 범죄피해자 권리보호제도의 입법적 출발이다.

이후 구체적인 피해자 보호를 규정한 법률들이 생겨나기 시작했는데, 1994년 제정된 「성폭력범죄의 처벌 및 피해자보호 등에 관한 법률」, 1995년 「여성발전기본법」에 성폭력 및 가정폭력예방에 관한 규정 마련 등이 대표적이다. 특히, 1997년 말에 제1차 여성정책기본계획에 주요 정책과제로 「성폭력 및 가정폭력 피해자 보호조치」가 강화되었고 1997년에 「가정폭력방지법」이 제정된 것 등도 피해자 권리보호의 대표적 입법례라고 할 것이며, 이를 통해 가정폭력 가해자에 대한 처벌과 가정폭력 피해자 보호의 근거법을 마련하였다. 2001년에는 여성부에서 「가정폭력, 성폭력 근절 종합대책」을 마련하여 피해자의 폭력피해 신고환경에의 접근성을 높였고, 상담서비스 제공 및 보호시설의 운영 등의 지원 및 구호정책을 시작하였다.

이러한 입법례와 함께 형사절차에서 피해자의 인권보호와 침해된 인권의 구제 및 회복을 위한 노력이 필요하다는 인식이 강해졌고, 2004년에 법무부는 범죄피해자 보호·지원 강화를 위한 종합대책을 발표하였다. 이어 「범죄피해자구조법」과 「소송촉진등에 관한 특례법」의 개정을 거쳐 2005년 「범죄피해자보호법」을 제정하여 범죄피해자의 권리를 보다 명확히 규정하였다.

2010년에는 기존의 「범죄피해자구조법」과 「범죄피해자보호법」을 통합하여 「범죄피해자보호법」으로 전면개정을 하였으며, 형사화해조정, 범죄피해자지원센터 관련 규정 등을 담아 피해자의 지원 및 배상, 권리회복 등을 보다 강화하고 피해자지원체계를 명확히 하였다. 또한, 「범죄피해자보호기금법」을 제정하여 범죄피해자 지원을 위한 재정적 인프라를 구축하였다(강은영 외, 2011: 326; 허경미, 2017: 11-12).

(2) 제3차 범죄피해자 보호·지원 기본계획(2017년~2021년)

앞서 언급한 「범죄피해자보호법」 제12조에 근거하여 5년마다 범정부 차원의 범죄피해자 보호·지원에 관한 계획을 수립하고 있는데, 이 기본계획 시행의 주무부처·청은 기획재정부, 교육부, 법무부, 행정자치부, 보건복지부, 여성가족부, 법원행정처, 대검찰청, 경찰청으로 총 9개이다(최수형 외, 2020: 373).

제1차 기본계획(2007~2011년), 제2차 기본계획(2012~2016년)을 거쳐 2016년 9월 30일 제3차 기본계획(2017년~2021년)이 수립되었는데, 제3차 기본계획은 1, 2차 기본계획과의 연계성 및 실효성 확보와 함께 정책추진 대상의 확대와 세분화가 핵심내용이다. 구체적으로, 기존의 성폭력 피해자, 아동·장애인 피해자, 혹은 강력범죄 피해자를 대상으로 실시되었던 보호·지원제도의 정책추진 대상을 강력범죄 피해자 혹은 일반 범죄피해자로 확대 추진하고, 노인·등록외국인 및 국제결혼이민자 대상 맞춤형 보호·지원 체계를 구축하였다. 또한, 정책추진 주체의 역량 강화와 추진 기반 정비(지방자치단체의 역할과 책무 강화, 민간단체 종사자의 역량 강화와 처우 개선 방안 마련)도 주요 내용으로 다루고 있다.

제 3 절 범죄피해자 보호·지원제도 현황

여기에서는 구체적으로 범죄피해자 보호 및 지원제도가 어떻게 마련되어 있는지를 살펴보기로 한다. 범죄피해자에 대한 보호 및 지원제도는 크게 형사절차 내에서 피해자에 대한 법률적 권리 강화를 통한 보호정책과 피해자의 피해회복을 돕는 지원정책으로 나눌 수 있다.

먼저 형사절차 내에서 피해자의 보호를 위한 법률적 제도를 공소제기 전, 수사 단계, 공판단계, 형집행 단계로 구분해서 간략히 살펴본다. 그리고, 피해자의 피해회복을 위한 다양한 지원제도들을 그 성격에 따라 구분하여 소개하겠다. 다만 여기에서는 관련 법률조항이나 제도들을 모두 자세히 다룰 수는 없어 대표적인 것들을 간략히 다루고 있으므로 보다 완전한 범죄피해자의 형사소송 절차상의 권리는 「형사소송법」과 「범죄피해자보호법」 등을 참고하기 바란다. 여기에서의 범죄피해자의 정의는 범죄피해자 보호법의 규정과 동일하게 '타인의 범죄행위로 피해를 당한 사람과 그 배우자(사실상의 혼인관계를 포함한다), 직계친족 및 형제자매'로 규정한다(「범죄피해자보호법」 제3조).

1. 형사소송절차 상 범죄피해자의 보호

(1) 공소제기 전

① 범죄신고 및 고소, 고발

먼저 범죄피해자는 범죄 발생 시 수사기관에 본인의 피해사실에 대해 신고 및 고소를 할 수 있는 권리가 있고(「형사소송법」 제223조 및 「(경찰청)범죄수사규칙」 제29조 제1항), 피해자가 아닌 사람도 누구든지 범죄발생 시 수사기관에 범죄사실을 고발할 수 있어(「형사소송법」 제234조 제1항), 수사의 개시를 통한 피해자의 권리보호가 법률로 명시되어 있다.

(2) 수사 단계에서의 보호

범죄피해자는 수사과정에서 범죄피해자의 권리, 수사진행 사항 및 사건처분 결과 등의 정보를 제공받을 수 있다(「형사소송법」 제258조, 제259조, 제259조의2, 「범죄피해자 보호법」 제8조, 제8조의2, 「범죄피해자 보호법 시행령」 제10조, 제10조의2제1항 등). 또한, 범죄피해자는 수사과정에서 참고인으로 진술하거나 피의자심문을 방청하는 등 수사에 참여할 수 있는 권리도 지닌다(「형사소송법」 제201조의2, 「범죄피해자 보호법」 제8조, 「형사소송규칙」 제96조의14 「범죄피해자 보호 및 지원에 관한 지침」 제15조 및 「피해자 보호 및 지원에 관한 규칙」 제17조).

경찰 및 검사는 범죄피해자가 피의자, 그 밖의 사람으로부터 생명신체에 해를 받거나 받을 염려가 있다고 인정되는 때에는 범죄피해자의 신변보호 및 정보보호를 위한 조치를 취할 수 있으며(「범죄피해자 보호법」 제9조, 「특정강력범죄의 처벌에 관한 특례법」 제8조, 「범죄피해자 보호 및 지원에 관한 지침」 제18조, 제22조, 「피해자 보호 및 지원에 관한 규칙」 제24조, 제29조, 「(경찰청)범죄수사규칙」 제205조 및 제206조), 일정한 고소사건 등의 경우 피의자와 범죄피해자 사이에 형사 분쟁을 공정하고 원만하게 해결하여 범죄피해자가 입은 피해를 실질적으로 회복하기 위해 검사는 직권으로 또는 피의자나 범죄피해자의 신청에 의해 수사 중인 형사사건을 형사조정에 회부할 수 있다(「범죄피해자 보호법」 제41조).

(3) 공판 단계에서의 보호

공판과정에서도 범죄피해자의 권리, 공판개시 및 재판결과 등의 정보를 제공해야 한다(「형사소송법」 제259조의2, 「범죄피해자 보호법」 제8조 제2항, 제8조의2, 「소송촉진 등에 관한 특례법」 제25조의2, 「범죄피해자 보호법 시행령」 제10조, 제10조의2 제1항 및 「범죄피해자 보호 및 지원에 관한 지침」 제25조 제1항, 제26조 제2호부터 제4호까지, 제28조 제2항부터 제4항까지 및 제29조 제1항). 또한, 범죄피해자는 공판과정에서 증인으로 진술하는 등 공판에 참여할 수 있는 권리도 지닌다(「형사소송법」 제294조의2 제1항·제3항·제4항 및 「범죄피해자 보호법」 제8조 제1항).

검사는 범죄피해자가 가해자, 그 밖의 사람으로부터 생명신체에 해를 받거나 받을 염려가 있다고 인정되는 때에는 범죄피해자의 신변보호 및 정보보호를 위한 조치를 취할 수 있다(「범죄피해자 보호법」 제9조 제2항, 「특정강력범죄의 처벌에 관한 특례법」 제8조, 「형사소송규칙」 제38조의2 제1항, 「범죄피해자 보호 및 지원에 관한 지침」 제18조 및 제22조).

(4) 형집행 단계에서의 보호

재판 이후의 단계에서도 범죄피해자는 수용기관 등에 요청한 경우 형집행 및 보호관찰 집행 상황 등의 정보를 제공받을 수 있다(「범죄피해자 보호법」 제8조, 「범죄피해자 보호법 시행령」 제10조, 「범죄피해자 보호 및 지원에 관한 지침」 제25조 제1항, 제26조 제5호, 제28조 제5항 및 제29조 제1항).

(5) 배상제도

이처럼 형사사법 절차의 단계별로 피해자 보호 및 지원을 위한 법률적 장치를 두고 있는 것은 물론 피해자의 손해를 배상받는 방법도 규정하고 있는데, 형사절차 내에서 피해자가 손해를 배상받는 방법은 크게 세 가지가 있다.

① **형사절차에서의 화해**: 형사사건의 피고인과 범죄피해자 사이에 민사상 다툼(해당 형사사건과 관련된 범죄피해에 관한 다툼을 포함하는 경우만 해당)에 관해 합의가 있는 경우에 법원에 합의 사실을 공판조서에 기재해 줄 것을 신청할 수 있다(「소송촉진 등에 관한 특례법」 제36조제1항). 형사사건의 피고인과 범죄피해자 사이에 민사

상 다툼에 관한 합의가 피고인의 범죄피해자에 대한 금전 지불을 내용으로 하는 경우에는, 피고인 외의 사람이 범죄피해자에 대해 그 지불을 보증하거나 연대하여 의무를 부담하기로 합의하면 피고인과 범죄피해자의 합의 사실의 기재신청과 동시에 그 피고인 외의 사람은 피고인 및 범죄피해자와 공동으로 그 취지를 공판조서에 기재하여 줄 것을 신청할 수 있다(「소송촉진 등에 관한 특례법」 제36조제2항).

② **배상명령**: 법원이 일정한 범죄에 대해 제1심 또는 제2심의 형사공판절차에서 유죄판결을 선고할 경우에 해당 범죄피해자 또는 그 상속인은 범죄행위로 발생한 직접적인 물적 피해 및 치료비의 손해 또는 피고인과 범죄피해자 사이에 합의된 손해배상액에 관해 배상을 신청할 수 있다(「소송촉진 등에 관한 특례법」 제25조). 특히 이 배상명령제도는 민사절차 없이 형사재판에서 간편하게 배상을 받을 수 있는 장점이 있고, 배상의 대상과 금액이 유죄판결문에 표시된다는 특성이 있다(「소송촉진 등에 관한 특례법」 제31조 제1항 제2항).

③ **손해배상**: 범죄피해자는 범죄로 인한 손해에 대해 합의나 조정, 소액사건심판, 지급명령 또는 민사소송 등의 방법으로도 배상을 받을 수 있다(「소액사건심판법」 제2조, 「민사조정법」 제2조, 「민사소송법」 제248조 및 제462조). 민사소송은 시간과 비용 등에서 피해자에게 부담이 될 수 있는데 이를 대체하는 간이소송절차를 통한 배상제도가 지급명령과 소액사건심판이다. 지급명령은 법원에서 금전, 그 밖에 대체물이나 유가증권의 일정수량의 지급을 목적으로 하는 청구에 관해 채권자의 신청이 있으면 채무자를 신문하지 않고 채무자에게 그 지급을 명하는 재판을 말하는데, 당사자가 신청한 서류만으로 심리한다는 점에서 일반소송에 비해 비용과 시간이 적게 든다. 소액사건심판의 경우에는 분쟁금액이 3,000만원을 초과하지 않는 금전, 그 밖의 대체물이나 유가증권의 일정한 수량의 지급을 목적으로 하는 제1심의 민사사건소액인 민사사건을 신속하게 처리하기 위해 재판절차를 모두 밟지 않는 간이절차 방식의 소송을 말한다(「소액사건심판법」 제1조, 제2조 제1항 및 「소액사건심판규칙」 제1조의2 본문). 보통은 1회의 변론기일로 심리를 마치고 즉시 선고할 수 있다.

2. 피해자에 대한 지원제도

(1) 시설지원

범죄피해자는 범죄피해자 보호·지원기관 및 보호시설에서 상담 및 신변보호를 받을 수 있다(「범죄피해자 보호법」 제7조, 「범죄피해자 보호법 시행령」 제6조 및 제9조). 강력범죄 등 중한 범죄로 인해 정신적·신체적·재산적 피해가 심각한 피해자는 사건발생 초기 단계에서 각 경찰관서에 배치된 피해자전담경찰관 또는 피해자심리전문요원으로부터 상담 및 맞춤형 지원정보를 제공을 받을 수 있다(「범죄피해자 보호법」 제7조 및 「피해자 보호 및 지원에 관한 규칙」(경찰청 훈령 제952호, 2019. 9. 26. 발령·시행)).

(2) 생계비 등 경제적 지원

법률이 정한 규정에 따라 일정한 범죄로 신체적 또는 정신적 피해를 입은 범죄피해자는 치료비, 심리치료비, 생계비, 학자금, 장례비 등을 지원받을 수 있다(「범죄피해자 보호법」 제7조 및 「범죄피해자에 대한 경제적 지원 업무처리 지침」(대검찰청 예규 제986호, 2019. 4. 15. 발령·시행)).

(3) 주거지원

일정한 자격을 갖춘 범죄피해자는 국민임대주택 우선 입주권 및 매입·전세임대주택을 지원받을 수 있다(「범죄피해자 보호법」 제7조 제1항, 「범죄피해자 보호법 시행령」 제4조, 규제 「공공주택 특별법」 제48조, 「공공주택 특별법 시행규칙」 제15조 제1항, 별표 4. 및 「주거취약계층 주거지원 업무처리지침」(국토교통부 훈령 제1310호, 2020. 7. 29. 발령·시행) 제3조).

(4) 법률지원

범죄피해자는 대한법률구조공단에서 법률상담 및 법률구조를 받을 수 있다(「법률구조법」 제21조의2, 제22조 및 「법률구조사건처리규칙」(대한법률구조공단 규칙 제404호, 2020. 8. 4. 발령·시행)).

특히, 성폭력범죄, 아동청소년대상 성범죄, 아동학대 피해자 등은 국선변호사의 조력을 받을 수 있다(「성폭력범죄의 처벌 등에 관한 특례법」 제27조, 「아동·청소년의 성보호에 관한 법률」 제30조, 「아동학대범죄의 처벌 등에 관한 특례법」 제16조 및 「검사의 국선변호사 선정 등에 관한 규칙」).

(5) 긴급지원

위기상황에 처한 범죄피해자는 「긴급복지지원법」에 따른 긴급지원을 받을 수 있다(「긴급복지지원법」 제1조).

(6) 위치확인장치 및 이전비지원

범죄피해자나 중대범죄의 범죄신고자, 친족 또는 동거인 그 밖에 밀접한 인적 관계에 있는 사람이 보복을 당할 우려가 있어 신변의 안전을 보호받을 필요가 있는 경우에 위치확인장치 및 이전비를 지원받을 수 있다(「범죄피해자에 대한 위치확인장치 및 이전비 지원 지침」(대검찰청 예규 제902호, 2017. 8. 17. 발령·시행) 제1조).

(7) 구조금

피해자가 입은 손해에 대한 원상회복을 위해 민사상 피해자 권리구제(민사소송을 통한 손해배상 등)를 시도할 수 있으나, 가해자가 경제적 능력이 없는 경우가 많아 실효성이 떨어진다. 또한, 형벌에 의한 처벌 외에 국가적 책임으로써 피해자의 피해회복을 부담해야 한다는 원리에서 범죄피해자에 대한 공적 지원 내지 보상의 필요성이 강조되었다.

우리나라의 경우 1987년 「범죄피해자구조법」이 제정되면서 범죄피해자에 대한 구조청구권(제30조)이 도입되었다가 이후 새롭게 제정된 「범죄피해자보호법」에 흡수되어 시행되고 있다. 「범죄피해자보호법」 제16조 이하에서 규정하고 있는 국가구조제도는 유족구조금, 장해구조금 및 중상해 구조금, 긴급구조금으로 구분된다.

① **유족구조금**: 사람의 생명 또는 신체를 해치는 죄에 해당하는 행위로 인해 구조피해자가 사망한 경우에 그 유족은 구조금을 신청할 수 있다(「범죄피해자 보호법」 제25조 및 「범죄피해자 보호법 시행규칙」 제6조).

② 장해구조금 및 중상해구조금: 사람의 생명 또는 신체를 해치는 죄에 해당하는 행위로 인해 구조피해자가 장해 및 중상해를 입은 경우에 구조금을 신청할 수 있다(「범죄피해자 보호법」 제25조 및 「범죄피해자 보호법 시행규칙」 제7조).

③ 긴급구조금: 구조대상 범죄피해를 받은 사람의 장해 또는 중상해의 정도가 명확하지 않거나 그 밖의 사유로 신속하게 결정을 할 수 없는 사정이 있는 경우에 범죄피해구조심의회의 직권 또는 구조피해자의 신청에 따라 구조피해자는 긴급구조금을 지원받을 수 있다(「범죄피해자 보호법」 제28조).

제 4 절 범죄피해자 보호·지원제도의 미래

앞서 살펴본 바와 같이 역사적으로 범죄피해자의 지위는 급격한 변화를 겪었고, 국가 형사사법 체계가 강화되어 가해자에 대한 형벌과 사회적 배상의 중요성이 높아지면서 오히려 범죄피해자의 지위가 위축되기도 하였다. 관련 법률규정의 정비와 형사사법체계에서의 피해자 지원서비스 확대 등과 함께 20세기 들어서 피해자에 대한 관심이 새롭게 일어났고 특히 최근에 주목받는 대표적인 변화는 회복적 사법개념의 도입과 민간단체에 의한 피해자 지원의 확대이다. 이 절에서는 최근 피해자 보호 및 지원관련 변화인 회복적 사법과 민간단체의 피해자 지원에 대해 간략히 소개하겠다.

1. 회복적 사법(restorative justice)과 피해자

(1) 회복적 사법의 개념과 의의

회복적 사법은 학자에 따라 정의나 개념원리에 차이가 있으나 기본적으로는 응보적 사법체계를 대응 혹은 보완하는 새로운 형사사법의 개념을 의미하며, 범죄로 인해 야기된 피해를 회복하는데 중점을 둔다(Braithwaite, 1989; Zehr, 1990). 회복적 사법의 이론적 설명으로 가장 많이 인용되는 것 중 하나가 브레이스웨이트(Braithwaite)의 '재통합적 수치심'(reintegrative shaming)인데 이는 처벌을 통해 범죄자로 하여금 양심의 가책이나 반성을 느끼도록 하되 지역사회의 구성원으로 재통합하는 노력을 병행함으로써 미래 범죄의 가능성을 줄이려는 의도를 내포한다.

즉, 회복적 사법이란 피해자에 대한 원상회복, 범죄자에 의한 보상, 지역사회 내에서의 양자의 재통합을 추구하여 궁극적으로는 범죄로 발생한 손상을 복구하고 나아가 범죄를 예방함으로써 미래의 손상을 감소시키고자 하는 전략을 통칭하는 개념이다. 세부 유형별로 차이가 있지만 기본적으로는 다음의 세 가지 원리에 기초하고 있다: ① 가해자와 피해자, 지역사회 등 모든 사람들이 범죄 문제의 해결을 위해 참여할 것, ② 정부와 지역사회가 함께 노력할 것, 그리고 ③ 가해자가 자신의 범죄행동으로 인한 피해를 이해하고 이에 기초한 책임을 수용할 것 (Wallace & Roberson, 2011: 238).

이러한 원리에 기반하여 회복적 사법이 지향하는 목표는 크게 세 가지로 정리되는데 첫째는 피해의 회복이다. 범죄로부터 가장 큰 영향을 받은 피해자에게 더 많은 권한을 부여하고 궁극적으로는 피해자의 회복을 중요시한다. 둘째, 가해자의 재범 가능성을 낮추고 재통합을 목표로 한다. 다만 가해자 치유의 목표는 피해자 회복과 피해자를 위한 정의달성이라는 목표와 양립 가능할 경우에만 추구된다. 또한, 처벌의 결정보다는 치유와 변화의 과정에 초점을 둔다. 마지막으로, 회복적 사법은 공동체 강화를 목표로 하는데, 이는 가해자와 피해자 모두 사건이 적절하게 마무리되었다고 느끼고 지역사회로 통합되는 것을 의미한다. 또한 시민들에게 갈등과 사회문제의 해결에 참여하는 기회를 제공함으로써 스스로 공동체 의식을 강화할 수 있도록 돕는다(노성호 외, 2018: 382; 이순래 외, 2016: 380-385).

회복적 사법의 다양한 정의 및 개념규정을 관통하는 원리를 이해하기 위해 전통적인 응보적 사법개념과 비교하여 살펴보는 것이 도움이 된다. 응보적 사법과 회복적 사법은 범죄의 본질에 대한 이해는 물론 사법권의 목표와 방법, 피해자와 가해자의 역할, 그리고 지향성에서 뚜렷한 차이가 있다. 응보적 사법은 범죄를 국가에 대한 침해행위 및 법위반 행위로 이해하면서 대립적 시스템과 엄격한 증거규칙에 의한 유죄입증을 통한 처벌에 그 목표를 둔다. 반면, 회복적 사법에서는 범죄를 특정 개인 또는 지역사회에 대한 침해행위로 이해하며 중재나 협상, 합의 등을 통해 피해자 회복과 가해자 교화개선 등에 그 목표를 둔다. 이러한 차이는 가해자와 피해자의 역할인식에서도 나타나는데, 응보적 사법에서는 피해자는 고소인이나

기소를 위한 증인에 한정하고 가해자는 비난을 수용하고 결과를 견뎌내야 하는 것
으로 인식되는 반면, 회복적 사법에서의 피해자는 직접참여자로써 범죄 해결과정
의 중심 인물로 인식되고 가해자는 책임을 수용하고 배상과 교화의 대상으로 인식
된다는 차이가 있다.

[표 15-1] 응보적 사법과 회복적 사법의 비교

쟁점	응보적 사법	회복적 사법
범죄 본질	국가에 대한 침해행위 및 법위반 행위	특정인 또는 지역사회에 대한 침해행위
사법권	형사사법기관 및 공무원에 의해 처리	지역사회 구성원에 의해 해결
목표	응보, 억제, 무능력화를 위한 유죄확정과 처벌	피해자 회복, 가해자 교화개선, 조화의 회복
방법	대립적 시스템, 엄격한 증거규칙에 의한 유죄입증	중재, 협상, 솔직한 대화, 합의, 배상
피해자 역할	고소인 및 기소를 위한 증인에 한정, 형사사법절차의 주변인으로 인식됨	직접 참여자, 범죄 해결과정의 중심 인물
가해자 역할	비난 수용, 결과 감내	책임 수용, 배상, 교화
지향성	범죄자의 과거 잘못된 행동에 초점을 둔 대응, 결과의 두려움을 통한 예방	가해행위로 인한 손해결과 및 미래의 회복에 초점, 교화 및 개선

*표의 구성형식과 내용은 여러 피해자학 교과서들의 내용을 참고하였는데 이들은 OJP(1997), Karmen(2004) 등의 내용을 바탕으로 작성되었음(노성호 외, 2018, pp. 374−376; 이순래 외, 2016, pp. 386−388; 이윤호, 2020, pp. 386−392; 허경미, 2020, pp. 77−79)

(2) 회복적 사법의 주요 모델

회복적 사법의 이념을 실천하는 프로그램들의 기원은 부족사회까지 거슬러
올라가며 회복적 사법의 주요 실천 내용 또한 법률 및 형사 입법례, 경찰이나 법
원, 교정기관의 프로그램 및 피해자 지원 프로그램 등에서 부분적으로 발견할 수
있다. 뿐만 아니라 지역공동체나 학교, 직장, 종교 단체 등 형사사법 기관 외부에
서도 회복적 사법의 이념을 구현하고 있다. 앞서 살펴본 우리 법률에서의 형사조
정제도나 피해자에 대한 배상제도 등도 회복적 사법의 대표적 사례이다. 여기에서

는 회복적 사법을 토대로 이루어지는 대표적인 프로그램의 주요 모델들, 피해자-가해자 중재, 양형 써클, 가족집단 회합을 살펴보기로 한다.

1) 피해자-가해자 중재(victim-offender mediation) 모델

피해자-가해자 중재(victim-offender mediation) 혹은 조정 모델은 범죄자와 피해자 사이에 제3자가 개입하여 화해와 배상 등을 중재하는 프로그램을 의미한다. 1974년 캐나다 온타리오 주의 피해자-가해자 화해 프로그램(victim-offender reconciliation program: VORP)에서 시작되었으며, 가장 오래된 회복적 사법프로그램의 모델이다(Umbreit, 1999; Wallace & Roberson, 2011: 239). 중재 모델에는 지역사회 중재(community mediation), 피해자-가해자 화합(victim offender reconciliation), 피해자 가해자 조정(victim-offender mediation) 등 다양한 유형이 포함되며, 핵심적인 회복과정을 촉진시키기 위해 조정이나 중재의 방법을 사용하며 중립적인 제3자(보통은 지역사회 봉사자 혹은 사회사업전문가로써 일정한 훈련을 받은 자)가 피해자와 가해자의 대화를 조정한다. 중재과정에서는 피해자의 요구와 가해자의 책임성 그리고 손실의 보상과 회복에 초점을 둔다. 가해자의 범죄행위가 피해자에게 어떤 영향을 미쳤는지를 가해자 스스로 이해하고 중재를 통해 모두가 동의하는 배상합의문을 작성하고, 중재자가 배상합의문의 내용이 잘 지켜지고 있는가를 감독하는 사후 검증을 실시한다.

형사조정제도

우리나라의 경우, 회복적 사법의 조정 프로그램이 형사조정제도를 통해 실시되고 있다. 형사조정제도는 범죄피해자와 가해자 사이에 형사분쟁을 공정하고 원만하게 해결하여 범죄피해자가 실질적으로 피해회복을 하는데 도움이 되도록 형사조정위원회가 합의를 중재하는 제도로, 「범죄피해자보호법」, 「소송촉진등에관한특례법」 등에 근거를 두고 있다. 「소송촉진등에관한특례법」 제36조 제1항에서는 "형사피고사건의 피고인과 피해자 사이에 민사상 다툼(해당 피고사건과 관련된 피해에 관한 다툼을 포함하는 경우로 한정한다)에 관하여 합의한 경우, 피고인과 피해자는 그 피고사건이 계속 중인 제1심 또는 제2심 법원에 합의 사실을 공판조서에 기재하여 줄 것을 공동으로 신청할 수 있다"고 규정하고 있다. 또한, 제5항에서는 형사사건 합의의 민사소송법상 집행력을 부과하고 있다.

형사조정제도는 2006년 4월 대검 예규에 따라 시범실시된 이후 2007년 8월부터 전국으로 확대되었다(허경미, 2020: 161). 2019년 자료를 보면, 전체 사건(1,787,734건) 중 118,311건이 형사조정 신청되어, 약 5.6%의 의뢰율을 보였다(법무백서, 2020: 211). 피의자 소환불능 등으로 형사소송이 진행되지 않은 사건을 제외하고 형사조정이 완료된 사건만을 대상으로 했을 때 형사소정 성립비율은 56.7%였다(법무연수원, 법무백서, 2020: 211).

형사조정이 성립되면, 검사는 형사조정결정문, 형사조정조서, 관련자료 등을 송부받은 즉시 당해 형사사건을 재기하고 이를 사건기록에 편철한다. 특히, 검사는 형사조정 절차에서 조정이 성립되어 고소가 취소되거나 합의서가 작성된 사건 중 친고죄나 반의사불벌죄 등에 해당하여 공소권 없음 처분 대상사건이 아닌 경우 각하처분한다. 다만, 관련자료 등을 검토하여 범죄혐의가 있다고 사료되는 때에는 통상의 수사절차에 따라 수사진행하되 처벌 시 감경할 수 있다.

또한, 최근 경찰청에서는 '회복적 경찰활동'이라는 이름으로 "회복적 정의의 이념과 실천방식에 입각한 경찰활동"을 실시하겠다고 공언하면서, 경찰이 범인 검거 및 수사활동에 그치지 않고, 당사자의 동의를 전제로 가·피해자 간 회복적 대화모임을 제공하여 상호간 대화를 통해 근본적인 문제해결 방안을 모색하도록 지원하겠다고 선언하였다. 2020년 기준 142개 경찰서에서 시행되고 있고, 회복적 대화모임 결과는 보고서 형태로 수사서류에 첨부되어 검찰·법원 단계에서 양형 참고자료 등으로 활용되며, 경미한 사안은 경찰 단계에서 즉결심판 청구·훈방 등으로 조치된다고 설명하고 있다.[11]

피해자의 지위와 권리가 회복되고 나아가 적극적으로 피해회복 및 재피해예방을 통한 지역사회의 회복을 목표로 한다는 점에서 이런 출발은 긍정적이라고 할 수 있으며, 피해자의 사회적 지위나 형사사법에서의 역할에 대한 매우 근본적이고 긍정적인 변화라고 생각된다. 그러나 이를 위해서는 회복적 사법 이념에 대한 사회적 합의가 필요하며, 현재 부분적으로 이러한 이념을 수용하고 있다고 주장하는 제도들이 가지는 문제점(피의자 및 피고인의 헌법상 기본권의 침해문제, 처벌의 비례성 침해에 대한 우려, 대상사건의 범위 및 조정의 효력 등), 기존의 형사사법시스템과의 관계

---

11) https://www.police.go.kr/www/security/support/support0102.jsp, 최종검색일 2021년1월30일.

설정의 문제 등이 여전히 남아 있다(박광현, 2014; 탁희성 외, 2008).

2) 양형써클(circle) 모델

써클(circle) 모델은 범죄의 상황을 정리하는 치유 써클(healing circle)에서 기원하며 캐나다와 미국 등지에서 운영되고 있다. 이는 아메리칸 인디언과 캐나다 원주민들에 의해 사용되던 것으로 범죄상황을 정리하여 피해자와 가해자를 공동체 내로 재통합하려는 시도이다. 이러한 치유 써클은 개인적으로 피해자나 가해자에 의해 형성되었다. 이 제도에 기인하여 이후 가해자 처벌과 관련하여 형사사법기관에 적절한 양형을 권고하는데 중점을 둔 제도가 양형 써클이다. 양형 써클은 재판 과정의 일부로 진행되기도 하고 재판과 독립하여 이루어지기도 하는데, 일부의 경우를 제외하고는 주로 경미한 범죄를 대상으로 실시된다(Doerner & Lab, 2012: 151 – 153).

대표적인 써클 모델 프로그램으로는 캐나다 Manitoba의 Hollow Water 원주민 지역에서 발전된 치유 써클, 캐나다 Yukon 지역의 양형 써클, 미국 Arizona Navajo 화해중재 써클 등을 들 수 있다(노성호 외, 2018). 이러한 써클 모델은 치유와 중재, 평화구축 과정 및 합의적 의사결정과정에 기초하고 있지만 형사사법기관의 법정절차와 인력에 연계한다는 점이 특징이다.

3) 가족집단 회합(Family Group Conference) 모델

가족집단 회합(Family Group Conference) 모델은 뉴질랜드 마오리족의 전통에 기원을 두고 있는데, 1989년 뉴질랜드의 소년범 중 마오리족 청소년들이 높은 비중을 차지하는 문제를 해결하기 위한 방안으로 「아동, 청소년 및 그 가족들에 관한 법」(Children, Young Persons and their Families Act)에 의해 도입되었다(Crawford & Newburn, 2003). 이후 호주와 미국, 유럽 등지로 확대되었다. 이 가족집단 회합 프로그램이 피해자–가해자 중재 프로그램과 구별되는 가장 큰 특성은 회합프로그램에서는 참여자의 범위가 매우 광범위 하다는 점이다. 중재자와 당사자를 비롯해서 피해자와 가해자의 가족은 물론 친한 친구와 이들을 지지하는 집단 등이 모두 참여할 수 있으며, 합의안 도출을 위한 공식적인 중재자가 존재할 필요는 없고 회합을 긍정적으로 이끌어 갈 수 있는 독려자로 충분하다는 점에서도 다른 프로그램들과 구별된다(Doerner & Lab, 2012: 150−151). 또한, 형사사법기관 실무자 및 사회복지사, 경찰관, 가해자의 변호사 등도 참여가 가능하다(Van Ness & Strong, 2006). 이처럼 참석할 수 있는 인원의 숫자나 범위에 제한이 없고, 참여자들은 회합의 과정에서 매우 중요한 역할을 하게 된다. 구체적으로, 범죄피해로 인한 손실이나 피해에 대한 그들의 느낌과 생각, 피해자에 대한 걱정, 가해자에 대한 실망은 물론 문제해결을 위한 제언 등을 다루며 회합 이후에 합의사항에 대한 가해자의 준수여부를 모니터링하는 등의 책임도 진다(Kurki, 2000).

2. 피해자지원을 위한 민간의 역할

우리나라에서는 1991년 최초로 본격적인 성범죄 피해자를 지원하는 민간단체인 '한국성폭력상담소'가 설립되었다. 이를 민간차원의 피해자지원 활동이 시초라 할 수 있고, 설립 초기에는 여성 폭력 피해자지원 활동이 주를 이루었다. 2005년 법무부가 범죄피해자 종합대책의 일환으로 전국의 지방검찰청 및 지청소재지를 중심으로 54개의 범죄피해자지원센터가 설립한 것이 전국적인 범죄피해자지원센터의 설립배경이다(김지선·이동원, 2010). 범죄피해자지원센터는 설립 이후 조직과 인력, 예산, 피해자지원 활동 면에서 지속적인 성장을 한 것으로 평가된다(김지선·강지현, 2013). 특히 우리는 법무부의 범죄피해자지원센터뿐만 아니라 여성가족부 등 정부부처에서 민간기관을 위탁하여 다양한 피해자지원 활동을 지원하고 있다(이순래 외, 2016: 340). 피해자의 지원욕구가 다양화되고 새로운 유형의 범죄피해 및 피해자 발생 등으로 인해 국가에 의한 피해자지원의 한계를 가질 수밖에 없고, 민간기관에 의한 지원 및 민간기관과 국가기관의 연계가 더욱 중요하다. 이러한 중요성에도 불구하고 이러한 기관에 대한 안정적인 예산지원과 전문인력 확충, 그리고 지원활동에 대한 모니터링 및 평가 등에 관한 관심은 상대적으로 낮은 편이다. 피해자지원을 위한 민간단체의 역할과 중요성을 고려하여 적절한 지원과 개선을 위한 평가연구를 실시하고, 피해자지원을 위한 민간단체의 지원을 확대할 필요가 있다.

참고문헌

김동률·박노섭. (2018). 범죄피해자 보호·지원정책에 관한 연구: 바람직한 개선방향과 입법·제도적 정비를 중심으로, 비교형사법연구, 20(1), 231−260.

김민영·한민경·박희정. (2019). 전국범죄피해조사 2018. 한국형사정책연구원.

김지선·강지현. (2013). 범죄피해자지원센터의 운영현황 및 활동성과분석(II). 한국형사정책연구원.

김지선·이동원. (2006). 범죄피해자 지원센터의 운영현황 및 활성화 방안. 한국형사정책연구원.

노성호·권창국·김연수·박종승. (2018). 피해자학. 그린출판사.

박광현. (2014). 회복적 사법의 형사조정에 관한 고찰, 법과 정책, 20(1), 259−285.

안황권·김상돈. (2003). 범죄피해자학. 백산서당.

이순래·김성언·박정선·박철현·정혜원. (2016). 피해자학. 청목출판사.

이윤호. (2020). 피해자학. 박영사.

전영실·최민영(2018). 과실 범죄피해자에 대한 범죄피해구조금 지급 확대방안. 형사정책연구원.

최수형·김지영·황지태·박희정. (2015). 전국범죄피해조사. 형사정책연구원.

최수형 외. (2020). 한국의 범죄현상과 형사정책(2019). 형사정책연구원.

탁희성·이원상·이동원·최창욱. (2009). 새로운 범죄대응전략으로서 화해조정체계구축방안(II) − 형사화해조정체계의 구축을 위한 법적·제도적 정비방안 총괄보고서. 한국형사정책연구원.

허경미. (2020). 피해자학. 박영사.

Braithwaite, J. (1989). Crime, Shame and Reintegration. Cambridge: Cambridge University Press.

Cohen, L. E., & Felson, M. (1979). Social change and crime rate trends: A routine activities approach. Amierican Sociological Review, 44(4), 588−608.

Crawford, A., & Newburn, T. (2003). Youth offending and restorative justice: Implementing reform in youth justice. Portland, OR: Willan.

Daigle, L. H. (2017). Victimology, the essentials. Sage.

Doerner, W. G., & Lab, S. P. (2012). Victimology. 6th Ed. Anderson Publishing.

Hindelang, M.S., Gottfredson, M. & Garofalo,J. (1978). Victims of Personal Crime, Cambridge, MA: Ballinger.

Kleck, G., & McElrath, K. (1991). The effects of weaponry on human violence. Social Forces, 69(3), 669−692.

Kurki, L. (2000). Restorative and communty justice in the United States. In M. Tonry (Ed.), Crime and justice: A review of research (Vol.27). Chicago: University of Chicago Press.

Meier, R. F. & Miethe, T. D. (1993). Understanding Theories of Criminal Victimization, Crime and Justice, 17, 459−499.

Quinn, E. & Brightman, S. (2014). Crime Victimization: A comprehensive overview. Carolina Academic Press.

Sampson, R. J. (2006). 'Collective Efficacy Theory: Lessons Learned and Directions for Future Inquiry' In Cullen, Wright, & Blevins (Eds.), Taking stock: The status of criminological theory (pp. 149−167). Transaction Publishers.

Sampson, R. J., Raudenbush, S. W., & Earls, F. (1997). Neighborhoods and violent crime: A multilevel study of collective efficacy. Science, 277, 918−924.

Umbreit, M. S. (1999). Avoiding the marginalizationand "McDonaldization" of victim offender mediation: A case study in moving toward the mainstream. In G. Bazemore & L. Walgrave (Eds.), Restorative juvenile justice. Monsey, NY: Criminal Justice Press.

Von Hentig, H. (1948). The criminal and his victim. New Haven: Yale U. Press.

Waller, I. (2011). Rights for Victims of Crime: Rebalancing Justice. Rowman & Littlefield Publishers, Inc.

Wolfgang, M. (1958). Patterns in Criminal Homicide, Philadelphia: University of Pennsylvania Press.

Zehr, H. (1990). 'A Restorative Lens', in Changing Lenses: A New Focus for Crime and Justice (pp. 177−214). Waterloo, Ontario: Herald Press.

법무연수원. 법무백서, 2020.

찾아보기

공저자 소개(가나다순)

강지현(울산대 교수)
곽대훈(충남대 교수)
김중곤(계명대 교수)
노성훈(경찰대 교수)
박미랑(한남대 교수)
박성훈(한국형사법무정책연구원 위원)
박정선(경찰대 교수)
박철현(동의대 교수)
신동준(국민대 교수)
윤옥경(경기대 교수)
윤우석(계명대 교수)
윤일홍(조선대 교수)
이동원(원광대 교수)
이성식(숭실대 교수)
장현석(경기대 교수)
조윤오(동국대 교수)
황의갑(경기대 교수)

범죄학개론

초판발행   2022년 2월 28일
초판 3쇄발행 2024년 1월 31일

엮은이   대한범죄학회
펴낸이   안종만·안상준

편 집   우석진
기획/마케팅   이영조
표지디자인   이영경
제 작   고철민·조영환

펴낸곳   (주)**박영시**
            서울특별시 금천구 가산디지털2로 53, 210호(가산동, 한라시그마밸리)
            등록 1959. 3. 11. 제300-1959-1호(倫)
전 화   02)733-6771
f a x   02)736-4818
e-mail   pys@pybook.co.kr
homepage   www.pybook.co.kr
ISBN   979-11-303-1482-2 93350

copyright©대한범죄학회, 2022, Printed in Korea

* 파본은 구입하신 곳에서 교환해 드립니다. 본서의 무단복제행위를 금합니다.
* 엮은이와 협의하여 인지첩부를 생략합니다.

정 가   29,000원